中国经济体制改革研究会
CHINA SOCIETY OF ECONOMIC REFORM

见证重大改革决策

——改革亲历者口述历史

中国经济体制改革研究会 编

社会科学文献出版社
SOCIAL SCIENCES ACADEMIC PRESS (CHINA)

目　录

中国改革开放 40 年的回顾与总结
（代前言）

彭　森

　　今年是贯彻党的十九大精神的开局之年，也是改革开放 40 周年。习近平总书记在新年贺词中宣布，今年将隆重举办改革 40 周年的一系列纪念活动，将改革进行到底。中国改革是一场涉及 13 亿人前途命运的深刻革命和伟大实践。正是 40 年的改革开放，让中国实现了从站起来、富起来到强起来的伟大飞跃。40 年来，改革者始终站在时代前线，栉风沐雨，砥砺前行。新时代继续进行这场伟大革命，开启全面深化改革新征程，推动改革领域更广、改革举措更多、改革力度更强，才能决胜全面建成小康社会，夺取新时代中国特色社会主义新的胜利。为此，我们一定要总结好改革 40 年尤其是党的十八大以来形成的改革经验。

一　关于中国改革开放40年的阶段划分

　　改革开放阶段的划分采用不同的标准会产生不同的结论，但都需要遵循一个共同的原则，就是选择党的某一次全会所做的重要决定作为标志。总体来看，过去 40 年我国改革开放可以分为五个阶段。

　　一是中国改革起步、探索阶段（1978 年 12 月～1984 年 10 月）。1978 年 12 月召开的十一届三中全会，开始全面拨乱反正，纠正"文化大革命"错误，摒弃"以阶级斗争为纲"的错误路线，做出把党的工作中心转移到经济建设上来的历史性决策。特别是提出"解放思想，实事求是，团结一致向前看"的思想路线，吹响了改革开放的号角，所以以此作为改革的开始点。这个阶段改革的重点在农村，废除人民公社制度，推行家庭联产承包责任制，极大地调动了农民的积极性。城市改革则主要是在一些国企进行承包制试点。对外开放从 1979 年批准设立 4 个特区，到 1984 年扩大至 14 个沿海城市。

二是改革开放的整体推进阶段（1984 年 10 月 ~ 1992 年 10 月）。1984 年 10 月召开的十二届三中全会，通过了《中共中央关于经济体制改革的决定》，标志着改革开始由农村转向城市和整个经济领域，1985 年中央还发布了教育、科技改革的有关决定。因此，习惯上以此作为第二阶段的开始，由探索试验转向整体推进阶段。三中全会确立了改革的方向、性质、任务和各项基本方针政策，特别是第一次明确提出中国的社会主义经济是以公有制为基础的有计划的商品经济。这是一项重大的理论突破，是对马克思主义政治经济学的重大发展。

三是初步建立社会主义市场经济阶段（1992 年 10 月 ~ 2002 年 11 月）。标志性事件是 1992 年春天邓小平同志南方谈话，再一次掀起进一步解放思想、扩大改革开放的浪潮。1992 年秋召开的十四大，明确提出建立社会主义市场经济的改革目标。1993 年 11 月召开的十四届三中全会，通过了《中共中央关于建立社会主义市场经济体制若干问题的决定》，内容包括 10 个部分、50 条，全面确立了 20 世纪 90 年代改革的目标和各项任务，提出 20 世纪末初步建立社会主义市场经济体制的重大目标。这个时期的改革重视总体规划，提出"四梁八柱"的基本任务框架。在这一时期，以公有制为主体、多种所有制共同发展的所有制结构逐步建立；国企改革从放权让利承包转向经营机制转换，探索建立现代企业制度；取消生产资料价格双轨制，推进生产要素市场体系建设；建立分税制为重点的财税体制；推动金融外汇、涉外体制改革；成功加入世贸组织，等等。其间，1997 年召开的十五大，改革理论有了新突破，包括：社会主义初级阶段理论，基本经济制度理论（公有制的有效实现形式），政治体制改革，民主、自由、人权第一次写入《宪法》，依法治国迈开新的步伐。

四是社会主义市场经济的完善、调整阶段（2002 年 11 月～2012 年 11 月）。改革的第三阶段一般不以 2000 年为结束标志，而是以 2002 年 11 月十六大新一届国家领导集体产生为标志。2003 年 10 月十六届三中全会通过了《完善社会主义市场经济若干问题的决定》，首次正式宣布社会主义市场经济体制初步建立；提出"五个统筹发展"，股份制是公有制有效实现形式；提出建立现代产权制度，发展混合所有制经济；提出更大程度发挥市场在资源配置中的基础性作用；提出"以人为本"，"树立全面、协调、可持续的发展观"，"促进经济社会和人的全面发展"等，为十七大提出科学发展观、十八大强调改革的价值取向和发挥市场在资源配置中的决定性作用奠定了基础。其后召开的十七届三中全会，通过了《关于推进农村改革发展若干重大问题的决定》。2002～2012 年这十年不是改革的停滞期，而是改革的完善调整期。这十年先后出台很多文件：两个毫不动摇、非公经济依法平等使用生产要素、公平参与市场竞争、同等受法律保护；统一内外资企业税制；完成大型商业银行股份制改革；解决资本市场股权分置问题；取消农业税，全面放开粮食购销，实行最低收购价，推动农村土地确权登记颁证；推进城镇化进程取得重大进展。十七大报告指出："坚持解放思想、实事求是、与时俱进，勇于变革、勇于创新，永不僵化、永不停止，不为任何风险所惧，不被任何干扰所惑，使中国特色社会主义道路越走越宽广。"

五是统筹推进"五位一体"总体布局、全面深化改革阶段（2012 年 11 月至今）。十八大以来，党中央高举改革开放旗帜，果断做出全面深化改革的重大战略决策，改革呈现全面发力、多点突破、纵向推进的崭新局面，改革系统性、整体性、协同性前所未有，改革的广度、深度、力度前所未有。全面深化改革成为当代中国最鲜明的特征，成为当代中国共产党人最鲜明的品格。

五个阶段的划分是在改革实践中形成的。在 40 周年时回顾总结，也可以进一步从理论角度归纳划分为三个阶段。第一个阶段即在改革发展实践中重新认识计划经济、商品经济和市场经济，探索中国改革开放的方向和目标的阶段。这一阶段重要的理论成果，就是邓小平理论的创立，包括社会主义的本质、三个"有利于"、计划与市场的关系等。时间是从 1978 年至 1992

年，共 14 年。第二个阶段即确立社会主义市场经济的目标模式，并以此全面推进、初步建立、调整完善社会主义市场经济的阶段。时间从 1992 年至 2012 年，共 20 年时间。第三个阶段即新时期全面深化改革的阶段，从 2012 年开始，至今近 6 年时间。

中国改革是 20 世纪人类历史上最伟大的试验，是党领导下的第二次革命，也是党带领人民群众开启的新长征。中国改革以 20 世纪 70 年代为发端，开始的设想是进行 8～10 年，80 年代后期搞"三五八"改革规划，也是寄希望再用 5～8 年时间完成改革任务。但是从 1978 年到 1992 年确立社会主义市场经济的目标模式就用了 14 年。改革发展历史和实践证明，发展无止境，改革亦无止境。改革与探索中国特色社会主义实践是相伴共生的，要一以贯之，坚持始终。

二 关于改革的主要领域和主体框架

对于改革的回顾和总结，还有一个维度，就是各个阶段改革的主要任务。这是一个横轴上表现的事件。按照这个思路回顾总结，首先要注意改革的推进方式是分为两类的：问题导向和目标导向。改革初期各项改革任务都是按问题导向提出的，"不改革死路一条"，什么问题阻碍了发展就对什么领域进行改革。所以第一、第二阶段，农村改革、国企改革、价格改革都是按照这个原则提出来的。从 20 世纪 80 年代中后期起，改革开始重视总体规划，如 1986 年价税财联动改革，1987 年"三五八"规划。但真正按照目标导向筹划改革是第三个阶段，按照社会主义市场经济目标规划确定改革的重点任务。到 20 世纪 90 年代上半期，已形成"四梁八柱"的改革任务框架。1993 年党的十四届三中全会对此有全面具体的阐述。形象地说，"四梁"是指农村改革、所有制改革（包括国企和民营经济的改革发展）、市场体系建设（包括价格改革和要素市场建设）、政府职能转变和机构改革。"八柱"是指宏观调控体系改革（财税、金融）、社会保障体制改革（收入分配、社会保障、医改、房改）、科技教育体制改革以及对外开放。如把开放单列出来，具体改革正好是 8 项。建立一个全新的社会主义市场经济制度，以上的改革缺一不可。从 90 年代中期开始，每年制定改革要点、改革中期规划基本是按这个框架来写的。不同的时期改革重点任务不同，多是按问题导向提出的，如 20 世纪 70 年代末农村改革、80 年代国企改革和价格改革、90 年代分税制改革、2000 年加入世贸组织，以及 2013 年以后提出的供给侧结构性改革。但是目标导向的改革可能更重要。按照"木桶理论"，一些关键环节的改革过于滞后，就会成为体制性短板。如果不能根据目标导向的原则积极推进一些重点领域和关键环节改革的攻坚突破，就难以完成建立成熟完善的市场经济制度的目标。

新时代改革任务纷纭复杂，包括方方面面。党的十八届三中全会决定，围绕"完善和发展中国特色社会主义制度，推进国家治理体系和治理能力现代化"这一全面深化改革总目标，统筹推进经济、政治、文化、社会、生态文明体制改革。这个顶层设计包括 60 个改革方案、336 条改革举措，过去 5 年得到很好的落实。党的十九大提出，要处理好全面深化改革和突出改革重点的关系，必须以重点改革突破带动面上改革。中央经济工作会议提出，经济体制改革必须以完善产权制度和要素市场化配置为重点，推进国企国资、垄断行业、产权保护、财政金融、社会保障等基础性、关键性领域改革取得新突破，实现产权有效激励、要素自由流动、价格反应灵活、竞争公平有序、企业优胜劣汰。这抓住了当前改革的关键。产权制度是所有制的关键，要素配置方式是一个经济是否有效率、效益的核心。社会主义市场经济的本质就是先进的基本经济制度与最有效的资源配置方式的结合。

现代产权制度是市场经济体制的基石。归属清晰、权责明确、保护严格、流转顺畅是现代产权制度的基本特征。我们既要继续探索中国基本经济制度的实现形式，积极发展混合所有制经济，积极推动农村集体产权制度改革，真正落实支持非公经济的改革举措；又要努力完善产权的保护制度，加强对各类产权的司法保护，推动涉产权冤错案件甄别纠正工作尽快取得突破，以纠错的实际行动取信于民，在产权有效激励上实现突破。

要素市场化配置是改革成败的关键，也是真假改革的试金石和分水岭。要素市场化改革的核心是坚决打破行政垄断和市场壁垒，建立要素自由流动、平等交换的现代市场体系，提高资源配置效率和公平。优化要素配置的关键驱动力是制度创新。乔布斯曾指出，市场竞争是创新发展的第一动力。创新不仅是指技术创新，更要重视体制机制创新。要坚定不移地推动一些标志性的市场化改革步伐，如落实好公平竞争审查制度、市场准入负面清单制度，查处滥用行政权力排除限制竞争行为，强化反垄断执法，建立统一规范、公平竞争的市场体系。通过制度创新将更多优质资源配置到有创新力和竞争力的产业和企业上，不断增强中国经济的创新力和竞争力。

三　关于40年改革开放的基本经验

关于中国改革的基本经验，在庆祝改革开放30周年时，中央从理论方面总结过十条，近年社会上也有很好的归纳总结。作为改革的亲历者、见证者，我认为以下几条尤为重要。

一是坚持解放思想、实事求是的思想路线。解放思想是改革开放的前提条件，思想不解放，教条主义、经验主义横行，哪来的创新？哪来的改革？40年来，每一次改革的深化、每一项重大改革方案的出台，首先是以解放思想为先导、为条件。改革时代之所以以1978年12月党的十一届三中全会为标志，不是这次会议正式确定改革方针，而是决定从思想上拨乱反正，纠正"文化大革命"的错误，批判"两个凡是"的错误方针，把党的工作中心转移到现代化建设上来。1978年11月10日召开了中央工作会议，主题原本是农业问题和后两年计划，一连开了36天，主题转到真理标准的讨论和历史重大问题评价，这才有了小平同志总结讲话，就是著名的"解放思想，实事求是，团结一致向前看"。这是开辟新的改革时代的宣言书。在解放思想的基础上，到1979年4月的中央工作会议才提出"调整、改革、整顿、提高"的八字方针。又经过农村家庭联产承包责任制的改革探索，1984年十二届三中全会才做出了《中共中央关于经济体制改革的决定》，把改革的重心转到城市改革。第二次思想解放，背景是1989～1990年有人提出"苏东剧变是和平演变的结果"，党报发表文章重提阶级斗争。高层也有人认为和平演变最严重、最危险的领域是经济，改革开放引入资本主义，农村承包瓦解公有制，股份制改革是私有化，引进外资是卖国。社会上也有人提出仅以经济建设为中心不行，要再加一个中心，"以阶级斗争、反对和平演变为中心"；两个基本点不对，只能是坚持四项基本原则一个基本点。针对这种思潮，1991 年春节小平去上海重申计划、市场都是手段，皇甫平在《解放日报》发表四篇评论，要第二次解放思想。此事争论很大，还是小平南方谈话解决了问题。实事求是的思想路线说来容易，做起来难。只有解放思想才能实事求是，坚持实事求是才是真正的解放思想。

二是坚持发展是硬道理。改革的本质就是变革上层建筑和生产关系，解放和发展生产力。改革不是目的，改革只是工具，只是路径选择，改革是为发展服务的。改革初期，最大的阻力是姓"社"还是姓"资"的争论。小平同志提出"贫穷不是社会主义"、"不争论"、"发展是硬道理"、"不改革死路一条"。正是坚持了以经济建设为中心，一切改革的评价关键看是否有利于解放和发展生产力，40 年改革开放才会克服和排除来自"左"的和右的各种干扰，取得举世瞩目的伟大成绩。农村改革是最突出的例子。新中国成立时，我国 5.4 亿人，粮产只有 1 亿多吨，人均 208 公斤；国民经济恢复后，到 1958 年公社化时，人口 6.6 亿人，粮产 2 亿吨；后来搞学大寨，历经"文化大革命"动乱，1978 年 9.6 亿人，粮产 3 亿吨；20 年仅增长 1 亿吨。包产到户后，到 1984 年 10.4 亿人，粮产 4 亿吨，人均 390 公斤；1996年粮产 5 亿吨；2013 年 6 亿吨，人均 450 公斤，远超全球人均 320 公斤水平。中国解决各种问题的关键在于依靠自己的发展，而改革是发展的第一推动力。发展无止境，改革就无止境。当前中国进入新时代，面临新矛盾，开启新阶段，但改革是发展的根本动力这一论断没有变，坚持以经济建设为中心没有变，只是我们说的发展是高质量的发展，是以人民为中心的发展，这是我们必须坚持的新的发展理念。

三是坚持走渐进式改革的发展道路。中国作为一个拥有 13 亿人口的发展中大国，各项改革必须从自己的国情出发，而绝不可能照搬任何外来的模式。改革初期，小平同志提出"摸着石头过河"，重大改革要先行试点，总结经验，逐步推开，这种渐进式改革之路也成为中国改革的最为人称道的基本经验。渐进式改革的关键在于重视调动地方、企业和群众的积极性，尊重和保护改革的首创精神，支持和保护广大干部群众满腔热情地投身到改革事业，鼓励和保护理论工作者对改革理论和实践的总结，也支持和保护企业家等新的社会阶层发挥中国特色社会主义建设者的作用。这方面最典型的例子是价格改革。改革初期，100%生产资料、90%生活资料价格是政府定价。那时上调肉蛋禽价格需要国务院常务会议决定，职工工资调5元还是4.5元争论很久。1986年国家统一定价的商品由113种减到25种，农副产品的65%、工业消费品的55%是浮动价或市场定价。1986年、1987年拟放开生产资料价格，搞价税财联动方案，但考虑到诸多风险，方案没出台。1988年搞价格闯关，放开肉禽蛋价格，但遭遇到严重通胀的冲击。因此，双轨制一直延续到90年代中期，粮食价格1993年才全面放开，走了一条双轨并存、调放结合、以放为主的渐进路子。实践证明，渐进式改革是中国的哲学、中国的智慧，证明了人民才是创造历史的主人。即使在全面深化改革的今天，许多改革如自贸区、准入前国民待遇加负面清单、农村土地"三权分置"改革等还是要先行试点，取得经验，才能全面推开。

四是坚持市场化的改革方向。40年来，中国改革的核心问题一直是计划与市场（政府与市场）的关系问题。1982年十二大前对商品经济争议很大。根据党内理论工作负责人的意见，党刊直接发文批商品经济，重申计划经济为主体，市场调节为补充。小平同志1980年会见外宾时提过计划调节和市场调节相结合，1983年收入《邓小平文选》时也改为"在计划指导下发挥市场调节的作用"。因此，从高度集中的计划经济到有计划的商品经济，再到社会主义市场经济，改革目标模式的变化，反映了思想解放的过程，也是"三个有利于"标准检验后的结果，更是人民在改革实践探索中达成的共识和正确选择。实践证明，市场经济是最有效的资源配置方式，只有充分发挥市场在资源配置中的决定性作用，才能让一切劳动、资本、技术、管理的活力竞相迸发，才能让一切创造社会财富的源泉竞相涌流。

社会主义市场经济是中国改革的一大发明。对市场化改革，国内外曾经有许多不解和疑惑。1991年英国前首相撒切尔夫人访华时曾经质疑，我国中央领导人回答：社会主义市场经济就是社会主义条件下的市场经济，我们把计划和市场看作工具，什么有利于发展，我们就用哪种体制机制。刚刚去世的中国改革先行者、百岁改革老人安志文同志曾经说过：我一生只做了两件事：诚心诚意地学计划经济，诚心诚意地改计划经济，实行市场经济。搞计划经济时我一马当先；搞市场经济更要义无反顾。

中国改革的基本经验还有很多，例如，正确处理发展、改革、稳定的关系，正确处理改革和对外开放的关系，正确处理改革和法治的关系，正确处理经济改革和政治改革的关系，等等。最后还要强调的是，中国改革基本经验中最重要的一条是坚持党的领导。40 年来所有重要的改革都是在党的会议上做出的。中国共产党领导是中国特色社会主义最本质的特征，也是中国改革最本质的特征和最基本的经验。

40 年的改革实践创造了很多经验，这些经验代表着中国改革智慧，是中国特色社会主义政治经济学。在全面深化改革的今天，这些经验仍然散发着真理的光辉。近期，习近平总书记特别指出，全面深化改革已经进入高峰期，必须增强改革的系统性、整体性、协同性，多推有利于增添发展动力的改革，多推有利于促进社会公平正义的改革，多推有利于增强人民群众获得感的改革，多推有利于调动广大干部积极性的改革。这四个"有利于"实际上也是 40 年改革积累的宝贵经验。改革实践也证明了一个颠扑不破的真理：只有改革开放才能发展中国、发展社会主义、发展马克思主义，改革开放是当代中国发展进步的必由之路，是实现中国梦的必由之路。

四　关于党的十八大以来全面深化改革的新突破

全面深化改革是党在新时期带领全国各族人民进行的新的伟大革命，也是当代中国最鲜明的时代特征。新时期改革主要有以下几个特点。

一是改革的理论和方针有了新的突破，形成了一批新的理论成果。党的十八大、十八届三中全会进一步展示了坚持社会主义市场经济改革的立场和决心，强调了改革的地位和意义，专门提出改革开放是决定中国命运的关键一招，也是实现"两个一百年"奋斗目标的关键一着；改革开放只有进行时没有完成时，停顿和倒退没有出路，必须以更大的政治勇气和政治智慧推进改革；全党同志要敢于啃硬骨头，敢于涉险滩，敢于向积存多年的顽症痼疾开刀。三中全会决定在前 35 年经验总结基础上，进一步强调改革要处理好解放思想和实事求是的关系，整体推进和重点突破的关系，顶层设计和摸着石头过河的关系，胆子要大和步子要稳的关系，改革发展和稳定的关系，全面深化改革和依法治国的关系；改革要在党的领导下，沿着正确的道路前进。特别是十八届三中全会提出发挥市场在资源配置中的决定性作用；提出推进混合所有制改革，探索市场经济条件下基本经济制度的重要实现形式，等等。这些都是对社会主义政治经济学理论的创新和新贡献。

二是坚持了全面深化改革的顶层设计，确定了统筹推进全面深化改革的工作机制。遵照十八届三中全会决定提出的完善和发展中国特色社会主义制度、推进国家治理体系和治理能力现代化这一全面深化改革总目标，统筹推进经济、政治、文化、社会和生态文明体制改革。顶层设计强调要紧紧围绕使市场在资源配置中起决定性作用深化经济体制改革，紧紧围绕坚持党的领导、人民当家作主、依法治国有机统一深化政治体制改革，紧紧围绕更好保障和改善民生、促进社会公平正义深化社会体制改革，等等。2013 年 12月，中央成立中央全面深化改革领导小组，负责改革的总体设计、统筹协调、整体推进、督促落实，习近平总书记亲自担任组长。这都显示了中央的决心和担当。

三是出台了一系列重大改革方案举措，力度前所未有。五年来，习近平总书记亲自主持召开了 38 次中央深改组会议，共审议通过了 350 多个重大改革方案，中央和国家有关部门出台了 1500 多项改革举措。2014 年，中央深改组确定的 80 个重点改革任务基本完成，各方面共出台了 370 个改革方案；2015 年中央深改组确定的 101 个重点改革任务基本完成，各方面共出台了 415 个改革方案；2016 年，中央深改组确定的 97 个重点改革任务基本完成，各方面共出台了 419 个改革方案；2017 年，中央深改组先后召开 8次会议，审议通过了 73 个重点改革文件。总的看，十八届三中全会提出的 60 条改革方案、336 项改革举措，得到很好贯彻落实。

四是正确处理问题导向和目标导向关系，重点领域和关键环节改革取得突破进展，主要领域改革主体框架基本确立。例如，在供给侧结构性改革方面，退出钢铁产能超过 1.7 亿吨，煤炭产能超过 8 亿吨；分类调控楼市，探索建立房地产市场健康发展长效机制；稳步实施市场化债转股，非金融部门总杠杆率增幅持续下降；减税降费新措施陆续出台，削减中央政府层面设立的涉企收费项目 60% 以上，降成本连续两年超万亿。五年来，我们紧紧抓住正确处理政府和市场关系这个核心问题，在简政放权方面，以行政审批制度改革、转变政府职能为先手棋、当头炮，"放管服"改革向纵深推进。先后取消下放 618 个行政审批事项，国务院部门行政审批事项削减 44%，非行政许可审批彻底终结，中央政府层面核准的企业投资项目数累计减少90%。在要素市场化配置方面，推进农村土地"三权分置"改革试点，价格改革取得重大进展。中央政府定价项目缩减 80%，包括药品价格、非常规天然气气源和直供用户用气价格、高铁票价、食盐出厂批发和零售价格等。目前政府管理价格的比重低于 3%，重要垄断行业逐步建立起准许成本＋合理收益的定价机制。公平竞争的市场环境进一步建立健全，认真落实完善产权保护制度依法保护产权的意见，涉产权冤错案件甄别纠正工作迈出重要步伐。市场准入负面清单制度深入推进，新增 11 个省区市试点。石油天然气、电力、盐业等垄断行业改革步伐加快。公平竞争审查制度的出台和实施是建立统一开放、竞争有序市场体系的重大突破。同时，国企国资、财政金融、社会、生态文明等领域改革稳步推进。总之，中央观大势、谋全局、干实事，用改革的重大举措，解决了许多长期想解决而没有解决的难题，办成了许多想办而没有办成的大事，推动党和国家事业发生了深层次的重大变革。

党的十九大强调，在全面建设社会主义现代化国家的新征程中，我国已由高速增长阶段转向高质量发展阶段，正处在转变发展方式、优化经济结构、转换增长动力的攻坚期。新时代开启了全面深化改革的新征程，对于那些深层次、根本性的体制机制问题，我们必须准备付出更为艰巨、更为艰苦的努力，把改革进行到底。只有坚定不移地推进改革，才能解决好发展不平衡、不充分问题，才能大力提升发展质量和效益，推动中国发展不断向着更高质量、更有效率、更加公平、更可持续的方向迈进。

（本文根据作者 2018 年 2 月 9 日在中宣部新闻局报告稿整理）

从包产到户到家庭联产承包经营责任制

口述者：杜润生*

访谈者：鲁利玲

时　间：2007 年 8 月 15、16 日**

地　点：杜润生办公室

整理者：鲁利玲

上世纪 70 年代末 80 年代初，中央在决策是否允许搞包产到户的过程中，最大的难点是毛主席生前不赞成。严格地讲，我国的农村改革不是中央事先决策好的，而是中国农民的伟大创造。1978 年从春到夏，全国大部分地区出现了百年不遇的大旱灾，很多地区的粮食大幅度减产，有些地方甚至绝收。在这种情形下，"借地度荒"最早是河南搞起来的，包产到户最早是从温州永嘉县搞起来的，比安徽还早。这些都是部分地区的农民群众自发搞起来的，在全国包产到户并未成为主流。当时，国家农委主持工作的一位领导同志，本心是赞成包产到户的。但在毛泽东时代，它属于禁区。"群居终日，言不及义，好行小惠，难矣哉！"这位同志希望"保持晚节"，不赞成

---

　* 杜润生（1913～2015），山西太谷人。历任国家农业委员会副主任、中央书记处农村政策研究室主任，兼国务院农村发展研究中心主任，中央财经领导小组成员，中央顾问委员会委员，全国人大财经委员会委员。

　** 杜润生在接受访谈时，已是 94 岁高龄老人，他的听力、思维能力和表达能力都明显下降。因此，本访谈录是根据本次访谈录音、杜老事先写好的字条，以及杜老此前接受访谈的内容整理而成。——整理者注

推行包产到户。包产到户近乎单干，提到单干，就要遭受斗争，何必无祸引祸呢？我曾对他说："苟利国家生死以，岂因祸福避趋之。"

在开始时，邓小平没有过问包产到户的问题。那时候，他主要考虑两个问题：第一步解决温饱问题，第二步解决小康问题。1980 年 3 ~ 4 月，在中央布置长期规划时，要解决贫困区的问题。我向姚依林提出，与其向贫困区输送粮食，困难很多，不如让他们实行包产到户。姚依林立即表示赞成。4月 2 日，姚依林到邓小平那里去汇报，提到了这个问题，邓小平表示同意。这是因为，当时国家每年要向贫困地区输送很多的粮食，但通往贫困地区的交通状况非常差，既没有公路，也没有汽车，完全靠人力运送。往往粮食还没有送到，就被运送粮食的人在路上吃完了。因此，在解决贫困地区的群众吃饭问题上，中央是有共识的。

尽管如此，在当年 9 月中央召开的省委第一书记座谈会上，人们对包产到户的争论仍然很激烈。来自黑龙江的领导同志不赞成包产到户，怕影响农业机械化的"阳光大道"；来自贵州的领导同志则坚称：你走你的阳关道，我走我的独木桥！但为了解决贫困区的吃粮问题，中央与省级领导达成了共识，形成了 75 号文件："在那些边远山区和贫困落后的地方，长期吃粮靠返销、生产靠贷款、生活靠救济的生产队，群众对集体丧失信心，因而要求包产到户的，应当支持群众的要求，可以包产到户，也可以包干到户，并在一个较长的时间内保持稳定。"应该说，在包产到户的问题上，党中央的胡耀邦、赵紫阳都是支持我的。75 号文件发布后，不论在哪里实行包产到户都取得立竿见影的增产效果，说服了更多的怀疑者。

这里，有一个问题。明明是分田单干的包产到户，为什么后来在文件上叫"家庭联产承包责任制"，还把它定为社会主义性质呢？我认为，社会主义的性质不取决于是否分田单干。一个制度当它还能促进生产的时候，就不会退出历史舞台！社会主义的性质不是由一件、两件事情决定的，是由整个社会制度来决定的。在我看来，"包产到户"是农民自己起的，是个"奶名"；我在农村工作会议上提出"家庭联产承包责任制"，这是个"官名"。就像小孩子一样，有一个奶名，还有一个学名。大家都同意，文件就这样通过了。

在邓小平、陈云的热情支持和胡耀邦、赵紫阳、万里的直接领导下，从 1982 年到 1986 年，连续五年，用中央一号文件的形式，将土地公有、家庭承包的双层经营制，定性为社会主义所有制的一种实现形式。同时，逐步放开农产品价格管制，恢复市场交易，允许农民自主经营，允许多种经济成分并存发展，进入市场竞争，共同向现代化农业进军。这期间，虽然也出现某些暂时的摩擦和反复，但未能阻止改革开放这个大趋势。这五个一号文件的制定过程，一般都是年初布置调查题目，我们派人下去，由各省份农口的党政部门和研究机构组织；到秋季总结，在各省份主管农业的书记和省农委主任参加的中央农村工作会议展开讨论；冬季，由起草小组归纳执笔，最后上报中央决策，次年年初发出。因此，五个一号文件，从始至终是一个集体创作的过程。由中央农研室、农研中心、农村发展组，以及一些地方的人员参加，大家一起讨论，共同议定。

1982 年：正式承认包产到户合法性

第一个一号文件的主要内容，是肯定多种形式的责任制，特别是包干到户、包产到户，深受群众欢迎，全国已经普遍化。这份文件提出，所有的责任制形式，包括包产到组、包干到户、包产到户，都是社会主义制度的自我完善，它不同于过去的分田单干，更不能当作资本主义去反对。

这个文件的核心是，第一次以中央的名义取消了包产到户的禁区，尊重群众的选择，并宣布长期不变。当时，许多地方的农民都担心，共产党的农村政策多变。文件说"长期不变"，最能打动人心，农民说一号文件是吃了"定心丸"，连一直批判资本主义思想的山西昔阳县大寨村也在 1982 年底实行了包产到户。文件的另一个要点是，尊重群众的选择，不同地区，不同条件，允许群众自由选择。同时，还提出疏通流通领域，把统购统销纳入改革的议程，有步骤地进行价格体系的改革。另外，重申了发展多种经营和社队企业，鼓励个体经济、私人经济和专业分工。

这个文件以《全国农村工作会议纪要》的形式报送给中央，邓小平看后说："完全同意"。陈云看后，叫秘书打来电话说：这是个好文件，可以得到干部和群众的拥护。他还参加政治局会议，听取说明，最后说：文件好，说明也好，所提问题，我赞成。至此，我心里就更加踏实了。

1983年：放活农村工商业

1982年9月，党的十二大召开。胡耀邦代表党中央所做报告提出，这几年来农村建立的各种形式的生产责任制，必须长期坚持，不能走回头路。为了扩大农村改革成果，我受中央委托，在十二大做了题为《农村工作历史性变化》的发言，阐明包产到户、包干到户的优点。当时，各地基层有一些争论：允不允许私人买拖拉机和汽车？允不允许私人跑长途运输？允不允许合伙入股修鱼池，按股分红？等等。针对上述问题，我们建议，要放活农村工商业。此外，我们还提出应该以公有制为主导，多种经济并存。按劳分配之外，还应该允许按投入的生产要素分配，即按投入的资金、土地、技术实行分红，借以鼓励人们多留积累、多投入，以补充国家投入的不足。

因此，1983年的一号文件，定名为《当前农村经济政策的若干问题》。文件提出了"两个转化"和"三个一点"，即促进农业从自给、半自给经济向较大规模的商品生产转化，从传统农业向现代农业转化；党和政府各部门、各级领导干部都应该思想更解放一点，改革更大胆一点，工作更扎实一点。

1983年，农村改革步伐加快，农村经济变化也很显著。一是家庭承包普及到几乎每个村庄，一度按兵不动的黑龙江省委书记也改变态度，诚恳地告诫各级同志，不要再坚持领导规定的那种体制了，还是尊重群众为好。二是农村劳动力从闲置状态下解放出来了，发展出多种门路的商品生产。

1984年：疏通流通渠道，以竞争促发展

如果说前两个一号文件着力解决农业和农村工商业微观经营主体问题，那么，此后的一号文件则要解决发育市场机制的问题。此前二十多年，农村实行统购派购制度，除了对粮棉油实行统购，还对生猪、鸡蛋、糖料、桑

丝、蚕茧、黄红麻、烤烟、水产品等实行派购，品种多达 132 种，几乎包括了所有的农副土特产品。事实上，农村产品交易均由公营商业高度垄断，而资金、土地、劳动力流动又受到多重限制。

经过深入调查，我主持的中央农村政策研究室整理出一个书面建议，提请中央书记处会议讨论。这份建议除了陈述情况，还提出农村经济迫切要求放松历史上多年形成的政府垄断、管制及其他阻碍农民进入市场的规定，以利于发展商品生产，摆脱穷困。我们提出的具体建议包括：（1）土地承包期延长 15 年，在此期间，允许有偿转让土地使用权；（2）允许农村社会资金自由流动，鼓励加入股份制合作、入股分红；（3）允许农民自理口粮进城镇做工、经商、办企业；（4）允许私人办企业雇工经营；（5）国营商业、供销社逐步开放贸易、退出市场垄断、改变服务方式，供销社回归民办。到会的领导同志大多主张再给农民吃一颗"定心丸"。对所提出的建议，（1）（2）（3）项原则上无异议通过。第（5）项，要商业、供销、财政部门进行清理，与粮食统购统销问题一并解决。准备第一步只留粮棉油统购，基本上取消各种派购。第（4）项雇工问题，经讨论，未能取得一致，不做结论。过去规定，雇工不超过 8 人不作为资本主义，超过 8 人的也允许试行。会后，请示邓小平，他说："不急于限制，看三年再说。"以上通过的内容，都写进了 1984 年的一号文件，即《关于一九八四年农村工作的通知》。

1985年：调整产业结构，取消统购统销

经过三个一号文件，对农村经济微观经营主体和宏观市场环境同时改革，1984 年我国农业生产达到前后几年的峰顶。尤其是长期困扰我们的粮食问题，甚至由"手中有粮，心中不慌"，转变为"粮食多了，卖粮难"。

当时的主要问题，是农产品统派购制度的改革滞后于农村经济发展的新要求。我随胡耀邦下乡察看，得出的结论是"谷贱伤农"，靠现有的农业生产结构，不可能实现收入翻番任务，需要一个新的结构。赵紫阳在听取农村情况汇报时也指出：统派购制度鼓励各省保证征购和提高省内粮食自给率，这就迫使各省一定要下计划保证粮食播种面积，影响了因地制宜安排种植

业。例如，海南也提出粮食自给。其实那里多种热带经济作物，通过对外贸易交换点谷物，更合算，更受农民欢迎。华南地区都有这个问题。

这个道理谁都明白，问题在于农产品统派购制度行之已久，派生出分配问题和利益调整问题，惯性很强，改变甚难。好在正值党的十二届三中全会出台经济改革决议，城乡关系改善完全符合改革方向。因此，1984 年的农村工作会议，众望所归，就把改革统派购制度、调整产业结构作为 1985 年农村改革的中心课题。围绕这个中心，我们制定了 1985 年的一号文件，取名为《关于进一步活跃农村经济的十项政策》。

1986年：增加农业投入，调整工农城乡关系

1985 年，改粮食统购制度为合同收购，合同之外，由政府议购改为市场收购；派购的 132 种农产品，只留桑丝、药材、烟草 3 种，其余均通过市场交易，由市场形成价格。在赵紫阳的支持下，这本来是一步到位的彻底改革，但由于未能及时调整工农、城乡的利益分配关系，出了一些问题。

当时，提高对农民的粮食收购价格，却没有相应提高对城市居民的销售价格。这就造成粮食增产越多，财政补贴越多。到达峰顶的粮食产量及相应的交售量，尤其是大量的超购加价粮食，使得国家财政不堪重负。这时，国家按惯性维持了原有的城乡利益分配格局。为了保持城市非农集团的优越地位，就以降低农民的贸易优惠来减轻财政负担。具体措施是，取消了原先的超购加价 50% 的规定，将所有粮食按平均价收购。这大大减弱了对粮食增产激励。农民利益受损，随即表现为粮食和其他农产品供应减少。此后，中国农业尤其是粮食生产连年徘徊。对此，有的人就认为，包产到户潜力枯竭，该收场了，是这个制度造成粮食徘徊。更多的人认为，这是取消粮食超购加价的结果。

针对当时出现的农业成本上升、比较收益下降，1985 年年底的农村工作会议，就强调"摆正农业在国民经济中的地位"，会议形成的 1986 年中央一号文件即《关于一九八六年农村工作的部署》。

继 1986 年一号文件之后，1987 年确定了深化农村改革的三项目标：第

一，确立农户自主权；第二，发育市场体系；第三，继续优化产业结构。这三项目标实现的程度，是衡量农村发展成功与否的标志。然而，理论上揭示不等于实际上解决问题。中国农业的进一步改革，受制于城市国有经济改革和政治体制改革。当时，我们认识到，中国的农村改革，一切"便宜"的方法都已经用尽；如果不触动深层结构，就很难再前进一步。正是因为此，农村改革一系列一号文件的历史使命告一段落。至今，中国农村改革并未终结，必须从全局改革中寻找前进道路。

改革开放初期理论界的拨乱反正

口述者：冯兰瑞[*]

访谈者：杨继绳、萧冬连、鲁利玲

时　间：2007 年 9 月 19 日

地　点：冯兰瑞住宅

整理者：杨继绳、鲁利玲

我是搞经济研究的。"文化大革命"后，理论界的学术活动很多，我主要是参加经济方面的。从 1977 年初开始，经济学界的学术活动比较活跃，可以说是思想大解放的起步阶段。

一　粉碎"四人帮"前后

在毛主席去世以前，1975 年 7 月 5 日，根据邓小平的指示，成立国务院政治研究室（简称政研室）。政研室的负责人一共有 7 位：胡乔木、吴冷西、胡绳、熊复、于光远、邓力群、李鑫。我就是这时候被分配到政研室工作的，常见到的只是胡乔木、于光远和邓力群几个人。

政研室成立后做的第一件事，就是写了一篇文章，叫作《论全党全国

---

　* 冯兰瑞（1920～），贵州贵阳人。历任黑龙江省经济研究所所长、黑龙江省统计局副局长、对外文化联络委员会政策研究室副主任，中国社会科学院马克思列宁主义毛泽东思想研究所党委书记兼副所长。

各项工作的总纲》。文章的观点同"四人帮"强调的"以阶级斗争为纲"，针锋相对，提出了以毛泽东的"三项指示"为纲。① 三项指示是毛泽东讲的，不过不是一次讲的，而是在几次讲话中分别讲的。邓小平把这三句话摘出来连在一起，称为全党、全国各项工作的总纲。这篇约 16000 字的大文章，无疑是对"四人帮"的一发重型炮弹，还没有公开发表，就遭到"四人帮"的强烈反对。在此后不久的"批邓、反击右倾翻案风"运动中，成为"三株大毒草"之一。

11 月 14 日，根据毛泽东的指示，邓小平和华国锋、纪登奎在国务院召开了一次会，通知胡乔木、胡耀邦、李昌参加，会上宣布他们有错误，要检查。11 月 16 日和 17 日两天，中央政治局开"打招呼会"，叶剑英、华国锋、纪登奎、吴德、谢静宜等和"四人帮"王、张、江、姚都在会上。指定参加"打招呼会"的，还有胡耀邦、胡乔木、李昌、周荣鑫、刘冰；其中，胡耀邦、李昌是中科院党的核心领导小组成员，胡乔木是政研室的负责人，周荣鑫是教育部长，刘冰是清华大学党委书记。会议由邓小平主持，这不就等于让邓自己跟自己"打招呼"吗？会上，毛远新传达毛主席的指示，说邓小平不抓阶级斗争；还说邓小平帮刘冰转信，是同情刘冰；刘冰写信告迟群和小谢的状，动机不纯，"矛头是针对我的"；邓转信是要翻案，翻文化大革命的案。这个"打招呼会"，就是在发动批邓。因此，"批邓、反击右倾翻案风"一开始，邓小平就成了被批判的对象。在"批邓、反击右倾翻案风运动"中，我们政研室成为批邓的一个重点，"四人帮"说政研室是"邓记谣言制造公司"，胡乔木首当其冲。

1976 年，是多事之秋。当时，社会上流传一个顺口溜，讲的是这一年的几件大事：悲痛的一月，周总理逝世；苦闷的二月，指批邓；凄凉的三月；壮烈的四月，天安门"四五事件"；恐怖的五月，查后台；沉默的六月；灾难的七月，朱德同志逝世，唐山大地震；惶恐的八月；忧虑的九月，毛主席逝世；狂喜的十月，"四人帮"被抓起来了，万众狂欢；观望的十一月，就是说要看看华主席怎么作为。

---

① 即无产阶级专政理论的指示、促进安定团结的指示和把国民经济搞上去的指示。

1977 年 2 月 7 日，两报一刊①发表社论，题目叫作《学好文件抓住纲》，这个"纲"就是"两个凡是"；② 在"两个凡是"里边，最根本的就是以阶级斗争为纲。华国锋搞"凡是"，原因是怕对自己不利。毛主席不是给华国锋写了"六字真言"吗？③ 要是主席的话都可以推翻，他的位置就不稳了。当时，汪东兴分管宣传口。1977 年，《红旗》拿去我们两篇文章：《"四人帮"为什么砍掉百花齐放》、《知识分子是社会主义革命和建设的重要力量》，但都没有发表。汪东兴让《红旗》通知我们，政研室揭批"四人帮"的文章，不能以"国务院政研室大批判组"署名发表。关于谈知识分子问题的那篇文章，后来在 1977 年 5 月 27 日的《人民日报》上发表了，署了个笔名"向群"。

这个时候，我们主要是在于光远的领导下，从理论上面来揭批"四人帮"，因为"四人帮"把马克思主义理论搅得很混乱。为了维护马克思主义理论，恢复马克思主义的本来面目，于光远组织了三个小组，研究三个方面的问题。

第一个问题是按劳分配。搞这个题目，是因为 1974 年 12 月，毛主席跟丹麦首相保罗·哈特宁谈话时讲："我们现在实行的还是八级工资制，按劳分配，货币交换，跟旧社会没有多大差别，只不过是所有制变了。""四人帮"抓住毛主席这个"最新理论指示"，拼命宣传，大肆诋毁按劳分配，大批资产阶级法权。我们针对"四人帮"和他们写作班子的谬论，进行揭发批判，捍卫马克思主义的按劳分配理论，指出按照"文化大革命"中平均主义的分配办法搞下去，生产就没有了动力，不可能提高劳动生产率，劳动者的生活得不到改善，国民经济也不可能恢复和发展。我参加了按劳分配组，下面我会详细地讲这个问题。

第二个问题说起来比较拗口，叫作"批判'四人帮'对'唯生产力论'的批判"。1976 年"四人帮"把整顿经济、抓生产建设当成唯生产力论加以

---

① 即《人民日报》、《解放军报》和《红旗》杂志。
② 两报一刊社论《学好文件抓住纲》正式提出了"两个凡是"："凡是毛主席做出的决策，我们都坚决维护，凡是毛主席的指示，我们都始终不渝地遵循。"
③ 毛泽东在一次接见外宾后给华国锋写了六个字："你办事，我放心。"

批判。所以，就批判对唯生产力论的批判，我们是对批判的批判，跟他们对着干。于光远说："我可以承认自己是'唯生产力论'者"。第二个组主要是林子力、有林参加的。批判对"唯生产力论"的批判的成果出了一本书。我比较清楚这本书的编写和出版过程，是于光远布置的，林子力和有林执笔，人民出版社的戴成也参加了，书名是《对"四人帮"批判"唯生产力论"的批判》。当时，没地方写作，就在有林家写。于光远有时候叫我到他家里去取写出的书稿，看了修改以后，我再给他们送过去。这样，我经常到有林家。他住在沙滩附近，跟我们国务院政研室离得很近。我为什么谈起这个问题呢？是因为去年看到《邓力群自述——十二个春秋》，邓力群说，这本书是他布置有林和林子力写的，这样说是不符合事实的。我打电话问过戴成，因为子力已经去世了，有林后来当了官，我也不方便找他。戴成说，林子力当时（1975 年）就对"四人帮"批"唯生产力论"有看法，"四人帮"倒了以后，于光远提出成立揭批"四人帮"谬论的三个组，找了他的老部下林子力，林正好对这个问题有些研究。这时，有林被借调到政研室，参加了这个组。戴成是以出版社编辑的身份参加的。以林子力为主，在于光远的指导下开始写这本书。书的指导思想、结构框架、内容安排，都是于光远的思路。写作过程中，于光远看过全部初稿，动手修改过。部分书稿送邓力群、胡乔木看过，他们也提过一些意见。发稿前，林子力等人到广州去统稿。这个时候，邓力群曾经关心、过问过。总之，即使邓力群看过一部分稿子，关心过书的出版，也不能因此就说这本书是他叫林子力写的。戴成说，这本书从头到尾，最后审定、出版，都是于光远布置决定的。先是出了一个征求意见稿本，定稿后，再由人民出版社和广州人民出版社两家同时出版，然后在电台连续广播。

第三个问题是民主与专政的关系。要批判"四人帮"提出的对资产阶级进行全面专政的谬论。参加第三组的是张显扬和王贵秀，他俩当时在北大；1979年，张显扬调到马列所了，王贵秀去了中央党校。这个组的活动，我不太清楚。

二　经济学界的拨乱反正

这里，我着重讲一下按劳分配这个问题。1977 年 2 月 7 日两报一刊发表《学好文件抓住纲》的社论后，2月20号前后，于光远找我和董辅礽等一些人去商量，打算召集在北京的经济学家开一个按劳分配座谈会。当时，组织这样的座谈会，实际上是要冲击"两个凡是"。这是因为按照"两个凡是"，毛主席说过的话，画过圈的，都不能够改变。1958年，毛主席肯定了张春桥《破除资产阶级法权》的文章，这篇文章说"资产阶级法权的核心是等级制度"，必须破除；后来，毛主席又说，按劳分配和旧社会差不多。1974年，姚文元的《论林彪反党集团的社会基础》、张春桥的《论对资产阶级的全面专政》，发动了一场对按劳分配的全面系统的批判，攻击按劳分配中会产生资产阶级，攻击资产阶级法权是产生新资产阶级的经济基础。我们不能批毛主席，我们只能批"四人帮"。

我们讲，按劳分配是社会主义的分配原则。要是真正地实行按劳分配，实行等量劳动相交换的话，绝对不会产生资产阶级，因为不劳动不得食嘛，提供多少劳动得到多少报酬，等量劳动相交换。当时，我们就是要维护按劳分配。现在来看，如果用实践来检验的话，按劳分配在中国从来就没有真正实行过，而且是实行不了的。这个我以后再说，因为我的观点现在已经变了。从当时来讲，我们是要批判"四人帮"，维护马克思主义。在坚持社会主义、马克思主义的前提下来研究这个问题。我们的行动很快。1977年的2月25日，在北京召开了按劳分配座谈会，为全国的按劳分配理论讨论会做了准备。4月份，召开了第一次全国性的按劳分配理论讨论会。6月22、23日，召开了第二次全国按劳分配理论讨论会。10月底、11月初，又召开了第三次的全国按劳分配理论讨论会。1977年就搞了三次会议。

在第二次讨论会前，光远说，要编个资料，把"四人帮"的谬论按专题编出来，作为批判的靶子。他找了几个人让我领着编，大家翻报刊，查资料，编了一个多月，没有编出来。后来我想起来了，从1974年开始，我就把报刊上批判按劳分配的文章做了上百张卡片，可以拿来用嘛！那时，我为什么注意这个问题呢？因为1954年以后我已经不做新闻工作，转行搞经济学了呀！1958年，张春桥写文章批资产阶级法权。报刊上发表了不少文章，有赞成的，有反对的，闹了一阵子。我不同意张的观点，但没发表文章。1974、1975年报刊上又讨论这个问题，引起我的注意，就收集这方面的资料，做成卡片。我对光远说，由我自己来编吧。我把这些卡片分别整理以后，按光远的要求编了一本资料，提供给第二次全国按劳分配理论讨论会，印发大家。这个标题为《关于按劳分配问题——"四人帮"及其喉舌的谬论以及其他有关报刊言论摘录》的内部资料，1977 年 4 月，收入上海《出版通讯》，到现在我还保存着呢。

第四次全国性的按劳分配理论讨论会，是在 1978 年 10 月份开的。会议的规模很大，出席的代表除经济理论工作者外，不少实际经济部门和单位也有代表参加。会议从理论上进一步深入讨论，不同意见充分展开交锋，同时也讨论了实际经济工作中的问题。我同赵履宽提供了恢复计件工资和奖金制度的论文，在大会发言，讨论热烈，劳动总局的同志发言也很积极。

1977～1978 年的四次全国按劳分配理论讨论会，我是积极的参加者和组织者。我提交会议的论文，有与苏绍智合作的《驳姚文元诋毁按劳分配的谬论》、《马克思主义的平等观和"四人帮"在平等问题上诋毁按劳分配的谬论》；以及与赵履宽合作的《关于计件工资和奖金的几个问题》。会后，均压缩、改写公开发表于《人民日报》、《光明日报》等报刊上。同时，四次讨论会的资料，在 1978 年由三联书店先后出版了两本论文集，书名《关于按劳分配问题》。

持续近两年的按劳分配讨论，批判了"四人帮"的谬论，实际上冲击了"两个凡是"。前面提到，八级工资制、按劳分配、货币交换跟旧社会没有多大差别，这话是毛泽东跟丹麦首相谈话时讲的。如果按照"两个凡是"，毛主席讲的话不能改，毛主席的话句句是真理，你怎么能说按劳分配是社会主义新事物，不会产生资产阶级呢？你怎么还主张恢复计件工资和奖金制度呢？正因为按劳分配理论讨论触犯了"两个凡是"，所以政研室署名特约评论员的文章受到了"凡是派"的严厉批评。

这期间，有一个情况要交代一下。1978 年 5 月 5 日，政研室发表了一篇很长的文章，题目是《贯彻执行按劳分配的社会主义原则》，发表在《人民日报》上，署名本报特约评论员。这篇文章我要说明一下，现在有的人搞错了，说是我写的，其实这是一篇集体成果，我只是写作组里面一个成员。这篇文章的写作组是由林涧青牵头的。为什么要写这篇文章呢？同我和苏绍智有直接的关系。在 1977 年 8 月 9 日，我们两个人在《人民日报》上发表了一篇文章，叫作《驳姚文元按劳分配产生资产阶级的谬论》。这篇文章发表以后，政研室将它送给邓小平。邓小平看后，跟于光远他们说，文章观点是正确的，但是作者的思想还没有完全放开，还需要再写一篇大文章，展开来，堂堂正正地把问题说清楚。那天，光远到我家说了这个意见。因为有小平的指示，胡乔木就布置写作，指定林涧青牵头，苏沛、滕文生、林子力和我，我们四五个人一起，写了一个来月。文章写好后，室领导多次修改，最后还送邓小平审阅，念给小平听了两遍，通过了，才在《人民日报》上正式发表。

这篇谈按劳分配的文章发表后不几天，5 月 11 日，《光明日报》发表了《实践是检验真理的唯一标准》，署名也是本报特约评论员。这两篇文章出来后不久，汪东兴就出来批评。他在一个宣传会议上批评说，理论工作要慎重，有的文章提的问题就不好。特别是《贯彻执行按劳分配的社会主义原则》，还有《实践是检验真理的唯一标准》，这两篇文章特别不好。这两篇文章发表，我们都没有看过，是哪个中央决定的？他这个话是很厉害的，意思就是说，你们眼中还另有一个中央。邓小平知道此事后，跟政研室的负责人讲：最近风声很紧。《人民日报》、《解放军报》转载了谈真理标准的这篇文章；吴冷西打电话批评《人民日报》，说这篇文章很坏，转载是错误的。

对此，于光远说过一句很重要的话：现在"领军"的问题提出来了。真理标准是从哲学上、指导思想上提出问题，我们按劳分配的讨论是从一个具体的领域，经济领域提出问题，是从实践里面提出一个当前很重要的问题。我们要求恢复计件工资和奖金制度，对促进经济的发展起了实际的作用。同时，我们并不认为我们提的这个问题是一个可以概括一切的大问题。从哲学思维，从领导思想上解决问题的是真理标准的讨论。一个民族，一个国家，如果没有理论、没有哲学纲领的指导的话，是搞不好的。

这段时期，经济学界还举行过生产目的问题的讨论会。1980 年 12 月 4～10 日开了一次规模很大的、全国性的讨论会，成立了以于光远、陈岱孙、龚士奇、王惠德、宋涛等 19 人的大会主席团，我被推选为大会秘书长。会议收到论文 114 篇，大会发言 39 人，中心小组发言 59 人次，还在 12 月 7

日晚组织了一次沙龙。这次会议开得既紧凑，又生动活泼。白天开大会、小组会，晚上开中心小组会。中心小组会是会议领导小组和各组召集人一起深入讨论白天会上提出的问题。会议明确了生产是为了人，为了人的幸福，人是生产的目的，而不是什么生产的手段；批评了"先生产，后生活"，"先治坡，后治窝"的观点。王惠德在一次会上提出了以人为本的"人本主义"思想。另一次中心小组会上，于光远讲了一个信息：有几个年轻人，其中之一叫翁永曦，他们提出了24个字的主张："抑需求，稳物价；舍发展，求安定；缓改革，重调整；大集中，小分散。"据说，很受陈云同志关注。大家就此展开了讨论，认为抑需求、舍发展、缓改革、大集中，这些提法反映了一种保守的倾向，是不可取的。

回顾这一段历史，经济学界的大讨论，对即将开启的经济体制改革有一定的影响，一是在理论上，较深刻、全面地批判了"四人帮"诋毁按劳分配的谬论，澄清了许多混乱的错误观点。实践中，恢复了工资和奖金制度，激发了广大职工的生产积极性，促进了国民经济增长，也为后来的经济体制改革创造了必要的物质条件。二是初步突破了"两个凡是"的束缚。前面提到，在真理标准讨论开始以前，经济学界已经讨论了一年多。可以说，是经济学界的讨论首先冲击了"两个凡是"，但是还没有完全突破，好像一扇门挤开一个缝；到真理标准大讨论时，这个思想的闸门才被完全打开。

三 "社会主义初级阶段"概念的由来

历史研究应该实事求是，首先要尊重史实。"社会主义初级阶段"的概念，从提出到展开有一个过程。这里，有两个基本事实：其一，"社会主义初级阶段"是于光远1981年提出的，以后他又出版了阐明这个提法的理论著作。其二，中共十三大报告以社会主义初级阶段作为基本路线制定的依据，进而展开论述。

关于第一点，与我有一些关系。1978年的秋天，中国社科院经济研究所在湖南长沙召开了一个新生资产阶级的讨论会，这个会是许涤新主持的，我代表国务院政研室去参加。会上，主要讨论中国当时的新资产阶级分子是怎么产生的？有人坚持是按劳分配、资产阶级法权产生的；有人认为，是从商品生产、价值规律产生的。我不同意这些意见，我的考虑是，这个问题只有放到社会发展阶段中，才能说得清楚。因此，在长沙会议最后一天的大会上，我做了一个发言，提出了阶段问题，但没有详细论证，需要继续研究。

回来以后不久，我就参加了1979年初的理论工作务虚会。我在第2组，苏绍智在第5组，我们经常见面。当时，我正在考虑社会发展阶段的问题。我对苏说：我们是不是搞"阶段问题"？我把在长沙的考虑跟他说了。苏说：我也碰到了这个问题。于是，我们商量要做一个联合发言。苏绍智的英语很好，他在外国资料上看到一篇文章，讲到1852年的科隆共产党人案件，被告之一勒泽尔有个供词，说：马克思曾经多次讲过，革命胜利后，社会发展的阶段问题。还说：在小资产者掌权的革命以后，接着产生社会共和国、社会共产主义共和国、纯粹共产主义共和国。老苏说：勒泽尔的供词不一定准确，但是，这些材料可以印证马克思是主张有阶段的。这样，我们两个的观点就弄到一起了。随后，我们就合作，他写他讲的那一段，我写前后段，最后再统一一下，在两个小组同时发言，分别登在两个小组的简报上。

应该说，在这次会上，是我们首先提出来讨论阶段问题的。毛泽东在读苏联经济学教科书的时候，也谈过阶段问题，讲到发达的社会主义、不发达的社会主义两个阶段。后来，他主张，从无产阶级取得政权以后，一直到共产主义社会到来之前，整个社会主义阶段，都是过渡时期，不再划分阶段。这个时期都存在阶级和阶级斗争，都要实行无产阶级专政。这个就不得了，一直要斗，搞阶级斗争。我们认为，当时的社会只能是不发达的社会主义，以后才是发达的社会主义。怎么能不分阶段呢？漫长的社会主义都是过渡时期，你就老要搞阶级斗争，搞无产阶级专政。这怎么行呢？这也不是马克思的观点。所以，我们就提出了这个问题。实际上，这也是针对毛泽东的主张，因为他搞"大过渡"嘛。

1978年前，对过渡时期问题已经讨论过好多次了。大致有三种意见，一种是小过渡，也就是马克思讲的，无产阶级专政是短暂的过渡时期的需要，到了社会主义就不需要无产阶级专政了，国家就要逐渐走向消亡。中过渡的时间要长一点，即不发达的社会主义，也还是过渡时期。大过渡是说整个社会主义都是过渡时期了，一直到共产主义到来之前，都是过渡时期，一直要实行无产阶级专政，进行激烈的阶级斗争。毛泽东把这个观点写到《对国际共产主义运动总路线的建议》那篇文章里面去了，还说是马克思和列宁都讲过的，强加给马克思和列宁。而我们的观点是，第一，社会主义这个漫长的时期，要分为几个发展阶段；第二，当前中国处于不发达的社会主义阶段。在不发达的社会主义里，还有资产阶级，还有个体经济，还允许有一些剥削存在嘛。所以，我们把这个不发达的社会主义也算作过渡时期。

在理论工作务虚会上，我们讲阶段问题，会上并没有反对意见。我们发言登了简报以后，当时《经济研究》的主编董辅礽要发表我们的联合发言。1979年5月的《经济研究》上，题为《无产阶级取得政权后的社会发展阶段问题》的文章，就是苏绍智与我合作写的。没想到，文章发表以后，引起一场轩然大波。

事情是这样的，1979年6月份，胡乔木给《经济研究》写了个字条，指示他们，组织文章同我们商榷。7月5号，邓力群在社科院，召集了一个五六人的小会。他在会上，拿出我们讨论阶段问题的文章，说这篇文章有问题。他提得非常尖锐，说："这不是理论问题，是政治问题，是否定中国是社会主义。""过去凡是派和实践派有争论，看来苏、冯是实践派。凡是派就会说，你们连中国是社会主义都不承认，他们会拿出中央文件来同我们争论。"他树了一个假想敌啊，还讲了一大篇话，我都记不得了。反正主要就是要批判。据说，会上有人提出，他们写反批评的文章怎么办？邓说：反批评的不能发表，内部刊物也不能发，只能打印供领导参考。后来，我们才知道，在这个会议以前，胡乔木在社科院的走廊里碰上胡冀燕，说："苏、冯这篇文章很有问题，估计光远事先不知道吧？"的确，光远是不知道，我们没跟他商量过。邓力群在小会上还讲，中央两个秘书长①研究过，中宣部要说话。邓力群还要求参加7月5日这个小会的人要保密，不许泄露出去。但是，纸是包不住火的，很快我们就知道了。

---

① 邓力群所谓两个秘书长，是指当时中央委员会秘书长胡耀邦，胡耀邦还兼着中央宣传部部长，胡乔木是社科院院长，他是中央委员会的副秘书长。

1979 年，正好是中华人民共和国成立 30 周年大庆，叶帅要在大会上讲话。中宣部起草了叶帅讲话稿，还准备了一个对叶帅国庆讲话的宣传提纲。7 月上旬，宣传提纲要在中宣部的会议上讨论。当时，胡耀邦还兼任中宣部的部长。胡耀邦主持中宣部时期，每个礼拜要开两次会，礼拜二开例会，礼拜五再开一个座谈会，把北京的思想理论界、宣传单位的头头，都请来参加。有新华社、《人民日报》、《光明日报》、《红旗》、编译局和中央党校等单位的负责人。7 月 6 日中宣部的会议，主要讨论叶帅讲话的宣传提纲。邓力群乘机把批我们文章的意见，弄到中宣部的会上去讨论。具体手法是，在叶帅讲话宣传提纲的最后一段，对当前错误思想的批判中，引了我们文章里的一句话，即"中国当前还不是马克思所设想的那个共产主义第一阶段的社会主义"，发给当天参加会议的人讨论。主持会议的胡耀邦，问大家对宣传提纲有没有意见。与会的王惠德是中央编译局的局长，他看了一遍后，问：这个宣传提纲发出去了没有？工作人员说：还没有。王惠德说：这个提纲现在不能发。最后一段要批苏、冯的文章，但是，这篇文章没有问题，他们没有错。于是，会上发生了争论。有的说，苏、冯的文章否定了中国是社会主义，表示要写文章批判；也有少数人支持王惠德的意见，不同意批判。耀邦说，意见不统一，下次再讨论。

过几天，中宣部第二次开会，还是讨论叶帅讲话宣传提纲。谈着谈着，又谈到阶段问题了。会上，多数人还是坚持要批，有的人不同意批。这次《人民日报》参加会议的副总编辑力排众议，他发言提出：苏绍智、冯兰瑞他们的文章我认真看过，其中并没有中国不是社会主义的意思。可是，会上许多同志说，他们的文章讲中国不是社会主义。我想请问几位部长、副部长是否看过这篇文章？他一个一个地问：耀邦同志看过没有？胡耀邦答：没有来得及看。他又问四位副部长：黄镇、廖景丹、张香山和常务副部长朱穆之，都回答：没有看。于是，他建议几位部长、副部长先将文章看看，再讨论。胡耀邦接受了这个意见，说看了文章下次再谈。这次会上，王惠德、王揖也讲了不同意批判的意见。

7 月 13 日，星期五，中宣部继续开会，仍是讨论叶帅讲话的宣传提纲。讨论中，自然又谈到批判错误观点的问题。在谈到《阶段》一文问题时，参加会议的《人民日报》副总编问：几位领导同志看了他们的文章没有？胡耀邦说还没有看，黄、张和廖副部长都还没有看，只有朱穆之看了。朱说，他仔细看了两遍。苏、冯的文章里没有讲中国不是社会主义的话，但是有这样一句话："中国还不是马克思列宁所设想的共产主义第一阶段的社会主义社会。"这句话，正是宣传叶帅讲话的提纲中最后引了要批的话。朱穆之说完，《人民日报》的这位同志立刻拿出一本小册子《坚持贯彻按劳分配的社会主义原则》的单行本，就是上面说的那篇1978年5月5日《人民日报》发表的署名特约评论员的文章。他说："苏、冯文章中的这句话，出自胡乔木参与审阅批准发表的文章，他们是有根据的。"他一边说，一边翻，翻到小册子第8页，念道："诚然，我们现在的社会还不是马克思所设想的共产主义社会第一阶段……"听了他的发言，满堂惊愕，没有人再坚持批判的意见。那天散会前，耀邦亲自把宣传提纲稿子上引的那句话划掉，就宣布散会了。

1979年7月没有批成。可是，有些人并不甘心，"阶段"问题一直纠缠了五年。在1981年8月召开的思想战线座谈会上，又重提这个问题了。胡乔木讲话又批评有的人还讨论中国是不是社会主义。当时，光远是赞成我们基本观点的，就是要分阶段，但他并没有公开讲。实际上，我们文章只讲中国当前是不发达社会主义，并没有讲初级阶段。以后，有的人误会了，以为我们提出了社会主义初级阶段。不是的。社会主义初级阶段不是我们提出的，是于光远提出的。

1981年，在讨论《关于建国以来党的若干历史问题的决议》的过程中，胡乔木他们都是起草组的，要把批判否认中国是社会主义的错误观点写进去。于光远就不同意，说你不能这么写，两个人争吵起来。光远说：至少现在是社会主义初级阶段吧？胡乔木没有话说，这个概念就写进若干历史问题决定中去了。社会主义初级阶段就是这么提出来的，当然这个跟"阶段风波"是有关系的。于光远写了一篇文章，就叫《从阶段风波到社会主义初级阶段》，说得很清楚。

1981年6月，社会主义初级阶段第一次在党的文件中出现；接着，就是1982年耀邦的十二大报告，关于社会主义初级阶段多讲了几句话；第三次是 1986 年十二届六中全会通过的决议中，也是胡耀邦主持起草的《中共中央关于社会主义精神文明建设指导方针的决议》。这三次都没有展开论述。到了 1987 年，在党的十三大报告中，社会主义初级阶段的论述才展开。在起草十三大报告的时候，3 月 21 日，赵紫阳给邓小平写了一封请示信，说十三大报告打算以社会主义初级阶段作为整个报告立论的根据。并特别说明："初级阶段"这个提法，在党的文件中已三次出现，但都没有发挥。如您同意，报告的起草工作就准备循着这个思路加以展开。3 月 25 日，邓小平批示："这个设计很好。"这些材料表明，社会主义初级阶段论的形成，客观上存在一个过程，是随着经济改革在实践中不断推进而逐步完善的。

最后，我想说的是，以前我们所做的理论研究，都是在社会主义的这个前提下进行的，主要是维护按劳分配、社会主义生产目的、社会主义要分阶段等一些基本概念。现在看起来，正像邓小平讲的，什么是社会主义还是一个问题，那么在这种情况下，怎样看待当年的一些讨论呢？我认为，这些讨论对揭批"四人帮"，拨乱反正，突破"凡是"的束缚，对发展生产、改善劳动者的生活，推动社会进步，起到了一些实际的作用，但并没有触及什么是社会主义这样一个深层次的基本理论问题。我现在觉得，社会主义是什么还没有搞清楚，初级阶段是不是还要发展到中级阶段呢，是不是要发展到高级阶段呢？高级阶段到底是什么样的社会呢？是不是共产主义呢？都还是问题。

知青返城冲破了传统就业体制的藩篱

口述者：顾洪章 *

访谈者：马国川

时　间：2009 年 4 月 14 日

地　点：顾洪章住宅

整理者：马国川

从 1962 年开始，国务院知青办已经换了很多茬儿，但我一直没有离开知青办。可以这样讲，在国家机关参加知青工作全过程的，除了我，大概没有第二个人。所以，我比较了解知识青年上山下乡的整个历史过程。根据我多年的体会，毛主席把知识青年上山下乡当作一场政治运动来看待，是作为一项重要工作，从头至尾都非常关注。所以说，毛主席不去世，"文化大革命"不结束，这件事情不可能收场。

一　知识青年上山下乡运动进退维谷

从历史上看，知识青年上山下乡有两个阶段，即"文化大革命"前和"文化大革命"中。"文化大革命"前是有计划的上山下乡。从 1955 年开始

---

* 顾洪章（1930～），辽宁沈阳人。历任农垦部移民局干部，国务院农办安置办公室干部，中央安置办公室干部，国家计委劳动局安置组副组长，国务院知识青年上山下乡领导小组办公室负责人、副主任。

到 1962 年，是以地方为主来搞的，数量很少。1962 年，周总理开始抓这件事情，花费了很多精力，有组织、有计划地在全国范围内组织上山下乡。他的初衷是，探索一条解决城市就业问题的道路，同时也设想通过知识青年把科学文化带到农村去，有助于改变农村的落后面貌。"文化大革命"开始后，特别是 1968 年毛主席发表"知识青年到农村去，接受贫下中农再教育，很有必要"的指示，把知青下乡变成了一场"反修防修"的政治运动。所以，这时期的知识青年上山下乡运动，纯粹是一种政治冲动与政治行为。

1976 年粉碎"四人帮"后，从中央到地方，忙于清理与"四人帮"有牵连的人和事。直到 1977 年 12 月 12 日，国务院知青办才召开省、市、自治区知青办负责人座谈会。这次座谈会采取只出题目、不回答问题的方式，主要听取地方的意见，为全国知青工作会议做准备。

座谈会开了一个月，到 1978 年 1 月 13 日才结束。座谈会集中反映了几个问题：（1）还要不要坚持知识青年上山下乡的方向？（2）怎样面对招工政策引起的思想波动。（3）在清查运动中，有些地方政策界限不清，打击面过宽。（4）管理知青工作的干部普遍感到压力大，心里急。大多数同志认为，对知识青年上山下乡应历史地、现实地看问题，简单地肯定和简单地否定都不适宜。毛主席历来强调做计划，办事情，要坚持统筹兼顾、适当安排的方针。城市青年，或者进学校，或者到农村去，或者到工厂去，或者到边疆去，总要有个安排。按照这个方针办事，正确处理好招工、招生、下乡、留城等问题，可以把工作做活，路子越来越宽。最后，座谈会确定，由国务院知青领导小组会同中组部、中宣部、最高人民法院、国家计委和财政、教育、农林、商业、公安、卫生、劳动、出版、物资等部（局），总政，以及工会、共青团、妇联，组织力量，对存在的问题，分别由有关部门进行调查研究，提出解决的意见。同时，建议各省、市、自治区党委参照中共中央、国务院的办法组织力量进行调查研究，总结经验，对所存在的问题提出解决意见，报送国务院。

根据这次座谈会的精神，3 月 27 ~ 28 日，由有关部门及地方政府抽调三十多人集中学习，然后组成调查组分头下去调查。就在集中学习结束时，传达了邓小平 3 月 28 日和胡乔木、邓力群的谈话。邓小平说："要研究如何使城镇容纳更多劳动力的问题。现在是搞上山下乡，这种办法不是长期办法，农民不欢迎。四川一亿人，平均一人不到一亩地。城市人下去实际上形成同农民抢饭吃。我们的第一步应做到城市青年不下乡。然后再解决从农村吸收人的问题。归纳起来，就是要开辟新的经济领域，做到容纳更多的劳动力，其他领域也要这么做。"这之后，党中央和国务院领导人多次谈及知识青年上山下乡问题，基本思路是，在坚持上山下乡方向、稳定大局的前提下，要逐步减少，以至做到不下乡。

根据中央的意见，7月20日，国务院知青办向党中央、国务院呈送了《关于城镇知识青年上山下乡方针问题的请示报告》。这个报告实际上是为即将召开的全国知青工作会议确立基调。在此之前，即7月4日至10日，国务院知青办召集京、津、沪三市知青办主任座谈，研究城市如何广开门路，逐步做到多留少下的问题。三市认为，经过努力，是可以做到的。经过一段准备，10月7日，中共中央发出《关于召开全国知识青年上山下乡工作会议的通知》。《通知》指出，为实现毛主席要解决知识青年问题的遗愿，会议将研究解决以下7个方面的问题：（1）深入揭批"四人帮"干扰破坏知识青年上山下乡的罪行，肃清其流毒和影响，完整地、准确地理解和贯彻执行毛主席关于知识青年上山下乡的一系列指示，统一思想认识；（2）研究如何广开就业门路、采取多种多样的形式安置知识青年的问题；（3）研究留城政策的调整问题，是否可以逐步做到少下或不下？哪些地方现在就可以不搞上山下乡而自行安排；（4）研究如何统筹解决在乡的800万知识青年，特别是1972年底以前下乡老知青的问题；（5）总结和推广知青工作典型经验；（6）研究如何在下乡青年中开展业余教育和培训工作，如何发挥他们在普及农村科学文化知识和科学实验中的作用，研究如何整肃迫害知青的犯罪活动和保护知青健康成长的问题；（7）研究知青工作的领导体制，加强办事机构及带队干部的管理问题，研究如何整顿思想作风、组织机构和经费管理等问题。

在10月7日发出开会通知前后，国务院和中央政治局有过三次深入的讨论，不仅在中央决策层逐步统一了认识，而且为即将召开的全国知青工作会议奠定了基调。

第一次是 9 月 12 日，李先念、纪登奎、陈永贵召集国家劳动总局、国务院知青办、团中央等有关部门负责人康永和、许世平、韩英等，讨论知识青年上山下乡的大政方针问题。纪登奎说："总的方针是要稳住，'逐步做到不搞上山下乡'的提法要考虑。要在坚持上山下乡的方针下，以求安定团结。我们的指导思想是宣传下，做到不下。不宣传上山下乡就不能安定，就要乱套，也会给下边造成困难。农场要稳定住，这也是个方针。"李先念说："前提是上山下乡，但老办法不行了，做法要改变，不然，'四不满意'，国家每年还要花二十个亿。"他说的"四不满意"，是指城市、农村、家长和青年本人都不满意。

第二次是 10 月 9 日，李先念主持国务院会议，就国务院知青领导小组呈送的《关于知识青年上山下乡问题的汇报提纲》进行了讨论。李先念说："对过去知识青年上山下乡做个估计，把成绩肯定下来，是毛主席号召知识青年下乡嘛！不把成绩肯定下来就乱了套。下去一千七百多万，还有八百多万在农村，事实上是起了很大作用的。不肯定这一条，这么多劳动力怎么办？国营企业总的说是人多了，整个工业多了两千万人。有些行业人不够，特别是服务行业的人不够。现实状况是，城市多了两千万人，城市毕业生容纳不了。关键在于多两千万人，就多吃一百亿斤商品粮。粮食问题是涉及城乡的一个很大问题，牵涉到整个国民经济的全局问题。解决这个问题的根本措施是发展生产。把知识青年统统搞下去对不对？我看不对，管得多了，不管什么人都搞下去。今后要集中管好一百八十九个大、中城市。"纪登奎说："下面都在等着，到了必须解决问题的时候了，再不解决会造成大问题。现在社会上有各种舆论，总的是说不下乡了。动员单位不动员了，社会上几百万人安排不下，在乡的几百万要回来。浙江、辽宁发生上千人闹事。这个问题处理不好，对当前大好形势会产生消极影响，所以要解决一下。"胡乔木说："知识青年上山下乡这个口号不完全，只是一个地理概念。如果是去就业，就要研究上山下乡的就业问题；如果是为了建设社会主义新农村，也不妥，那么多农民不能建设？农村也不缺劳动力。上山下乡实际是过渡的，不能说没有目的，至少没有归宿。如果把插队作为就业来处理，在群众中通不过。解决这个问题要同教育配合起来，多数人不能升大学，所以就得有就业教育。"

　　第三次是 10 月 18 日，华国锋主持召开中共中央政治局会议，再次讨论《关于知识青年上山下乡问题的汇报提纲》。会议原则同意《汇报提纲》中有关解决知识青年问题的方针和政策措施。在讨论中，华国锋说："国营农场潜力大得很，但我们这套管理办法不好。"还说："今后，农场搞得好的，允许工资高一点，奖励也高一点，工人可以拿到六七十元工资。实行按劳分配，好的要给提级，要给奖励。现在的提级不是按劳动的好坏、贡献的大小，而是按工龄长短，这个办法要改变。好坏一个样，怎么调动积极性！"邓小平讲："这个文件（指《汇报提纲》）提出的办法是可行的，比较有利于安定。现在下乡的路子越来越窄，总得想个办法才行。例如，'三集中、一分散'的点，可否想办法搞卫星城镇？彭冲同志打算在上海周围建十个卫星城镇。北京人口集中，也可以建卫星城市。东北、西北、西南轻工业都非常薄弱，市场上没有多少东西，北京的轻工业也非常薄弱，要开辟新的行业、新的领域。轻工业是个大行业，过去我们考虑不够。我们要真正解放思想、广开门路。不仅新成长的青年要就业，还有实现四个现代化以后工业上减下的人要安排。"[①] 李先念说："社会上议论很多，'四不满意'是我讲的。青年不满意，家长不满意，社队不满意，国家也不满意嘛！对女孩子，母亲都担心，实际上也出了不少问题。在处理上如果不肯定成绩，首先是下面受不了，我们也受不了。根本办法是发展生产，要讲究经济效果。首先是把农场办好，否则稳定不下来。我同意小平同志意见，广开门路。如绿化，植树造林，可以安排很多人。"叶剑英说："同意这个文件，开会时要讨论，提出具体办法。要因地制宜找出路。要注意提高青年的科学文化技术，城乡都要想办法。思想要解放一点，胆子要大一点，办法要多一点。要想办法发展社队工副业，发展卫星城市，插队的要缩小。"纪登奎说："知识青年问题已经到了非解决不可的时候了。现在城里的不想下去，农村的八百万都想回来。都待在城里没有事做，是一个很大的不安定因素。搞好了是积极因素，搞不好是影响安定团结的因素。"五·七"干校已经轮训了三遍，搞不

————————

　　① "三集中、一分散"指下乡青年集中住宿、吃饭、学习，分散劳动。

下去了，可以组织办农场安置知识青年。上海青年大量搞病退，已经批了三万，还有八万待批。搞不好要出事。"

从中央决策层讨论的情况看，在一些基本问题上已经取得了共识：知识青年上山下乡这条路走不通了，要广开就业门路，通过发展服务业，办好国营农场，来解决就业问题。

二　全国知青工作会议出现转折

1978年10月31日至12月10日，经中共中央批准，全国知识青年上山下乡工作会议在北京召开。会前，上上下下做了比较充分的准备。提交会议讨论的《汇报提纲》，是在认真调查研究的基础上，经过国务院和中央政治局多次讨论审定的。

10月30日下午，纪登奎、陈永贵同出席会议的部分代表进行了座谈。纪登奎讲："这个问题是一个老大难问题，政治局讨论时，觉得这个问题要从根本上解决，还有待我们国家社会主义建设的发展，需要从各方面广开就业门路。但这件事还得有一段时间，城乡都要广开就业门路，要好好规划一下，想方设法开展起来。现在的矛盾是，城里多了两千万人，主要是工业上的人多了。这还是按照中国的先进工厂计算的，按照外国的计算，可能多了一半。这是第一。第二，就是我们国家农业仍然是国民经济的薄弱环节，在发展国民经济、实现四个现代化问题上，农业的现代化是比较困难的。现在还有上亿农民吃不饱，这样，是不能实现现代化的。就这么个矛盾，经过努力，看看几年能够解决？在商品粮还不能满足销量的情况下，要进口粮食、食油，这就减慢我们国家建设的速度，消耗一部分资金。所以，知识青年问题的解决，从根本上讲要依靠粮食问题的解决。真正实现四个现代化，那时候问题就可以真正解决了。现在还不能完全在城市就业的情况下，还得有个过渡阶段，还得几年。大约是几年，就看我们的努力了。在这个时期，也只能像《汇报提纲》提出的那些办法去解决问题。"还说："《汇报提纲》提出的办法，第一条是调整政策，缩小上山下乡的范围。你们看行不行？过去是管多了，现在是不是只管一百八十九个大中城市。小城镇、林区、矿区、铁路沿线就不管了。就是'文化大革命'以前的办法。""京、津、沪、辽的问题要重点研究，单独解决。想了这么多办法，就是要城乡广开就业门路。我提个建议，对安置知青所办的知青场队实行'三不政策'，政治局同意。只要是集体安排青年的，都实行'三不'的办法，即一不上交农副产品，二不上交税收，三不上交利润。这种做法在中国是特殊的，在世界上也是特殊的。总之，根据十年规划达到的目标分析，知识青年这个问题可以解决。但当前国民经济还有矛盾，只能这样办。请你们思想解放一下，有什么好的意见、办法，都讲出来，不说你是'拔根'。我们要认真把问题讨论清楚，切切实实加以解决。"

正当会议本着积极稳妥、安定团结的精神研究解决知识青年问题时，11月23日，《中国青年报》发表了一篇题为《正确认识知识青年上山下乡问题》的评论员文章，在会场内外引起了轩然大波。文章的要害在于，对我国的上山下乡活动缺乏历史的实事求是的分析，把上山下乡同林彪、江青反革命集团的政治阴谋捆在一起，使统筹解决知青问题更加复杂化了，不利于在安定团结的气氛中稳妥地解决知识青年问题。文章说："林彪、'四人帮'把上山下乡搞成一个谁也碰不得的禁区。他们不仅人为地制造了许多本来完全可以避免的矛盾，而且拼命反对毛主席关于统筹解决知识青年问题的指示，阻挠和破坏有关政策和措施的落实，致使许多本来可以解决的问题，长期得不到合理的解决。""林彪、'四人帮'猖狂践踏党的优良传统和作风，混进知识青年战线和基层干部队伍中的少数坏人，肆无忌惮地乘机谋取私利。"

出席会议的多数代表认为，在会议期间发表这样基调的文章是很不适宜的，会使下面造成错觉，以为这是中央的精神，对稳定局势不利。上海代表看到这篇文章后，立即给市委领导同志打电话，要市知青办做好思想准备，可能要受到上访青年的冲击。云南代表说："云南国营农场的知识青年正在闹回城，这回火上加油，工作更难做了。"黑龙江的代表说："现在东一榔头，西一棒子，把我们弄得晕头转向，不把问题搞清楚，不敢回去。"据各地来电来信反映，评论员文章在下乡知识青年中引起了强烈震动，他们感到回城要求有了政治和理论依据。江苏宜兴县张渚公社18名下乡知青见到文章后，立即到县城街头张贴这篇文章，并贴出大字报，说："上山下乡错了，要求落实政策返城。"上海市一些下乡青年在人民广场、中山公园和火车站贴出"拥护评论员文章"的标语，说："文章讲出了知青、家长的心里话。"一些安置知青的县派专人带着名单到上海市政府要求收回下乡知青，说他们不愿再做"四人帮"的"帮凶"了。一时间，到各级政府上访的知青猛增，并相互串联，酝酿上街游行示威。

为了继续开好知青工作会议，11月29日，会议领导小组召集各省、市、自治区出席会议的负责人和知青办主任开会，说明了《中国青年报》评论员文章并不代表会议精神，对发表此文，事先毫无所知。根据中央领导同志指示，会议仍按中央政治局讨论批准的《汇报提纲》精神办事。后来，胡耀邦同志要求《中国青年报》吸取这一教训，不要再帮倒忙了。

12月10日，历时41天的全国知识青年工作会议结束；12月12日，中共中央批发《全国知识青年上山下乡工作会议纪要》和《国务院关于知识青年上山下乡若干问题的试行规定》，要求各级党委切实加强领导，认真贯彻执行，积极而稳妥地统筹解决好知识青年问题。这次全国知识青年工作会议及其形成的文件，标志着中国知识青年上山下乡的历史转折。最根本的是五点：一是还要坚持上山下乡，是为了条件成熟时不再搞上山下乡；二是逐步缩小上山下乡范围，有安置条件的城市也可以不再动员下乡；三是尚需动员下乡的，不再插队，要因地制宜地举办知青场、队，国家给予优惠政策；四是已经在农村插队的知青，要逐步予以重新安排；五是城镇要积极开辟新领域、新行业，扩大就业门路。应该说，城乡人民对中央的这些举措是满意的，特别是插队知青格外兴奋。但是，对安置在兵团、农场的知青来说，过多地看到他们已身为国家职工，所处条件较为优越的一面，而对他们实际难处和坎坷经历考虑不周，且在当时有些问题和意图又难以说得清楚。因此，在中央决定的贯彻执行过程中，遇到了麻烦和矛盾。

三　知青返城风潮的冲击

实际上，早在全国知青工作会议之前，个别农场已出现下乡知青罢工、请愿事件，但多数地区的农场知青还是稳定的。中共中央在批转全国知青工作会议文件时提出："要鼓励和支持他们安心农场工作，为办好农场贡献自己的力量"。"今后一般不办理病退、困退，如果家庭和本人确有特殊困难，可以通过组织商调"。这样做的初衷，原是想稳住 200 多万农场知青，减轻城市的就业压力。没想到文件下达后，事与愿违，更加引起了农场知青的不安。许多知青后悔当初不该来农场。他们说："到农村插队，还可以通过招工回城，而招工与农场知青无缘。现在连病退、困退的路子都堵死了，回城更无希望了。"有人编成顺口溜说："插队插队，越插越对；插场插场，越插越长；改变现状，只有上访。"于是，农场知青罢工、请愿之风迅速在各地兴起。

农场知青"闹事"是从云南西双版纳垦区开始的。1978 年 11 月 28 日、29 日两天，知青代表丁惠民等在景洪召集会议，西双版纳各农场都派有知青代表参加。会议商定，组织知识青年步行到昆明，然后北上请愿。西双版纳 8 个总场，除橄榄坝外，其余景洪、勐海、小勐仑、勐遮、勐满、勐棒、勐腊等 7 场的 3 万多知青都参加了罢工，造成整个垦区工作瘫痪，生产停顿。北上请愿团兵分三路：一路去上海与在沪知青联合；一路直达北京，与外地返京知青联合；一路经重庆、成都到西安，与延安知青会合。经过一段时间发动和准备，12 月 22 日，首批请愿团 42 人到达昆明，要求无票乘车赴京请愿，影响 62 次列车正点发车。经省委派人说服无效，不得不向中央、国务院告急。12 月 27 日，以景洪农场知青丁惠民为首，带领第二批请愿团从昆明购票乘车到达北京。到京后，在天安门和西单贴出大字报，提出"要回老家"。国务院值班室分别电话通知云南省委及国务院有关部门负责处理此事。12 月 30 日，国家农垦总局、国务院知青办及国家劳动总局的负责人听取了请愿团丁惠民等人的汇报，答应研究解决一些实际问题，并希望他们以大局为重。

1979 年 1 月 2 日，民政部部长程子华遵照党和华国锋、邓小平、王震的指示精神，召集国家农垦总局、国家劳动总局、国务院知青办等有关部门负责人开会，就西双版纳国营农场知青进京请愿一事进行了研究。1 月 4日，王震、程子华接见了丁惠民等十名请愿代表。王震希望农场知青"以国家人民利益为重，把眼光放大一些、远一些，立志边疆，建设边疆，保卫边疆"。王震、程子华接见请愿知青代表丁惠民等的谈话印发云南各垦区后，迅速在知青和干部中传播，对于稳定农场局势、稳定知青情绪起了一定作用。多数农场知青开始复工，一些类似"上访请愿团"、"汇报团"、"联络站"的组织也自动解散。然而，云南垦区的这场风波，在短暂平静之后，1月下旬，景洪农场部分知青又重新闹了起来，声称："不达回城目的，决不罢休！"与老挝接壤的勐腊农场，部分知青因回城得不到答复，竟砍断了近百株已经开割两三年的橡胶树。罢工波及西双版纳以外地区，并且接连发生集体绝食事件。云南省委再次向中央和有关省市告急。

1月23日，国务院召开紧急会议。会议由余秋里主持，出席会议的有王震、陈慕华、谷牧、王任重、康世恩及有关部门负责人。会议认为，全国知青工作会议对国营农场的知青问题，确实讨论研究得不够，有的规定过于笼统。比如"今后一般不办理病退、困退"，提出了"商调"的办法，但商调的渠道和手续没有明确。再加上许多农场问题成堆，长期得不到解决，使青年们感到"无路可走"。最后，大家基本同意国务院知青办1月18日报送的《关于处理一些地方知识青年请愿闹事问题的请示报告》中提出的六条意见，即：（1）积极办好国营农场，把农场办成农工联合企业，国家给予支持。职工工资适当提高。要尽量把知青稳定在农场，这是前提。（2）需要商调回城的，可以参照以往办理病退、困退的规定，仍由知青部门负责办理。（3）城镇职工退职退休后，可以招收其在农场的子女。（4）从国营农场参军的知识青年，从1979年起，退伍复员后可以回父母所在地分配工作。（5）城市招工时，允许到农场商调本市下乡知青。（6）上海郊区去云南农场的青年，本人愿意回原籍社队，可以允许。这"六条"实际上为农场知青回城开了方便之门。当天下午，国务院秘书长分别给四川、云南省委打电话，把国务院会议精神告诉了他们。

2月上旬，云南省召集北京、上海、成都、重庆、昆明等市商讨如何具体落实国务院"六条"精神时，参加会的云南昆明和四川成都、重庆代表都很干脆，表示保证在六个月内，优先安置农场知青返城。北京和上海则采取变通办法，同意走病退、困退这条路。"六条"精神，很快在云南垦区各

场传播开来。知青们闻讯欢呼雀跃。他们唯恐夜长梦多，一个个急于从
"六条"中寻思回城的捷径，有的为了达到目的，甚至不择手段。一阵返城
旋风，就这样在云南垦区各场蓦然刮起。

云南垦区的这场风波，很快蔓延到各地。从 1978 年 12 月起，有 21 个
省、市、自治区（河北、山西、甘肃、宁夏、贵州、湖北、广东、西藏除
外）相继发生了下乡知青和支边青年要求回城的集会、请愿活动。到 1979
年 2 月，形成一股声势很大的"返城风"。一方面来势猛，波及面广，不仅
许多地方的农场知青闹回城，在插队的已婚知青、已在当地城镇安排就业的
知青、下乡后参军又复员在外地工作的知青，以及各类下放人员子女中，也
都引起连锁反应。另一方面，许多地方出现了相似的越轨行为，一般是四处
串联，成立各种形式的请愿组织，先是发传单、出小报、贴标语、集体上
访、请愿游行，而后发展为任意罢工、绝食，甚至发生冲击领导、殴打干
部、砸毁公物、抢劫商店、破坏交通等违法行为，严重破坏社会安定。

1978 年底，全国在乡知青共有 606 万多人，其中插队的有 476 万人，
农场的有 130 万人。仅 1979 年一年回城知青达 414.6 万人，其中插队的
335.8 万人，农场的 78.8 万人。数百万知青回城了，可是没有工作啊！工
厂根本安置不了这么多人。

当时，没有实行合同制，工人都是终身制，父亲退休了，子女可以自动
顶上去，但工厂根本腾不出指标来安置这些返城知青，一些街道办事处的院
子都站满了申请工作的人。许多知青把美好的青春都交给了各地的农场或农
村，千方百计回到城市以后，发现其他同龄人工作、住房什么都有了，而自
己却一无所有，心理很难平衡，这给当时的社会治安也带来了很大隐患。如
何安排返城知青就业，成为各级政府特别最头痛的事。大家意识到，只停留
在原有思路考虑问题已经不行了。

四　就业政策的重大调整

新中国成立以来，出现过几次安置就业问题。第一次是刚刚建国的时
候，国民党统治时期遗留下大量失业人群，等到 1957 年"一五"计划完成

的时候，这个问题就基本解决了。第二次是 60 年代初期，经济困难，又出现就业问题。解决办法是动员下乡，凡是城镇安排不了的，就组织下乡参加农业生产。第三次就是"文化大革命"，动员了上千万城镇知识青年奔赴农村，这就掩盖了城镇失业问题。那时候，不承认社会主义国家存在失业问题。因此，当几百万下乡青年蜂拥回城，城镇出现庞大待业大军时，人们一时竟不知所措。直到中共十一届三中全会冲破"两个凡是"的思想束缚，才使人们的头脑逐渐变得清醒起来，开始按照实践是检验真理的唯一标准，认真总结历史经验教训，从实际出发，寻找解决就业问题的新途径。

1980 年 5 月 8 日，中央书记处在讨论教育工作时，胡耀邦指出："要把城市青年上山下乡种地的办法改过来。要用其所长，不要强其所难。过去的办法是一举两害，现在要一举两得。"他批评说："有些同志在劳动力的就业问题上，思想包袱过重，忧虑过头，或者相当不解放。最近实践证明，只要我们从广开门路、发展生产着眼，并且放开手脚，走群众路线，搞集体所有制，大中小城镇的几百万待业青年都可以安排工作。"5 月 9 日，赵紫阳在听取劳动工作汇报时说："真正人口问题不在城市，而是农村。想叫城市人口到农村，大城市占领小城市，根本行不通。现在是农民进小城市。你要搞联合企业，农民就要进小城市。将来农民干什么？根本问题是农民要减少，不能靠大城市去搞小城市。过去想把城市的负担叫农村来负担，今后城市和农村，各负担各的。过去一讲城市人口多了，就往下边安，到郊区也不是长期办法。有些工业必须吸引农村劳动力，农民劳动力没处去是个大问题。社办工业吸收农民劳动力是必然趋势。"

为了开创劳动就业的新局面，中央委托国家劳动总局党组和中央书记处研究室，邀请有关理论工作者和实际工作者连续举行座谈会，就分析就业问题的形成原因和解决问题的对策进行了深入的探讨，提出了许多有价值的论点和建设性意见。大家认为，粉碎"四人帮"以后，劳动就业工作的成绩是显著的。但劳动就业是一个全局性问题，有许多问题需要抓住根本，进行改革。

8 月 2~7 日，中央召开全国劳动就业会议。会议明确提出，今后解决劳动就业问题，要打破劳动力全部由国家包下来的老框框，在国家统筹规划和指导下，实行劳动部门介绍就业、自愿组织起来就业和自谋职业相结合的就业方针。即"三结合"的就业方针。用当时比较形象的话来说，就是"谁的孩子，谁抱走"。在这一方针的指导下，实践中逐步摸索出一条路子。

首先，扶持集体经济的发展。1980 年以后，各地发展了一批待业青年自愿结合、自筹资金举办的集体企业。这些企业是群众自己创造的一种合作经济组织，有的是合作社，有的是合作小组，都是自负盈亏的。创办资金除了自筹，还可以从当年城乡统筹知青安置经费中借给一部分，也可以由银行给予低利贷款，并准予单立账户，生产中所需三类物资可以自行采购，一、二类物资以及劳动保护所需物资，有关部门尽可能给予保证；大厂的边角余料给予适当照顾；国家对商业和饮食业的合作经济组织，实行和国营商业同样的批零差价和货源分配。在合作经济中的劳动人员计算工龄。经营好的工资福利可以高于国营企业。

城市区县以上举办的集体企业，人们习惯称为"大集体"，大部分仍然是统负盈亏，实行的政策和制度也与国营企业基本相同。由国营企业扶持举办的集体企业，主要是为了安置本企业职工子女就业，有的是自负盈亏，有的是国营企业包下来，不管盈亏照发工资。街道办的集体企业，小巧灵活，能够适应不同的社会需要，有利于扩大就业，但是相当多的没有企业自主权，实际上并不自负盈亏。这些集体企业在不同程度上存在国营企业那些缺点。国家为了解决青年就业，在税收上采取了一系列照顾措施。

第二，创办劳动服务公司。1978 年，一些省市就学习 50 年代在失业工人中组织生产自救、以工代赈的经验，把待业青年组织起来进行生产自救，取得了很好的效果。1978 年 8 月，国家劳动总局向国务院务虚会上提交的汇报提纲中建议，在各大中城市成立劳动服务公司。从此，劳动服务公司得到了迅速发展。各区县、街道及部分农村地区都相应设立劳动服务公司（站），到 1979 年底全国建立了 4211 家，到 1981 年底就达到了 11583 家。在这些企业中就业的人数达到 126 万人，利润 1.27 亿元。

劳动服务公司根据用人单位的需要和条件，介绍待业人员就业，一定程度上已经具备劳务市场的性质。后来随着社会发展，有些城市干脆把劳动服务公司改为职业介绍所或职业介绍服务中心。虽然现在劳动服务公司已经成为一段历史，但是它是人们逐步转变就业观念的一个象征：就业不再只有统包统配，原来还可以自谋职业、自主创业；到全民企事业单位工作是就业，到街道小厂工作也是就业。

第三，支持和鼓励待业人员从事个体经营。为了鼓励待业青年自谋职业，政府要求有关部门对个体经济予以支持，不得刁难歧视。1981年，中央明确提出："国营经济和集体经济是我国的基本经济形式，一定范围的劳动者个体经济是公有制经济的必要补充。"随后，国务院颁布《关于城镇非农业个体经济若干政策性规定》，对个体经济重新定位，个体经济逐步得到恢复和发展，提出："在我国社会主义条件下，遵守国家的政策和法律、为社会主义建设服务、不剥削他人劳动的个体经济，是国营经济和集体经济的必要补充。从事个体经营的公民，是自食其力的独立劳动者。各地政府和财政、商业、轻工、物资、银行、工商管理等有关部门，应当认真扶持城镇非农业个体经济的发展，在资金、货源、场地、税收、市场管理等问题上给予支持和方便。"

与此同时，还提出18条政策性规定，主要内容有：国营企业和集体企业，根据需要和可能，可以有计划地将一部分适合于分散经营的手工业、修理业、服务业和商业的网点，租给或包给个体经营者经营。凡有城镇正式户口的待业青壮年，都可以申请从事个体经营；退休职工中，具有当前社会所急需的技术专长或经营经验、能够包教学徒传授技艺的，也可以申请从事个体经营。个体经营户，可以请一至两个帮手；技术性较强或者有特殊技艺的，可以带两三个最多不超过五个学徒。个体经营户所需要的原材料、货源，属于计划供应的部分，当地商业、物资等有关部门应当根据统筹兼顾、一视同仁的原则，纳入计划，合理分配，积极安排。个体经营户所需资金，自筹不足的，当地政府和有关部门可以设法帮助筹措；资金周转有困难的，可以向银行申请贷款。从事社会急需而又紧缺的修理、加工、饮食和服务业，国家在税收方面可酌情给予适当减免。个体经营者可以向保险公司缴纳社会保险金，逐步建立劳保福利和退休制度。个体经营者可以在自愿的原则下，按行业成立个体经营者协会或联合会。

中央和国务院原来的要求是，在1985年以前，大体上解决待业人员，包括回城知识青年的就业问题。实际上，到 1981 年末，全国大部分省、市、自治区已经把 1980 年以前积累下来的待业知识青年，主要是回城待业的知识青年基本上安置完毕。1979～1981 年的三年间，城镇新就业人员累计达 2622.6 万人，平均每年新就业的有 874.2 万人，比 1978 年就业人数多 329.8 万人。这是新中国成立以来安排就业人数最多的时期。到 1981 年末，不仅历年积累的待业知识青年走上了工作岗位，而且当年新成长的城镇青年也得到就业的机会。这主要是改革开放、搞活经济的方针政策，拓宽了就业的渠道，集体和个体经济的迅速发展，第二、第三产业的急剧增长，为就业创造了良好的条件。

发展个体、私人经济的决策过程

口述者：梁传运[*]
访谈者：鲁利玲
时　间：2007 年 11 月 1 日
地　点：北京市西城区佟麟阁路 85 号
整理者：鲁利玲

　　说起来有些意思。"文化大革命"前，我参加工作时，就是总结对资本主义工商业进行社会主义改造的经验；改革开放以后，我又研究恢复发展个体、私营经济的政策；前后大约有二十六七年，差不多都在跟个体、私营经济打交道，所以我和它有缘呀！

　　1979 年 6、7 月份，我从国家工商局抽调到国务院财经委体制组。当时，国务院财经委下面有四个小组，统一由姚依林负责，他是财经委的秘书长。第一组是体制组，第二组是结构组，第三组是理论方法组，第四组是进出口小组，或者叫引进小组。体制组的组长是张劲夫，薛暮桥、廖季立是副组长，办公室的负责人是柳随年。开始时，体制组在国家计委 607 号房间办公。我到体制组后，主要是参与经济体制改革的方案设计。当时，我们找了各方面的人，理论界的、政府部门的和实际工作者，分别举行座谈会，出简报，设计改革方案。当方案设计好的时候，我们就搬到中南海工字楼办公了。

---

　　* 梁传运（1940～），历任国家工商总局企业登记处副处长、处长、个体经济管理司副司长、司长。

　　1980 年的夏天，体制组就改为中央财经领导小组下面的体制改革办公室了。新组建的体改办征求各个部门的意见，要抽调人员，当时要留下我。我和费开龙是从工商局抽过来的，工商局党组副书记史敏同志具体管这个事。他说："我们当年伤筋动骨地抽人支援国务院搞调查研究，现在又要留我们的人。"他不干，挺生气的。廖季立就把这个意见跟我们说了。我也不愿意得罪工商局，毕竟在工商局已经干了十多年了。就这样，在 1980 年 7 月底 8 月初，我就回到了工商局。

一　发展城镇非农业个体经济的决策过程

　　1980 年夏天，我回到工商局以后，仍在企业登记局。开始，这个局里面的业务处工作分成国内和国外两个部分，只有我一个负责人。不久，又调来一个处长，她负责搞外资企业的登记管理，包括中外合资企业、外商独资企业和外商驻京办事处的登记管理；国内这一块儿业务归我，我继续做国内企业和个体工商户的登记工作。从此以后，一直到 1991 年春天，我离开个体司到工商局的另外一个事业单位任职，一直是搞个体私营经济的发展政策和管理工作。

　　就在我回到工商局的一个多星期后，国家计委经济研究所的何建章要了解个体经济的发展情况，叫我和费开龙去汇报。费开龙原来是国家计委的，他和何建章熟悉。何建章让我介绍个体经济的情况，我就把近两三年来个体工商户的发展情况向他们所里的人做了介绍。同时，我还介绍了解放以来个体经济经历的几个发展阶段，从作为五种经济成分之一，到对资本主义工商业的改造，一直到"文化大革命"被当成资本主义尾巴割掉，再到现在城里个体工商业户就剩下 14 万人的情况统统都讲了。在讲到当前的问题时，我记得提出了三方面的问题：一个是对个体工商户的认识问题。当时，对于个体工商业还是被当成资本主义的尾巴，歧视它。这个问题如果不解决，不好办。第二个问题，我觉得政策上还需要协调，各个部门不统一，政策也偏紧。再一个就是管理体制问题。从管理体制上说个体工商业到底属于谁管？谁主管，谁指导？我的这些意见，他们都挺重视的。

9月，国家计委副主任顾明同志又让我去汇报情况。顾明指示，让计委的一个叫高纯德的局长也来听。在我汇报之前，顾明先给我传达了中央领导的一些批示。其中，有一个是胡乔木写给姚依林和杜星垣的条子。那个条子我当时看了，并做了记录。内容大概是：依林同志、星垣同志，是不是要尽早地制定关于集体经济和个体经济的法律。他又加了一个括弧，说："不行的话，制定暂行条例也行。这个事应该抓紧。"还说：制定这个法规或者条例，一方面要回答国内的一些同志，我们怎么发展个体工商户的问题，也解决一部分就业的问题。同时，也要对国外的朋友有一个交代，也有一个说法，回答到底走什么道路的问题。可见，当时对国内来说，发展个体工商户，大家都在思考，但无章可循。我估计，三中全会以后，有些人怀疑中国是不是还走社会主义的道路。因此，胡乔木根据国内外的那些材料，写了这样一个批示。后来，我知道，胡乔木提出的起草文件的事由杜星垣来办了。杜星垣就把这个事交给顾明，因此，顾明就找我们汇报，就是要回答胡乔木提出的这个问题，要落实这个指示。顾明了解情况以后，就写了一个报告给姚依林和胡乔木，说是可以分成两个小组，对集体经济和个体经济做一些调查，在调查的基础上立法。关于集体经济的调查，他开始提议交给轻工部，轻工部起草了一个稿子，不行。后来，又把这件事交给劳动部，重新返工了。个体经济的文件起草就交给国务院财贸小组和工商局了，但实际上还是由工商局来牵头，由我来具体执笔。

为什么要起草这样一个文件？我认为，胡乔木的批示只是一个直接原因，大的背景还是当时的社会环境决定的。一方面是社会确实有这个需求，商业网点太少，存在吃饭难、穿衣难、行路难等"几难"问题。另一方面，是存在大量的待业青年。我的印象是，当时社会上大约有2000万的待业青年。其中，有1000多万的下乡知识青年，很多人通过各种各样的关系都回来了，每年还有几百万的新增就业人员。压力很大啊！第三个方面，是地方政府的需求。其实，针对当时的社会压力，各地都在制定一些办法，制定一些规定，或者是制定一些临时措施。还有一些省在观望，就是因为缺少国家的政策法规依据。在这种背景下，胡乔木指示要尽快起草集体和个体经济的法规，或者是能搞个条例也行，就很得人心了，地方政府在实际工作中就有了政策、法律依据。

接下来，我的工作就比较明确了，中央有指示，要制定个体经济的文件，我就开始组织这件事。当时，我的直接领导是王文克，工商总局的副局长，还有一个高阶平，是我们企业登记局的负责人，我主要对他们两人负责。计委那边，就是对顾明、高纯德负责。我组织了一个小组，成员有公安部一个姓鲍的女处长、商业部的路士良、税务总局的易运和、劳动部的孙志贤参加，起草个体经济文件就落实到我们几个人头上。因为制定一个政策条例，需要各部门的协调，所以我们几个人经常开会。先由我根据大家的意见，拿出来一个草稿，抛砖引玉，大家再一起讨论修改。

在开始起草文件的时候，我们的想法就很明确，一些指导思想都写在了文件的"帽子"里面。比如说，"不剥削他人劳动"，"要在国家法律规定的范围内发展"。这就是说，要把个体工商业的发展限制在国家法律之内。再如，为什么要发展个体工商户？理论界的提法很多，而我们起草文件的目的很明确，重点要解决两个问题：一个是怎么样搞活市场，一个是怎么解决就业问题。在文件的"帽子"里，还有一个问题，就是发展非农业。为什么提出这个问题？当时认为，就业问题只涉及城镇居民。在农村，农民从事农业生产，就算就业了，不存在就业问题。我们发展个体工商户，发展个体经济，就是要解决城市的就业问题，农村可以先不考虑。这个文件的最后以及其他有关文件都说，农村个体工商户也可以参照这个办法，就是这个道理。

关于如何确定个体工商户的规模？当时要求个体工商户是最小状态。开始说，个体工商户一人经营，就是一个人干；后来说，允许一家人干，即家庭经营，准许夫妻老婆店和全家经营。再后来，又有人说，有的事一家一户干不了。比如开餐馆，要有红案、白案，你不可能又会做菜，又会做面食；你即便有了红案、白案，还得有人采购，有人做饭、炒菜。饭菜做好后，还得有人收钱、有人卖。餐馆是一个例子，其他行业也是这样。发展三轮车，有的人有车，但没有人来蹬；有人会蹬，但他没有钱买车啊。这样，开办一个运输个体户，就可能有一个买得起三轮车的，另一个是会蹬车的。当然，那时候是不准你发展机动车的。对于非机动车，三轮车是个例子，平板车也是个例子。一个人拉平板车，还得有一个人装车、搬运啊，一个人也干不了。这些实际中提出来的问题都摆在那里。所以，文件提出，可以请帮手和学徒，而且是最少的。后来，又提出来学徒应允许再多一点，有些技术性的行业，一两个学徒不够。特别是有人提出，有些手工艺品行业，像杭纺、湘绣、苏绣，还有雕刻，就是现在说的劳动密集型行业，两三个学徒生产量太小，但多了也不行，那就三五个吧。初期，允许带两三个，最多五个学徒，就是这么来的。为什么叫"帮手"？其实，帮手就是雇工，因为帮手都是熟练的工人；但一叫雇工，就是剥削，就跟资本主义联在一起了。这在当时，法律上是不允许的。为了回避剥削，就用了"帮手"这个词。我记得，在研究雇工这个问题的时候，好像是何建章提出了"帮手"这个词，我们单位也有人提出过。最后，文件规定：个体户"一般是一人经营或家庭经营"。为照顾一些行业的需要，又规定，"必要时，经批准，可以请一至两个帮手"；并确定"技术性较强的或者有特殊技艺的，可以带两三个，最多不能超过五个学徒"。这一两个、两三个，最多不超过五个，就是这么来的。不是要规模小嘛，要拾遗补阙嘛，不能雇工嘛，就最小，不能再小了。因为考虑到一些特殊情况，所以才加上这么点浮动。问题就这么简单！后来，有人说，个体经济请帮手的人数，是从马克思的《资本论》中找的依据，什么七人以下就不是剥削，没有那么回事！

当然，在起草文件的时候，我们还要考虑政策的延续性。在 50 年代，在划定小商、小贩、小业主的时候，中央有个文件，小业主算个体工商户，划在劳动者范围之内。当时说，商业能带一个雇工；交通运输业可以带两个雇工，像拉车，肯定要有人帮着装车、上货；手工业可以带三个雇工，如开作坊，最简单的一个人拉风箱，还有两个人打锤，还要三个人呢。在这个范围内，都是属于劳动者范畴。在起草文件时，我们考虑到这一点。应该说，我们主要是从政策上考虑的，并且和历史上的一些法律相衔接。所谓个体工商的规模就是这么来的，可以回避雇工剥削这个问题。

文件初稿拿出来后，先让工商总局的局长看，之后送到计委，计委再送到顾明那里。1980 年的冬天，在我们起草到两三稿的时候，就去顾明那里汇报。当时，顾明在中南海假山会议室办公，就是"文化大革命"前李先念他们待的那个地方。顾明在听汇报的时候，主要是我和高纯德讲。我记得，顾明提出一些问题。他说：雇工倒不是什么问题，我更关心的是待业青年问题，还有像退休人员的问题，个体工商户怎么管的问题，这些问题比雇工问题更紧迫。可见，当时的领导主要是关注解决现实问题。

1981年上半年，赵紫阳主持国务院常务会议，听取我们文件起草小组的汇报。本来，在文件的行文体例上，我们是要起草一个法规或条例，但是改来改去，结果既有点儿像条例，又有点儿像指示。比如说，我们要求各省、市、自治区在实行这一政策时，应先调查研究，教育干部，做出大体的规划，切忌一哄而起，放弃领导。并且说："一般"怎么样，"必要时，经过工商局部门批准"等等，这些表述也都出来了。在听汇报时，赵紫阳反对这些提法。他说："'一般'、'必要'，这词都不要，不能写成一般的党政文件，要写成'法'。"在讨论到请帮手、带学徒的人数问题时，姚依林说："不要具体写了。"赵紫阳反对，说："不行！这一点不能打马虎眼，要写清楚。不写清楚，到下面不好做工作，要有具体规定。"但他同时强调："请帮手、带学徒这种事情不要经过批准，让下面自己做就是了。"汇报回来后，我们在一起讨论。多数人认为，现在写这个法律的条件还不成熟，保留一些措辞大家也都接受。有些限定性的词放在这儿，让个体经济在一定范围之内发展，不要让人以为我们要发展资本主义了，能解除这些思想顾虑。所以，这些词，如"经过批准"、"一般"、"必要"、"各地应"怎么样，"然后"怎么样，在文件中仍然保留了。

1981年7月7日，国务院公布了《关于城镇非农业个体经济若干政策性规定》，即国发108号文件，大家都拍手叫好。这里需要说明的是，不是先制定文件，才有了实践，而是实际中已经存在了很多个体工商户，逼着你要有个规范，这才制定出了文件来。后来，我们搞的有些政策，是实践中还没有走出来，就弄了一个办法。所以，总是疙疙瘩瘩地发展不起来。我们起草这个文件时，不是这样的。它是个体户已经先有了各种各样的形式，之后才用文件的形式把它规范了，框起来了。经过一段时间的发展以后，出现了新的问题，再制定新的办法，再来框。当然，想一直框起来，那也不实际。在这一点上，我很同意杜润生说的，不要拿你的规定和办法去框"实际"，"实际"是你框不住的。

二 发展私营经济的决策过程

1981 年夏天，108 号文件制定出来以后，企业登记过程中又提出了很多问题。按理说，有了文件后，按照文件执行就行了，但实际上不行。举几个例子。

比如说，文件规定，最多请两个帮手，五个学徒。但是，如果这七个人结构发生了变化，学徒还是五个，但实际上他不是学徒了，成帮手了，行不行？还有，帮手和学徒是按熟练不熟练划分的，什么叫熟练？能规定出具体的条条吗？另外，如果允许退休人员经营，那他一方面拿着退休金，另一方面又赚钱。退休人员肯定技术熟练，比别人都有经验，这样在同行业竞争中处于优势地位。如果不让退休工人经营，那些待业青年干不了，他们既没有经验，也没有技术，谁给他们传授技艺？能直接传授技艺的就是退休工人。没有人带他们，个体户可能就组织不起来。有一次，我们到下面搞调查，就发现一件有趣的事儿。当地工商局发给个体户一张表，其中有一条："你有什么特长？"有的个体户就写："浑身都是力气"。这就是他的特长。因此，我们综合了解实践中的情况，认为准许退休人员搞个体户，利大于弊，因为他们有经营经验，能够带学徒，能传授技艺。这一政策实施后，各地反映还不错。然而，又有人提出，退休人员的比例要不要限制？退休人员干个体经营，该放多宽，是不是也要有个办法？再一个就是劳教人员，一般够不上工商投机倒把分子，要不要有点儿限制，有点儿办法，这个政策有没有界限？是不是应当允许机动车搞个体运输？再有就是农村，什么叫农村个体工商户？指的是有农村户口，从事非农业产业。而有些农民只是在农闲临时经营，对农村个体工商户是不是也要有一个办法？尤其是农村包产到户以后，剩余劳动力准许不准许进城？原来进城要发个临时营业执照，现在能不能发个正式执照，也让其经营？如果准许长期进城经营，又带来一系列的问题，治安啊，户口啊，还有原材料的问题，城市就业的问题，财政补贴、子女上学的问题等等，都提出来了。

到了 1983 年，根据各地反映的情况，需要对 108 号文件进行补充完善，搞一个补充规定，这个文件也是我们起草的。我们当时的主导思想是，由于个体工商户的自然发展，对其行业、人员、经营方式都应放宽一些，特别提出要准许合作经营，实际上就是搞合伙制。我记得，在国务院讨论补充规定稿子的时候，万里不太同意用"合伙"这个词。他说：有现成的"合作经济"这个词，他对合作经济挺感兴趣。后来，关于合作经济组织规定单独拿出来，形成了一个文件。因此，4 月 13 日，国务院公布的文件比较特别。尽管是对 108 号文件的补充，但却包含了两个文件：一个是《〈关于城镇非农业个体经济若干政策性规定〉的补充规定》，一个是《关于城镇劳动者合作经营的若干规定》，允许个体户向纵横拓展的一些规定，就变成了合作经营的文件内容。前一个文件，主要是对于退休人员、劳改的人员、在职人员能不能搞个体，写了若干条，真像一个就事论事的补充规定。现在来看，合作经营组织有点儿不伦不类，又是合伙，又是合作组织，又像个人，界限不是很清楚。实际上，合作经营组织始终没有规范好，以后我们工商局在登记时，渐渐地就淡化了。再后来，有了《民法》，正式确立了合伙企业，就把合作经营代替了。

实际上，当时更大的问题，还是雇工人数增加这个事。特别是在农村，雇工人数多了，超过十个了。我们说，合伙可以雇工超过十个人，但后来到几百人了。当时的农村文件只说准许办个体企业。怎么办？

我记得，1985 年 2 月 12 日，赵紫阳有一个很重要的讲话，当时的《人民日报》刊登了这个讲话，是他对来访的比利时企业联合会主席雷森讲的。赵紫阳说：私人企业是社会主义国家中的资本主义成分。它的发展是有限度的，不会发展很大，将来对它不需要采取国有化政策，可以在税收上节制它的发展。私人企业有某种程度的发展对我国国民经济的发展是有利的。将来私人企业即使有了相当程度的发展，它同国营企业相比还是很小的，不可能操纵国家经济命脉。有一些私人企业，不会改变我们国家性质。他还说：发展私人企业，有可能是中国特色社会主义的一个重要方面。实际上，这是中央决策层的一个重要信号，就是要解决个体户向前发展的问题。我常说，个体经济有它自身的发展规律，不是能框住的。一旦开了一个口子，它就按自己的规律发展了。因为行业不同，地区不同，各种情况不同，五花八门的问题势必都要出来。但总的说，个体户的规模变大了，雇工人数增加了。这个问题应当怎么办呢？

为了解决这个问题，各方面议论很多，新闻界也开始关注了。1986年春天，光明日报理论部主任方恭温组织各方面人员，开了一个座谈会，把我也叫去了。我记得，与会的有国家体改委的，有国务院研究室的，有税务局的，还有学术界的。那时候，晓亮是中国社会科学杂志社经济编辑室主任，韩志国是编辑，这个会的综述就是韩志国搞的，登在《未定稿》上。在这个会上，我提出，对私营经济要进行法律界定，私营经济的地位要明确。现在，宪法上规定城乡个体工商户可以发展，个体经济可以发展，没有提私营经济。私营经济立法，宪法母法上没有根据。我还提出，个体工商户的划分标准，私营经济的概念，以及私营经济的管理问题等等。这一期《未定稿》把大家的意见都包括进去了。可以说，个体工商户发展中提出的这些问题，引起了理论界的高度关注，领导层的关注就不更用说了。实际上，中央在1984年、1985年的一号文件，都提出来"个体企业"，"私人企业"的概念。当时，领导层、理论界比较一致的意见是，在制定个体经济政策的同时，应该规范私营企业或者私营经济。

在这个过程中，我们有一个课题组，是社科院国家"七五"规划的科研项目，主要研究私人经济的法律地位。当时，晓亮、张厚义也有一个组，主要是研究私营企业主的问题。我们两个课题组经常交换意见，交换信息。我们对中央和国务院的精神掌握得比较多，他们掌握理论界的一些探索，这两方面可以结合起来。因此，我经常到晓亮那个课题组介绍情况，提提意见；我的课题组有了什么进展，也请他们过来一起研究。

1987年10月，赵紫阳明确提出，要抓紧进行私营经济的立法，并责成国务院秘书长陈俊生来抓这个事。那时候，每年制定条例，都要报给国务院法制办公室。于是，我们国家工商局根据报批的规划，开始着手制定私营企业条例。当年，我们搞个体经济那个文件，前后历时一年，中间搞了十几稿，经过计划会议、工商局长会议，各个部门会议，最后是国务院常务会讨论才通过的。这次搞私营企业条例也是这个路子。我们工商局负责起草，法制办的桂敏杰也参加了，他具体负责协调这事儿。我们到陈俊生那儿讨论过几次，他和陈俊生对话，还经常抬杠。私营企业条例前后讨论了有八稿、十稿。法制办负责组织各部门讨论，还听取各地的意见，经过反复修改，再上报中央和国务院。

1988年2月8日，赵紫阳主持中央财经小组会议，讨论有关私营企业立法的指导思想和重大政策问题。会上，赵紫阳指出：在我国，由于公有制经济占主导地位，国家可以通过法律法规对私营企业进行监督管理。我国的私营企业者与资本主义国家中的资本家在性质和作用上存在着明显的区别，不能像对待资本主义国家的资本家一样对待社会主义初级阶段的私营企业者。对私营企业要鼓励、引导它们健康发展，保障它们的合法权益，加强监督管理，以繁荣社会主义商品经济。这次会议，为我们进一步修改文件明确了指导思想。4月，全国人大通过了宪法修正案，确立了私营经济的法律地位，从而为私营企业条例的出台扫清了道路。

5月27日和6月3日的上午，国务院常务会议两次审议有关私营企业的法规。在第一次会议上，大家提了一些意见，认为对什么人可以办私营企业、私营企业允许经营哪些行业的政策规定不够明确；对私营企业的税收政策规定会引起对国营和集体企业税收政策问题的连锁反应如何处理，也要进一步研究。会后，我们对《私营企业暂行条例》做了进一步的补充修改；同时，对《私营企业所得税暂行条例》也做了进一步研究，并且拿出了由于《私营企业所得税暂行条例》出台而引起的国营和集体企业现行所得税条例连锁反应的处理方案。这样，在国务院常务会议第二次审议时，私营企业的两个法规获得了通过。6月25日，国务院正式颁布了这两个条例。

三　起草《私营企业暂行条例》的政策依据

当时，在私营企业的划分标准上，大家的分歧意见比较大，这也涉及如何给企业定性的问题。大致有三种意见。

一种意见说，要恢复1950年的提法。我们制定的《私营企业暂行条例》说，私营企业是私人投资经营从事营利性的各种经济组织。简单说，就是私人投资经营的组织，这个经济单位叫私营企业。这个提法的最大的毛病是，没有确定雇工人数，这样造成了很多问题。最大的问题是，资本家和小业主、个体商贩、个体户分不清楚。凡是私人投资的企业，后来都按照社会主义改造的原则进行改造，俗称"一锅煮"。改造中，私人企业经营者统称为"私方人员"，并一律改为拿5厘定息。为解决这个阶级成分不清的问题，1979年，中央有一个决定，批准统战部、计委等6家的报告，这个报告就是根据1950年政务院的有关规定，把劳动者和资本家从私方人员里面单划出来。当时也有几条杠杠，不同行业雇工人数不同。政策界限是，解放前连续三年雇这么多人，就划为资本家；没有达到3年的，划为劳动者。再有一个标准就是资本数额，以2000块钱为标准，没有达到2000块钱的，都划为劳动者，或者是划为小业主、小商小贩，反正不划成资本家。这样一搞，将原来86万"私方人员"中的绝大多数都划出来作为劳动者，好像仅剩下16万人当作资本家。在讨论文件中，大家说，如果按照1979年规定的标准，还会导致资本家和小业主、小商小贩，也就是个人经营和资本主义企业的经营分不清楚的问题。赵紫阳1985年的讲话不是有这么一句嘛："私人企业是社会主义下的资本主义因素。"若按照这个意见给私人企业定性，又变成资本主义成分的东西和个体成分、劳动者成分的东西，分不清楚。这个意见不可取，所以就没采纳。

第二种意见说，最简单的办法是，凡是超过个体户规模的都算是私人企业。主张采用1981年国发108号文件及1987年中央5号文件中，对个体工商户请帮手、带徒弟的规定，即凡超过这个标准的都是私人企业，没有超过标准的就是个体户。有的人还提出，在雇工人数方面，要分行业限定清楚。应当确定，私人企业一般就是私人经营，可以雇请两个帮手再加两三个学徒，不超过五个人；技术性较强的呢，雇工不超过七个人。他们的意思是说，以雇工人数为杠杠，超过雇工上限就是私人企业，没有超过的就是个体户。这种意见抓住了一条，就是雇工。但是，我们最后考虑，这种分类虽然抓住了雇工，但没有强调私人投资这个事，投资多少也不知道，这也有问题。另外，关于技术性和非技术性行业也很难确定。一般说，零售店卖香烟、卖水果，没技术含量；搞彩绘、雕刻、无线电修理，一般算是有技术的，这个好说。那介于中间的，修钢笔的，弹棉花的，算不算有技术？不好划定。这就要划定行业，哪些算技术性较强的，哪些算技术性不强的，太复杂。所以，这个意见也不好采纳。但是有一条可以吸取的，它充分考虑雇工的问题了。

第三种意见是，把资产、私人投资和雇工八人以上作为划定私营企业的标准。这种意见比较准确地反映了私营企业同当时的国营、集体及个体经济在法律上的区别，同时，还兼顾了政策上的延续性与一致性。我国从1950年代到60年代、70年代，将小业主、小商小贩从资本家中划出来的时候，就考虑了两条：一个是不是私人占有资本，私人投资；第二，雇工人数多少。我们充分考虑这两点，所以在起草《私营企业暂行条例》时，采纳了这一意见，在《条例》里面重点写了这两条。私人投资的，私人经营的，私人所有的；同时，雇工八个人以上，就是私营企业。实际上，个体户原先八个人的话，是把个体户本人都算上了，一人经营，两个帮手，最多五个学徒，就是八个人；把他自己都算进去了，这是规模最大的了。所以，雇工超过八个人，就算是私营企业了。

我们在起草文件的时候，也反复地宣传，这样的规定并不是十分科学，但是没办法。为什么没办法？就是要应付当前的需要，要赶紧有个办法指导现实，没有这个办法不行。中央催，地方也催。简单地说，就是招架不住了，不然实际工作没法搞。小平当时说：对个体、私营经济，要"看一看"。领导们看一看可以，但到我们工商局这儿遇到具体问题得解决啊。那时候，我们工商局颁发的营业执照有两种，一种是正式的营业执照，不管个体户还是企业，都要有个营业执照，是长期的，算是正式户口。还有一种临时的，发给两种人，一个是短期经营，季节性经营，包括农民进城经营；还有一个就是发给困难户。但若要长期发临时执照，跟工商局发营业执照的原则是相悖的。哪有五年、八年的临时执照？所以说得赶快制定法规。显然，雇工八个人的标准是不科学的。因为它没有考虑到分行业、分地区的问题，也没有考虑到资金数量的问题。但我们在给私人企业定性时，主要考虑两条：一条是私人投资经营，第二条就是雇工。至于场地问题、规模问题，当时都来不及考虑，投资多少钱也不在考虑之中。回过头来看，当时制定这个《条例》，就是为了赶紧地适应现实需要，解决现实问题。

1988 年以后，不断有人提出雇工 8 个人的问题。到了 21 世纪，还有人提出这个事儿。有一年，保育钧问过我：8 个人到底怎么回事？理论界也有争论，有人说是参考马克思《资本论》提出的 8 个人的想法。为此，2001 年我在一个私营经济年会上，做了一个发言，我的观点就是：当时制定政策的人是从实际需要出发的，考虑到政策的连续性，即和三中全会以后制定的个体经济政策相衔接。至于马克思那个提法，涉及雇工 8 个人的问题，是在《资本论》剩余价值率那一章讲的，纯属一种巧合。马克思的论述，有几个严格的限制。一个限制是马克思举的例子在英国，再一个是他假定说剩余价值率是 100%，拿 50% 用于扩大再生产。在这种情况下，得出雇工 8 个人，私营企业主的生活就能比工人好一倍。他这里讲的是，货币所有者到了什么量的标准，才能从量变到质变，成为资本家。这个量的界限，他是举例子说的。这种情况，如果不是在英国，如果剩余价值率不是这么多，如果扩大再生产投资不是 50%，那雇 8 个人就没有什么意义。所以，我反复地说，我们当初制定政策，不是从马克思那儿来的，这只是一种巧合。

四　对于一些具体问题的说明

第一个问题，反自由化与发展民营经济的关系问题。1987 年初，中央提出反自由化；而在当年 10 月，中共十三大报告中，又提出要继续发展个体、私营经济。这个转变是怎么衔接的，怎么形成的？根据我的回忆，1986 年学潮，其主要问题是违反四项基本原则，是提出思想方面的自由化。所以，中央在 1987 年年初，为解决胡耀邦的问题，提出了反自由化。当时，主要是在意识形态和思想层面上提出问题。我听过传达，赵紫阳明确提出来，说：我们是在思想意识方面反对自由化，经济领域没有什么自由化的问题，要继续发展公有制为主体的多种经济。因此，到了十三大他就提出，在全民所有制以外，非公有制经济发展不是多了，而是还不够，各地要根据情况，还要大力发展，特别是一些修理业、服务业。在这方面，他特别提出，按行业不同，国营和非国营的，全民和非全民的比例可以有所不同。也就是说，有的地方个体成分、个体的产值产量，占 GDP 的比重，可以超过国营、全民。这就开了一个大口子。从统计资料看，1987 年底比 1986 年，不管是个体工商户人数还是户数都增长了十几个百分点，增长了一成多啊！

第二个问题，1989 年政治风波对个体工商户的发展有无影响？政治风波以后一段时间，个体工商户的数量减少了，这是实际情况。至于原因嘛，有很多。一个方面，是社会舆论对个体户不利。例如，当时社会上有人说个体工商户、小商小贩、劳教和劳改释放人员是动乱的积极支持者，意思是动乱的社会基础。举个例子。比如说，当时的"飞虎队"、摩托车队，主要成员是个体户，他们给广场上的学生送水、送饭。另外，说个体工商户收入偏高，有的人发展为中产阶级了。这样推论下来，个体、私营经济就成为这场政治风波的经济基础和社会根源。既然社会上有这种议论，领导就指示有关部门进行调查。在这种形势下，着手研究收入不公的问题，研究加强对个体税收征管问题。其中，有一次会议就是个体工商户的税收征管工作汇报会。出席汇报会的有山东和河北等几个省的税务局长，国家工商局领导、公安部长王芳、财政部长王丙乾也参加了，由税务总局局长金鑫主要汇报。因此，政治风波后，个体、私营经济的发展处于低谷期。

第三个问题是江泽民关于"把个体户罚得倾家荡产"的讲话。我查阅了当时那个未经审阅的记录。1989 年 7 月 12 号下午，江泽民、李鹏在国务院第二会议室听取金鑫关于个体税收征管问题的汇报。汇报完了以后，李鹏先讲话，江泽民最后讲话。江的讲话中的确有这么一句："对于不法经营的个体户就要罚得他倾家荡产。"那天，江泽民讲话的要点主要是这几条：首先说，他从上海到中央工作，就是要抓政治，抓党务。所以，他从政治方面讲几句。个体工商户的收税问题，不是一个简单的问题，是一个政治问题，要提高到这个高度来认识。现在个体工商户有的收入挺高，有的人开饺子馆一年就有 100 万元的收入。他说：解放前，我在上海做过青年工作，教过夜校，晚上常常在四川路那个路口的摊儿上吃点心。我当时问过他们个体商贩收入，他们说，糊口而已。现在，不是糊口问题了，动不动就是几万，甚至开个饺子馆也能赚几百万，这显然有问题。再一个，现在社会分配方式有问题，大家提出很多问题。据我所知，现在大学本科是 4 年，医学 8 年，连人身上有多少块骨头都要弄清楚。但现在学医的，做手术的，还不如拿刀破鳝鱼的个体户收入高。拿手术刀的不如拿剃头刀的，这显然不公！应该做一下这方面的研究。江泽民的这个讲话在当时影响很大，意味着对个体户的政策要收紧了。税务总局的同志讲，这个讲话以正式文件下发时，把"对于不法经营的个体户就要罚得他倾家荡产"这句话删去了。但这次讲话传到下边，还是对个体工商户发展产生负面影响。再加上随后不久，江泽民在党校有个讲话，组织部根据那个党校讲话的精神，搞了一个报告，最后以中央批转组织部报告的形式，发了一个中央 9 号文，规定不准私营企业主入党。这些文件都对个体工商户和私营企业发展有很大影响。

我记得，根据江泽民的这次讲话精神，1990 年夏天，国家体改委在北戴河召开了一次关于收入分配问题的研讨会，高尚全、柴晓宇同志也去了，还讲了话。由于我之前对于河北省保定地区的个体户收入问题做过一个多月的调查，并写了报告，所以就在那个会上做了一个发言。根据我们的调查，个体户的收入比当时政府工作人员、党务工作人员也就高出两倍到三倍，他们年收入就在两三千块左右；多的可达 10 倍，那是个别行业，不是普遍现象。当时，我们讲中等的，比较普通的行业，普通行业也就高两三倍，这就了不得了，没有高得那么夸张。也就是说，实际情况不像领导同志听到的那么严重。同时，北京的一些调查还证明，在政治风波期间，给学生送水、送饭的个体户，不是很多，倒是有很多个体户给进城的解放军送水呢。在我看来，有些调查结果就是往社会反映的典型事件上抹了一把泥，稀里糊涂，以后就不再提这些事了。

最后，我想说的是，改革开放以来，我们国家出台的每一项政策、每一个文件，都不是从马克思列宁主义的本本上抄下来的，而是从社会的现实需要出发，是根据当时的具体情况而制定的。同时，出台的每一项政策、每一个文件都不可能是很完善、很科学的，都要经过实践的检验，进而根据实践中出现的新情况、新问题，再制定新的政策和文件进行补充和不断完善。我们国家的改革开放的道路就是这样一步一步地走过来的。

共产党员雇工问题的三次讨论

口述者：张厚义[*]
访谈者：马国川
时　间：2009 年 4 月 28 日
地　点：中国社会科学院社会学所会议室
整理者：马国川

　　我是安徽人，1940 年出生，1965 年大学毕业后，先后在省报和地委党校从事理论宣传和理论教育工作。1978 年，考入中国社会科学院，是社科院第一届研究生。在读研究生期间，就开始做研究工作。1981 年毕业后，我被分配在农村经济研究所工作。1983 年，我作为"农村雇工经营研究课题组"成员，开始主持这个课题，一直做下来。近几年，我一直在写作《中国私营企业主阶层》，我发现雇工问题挺有意思的。新中国成立以来，关于共产党员雇工问题一共有三次讨论，影响深远。

一　新民主主义社会阶段的第一次讨论

　　1948 年 4 月 1 日，毛泽东在晋绥干部会议讲话中指出，现在农村中流行一种破坏工商业、在分配土地的问题上主张绝对平均主义的思想，这是一

---

　　* 张厚义（1940 ~ ），安徽巢湖人。中国社会科学院社会学研究所研究员，中国私营经济研究会常务理事，中国农村社会学研究会副会长兼秘书长。

种农民社会主义的思想。这种思想的性质是反动的、落后的、倒退的。我们必须批判这种思想。可是，毛选四卷出版的时候去掉了这句话。刘少奇在土改会议上也讲到，反对农业社会主义的倒退，应当批判这种思想。为了指导土地改革，由胡乔木等人起草《关于农业社会主义的问答》，这是经过毛泽东、刘少奇、周恩来、任弼时修改或审阅，反映中央领导共识的，并以新华社问答的形式于4月28日公开发表。那个时候，战争还在进行，新华社的文章基本上就是代表中央的意见。

当时的基本政策是由基本国情决定的。毛泽东在七届二中全会上讲，中国的国民经济结构，现代型工业占10%左右，农业和手工业占90%左右。这是在中国革命的时期内和在革命胜利以后一个相当长的时期内一切问题的基本出发点。毛泽东这个话是很对的。这个基本国情确定了新民主主义社会阶段的基本政策。这些基本政策都归结在具有临时宪法性质的《共同纲领》中。《共同纲领》关于经济政策的基本方针是：在工人阶级领导下，公私兼顾，劳资两利，分工合作，各得其所，促进整个社会经济发展。《共同纲领》还专门讲到，必须保护农民的土地所有权。包括保护收益权。土地是私有的，可以出租，可以买卖。根据土地法的原则，华东局、中南局等大区委员会相继发布经过中央批准的十大政策，中心内容是保护农民的土地私有制，允许土地出租、买卖，允许富农经济的发展，鼓励劳动自由、借贷自由、贸易自由等几大自由。在土地私有化的基础上，广大农民劳动致富，生产发家，开创了我国农村的第一个黄金时代。《共同纲领》还指出，中华人民共和国是新民主主义国家，实行人民民主专政，是以工人阶级为领导、工农联盟为基础的人民民主政权，在中国现阶段，人民是指工人阶级、农民阶级、小资产阶级和民族资产阶级，专政的对象是人民的敌人和反动阶级。人民民主专政跟无产阶级专政是两码事。

新民主主义有两个基本制度，一个是经济上的基本制度，一个是政治上的基本制度。新民主主义理论的重点任务，是批判那种消灭地主的农业社会主义的理想。农业社会主义是毛泽东第一个提出来的，他最初也是反对最坚决的。农业社会主义也就是民粹主义，它主张不经过发展资本主义阶段，直接从封建经济，也就是从小农经济发展到社会主义，这种思想在农民出身的党员占多数的党内是会长期存在的。在这种特定的环境下，党内容易产生实质上类似于农民社会主义的思想倾向。这个话是毛泽东讲的。这种思想的主要影响，就是过急过快地、整齐划一地消灭资本主义，认为把整个社会都改造为划一的平均的小农经济，就是实行社会主义。

1948 年，东北大部分农村完成了土改。到 1949 年底，农民的生活水平普遍上升，其中有上升户买车买马、雇长工、租赁或者买进土地。同时，也有一些农户因为缺少人手，或者是疾病灾害，生活水平下降，有的出租或者出卖土地，或者当帮工。不少农村干部提出，党员不应该剥削，那么党员是否可以雇工？新民主主义社会农村究竟是什么样的？

1949 年 12 月，东北局和东北人民政府召开由省市委负责人参加的座谈会。会议对如何对待富农，特别是如何对待成为富农的党员以及富农入党的问题，进行了讨论。多数人认为，共产党员不能有剥削行为，必须走互助合作、共同致富的道路。也有人认为，既然国家政策允许富农存在，也应该允许一些富农作为党员存在，党内党外的政策应该是一致的，否则党外的农民看到不让党员致富，就会影响农民生产的积极性。会议讨论的结果最后以东北局的名义做出一个决定，对共产党员和普通农民予以区别对待，共产党员不允许剥削，要坚持走共同致富之路。对坚持雇工的党员应限期退党，情节严重的要开除党籍。高岗在会上做总结发言，他强调要搞互助合作，明确指出党员不允许雇工剥削。这个会议以后，东北局将关于富农党员的处理意见报告中央。那个时候，各个大区的权力很大，中央没有统一的政策，一些政策和做法都是从下面上来的。

1950 年 1 月 23 日，中央组织部答复东北局的信明确指出：党员雇工与否，参加变工与否①，应有完全的自由，党组织不得强制，其党籍亦不得因此停止或开除。在今天农村个体经济基础上，农村资本主义的一定程度的发展是不可避免的，一部分党员向富农发展，并不是可怕的事情，党员变成富农怎么办的提法，是过早的，因而也是错误的。刘少奇在批发中组部这个答

---

① 变工是老解放区和 50 年代初期曾经施行过的农业劳动互助的简单形式，是农民相互调剂劳动力的方法，有人工换人工、牛工换牛工、人工换牛工等。——整理者注

复的同一天晚上，还同安子文等人做了谈话。此前，刘少奇访问苏联回来的时候，经过哈尔滨，住了几天，对东北农村的新情况做过调查研究。因此，他在这次谈话中，对怎样区分中农和富农、农民能单干是好还是不好、个体农民走向集体化的条件、现阶段对富农经济的政策、党员发展成富农怎么办等问题做了分析。

按照安子文整理的刘少奇谈话情况，大意是这样的："东北土改后农村经济开始向上发展了。有三匹马一副犁一挂大车的农民，不是富农，而是中农。"这句话很重要。土改以后农村实际上是中农化，不是两极分化。中农化是好事情啊，贫农分了土地以后，生活有改善。刘少奇说：今天东北的变工互助是建立在破产、贫苦的个体经济基础上的，这是一个不好的基础。将来百分之七十的农民有了三匹马，互助组就会缩小，因为中农更多了，他能够单干了。这是好现象。现在的变工互助能否发展成为将来的集体农庄，我认为是不可能的。这是两个不同的阶段，不能把新民主主义阶段同社会主义阶段混为一谈。由个体生产到集体农庄，这是生产方式上的革命，没有机器工具的集体农庄是巩固不了的。现在对富农雇人买马不要限制，三五年之后再限制。党员成为富农其党籍怎么办？这个问题提得过早了。有剥削也还是可以做社会主义者的。现在是私有制社会。党员生产发家了，要将财产交公也交不出去，将来实行集体化时，将自己的财产交公，这种富农党员也是好党员。因此，即使东北将来有一万富农党员也不可怕。因为过几年东北可能会有一百万党员，这一万人若都不好，再开除也不要紧。认为党员便不能有剥削，是一种教条主义。

刘少奇对新民主主义理论的贡献非常大。当然，贡献最大的是毛泽东，这个理论是毛泽东提出来的，也是他否定的，因为别人不敢否定它。这个时候，能够和毛泽东过话的只有刘少奇。毛泽东这个人很厉害，他一句话就能把你顶回去。

高岗看到中央组织部关于富农党员问题的答复，以及刘少奇对安子文等人的谈话，没有提出不同意见。当年2月，高岗来京参加中央政治局会议，将他收到的刘少奇谈话记录送交毛泽东。毛泽东看后非常生气，认为这是走社会主义道路还是走资本主义道路的问题，是路线问题，并对高岗说："该

顶的就要顶一顶。在原则问题上，马克思主义既不能让步，也不做交易，而
要展开斗争！"① 毛泽东将此件批给陈伯达看，明显对刘少奇谈话不满。5 月
份，中央政治局委员、东北局常委张闻天给毛泽东写过一封信，也参加了讨
论。大意是讲，教育农村党员坚决为农业合作化的方向奋斗，凡农民党员向
富农转化时，应给予事先的警告，使其转变。如不可能，允许自由退党，或
开除党籍。张闻天是很有主见的人，这时候他已经知道毛泽东的谈话了，所
以立场就有所调整。

　　1950 年上半年，中央提出新区土改的路线，依靠贫农雇农，团结中农，
中立富农，有步骤、有分别地消灭封建剥削制度，发展农业生产。随后发布
的《土地改革法》，把保护富农的政策形成法律，这个政策的贯彻执行更好
地保护了中农利益，有力地分化了地主阶级和稳定了资产阶级，促进了社会
的发展。那时候，一句话叫"富农放哨，中农睡觉"。

　　实际上，50 年代初期的这场讨论没有展开。但是，从当时的具体国情
和我们今天的认识看，刘少奇的意见是符合我国具体国情的，坚持和贯彻
了新民主主义社会阶段的基本政策。围绕富农党员问题展开的第一次讨
论，虽然仅限于东北局和中央领导层的少数人，而且时间不长，似乎影响
不大，这次讨论的意义却十分深远，讨论的中心是是否允许党员雇工、富
农入党。但是其要害是，是不是立即采取实质步骤消灭资本主义，土改后
的农村要不要立即开始向社会主义过渡。更为重要的是，这直接关系到坚
持还是放弃新民主主义社会阶段的基本政策和基本理论的重大问题。中央
高层没有坐下来认真讨论，广泛征求群众意见，而是由于毛泽东个人不
满，就草率地结束了这次争论，为以后的党内一言堂埋下了隐患。接着第
二年就是关于山西合作社的分歧，毛泽东对刘少奇的批评就更厉害了，以
后谁都不敢讲话了。

　　我认为，研究这一段历史是很有意思的。如果在这一段把新民主主义问
题搞清楚了，也就没有那么快地搞合作化，就没有后来的人民公社。以前，
我也没特别注意这段历史，觉得那时刘少奇就是错的。后来，我为写作

---

① 参见赵家梁、张晓霁《高岗在北京》，大风出版社，2008，第 384 页。

《中国私营企业主阶层》而查阅史料时发现，不是那么回事。历史资料看透了以后，问题就浮现出来了。

二 社会主义初级阶段理论形成过程中的第二次讨论

第二次是社会主义初级阶段理论形成过程中的讨论。这次讨论特别有意思，我参与了。1982年的一号文件，正式肯定了土地的家庭承包经营制度，结束了包产到户多年来的争论。此后五年，每年的中央一号文件都是关于农村问题的。在年初布置调查题目，到秋后总结，其间多次酝酿探讨，多渠道听取意见，次年年初发出。

在起草1984年的一号文件时，提出1984年农村工作的重点是："在稳定和完善生产责任制的基础上，提高生产水平，梳理流通渠道，发展商品生产。"文件提出具体建议，第四项是允许私人办企业，雇工经营。1983年12月，文件在提请中央书记处会议讨论时，胡乔木提出如何对待党员雇工的问题，经过讨论意见未能取得一致，不能做结论。大家同意，看不清的问题，可以放下再看一段时间，搞清楚再出手。这也是一种政策。会后，请示邓小平，他说："不急于限制，看三年再说。"另据《陈云传》讲，会后，万里将送审稿送邓小平、陈云，陈云看后认为很好，同意发出。同时，他对农村雇工问题提出两点意见：一是雇工问题还可以再看两年，就是出一点问题也不可怕。二是对党员雇工要慎重，党内对此存在不同意见，中纪委也有个意见，准备报告书记处。对这个问题是否不做规定，由书记处再讨论。这是一个原则问题，需要充分讨论。小平同志在八大党章报告中讲，党员必须是从事劳动，而不剥削他人劳动的人。现在形势虽然比那时有很大发展，党员的基本要求还应当坚持。看这个问题的利弊，不仅要从现在看，而且要从若干年后来看。陈云把这个文件送给邓小平，邓小平看了文件以后批示：请书记处再议，文件晚几天发也可以。陈云这话也有道理，也不是保守，包括胡乔木的意见，都是对的，因为这个问题确实是要经过充分讨论。因此，1984年出台的中央一号文件这样规定：关于农村雇工问题，中央已有原则规定，应继续依照执行。工商行政管理部门，要及时办理登记发证工作，加强管理。各有关部门要认真调查研究，以便在条件成熟时，进一步做出具体的政策规定。

　　怎样认识和对待共产党员雇工的问题，就成了这个阶段私营经济政策研究、理论研究的中心议题。1984年初，中国社会科学院"农村雇工经营研究课题组"在总结上一年调查研究的情况，拟定进一步研究计划时，提出把共产党员雇工问题作为一个重要的专题来讨论，并于年初和年底写出两篇研究报告。我是课题组的成员，编辑出版了40万字的《农村雇工经营调查研究》。通过调查研究，发现共产党员雇工有这么几个特点。第一，现任和原任干部多，主要是大队书记、大队长或者社队企业负责人，有一定的经营管理能力和领导经验，社会关系广泛，在贷款、原材料和寻找销路等方面有诸多优势。第二，承包社队的企业居多，以后企业多数都转型为私营企业，所以私营企业主来源主要是两个，一个是原生型的，一个是转制型的。第三，从事工商与运输业、建筑业等盈利较高的行业多。第四，从他们入党时间看，多数是先入党，后办企业。其中多半是"文化大革命"前入党，少数是先办企业后入党，有的是先发展成为劳动模范后，动员加入党组织。那么广大群众的反映怎么样呢？我们在报告里写到，目前群众对多数党员雇主没有什么恶感，但不满的情况也有。一是利用职权，假公济私，群众称之为小官僚资本；二是收入过高，群众认为钱来路不正；三是凭借职权入干股，不劳而获。

　　2月23日，中央书记处会议听取中纪委《关于加强党的纪律性的若干规定》的具体说明，对《规定》中提出的共产党员不准雇工剥削的问题进行了讨论。会议认为，从当前我国经济社会中的实际情况看，雇工有多种情况，十分复杂，涉及一些重大的理论问题和实践问题。只有进行调查研究，才能对党员雇工问题做出合理的规定。结果那一条去掉了。

　　2月28日，邓小平与薄一波谈话，邓小平就上述党员雇工问题提出两点意见：第一，农村雇工我说看两三年，没有什么了不起，将来经济发展了，如果有了偏差，一个命令就可以收回；第二，我们是搞社会主义的，要提倡党员搞合作社，我们终归是要搞社会主义的。邓小平始终强调"看一看，不要动"的指导方针。

10月22日，在中顾委第三次全体会议上，邓小平说：对有些事情用不着急于解决，前阵时候那个雇工问题相当震动，大家担心得不得了。我的意见是放两年再看，那个能影响到我们的大局吗？如果你一动，群众觉得政策变了，会弄得人心不安了。你解决一个"傻子瓜子"，会弄得人心不安。让"傻子瓜子"经营一段，它还能伤害社会主义吗？针对雇工经营户规模扩大的情况，11月19日，邓小平在接见外宾的时候说道：目前雇工超过20人，有些同志就着急了。我说不要着急，这只是个别现象，不会改变现行的政策，过几年再说。

这是1984年，高层讨论得很热烈。经过全国上下的调查研究，中央领导形成了对私营经济的基本政策。

1985年2月11日，赵紫阳在接见外宾时指出："对个体和私营企业，中国基本上不采取再搞一次国有化的政策。私营企业是社会主义国家中的资本主义成分，它的发展是有限度的，将来对它不需要采取过于紧张的政策。有一些私营企业不会改变我们国家的性质。"《人民日报》刊登了赵紫阳的谈话。

3月7日，邓小平说："现在有人担心中国会不会变成资本主义。这个担心不能说没有一点道理。我们不能拿空话而是要拿事实来解除他们的这个忧虑，并且回答那些希望我们变成资本主义的人。""社会主义的目的就是要全国人民共同富裕，不是两极分化。如果我们的政策导致两极分化，我们就失败了；如果产生了什么新的资产阶级，那我们就真是走了邪路了。"1985年8月28日，他又强调：会不会产生新的资产阶级？个别资产阶级分子可能会产生，但不会形成一个资产阶级。

11月24日，邓小平同薄一波谈话。薄一波谈到农村党员干部在发展经济中的三种情况：一是带领群众共同致富；二是带头个人致富；三是依仗特权谋私致富，其中有的是雇工经营者，得到上边特殊扶植，占用公有资源，大量贷款。对此，邓小平指出："对第三种，要控制，可以收累进税。贷款也应有区别政策。雇工，我说看两三年是必要的。三中全会以来，差两个月到第七个年头了。农村形势是好的，这一点必须肯定，不承认不对。这几年所采取的各项办法是对头的，是为了保护前两种发展，如果不保护就会乱，这必须认真注意。但对后一种要管一下，是管一下的时候了。占用国家的资源、国家的贷款，不管一下不行。将来还是要引导到集体经济，最终要引导到集体经济。不能说总的形势不好，如果不采取这一套政策办法，试问农村出路何在？社队企业也要办，有个就业问题。有一个报告说，雇工经营出现是必然趋势，不可避免的，现在要考虑如何纳入轨道。这个意见对。"

12月20日，在中央农村工作会议上，杜润生在报告中说：目前农村中出现了很多雇工现象，一般是请帮工和助手，典型的雇佣劳动的性质很少，有一些大户是人为垒起来的。以牺牲公众的发展为前提，支持大户的方式，并不是党的政策，也不能认为是正常现象，更不能作为考察经济发展的依据。现在农村党员富起来有三种情况，一种是带领群众致富，一种是自己勤劳致富，第三种是以权谋私致富。对前两种人我们一定要加以保护，对后一种人主要通过税收来加以限制，对个别违法的要加以制裁。

根据以上讨论，形成了1986年的中央一号文件，文件指出，要鼓励各类专业户勤劳致富，但不可人为地垒大户。强调在整党中对于积极带领群众致富的党员要予以表扬，对于个人勤劳致富的党员要予以保护，对于少数以权谋私、采取不合法手段牟取暴利的干部党员要分别情况，严肃处理。我讲这些情况看似很容易，其实中央政策形成有很多困难。

1986年5月8日，赵紫阳在听取农村整党情况汇报后，对农村党员雇工和农村经济发展战略问题发表了重要意见。他说："农村中的党员雇工问题究竟如何解决，已经提到议事日程上面，但是要在这次农村整党中把这个问题搞清楚，还有一定的困难，因为这个问题不是几句话就能说清楚的。现在对农村雇工问题的认识，各方面争议很大。要经过充分讨论，不可能马上拿出办法来。如果在这次整党中就对有雇工问题的党员不予登记，势必会有大的震动。所以这次农村整党不再涉及这个问题，不解决党员雇工问题。这次农村整党的指示要避开雇工这个问题。因为这个问题现在还说不清楚，同时这个问题并不是广大群众最迫切要求解决的问题。"接着，赵紫阳讲："如何解决这个问题，我看主要有两条，第一，一定要保护发挥农民企业家的作用，这一批人很可贵。第二，我们完全可以采取经济的、法律的手段，对私营经济的扩大加以限制。现在要同时做两件事，一是在理论上进行研究探讨，多加证明，二是进行试验、试点。这个问题要经过相当长时间的试验、实践，才能搞清楚。当然这中间有一定的问题，但是也可能在这个问题上有个大的突破。即在原来资本主义不够发达，自然经济占绝对优势，现在在社会主义制度下，主要的经济命脉掌握在国家手中的情况下，如何推进社会生产力的迅速发展，闯出一条较新的路来。很有可能走出一条具有中国特色的道路。"

1986年冬，再次召开中央农村工作会议，形成了指导1987年农村工作的文件。但在1987年初，中央发生人事变动，胡耀邦同志不再担任中共中央总书记的职务。所以，农业文件到1月22日才发出。按发表时间排序编为第5号，这就是1987年的中央第5号文件。

文件指出："个体经营者为了补充自己劳动力的不足，按照规定，可以请一二个帮手，有技术的可以带三五个学徒。对于某些为了扩大经营规模，雇工超过这个限度的私人企业，也应当采取允许存在、加强管理、兴利抑弊、逐步引导的方针。"这个文件说明，私营企业具有某种可控性和可塑性，只要领导具有清醒的把握，采取正确政策，努力加强社会主义公有制经济的地位，就可以防止两极分化，并把私营企业引上健康发展的道路。值得注意的是，这里说的"引导"不再是引向合作经济，而是引导私营企业自身健康发展。这讲得很好。文件还说，共产党员要带头兴办集体企业，积极带领群众走共同富裕的道路。

但是，由于当时的政治背景，各地在宣传落实中央5号文件，特别是私营企业政策部分过程中，产生了一些误解，产生一些思想波动。因此，由国务院农村发展研究中心农村发展研究所组成了试验区的班子，于3月初编写了关于私营企业政策的宣传提纲，各地在宣传5号文件时作参考。提纲的最后一部分指出，对待私营企业的方针政策，将有一个有待适应的过程。为了促进经济，要防止重犯历史性错误，就显得更为重要。过去的偏差，往往是建立在对形势的估量上，特别是对人民群众估量的基础之上，在这些估量的基础上产生的政策做法和社会舆论，严重地阻碍了我国农村生产力的发展。文件规定，党员要带头办集体企业，绝不是指兴办吃大锅饭的大众集体企业。各地情况不同，党员兴办的企业类型不必一致，对于已经办了私营企业的，中央文件没有讲反对，更没有讲不准，严禁以任何方式整肃党员，以免在农村中引起不良反应。这么讲一下好多了。不然的话，群众以为又要搞运动。这样，问题又出来了，因为当时思想领域反对资产阶级自由化。中央政治局明确做出决定，农村不搞反自由化斗争。

1987年10月召开的中共十三大，系统地阐述了关于社会主义初级阶段的理论。社会主义初级阶段所有制结构是以公有制为主体，其他成分不是发展太多了，而是很不够，所以要鼓励他们加速发展。在不同的经济领域、不同的地方，各种私有制所占的比重应当有所不同。私营企业存在是公有制必要的和有益的补充。必须尽快制定有关私营经济的政策和法律，保护他们的合法利益，加强对他们的引导、监督和管理。

1988年4月，全国人大以通过修改《宪法》的形式，进一步确定了私营经济合法地位、合法权益。根据《宪法》规定，6月颁布了《中华人民共和国私营企业暂行条例》，从此私营企业在国家法律保护和规定的范围内得到发展。

应该说，从1978年到1988年这十年，是政治环境极为宽松、学术气氛极为活跃的岁月，至今令人向往，令人留恋。在解放思想、实事求是的方针指引下，党内外畅所欲言，据理力争，各种意见都能心平气和地充分表达。最后总能心悦诚服地服从实际，统一于当代中国的具体国情和改革开放的社会实践。这一时期极其慎重地解决了共产党员雇工问题，制定了私营经济的政策法律，从而进一步丰富了社会主义初级阶段理论。

三　社会主义市场经济体制确立前后的第三次讨论

从1988年下半年起，经济环境明显由宽松变为偏紧。1989年1月1日，《人民日报》元旦献词里写道：我们遇到了前所未有的严重问题，最特殊的就是经济社会中明显的通货膨胀，物价上涨幅度过大，党政机关和社会上的某些消极腐败现象逐步出现。尽管政府开始治理经济环境，整顿经济秩序，过热的经济开始降温，但是因此造成的社会心态失衡，并没有很快地消退。

1989 年春夏之交的政治风波以后，社会环境陡然变化。在宣传领域，讲私营经济的弊多了，讲利少了。报纸上有文章说，个体户、私营企业主的高收入都是靠偷税漏税、坑蒙拐骗得来的，发展私营企业就是搞私有化，私营企业是资产阶级自由化的社会基础，私营企业主是制造动乱的中产阶级，等等。

8 月 28 日，中央发出的 9 号文件专门就共产党员雇工问题做了明确规定，强调在政治方向上绝不能不问姓"社"姓"资"，"我们党是工人阶级的先锋队，私营企业主和工人之间实际上存在着剥削和被剥削的关系，不能吸收私营企业主入党。已经是党员的私营企业主，除应模范地遵守国家政策法令、依法经营、照章纳税外，还必须坚持党的理想和宗旨，严格履行党员义务，自觉接受党组织的监督；在企业的收入分配方面，领取作为经营管理者应得的收入，而把企业税后利润的绝大部分用作生产发展基金，增加社会财富，发展公共事业；要平等对待工人，尊重工人的合法权益。做不到这些的，不能再当党员"。这个文件出来得太突然了。有这么个背景：江泽民来了以后，首先就是处理天安门"飞虎队"。在 1989 年政治风波中，有几十个人骑着摩托车到处串联送信，称为"飞虎队"，因为它速度快嘛，传递消息。那时候，摩托车比现在小汽车还要金贵。后来有人就说这肯定是个体户和私营企业主搞的，因为谁买得起？查了半天，"飞虎队"中只有两个是个体户，而且已经歇业了。

几乎在同时，国家税务局下发通知，强调个体户税收工作要有突破性的进展，要求个体工商户在 20 天内自查，并如实报告。各地工商税务部门要全面出击清查，重点是个体户中的大户、名为集体实为个体的承包户和个体经营中的大户。于是，一个全国性的打击偷税漏税行动开始了。哎呀，当时好紧张啊！打击对象就是个体户中的大户。

还有就是 1990 年又在农村搞社会主义教育。工作队在农村宣传，集体经济是苗，个体私营经济是草。杂草不除，苗也长不起来。有人说，苏联解体的教训，就是个体私营经济搞多了，我们就是要把它整个全压倒，赶下去。党委负责人给党员企业主提出"要党还是要厂"的两难选择，你要么要党，要么要厂。一下子，私营经济企业主被打入了冷宫。特别是有些地方过激性对待民营企业代表人物，群众称他们"上半年戴花，下半年戴枷"。1989年9月25日，"傻子瓜子"年广久以贪污、挪用公款罪再次被逮捕，审了两年，罪名不能成立，随之以流氓罪判处有期徒刑三年。年广久是私营经济的代表人物，像山顶上的"消息树"。当地人讲："傻子不倒，你们就平安；傻子挨打，你们就收摊。"创业者们本来就忧虑重重，这下变成了惊弓之鸟。这是私营经济取得合法地位后，第一次出现了很不正常的情况。为了不被打成资产阶级、戴高帽、被批斗，一些私营企业主将自己创办的企业无偿地赠送给集体，有的高价买外国护照。因为政策规定雇佣八人以上就是私营企业，雇佣七个人就是个体户，雇佣人多的就减少雇工人数来改变企业性质。把私营企业无偿地送给集体的典型就是山东的王廷江，后来就入了党，当了党委书记。我认为，这种做法是不应该提倡的。在此期间，个体户一年一年下降，私营企业开始登记。人们就开始怀疑了，是不是还要坚持十一届三中全会以来的政策？

1991年7月，中共中央批转中央统战部《关于工商联工作若干问题的指示》，要求各地认真贯彻执行。通知指出：在我国非公有制经济作为公有制经济的有益补充，将在相当长的历史时期内存在和发展，工商联的主要工作对象是私营企业主、个体工商户等，各级党委、政府要加强对工商联的领导，支持工商联的工作，"对现在的私营企业主不应和过去工商业者简单类比和等同，更不要像五十年代那样对他们进行社会主义改造。工商联要对他们采取团结、帮助、教育、引导的方针，通过工作，在他们中逐渐培养起一种坚决拥护党的领导的积极分子"。这里面有一个重大的政治问题。这份重要文件告诉我们，现在的私营企业主和过去的工商业者没有任何的延续和继承关系，因此对他们进行团结、帮助、教育和引导八字方针，从而终止了过去的"团结、教育、改造"的六字方针。当时这也是一种没办法的办法。我参加过两次中央组织部党建研究室的会议，他们从来不说这个9号文件的事。我就说："这么不行的，你要么就收回，要么就有个什么代替它。"

邓小平的南方谈话后，1992年10月，中共十四大提出我国经济改革的目标是建立社会主义市场经济体制，同时回答了这些年来经常困扰和束缚我们思想的许多重大认识问题，将我国改革开放和私营经济推进到一个新的阶段。因此，1993～1997 年这一段时间，私营经济发展非常快，讨论也特别尖锐。争论双方旗帜鲜明，绝大多数人遵守内部讨论的规定，同时也不便评论中央的决定，共产党员雇工只能在内部讨论。我们观点鲜明，要促进私营经济进一步发展，必须解决两个生死攸关的重大问题。一个是私有财产必须得到国家法律保护，有恒产者有恒心嘛。二是私营企业者是公民，在政治上应该视同工人，取消私营企业主不得入党的规定。

1995 年下半年，我和刘文璞老师合写了一本书《中国的私营经济和私营企业主》，这里面本来有一段是关于党员雇工问题，出版社说这个不能出，撤掉了。在书中我们讲，私营企业主不是资产阶级。书出来以后，产生了一定的影响。你也知道，1995 年初到 1997 年初这两年时间，四个"万言书"相继出笼，其中第一个万言书《影响我国国家安全的若干因素》，从文字到内容都是精雕细刻的，很有代表性。它说，资产阶级已经形成了，阶级矛盾成为中国的主要矛盾，要重新把阶级斗争提起来。私营企业主不能入党。

1996 年春节后上班头一天，中国社会科学院院长胡绳找我们谈话，有戴园晨、晓亮、刘文璞、陆学艺和我五个人，加上他的秘书。大概一共就是八九个人。我主要讲的是私营企业主入党的问题。我讲一句，胡绳就问一句。胡绳讲话声音不大，非常细，真是大家风范啊！他说：什么事情都要问姓"社"姓"资"，这没有道理。人民公社是姓"社"姓"资"呢？你总不能讲人民公社姓"资"吧？你要是姓"社"，怎么还饿死人呢？他还讲到，党的性质和党员出身没有关系。彭湃是个大地主嘛，他不也是我们早期著名领导人之一吗？胡绳这个人真是了不起。特别是他在临终前的最后一篇大文章《毛泽东的新民主主义论再评价》，两万多字，《人民日报》连载两天，《中国社会科学》、《中共党史研究》等同时刊登。他实际上就是批判新中国成立后搞的传统社会主义，肯定新民主主义。

1997 年十五大报告确立了邓小平理论为党的指导思想，对四份"万言书"所代表的观点进行了批判。如果说在十五大之前，争论的主要是私营企业主是否为资产阶级，1997 年以后，主要争论是私营企业主能不入党了。一直到 2001 年上半年，有的刊物上还说，绝不能把私营企业主拉进中国共产党，工人阶级的政党岂能吸收资本家，共产党就是要战胜资产阶级。

为了总结中国共产党 80 年的经验，2001 年 7 月 1 日，江泽民发表讲话，明确说私营企业主是有中国特色社会主义建设者，"来自工人、农民、知识分子、军人、干部的党员是党的队伍最基本的组成部分和骨干力量，同时也应该把承认党的纲领和章程、自觉为党的路线和纲领而奋斗、经过长期考验、符合党员条件的社会其他方面的优秀分子吸收到党内来"。其实就是承认私营企业主可以入党。7 月下旬，中央统战部召开了一个学习讲话的座谈会，我也参加了。参加会议的，有不少官员，还有些私营企业家，多数是外地的。我是最后一个发言的，以后就进入自由发言阶段，马上会场就进入了高潮。私营企业家们扬眉吐气，有一种解放的感觉。他们自豪地意识到，自己和工人阶级在一起，也为社会主义市场经济做出贡献了。以前，他们在这种场合都是低声下气的。

2002 年 11 月，中共十七大如期召开。大会接受了"七一讲话"关于党的建设意见，党章做了相应的修改。新任总书记胡锦涛讲，十七大报告是中国共产党在历史新阶段的政治宣言、行动纲领和行动指南，是一篇马克思主义的纲领性文件。从此，关于雇工问题，在理论上和实际上的争论都画上句号了。

当然，共产党关于雇工问题并不算真正解决，我们现在只能说政治上讲清楚了。我为什么讲还要重新认识新民主主义呢？新民主主义社会以后搞了二十几年的阶级斗争，好像社会主义就是那个模式的。民营企业的"原罪"、企业社会责任等问题，都能在社会上激起很多争论，而且也很容易激起民愤，都和思想认识有关系。

80年代中国改革开放的决策背景

口述者： 安志文*
访谈者： 鲁利玲
时　间： 2007年8月2、3、10日
地　点： 安志文同志办公室
整理者： 鲁利玲

我感到，我国80年代改革开放决策的大背景，有三条很重要，这就是认真反思历史的教训，尊重人民群众的创造，注意学习和借鉴国外的经验。

一　改革开放的酝酿与准备阶段

1975年4月，中央解除对我的政治监护，我从北京下放到西安，但当时党组织生活尚未恢复。1977年上半年，我给胡耀邦写了封信，说："我现在没有党籍，也没有工作，我到中央党校去学习，行不行？"胡耀邦是党校的副校长，他给我回信，说："我给你活动一下，你到党校来。"这期间，我给李先念也写了一封信，说："我的问题还没解决，希望中央解决。"7月1日，李先念就在我写的信上批了，说："安志文同志过去长期搞工业，如

---

* 安志文（1919～2017），陕西绥德人。历任国家计委委员，国家建委副主任，国家计委副主任，西北三线建设副主任，吉林省革命委员会副主任，六机部第一副部长，国家体改委副主任、党组书记、顾问，中央财经领导小组成员，第十二届中共中央候补委员，第十三届中共中央顾问委员会委员，中国经济体制改革研究会会长，中国经济改革研究基金会理事长。

无问题，可以分配适当工作，先不在党校学习，如何？请报告东兴同志。"
这样，我就没有去党校，到了吉林省当革委会的副主任。

　　1978 年秋，李先念到东北视察，他到了沈阳。王恩茂是我们吉林省的
负责人，他知道先念熟悉我，就派我到沈阳迎接先念等人到吉林。我到沈阳
的当天晚上，给先念的秘书打电话，他的秘书请示先念后告诉我，第二天上
午先念没有时间，因为当地的干部要与李先念等中央领导会面，先念要我第
二天一早去他那儿吃早饭。第二天早上，一见面，我就向先念提了一个要
求："现在，要对外开放，国外的情况我完全不了解，能不能让我出国考
察？"他当即表示："你可以去，我给你安排！"先念回北京后，很快就找到
一机部部长周子健，让他组织一个政府代表团。

　　当年 11 月，国家组织机械工业代表团对欧洲机械工业，特别是汽车工
业进行了全面考察。周子健是代表团团长，我是副团长，江泽民是秘书长，
团员是一机部的司局长和下属企业的厂长。我们到罗马尼亚、南斯拉夫、意
大利、瑞士、法国、德国，转了一大圈。当时，给我留下的印象是，不仅资
本主义国家的企业在改革，如德国的大众汽车公司原本是国有企业，是由联
邦政府和州政府共同出资的，以后联邦政府的股权逐步退出，吸收私人入
股；社会主义国家的企业也在改革，如南斯拉夫的企业自治和工农联合体等
等；甚至罗马尼亚的消费品也是依靠发展县属企业来解决。这对我以后搞企
业改革有很多的启示。

　　我说这个事，是因为 1977 年下半年我刚出来工作，1978 年就出国，所
以印象很深。打倒"四人帮"以后，从中央到地方的各级领导干部，都在
深刻反思历史的教训，这是一个总的背景。当时，大家都有一种困惑，为什
么我们的经济搞得这么差？我们的体制究竟出了什么问题？当然，也知道一
点儿信息，日本、德国被战争打垮了，但他们为什么能在经济上崛起呢？外
国究竟是怎么样？我们并不十分清楚。走出去，看过以后，使我们大开眼
界！可以说，这一次出国考察，对我们这一代人来说，真是印象深刻啊！使
我们看到了中国与世界的巨大差距。那时候，出国考察形成了一股风潮。中
央各部门、各省市的负责人，包括一些企业的厂长都出国考察。对此，我想
说，毛泽东晚年办了很多错事，但办的好事之一就是中美建交，中国加入联

合国，邓小平去了美国，这对邓小平的影响很大。所以，邓小平以后在经济上就是要学先进国家的经验，他找国外很多人谈，听取他们的意见。

1979 年，在陈云主持的国务院财经委领导下，由张劲夫的体制小组提交了《关于经济管理体制改革总体设想的初步意见》。这个《初步意见》主要强调了两点：把企业从行政机构的附属物，改为相对独立的商品生产者，按专业化协作和经济合理的原则，组织专业公司和联合公司；把单一的计划调节，改为计划调节与市场调节相结合，以计划调节为主，注意发挥市场调节的作用。在我看来，这两点还是沿袭了过去的一些提法。

最早提出"公司制"的是少奇同志。新中国成立以来，由于受到苏联模式的影响，形成了一套高度集中、以行政命令为主要手段的计划管理体制。为了克服体制上的弊端，1964 年初，刘少奇找薄一波、叶林和我谈话，设想用联合公司或托拉斯这种组织来改组我们的工业企业。他当时的看法是，中央各部和省市的厅局都在干预经济，这是超经济的办法。组织企业性质的公司，可能比行政机构管得好一些。可考虑把各部的管理局改成公司，不是行政机关，而是经济组织，这样就可以更接近生产，更接近企业。8月，刘少奇代表中央批转了国家经委《关于试办工业、交通托拉斯的意见的报告》。1965 年，全国烟草、盐业、汽车、橡胶、医药等 12 个行业组织了托拉斯，经济效益有所提高。但此后不久，"文化大革命"爆发了，刘少奇的尝试也就结束了。

刘少奇关于建立联合公司或托拉斯的构想，给当时主管工业的薄一波留下深刻印象，他非常赞同。1979 年，根据邓小平的设想，要把军事工业和地方工业两套系统的机械工业统一起来，平战结合，军民结合。管理上搞专业化的联合公司，产品搞"三化"，即标准化、系列化、通用化。这样的改造，涉及八个机械工业部，以及煤炭、轻纺、化工、石油、农垦等诸多部门。中央决定，这项工作由当时的副总理薄一波负责，并为此组建了国家机械委员会。当时，我已经从吉林省调到六机部（即船舶工业部）。薄一波要在船舶工业部下属企业多的地方先成立两个地区性公司，一个在上海，一个在东北。但上海公司成立后，还是行政性的公司，和下属企业的关系并未理顺。这是因为江南造船厂和大连造船厂既是百年老厂，又是省军级单位，很难协调。以后，薄一波又急于将部改为总公司，他找到我，征求我的意见，要我当董事长。我对这个提议有些犹豫，便表示我没搞过企业，缺乏企业工作的经验，不能担任董事长。我讲这些，是想说明《初步意见》提出"组织专业公司和联合公司"的历史背景。实际上，还是延续了刘少奇关于公司制的尝试，总体上还是设想在计划经济体制下进行管理体制的改革。

历史上，"市场调节"讲得最早、提得最多的是陈云同志。早在 1956 年，在党的八大会议上，陈云就提出"三个主体、三个补充"的构想，其中就包含着市场调节的含义。陈云始终认为，国家计划是社会主义经济的主体，市场调节只是从属的、次要的和补充的部分。应当说明的一点是，在 20 世纪 70 年代末，邓小平对"市场经济"和"市场调节"这两个概念经常是混用的。应该说，在经济工作方面，邓小平是很尊重陈云的意见的。从这个角度看，邓小平在 1979 年 11 月会见美国人吉布尼时，谈到"社会主义也可以搞市场经济"，实际上还是"市场调节"的意思。因此，《初步意见》中提出，以计划调节为主，注意发挥市场调节的作用，是符合陈云的一贯思想的。

从上述背景看，80 年代以前的改革设想，还是在坚持计划经济体制的前提下，将公司制管理和市场调节作为一种辅助手段，并没有打算要彻底否定计划经济。成立的公司，还是行政性公司，不是企业化的公司。不论是企业还是公司，都还摆脱不掉行政附属物的地位。用当时外国人的说法，中国只有工厂，没有真正的企业；并说计划经济就是命令经济。这些尖锐的意见，对我们这些长期搞经济工作的人来说，确实触动很大。

二　80年代改革开放的实践探索

现在回顾起来，整个 80 年代的改革，可以说是我国改革开放的初始阶段，或者说是改革开放的探路阶段，也可以说是上下左右学习改革开放的阶段，因为人们事先并不清楚改革究竟要怎么搞。当时，中央有两句话，叫作"对内搞活"、"对外开放"。这是很通俗的，不是什么理论，但这两句话的影响最大，为人民群众的实践探索提供了广阔的空间。

比如乡镇企业，由于各地的情况不同，实际上有三种不同类型：江苏搞的是集体企业，浙江南部搞的是个体私营企业，广东搞的是出口加工，三来一补。总的都叫乡镇企业，就是允许各地根据自己的情况来搞，不搞全国统一的设计方案。

对外开放也是放手让地方去试验。先是深圳、珠海，厦门、汕头4个经济特区，以后是14个沿海开放城市，再后来是珠江三角洲、长江三角洲和闽南开放地带，都是一步一步地，先试验，后推广。很多具体办法，都是地方根据自己的情况和可能来制定的。

拿我亲身经历的城市改革来说，80年代的改革重点是，以微观改革为主，宏观是为微观改革创造条件。应该说，在80年代，宏观没有怎么大改，政府改革、机构改革也都不算成功，企业改革也大都采取过渡形式。因为在当时，我们面临的是短缺经济，除了个别企业外，企业产品不愁没有销路。因此，国有企业很少亏损，很少破产。大量企业亏损是90年代以后的事，不是80年代。当时，改革的主要思路就是如何搞活企业，使企业有一些自主权，使职工增加一些工资。现在回过头来看，当初的一些过渡性措施还是必要的，不能完全否定。

比如说利改税，不能完全否定。利改税的设想是，降低税率，为企业平等竞争创造条件。这个设想是很好的，但在开始执行中，因为那些好的国有企业留利较多，财政部对此有意见，所以后来加了一个调节税，那是照顾到财政。当时的财政也确实很困难，中央财政要增加100亿收入都非常非常难。因为放权让利以来，中央财政收入的比例一直是下降的。当时企业改革是从调整分配结构入手的，企业多拿，职工多拿，财政少拿，大的分配格局就是这样。为了让财政能够过得去，所以加了一个调节税，这是一种过渡措施。

又比如承包制，赵紫阳开始并不赞成承包制；但现在看来，也不能完全否定。要承认这是一种过渡形式，承包制对有些企业还是起了很大的作用。比如，钢铁工业是资金密集型产业，对钢铁工业的投资是非常大的。承包制是固定利润上缴的，超过增长比例的部分留给企业，有利于企业的技术改造和增加职工工资。采取这样一种过渡措施是有历史原因的。在计划经济体制下，倡导发展重工业；"大跃进"中，又强调"以钢为纲"。那个时候，有一个规划，叫作"三大、五中、十八小"。"三大"就是鞍钢、武钢、包钢；"五中"就是太钢、马钢、重钢、本钢、首钢；"十八小"就是各省只要有点儿资源的就可以搞。这些企业长期得不到很好的发展，只有在改革开放以后才逐步走上承包的路，地方政府也宁愿搞承包，肯定有它的必然性。过去的办法是，企业全部利润上缴财政部，财政部再根据国家计委制定的计划投到企业。实行承包制以后，一部分利润留给了企业，企业可以根据市场情况自主决定改造什么，这对国有企业转变为市场主体起到了促进作用。现在，我国在全世界钢产量中占第一位。当然，我们搞过头了，搞得太多了，污染太严重。但是，我们国家的钢铁工业发展起来了，这与承包制有很大的关系。当然，我们这些过渡性的改革措施，肯定是有弊病。但是在当时，有利有弊，利大于弊就可以推，没有十全十美的办法。如果具体的改革办法都由国家来设计，新的道路就走不出去。

在企业改革方面，赵紫阳是赞成搞股份制的。但是，要全面推行股份制，当时的条件还不成熟。最早和我谈股份制的是世界银行的林重庚，但他也没想出来在社会主义国家搞股份制的具体办法。他说："能不能让国有企业互相参股？"但在实际中是很难操作的。赵紫阳说："可以试点。"所以，股份制试点就先在上海、广东、深圳搞起来了。总体来看，在十三大以前，体改委跟经委合作得很好。股份制试点是体改委搞的，其他方面的企业改革很多都是经委操作的。应该说，80年代的企业改革，经委是起了很大作用的。

另一方面是搞城市试点。那时候，下边的话是，搞活企业，搞活流通和发挥中心城市作用。我们搞城市综合改革试点，就是为了帮助地方实现这一目的。1982年，我到体改委后，原来的国务院体制改革办公室已经确定了在两个中等城市搞试点，一个是湖北的沙市，一个是江苏的常州。我刚到体改委，就去看了这两个城市，给我印象最深的是他们的新产品。那时候，常州的灯芯绒，沙市的床单，很是畅销，不是在国内而是在国外，有多少就能出口多少，国内都买不到。实际上，他们的产品已经市场化了。他们为什么能发展？就是因为他们退出了传统的流通环节，直接到国外市场参与竞争！

所以，当时搞活流通很重要。以后，在重庆、武汉搞试点时，都把搞活流通放在重要地位。在传统体制下，我们的流通层次分为一级站、二级站、三级站，生产企业的产品（消费品）分别交给这些站进行批发。在城市试点中，企业与商家直接见面，减少了流通环节，降低了交易费用，这在城市改革中是一个很大的举措。那时候，各个城市都在搞百货中心，就是那个百货大楼，让生产企业把产品直接销到百货大楼，不经过一级站、二级站、三级站，这样，就把传统的流通环节全抛掉了。这以后，就是搞横向联系，有些地方也叫横向联合，就是生产企业之间的协作配套。

1986 年 4 月，我们在杭州调研，搞横向联合，这是紫阳提出来的。陈云正好在杭州休养，他把我找去。陈云问我："横向联合是什么意思？"我解释说："就是不像过去那样由计委和部门垂直指挥，而是企业间的经济联系。"他说："我同意你们搞改革探索。我是主张先生活、后基建，怕你们把基建摊子搞得太大。"他是在强调平衡。他还说："你不要以为就你们爱国，我不爱国，我保守。"这是他的真实思想，只要老百姓生活搞好了，就可以，他并不计较什么。我有一个看法，与有些人不大相同。我认为，在80 年代，有一个陈云摆在那里，对中国是有很大好处的。因为有时候，邓小平说干就干，在这一点上，他和毛主席有些像。有陈云在，还可以起到一定的制约作用。

在改革开放初始阶段，在经济改革方面，为什么能够打开这个局面？邓小平讲过："天塌下来，有两个人顶着，一个是胡耀邦，一个是赵紫阳。"他对胡耀邦平反冤假错案，是很肯定的；对赵紫阳搞经济改革，也是完全肯定的，他是支持的。当时，如果没有邓小平的支持，赵紫阳搞不了。因为李先念一直在讲："我就是主张计划经济为主，市场调节为辅。"先念同志是个好人。他说："政治上我听邓小平的，经济上我就听陈云的。"但不管怎么说，那个时候的改革，就是强调一定要使人民得到实惠！这个主张符合陈云的一贯思想，陈云搞社会主义经济，总是说，发展的目的是要解决人民生活问题。在这一点上，老同志的意见是统一的、一致的。

在80 年代，我们总的一条经验就是，中央为改革开放探路做了两件事情：走什么路？走什么方向？提出一些方向性的指导意见和要求，具体操作是下边群众创造。通过群众创造，经过试验，逐步推广。很多改革都不是事先设计好的，承包制是由企业首先倡导搞起来的，并逐步推行，乡镇企业也不是中央设计的，流通体制的改革也不是设计的。群众的创造各式各样，最后是各种改革方式的合流。比如说，乡镇企业就有很大的变动：苏南开始是集体企业，搞承包制，以后呢，是股份制了；浙江开始是个体企业，以后是私营企业，以后是股份合作制，现在也是股份制、公司制；广东先来料加工，三来一补，以后是合资、公司制。这条路是各个地方根据本地的情况走出来的，把全国的企业改革统一设计成一种形式，在当时是办不到的。如果说我们设计的统一方案能够实行，那就是走计划经济的路。

三　我国的改革开放是如何趋近市场化目标的

客观地讲，中央决策层在把握改革走什么路、走什么方向的问题上，也不是一开始就十分清楚的，而是根据地方和企业的实践探索，同时注重学习借鉴国外的经验，逐步明确的。

1980年4月，赵紫阳到北京全面主持经济工作和改革工作。但在他刚到北京的一个时期，工作是比较困难的。实际上，赵紫阳到北京，是邓小平定的。陈云当时为什么能把财经委让出来，叫赵紫阳来搞，就是因为赵紫阳有一个思想，他们都赞同。这就是赵紫阳始终强调，改革一定要让人民群众得到实惠。农村改革就是让农民群众得到实惠；扩大企业自主权，企业搞活了，职工工资提高了，企业和职工都得到了实惠。赵紫阳常说："判断一个改革可行不可行，衡量利弊的标准就是群众能不能得到实惠，生产能否得到发展，这是最重要的。"严格来说，赵紫阳没在中央部委工作过，缺乏管理宏观经济的经验，所以他很务实。他强调，调动地方的积极性，这与邓小平强调"两个积极性"是一致的。在这点上，邓小平是坚决支持赵紫阳的。邓小平曾对赵紫阳说过："文化大革命"批条条专政，将大部分企业下放到地方，现在不要收回来。改革要发挥两个积极性，这样有利于经济的发展。邓小平与毛主席有点相像，当然也有很大不同。在"大跃进"以后，毛主席再三讲，经济管理要适当分散。他特别坚持说，欧洲能够发展，就是欧洲有很多国家；中国人口比欧洲多，发展不起来，就是太集中，因此要分权。毛主席的分权思想，就是想打破大一统的体制，那时候是针对计划管理说的。邓小平主张走财政包干的路，首先包干的是广东，以后是江苏。在广东和江苏的经济发展中，财政包干也起了一定的作用。在邓小平看来，行政分权的目的是要调动两个积极性。地方要有一定的经济权力，如果什么都由中央大包大揽，这是不行的。在这点上，赵紫阳与邓小平是一致的，也是他们的一个指导思想。

1980年9月，根据赵紫阳的指示，中央财经领导小组下面的国务院体改办起草了《关于经济体制改革的初步意见》，明确提出了"我国现阶段的社会主义经济，是生产资料公有制占优势、多种经济成分并存的商品经济，必须建立与之相适应的经济体制"。这一份《初步意见》是由薛暮桥和廖季立主持的，他们在文件中提出了两个全新的概念：一个是发展多种经济成分，一个是商品经济。这是一个重要突破。但当时的大背景是，"重调整，缓改革"，改革要服从调整，致使改革的工作部署很难有实质性的推进，《初步意见》中的一些改革设想不得不暂时搁置下来。

1981年4月，中央书记处研究室整理了一份材料，按照对计划经济和商品经济的态度，将经济学家分为四类：第一类是坚持计划经济的；第二类是不那么坚持计划经济的；第三类是不太坚定地赞成商品经济的；第四类是主张发展商品经济的。当时，把对商品经济的态度，看成一种政治态度，作为政治排队的依据。6月，十一届六中全会通过的《关于建国以来党的若干历史问题的决议》，强调了"必须在公有制基础上实行计划经济，同时发挥市场调节的辅助作用。"12月下旬，在全国各省、市、自治区第一书记座谈会上，陈云针对包产到户以后出现的新情况，提出了"计划经济为主，市场调节为辅"的方针。实际上，他是间接批评了商品经济的说法。紧接着，在1982年春节，陈云又把国家计委的负责人找去，着重强调了"计划经济为主，市场调节为辅"的提法，这在当时党内外产生了较大影响。薛暮桥长期在陈云领导下工作，对陈云的意见是很尊重的。1982年我到体改委后，廖季立曾告诉我，他和薛暮桥都是主张提商品经济的。但在当时情况下，暮桥不得不在一次会上做检讨。9月，党召开十二大。由于当时对商品经济有争论，不能写进文件；只提出要发展"多种经济形式、多种经营方式"，因为这是群众创造出来的，大家都可以接受。

到了1984年，情况就发生了很大的变化。此前，由于陈云讲了"计划经济为主，市场调节为辅"，什么扩大市场调节、缩小指令计划等等，都是要受到批评的。但是，到十二届三中全会的《中共中央关于经济体制改革的决定》中，就明确提出"有计划的商品经济"，要缩小指令性计划，扩大指导性计划，扩大市场调节范围。这是一个重要的转变。同时，关于改革还强调了两个重点：企业改革是中心，价格改革是关键。为什么会发生这样重要的转变呢？这主要是归功于地方和企业的改革实践探索取得了重要突破。农村包产到户后，乡镇企业发展起来了；对外开放后，搞经济特区，三资企业发展起来了；国有企业搞承包制试点，企业有了很大的自主权，一部分产品直接面向市场；发展集市贸易，打破传统的流通体制，产需直接见面了；再加上地方财政的包干制等一系列过渡性措施……这一切预示着，我们的体制环境已经发生了很大的变化，人们的认识也随之产生了变化。

在这种情况下，赵紫阳组织起草小组就文件中是否写入"商品经济"进行了多次讨论。与此同时，他巧妙地说服党内老同志。先让马洪搞了一个报告，《关于社会主义有计划的商品经济的再思考》；随后，将这个报告送给一些老同志投石问路，老同志们没有提出反对意见。他还要我们体改委组织讨论，对提商品经济有什么看法？我组织体改委进行了讨论，由廖季立写了个材料，说我们体改委内部赞成商品经济。这个材料报上去以后，我看到赵紫阳有个批示："马洪也赞成商品经济"。条件成熟后，9月9日，赵紫阳给胡耀邦、邓小平、李先念、陈云写信，用传统提法包装新思想，提出了"以公有制为基础的有计划的商品经济"的概念，老同志们表示同意。为了慎重起见，9月27日，赵紫阳在中南海召集会议，除了起草小组成员以外，还特别请了邓力群参加。赵紫阳问大家："文件中提商品经济，在理论上有没有问题？社会主义国家是否有人提过？"杨启先回答说："理论上能站得住，保加利亚日夫科夫提过。"他又问："和宪法有没有矛盾？"郑必坚回答说："没有矛盾。宪法上没有写'计划经济为主，市场调节为辅'。"赵紫阳最后说："那就这样定了。"当人们站起来准备退场时，赵紫阳又问邓力群："老邓，你怎么看啊？"邓力群回答说："我1979年就赞成商品经济。"于是，将"有计划的商品经济"这一提法，写进十二届三中全会《关于经济体制改革的决定》中。当时，邓小平有个说法，意思是，这个《决定》是马克思主义政治经济学在中国的发展。对1984年的《决定》，邓小平的评价是很高的。

接下来，就是巴山轮会议。1985年9月初，国家体改委、社科院与世界银行驻中国代表处联合组织了这次会议。在会议上，科尔奈提出："各国宏观经济管理模式可以划分为四种：直接行政调节、间接行政调节、宏观控制下的市场协调和完全非控制的市场协调。"他认为，"匈牙利还是处在第二个阶段，就是间接行政调控，将来要走向宏观间接调控。"当然，科尔奈也说："最后一种模式是不存在的，任何国家都没有完全不受控制的市场协调，实际上只有前三种模式。"这个意见对赵紫阳的影响很大，他对将来要实行"宏观间接调控"很重视。于是，他把这一观点加到9月中下旬党代会的《关于第七个五年计划的报告》的说明中，将经济体制分成三个层次：宏观间接调控，发挥市场作用，企业自负盈亏。以后，国家体改委在搞"三五八"规划时，我还提醒李铁映，设计方案要特别注意这个问题。

这里有一个插曲。我记得是1985年春夏之间，赵紫阳要我找一些从国外学习回来的年轻人，让学过西方经济学的人搞一个方案，提一些思路。5月底，我找了宫著铭、楼继伟、郭树清、刘吉瑞等人，由宫著铭牵头，他们住在国务院西山招待所搞了一个多月。7月下旬，这个方案写成了文字，我和马洪先后组织开过几次会，讨论修改。7月28日，方案拿到北戴河，由郭树清做汇报。那天，听汇报的有赵紫阳、姚依林、我，还有计委的陈先。他们这个方案是很开放的，完全是学西方的体制。听完汇报后，依林讲了一句话，说："这个体制不行，这个体制是市场社会主义！"赵紫阳当时没有说什么。因为赵紫阳很注意听取陈云的意见，也很注意姚依林的意见，一个方案最后要不要通过，他还要征求他们的意见。所以，这个方案没有再拿出来。会下，我问陈先："你对这个方案是什么印象？"他说："依林讲得不够，不是市场社会主义，这是社会市场经济！"我说这件事，是想表明，赵紫阳在改革方案的设计上是很开明的，很注重学习了解国外的观点。同时，也想说明，在 80 年代中期，一些年轻人就已经认识到，中国的改革目标要搞市场经济，这在当时是难能可贵的。

1986 年 3 月，在赵紫阳的主持下，搞了一个价税财联动改革的方案设计。这个话题我一般不愿意讲，因为我对这种用大幅度调整钢材价格的方式搞联动改革，不大赞成。当时，我是方案研究领导小组的成员，组长是田纪云。这个领导小组没怎么开过会，但我为这个价税财方案找一些人谈了。我认为，通过减少指令性计划，减少指令性分配，各个钢铁工厂都活了，一部分产品随市场流通；而这种通过国家提高钢材的价格，将调价收入纳入税收，由此增加财政收入的起步方式，风险太大。赵紫阳最后为什么要放弃钢材调价的方案呢？我认为，一个比较重要的原因是，1986 年当年的通货膨胀比较高。如果这个方案出台，由于钢材是上游产品，上游产品提价会影响到整个下游企业：一个是企业的利润减少，职工的工资减少；一个是会推动物价上涨。这是很难计算的，潜在的风险有多大？不清楚。这使赵紫阳很担心，如果出现那样局面，与他一贯的思路不符。他不赞成由于实施这个方案，将要减少企业的收入，减少职工的收入。我最后一次就这个方案和赵紫阳交换意见是在飞机上。这一年 10 月中旬，我去广东，赵紫阳也到广东，他让我去广东坐他的专机。在专机上，他问我："如果实施这个方案，通货膨胀究竟怎么算？按多少算？"我说："我算不准。"因为以前大规模调价只调过一次，那次调价跟这次目的不同。那次是针对纺织企业，棉花涨价了，小城镇纺织企业起来了，国有企业被价格捆死了，困难得不得了！那次调价的好处给了企业，调价的结果是企业搞活了。而且，那次调价的通货膨胀是能计算出来的。因为它是最终产品，能够估计出来价格涨多少，对市场影响有多大。而钢铁是上游产品，这个计算是很复杂的。钢材的产品很多，小五金、农具、机械工业都要用钢材，基本建设要用钢材，这个究竟能有多大的涨价幅度，全部涨价的幅度是多少，是很难计算出来。如果按照修改后的方案，物价也要涨到 5% ~ 10%，首钢的承包就无法搞了。钢铁企业会反对，其他企业也会不赞成。赵紫阳就是因为考虑到这些因素，所以 1987 年就没出台钢材调价的方案。

不过，从改革的大方向上看，有了 1985 年全国党代会"宏观间接调控，发挥市场作用，企业自负盈亏"三个层次的划分，到了 1987 年的十三大政治报告，关于体制模式的提法就很自然地发展成"国家调节市场，市场引导企业"。这句话是赵紫阳听取了廖季立的意见，他特别欣赏这句话。当时，很多人也都赞成这句话，袁宝华搞《企业法》，也将这句话加到《企业法》当中，这是上了法律的！

再一个就是 1987 年 10 月搞的"三五八"规划。当时，李铁映接替赵紫阳任体改委主任，我是体改委顾问，我当时在中央财经领导小组。财经领导小组要李铁映搞一个今后三年、五年、八年的改革规划，简称"三五八"规划。由国家体改委委托有关经济主管部门、科研机构、大专院校的专家，以及部分地方体改部门牵头，分别对今后八年（1988～1995）的经济体制改革进行综合规划和专项设计。但是，这个规划只是内部的，没有上报。为什么没报呢？是因为到了 1988 年初，李铁映到了教委，李鹏任体改委主任。同时，在这个期间，邓小平提出价格闯关，我们都是听李鹏传达的。这样，就把那个"三五八"放下了。实际上，"三五八"是总结了过去的改革经验，由各个机构搞了几个不同的方案，其中，最激进的方案是宫著铭代表人民银行课题组提出来的。他提出：搞政治民主化。当时，我看过说："中央的政改方案提出从党政分开入手，你提政治民主化，提得太早了。"后来，他改了，但这是一件很有意思的事。

从以上的情况看，我们的改革目标模式不是事先设计好的，而是一个不断试错、不断纠错、不断探索的过程，是一步步地走向市场的。甚至可以这样认为，凡是事先设计的具体的改革实施方案，往往不能取得成功。但是，设计这些改革的规划和方案有一个重要作用，就是有利于大家在改革的目标、方向和道路上逐步取得共识。实际上，真正影响很大的改革，都是人民群众自己创造出来的。中央只是在改革方案中提出一些原则，指出改革的基本方向，尊重群众的创造，允许群众的创造，由下边试、下边闯、下边探索，这就是在改革初期阶段走出的一条路！

亲历中央重要改革文件的起草过程 （上）

口述者：高尚全*
访谈者：萧冬连、鲁利玲
时　间：2009 年 2 月 12、16 日
地　点：中国经济体制改革研究会会议室
整理者：萧冬连、鲁利玲

　　1980 年，我从一机部调到新成立的国家机械委，主任是薄一波。当时，为什么要成立机械委？主要是因为机械制造行业一直统不起来，八个机械工业部各管一套；有两个制造体系，使用部门搞制造，维修部门也搞制造，重复生产、重复建设很严重。所以，要搞个机械委统一起来。机械委一成立，就搞了十种机电产品规划，缝纫机、手表、电视机、自行车等等。现在看来，还是用行政的办法进行整合。

　　1982 年 3 月 8 日，五届人大常委会二十二次会议决定，撤销国家机械委，成立国家经济体制改革委员会，由国务院总理兼主任。4 月 24 日，中央任命薄一波为体改委党组书记、第一副主任，我们机械委的一批骨干就跟着薄老到了体改委，我被分配到调研组。1983 年，担任调研组组长；1984 年，受体改委党组委托，负责筹办中国经济体制改革研究所，并担任第一任所长；1985 年，担任国家体改委副主任、党组成员。从 1984 年到 2003 年，

---

　　* 高尚全（1929~），上海嘉定人。历任国家体改委副局长、局长，中国经济体制改革研究所所长，国家体改委副主任，中国经济体制改革研究会会长，中国经济改革基金会理事长。

我先后六次参加中央重要文件的起草工作，亲历了我国经济改革的重大决策过程。

一 政治经济学初稿：
《中央关于经济体制改革的决定》

1978 年 12 月，党的十一届三中全会开启了我国的改革进程。1982 年 9 月，党的十二大明确提出了系统地进行经济体制改革的任务，并且指出这是坚持社会主义道路、实现社会主义现代化的重要保证。十二大报告提出，允许对部分产品的生产和流通不做计划，由市场来调节，是从属的、次要的，但又是必需的、有益的。在计划管理上，也根据需要采取指令性计划和指导性计划两种不同的形式。虽然十二大的提法仍然是以计划经济为主，市场只是作为补充，但这是第一次在党的文件中提到"市场"，第一次提出了指令性计划和指导性计划的划分，由此撕开了传统计划体制的口子，为下一步突破奠定了基础。随后，城市经济体制改革的步伐开始加快，尤其是 1984 年以后，随着国民经济形势的进一步好转，经济工作的中心逐步由调整转向改革，改革的重点也逐步由农村转向城市。党中央和国务院针对改革的进程做出了一系列重要决策和指示，以城市为重点的整个经济体制改革步伐进一步加快，改革范围进一步扩大，整个改革形势酝酿着一次战略性的突破。

1984 年 4 月 27 日，中央指定体改委的我和杨启先、顾家麒参加文件起草小组。4 月 30 日，起草小组成员到玉泉山 5 号楼集中，召开了一次会议，对文件的起草进行研究和酝酿。5 月 10 日，讨论文件的起草思路，由田纪云重点汇报。田纪云说：上次三中全会主要是拨乱反正，推动农村的改革；这次三中全会，要成为城市改革的起点。搞一个文件起草小组，半年为期，提出城市经济体制改革的方案。6 月 9 日，胡耀邦主持会议，讨论文件中加快改革的一些意见，由胡启立重点汇报。胡启立说：我们的想法是，十一届三中全会打开了农村改革的新局面，十二届三中全会能否在城市改革方面打开新局面，再用五年、七年或更长一点时间，使城市经济改革有一个重大突破，这将是一个了不起的成绩。这个决定不是拿出一个完整的蓝图，而是既要总结过去改革行之有效的经验，又要指明今后改革的方向、路子，同时给予必要的思想理论上的解释。胡耀邦、万里、田纪云也都先后发表意见。此后，中央又找了有关省市和部门领导进行了座谈和讨论。

在起草《决定》第五稿的时候，7月30日，胡耀邦主持中央书记处会议，传达了邓小平的意见："最理想的方案是通过一个改革的文件。十一届三中全会无论在政治上、经济上都起了很好的作用，这次三中全会能否搞一个改革文件？这个文件将对全党起巨大的鼓舞作用。就搞这个文件，别的就不搞了。"会议决定，成立由胡耀邦、赵紫阳、胡启立、胡乔木、姚依林、田纪云组成的文件起草领导小组，进一步调整和充实了文件起草的力量。第五稿下发中央各个部门、各个省市自治区征求意见，各个部门和地方都认真进行了讨论，并提出了修改意见。比如说，国家体改委提出，文件在讲到过去的经济模式时，必须明确它是限制商品经济发展、排斥价值规律的；在讲到改革要建立新的模式的时候，应当明确提出我们的经济是社会主义商品经济，是建立在公有制基础上的有计划的商品经济。

在修改文件的过程中，争论比较激烈的问题，就是在文件中提不提商品经济？有人认为不能提。社会主义是计划经济，怎么提商品经济呀？如果提商品经济，不是搞资本主义了吗？我认为，应当提商品经济。我说，根据我的调查，哪个地方经济搞得活，老百姓比较富裕，就是因为那个地方搞了商品经济。广东人爱吃鱼，可是搞计划经济没有鱼吃了，因为价格管死了。后来，逐步放开价格，养鱼的人有积极性了，市场上鱼就多了，多了以后价格也下降了，老百姓就有鱼吃了。所以，搞商品经济没有错。原来有一句话："只有社会主义才能救中国"；现在应当加上一句"只有商品经济才能富中国"。然而，我的观点在起草小组中通不过。我的力量不够，因为反对者的官都比我大，我当时是以体改所所长的身份参加的。没有办法，我就跟童大林同志商量，我说："这个问题有争论，我希望以体改研究会的名义开一个研讨会，讨论商品经济问题。"安志文、童大林同志很赞成。

8月底，我们请了将近二十人在西苑旅社开了一个研讨会，包括董辅礽、蒋一苇等人都参加了。我先介绍了一下情况。我说："对于要不要提商品经济，现在有不同意见。这个问题要突破，希望大家讨论一下。"会上，大家的意见很一致，都是赞成的，认为商品经济是社会主义必须经历的一个阶段。同时，我们还讨论了"计划经济为主，市场调节为辅"的问题，这是十二大提出来的。为什么提出为主为辅问题，计划经济是制度和体制问题，市场调节是手段问题，这个提法不对称，不应该这么提。

9月7日，我把研讨会的意见报上去了，并向中央提出对经济体制改革几个理论问题的看法。我的主要观点是：当前的经济体制改革要求在理论上有一个关键性的突破，要明确提出"社会主义商品经济"的概念。现在，明确提出这个问题的条件已经成熟了。我后来知道，在我提交这个意见之前，马洪提交了《关于社会主义体制改革下我国商品经济的再探索》的报告，提出：承认社会主义经济是有计划的商品经济，是进行经济体制改革，实行对内搞活、对外开放方针的理论根据，并建议把这一提法写进即将召开的十二届三中全会的经济体制改革决定中去。

9月9日，赵紫阳给中央常委写信，提出了经济体制改革中三个问题的意见：第一是计划体制问题，社会主义经济是以公有制为基础的有计划的商品经济。第二是价格改革问题，国家定价的范围逐步缩小，放开的比重逐步扩大；国家规定的价格，通过调整，逐步向市场价格靠拢。第三是国家领导经济的职能问题，近期改革的主要内容是政企分开，各级政府都要逐步简政放权，减少对企业的干预，学会用经济手段来进行宏观控制。小平同志、陈云同志表示完全同意。所以，这封信起了关键作用。最后在《决定》中写上了"商品经济"，"计划经济为主，市场调节为辅"也就不提了。

实际上，在经济改革的决策过程中，始终存在计划与市场的争论。为什么呢？因为传统观念认为，计划是社会主义，市场是资本主义。在国际上，这也是个长期争论的问题，我们中国更为突出。1984年，中央的改革《决定》把"商品经济"的概念提出来，是采取一种迂回的办法，为商品经济正名。10月20日，就在《决定》通过的当天，小平同志说："我的印象是写出了一个政治经济学的初稿，是马克思主义的基本原理和中国社会主义实践相结合的政治经济学。我有这么一个评价。"邓小平说："这次经济改革的文件好，就是解释了什么是社会主义，有些是我们老祖宗没有说过的话，有些新话。我看清楚了，过去我们不可能写出这样的文件。写出来，也不容易通过，会被看作'异端'，现在用自己的实践回答了新情况下出现的新问题。"

在当时历史条件下，在党的文件中写上"商品经济"是不容易的。但是，中国的经济改革不是一步到位的，而是渐进的、逐步突破的。"有计划的商品经济"，虽然是个新提法，但问题还没有解决。《决定》同时还说，商品经济与计划经济不是对立的。《决定》里面除了"有计划"三个字的限制以外，还有劳动力不是商品，矿山等不是商品。这是胡乔木加上去的。当时，乔木正在天津，起草小组派我到天津征求他的意见，他提出要限制什么不是商品。同时，人们对"有计划的商品经济"的理解也不同，有人在"有计划"上做文章，认为"有计划的商品经济"还是计划经济。而我们则认为，重点应当放在"商品经济"上。商品经济就是要有通过商品来交换，要等价交换，要遵守价格规律。所以，争论并没有停止。

二　把改革放在首位：中央关于"七五" 计划的建议

1985年，中央第七个五年计划建议的起草工作，是在中央主要领导同志直接领导下进行的。3月初，成立了中央文件起草小组。参加起草小组的有房维中、袁木、王忍之、高尚全、桂世镛、李伯溪、魏礼群、郑洪庆、陈吉元、宫著铭、王积业、刘洪、张光瑞。4月29日、30日和5月2日、23日，赵紫阳到玉泉山听取了起草小组的汇报。6月8日，胡耀邦主持会议，听取了起草小组的汇报。

在起草《中共中央关于制定国民经济和社会发展第七个五年计划的建议》时，中央下了决心，强调要"把改革放在首位"。提出三个目标：第一个目标，通过第七个五年计划或者更长一点时间建立新体制的基础；第二个目标，要为改革创造良好的环境；第三个目标，"七五"期间要提高人民的生活水平。实际上，中央的"七五"计划的建议也就是改革的建议。在1984年《决定》的基础上，《建议》又有突破，就是把改革的目标提出来了，要在"七五"计划期间或者更长时间，建立充满生机和活力的新体制的基础。同时提出，整个"七五"期间把改革放在首位。根据这个指导思想，8月13日，起草小组完成第六稿，共8个部分、71条，增加了基本指导原则，首先突出了把改革放在首位，使改革和建设互相适应，互相促进。

8月20日下午，在中南海怀仁堂举行的中央政治局扩大会议，由胡耀邦同志主持，我列席了这次会议。根据我的回忆，赵紫阳先讲了三条意见：（1）这个文件是制定"七五"计划的建议，而不是计划本身，是中央的建议。因此，涉及的是重大的指导思想、重大的战略、重要的方针和政策。（2）在讨论中，很多同志提出形势怎么估计？应当如实地估计形势，并且要留有余地。最近，耀邦同志在中央党校讲了话，认为形势是我们制定政策的依据，估计高了不好，但估计不足也不好，还要如实地反映。（3）突出改革，这是根据小平同志一系列指示提出来的。改革五年不可能完成，但大体形成新体制的雏形。会上，姚依林、李先念、王震、彭真、习仲勋同志发了言。耀邦同志说，文件原则通过，拿到下面去讨论。

8月30日，中央办公厅向各省、自治区、直辖市党委、中央直属机关、中央国家机关党委及解放军总政治部发出通知：《中共中央关于制定国民经济和社会发展第七个五年计划的建议》（8月20日稿）已经中央政治局原则同意，拟报请四中全会、党代表会议审议通过。现将这个《建议》（稿）发给你们，请分送给党代表会议代表征求意见，组织讨论，于9月10日前将修改本退中央办公厅。

在这个过程中，国家体改委和中国社科院组织召开"宏观经济管理国际讨论会"，即巴山轮会议。我是体改委时任副主任，所以由我和廖季立具体负责这个事。这个会是世界银行驻中国首席代表林重庚先生建议召开的，他认为，应当深入讨论计划与市场的问题，讨论改革的目标模式问题。我们商定，由林先生代表世界银行邀请国外专家：美国耶鲁大学经济学教授、1981年度诺贝尔经济学奖得主托宾，英国剑桥大学教授、格拉斯哥大学名誉校长凯恩克劳斯爵士，联邦德国证券抵押银行理事长埃明格尔，匈牙利科学院经济研究所研究部主任科尔奈，英国牛津大学安东尼学院高级研究员布鲁斯，南斯拉夫政府经济改革执行委员会委员、斯洛文尼亚艺术与科学院通讯院士巴依特，美国波士顿大学经济学教授、韩国财政体制改革委员会顾问琼斯，日本兴业银行董事、调查部部长小林实等。我们负责邀请国内专家：国家体改委党组书记安志文，国务院经济研究中心总干事薛暮桥，国务院技术经济研究中心总干事马洪，中国社会科学院副院长刘国光，国家体改委副主任童大林、高尚全，以及洪虎、杨启先、郭树清、楼继伟、吴敬琏、赵人伟、张卓元、周叔莲、陈吉元、戴园晨、宫著铭、项怀诚、王琢、田源、吴凯泰、李克穆、李振宁等。

8 月 31 日，赵紫阳在中南海紫光阁会见了"宏观经济管理国际讨论会"的中外代表，并发表了即席讲话。他说：城市经济改革的任务相当艰巨，企业经营权扩大之后，宏观管理如何与之相适应还需要认真研究和解决。中国现阶段的社会主义经济，是公有制基础上的有计划的商品经济。因此，在增强企业活力的时候，要逐步建立一个完善的市场体系，包括商品市场、金融市场和劳务市场等。国家对企业的管理要逐步由直接管理为主转变为间接管理为主，运用经济和法律手段以及必要的行政手段来调节和控制宏观经济，以便更好地促进社会生产力的发展。

9 月 2~7 日，"宏观经济管理国际讨论会"在重庆开往武汉的"巴山"号游轮上举行，史称巴山轮会议。会上，科尔奈提出："世界各国宏观经济管理的模式基本上分两大类，一类是通过行政手段协调，一类是通过市场协调。在第一类中，又可分为直接行政调节和间接行政调节。在第二类中，可分为完全非控制的市场协调和宏观控制下的市场协调。"当然，他说这是抽象的概括，实际上各种方式往往交错同时存在，这种分类是指调节的主要方式，完全非控制的市场协调，在实际生活中是不存在的。社会主义国家经济改革的目标模式，可以选择间接行政调节，也可以选择宏观控制下的市场协调。这两种模式都要求基本上取消指令性实物计划指标，由国家主要通过经济手段进行控制。经过讨论，我们倾向于选择宏观控制下的市场调节，就是要发挥市场的作用，把宏观调控与市场作用结合起来。这是巴山轮会议的一个重要成果。9 月 10 日，以安志文同志的名义，向赵紫阳提交了《宏观经济管理国际讨论会对我国改革有参考价值的几点意见》的报告。

在修改关于"七五"计划的建议的文件时，我们特别注意吸收了巴山轮会议的讨论成果。文件中有这样一段话:"建立新型的社会主义经济体制,主要是抓好互相联系的三个方面:第一,进一步增强企业特别是全民所有制大中型企业的活力,使它们真正成为相对独立的、自主经营、自负盈亏的社会主义商品生产者和经营者;第二,进一步发展社会主义的有计划的商品市场,逐步完善市场体系;第三,国家对企业的管理逐步由直接控制为主转向间接控制为主,主要运用经济手段和法律手段,并采取必要的行政手段,来控制和调节经济运行。要围绕这三个方面,配套地搞好计划体制、价格体系、财政体制、金融体制和劳动工资制度等方面的改革,以形成一整套把计划和市场、微观搞活和宏观控制有机地结合起来的机制和手段。"

这是对 1984 年改革《决定》的一个进步,明确提出要由直接调控为主转向间接调控为主。这不仅是宏观管理方式的转变,而且是触及经济体制模式的根本转变。实行间接调控为主,势必要求建立新的宏观调控体系,建立灵活的市场调节机制,以及适应市场供求变化的微观主体。同时,这一思路的形成,为后来十三大提出"国家调节市场,市场引导企业"的新体制框架奠定了重要基础。

"七五"期间,是我国深化改革的关键时期。党中央、国务院提出,争取在五年或者更长一些时间内,基本奠定具有中国特色的、充满生机和活力的社会主义经济体制的基础。要完成这个任务,必须进行综合配套改革。这是我国改革历史上第一次尝试。

1986 年 1 月 25 日,赵紫阳在国务院第二会议室召开了一个座谈会,讨论"七五"期间特别是"七五"前期经济体制改革的步骤和综合配套改革问题,安志文和我参加了这次会议。3 月 15 日,赵紫阳在听取城市经济体制改革工作会议汇报时指出:"今年改革有个很重要的任务,就是为明年、后年的改革做好准备。首先要研究明后年改革的步子究竟走多大?在改革的深度和广度上达到个什么程度好?步子走大一点比较有利,还是走小一点比较有利?大家可以酝酿研究一下。当然,这不能完全从我们的愿望出发,要看主客观的条件。"他还提出:"具体说来,明年的改革可以从以下三个方面去设计,去研究:第一是价格,第二是税收,第三是财政。这三个方面的改革是互相联系的。"并强调:"价格、税收、财政的改革必须配套。这是改革工作的一项重大系统工程，应统一来搞。"

为此，3月25日，国务院办公厅发出通知，决定成立国务院方案研究领导小组，负责研究制定明后两年改革方案和主要措施。领导小组由田纪云负责，张劲夫、吕东、安志文等人参加；下设方案办公室，任命高尚全为办公室主任，杨启先、傅丰祥、吴敬琏为副主任。吴敬琏是后来增补进来的，任副主任。

根据3月15日讲话的精神，4月8日到10日，方案办公室用了三个半天的时间，讨论明后两年综合配套改革的基本思路。当时，改革方案办公室集中了40个人，从体改委、财政部、人民银行、社科院各个方面抽调人员。一些年轻的业务骨干都在里面，像郭树清、楼继伟、周小川、宫著铭、石小敏、贾和亭，更年轻的还有华生。为什么组织那么多人？就是因为要搞综合配套改革的设计，仅靠单个部门是不行的。

4月16日，田纪云副总理主持召开了改革方案领导小组办公室会议，研究讨论明后两年配套改革的基本思路。在讨论中，绝大多数同志认为，明后两年的改革着重在建立市场体系，特别是商品物资市场和实行间接调控两方面迈出决定性步子，为企业自主经营、自负盈亏、平等竞争创造条件。但在改革的配套关系、侧重点以及步子大小等问题上，存在三种不同的思路。第一种思路，以价格、税收、财政、投资体制的配套改革为重点，流通、金融、企业、计划等改革紧密配合。价格以调为主、先调后放。第二种思路，继续给企业扩权，宏观经济实行分层次管理。价格以放为主，小调小放，逐步扩大生产资料市场。第三种思路，围绕形成商品市场，特别是生产资料市场，以价格和物资管理体制的配套改革为重点，税收、财政（分税制）、金融（建立短期资金市场）体制改革紧密配合。

4月25日，方案办公室提出了明后两年改革配套的基本思路。在讨论中，对于明后两年的配套改革究竟达到什么目的，有两种判断。一种判断比较乐观，认为由此就能形成比较完善的商品市场，宏观调控转向间接调控为主，新体制的框架基本建立起来，实现新体制占据主导地位。另一种判断，要使新体制占主导地位或者建立新体制框架，必须在三个方面有根本性的变化。第一，大部分工业企业实现自主经营、自负盈亏，这是新体制必须具备的微观基础。第二，要有一个比较完善的商品市场和初步发育的资金市场。第三，主要运用经济的、法律的手段来调控经济运行。明后两年改革的重点是价税财联动，在企业自负盈亏方面不会有根本突破，国家与企业的分配比例在全局上还不能做大的调整，资金市场还难以形成，计划体制改革的步伐也不会很大。因此，改革可使新体制在若干重要方面上升为主导地位，为更深层次的改革扫清道路。目标定得过高，范围搞得太宽，可能是不现实的。

这两种判断有较多的差异。具体说，大概三种意见。一种意见主张，明后年改革的中心是理顺生产资料价格，发挥商品市场功能。其他方面都要围绕这个中心，采取配合性的改革措施。比如，调整产品税率，开征资源税，以调节因提价引起的经济利益关系的变动；加强投资的计划性，控制基建规模，改善价格改革出台的经济环境等。只要生产资料提价这一步迈出去就是一大成绩，所以，这是一种功能性的改革。而经济体制的构成或者实质性的改革应当放后一点进行。这个思路有利的一面是改革的目标集中，内容比较单一，方案准备工作量不大，对各方面的利益关系牵动比较小，实行起来不会有太大的阻力和风险；不利的一面是对旧体制触动不大，整个经济运行机制不会有多大的变化，调价的效力很快会衰减，结果可能是旧体制在更高价格水平上的继续。

第二种意见主张，抓住当前不可多得的有利时机，果断地实行比较彻底的配套改革，打破新旧体制并存的状态，建立新体制的框架，"七五"后两年不必再走大的步子，主要是进行消化、补充。这就要求：（1）重要生产资料的价格调整基本上一次到位，一次性地提高到市场价格的水平，结束双轨制；（2）调后即放，在提价以后半年到一年之内，基本上取消重要物资的计划调拨制度，形成以限价、浮动价、合同贸易为特征的统一的商品市场；（3）税收联动，通过开征资源税、土地税等，将提价的好处收归国家，同时对加工制成品进行减税和补贴，以稳定消费品的市场价格；（4）改革税制，大大缩小产品税的范围，通过普遍开征资源税、土地税、固定资产占用费等，全面实现国有资源、资金的有偿使用；（5）在确定中央、地方事权范围的前提下，重新划分地方收支，建立分税制基础上的分级财政；（6）实行利改税，将企业流动资金改为银行贷款。此外，在计划体制、物资体制、投资体制，企业财产关系、经营方式、领导体制、劳动就业制度和工资福利制度、银行体制和政府机构等方面，进行相应的改革或者试点准备工作。这种设想有利的一面是，改革的配套性强，在经济体制各个方面可以取得重大突破，加速建立新体制的主导地位，避免"七五"后期再来一次大的配套改革；不利的一面是，设计方案和各项准备工作十分艰巨，对社会经济环境的要求很高，干部的思想和管理能力可能跟不上。两年中要完成这么多改革，任务相当困难，容易出现意想不到的问题。改革在广度和深度上冲击旧体制，遇到的阻力和风险必然增大。

　　第三种意见是，配套改革在切实可行的范围内尽量迈出大步，但是不可能毕其功于一役。要准备"七五"后期再进行一次更深层次的配套改革，才能使新体制真正占主导地位。明后两年价格改革的步子要大，但是不能强调一次到位，不同的生产资料可以有不同的提价幅度。先做一次较大的调整，尔后视情况需要再实行微调，避免对市场造成过大的冲击。提高生产资料计划价格的同时，分步骤地减少分配调拨，扩大市场调节的范围。但至少在两三年内，计划分配不能完全取消，双轨价格还会继续存在，但可以通过建立专营市场等办法趋利避害。开征资源税、土地税等税种是必要的，但在一定时期产品税仍然会占相当大的比重，并发挥重要的调节作用。因生产资料提价增加的收入，应以国家税收的形式收回。但对利润率偏低的原材料生产企业，仍需留给一些好处，增强其自我发展能力。由此减少的财政收入，可用原来无偿开发国家资源的非国有企业缴纳的税款补偿。为了控制零售物价，对加工产品有选择地实行减税。确实消化不了，导致亏损，产品又适销对路的企业，应允许适当涨价。确属必保的重点建设项目，若因资本货物全面提价难以按计划完成的，可追加一定投资。在配套改革中，计划投资体制的改革具有关键的意义，必须下决心，较大幅度地减少指令性计划指标和重要物资的分配调拨。各级政府从现在起要逐步退出生产性、营利性项目的投资，转向主要搞好公共基础设施、公共事业的建设。没有这个条件，光靠价格调整，很难出现一个生产资料市场，也无法合理地划分中央与地方的收支，建立分税制的分级财政。

　　还有的同志提出来，配套改革期间，需要保持适度的经济增长。如果因为搞改革，把经济发展速度连续两年降得过低，会引起许多新的问题。配套改革不能抑制企业的动力和活力，价税财联动是必要的，但企业体制和金融体制的改革也应相应深化。在商品经济中，物资的运动一刻也离不开资金的运动，要搞活生产资料市场，必须在搞活资金流通上进行必要改革。在讨论中，大家共同感到，明后两年的配套改革，同煤炭、石油、石化、有色等部门的"大包干"必将产生许多矛盾，这是一个很难解决，但又必须解决的问题。

6月26日，我利用向赵紫阳汇报考察匈牙利、南斯拉夫情况的机会，同时汇报了方案办关于经济体制改革的思路。7月28日到8月1日，安志文、高尚全、杨启先、傅丰祥到北戴河参加中央工作会议，汇报明后两年配套改革的总体设计，包括政府转型与宏观调控怎么样从直接调控转向间接调控。

1986年底，经过反复考虑，赵紫阳放弃了价税财联动改革的方案，转向搞国有企业承包制。当时的情况挺复杂，有不同的声音。可能上面讨论到这个问题时，也有不同意见。赵紫阳是准备迈大步子的，但他有个特点，愿意听取各方面的意见。如果改革难度大，一步到位不行，就会采取比较稳妥的方式推进。

我所了解的国家体改委和经济体制改革

口述者：洪虎 *

访谈者：萧冬连、鲁利玲

时　　间：2009 年 8 月 27 日 **

地　　点：人民大会堂宾馆洪虎同志办公室

整理者：萧冬连

　　1963 年，我毕业于北京工业学院（现北京理工大学）化工系液体火箭推进剂专业。毕业以后，被分配到吉林化学工业公司，搞液体火箭推进剂生产的中间实验，在吉化公司工作了两年。1965 年，建设三线，把我调到青海黎明化工厂，还是从事液体火箭推进剂的生产工作，在青海工作了 13 年，担任过车间主任、生产科长、生产副厂长。1978 年，调到化工部二局，当计划处的处长。二局是管理为国防和军工配套的化工产品的一个局，在那儿工作两年。1980 年，调到国家机械委计划局担任处长，工作了两年。后来，调到国家体改委工作。因此，在到国家体改委之前，我在企业工作了 15 年，在国务院部委机关工作了 4 年。

　*　洪虎（1940 ~ ），安徽金寨人。历任国家体改委党组副书记、副主任，国务院体改办党组副书记、副主任，吉林省委副书记、吉林省省长，第十届、十一届全国人大法律委员会副主任委员。是第十五届、十六届中共中央委员。

　**　本文经口述者 2018 年 2 月重新修订。——整理者注

一 国家体改委的历史沿革

1982 年 3 月 8 日，五届全国人大常委会第 22 次会议对国务院机构改革初步方案做出决议："原则批准国务院机构改革初步方案"，"设立国家经济体制改革委员会，由国务院总理兼主任"。5 月 4 日，国家经济体制改革委员会正式成立，其主要任务是"负责拟订全国经济体制改革的总体设计，统一研究、筹划和指导全国经济体制改革的工作"。体改委主任由时任国务院总理赵紫阳兼任，副主任由第一副主任由国务院副总理、原国家机械工业委员会主任薄一波兼任；其他副主任有杜星垣（兼，时任国务院秘书长、原国务院体制改革办公室主任）、安志文（原六机部部长）、周太和（原国家机械工业委员会副主任）、童大林（国家科委原副主任），顾问薛暮桥、马洪（兼），秘书长周太和（兼）。1982 年 7 月，增加了体改委委员的设置，由廖季立、陶力、董峰、詹武、李岩、宋一峰任专职委员。体改委刚成立时设一室四组：办公室（主任孙研之）、总体规划组（组长杨启先）、协调组（组长宋一峰，副组长靳耀南、吴佩纶、邢幼青，后来又增加了翟乃文）、调查研究组（组长傅丰祥）、理论研究组（组长空缺）。需要说明的是，当时，农村的经济体制改革工作主要由中共中央书记处农村政策研究室（后改称中共中央农村政策研究室）以及后来成立的中央农村工作领导小组负责，对外开放的经济体制改革工作主要由国家进出口管理委员会（又称国家外国投资管理委员会）以及后来的国务院特区办负责，因而在体改委内没有设相应的机构；1990 年体改委增设农村经济体制司后，才涉足农村改革。1982 年 12 月，体改委机构调整成为一室七组：办公室、总体规划组、生产体制组、流通体制组、分配体制组、综合试点组、调查研究组、理论研究与科教体制组。1998 年 3 月体改委撤销时，机构的设置为：办公厅（人事司）、政策法规司、综合规划和试点司、宏观调控体制司、生产体制司、市场流通体制司、分配和社会保障体制司、农村经济体制司、国外经济体制司（外事司）。

这里，讲一下国家体改委主任变化的过程。1982 年体改委一成立，赵紫阳作为国务院总理兼体改委主任（1982.4～1987.4）。1987年，赵紫阳担任中共中央总书记后，就不能再兼了。4月份，中央确定李铁映来担任体改委主任（1987.4～1988.4），当时，李铁映是电子工业部部长，部长职务不免，同时任国家体改委主任。1987年李铁映在党的十三大上当选为政治局委员，1988年政府换届后担任国务委员兼教委主任，不再当体改委主任了。政府换届后李鹏当了国务院总理，小平同志找李鹏总理谈话，说："国务院的屁股还是要坐在改革上，你还得兼体改委的主任。"这样，李鹏总理就兼任了体改委主任（1988.4～1990.8）。1990年8月李鹏总理不再兼任体改委主任。这时，中石化总经理陈锦华调到体改委当主任（1990.8～1993.3）。1993年3月陈锦华调到国家计委任主任。这时国务委员李铁映又回来兼任体改委主任，一直到1998年体改委撤销。这里还需要说一下，1991年国务院办公厅下发了《关于加强经济体制改革协调工作的通知》提出："鉴于国家体改委承担的任务和职责综合性很强，许多重大改革问题需要各综合部门共同协商，国家体改委实行委员会制。委员会的组成，除国家体改委正副主任和少数专职委员外，国家计委、财政部、人民银行、国务院生产委员会、劳动部、国家物价局各指定一位分管改革工作的副职任委员会兼职委员。委员会负责审议经济体制改革中的重大问题，搞好协调衔接，为国务院决策提出建议。"当时，专职委员有：傅丰祥、李修义、孙效良；兼职委员有桂世镛（国家计委副主任）、项怀诚（财政部副部长）、令狐安（劳动部副部长）、周正庆（中国人民银行副行长）、马凯（国家物价局副局长）、张彦宁（国务院生产委副主任）。

体改委历届的党组书记为：薄一波（1982.5～1983.7）、安志文（1983.7～1987.3）、李铁映（1987.3～1988.5）、安志文（1988.5～1990.8）、陈锦华（1990.8～1993.3）、李铁映（1993.3～1993.5）、贺光辉（1993.5～1995.1）、张皓若（1995.1～1998.3）。

1982年，国务院面临机构改革，撤销了各种委员会，国家机械委也撤销了。机械委业务人员去向主要分成两部分，一部分到国家计委机械局，一部分到国家经委机械局，只有少数业务人员分到体改委，而办公厅人员都转到了体改委。为什么把办公厅的人员转到体改委呢？因为当时机械委撤销了，机械委主任薄一波到体改委任第一副主任兼党组书记，体改委新成立，缺办公厅的人，就把机械委办公厅的人员都带过去了。我当时在机械委计划局（又称一局），具体负责技改、统计的工作。正好计划局有一个到体改委的指标，原来安排的一个人不愿意去，他说不懂什么叫改革，那个玩意儿很虚，他还想搞具体的技术工作，比较实。所以，我就向领导主动提出要去体改委。当时，我正患椎间盘突出症，出院以后在家休息，就跑到我们局长鲍枫家里去找她，我说：我愿意去体改委。鲍局长问我为什么？我说：我不是学机械专业的，是学化工的，在化工部时，我搞国防军工需要的特殊化工产品的配套供应，涉及的化工行业的品种规格较多，对这方面的情况较熟悉，也因为这个，才调我到机械委。现在机械委要撤销了，业务人员要分到计委机械局和经委机械局，我不是学机械的，到新单位没有专长。而到体改委工作，我觉得自己有长处。我在企业工作了 15 年，对企业的运转情况比较熟悉，特别对国有企业存在的弊病、问题体会比较深。另外，搞改革是个创新探索的事业，谁也不是改革专业毕业的，包括学经济学的，也不一定都懂得中国怎样搞改革。我觉得，这是一个新的领域，可以学习很多新的东西，是一种挑战，我感兴趣。鲍局长就说：那好吧，你去吧。这样，既把那个人的问题解决了，又满足了我的愿望。

我是 1982 年 5 月初到体改委的，基本上是体改委一成立我就到了体改委。我到体改委后，先在协调组当处长，后来转成生产体制组，此时，宋一峰不再兼生产组组长，任专职委员，翟乃文当了生产组组长。1984 年 11 月，我当了体改委副秘书长，1985 年 5 月当了体改委党组成员、秘书长，主要是负责管理机关事务。1991 年 2 月任体改委副主任，1994 年 12 月任体改委党组副书记，直到 1998 年体改委撤销。

1998 年国务院机构改革，"国家经济体制改革委员会改为国务院高层次议事机构，总理兼主任，有关部长任成员，不再列入国务院组成部门序列。同时，国务院决定设立国务院经济体制改革办公室（简称国务院体改办），作为国家经济体制改革委员会的办事机构。将国务院特区办并入国务院体改办"。当时，朱镕基总理兼国家体改委主任，副主任是国务院经济体制改革办公室主任刘仲藜，委员有国家发展计划委员会主任曾培炎、国家经济贸易委员会主任盛华仁、国防科学技术工业委员会主任刘积斌、财政部部长项怀诚、中国人民银行行长戴相龙和我，在委员中，只有我是副部级。这时，国家体改委已不再是国务院的组成部门，成为国务院高层次议事机构，但自1998年以后，这个议事机构一次会都没开。从国家体改委成立，到体改委改成国务院体改办，我在国家体改委工作了16年，经历了作为国务院组成部门的体改委的全过程。

二　我经历的国有经济企业改革的几件事

1982年国家体改委成立后，企业改革的工作先是由协调组负责，后由生产体制组（后改为生产体制局）负责，这项工作先由周太和副主任分管，后由宋一峰委员协助分管。1988年，原国家经委副主任张彦宁到国家体改委任副主任，他从原国家经委带过来企业司、法规司、培训司，连同体改委的生产体制局改称的经济管理司（1990年又改为生产体制司），他都分管。1991年2月，我当了体改委副主任，协助张彦宁副主任分管企业改革和企业培训工作。不久，张彦宁调到国务院生产办任副主任，将企业司又带到生产办。这样，体改委原有的生产体制司加上法规司、培训司几块儿的业务我都分管。

（一）关于股份制的试点

1985年5月，体改委在武汉市召开综合改革试点城市工作会议，会议的文件后来由国务院转发了，这个文件提出了企业实行股份制试点的意见。因此，体改委对股份制的探索比较早。实际上，1984年一些地方已经出现了股份制企业，但只是个别的，学者们讲得可能更早了，但是，最早见诸国务院文件的是1985年国务院批转的体改委综合改革试点城市工作会议的意见。以后，体改委一直研究股份制试点的问题。

1991年2月，我担任了体改委副主任，负责企业改革的工作。1992年5月，体改委、计委、财政部、人民银行、国务院生产办联合发出了《股份制企业试点办法》。接着，体改委制定了《有限责任公司规范意见》和《股份有限公司规范意见》，这是在国家尚未制定《公司法》的情况下，指导企业改制为公司，进行股份制试点的规范文件。在企业普遍采用"资金来源等于资金占用"会计核算制度的情况下，体改委和财政部制定了《股份制试点企业会计制度》和《股份制试点企业财务管理若干问题的暂行规定》，体改委和国家计委制定了《股份制试点企业宏观管理的暂行规定》，体改委和劳动部制定了《股份制试点企业劳动工资管理暂行规定》，体改委和物资部制定了《关于股份制试点企业物资供销管理暂行规定》，体改委和国家税务局制定了《股份制试点企业有关税收问题的暂行规定》，体改委和国家土地管理局制定了《股份制试点企业土地资产管理暂行规定》，体改委和审计署制定了《股份制试点企业审计暂行规定》等文件，这些文件的制定都是体改委牵头协调的结果，也说明股份制试点是传统企业制度的一场深刻改革。在国内股份制试点的基础上，朱镕基副总理决定选择一批企业到香港上市，发行 H 股。1993 年 6 月，国务院发出了《关于同意上海石化总厂等九家企业股票到香港上市的通知》（九家企业是：上海石化厂、青岛啤酒厂、北京人民机器厂、广州造船厂、马鞍山钢铁公司、昆明机床厂、仪征化纤厂、重庆东方电机厂、天津渤海化工厂）。发行 H 股的难点集中在内地法律与香港（当时尚未回归）法律的衔接、国内企业财务核算制度转换成国际通行的资产负债表的核算制度这两个问题上。体改委和国务院证券委制定了《股份有限公司向境外募集股份及上市特别规定》。体改委在牵头组织实施这一工作中，有很多创新和突破。

（二）关于现代企业制度改革

1993 年，中央十四届三中全会做出《关于建立社会主义市场经济体制若干问题的决定》，《决定》明确提到"转换国有企业经营机制，建立现代企业制度"，"国有企业实行公司制，是建立现代企业制度的有益探索"。据我所知，西方经济学没有"现代企业制度"这个说法，是中国人自己发明的。我理解"现代企业制度"就是建立在"现代产权制度"基础上的公司形式的企业制度。当时，已提出"产权"的概念，把它当作对企业财产（资产）的所有权认识，没有认识到"产权"实际上是指出资人对其投资的企业拥有的"资本权益"，是针对企业的一种预期能够带来经济利益的财产权利。很多人认为"资本"是与剥削相联系的，回避"资本"这一概念，因而，"资本权益"这一"产权"概念还不好提出来。当时，《公司法》尚未出台（《公司法》是1993年12月29日通过，1994年7月1日才实施的），《公司法》草案的内容还有争论。这时，就有人提出规范的公司制企业制度可以称为现代企业制度，后来这个提法就被采用了。《决定》表述为"国有企业实行公司制，是建立现代企业制度的有益探索"，把现代企业制度特征表述为"产权清晰、权责明确、政企分开、管理科学"。当时，对什么是现代企业制度理解很不一致。开始讨论时，国务院一位副总理就曾提出，现代企业制度是不是就是现代化的企业制度，现在的国有企业改称公司难道就能够实现现代化吗？国务院另外一位副总理说："国有企业从中华人民共和国成立起，产权就清晰了。"实际上，《关于经济体制改革的决定》、《关于建立社会主义市场经济体制若干问题的决定》，以及《公司法》对国家与企业财产关系的表述是逐步完善的、清晰的，直到把企业资产与企业净资产（所有者权益）、资产与资本、所有者与出资者等明确区别开来。体改委研究和倡导的这些认知逐步得到推广。

搞现代企业制度就是要明确，政府把属于国家所有的财产投入到企业中，这种财产就转化为企业的法人财产，国家不再对这部分财产享有所有权，而转化为对被投资企业的一种资本权益，即对被投资企业的一种能带来经济利益的控制权利，政府成为出资人，履行出资人职责，按出资额享有资产收益、重大事项决策和选择经营管理者的权利，对企业的债务以出资额为限承担有限责任。体改委一直按着这样的认知和《公司法》的规定，推进建立现代企业试点的工作。

现代企业制度的提出，体改委做了很多工作，最后写到中央文件里去了。我当时没有参与《决定》的起草，但是参与起草过程中多次座谈讨论，经常跟起草组人员沟通。产权、法人财产权、出资人、现代企业制度，这四个概念的确立体改委是发挥了积极作用的。

1993年，国务院确定在100家大型国有企业搞现代企业制度试点。因为经贸委是管企业的，所以开始国务院把试点工作全交给它了。当时，有一个不成文的规矩,企业改革属于执行层面的工作全部集中到经贸委。因为当时《公司法》还没有出台,体改委的三定方案里有负责试点工作的职能,依据这个职能,现代企业制度试点仍是一个探索过程,体改委应该参与这项工作。因为国务院都决定了,不好办了,就拿出 30 家给体改委,这是我们争取来的。现代企业制度试点不仅仅是试企业,还得配套改革政府管理国有经济的体制。实际上是两个并行的制度:一个叫作"企业法人财产制度",一个叫作"国有资本出资人制度",两个制度同时建立才能够协调起来。体改委在综合试点城市就搞了国有资产管理体制的改革。现在,回过头来看,在国有企业改革中,建立国有资本出资人制度的改革推进得慢了,企业改成了股份制。原来老说是所有者不到位,实际是出资人不到位,在公司中就是股东不到位。股份制改了半天,谁是国有股的股东不明确,国有资本权益谁维护?没有人维护!结果股份制改造前期有很多这样的情况:企业分红,让其他股东分红,国有股大股东不分红,把该分红的留在企业里,等于国家拿钱去发展企业,企业挣了钱让其他股东分走了,这不是国有股东权益流失吗?再有就是股份转让问题,国有股转让的收入不是归国家,而是留在企业里,让企业自己使用。这些都是公司制改制早期试点出现的问题,反映了我们对公司企业的认知也是逐步深化的。

(三) 关于企业改革的法制建设

早在 1985 年我任体改委秘书长时,国务院副秘书长李灏找到体改委,要求起草一份关于全国性组织管理的规定。当时,体改委没有法规司,没有人研究过这个问题,我就组织办公厅的几个人进行了些调查,起草了一个文件上报了国务院。后来,中共中央办公厅、国务院办公厅转发了体改委起草的《关于成立全国性组织的若干规定》(中发办〔1985〕50 号)。

1988 年,在体改委的"三定"中增设了政策法规司,法制建设纳入体改委的工作职能。当时,集中精力牵头组织起草了两个行政法规,一个是《全民所有制工业企业转换经营机制条例》,另一个是《国有企业财产监督管理条例》。1988 年颁布的《企业法》附则第六十七条规定"国务院根据本法制定实施条例"。《企业法》颁布后就着手准备起草企业法实施条例,后来发生了 1989 年的政治风波，这个事就拖下来了。1991 年 10 月，陈锦华主任给国务院写了《关于起草〈全民所有制工业企业法实施细则〉几个问题的请示》，李鹏总理批示："同意由朱镕基、陈锦华主持这项工作。"至此，这个条例由体改委牵头，国务院生产办公室（后改为国家经贸委）、国务院法制局参与起草，后来，这个条例的名称最后确定为《全民所有制工业企业转换经营机制条例》。朱镕基副总理多次召开国务院会议，亲自协调各部门解决《条例》起草中的难点问题。陈锦华主任、贺光辉副主任直接指导过问此事，我负责具体组织起草工作，起草工作由生产体制司负责，法规司参与。1992 年 7 月 23 日国务院发布实施。李鹏总理在全国转换企业经营机制会议上说："《条例》形成不容易，虽然不能说已经十全十美了，但它确实有新意、有突破，也比较好操作。"朱镕基副总理对《条例》的起草工作也给予充分肯定，说《条例》是历年来写得最好的有关企业改革的文件之一。1993 年，中共中央、国务院专门下发了《关于认真贯彻执行〈全民所有制工业企业转换经营机制条例〉的通知》，30 个省、自治区、直辖市分别制定了贯彻落实《全民所有制工业企业转换经营机制条例》实施办法。

　　1993 年 4 月，朱镕基副总理主持召开会议，研究加强国有工业企业资产管理问题。会议认为，加强国有企业资产管理，保证国有企业资产保值增值问题，必须提到重要议事日程，应尽快研究并采取措施。8 月，李岚清副总理将《工业经济内参》第 90 期批给体改委："体改委：这里面提出的都是一些带根本性的问题，现在强调政企脱钩，也要解决国有资产产权代表和管理问题……因此，建议尽快拿出国有资产的产权管理和现代企业制度的改革方案，以保证国有企业的活力和健康发展。供参考。"后来决定由体改委、经贸委、国资局组织起草《国有企业资产管理办法》，后来改称《全民所有制企业国有资产管理条例》。起草领导小组，由我任组长，陈清泰、汤丙午任副组长，领导小组的办公室设在体改委法规司，孙延祜任主任。国务院由朱镕基副总理负责此事，体改委李铁映主任抓总，他和党组书记贺光辉多次召开会议研究起草工作。11 月，体改委拟定的《国有企业财产监督管理条例（草案）》即报送国务院。1994 年 7 月 24 日，《国有企业财产监督管理条例》由国务院发布。这两个条例都是以体改委为主搞的。1994 年搞分税制改革的时候，朱镕基副总理每次都叫我陪同他到各地去调研，实际上是让我去宣传《国有企业财产监督管理条例》的。直到 2000 年出台《国有企业监事会暂行条例》以后，才把体改委搞的《监管条例》废止了。在国务院制定的行政法规里，这个《条例》第一次提出"产权"概念。后来，国家制定的《企业国有资产法》的很多思路都是从《监管条例》来的。

1993 年 12 月 9 日，全国人大常委会办公厅召开立法工作座谈会，讨论了《八届全国人大常委会立法规划（草案）》，确定由体改委牵头起草《股份合作企业法》、《破产法》、《经纪人法》，《破产法》后来又确定由人大法工委起草。体改委生产司即着手起草《城镇股份合作制企业暂行规定》，后来改称《股份企业合作条例》，研究财产共同共有和按份共有的区别，劳动联合和资本联合的结合形式。当时，中国就业压力大，完全按照资本联合的形式设立企业不行，还应当有劳动联合设立企业的形式。合作经济是大家共同出资创造集体就业机会，不以股份分红为目的，而以维持稳定劳动关系、增加劳动收入为目的。股份合作制企业就是把劳动合作与资本合作结合起来，劳动者以劳动分红为主，以投资分红为辅。企业实行民主管理，劳动者一人一票行使企业管理权利，出资人不参与管理，只参与分红，承担有限责任。这实际上是城镇集体经济组织形式的一个新的探索。1996 年 3 月，以体改委和国家经贸委名义将《城镇股份合作制企业暂行规定》报送国务院。当时由于这种企业形式正在试点，各地做法不尽一致，国务院领导认为不必急于规范，因此没有作为行政法规发布。1997 年 6 月，体改委以部门文件的形式印发了《关于发展城市股份合作制企业的指导意见》。因为种种原因，股份合作制的探索未能持续进行下去。《经纪人法》由法规司组织起草，做了大量的工作，起草了几稿，分别征求有关部门意见，后来因为条件不成熟，没有形成体改委的正式文件。《公司法》颁布后，国务院办公厅组织起草了《公司法》六个配套法规和两个文件，其中六个法规由体改委牵头五个，两个文件体改委参与一个。因而，体改委在企业改革过程中，积极参与法制建设，发挥了重要的作用。

三　我国经济体制改革的历史过程

1978 年，党的十一届三中全会做出把党和国家的工作中心转移到经济建设上来，实现农业、工业、国防和科学技术现代化，实行改革开放方针的历史性决策。党的十一届三中全会提出："实现四个现代化，要求大幅度地提高生产力，也就必然要求多方面地改变同生产力发展不适应的生产关系和上层建筑，改变一切不适应的管理方式、活动方式和思想方式，因而是一场广泛、深刻的革命。"从此，中国进入了改革开放的新时期。

我认为，迄今为止的经济体制改革，大体上经历了三个阶段。

第一个阶段，从 1978 年 12 月党的十一届三中全会开始到 1984 年 10 月党的十二届三中全会，是从高度集中的计划经济体制向着计划经济为主、市场调节为辅的体制转变的阶段，实际仍是计划经济体制的改革，一共六年时间。改革开放之前，我国实行高度集中的计划经济体制。党的十一届三中全会提出："现在我国经济管理体制的一个严重缺点是权力过于集中，应该有领导地大胆下放，让地方和工农业企业在国家统一计划的指导下有更多的经营管理自主权；应该着手大力精简各级经济行政机构，把它们的大部职权转交给企业性的专业公司或联合公司；应该坚决实行按经济规律办事，重视价值规律的作用，注意把思想政治工作和经济手段结合起来，充分调动干部和劳动者的生产积极性；应该在党的一元化领导之下，认真解决党政企不分、以党代政、以政代企的现象，实行分级分工分人负责，加强管理机构和管理人员的权限和责任，减少会议公文，提高工作效率，认真实行考核、奖惩、升降等制度。"体改委围绕着这一要求，着力推进"简政放权"的改革，简政主要是减少指令性计划，扩大指导性计划，有些小商品不实行计划；放权主要是扩大企业经营自主权，进行企业经营形式改革的探索。这期间，前期国务院的经济体制改革工作主要由国务院体制改革办公室负责。1982 年 5 月国家体改委成立后，经济体制改革工作就转到了体改委。这个时间，体改委对国外包括苏联、东欧和西方发达国家经济体制沿革情况做了大量的资料收集、学术交流和调查研究，对国内一些改革探索试验情况做了大量的实地调查、分析讨论和论证研究，为改革的深化提出了很多有建设性的意见。

第二个阶段，从 1984 年 10 月党的十二届三中全会到 1992 年 10 月党的十四大，是从计划经济为主、市场调节为辅的体制向着社会主义商品经济转变的阶段，实际是社会主义商品经济体制的改革，一共八年时间。党的十二届三中全会做出了《关于经济体制改革的决定》，《决定》提出："商品经济的充分发展，是社会经济发展的不可逾越的阶段，是实现我国经济现代化的必要条件。""社会主义计划经济必须自觉依据和运用价值规律，是在公有制基础上的有计划的商品经济。""增强企业的活力，特别是增强全民所有制的大、中型企业的活力，是以城市为重点的整个经济体制改革的中心环节。"体改委围绕着建立"社会主义商品经济"的目标模式，推进经济体制改革。宏观经济层面着重研究政府、市场、企业的关系，不断缩小指令性计划，逐步发挥市场机制的作用，在少数大城市实行计划单列试点，推进价格、工资改革等；中观经济层面着重推进沙市、常州、重庆等城市综合改革试点，推行工业经济责任制；微观经济层面着重探索简政放权，推进"两权分离"，增强企业活力，实施扩大企业经营自主权的措施。

第三个阶段，从 1992 年 10 月党的十四大到现在党的十九大，是由社会主义商品经济向社会主义市场经济转变，实行社会主义市场经济的阶段，实际是建立和发展社会主义市场经济体制的阶段，目前进行了二十五年。党的十四大报告明确指出："我国经济体制改革的目标是建立社会主义市场经济体制"。1994 年我国宪法修正案明确表述为："发展社会主义市场经济"，"国家实行社会主义市场经济"。在第三阶段，如果细分的话，可以再分为四个小阶段。

第一个小阶段，叫作"初步建立社会主义市场经济体制"的阶段。从 1992 年 10 月党的十四大到 2002 年 11 月党的十六大，一共十年时间。1993 年 11 月党的十四届三中全会通过的《关于建立社会主义市场经济体制若干问题的决定》提出："建立社会主义市场经济体制，就是要使市场在国家宏观调控下对资源配置起基础性作用"；"以公有制为主体的现代企业制度是社会主义市场经济体制的基础"；"发挥市场机制在资源配置中的基础性作用，必须培育和发展市场体系"；"转变政府职能，改革政府机构，是建立社会主义市场经济体制的迫切要求";"个人收入分配要坚持以按劳分配为主体、多种分配方式并存的制度,体现效率优先、兼顾公平的原则";"农业、农村和农民问题,是我国经济发展和现代化建设的根本问题";"坚定不移地实行对外改革开放政策,加快对外开放步伐,充分利用国际国内两个市场、两种资源,优化资源配置";"科学技术是第一生产力,经济建设必须依靠科学技术,科学技术工作必须面向经济建设";"社会主义市场经济体制的建立和现代化的实现,最终取决于国民素质的提高和人才的培养";"社会主义市场经济体制的建立和完善,必须有完备的法制规范和保障"。2002年11月召开的党的十六大,宣布了我国"社会主义市场经济体制初步建立"。体改委截止到1998年3月撤销前,围绕着建立社会主义市场经济的目标,在转换国有企业经营机制,建立现代企业制度,培育和发展市场体系,转变政府职能,建立宏观经济调控体系,建立合理的个人收入分配和社会保障制度,深化农村经济体制改革,进一步扩大对外开放,改革科技和教育体制,加强经济法制建设等方面,发挥了"国家体改委是国务院统筹协调经济体制改革的综合职能机构"的作用,履行了"拟订全国经济体制改革总体规划和方案,统筹、协调和指导全国城乡经济体制改革工作,推进企业改革,组织重要改革措施的试点和推广"的职能,突破性地攻坚克难,创造性地开拓探索,做了大量推进经济体制改革的工作。

第二个小阶段,叫作"完善社会主义市场经济体制"阶段。从2002年11月党的十六大到2007年10月党的十七大,一共五年的时间。党的十六大提出了"全面建设小康社会的奋斗目标"。2003年10月党的十六届三中全会通过了《中共中央关于完善社会主义市场经济体制若干问题的决定》,提出:"完善社会主义市场经济体制的主要任务是:完善公有制为主体、多种所有制经济共同发展的基本经济制度,建立有利于逐步改变城乡二元经济结构的体制,形成促进区域经济协调发展的机制,建立统一开放竞争有序的现代市场体系,完善宏观调控体系、行政管理体制和经济法律制度,健全就业、收入分配和社会保障制度,建立促进经济社会可持续发展的机制。"从此,经济体制改革围绕着实现全面建设小康社会的奋斗目标,进入了完善社会主义市场经济体制的阶段。

第三个小阶段，叫作"建立更加完善的社会主义市场经济体制"阶段。从 2007 年 10 月党的十七大到 2012 年 11 月党的十八大，一共五年的时间。党的十七大报告提出了"深入贯彻落实科学发展观"的要求，"完善社会主义市场经济体制"的改革方向和"社会主义市场经济体制更加完善"的改革任务，从此改革进入了建立更加完善的社会主义市场经济阶段。

第四个小阶段，叫作"全面完善社会主义市场经济体制阶段"。从 2012 年 11 月党的十八大到 2017 年 10 月党的十九大，一共五年的时间。党的十八大报告提出了"全面深化改革开放的目标"、"加快完善社会主义市场经济体制"的任务。2013 年 11 月，十八届三中全会通过的《中共中央关于全面深化改革若干重大问题的决定》提出，全面深化改革要"坚持社会主义市场经济改革方向，以促进社会公平正义、增进人民福祉为出发点和落脚点，进一步解放思想、解放和发展社会生产力、解放和增强社会活力，坚决努力开拓中国特色社会主义事业更加广阔的前景"。把经济体制改革与破除各方面体制机制弊端结合起来，统称为"全面改革"。

党的十九大报告提出了"决胜全面建成小康社会，开启全面建设社会主义现代化国家新征程"的奋斗目标，提出"必须坚持和完善中国特色社会主义制度，不断推进国家治理体系和治理能力现代化"，"贯彻新发展理念，建设现代化经济体系"的要求，"加快完善社会主义市场经济体制"和"经济体制改革必须以完善产权制度和要素市场化配置为重点"的任务。相信十九大后，我国的经济体制改革必将围绕着决胜全面建成小康社会的目标，推进国家治理体系和治理能力现代化的任务，建设现代化经济体系的要求，与各方面的改革更加协调配套地推进。

四　从国营企业到国家出资企业的改革过程

高度集中的计划经济体制，全民所有制企业的实现形式是国营企业，这是国有经济企业改革的出发点。党的十八届三中全会提出："健全归属清晰、权责明确、保护严格、流转顺畅的现代产权制度"；"国有资本、集体资本、非公有资本等交叉持股、相互融合的混合所有制经济，是基本经济制

度的重要实现形式，有利于国有资本放大功能、保值增值、提高竞争力，有
利于各种所有制资本取长补短、相互促进、共同发展"；"完善国有资产管
理体制，以管资本为主加强国有资产监管，改革国有资本授权经营体制，组
建若干国有资本运营公司，支持有条件的国有企业改组为国有资本投资公
司"；"国有企业总体上已经同市场经济相融合，必须适应市场化、国际化
新形势，以规范经营决策、资产保值增值、公平参与竞争、提高企业效率、
增强企业活力、承担社会责任为重点，进一步深化国有企业改革"。这是国
有经济企业改革的近期目标。

我认为，国有经济的企业改革可以分为四个阶段：第一个阶段是国营企
业扩大经营自主权的改革阶段；第二个阶段是国营企业建立社会主义商品经
济体制改革阶段；第三个阶段是国有企业建立社会主义市场经济体制改革阶
段；第四个阶段是国家出资企业完善社会主义市场经济体制改革阶段。

第一阶段是从党的十一届三中全会到党的十二届三中全会，一共五年时
间，是建立计划经济为主、市场经济为辅的国营企业改革阶段。这个阶段企
业改革的主要任务是"让地方和工农业企业在国家统一计划的指导下有更
多的经营管理自主权"。这个阶段的国营企业仍然是行政机构的附属物，只
是自主权多了一些，经营活动余地宽了一点。

第二个阶段是党的十二届三中全会到党的十四届三中全会，一共十年时
间，是建立社会主义商品经济体制的国营企业改革阶段。党的十二届三中全
会提出："增强企业的活力，特别是增强全民所有制的大、中型企业的活
力，是以城市为重点的整个经济体制改革的中心环节。围绕这个中心环节，
主要应该解决好两个方面的关系问题，即确立国家和全民所有制企业之间的
正确关系，扩大企业自主权；确立职工和企业之间的正确关系，保证劳动者
在企业中的主人翁地位。""过去国家对企业管得太多太死的一个重要原因，
就是把全民所有制同国家机构直接经营企业混为一谈。根据马克思主义的理
论和社会主义的实践，所有权同经营权是即可以适当分开的。"这种"两权
分离"的理论是正确确立国家和全民所有制企业之间的关系，使扩大企业
经营自主权建立在政府和企业分权的基础上。所谓国家和企业之间的关系是
针对企业的财产而言的，即全民所有制企业的财产其所有权属于国家，经营

权本也应该属于国家，但是可以由国家通过政府主管部门授予企业行使，授予企业的经营权范围是有限的，没有授予企业的经营权，最终还是掌握在政府主管部门手中。1988 年实施的《全民所有制工业企业法》关于"企业的财产属于全民所有，国家依照所有权和经营权分离的原则授予企业经营管理。企业对国家授予其经营管理的财产享有占有、使用和依法处分的权利"，就是这种认知的典型表述。

第三个阶段是党的十四届三中全会到党的十六届三中全会，一共十年时间，是初步建立社会主义市场经济体制的国有企业改革阶段。党的十四届三中全会提出："建立现代企业制度，是发展社会化大生产和市场经济的必然要求，是我国国有企业改革的方向。其基本特征，一是产权关系明晰，企业中的国有资产所有权属于国家，企业拥有包括国家在内的出资者投资形成的全部法人财产权，成为享有民事权利、承担民事责任的法人实体。二是企业以其全部法人财产，依法自主经营、自负盈亏、照章纳税，对出资者承担资产保值增值的责任。三是出资者按投入企业的资本额享有所有者的权益，即资产受益、重大决策和选择管理者等权利。企业破产时，出资者只以投入企业的资本额对企业债务负有限责任。四是企业按照市场需求组织生产经营，以提高劳动生产率和经济效益为目的，政府不直接干预企业的生产经营活动。企业在市场竞争中优胜劣汰，长期亏损、资不抵债的应依法破产。五是建立科学的企业领导体制和组织管理制度，调节所有者、经营者和职工之间的关系，形成激励和约束相结合的经营机制。所有企业都要向这个方向努力。""国有企业实行公司制，是建立现代企业制度的有益探索。规范的公司，能够有效地实现出资者所有权与企业法人财产权的分离，有利于政企分开、转换经营机制，企业摆脱对行政机关的依赖，国家解除对企业承担的无限责任，也有利于筹集资金、分散风险。公司可以有不同的类型"。"按照政府的社会经济管理职能和国有资产所有者职能分开的原则，积极探索国有资产管理和经营的合理形式和途径"。这个《中共中央关于建立社会主义市场经济体制若干问题的决定》提出了"产权"和企业"出资者"的概念，把国家定位为企业的一个出资者，出资者投入企业的财产称为"资本"，出资者按投入企业的资本额享有所有者的权益，即资产受益、重大决策和选择管理者等权利，企业破产时，出资者只以投入企业的资本额对企业债务负有限责任。这时的企业改革虽然明确了建立产权明晰的现代企业制度目标，但是仍然坚持企业中的"国有资产所有权属于国家"，并没有将产权与所有权加以区分，因而，这个时期的企业改革仍然是社会主义市场经济体制的国有企业改革。

第四个阶段是党的十六届三中全会到现在，近十五年时间，是不断完善社会主义市场经济体制的国家出资企业改革阶段。党的十六届三中全会提出："要适应经济市场化不断发展的趋势，进一步增强公有制经济的活力，大力发展国有资本、集体资本和非公有资本等参股的混合所有制经济，实现投资主体多元化，使股份制成为公有制的主要实现形式。""建立健全现代产权制度。产权是所有制的核心和主要内容，包括物权、债权、股权和知识产权等各类财产权……这是完善基本经济制度的内在要求，是构建现代企业制度的重要基础。""坚持政府公共管理职能和国有资产出资人职能分开。国有资产管理机构对授权监管的国有资本依法履行出资人职责，维护所有者权益，维护企业作为市场主体依法享有的各项权利，督促企业实现国有资本保值增值，防止国有资产流失。"这个《决定》明确提出了建立现代企业制度，提出了"国有资本"的概念，把国家以出资形式投入企业的国有资产明确称为"国有资本"，国家定位为"出资人"，依法享有出资人的"产权"，而"产权"包括"物权、债权、股权和知识产权等各类财产权"，"股权"与"物权（即所有权）"是有区别的。国家向出资企业投入的财产由"物权"转化为"股权"，即资本权益。这种资本权益不是只针对投入到企业的国有资产的，而是针对企业全部法人财产的。2008 年实施的《企业国有资产法》提出的"本法所称企业国有资产（以下称国有资产），是指国家对企业各种形式的出资所形成的权益"，"本法所称国家出资企业，是指国家出资的国有独资企业、国有独资公司，以及国有资本控股公司、国有资本参股公司"，"国务院和地方人民政府应当按照政企分开、社会公共管理职能与国有资产出资人职能分开、不干预企业依法自主经营的原则，依法履行出资人职责"，就是这种认知的典型表述。这部《企业国有资产法》虽然提出了"国有资本控股"、"国有资本参股"的概念，明确了"本法所称企业国有资产,是指国家对企业各种形式的出资所形成的权益",但是法名仍然使用《企业国有资产法》,而未采用《企业国有资本法》,还是未能将"资产"与"资本"明确区别开来。

五 我国经济体制改革的成功经验与反思

党的十一届三中全会做出了全党工作的着重点转移到社会主义现代化建设上来的决策,确定实行改革开放的方针,开创了中国改革开放的新时期,开启了中国特色社会主义建设的新阶段,为我国社会主义事业的发展和完善奠定了基础。在党中央、国务院的正确领导下,十一届三中全会以来的改革历程被实践证明方向是正确的、步骤是稳妥的、成效是显著的,深受我国广大人民群众的拥护,备受国际友好人士的赞誉。就经济体制改革而言,我个人认为,有几条重要的经验:

首先,改革始终坚持党的领导。改革开放之初,党中央做出了把"全党工作的着重点和全国人民的注意力转移到社会主义现代化建设上来"的重大决策,制定了"一个中心,两个基本点"的政治纲领,把坚持党的领导与坚持改革开放有机地结合起来,始终把握改革开放的正确方向。从党的十一届三中全会到党的十八届三中全会,几乎每届党的中央委员会都做出了专门有关经济改革的重大决定。党的十一届三中全会做出了"实现四个现代化,要求大幅度地提高生产力,也就必然要求多方面地改变同生产力发展不适应的生产关系和上层建筑,改变一切不适应的管理方式、生活方式和思想方式,因而是一场广泛、深刻的革命"的论断;党的十二届三中全会做出了《关于经济体制改革的决定》;党的十四届三中全会做出了《关于建立社会主义市场经济体制若干问题的决定》;党的十五届三中全会做出了《关于农业和农村工作若干重大问题的决定》;党的十六届三中全会做出了《关于完善社会主义市场经济体制若干问题的决定》;党的十七届三中全会做出了《关于推进农村改革发展若干重大问题的决定》;党的十八届三中全会做出了《关于全面深化改革若干重大问题的决定》。党的十三届三中全会虽然没有专门制定关于经济体制改革的决定,但全会讨论了治理经济环境、整顿经济秩序、全面深化改革的指导方针和政策、措施，并原则通过了《关于价格、工资改革的初步方案》，这些都涉及经济体制改革的内容。党的十五届四中全会做出了《关于国有企业改革和发展若干重大问题的决定》，这也是一个有关经济体制改革的决定。因此，从党的十二大开始，基本上每届中央委员会的第三次全会，都会对经济体制改革做出重大决定。

第二，改革的思想路线确定得好。改革开放的思想路线首先是贯彻党的思想路线，"党的思想路线是一切从实际出发，理论联系实际，实事求是，在实践中检验真理和发展真理"。其次是坚持从中国的国情和发展阶段出发，不唯书，不唯外，只唯实，走中国自己的路。再次是尊重群众的首创精神，提倡解放思想，鼓励大胆探索，支持理论创新。最后是坚持摸着石头过河的思想论和方法论。摸着石头过河的本意是"我们要改革，但是步子要稳。因为我们的改革，问题复杂，不能要求过急。改革固然要靠一定的理论研究、经济统计和经济预测，更重要的还是要从试点着手，随时总结经验，也就是要摸着石头过河。开始时步子要小，缓缓而行"。现在有些人批判摸着石头过河，说改革已经到了深水区，根本摸不到石头了。实际上他们没有理解，摸着石头过河是形象生动表述的一种改革的思想论、方法论。

第三，改革的方向选得准。改革从一开始确定建立社会主义商品经济，到后来确定建立社会主义市场经济，最后表述为"国家实行社会主义市场经济"，"发展社会主义市场经济"，把这作为改革方向，而不是作为改革目标的表述纳入了宪法，这是非常准确的。改革是与发展相伴生的，发展没有止境，改革永不停步。生产力是持续发展的，同生产力发展不适应的生产关系和上层建筑，以及不适应的管理方式、活动方式和思想方式是不断存在的，改革应该永远在路上，而无止期。至于制定改革的阶段性目标，应当与发展的阶段性目标相适应，改革是为发展服务的。社会主义市场经济是社会主义制度下的市场经济，是社会主义国家运用市场机制配置资源的经济运行方式。正像党的十八届三中全会决定中指出的，"市场决定资源配置是市场经济的一般规律，健全社会主义市场经济体制必须遵循这条规律"。市场配置资源是市场经济的一般规律，社会主义市场经济是在社会主义国家宏观调控下发挥市场配置资源的基础作用，市场配置资源是起基本的、普遍的作用，而在这个基础之上还需要国家的宏观调控，这是市场之上的、体现国家意志的集中调控，以防止和避免市场调控产生的盲目性、无序性和单纯的逐利性。而如果让"市场在资源配置中起决定性作用"，那么"更好发挥政府作用"是改变不了市场在资源配置中的决定性作用的。我认为，社会主义市场经济体制的社会主义属性，不仅仅在这种体制内所体现的一些社会主义特征，而更重要的是体现在实行这种体制的国家的社会主义特征。社会主义国家的宏观调控，集中反映的是最广大人民群众的根本利益，按照这种利益进行宏观调控，是社会主义市场经济最本质的社会主义特征。

第四，改革的路径符合中国实际。中国的改革是在已经初步建立了社会主义制度的基础上起步的，目标是要实现中国现代化。而现今的世界，实现现代化的却是实行了资本主义制度的国家。社会主义制度本来应该是比资本主义制度更进步的社会制度，而社会主义的中国生产力却远远落后发达的资本主义国家，因而，解放和发展社会生产力成了当务之急。而生产力是没有社会制度区别的，要发展生产力，照抄照搬生产力发达的资本主义国家模式，很容易成为必然的选项。但是，中国走的是一条坚持社会主义制度，解放和发展社会生产力，实现现代化的路子，提出了建设中国特色社会主义，确立了社会主义初级阶段"一个中心，两个基本点"的基本路线。从此，中国的改革围绕着经济建设这个中心任务，把坚持四项基本原则与坚持改革、开放、搞活有机结合起来。在改革尚缺少总体规划的情况下，中国的改革最先从农村开始，着手解决农业的问题，这样起步容易控制。同时，先引入外国的先进技术，包括13套大化肥和上海宝山钢铁厂等先进技术；然后，又在小范围内实施对外开放，在广东、福建两省先实行"特殊政策、灵活措施"，后设立4个经济特区，再逐步开放沿海14个港口城市，有控制地引进外资。城市的经济体制改革，首先抓企业的改革，把增强企业的活力，特别是增强全民所有制的大、中型企业的活力，作为以城市为重点的整个经济体制改革的中心环节，但改革的步骤首先从小企业开始。在市场体系建设方面，先建设居民服务和小商品市场，放开居民服务、食品（粮食、食油除外）和日用消费品的价格；再建设工业品市场，逐步放开一般工业品的价格，然后是有控制的放开基础原材料和能源的价格；再放开土地和矿产资源的价格。接着建设盘活金融资产的外汇、债券、股票和期货市场；最后是建立劳动力（人力资源）市场。这样，使能够实现市场配置的要素都逐步有序地进入市场。这种稳妥有序的改革，避免了按西方经济学理论设计的"休克疗法"带来的经济崩溃、导致社会制度瓦解的后果，这是中国改革最成功的地方。

第五，改革始终坚持为人民群众谋利益。党的十八届三中全会决定提出："全面深化改革，必须高举中国特色社会主义伟大旗帜……坚持社会主义市场经济改革方向，以促进社会公平正义、增进人民福祉为出发点和落脚点，进一步解放思想、解放和发展社会生产力、解放和增强社会活力，坚决破除各方面体制机制弊端，努力开拓中国特色社会主义事业更加广阔的前景。"把改革开放从解放思想、解放发展社会生产力、解放增强社会活力提升到促进社会进步，增进人民幸福的高度。这样的改革才能深受广大人民群众的拥护，才能调动广大人民群众积极参与，人民才能成为改革的主力军和生力军。

中国的改革无疑取得了史无前例、举世瞩目的成就。但是，任何深刻的、大规模的社会变革都不可能是完美无缺的。特别是回过头来审视亲身参与的历史过程，总是可以以"马后炮"角度进行一些品头论足。我觉得，中国经济体制改革需要反思的主要是：

首先，过去的经济体制改革，偏重为经济建设发展服务，对促进社会进步、人的全面发展关注的不够。中国的经济体制改革始于"文化大革命"带来的经济濒于崩溃的基础之上，发端于以经济建设为中心的新的历史时期，自然应该关注于经济发展。但是，改革要求多方面地改变同生产力发展不适应的生产关系和上层建筑，改变一切不适应的管理方式、活动方式和思想方式，就必然要求更加关注社会进步和人的发展，这就不能仅仅限于从经济建设方面理解经济体制改革。改革初期，我国在 1984 年制定了《中共中央关于经济体制改革的决定》，在 1985 年又分别制定了《中共中央关于科学技术体制改革的决定》和《中共中央关于教育体制改革的决定》，可见当时科学技术体制、教育体制是游离于经济体制之外的。随着改革的逐渐深化，经济体制改革不断扩大范围，逐步延伸到科技、教育、文化、社会事业、人才建设、行政管理、生态文明等领域。党的十八届三中全会提出的全面深化改革就是包括多方面的全面改革，同时还强调了全面深化改革要"坚持社会主义市场经济改革方向，以促进社会公平正义、增进人民福祉为出发点和落脚点"，进一步把改革引向促进社会进步和人的全面发展方向上来了。这是今后推进改革需要注意把握的"全面改革"的出发点和落脚点。

第二，过去的经济体制改革，重视了生产资料制度的改革，对劳动力制度的改革重视不够。社会生产过程是劳动力和生产资料有机结合的过程。劳动力是最具有创造性、最活跃的生产要素，解放生产力最关键的是解放劳动力，发展生产力最核心的是发展活劳动。我认为，劳动力是依附在劳动者个人身上的人力资源，是属于劳动者个人所有的生产要素，因而，劳动者不是商品，而劳动力是具有商品属性的经济资源。劳动力是通过劳动者在劳动场所与劳动岗位之间的流动，实现与用人单位之间的价值交换的。劳动力与不同所有制的生产资料结合，形成不同的生产关系，生产资料有所有制的区别，而劳动力不应该有所有制的区别。过去的经济体制改革，比较重视生产资料所有制的调整，强调"经济体制改革的核心问题是处理好政府和市场的关系"，而对劳动力的个人所有关系和劳动者与用人单位的劳动关系、劳动者与社会的关系研究得不够。今后的改革要更加注重解放和发展劳动力。

第三，过去的经济体制改革，比较重视确立国家与企业、事业单位、社会团体之间的正确关系，而忽视了确立社会与这些组织之间的关系。我们提出过"政企分开"、"政事分开"、"政社分开"的方针，这无疑是正确的，今后改革还应该坚持这些方针。但是，我们忽视了这些单位、组织都是人群集中的地方，都是社会细胞，都与社会有着千丝万缕的联系。现代国家治理体系是在法律治理体系框架下，包括政府治理体系、社会治理体系和用人单位治理体系三个层次的。只研究建立政府治理体系是不够的，还需要完善社会治理体系和用人单位治理体系，这样才能完整地促进国家富强、社会进步和人类发展。

第四，过去的企业改革，比较重视确立国家和企业之间的正确关系，而忽视了确立职工和企业之间的正确关系。我国1984年就提出："增强企业的活力……是以城市为重点的整个经济体制改革的中心环节。围绕这个中心环节，主要应该解决好两个方面的关系问题，即确立国家和全民所有制企业之间的正确关系，扩大企业自主权；确立职工和企业之间的正确关系，保证劳动者在企业中的主人翁地位。"经济体制改革围绕着解决国家和企业之间的关系做了大量的工作，而解决职工和企业之间的关系，所做的工作不够充分。虽然我们制定了《劳动法》和《劳动合同法》等法律法规，但这是不够的。把解决这种关系只当作是企业的事，这种认识也是片面的。2001年修订的《工会法》很多规定过于简单，操作性不强。劳动者在企业中的主人翁地位含义不明确，有强烈国家主人翁的政治含义，在政策上也仅强调在公有制经济中职工具有主人翁地位，而没有把它作为普遍的原则加以贯彻。

第五，国有经济企业的改革，一直没有把国有企业与国有经济的多种实现形式区别开来。前面我已经说到，国有经济企业的改革经历了国营企业、国有企业和国家出资企业几个阶段，也谈到了国家出资企业有国有独资企业、国有独资公司、国有资本控股公司和国有资本参股公司四种形式。最近，又出现一种国有资本全资公司的形式，它不是国有独资公司，而是指两个（含两个）以上国有资本出资人，而没有其他非国有资本出资人，投资设立的公司。现在，在党和政府的文件中经常出现的"国有企业"指代不清，它实际上应是两权分离后的全民所有制企业，当前，准确的应该称为"国有独资企业"。这是一种非公司制的企业，是建立在企业国有财产所有权和经营权适当分开理论基础上的企业经营形式，不是建立在现代产权制度、现代企业制度以及国有资本和出资人理论基础上的企业经营形式。今后国有经济企业的改革需要继续沿着建立现代产权制度、现代企业制度和国有资本出资人制度的方向推进。

今年，是改革开放40周年，一些往事可能记忆不准，但写出来供研究参考。回忆往事，为国家改革开放取得的巨大成就，既感到欣欣鼓舞，又深觉成就来之不易。企盼我国的全面改革将创造新的辉煌，对此，我充满信心。

亲历 《关于经济体制改革的 决定》 的起草过程

口述者：谢明干 *
访谈者：鲁利玲、萧冬连
时　间：2009 年 11 月 18 日
地　点：谢明干住宅
整理者：萧冬连、鲁利玲

　　粉碎 "四人帮" 之后不久，1976 年底，我从机械工业部被调到新成立的国务院工业交通领导小组调研室。"文化大革命" 期间，国家经委等国务院机构被砸烂了； "文化大革命" 结束后，为了迅速恢复全国工交生产和推动各工交部门深入揭批 "四人帮"，国务院专门成立了这个工交领导小组。小组的组长是谷牧，副组长是袁宝华等，整个小组的工作人员只有二三十人。当时百废待举，工作繁重。至 1978 年，在此基础上恢复了国家经委。从此，我就在国家经委调研室工作，先后任副处长、处长；后期调任国家经委综合局副局长；一直到 1988 年国家经委撤销，我被调到国家物资部任政策研究司司长。在国家经委期间，我主要是做经济形势分析和政策调研工作，参与写文件、文章是其中的主要任务。我参加过很多文件的起草，包括多年的国务院政府

<hr>

* 谢明干 (1933 ~)，广东开平人。历任国家经委调研室处长、综合局副局长，国家物资部政策研究司司长、新闻发言人兼物资经济研究所所长。

工作报告和有关经济发展与改革的文件，譬如扩大企业自主权、经济责任制、组织经济联合、增产节约等文件和《企业法》。《企业法》最早是我一个人做准备工作，我跑遍了北京的大图书馆，拜访了人民大学的教授（真正懂《企业法》的专家找不到），收集整理了一些有关资料，做了一些初步的思考，但当时经委领导尚未把这项工作摆上议事日程，所以工作进展缓慢。后来，因经委内部机构调整，这项工作就转给别的单位了。

在我参与起草的党中央和国务院的文件中，最重要的、最值得我回忆的，就是1984年10月颁布的《中共中央关于经济体制改革的决定》。

一　《关于经济体制改革的决定》出台的背景

当时党中央为什么要搞这么一个文件呢？首先是客观形势的需要。粉碎"四人帮"以后，农村改革就在广大农村迅速兴起。家庭联产承包责任制，最初是安徽、贵州这两个地方的农民自发搞起来的，很快就在全国许多地方传开了。但由于当时的主流思想认识跟不上，十一届三中全会通过的关于农业方面的决定还是不允许搞包产到户。然而在实践中，包产到户已经成为不可阻挡的潮流了，因为它极大地激发了广大农民的生产积极性；加上政府当时采取了一系列调整农村政策的措施，比如，提高农副产品收购价格，放开和发展集市贸易，放开对家庭副业的限制等，农民得到了很大好处，生活明显改善。从而推动了全国大多数地区热火朝天地掀起了以包产到户为主的多种形式的生产责任制的热潮，农村经济蓬蓬勃勃地发展。1979～1984年，全国农业总产值年均增长9.4%，农民家庭人均纯收入五年增长了1.6倍。

1978年10月，时任中共四川省委书记的赵紫阳，受农村包产到户的启发，在6个地方国营工业企业进行扩大企业自主权的试点。赵紫阳先前是在内蒙工作，后来被调到四川。到四川以后，他做了很多调查。四川是一个大省，天府之国，工业比重也大，但是经济上不去。他调查的结论是，主要原因在于企业没有自主权，企业、职工没有积极性。到1979年初，他把扩大企业自主权的试点增加到100个工业企业和40个商业企业，想通过放开企业的手脚，充分调动起企业和广大职工的积极性，尽快把经济搞上去。试点的实践表明，无论是营业收入、实现利润，还是产品质量和品种，试点企业都明显地好过未搞试点的企业。

当时，国家经委在指导思想上是非常赞成与支持企业扩权的，因为我们主管工交生产，面对十年大浩劫造成的企业混乱、生产衰败、民生困顿的局面，十分焦急，总觉得企业不能再像过去那样被绑得死死的、一点自主权都没有了，从内心里希望尽快放开企业的手脚，让企业能够自发地积极主动地去搞好生产、创造效益，改变国家的经济面貌。因此，四川刚开始搞扩权试点时，国家经委一听到风声，就指派一位负责人带队去四川搞调查，我是调查队成员。到四川后，我们听了省经委主任和省财政厅厅长的汇报，跑了几个试点厂，看到厂里一片生机勃勃、热气腾腾的景象，厂长和职工的精神面貌都挺积极的，我们都深感受鼓舞。在听汇报时，我们问他们："搞了扩权以后，你们给政府上缴了多少利税？工厂自己增加了多少收入？给职工增加了多少福利？"请他们具体算个细账。财政厅厅长看中央来人了，有点紧张，对我们的盘问，回答不大清楚；让他打电话回去查问，也问不出来，只说增收了不少。我们随即派两位同志跟他们一起下去具体算账。结果，算下来的总账是，国家确实是多拿了，企业留下的钱也多了，职工个人的收入也普遍多了。而且凡是扩权的企业，产值和实现利润都比没有扩权的企业增长了很多，增幅达到30%～40%左右。

从四川回来以后，国家经委就给国务院总理华国锋写了一个报告。华国锋还是比较支持的。可是，财政部一些人有意见，在国务院召开的会议上同国家经委的同志争论得很激烈。他们觉得，国营企业增收的大头应该归国家，现在企业和职工拿得太多了，国家财政拿得太少。他们光算增长比例，其实国家财政收入的绝对值是增加的，而且增加得还不少。企业把"饼"做大了，国家财政和企业分的就跟着多了，这是很自然的事，否则企业怎么会有积极性呢？对于扩大企业自主权，国家经委和国家体改委都是很支持的，我们接连起草了好几个关于企业扩权的文件，报送国务院审批颁发了，有力地推动了扩权的不断深入与完善。四川的经验、扩权的试点，很快就在全国绝大多数省、区、市铺开了。当时，除了大型国营企业外，企业留利的比例，一般都是由当地政府根据实际情况确定的。对中小企业扩权试点与否国家经委亦不加以限制，地方愿意搞就搞，不愿意搞也不勉强，允许先看一看。这一条很重要。有个别省份一直到很晚才搞扩权试点，后来发现晚搞了一两年，财税收入少了，吃亏了，就赶快跟了上来。

从企业扩权开始，城市经济改革陆续地展开。比如，减少指令性计划；工业企业实行利改税，职工收入和业绩挂钩，实行厂长负责制；商业系统搞"三多一少、城乡通开"，即多种经济形式、多种经营方式、多条流通渠道，减少流转环节；财政搞"划分收支、分级包干"和比例分成，等等。对厂长负责制，赵紫阳是坚决支持的；那个时候，他已经到中央主持经济工作和改革工作了。这个问题在国务院有过争论，有的人认为，党要领导一切，工厂应当是党委领导下的厂长责任制。赵紫阳则坚持可以先搞厂长负责制的试点。后来，邓小平知道这个事后，明确表态支持厂长责任制。

从 1978 年到 1983 年，对外开放的步子也走得很快，放开了对广东、福建的政策，搞了四个特区，以后又陆续开放沿海、沿边、沿江。在这个过程中，围绕要不要搞特区的争论也是很激烈的。有些老干部思想很不通，说搞特区就等于让资本主义在中国搞一块"飞地"，说深圳特区"除了五星红旗以外，一切都变了"，意思是说，特区是资本主义性质的。但是，邓小平对搞特区是坚决支持的，陈云也是支持的。

在这五年间，农村改革取得了很大的成功。农村改革的进一步推进，一方面，涉及许多深层次的问题，比如，农产品价格怎么调整，农民收入怎么提高，农业种植结构怎么调整等等。同时，农村改革倒逼着城市，要求城市提供更多、更好的农业生产资料，提供资金的支持和文化、教育、科技的支持，要求疏通城乡流通渠道，建立全国统一的大市场。你不搞市场商品经济怎么能发展起来呢？当时，可以说基本上还没有市场，只有零星的小规模的商品交换（小集市），生产资料则还是统一调配的。另一方面，农村改革又向城市提供了一些很实在的改革经验，主要就是承包，甚至有人说"一包就灵"。在这种情况下，城市许多企业都坐不住了，"包"字开始进城了。开始是在山东做试验，体改委和经委的态度都是支持的，经委比体改委似乎更积极一些。山东搞企业改革试点从 1979 年就开始了，是当地自发搞的，形式各种各样，但核心就是搞承包。国家财政只管我这个企业包多少利润，至于我怎么经营管理，企业内部怎么分配，财政不要管。山东一些中小企业这样搞起来以后，我们经委的态度是允许试，不干预，总结经验。因为中小企业对国家财政收入的影响不是太大，就让它们去试一试吧，有问题再改进。体改委则比较谨慎。对这个事情，认识上不大一致，对企业承包上缴利润行不行的争论很多。确实，承包的缺点很突出，不仅定比例和算账麻烦，主要是包盈不包亏。企业亏了，上缴不出来怎么办？又没有有效的监督，企业把钱都花到别的地方去了怎么办？是个问题。但开始搞承包的时候，企业和职工确实积极性比较高，效果也比较明显。

总之，农村改革的成功和城市改革的初步探索，迫切要求整个体制改革要有一个指导性的文件。当时，就有些人认为"还看不准"，主张按兵不动，"看看再说"；甚至有人埋怨，说什么"现在都乱了，到处都在搞资本主义了"。广大企业和人民群众，特别是地方的干部，都要求中央有个说法，要求尽快下达一个"红头文件"，即改革的总纲领、总蓝图，加强对城市改革的引导。

其次，当时理论界思想很活跃，围绕改革问题的争论非常多。在农村方面，主要是搞地方实际工作的干部有争论。例如，1980 年 9 月，在胡耀邦主持的关于农村工作的座谈会上，贵州省委第一书记池必卿和黑龙江省委第一书记杨易辰就发生了尖锐的争论。杨易辰说："集体经济是阳关大道，不能退出。"他把包产到户看成是走资本主义道路。池必卿则说："你走你的阳关道，我走我的独木桥。"经济学家吴象专门就此写了一篇文章《阳关道与独木桥——试谈包产到户的由来、利弊、性质和前景》，在《人民日报》上发表了，后来还获得了孙冶方经济学奖。

在城市改革方面，争论就更多了。大体上有四个问题。第一个是，应不应该扩大企业自主权？针对中央高度集权的计划经济体制，我们经委有的同志总结为生产计划统一下达、原材料统一调拨、生产产品统一销售、产品价格统一规定、职工统一调配、工资统一标准和财务统收统支。在关于企业扩权的理论问题上，贡献最大的是蒋一苇，蒋一苇是个老革命，时任中国社会科学院工业经济研究所所长。1979 年 6 月，他在《经济管理》杂志上发表了一篇文章：《企业本位论刍议》。其核心思想是，企业不是一块没有生命的砖头，摆在那儿不变。企业是国民经济的细胞，是"能呼吸、能吐纳、能成长、能壮大，对外界的刺激能产生自动反应"的"能动有机体"。一定要给企业自主权，经济才能兴旺起来。国民经济的主体应该是企业，企业不应该是行政部门的附属物，而应该是独立的商品生产者和经营者。我跟蒋一苇比较熟悉，很尊敬他，他也经常找我给他主编的《经济管理》杂志写些稿子和提供些信息。据说，在80年代初权威人士批判商品经济观点的时候，蒋一苇被列在黑名单里面。后来，赵紫阳不同意在经济领域搞这种事情，才没有把他弄出来批判。蒋一苇在其他方面都有突破性的创见，他曾同我聊过，对我有所启发。他还对我说过："有些人说我'老右'（他曾被打成右派），另一些人又说我'左'，实在难呀！这只能由实践来做结论了。"我觉得，蒋一苇是我国经济学家中理论和实践结合得最好的一位，他的思想与品德在经济理论界也堪称楷模，起了一种先驱的作用，可惜他逝世得太早了。他的企业本位论出来以后，反响很热烈，经委的同志很受鼓舞，我们坚持扩大企业自主权有了理论支撑了。

第二个是，应不应该缩小指令性计划的范围？当时，经济学家刘国光在《经济研究》杂志1980年第10期写了一篇文章：《略论计划调节和市场调节的几个问题》，说："随着指令性计划范围的缩小、指导性计划和利用价值杠杆进行调节范围的扩大，最终将形成为在统一的国家计划指导下充分利用市场机制，把计划和市场紧密胶合在一起的统一体。"1982年9月6日他又在《人民日报》撰文指出："要逐步缩小指令性计划的范围，扩大指导性计划的范围"。而反对者则认为：指令性计划是"社会主义计划经济的基本标志"，[①] 是不能动的。例如，手执宣传工作牛耳的邓力群说："把指令性计划作为社会主义计划经济的基本标志并没有错"，取消指令性计划"就会像资本主义国家的计划那样，顶多对各企业的生产和经营起一些协调的作用"。[②] 还有个别经济学者强调，随着社会生产力的发展和计划工作水平的

---

① 参见《红旗》1983年第22期。
② 参见《经济学周报》1982年2月2日。

提高，应当"逐步地、适当地扩大指令性计划的范围"。① 但理论界大多数人都认为，不仅是要逐步缩小指令性计划范围，扩大指导性计划范围，而且还要扩大市场调节的范围。

第三个是，应不应该允许和鼓励私营经济的发展？当时，各个地方要求放宽政策，允许和鼓励集体经济、私营经济发展的呼声很高。但是，也有一些人从传统的观念出发，认为集体经济是半社会主义经济，私营经济是资本主义经济，坚持对私营经济实行限制、利用、改造的方针。这是我们1950年代曾经提出过的口号，特别是要严格限制私营经济的规模和经营范围。否则，用列宁的话来说，它就会"每日每时产生资本主义"。反对得很厉害、最典型的例子，就是要求"动"安徽的"傻子瓜子"。邓小平两次谈到过"傻子瓜子"，说：他雇工制作和销售瓜子，有人说他搞剥削；他赚了不少钱，就要求动他。不能动，动了会牵动人心不安，没有好处。让"傻子瓜子"经营一段，怕什么？伤害了社会主义吗？现在，"傻子瓜子"已经变成安徽一个名牌，从工厂发展成一个集团了，吸收了好几百人就业，也给财政上缴了很多税。

第四个问题是，应不应该搞经济特区，应不应该引进外资、引进先进技术？"文化大革命"中，江青大骂引进国外先进技术是"崇洋媚外"。改革开放以后，仍然有很多人想不通，把引进外资说成是"引狼入室"，引进先进技术是"崇洋媚外"，把办经济特区说成是"搞资本主义"。一直到邓小平1984年初先后视察深圳、珠海、厦门，充分肯定举办特区的政策之后，对这个问题的认识才基本统一起来。有人说，陈云反对搞特区，这实际上是误传。1982年10月，陈云对广东关于试办经济特区的总结做了批语："特区要办，必须不断总结经验，力求使特区办好。"《谷牧回忆录》里也讲到，陈云当时很关心特区，提出了很多很好的意见。

当时，经济理论界的争论很热烈，争论的核心问题，主要是社会主义经济是不是商品经济？市场应该起辅助作用还是起基础性作用？正反两方面意

---

① 引自红旗出版社编辑部编《计划经济与市场调节文集》第1辑，红旗出版社，1983，第289页。

见争论很大。国外对计划与市场关系问题，也已经争论了一百来年了。我国第一个提出社会主义条件下市场经济理论的先行者，是老革命、解放后第一任上海市财政局长的顾准，他在 1957 年发表的《试论社会主义制度下的商品生产和价值规律》一文，全面论述了这个理论，并提出应以市场价格的自由涨落来调节生产与流通。遗憾的是他后来因此遭到了很残酷的批斗，以后对这个极其重要的命题国内就鸦雀无声了。

粉碎"四人帮"之后，国内最早公开提出这个观点的，是四川的一些学者。1979 年 2 月，在四川省价值规律理论讨论会上，西南财经大学袁文平论述了社会主义市场经济存在的必然性，认为"社会主义市场经济是社会主义性质的，不能把它同资本主义经济混为一谈"①。在这个会上，多数人支持这个观点，也有人反对这个观点，认为市场经济就是资本主义经济，计划经济根本不能与它结合，只能是一个吃掉另一个。如果结合，就会导致资本主义抬头。同年 3 月，中国人民大学何伟教授在《经济学动态》第 3 期撰文说："如果人类社会的经济发展可以划分为自然经济、商品经济和计划经济三个阶段的话，那末，目前全世界还处在商品经济阶段。""在废除资本主义所有制时，不能同时废除商品经济，不能把商品经济和资本主义等同起来。"4 月，在无锡举行的社会主义经济中价值规律问题讨论会上，广东经济学家卓炯以《破除产品经济，发展商品经济》为题，提出了市场导向的改革思路，他还说："一直到现在，对于计划经济或商品经济或市场经济还存在不少混乱的思想，还没有摆脱斯大林的影响"。② 中国社会科学院财贸经济研究所所长刘明夫也在《经济研究》第 4 期撰文指出：商品经济并非资本主义社会所特有，社会主义经济是社会主义的商品经济。"中国几十年建设中出现的失误和造成的损失，就是因为没有搞商品经济。"1980 年 9 月，中央书记处研究室理论组组长林子力写了《社会主义商品经济探讨》一文也讲了这个问题，他说："发达的商品经济是人类社会自身发展的不可逾越的阶段；新型的、社会主义的商品经济则是中国社会历史发展的不可逾

---

① 参见《光明日报》1979 年 3 月 13 日。
② 参见《学术研究》1979 年第 4 期。

越的阶段"。① 以上几篇文章，当时有很大影响。还有一些人认为，社会主义经济是计划经济和市场经济的统一，像孙尚清等当时就写了这样的文章。也有一些人直接说社会主义经济就是有计划的商品经济，像马洪等。

当时，报刊上持反对观点的文章也不少，主要集中在红旗出版社1983年出版的《计划经济和市场调节文集》第一辑里。他们认为"社会主义经济只能是计划经济"，指令性计划是"计划经济的基本标志"；认为有计划的商品经济的提法，"落脚点仍然是商品经济，计划经济被抽掉了"；认为"把国营企业改变为完全独立核算、自负盈亏的经济单位"和"竞争是经济发展的动力"，就是不按照"社会主义计划经济的原则"办事，而是按照"资本主义市场经济的原则"来进行改革，等等。1981～1983年间，在某些权力部门的支持下，反对的声浪逐渐膨胀起来。到后来，在经济界、舆论界，只能让讲"商品生产和市场交换"，不准讲"社会主义商品经济"；只能让讲"计划经济为主、市场调节为辅"，不准讲"计划经济与市场经济相结合"，也不能讲"计划调节与市场调节相结合"；只能让讲"指令性计划是计划经济的基本标志"，不准讲"逐步缩小指令性计划范围，扩大指导性计划和市场调节范围"，等等。他们把发展商品经济批判为"走资本主义道路"，把主张市场化改革说成是"资产阶级自由化"，把发展多种经济成分说成是"复辟资本主义"，把实行厂长负责制扣上了"反对党的领导"的帽子，等等。

1981年4月，中央书记处研究室还按照对计划和市场的关系的看法，把经济学家划分成四类，大体是：坚决主张搞计划经济的属第一类；第二类是基本赞成搞计划经济的；第三类是基本赞成搞商品经济的；第四类是坚决主张搞商品经济的，如薛暮桥、林子力、蒋一苇等。这件事，是我在《决定》起草小组里听林子力说的。林子力还说，这份材料是在内部印发的，对划入第四类的人，准备拿出来作为资产阶级自由化的典型来批判。那些权威人士不仅对主张商品经济的学者扣帽子、阴谋打棍子，而且在编《邓小平文选》时，竟然把邓小平1979年10月26日讲"社会主义也可以搞市

---

① 参见《光明日报》1980年8月30日。

经济"的谈话抽掉，不让公众看到；邓小平在1980年1月16日《目前的形势和任务》的讲话里有句话："计划调节和市场调节相结合"，他们也给改为"在计划经济指导下，发挥市场调节的辅助作用"。在那种形势下，1981年《关于建国以来党的若干历史问题的决议》和1982年党的十二大报告，都不写发展商品经济，而写"计划经济为主、市场调节为辅"。一些主张发展商品经济和充分发挥市场调节作用的经济学家，像薛暮桥、刘国光，还不得不在内部做了检讨。

但是，经济学界并没有因为遇到这么一股汹汹逆流就停止对计划和市场关系的探讨。1982年7月，在莫干山举行的苏联东欧经济体制改革讨论会上，与会的中外经济学家一致认为，市场是供求双方的媒介，它不一定和资本主义联系在一起。会议还认为，世界上不存在着"好"的指令性计划，凡是实行指令性计划的国家，无一例外都存在着产需脱节、物资匮乏、资源浪费和低效益。这个会议的纪要，后来给送到中央去了。经济学家在那个潮流下还敢开这种会，是很有勇气的。

当时，社会上反对改革的大体有三种人。第一种人是对改革开放以前的制度、理念、方式习惯了，怕变，怕乱。有的人还坚持"无产阶级专政下继续革命"和"阶级斗争"的理论，对改革开放以后出现的新事物思想感情抵触很大。有的老干部说："辛辛苦苦三十年，一夜回到解放前。"所谓"拿起筷子吃肉，放下筷子骂娘"，就是这种人。这些人是少数，但是他们很多是老干部，所以影响很不好。第二种人主要是怕资本主义复辟。他们把"一大二公"、集权、平均等看成是社会主义，把放开搞活、致富、承包、单干等都看成是资本主义，对什么是社会主义、什么是资本主义分不清楚。这种人为数较多，他们对改革持犹疑、观望的态度。第三种人，口头上并不反对改革，也说要改革，但只是主张给地方和企业下放一点权力，松一点儿绑，并不赞成对原来的计划经济体制进行根本性的改革，这往往就是我们一些搞计划经济工作同志的看法。他们掌握着权力和资源，如果思想不解放，仍然坚持计划经济体制那一套，就会成为推进改革的阻力。

再一点是，中央领导同志很早就在考虑体制改革问题，不断进行思考和探索。在十一届三中全会以前的中央工作会议上，邓小平在《解放思想，实事求是，团结一致向前看》的讲话里，就提出要给企业下放权力，让地方和企业、生产队有更多的经营管理的自主权，使每一个工厂和生产队能够千方百计地发挥主动创造精神。这实际上就是提出了"改革开放"这一新概念。邓小平告诫全党说："如果现在再不实行改革，我们的现代化事业和社会主义事业就会被葬送。"这话是很严厉的。陈云也谈论过这个问题。1979 年 3 月，担任国务院财政经济委员会主任的陈云提出："体制改革势在必行，现在要进行研究，先改什么，后改什么，怎么改。"据此，财经委让张劲夫组织起草了《关于经济体制改革总体设想的初步意见》，后因感到尚不成熟没有提交审议。邓小平听说了就问这件事，他们说这还是个素材，不成形。邓小平说："素材也可以嘛！披头散发地跟大家见面听听意见嘛！"可见邓小平对推进改革的愿望是非常急迫的。于是，这份材料就给拿到1979 年 11 月计划工作会议上征求意见。与会人员认为，这个《意见》的基本思路对头，但具体方案还不成熟。领导层的思想认识也不一致，说方向是对的，有很多问题还有待研究。这样，这个材料就被放下来了，既没有下发，也没有在更大的范围内讨论。后来，成立了国务院体改办公室，又先后起草过两三次这方面的文件，比如 1980 年 9 月薛暮桥等人起草的《关于经济体制改革的初步意见》，明确提出"我国现阶段的社会主义经济，是生产资料公有制占优势，多种经济成分并存的商品经济"，改革的原则和方向应当是："在坚持生产资料公有制占优势的条件下，按照发展商品经济和促进社会化大生产的要求，自觉地运用价值规律，把单一的计划调节，改为在计划指导下充分发挥市场调节的作用。"薛暮桥在各省、区、市第一书记会议上做这份材料的说明时，称这个提法是"对三十年来占统治地位的教条主义的挑战"。这个《初步意见》当时得到了胡耀邦总书记的赞同，许多经济学家也给予高度评价，但由于党内的看法仍不一致，还是未能形成正式文件。所有这些，都是可贵的探索，为我们后来起草《决定》提供了有益的经验。

1982 年 10 月，邓小平找国家计委一些负责人谈话，有针对性地指出："社会主义同资本主义比较，它的优越性就在于能够做到全国一盘棋，集中力量，保证重点。缺点在于市场运用得不好，经济搞得不活。计划和市场的关系问题如何解决？解决得好，对经济发展就很有利，解决不好，就会糟。"这段话表明邓小平对这个问题的关切和他本人的倾向性，要求抓紧研究解决。1983 年 9 月，陈云给赵紫阳写了一封信，提出"城市工商业改革已有几年，似应总结经验，以便继续前进"。正是在上述背景下，1984 年初，中央领导正式提出来要搞一个关于经济体制改革的文件，开始组织文件起草小组。

由上可见，1984 年搞这个《决定》，是历史发展的必然，是大势所趋、顺理成章的。形势的迫切要求，群众的期待，理论界的呼吁，《决定》就这么应运而生了。

二 《关于经济体制改革的决定》的起草过程

1984 年 2 月，我被借调到政府工作报告起草小组工作（这年的全国人大会议，是于 5 月 15 日举行的）。4 月 26 日，政府工作报告的稿子快要出来的时候，起草小组组长、国务院研究室主任袁木说："中央决定另外成立一个起草小组，起草十二届三中全会的经济体制改革的决定，抽调政府主要部门的一些人，还有中央书记处研究室、国务院研究室的人参加。"他叫我和杨启先也参加，说："你们俩熟悉经济和改革工作，两个文件的起草工作要一起兼起来，都要做好。"当时，国家体改委的杨启先也是政府工作报告起草小组的成员。两个起草小组的工作地点都设在玉泉山，党中央、国务院的文件起草一般都设在那儿。

4 月 30 日，起草小组开始工作。头几天，是敞开思想，议论形势，大家各抒己见，十分热烈。在此基础上，我们先后搞了三四次提纲，田纪云副总理还专门召开会议讨论过一次提纲。但由于当时我们的思想不够解放，认识不大统一，主要是对提不提商品经济等问题有疑虑、有争论，提纲老定不下来。到 5 月中下旬，袁木提出，趁全国人大在北京开会之机，请一些人大代表来座谈，听听他们的意见。我们先后到江苏、广东、上海、四川、安徽等五个省市代表团的驻地，分别召开座谈会。各个座谈会一致认为，改革非搞不可，非常支持中央搞一个指导性的文件。有一些代表来自企业，比如宝钢、首钢，他们的要求更为强烈，就是希望搞更多的市场调节，给企业更多的自主权。但是，代表中也有些省长、书记有顾虑，说："你这个文件搞出来能不能够贯彻啊？部门不放权怎么办？"还说：关键就是要解决部门这个"顶门杠"的问题。我们听了以后，深刻感到下面要求改革的强烈，增强了我们一定要搞好这个文件的信心和责任感。后来，我们又请一些部门来谈他们对改革的看法和设想，先是找商业部、国家物价局、外贸部、劳动人事部，后来又找了国家计委、经委等，一个个来谈，想从中得到有益的启发。但是，听了十来天，一头雾水，这些部门的思想基本上还不大解放，最多也只是打算给地方和企业下放一点权力，没有想到要从根本上来革自己的命。这说明，中层的思想还没有受到多大的触动。

《决定》的起草工作，前后历时五个多月，八易其稿。整个文件的起草过程大体分两个阶段。7月份我们去北戴河之前是第一阶段，起草工作没有什么进展，前后写了三稿，我个人的看法是一稿不如一稿。我和杨启先具体事情做得多一些，初稿写完以后都交由袁木统稿。袁木的文笔很好，但由于当时我们思想不够解放，三稿的内容都写得平平淡淡，没有什么新意，我们自己看了也不满意，主要原因是有两个基本问题在认识上没有解决：一个是社会主义经济是不是商品经济，要不要充分发展商品经济？第二个是市场应该起什么作用，是辅助性的作用还是基础性的作用？社会上、理论界的争论，不可避免地要反映到起草小组里面来。小组的人员来自好几个不同的部门，其中有的部门管项目、管钱、管人，有的同志对政企分开，对发展商品经济、发挥市场作用，没有思想准备，甚至有抵触情绪。因此，在起草小组内，观点就很难真正一致起来。这些同志都是好同志，都有一定的地位和工作经验，只是思想不大跟得上形势。

第二阶段是7月份以后，先是袁木去北戴河汇报，过了两天，又叫我们几个人也去北戴河，研究下一步的工作。到了北戴河以后，我们先分别拜访了一些老同志，征求他们对起草《决定》的意见。我参与拜访的是万里和姚依林，他们两个人的意见很不一样。万里非常赞成搞这个文件，说形势逼人，不改不行了。他在谈到一些农村干部为非作歹时很激动，拍起了桌子，说："农村小学的女教师被队长欺负，还不如国民党呢！国民党时候，小学老师在农村是很受尊敬的，地主都得让她几分呢！"姚依林不大说话，他说："这个事情很大，现在许多问题还看不准，你们要慎重，或者可以把文件写得原则一些。"就只说了这么几句，没有更多的话。可见，当时中央领导层里也明显存在着不一样的看法。

与此同时，中央决定改组起草小组，原来起草小组人员大部分回原单位，只留下少数人。同时从中央书记处研究室调进来好些人，其中研究室副主任林涧青任起草小组的一把手，袁木任二把手。调进来的有郑必坚，据说时任胡耀邦的秘书；林子力，经济学家；王愈明，研究室办公室的一个老同志；还有研究室科技组的罗劲柏，也是一个老同志。后来又调进了国家计委桂世镛。加上国家体改委高尚全、杨启先，连我一共十个人。龚育之没有参加文件起草组，但他有时候会来看看大家，交谈交谈，提点儿意见。王忍之、滕文生也不是起草小组成员，但也来转悠过。起草小组改组以后，形势有了很大的转变，主导思想就是一定要发展商品经济，充分发挥市场调节的作用。但是小组内部，思想也还没有达到完全一致，"屁股指挥大脑"嘛，个别人实际上还是坚持指令性计划不能缩小，还要逐步扩大；不能叫商品经济，可以叫商品生产和商品交换等等观点。

除了人员调整以外，胡耀邦和赵紫阳也加强了对起草小组的直接指导。胡耀邦几次到起草小组来，都鼓励我们："一定要站得高一点，思想解放一点"；"要下决心，写出一个历史性的文件来，要敢于突破"。反复讲这些话。赵紫阳对起草《决定》起了非常关键的作用。这一年7月底，他跟少数人谈计划体制改革的时候，就讲了一个很重要的观点，他说："社会主义经济是计划经济，又是商品经济，要把二者结合起来，充分发挥市场的作用。"这个观点在当时官方语言上是一个新的突破，也是我们后来起草小组统一思想的理论基础。8月15日，我们起草小组按此精神写出了第四稿。

8月28日，赵紫阳同我们起草小组座谈，着重对第四稿中关于发展社会主义商品经济、增强企业活力、价格改革、政企分开、经济责任制等几条提出了修改意见。与此同时，赵紫阳还叫马洪组织一些人以这个观点为主题，写了一篇文章，题目叫《关于社会主义制度下我国商品经济的再探索》，经他修改后送给一些老同志看。据说王震看了非常称赞，写了一段批语，还转送给邓小平、陈云看。这篇文章有了一个好的反馈，赵紫阳就觉得更有信心了。

8月30日，胡耀邦到起草小组来座谈，这次给我的印象非常深。因为他滔滔不绝，讲了许多话，我听了感到很振奋，很受启发。他除了肯定我们第四稿的基本调子，说"像个样子了"以外，还兴致勃勃地讲了很多观点。他说："小平同志讲，贫穷不是社会主义。'四人帮'宣传'宁要社会主义的草，不要资本主义的苗'，那就让他们喝西北风去吧！"又说："他们把发展商品经济都叫成是资本主义。什么叫社会主义？社会主义就要消灭贫穷嘛！让全体人民都过上好日子嘛！不能把贫穷当作社会主义。"他说得很激动。在讲到计划经济体制的弊病时说："列宁说：'完整的、无所不包的、真正的计划等于'官僚主义的空想'。什么无所不包啊，你包得起来吗？包起来的结果就是经济没有活力，市场商品匮乏，人民生活困难。"谈到计划时他说："什么是计划？计划就是预计嘛，就是打算嘛，不可能算得那么准确的。计划就是计划，不是法律，不是法令。"他还讲到要发展个体经济，说："有人反对那个'傻子瓜子'，有人反对发展个体经济，怕导致资本主义。你怕什么？他们不过是太平洋上面的几个小孤岛而已，掀不起什么风浪。"说到这里，他哈哈哈地笑了。后来，他话题一转，说："把'思想战线不能搞精神污染'，变成了'全社会清除精神污染'，这是偷换了命题。"他当时没有讲是谁偷换了命题，但讲到了这件事。他还说："'资产阶级自由化'这个提法，以后要少讲一点。讲多了，是会影响对外开放的。"听了胡耀邦这些话，我们的情绪活跃了起来，也增强了我们进一步搞好这个文件的信心。

我感到，胡耀邦、赵紫阳对《决定》的起草是费了很多心思的。这个《决定》既是五年多改革开放广大人民经验智慧的结晶，是经济理论界不懈追求、探讨的心血结晶，也是胡耀邦、赵紫阳在邓小平、陈云的指导下通力合作的成果。有些人总是说，邓小平、陈云他们两人如何如何有矛盾啊。其实在主要的方面，他们俩的合作是好的，是共同做出了历史性的贡献的。说老实话，我们起草小组就只是做了一些加工、整理、校正、润色等具体工作，即使个别人有什么思想火花，也不起什么决定性的作用。真正起决定性作用的，还是胡耀邦、赵紫阳把指导思想搞得很明确，并争取到常委的同意，把我们的思想认识真正统一起来了。按照他俩的思路，我们整理出了第五稿。

9月8日，中央书记处开会讨论通过了第五稿，并决定分中央和地方两个层次在党内组织讨论。就在这个时候，赵紫阳在外地调研期间，9月9日，他亲自给中央常委写了一封信。现在拿出来看这封信，仍然觉得他当时的思想是前卫的、有突破性的，而且在提法上很有创新、很有策略。他在信中讲计划体制改革时，讲了四层意思，着重点在第三、四层。第一、二层实际上是"虚晃一枪"，他不那么说还不行。在当时的情况下，你必须讲"实行计划经济，不是市场经济"，通过市场进行调节的生产和交换"在整个国民经济中起辅助作用"，要不然，许多人不能接受。然后，他在讲第三层意思时，就明确指出"计划经济不等于指令性计划为主……在当前和今后相当长的时期内，我们的方针是逐步缩小指令性计划，扩大指导性计划"。在讲到第四层意思时，又进一步明确指出："社会主义经济是以公有制为基础的有计划的商品经济"，"'计划第一，价格第二'这一表述并不确切，今后不宜继续沿用"。他还讲到价格改革是"整个经济体制改革成败的关键"。在调整物价时，"务必使绝大多数城乡居民的实际生活水平不仅不降低，而且尽可能有所提高"。信中还强调政企应分开，公司必须是企业性的而不是行政性的。在他那个地位上，敢于冒着政治风险，提出突破性的观点，是很不容易的。当然，有的观点，经济理论界可能讲得比他还早，但是他敢吸收这些观点变成自己的思想，而且探了几次路以后，才正式提出自己的见解。所以我想，当时赵紫阳统筹全局，兼顾上下左右各方面的观点，以迂回的办法把这个事情给它搞"圆"了，使得各个方面都能够接受。这的确是一种政治智慧，是一种领导艺术。同样，如果没有胡耀邦的高瞻远瞩，一再要求我们突破，要求我们站得高一些，并且点出了许多思想火花；如果没有他的明确指示与鼓励、鞭策，我们也就不会在起草《决定》时勇敢地突破旧的思想框框，把认识提高到改革开放的新高度上来了。

从9月11日至20日，在北京举行四百多个高级干部的大讨论。参加讨论的主要是中央三委委员，即中央委员、中顾委委员、中纪委委员，还有部队一些高级领导干部。在中南海分了十几个小组。我到第十组旁听，组长是杨尚昆、袁宝华，好像还有萧劲光。袁宝华是我的上级、国家经委主任，他说："谢明干同志来了，他是起草小组的，请他念念吧！"我就抑扬顿挫地把《决定》稿子念了一遍。老同志耳朵不大好，我念的声音很大。念完了，全场鼓掌。为什么鼓掌呢？主要是他们对这个内容感觉到新鲜、鼓舞、高兴。萧劲光说："好！念得好，写得好。"萧劲光，那是老将军啊！然后，叫大家回去再看看，明天开始讨论。接连讨论了一个礼拜，每天半天，一个一个问题谈。9月13日，在小组讨论时，传达了赵紫阳9月9日的信，大家听了都表示赞同信中的基本观点。这样经过大范围的讨论，第五稿基本通过了，当然在文字上也提出了一些具体修改意见，但都不是原则性的意见。与此同时，按照中央的安排，地方也组织了大讨论，由省委书记主持，党委、政府、政协等几大班子负责人，还有部队、各大企业的负责人，当地的著名经济学家，都参加了。地方一共有一千多人参加讨论，绝大多数都表态拥护，也提出了一些补充意见，有一些意见还挺超前的，譬如，认为社会主义经济就是市场经济等。9月25日，我们根据大讨论的意见，改出了第六稿。此后几天，我们又进一步推敲稿子里的文字，形成了第七稿，报送中央。

9月27日，赵紫阳在中南海召集我们起草小组部分成员座谈，还专门约邓力群来参加。当时，邓力群是中央书记处研究室主任，他没有参加文件起草，他的主要部下参加了。谈话时，我、杨启先、郑必坚、袁木等人在场。赵紫阳对邓力群说："《决定》稿写上了社会主义经济是公有制基础上有计划的商品经济，是我在写给常委的信中说的，常委都同意了，你有什么意见？"邓力群有点儿尴尬，没说什么话。然后，赵紫阳又问："'计划经济为主、市场调节为辅'就不再提了，你看怎么样？"邓力群闪烁其词，说："1979年，我从日本考察回来后写过一篇文章，就讲了商品经济和价格规律。"赵紫阳说："那你没有意见了？"邓还是支支吾吾，既没有说同意，也没有说反对。接下来，赵紫阳对我们说："你们回去查一查，这个提法跟宪法有什么矛盾没有？宪法上有没有讲计划经济啊？"郑必坚说："我查了，宪法上没有讲社会主义经济是计划经济。"赵紫阳说："那好，那就写上商品经济，就这么定了。"赵紫阳还问邓力群对厂长负责制有什么意见，邓力群也没有正面回答。整个谈话时间不到一个小时。显然，这次谈话是专门做邓力群工作的。

10 月 8 日，中央在怀仁堂召开政治局扩大会议，审议第七稿。胡耀邦主持，参加的有政治局委员、书记处书记、副总理及中顾委、中纪委、军委主要负责人等八十多人，我们起草小组列席会议听意见。我记得，陈云、彭真、聂荣臻、徐向前、李先念、乌兰夫、邓颖超、陆定一、薄一波、习仲勋等许多老同志都来了（叶帅好像没出席），济济一堂，随便就座。大家都很高兴啊！大概是清除了祸国殃民的"四人帮"，劫后余生，曙光重现，也可能是好久不见面了，都春风满面，热情握手，大声说话，气氛之喜庆令我深受感染。习仲勋前两年曾在广州专门接见过我（我在国家经委带队去汕头调查个体企业情况），但这次开会我不敢上前去问候，怕打搅他。会议一开始，胡耀邦说："小平同志来电话，说文件看过了，写得很好，政治局会议我就不参加了。他请假不来了。"又说："陈云同志写了一个书面发言，[①] 准备在十二届三中全会上发，大家可以先看看。"当时，大家也没顾得看，因为开会讨论了。讨论的时候，陆定一第一个表态，说文件写得很好，同时对个别文字提出了修改意见。接着，许多人都发言表示赞成，也有一些人提出了一些疑虑。我记得，姚依林、宋平先后提出来，说："政企分开"这个提法要考虑。政企怎么能分开啊？国有企业，国家所有，国家经营，是不是改为政企职责分开好一些呀？不能绝对分开。还有所有权和经营权分开，这个也不行啊，你都交给厂长经理去管了，国家不管了？适当分开吧！大家都在个别议论，没有公开发言。胡耀邦就说："加个'适当'也没关系，反正分

---

① 陈云在书面发言中说："系统进行经济体制改革，是当前我国经济工作面临的首要问题。""这次全会审议的关于经济体制改革的决定中，对计划体制改革的基本点所作的四点概括，完全符合我国目前的实际情况。"价格改革现在"确实是有利时机。但是改革的步骤一定要稳妥，务必不要让人民群众的实际收入因价格调整而降低"。政企分开"一方面可以给企业比过去大得多的自主权，另一方面可以使各级政府部门从许多日常工作中摆脱出来，议大事，看全局，把宏观方面管住管好"。改革"必须边实践、边探索、边总结经验"。陈云最后说："我们要按照这个决定的精神去做，解放思想，实事求是，既要积极，又要稳妥。只要这样做了，这次改革就一定能够成功。"——整理者注

开就是了。"胡乔木的发言最令人注目，他讲得很长，我没有完全听懂他的口音，弄不清他说的意思主要是什么。后来才知道，他不大赞成文件中的一些基本观点，说这也不行，那也不好。他这么一讲，会上就嗡嗡嗡地交头接耳开了，有点儿乱。胡耀邦就有些急了，说："你在北戴河不是也同意了吗？怎么现在又不同意了？"这个时候，陈云站起来说话了，他说："乔木，你说得太长了……"打断了他。接着，陈云说了一通话，非常简要扼要。我记得，陈云说：这个文件"对经济体制改革各个方面可能出现的问题，可以说有了比较周到的考虑了"。"这个文件非常重要，是一个很好的文件，我完全拥护。"他首先表了个态，完全拥护。接着，他说："现在呀，农村的改革已经取得了极大的成功，工商业方面的改革也已经有了几年的酝酿、试点和实践。只要我们坚持解放思想、实事求是的方针，按照这个文件的精神去办，再用几年时间，工商业方面的改革也一定会取得巨大的成功，我们国家的生产力一定会得到一次大解放。"他又说："这次改革涉及范围很广，在进行过程中，一定还会出现一些我们现在难以预见的问题。因此，应当像对待农村改革那样，边实践，边总结经验，以便使改革不断完善。"陈云还谈到改革中可能出现一些消极现象，他说："这不必大惊小怪，只要我们头脑清醒，注意到这些现象，物质文明同精神文明一起抓，那么这些消极方面是可以加以限制的。"陈云的思维是很缜密的，把事情的正面、反面都考虑到了。他讲完后大家鼓掌。接着，薄一波、乔石、李先念、彭真、徐向前等先后表态，都表示赞成陈云同志的意见，赞成这个稿子。最后，胡耀邦说："那我们政治局扩大会议就原则批准这个稿子了。"这个会议，赵紫阳全程参加了，但他没有说话。会后，起草小组立即根据会上意见，在文件上做了一些文字修改，连续改了两天，边念边改，形成了第八稿。

10月20日，十二届三中全会开大会，胡耀邦、邓小平、赵紫阳、李先念、陈云主持会议，我们列席坐在后面。会议先由一位播音员来念《决定》稿子，念完后胡耀邦问大家有什么意见，大家都没有表示意见。胡耀邦说："陈云同志还有个书面发言，发言里面也是赞成这个稿子的。大家回去看看。"最后就表决，一致通过了。同时，还通过了两个文件，一个是关于明年召开党的全国代表会议的决议，一个是会议公报。会议不到半天时间就顺利结束了。散会的时候，大家起身要走了，邓小平在主席台上对旁边的胡耀邦讲了几句话，因为他面前有个麦克风，所以他的话我们都听到了。他说：文件"写得好，谁写的？是袁木他们写的吗？"又说："我看这个决议是马克思主义的基本原理和中国社会主义实践相结合的政治经济学，我有这个评价。但是，要到五年之后才能够讲这个话，证明它正确。"我们听到了邓小平这样的评价，心里很高兴，也很受鼓舞。散了会以后，就在大会议室旁边的小房间，胡耀邦和赵紫阳专门和我们起草小组全体成员照相留念。"大功告成"了。说实在话，我们这些人也没有多少功劳，但是经过这次的锻炼，我的思想认识确实提到一个新的高度。那一段经历是很值得留恋的，我深感到，如果没有邓、陈、胡、赵的指导和支持，这个文件根本出不来，靠我们几个"秀才"能写出什么名堂啊？

以上的回忆，是从我自己的笔记里摘出来的，当时我也没有想到现在要写回忆录。我看过杨启先跟记者谈《决定》的起草情况，大的方面是对的。但具体的情况，比如说有谁参加了，谁说了什么话，有一些出入。比如，他说参加起草小组的有魏礼群、滕文生。实际上，他们都没有参加，杨启先可能把后来某些事安到这里来了。这也难怪，事情过去 25 年了，又这么大年纪了，可以理解。我要是没有笔记，也不敢说得这么具体。每天谁来，到哪儿开会，主要是什么内容，我大体上还是有记载的。

三 《关于经济体制改革的决定》的意义和启示

现在回忆起来，有很多感想，改革真是不容易！我记得，十二届三中全会以前，邓小平就讲过："改革有障碍，包括老干部，总的赞成，具体反对"。《决定》公布后，我们就在各种场合宣传讲解《决定》。那两年，我应邀去过许多地方做报告，大概有一百多场，包括部队，如总参、总政、总后、防化兵、政治学院、后勤学院、空军学院等单位。那个时候，部队是很注重学习《决定》的，要求去做辅导报告和回答问题的很多，这里讲了，那里听说就来请，应接不暇。还去过国务院很多单位，如商业部、冶金部、轻工部、国家经委、物资总局，以及全国总工会、电台、出版社等；学校去得最多，如清华、北大、北师大、石油学院、矿业学院、北京师范学院、机械学院、物资学院、计算机学院等；北京市一些党政机关、企业等；外地有些省市、企业也去过。可见广大干部群众是非常关心、非常拥护改革的。我曾经开玩笑说，那个时候，我是忙于去"扫盲"了——扫改革之盲，是去尽社会义务的——宣传党中央的改革精神与方针政策。

我认为，这个《关于经济体制改革的决定》，应该载入史册。从根本上来说，没有这个《决定》，不可能有我们这二十多年来改革开放的巨大成就，也不可能有以后一系列的关于改革的指导文件。这个《决定》为1993年《关于建立社会主义市场经济体制若干问题的决定》和2003年《关于完善社会主义市场经济体制若干问题的决定》打下了基础，后两个《决定》是这个《决定》的完善和发展。三个《决定》贯穿着我国改革开放的历史进程，在我们国家经济发展史上起了一种里程碑的作用。袁木最初传达中央要起草这个《决定》的时候说过："中央领导说，十一届三中全会是一个里程碑，我们要把十二届三中全会的《决定》也搞成一个里程碑。"这个目的已经达到了。后来，我曾经以"里程碑"为主题，写过一些文章，如《两届三中全会，两个里程碑》等。

这个文件有好些重大的历史性突破，主要是：第一，在社会主义经济的本质属性上，明确肯定社会主义经济是在公有制基础上的有计划的商品经济。第二，在所有制结构上，明确肯定集体经济是社会主义经济的重要组成部分，个体经济是社会主义经济必要的有益的补充。第三，在经济调节机制上，明确指出要有步骤地适当缩小指令性计划的范围，适当扩大指导性计划的范围。第四，在国家和企业的关系上，明确指出要使企业真正成为相对独立的经营实体，成为自主经营、自负盈亏的社会主义商品生产者和经营者，具有自我改造和自我发展的能力，成为具有一定权利和义务的法人。第五，在企业领导体制上，明确规定企业要实行厂长（经理）负责制，企业中的党组织要积极支持厂长行使统一指挥生产经营活动的职权。第六，在经济利益分配上，明确指出允许和鼓励一部分地区、一部分企业和一部分人依靠勤奋劳动先富起来，带动越来越多的人一浪接一浪地走向富裕；在企业内部要实行工资奖金同企业经济利益挂钩，扩大工资差距，拉开档次，以充分体现奖勤罚懒、奖优罚劣。第七，在经济结构和地区布局上，明确要求地区之间、行业之间都打破封锁，按照扬长避短、形式多样、互利互惠、共同发展的原则，大力促进横向经济联系。

《决定》发布以后，国内外一片赞扬声，好评如潮。邓小平很多次讲话（尤其是与外宾的谈话）都称赞《决定》"确实很好"，"是个好文件"，"有历史意义"，"是把马克思列宁主义的基本原理同中国实际相结合，走自己的路"；"全世界都在评论，认为这是中国共产党的勇敢的创举"，等等。还说："我个人相信，这个改革肯定会成功，因为全国人民赞成改革，懂得不进行改革，就不能争取到今后几十年稳定、持续的发展。"尽管后来的改革进程有很多曲折，也遇到过很多阻力，但改革的大方向一直是沿着《决定》的指向前进的，而且由于坚持不断解放思想，不断提高认识，使这个《决定》的一些观点或提法得到了更好的发挥和完善，从而更好地指导改革的实践。比如，1987年党的十三大报告就有很多发展，而且修正了《决定》里个别不合时宜的提法。十三大报告不再提"社会主义是计划经济，是在公有制基础上的有计划的商品经济"，而是直接提"社会主义经济是在公有制基础上有计划的商品经济"，把前面的半句话去掉了，这就是一个很大的进步。再比如，十三大报告不再提"劳动力不是商品，土地、矿山、银行、铁路等等一切国有的企业和资源也都不是商品"这个话了，而提"社会主义的市场体系，不仅包括消费品和生产资料等商品市场，而且应当包括资金、劳务、技术、信息和房地产等生产要素市场；单一的商品市场不可能很好发挥市场机制的作用"。就是说，劳务和土地、矿山、银行、铁路等这些都是商品了，这就比《决定》大大地前进了。十三大报告也不再提"自觉运用价值规律的计划体制"，而是提"国家调节市场，市场引导企业"的机制。这些都是对《决定》很重要的发展。

顺便说一下，十三大关于"国家调节市场，市场引导企业"这个提法是费了心思的，是非常有见解的。在1989年政治风波以后，旧的思想回潮，一些反对改革的人士抓住这两句话大做文章，说这是要搞资本主义，搞资产阶级自由化，还追查是谁讲的，谁出的主意。政治风波之前，国家经委撤销了，我被调到物资部，物资部部长就曾想公开批这个提法。他过去长期在国家计委工作，受计划经济思想影响较深。他问我："这个提法，是谁出的主意？"我说："我也不知道谁提的，这个说得好呀，有什么好批呢？"我确实不知道这个话是怎么形成的，因为我那时出国了，没有参加十三大报告的起草小组。高尚全参加了，这个情况可以问他，我想可能也是起草小组根据赵紫阳的观点编出来的吧。

后来对《决定》的突破、再突破，也是不断解放思想的成果。政治风波以后，"左"的思想和计划经济的观点全面回潮，媒体充斥了反对商品经济、市场经济的声音，把计划和市场的关系上升为姓"社"姓"资"这个重大政治问题，有人又想搞"大批判"。有个知名的经济学家就写了大喊"改革岂能不问'姓社姓资'"的文章。面对这种形势，许多经济学家顶着逆流，坚持解放思想，坚持《决定》和十三大报告的基本精神不动摇，而且进一步深入探讨，提出了改革应以市场为取向这个十分重要的观点，终于取得了中央和大多数人的支持。1992年春邓小平同志的南方谈话，像一场及时雨，驱散了"左"的乌云，同年10月党的十四大以邓小平南方谈话为指针进一步明确确立了"社会主义市场经济"的观点。事实证明，只有不断解放思想，才能够不断地开拓创新，推进改革开放事业不断前进。

文件起草的过程，也是一个不断解放思想、不断统一认识的过程。起草小组成员来自四面八方，工作经历不同，思想理论水平也不一样。优点是各个方面的情况、意见可以带上来，防止片面性；缺点是往往争论得很激烈，谁也说不服谁。起草小组的争论，实际上就是经济理论界的争论的反映。改革开放是新事物，书本上没有答案，国内外也没有成熟的经验，争论是难免的、正常的。在这种情况下，我们就走出去、请进来，广泛听取意见，特别是听取做实际工作的干部和理论界的意见，集思广益，这对我们的起草工作是很有帮助的。起草小组自己，更应该有解放思想的精神，不能求稳怕乱、四平八稳。回过头来看，我发现许多文件都是争论和妥协的结果。因为它要反映各方面的观点和它们的经济利益，而一个文件要方方面面都照顾到其实是很困难的。所以，在强调一些基本的思想观点的同时，在某一些措辞上有一些退让，在某一些提法上讲究一下分寸甚至做一些妥协，也是必要的。那时有些同志说，什么公有制基础上的有计划商品经济，就是叫商品经济就行了。不要那个限制词，它还是公有制为基础嘛！但是，多数起草小组的同志认为还是要加上。一方面可以跟理论界说，社会主义商品经济跟资本主义商品经济还是有区别的，是以公有制为基础嘛！另外，加上了这个限制词，反对的人也可以接受，本来不赞成加的同志也就只好说"那就加吧！"还有，上面讲的"适当分开"，我们当时反对加"适当"，我说就是要分开，否则政府又会随意去干预企业。后来，大家说："算了，不计较了。"因为在政治局常委会上说了，"你们回去按照意见修改"，我们就只好按它修改了。这个起草文件啊，总是免不了要做些必要的妥协的。因此，所谓"玉泉山学派"，实际上就是一种"妥协学派"。

即使在当时，贯彻落实《决定》也并不是那么容易的。不要以为有了《决定》，有了对《决定》的宣传，就能够一呼百应、一帆风顺。30年改革，不知道发生过多少次不同观点的论争，大规模的反对商品经济、市场经济，反对市场化改革的旧思想回潮就至少有三四次。一直到十七大以前，反改革、否定改革成就的论调仍不绝于耳。党的十七大报告里面讲的那几句话："坚持解放思想、实事求是、与时俱进，勇于变革、勇于创新，永不僵化、永不停止，不被任何风险所惧，不被任何干扰所惑，使中国特色社会主义道路越走越宽广"，这段话对我们是很大的鼓舞。改革是一场伟大的革命，既不可能一帆风顺，也不可能一蹴而就，需要经过反复的斗争，到现在这个斗争也没有完全停息。我们通向现代化的道路还很漫长，改革和发展的任务还很艰巨，我们要按照十七大的精神，坚持解放思想不间断、改革开放不动摇、开拓创新不停步，把深化改革开放、全面建设小康社会的大业不断推向前进。

我曾经参加过不少文件的起草工作，但还是1984年的《决定》的起草过程体会最深刻。一个最重要的体会是，一定要不断解放思想。解放思想是我们改革开放的先导，又贯穿在整个改革开放的进程之中。没有解放思想，就不可能有这个《决定》，也不可能有我们现在这么好的形势。许多观点，什么政企分开啊，什么企业是商品生产者啊，什么市场的作用啊，什么经济责任制啊，等等，都是这个《决定》突破的。现在已经成为普遍接受、深深扎根于实践、被广大群众所肯定的重要原则了。

中国经济体制改革的理论与实践

口述者：杨启先[*]
访谈者：萧冬连、鲁利玲
时　间：2007 年 8 月 28 日
地　点：杨启先同志办公室
整理者：萧冬连

　　我来体改办的时间大概是 1981 年 6 月底 7 月初。在那以前，我在河北大学经济系当副主任。1980 年 3 月，成立国务院体改办时十分缺人，特别是缺少对我国经济工作比较熟悉的同志。1981 年初，体改办副主任廖季立（原国家计委综合局的局长）推荐我，因为我在国家计委工作过 21 年，从 1952 年国家计委成立我就去了，一直工作到 1973 年，1973 年调到河北大学。廖是我多年的领导，对我比较熟悉。他把我推荐给赵紫阳，赵就亲自签了调令。来到体改办以后，我任规划组组长。当时体改办人比较少，下面分组，不分局，实际上"组"就是局一级的单位。1982 年成立国家体改委后，我为规划局的局长；1985 年提任国家体改委委员，还兼着规划局局长。1987 年以后就不兼了，当专职的委员，但仍负责领导搞规划。到 1991 年，我已经 60 多岁，转到中国体改研究会任秘书长，1993 年后任副会长兼秘书长，2000 年才正式退休。这期间，1986～1988 年兼任国务院经济改革方案

---

　　　*　杨启先（1927～），重庆人。历任国家体改委规划局局长、专职委员，中国体改研究会秘书长、副会长，全国政协委员。

办公室副主任，1993～1997 年任第七届全国政协委员。我来体改委的时间比较早，经历的改革事情比较多，今天就谈谈几个主要问题。

一　改革始终围绕着两个重大理论问题

我当规划局局长的工作主要是搞规划。搞规划就是研究改革的目标、模式、方法和步骤等问题，这就必然会碰到两个理论问题：一个是商品经济，一个是多种所有制。

长期以来，我们实行的是传统的苏联模式和集中管理体制，过去认为这是最好的体制。其主要标志是，公有制、按劳分配和计划经济。苏联在 30 年代就将其定为社会主义经济的三条原则，并写入了苏联宪法。后来，所有社会主义国家实际上都这么干。在中国，1949 年以后，开始几年没这么干，从 1953 年开始也这么干。我长期在计委工作，这个体制的全过程我都参与了。那时候，从上到下都感到这种体制有毛病，曾经多次想改革它。1956年，毛主席在《论十大关系》里对这个体制就有很多的批评。1957 年，曾经开始实施改革，但方法不对头，没解决问题。当时在计委内部，理论上就有争论，最大的问题是两个经济规律的矛盾：一个是搞计划经济必须按照有计划按比例发展规律办事；一个是搞计划经济还需不需要尊重价值规律，实际就是商品经济的规律。这两个规律是有矛盾的。按照有计划按比例发展规律搞，完全是一种主观的东西。因为计划都是人编出来的，按照计委同志的说法，是拍脑袋拍出来的，往往不一定符合实际。所以，到了 50 年代末 60 年代初，有的同志就提出来一个应该尊重价值规律的问题。比如，孙冶方、薛暮桥就是当时的代表。从苏东国家来看，南斯拉夫开始搞市场社会主义，后来波兰、匈牙利也走上了偏向市场的路子。你们问市场改革的思想究竟是来自西方还是来自自身？我认为，最主要还是从计划经济实践中体会到，不尊重价值规律不行。从五六十年代开始就体会到了，要尊重价值规律，实际上就必须尊重市场。所以，从改革一开始就有市场取向这么一种趋势，否则就没法改。但这个趋势跟我们的传统理论是有矛盾的，你搞一点市场取向可能还行，但是市场搞多了，就成了商品经济，这就不那么符合理论了。所以，在这个问题上始终有争论。

正因为如此，我们在改革开放开始时，并没有提出什么目标模式，也没有明确提出市场取向，更没有提出商品经济。从十一届三中全会决定中可以看出来，没有这些话。十一届三中全会的精神体现改革的就两句话：一个叫"对内搞活经济"，一个叫"对外实行开放"。为什么提这两句话呢？因为打倒"四人帮"以后，在拨乱反正的讨论中，认为过去的经济问题主要是对内管得太死了，对外太封闭了。邓小平讲，对外太封闭了，世界的信息都不知道。当时主要就是这么两句话，根本没有一个什么市场取向的目标。但这两句话，非常大的好处是，在一定程度上，把人们的思想给解放了，打开了。使人们认为，可以不再完全局限在原来的框框里思考和处理问题。结果，对内搞活，农村就活出来一个"家庭联产承包责任制"，城里就活出来一个"搞活国有企业"。因此，从70年代末开始，农村联产承包责任制和城里搞活国有企业就开始搞了。这两个"活"起来引出来一个很大的成果：经济速度提升了，农产品产量增加了，城里企业的产量增加了。"活"出来一块属于计划外的东西，即农村完成统购以后农民手里剩下的东西，城里企业完成国家计划后企业剩下的东西。这些东西需要交换，这样，农村恢复了集市贸易，城里恢复了小商品市场，主要从事计划外产品的交换，这样，市场自然就开始出现了。

但在这个时期，改革的理论方面还是滞后的。我还没到体改办的时候，听说体改办1980年上半年搞过一个规划，叫《初步意见》。这个文件第一句话开宗明义就提出了商品经济，说："我国现阶段的社会主义经济是公有制基础的商品经济，经济体制必须与之相适应。"这句话在文件初稿中没有，是薛暮桥同志最后加上去的。薛当时是体改办的顾问。文件发到省长会上讨论，① 结果挨了批评。所以，我来体改办以后，再搞规划就不能写这种话了，往往是写"我国现阶段的社会主义经济存在商品货币关系"，用这么一句话来应付。

---

① 1980年9月14~22日，中央召开省、市、自治区党委第一书记座谈会。讨论议题之一是关于经济体制改革的初步意见，薛暮桥对该文件做了说明。——整理者注

　　到了 1982 年，党的十二大总结改革的实践经验，认为社会主义国家也不是一点儿不需要市场，有一点儿市场也可以，没有坏处。陈云不是讲"大计划，小自由"嘛，后来说的"鸟笼经济"，就是那段时间出来的。这个思想上升到十二大报告当中也是两句话，叫作"计划经济为主，市场调节为辅"。这两句话，现在看当然是很不够了，但比较计划经济还是进了一步，即在社会主义国家的文件上正式写出来，市场还有它一定的地位。此后，市场范围就逐步扩大了，发展起来了。发展了两年，到 1984 年的时候，市场规模比较大了，看来也没什么问题，而且对促进生产发展，提高人民生活有好处。

　　经过 1979～1984 年这五年时间的改革，尽管农村取得很大的成功，城里也取得了初步成效，但是始终没有一个正式的改革的文件，也没有一个中央正式认可的改革规划。尽管国务院体改办、国家体改委做了一些改革设想，但是还没有出过一个在全国实行的文件。所以，中央决定搞一个有关改革的正式决定。当时，中央的指导思想很明确，搞这个决定的目的就是要把改革的远景或目标、主要方法描绘出来，而且在理论上应当有所突破。搞这个《决定》我参加了。先是参加 1984 年政府工作报告的起草，起草班子大约有十来个人，以袁木为首。当时，起草报告的人都集中在玉泉山，一住几个月，起草这年的政府工作报告，差不多也是这样，春节以后就上去，搞到 5 月份，政府工作报告在人大通过。人大后，中央把这个班子留了下来，继续起草《关于经济体制改革的决定》，仍然是袁木挂帅，有王忍之、桂世镛等，大都是计委的，体改委有我，经委有谢明干。搞了一两个月，写出一个提纲。当时，起草小组内部意见不那么一致，主要是牵涉到商品经济问题，究竟在决定里面要不要突出这个思想，始终得不出一致的意见。不赞成的是多数，明确赞成的好像就是我和谢明干，其他人都不怎么赞成。因其他同志主要是计委的，那时计委是不赞成商品经济的，不仅是不赞成提商品经济，甚至对于必须发挥价值规律的作用，往往也不同意提。

　　这中间，有一段插曲。我还记得，大约在此前的半年多，也就是 1983 年秋天，国务院领导指示，要加快经济体制改革，必须认真研究计划体制改革。为此，专门组织了一个研究计划体制改革的小组，由胡启立挂帅，廖季立和柳随年负责。主要成员除体改委规划局和计委的同志以外，还邀请了上海体改委的贺镐圣、广东体改委的王琢和北京大学的厉以宁等参加，共十几人，集中在中南海警卫局大楼办公，一直讨论了至少两个月。在会上，每个人都充分发表了自己的观点，但意见始终无法统一。到 11 月份，全国开展清除精神污染，计委的同志就将我们讨论中的一些不同观点，如王琢讲的"可以实行计划商品经济"，徐景安讲的"国有企业必须实行政企分开"，以及我在讨论中同他们的一段所谓"双胞胎"的争论，当作精神污染的典型事例，整理成书面材料，直接上报中央领导。所谓"双胞胎"的争论，是计委的同志在会上一再强调：社会主义国家的经济工作，必须遵循有计划按比例发展规律。我就说：既要遵循有计划按比例发展规律（因我当时还不敢直接否定这一规律），也要遵循价值规律。他们又说：遵循两个规律可以，但不能同等对待，应该有主有次，有大有小（意指计划规律为大，而价值规律为小）。我就说：两者没有大小，是"双胞胎"。他们又说："双胞胎"也有大小。我说："双胞胎"是按出娘胎的时间为准，先出来的为大，后出来的为小。从经济理论发展的历史时间来看，是先有价值规律，后有有计划按比例发展规律。因此，完全可以说，价值规律为大，有计划按比例发展规律为小。好在胡启立看到这份材料后，及时表态说：这是工作中的不同意见，不能作为精神污染。随后几天，赵紫阳又专门找安志文说，重申这是正常的工作讨论，不能作精神污染理解。并明确表示，经济领域不存在精神污染。请安老转告有关同志，继续努力搞好工作，思想上不要有什么顾虑或紧张。这样，才没有造成更大的风波。但这种政治气氛对当时理论界的影响还是显而易见的。在此后不久举行的一次有关计划体制改革的汇报会上，在说到计划体制改革是否应当大量减少或取消指令性计划时，一个平时公认思想还比较活跃的著名经济学家发言说：指令性计划，是计划经济的重要体现。计划体制改革，不能减少或取消指令性计划；减少或取消指令性计划，就是削弱和取消计划经济，是不应当的。胡启立有些听不下去了，立即表示：这种说法也不一定合适。这就足以说明，关于商品经济的问题，在我国当时的理论界乃至实践中，争论是多么激烈。

正是在这个背景下，1984 年 5 月以后在起草《决定》的提纲时，由于在指导思想上没有什么突破，7月底，送到北戴河中央会上讨论，会议由耀邦同志主持。耀邦很不满意，决定推倒重来，并大大加强了起草小组，把中央政策研究室很大一部分人都加进去了。主要领导人也由袁木改成了中央政策研究室副主任林涧青，增加了林子力、郑必坚、龚育之、郑惠、滕文生、王愚民、罗劲柏等，共十几个人。

起草班子调整后，整个指导思想有了变化。但是不是要在文件中写上商品经济，意见还是不一致，但赞成的人占多数了。赵紫阳比较聪明，他让经济研究中心的马洪、体改委的廖季立组织人们讨论有计划商品经济的问题。讨论的结果，大都认为我们现在就属于有计划商品经济，建议应当提有计划商品经济，并写了一个报告送给赵紫阳。赵紫阳把这个报告批给中央一些老同志看，老同志反馈回来没有负面意见。这期间，赵紫阳还亲自主持起草小组会讨论了两次，一次是8月28日，第二次是9月27日。在第二次讨论时，邓力群同志也参加了。讨论中意见还是不一致，有的主张写，有的主张不写。这时，赵紫阳就问："这个东西在理论上站不站得住脚？社会主义国家有没有领导人说过或者文件上写过这个东西？"我说："有，保加利亚日夫科夫在报告中提过商品经济。"他又问："违不违背宪法？"郑必坚说："不违背宪法。因为在1982年修改宪法的时候，把计划经济这个词给避开了，没有直接说要实行计划经济，也没有'计划经济为主，市场调节为辅'这句话。"这样，赵紫阳心里就有底了，他说："那行，咱们就这么定。"完了，大家都站起来了，赵紫阳问邓力群同志："老邓，你的意见怎么样？"邓力群说，"我同意，我早就说过应该实行商品经济，1979年就写过文章。"后来，我翻过邓力群在《财贸杂志》1979年第11期上的一篇文章，就主张搞商品经济，这是他从日本回来以后写的，访问日本开阔了思想。在领导人当中，他是主张搞商品经济相当早的一位。赵紫阳考虑问题比较慎重。在两次与起草小组座谈之间，9月9日，他还给中央写了一封信，提出四点意见和建议。邓小平看了以后批给陈云、先念，耀邦是单独送的，几个人都画了圈。这样，经过反复交换意见，就把有计划商品经济写进了决定。

通过这个《决定》的十二届三中全会是在京西宾馆开的。在全会讨论中，少数同志还是有保留。为了取得一致的意见，在通过的前一天晚上对

《决定》稿又修改了一下，其他没有改，只是在"我们的改革目标是要建立有计划商品经济体制"之后加了一段话："但是在社会主义条件下，劳动力不是商品，土地不是商品，银行不是商品，矿产不是商品。"加了这么几条限制性的话。这就是我们通常讲的，在"但是"后面做文章。这几句话一加上，就出来一个问题，只承认实物产品是商品，生产要素都不是商品，生产要素就很难流动起来。但无论怎样，经过各方面的争论，在十二届三中全会上还是做出了一个《关于经济体制改革的决定》，明确我国的社会主义经济是有计划的商品经济。对于这个决定，邓小平同志当时评价很高，说是"马克思主义的政治经济学在中国的发展"。

由于加了上述几句限制商品经济的话，《决定》虽然通过了，但贯彻起来很费劲。为此，赵紫阳又想办法。1985年在党的全国代表大会通过的《中共中央关于制定国民经济和社会发展第七个五年计划的建议》中，塞进去一段话，说："我们经济体制改革的目标是建立有计划商品经济体制和社会主义的市场体系，包括商品市场、资金市场，技术市场、劳务市场"。就又把那几个要素放回到市场。这样，贯彻起来稍微好了点，但思想认识肯定还是不一致。一直到1987年党的十三大，把这个提法又变了一下，变成了"建立有计划商品经济新体制"和"国家调节市场、市场引导企业"的经济运行机制，即政府主要是调节市场，由市场去引导企业，政府不直接调节企业。我没参加起草十三大报告，高尚全参加了，据说写文件时没有什么大的争论。但过后有的人有意见，说这两句话实际上是资本主义的运行机制，不是社会主义的运行机制。1989年政治风波以后，好多人对这两句话攻得很厉害，要求修改，但邓小平同志明确表示：十三大报告一个字不能改，而且说：这两句话你们说有错误，为什么当时不提出来？我就没看出来有什么错误。

不过，有的高层领导还是认为这样的提法有问题，所以在1990、1991年的中央文件上又回到了"计划经济与市场调节相结合"这么一种提法。当时，在国内报纸、杂志上争论不断，各种各样的意见都有，我也写过文章，坚持主张商品经济。到1992年初，邓小平看到老这样争论不是个事，他在南方谈话中就明确指出：计划经济不是社会主义，资本主义有计划；市场经济不是资本主义，社会主义有市场，计划与市场都是调节经济的手段，不是区分社会主义与资本主义的标志。下半年，就把这句话就写进了十四大报告。因为邓小平讲了，争论就不太大了，个别同志还有不同意见，但大局已定，所以就写进去了。在十四大之前，6月份，江泽民在中央党校讲了一次话，提出改革的目标是建立社会主义市场经济体制，听听反映。这个期间，我们起草小组在玉泉山还专门召开了一次著名经济学家的座谈会，到会的经济学家都赞成，个别经济学家虽然有点儿保留，但最终也表示赞成了。我印象很深的是，有一位经济学家原来是不赞成的，但在这次座谈会上，他说："我过去认为计划经济与市场经济是区分社会主义与资本主义的标志，现在既然小平同志讲了不是，我也同意。"所以说，市场经济问题是小平同志把它最终突破的。在没有突破以前，在这个问题上是很别扭的。

改革碰到的另一个理论问题是所有制问题。过去，我们在理论上一直主张以公有制为主体，或者以公有制为基础，实际工作中就变成了公有制比重越大越好、越公越好。改革开放以后，这种理论必然受到冲击。因为农村实行了家庭承包制，城里搞活经济以后，就出来了大量的计划外的东西，其所有权就开始多样化，多种所有制必然发展起来。发展起来后你承认不承认它？开始我们是不想承认的。这个问题是怎么突破的呢？据我回忆，是在1982年。1982年春天成立了体改委，4、5月份，体改委成立了一个小组，陶鲁笳同志挂帅，去常州搞试点，我去了。当时派出两个小组，一个到沙市，一个到常州。我们在常州搞了两三个月，重点是解决中央与地方关系，省一级和市一级的关系，扩大市里的自主权，扩大地方的财力。这方面争论非常多，中央、省里都不想放更多的财权和事权。在常州试点中，我们力争给他们多一点权，这方面取得了一定的成果。在常州，我们还搞了两种非常小范围的试点：一个是价格放开的试点，一个是发展个体经济的试点。对这两件事，大概是90年代初，《人民日报》第一版曾经发表过一篇短评，标题叫《煤油灯罩和老虎灶的故事》，就千把字的东西，但很有典型意义。写的就是在常州改革试验中，在煤油灯罩的故事里，把价格突破了一下；在老虎灶的故事里，把所有制突破了一下。

煤油灯罩的故事，就是当时用电不普及，农村基本上是点煤油灯，城里很多地方没有电也用煤油灯。灯的玻璃罩是易碎品，需要量很大，但价格控制得很死，只能卖六分钱一个，长期不准涨价。企业生产赔本，就不愿多生产，市场上不能敞开供应，只能采取分配的办法。层层分配，一个生产队一两个月才能分上一个煤油灯罩，由队长掌握。有时候村民要通过请队长抽烟喝酒才能得到，非常麻烦。为此，我们跟常州市商量，能不能找少数商品，先试验一下把价格放开，我记得找了很少几个商品，煤油灯罩算一个，笤帚算一个。当时笤帚规定两毛五一把，不能涨价。放开的结果，这几样东西市场供应马上就多起来了，老百姓也可以随时买得到了。但是，煤油灯罩的价格涨到两毛钱一个，上涨了两倍还多。我们害怕老百姓有意见，就进行调查，问老百姓煤油灯罩价格涨那么多，你们有没有意见？意外的是，老百姓竟说没意见，说没涨价。我们问为什么说没涨价？他说，因为我是把卖鸡蛋的钱用来买煤油灯罩的。过去鸡蛋三分钱一个，两个鸡蛋买一个灯罩；现在鸡蛋一毛一个，买一只煤油灯罩还是那么多鸡蛋的钱。这说明，农民的价值规律观念比我们强得多。就这个试点，我们写了一个短报告送中央，耀邦同志很重视，就批发了。随后，小商品价格就逐步放开了。第一次放开了一百多种，第二次放开两百多种，第三次就基本放开了。从 1982 年到 1984 年十二届三中全会以前，基本上解决了小商品价格。

老虎灶的故事，就是当时生活用煤很紧张，每家一年分配不了多少煤。各户自己用煤烧开水非常浪费。因此，常州的一些街道上就发展起来集体办老虎灶，一个街道或者两三个街道办一个老虎灶，专门给老百姓烧开水，一分钱一瓶，可以省煤。但是，老虎灶必须是集体的，不能个人搞。因此老虎灶办得很少，老百姓打开水有时候要走两三条街，很不方便。有的群众提出，能不能把老虎灶放开，让老百姓自己搞。在试点过程中，市里同意了，就把老虎灶放开了。因为可以赚钱，虽然赚得很少，但积极性起来了，很快就发展出一批个体老虎灶，老百姓打开水也不用走这么远，方便多了。这个东西我们也写了一个短报告，赵紫阳、胡耀邦都很重视。耀邦同志又批发了，说这种东西为什么不能放开？说了一大段话，要求在全国推广。

因此，1982 年冬举行的党的十二大，有一个重要的理论突破，就是在中央文件上明确写上允许个体经济发展，作为社会主义经济有益的和必要的补充。这样，城市中的个体经济就慢慢发展起来。加之农村实行联产承包后，剩余劳动力增多，乡镇企业和农村个体经济也开始发展起来，非公有经济或者非国有经济的范围有了进一步扩大。1984 年，在北戴河讨论十二届三中全会《决定》的提纲时，耀邦同志提出一个观点，就是"经济发展应当允许国家、集体、个人一起上"，后来《决定》中把这句话写上去了。1984 年以后，不但农村的乡镇企业、城里街道办的企业有了迅速发展，而且个体经济的规模也扩大了，原来规定个体经济雇工不超过八个人，根本控制不住，雇工几十人、上百人的企业都出来了。怎么办？你又不能把它搞掉。"傻子瓜子"就是很典型的例子，有人想把它搞掉，小平同志说："不能动，动了影响会很大。"因此，到 1987 年，十三大报告又突破了，不仅允许个体经济，而且允许私人经济发展，作为社会主义经济的补充。并且在1988 年修改宪法时，把它写进了宪法。至此，所有制理论的局限问题，基本上就突破了。也正因为如此，才有 90 年代以后非公有经济的大发展。

二　价格改革的探索

搞商品经济，必须建立一个统一、开放、竞争有序的市场，价格必须得理顺。然而，要理顺价格首先碰到的一个非常大的问题，就是很容易导致高通货膨胀。因为我们过去 95% 以上的消费品价格是国家控制的，90% 以上的农副产品也是国家控制的，生产资料 100% 是国家控制的。而且，控制的价格比市场价格低很多，搞不好就容易爆发全面涨价，产生严重的通货膨胀。所以，当时有一个很重要的原则，就是价格改革绝不能导致过高的通货膨胀。虽然文件里没有写，但当时一般认为，物价指数绝不能超过 4% ~ 5%，最好保持在 2% ~ 3%。因此，确定价格改革的方针是"调放结合，有调有放"，而且是先搞"以调为主"，不是"以放为主"，这样国家能够控制。所以，除了小商品价格很大部分较早放开了以外，大宗商品的价格在80 年代中期以前基本没有动。

80 年代中期，大宗消费品价格动了两次，范围比较大，但都是"调放结合"，"有升有降"，不是单方面放开，所以效果非常好。一次是 1984 年，家电产品价格大幅度下降。当时，外汇比较多了，进了很多家电产品，价格大幅度下调。然后，把一部分重要的生活消费品价格适当上调，价格总水平基本不变。比较成功地解决了一批商品价格问题。另一次是80年代中后期，解决纺织品价格问题，也是"有调有放"。由于历史原因，我国原来纺织品中化纤制品很贵，棉制品很便宜。而国际上是棉制品很贵，化纤制品很便宜。所以，我们就根据国际市场的情况，大幅度提高棉制品价格，大幅度降低化纤制品价格，总水平也基本没有上升，效果也非常好。经过小商品的"放"和大商品的"有调有放"，采取两次比较大的措施以后，消费品价格绝大部分解决了。到1985年、1986年，剩下的主要是生产资料价格和极少数消费品的价格没动，其他基本上都解决了。

当然，生产资料价格也应该实行"调放结合"的原则。为了解决生产资料价格而又不导致严重的通货膨胀，1986年1月，吴敬琏同志提了一个建议，主张采取配套改革的办法，就是把价格调到合理的水平，生产企业因此增加的利润要通过国家税收把它收起来；然后，使用单位由于涨价增加了支出，再通过财政补贴返还给它，通过这样办法把价格理顺。这在理论上无疑是一个很好的东西，当时大家都认为有道理，赵紫阳也听进去了。3月下旬，中央决定组织一个班子专门搞这件事，所以成立了价税财联动方案研究办公室，集中到中南海国务院的院里办公。方案办公室的组成是以体改委为主，规划局和宏观局的同志大部分都去了，同时还吸收了很多外面的人，如周小川、楼继伟、宫著铭、郭树清等，还从各部调了一些人上来，最多的时候有二三十人。办公室主任开始是安志文，高尚全、我、傅丰祥、吴敬琏是副主任；后来高尚全是主任，我、傅丰祥、吴敬琏是副主任；日常工作主要是我和傅丰祥两个人来主持。接下来，就是搞规划，想一次性解决价格问题。生产资料主要有六大系列：冶金（含钢铁、有色）、煤炭、电力、石油、化工和建材。开始的方案是六大系列全动，都把它调到市场价格的水平然后放开。

当时，实际上已经有了双轨价格。从80年代初扩大企业自主权开始，企业在计划外有一部分自销产品，一般企业比例只有不到10%，首钢最高，是15%，就是说这个15%可以由企业卖高价，实际已经形成两个价格。所以说，双轨价格不是后来实行的，那时候就有了，只是没有正式把它作为价格改革的办法。后来因为价格改革闯关失败，才把它作为价格改革的一种办法提出来。有的同志说双轨价格是他提出来的，根本不是这么回事儿！实际上 80 年代初就开始出现了双轨价格，就有个计划内价格与计划外销售价格，但一般企业计划外价格的比重还不大，开始 2%，后来 5%、10%，最高的也不过 15%。

最初设想，把六大系列计划内部分的价格都放开，变成市场价格，但是一测算，通货膨胀率比较高。因为有一个反复推动的问题，由此带动整个价格上涨至少要达到一倍多，好像是 150% 以上。方案制定出来以后，6 月份在玉泉山汇报，当时是我汇报的，其他人都去了。汇报以后，开始多数人都同意，包括马洪也同意，赵紫阳没表态。最后谁不同意呢？安志文不同意，他认为这样搞风险太大。最后，赵紫阳表态说，看来六大系列一起动，可能风险太大，通货膨胀率太高。那咱们试着来，先动一个，钢铁系列，其他的先不动。钢铁系列怎么动呢？以 6 毫米的圆钢价格为例，从当时的 693 块钱一吨调整到 1000 块钱一吨，基本上是市场价格，然后把它放开。后来，统一了这个意见，返回来重新制定方案，就是只动钢铁系列，其他系列不动。新方案制定出来后，7 月份，在钓鱼台又汇报了一次，大家基本上都同意。就是从 1987 年开始，标准圆材从 693 块钱一吨提到 1000 块钱一吨，整个钢材价格大体上涨 50% 不到，推动总体物价上升不是太大，累计不会超过 20%。

但在制定具体方案时，碰到一个非常现实而又无法回避的问题，影响具体方案根本制定不出来。什么问题呢？就是当时钢材实际价格究竟是多少？形成不了统一的意见。我们方案中的 693 块钱一吨，是物资部提供的价格，物资部的价格基本上是统计局的价格，这两家差不多，但是与主管钢材生产的冶金部提供的价格差别甚大。冶金部的同志说，现在 6 毫米圆钢的实际平均出厂价格不是 693 元，已经是 897 元，差了两百多块钱。如果是 693 元，每吨就要收 307 元的税。① 冶金部说：不行，现在出厂价已经是 890 多，你

---

① 307 元是调整到 1000 元/吨的价格后与原来价格的差额。根据价税财联动方案的设计思路，这部分将以国家税收的形式收回来。——整理者注

怎么能按照这个收税？而且这还不是问题的全部。当年 6 月份，统计局组织搞了一个 6000 户企业的经济普查，普查结果：使用钢材的企业 6 毫米圆钢价格已经到了 1100 元左右，这样，联动的方案根本制定不下去了。我们把这些情况专门向田纪云汇报了一次，田纪云也感到挠头，怎么办呢？冶金部不同意，你没法动。所以，最后就拖下去了，就是这么一个过程。

后来，有的同志说这是无疾而终，或者说是赵紫阳不接受好的办法，好多人有意见。其实，不是这么回事。不是说哪个领导不想干，或者有什么意见。实际情况是，这种联动办法在理论上是可以成立的，但在现实中是无法操作的，具体方案根本制定不出来。因此，到 1987 年，方案办慢慢也就没有工作了，我们都回机关了。再后来，国务院成立了一个调节办，来管这类事，柳随年当主任。他们经过研究认为，实践证明一次性联动不行，所以提出了一个比较实际的思路，能不能采取逐步放开的办法，即对计划外部分每年放开一点，如每年放开 10%，或者 15%，这样，通过几年时间，基本上可以把价格问题解决。也就是正式明确可以走双轨的路子，领导同意了。到这时，价格双轨制作为一种改革的方式才普遍实行起来。此后，生产资料价格改革就不再完全采取国家调整的办法，而是采取逐步放开的办法。

然而，逐步放开又带来了另一个严重问题。就是由于存在两种价格，漏洞很多。各个地方出现开后门、行贿、受贿的现象，以权谋私这种东西相当普遍。有的人通过关系，把计划内物资一下子变成市场物资，价格相差甚至一倍以上，就可以赚一大笔钱。这类问题相当严重，各方面意见很大。在 1988 年人代会上反映很强烈，说双轨制是导致腐败现象、不正之风的一个非常大的原因。据安志文回来讲，人代会以后，李鹏向小平同志汇报，小平同志就问到，这次人代会反映最大的是什么问题？李鹏说，是价格问题，双轨制漏洞太多。这样才引出小平同志一段话：看来价格这一关，我们非过不可，迟过不如早过。而且提出，不尽早解决，拖下去会使党、政府受到极大损害，后果很严重。

这个话传达下来，才有了 1988 年的价格攻关。国务院开会传达以后，专门成立了攻关小组，由计委负责，我代表体改委参加了攻关小组。经过几个月，计委提出了价格攻关的方案，体改委也提出了价格攻关的方案，8月初在北戴河汇报。计委的方案激进一些，主张一两年内解决；体改委的方案比较缓一些，主张三四年解决。中央没有具体肯定哪一个方案，但是决定价格要攻关，要加快改革的步伐。8月中下旬，正式公布了价格攻关的改革办法，最显著的一句话是："今后少数重要产品的价格，继续由国家根据实际情况进行有升有降的调整；多数产品的价格放开，由市场调节。"这句话本来只是一个原则，并不会直接刺激到群众的思想，但由于正好在公布价格攻关之前，我们把高价烟酒的价格放开了。放开之后，茅台酒就从二十多块钱涨到250块钱一瓶，五粮液从十几块钱涨到一百七八十块钱一瓶，涨了十几倍。高价烟以红塔山、大中华为代表，由一块多钱涨到十几块钱一包。这一下，群众思想就全面高度紧张了，再加上当时通货膨胀率大大高于银行存款利率。在北戴河会议的时候，通货膨胀已经到了10%以上，甚至15%左右，一年期存款利率还只有7.2%，严重倒挂。这就引起了群众马上挤兑存款，把银行存款提出来买实物保值，从而很快形成了全国的抢购风潮。在这种情况下，中央没有办法，9月份做出一个治理整顿的决定，即治理经济环境，整顿经济秩序，控制通货膨胀，消除经济过热。而且开始大幅度提高银行存款利率，从七点几提到十四点几，还不解决问题，随即又赶快实行了保值储蓄，即存款年利率随物价上升指数浮动，最后，才把市场给稳定住。简单说，这场风波就是这么出来的。

价格攻关的问题出在什么地方？我认为，主要出在三个环节上，一个是时机不到。在整个经济供需不平衡、缺少买方市场的状况下，进行价格攻关有点儿超前。第二个是相应的工作没跟上。就是通货膨胀率同银行存款利率发生倒挂，没有及时解决。不是八九月份才倒挂，上半年已经倒挂了，上半年物价指数已达10%左右，利率只有7.2%，很多部门都提出要调整利率。如体改委就曾经提出，利率要赶快调整，否则容易出问题。这是很简单的道理，但利率迟迟没有调整。为什么？主要是上层意见不统一，有的同志主张调整，有的同志认为调整利率会让工商企业吃不消，就拖下来了。一直到出现了全国抢购风潮，才调整利率和实行保值储蓄。1987年的居民储蓄存款净增加值已经800多亿，1988年初我们曾设想，当年的储蓄存款年增加可以达到 1000 亿，结果这一年储蓄存款只增加了 600 多亿，差 300 多亿没有回笼，靠发票子弥补。假如利率及时调整，储蓄存款增加达到 1000 亿，就不用发这 300 多亿的票子，抢购风波也可能就不会发生。所以说，工作没跟上，这是非常大的问题，即怎么采取配套措施，保证攻关成功，没有很好研究。第三个最大的问题是，在价格攻关过程中，烟酒放开这个决策是怎么做出来的？而且正好选在宣布攻关之前实行，客观上直接刺激了群众的情绪。本来，放开价格就已经比较敏感，看到这一放开价格就涨几倍、十几倍，那人们当然要抢购东西了；不仅抢急需的，有的甚至抢购消费不多的盐，一麻袋、一麻袋往家扛。所以，在决策上也很难说价格改革攻关不对，想尽快把它突破与解决，这个是合理的。假如在攻关的同时，我们认真把以上三个方面工作做好了，也不至于出现这么大的问题。

后来，实行治理整顿，应当说取得的成绩是非常大的，很快把经济过热消除了，通货膨胀率降下来了。1988 年通货膨胀率是 17.9%，1989 年是 18.5%，1990 年、1991 年降到 2.1%、2.3%，基本消除了。但是从现在来看，这次治理整顿，要求也有一点过急，措施力度有些过大，使 1990 年、1991 年的国内需求，按可比价格计算还没达到 1988 年的水平。全国的固定资产投资和消费总需求的绝对数都比 1988 年低，导致了全国经济增长速度大幅下滑。1988 年增长超过 11%，1989 年、1990 年只有 2%~3%，下降太多。全国性的供给大大超过了需求，市场疲软、库存积压和资金浪费相当严重。不过，由卖方市场变为了买方市场，也有一个好处，就是促使价格问题基本上自然解决了。到 90 年代初，市场平衡了，并且供大于求，价高了卖不出去，只好降价，计划内和计划外两种价格逐步接近，自然就解决了。当然，这几年经济也付出很大的代价，就是连续三年的经济低速增长，失业大大增加。

商品价格基本上解决了，剩下的就是要素价格，特别是利率、汇率的价格。汇率通过 1993 年的一次性调整，从原来的五点几元人民币兑一美元，一下调到八点几元兑一美元，并开始实行有管理的浮动制度，基本上把汇率解决了，效果很好。利率至今还在积极解决中。价格改革就是这么过来的。

三　企业改革的争论

企业改革主要是指国有企业的改革。要搞市场经济，企业的体制和机制必须理顺。因为企业是市场运行的基础，或者叫主体，企业体制和机制不理顺，市场就没法正常运行。企业怎么改革，一直有很大的争论，做法也不完全一样。改革开放以前，曾搞过两次企业下放，都不成功。1979 年，组织了一个小组专门调查研究，以张劲夫同志为首。调查研究后写出一个意见，认为过去的改革失败主要是只搞行政隶属关系的调整，靠单纯的行政性分权不能解决问题。改革应当重点解决国家与企业的关系问题，这是一个很大的进步。怎么解决国家与企业关系问题呢？提出了"搞活企业"这么一个词。怎么搞活？一开始就有不同意见。一种意见是重点应该全面理顺国家与企业的关系，一种意见是主要应该扩大企业的自主权特别是财权。理顺关系包括扩大企业自主权，但不只是扩权，而且要理顺各种关系，最后实现政企分开。当时，企业普遍同意第二种办法。因为扩大自主权首先是扩大财权，扩大了利润留用。原来国家对企业实行的是统收统支，由统收统支改成利润分成，留一定比例的利润给企业，企业当然高兴。

不过，由于国家财政负担很重，企业留利比例多了，财政承受不了。所以，开始时留给企业的比例是很低的，一般不超过 5%，最高也不超过 10%。在 1979 年、1980 年的时候，这种办法使企业还有点儿积极性，因为可以增加一部分奖金，企业领导开支的余地也大一些，但到 1981 年企业就不高兴了，认为留成太少。企业说，这个留成我没法搞技术改造，连个厕所也修不起来。为了既扩大企业的留成，又照顾国家财政，从 1981 年开始把留成办法改了一下，改成"基数分成加增长分成"。也就是说，基数部分利润留成的比例仍然较低，为了照顾财政；但增长的部分留成比例可以提高，一般提到 10% ~20% 甚至 30% 以上。开始时，企业很高兴，说这样才有奔头，但实行了两年，到 1982 年又不行了。因为不同企业增加利润有个潜力大小的问题：原来利润交得多的企业，增长的潜力小，留得也较少，原来利润交得少的企业，增长的潜力大，留成反而多。所以，企业大多不满意，说这种办法是"鞭打快牛",不平等竞争,根本不能调动积极性。

后来,经过调整发现,国际上除了苏联东欧国家企业是上缴利润以外,其他国家的企业包括国有企业都不交利润,而是交所得税,国家规定一个统一的所得税法,企业依法纳税。这样,1983年我们就实行了利改税,但是所得税率不能定得太低,定得太低国家财政承受不了,所以定了个55%的所得税率,比任何国家都高。世界上最高的也只有百分之四十几。而且,利改税一步到位还不行,只能实行税利并存,怎么并存呢?即55%照交,剩下的45%还得通过国家跟企业谈判,再交一笔所谓利润调节税,结果企业还是没拿到多少。利润分成实行了大概是四年(1979~1982),利改税大概也是四年(1983~1986)。到1986年底,企业利润普遍交不上来了,只好逼出来一种办法,叫"利润承包经营责任制"。

在这以前,企业也有承包的,但只在很少数企业实行,全国性的企业主要是两个,一个是首钢,一个是二汽。1986年以前,经委一直是主张全面搞承包的,耀邦也主张搞承包,所谓"包字进城",就是用农业的办法解决工业的问题。当时,体改委的主流意见认为搞承包不行,特别是规划局的几个同志坚决反对。为什么呢?因为城市跟农村不一样。农村基本是集体所有制,是没人给他兜底的,他可以包盈亏;城里主要是国家所有制,最后肯定还是国家兜底,其结果必然是包盈不包亏。另外,承包很容易导致企业以包代管,发生种种的短期行为。如为追求利润、拼设备、吃老本、弄虚作假、不提折旧或少提折旧等这一套都会出来。记得可能是1984年或1985年,经委写了一个报告,要求实行全面承包。我、廖锡顺、徐景安专门给紫阳写了一个报告,反对实行承包,认为承包到最后只能是包盈不包亏,导致短期行为。后来,赵紫阳批了,承包制只在少数企业试点,不扩大。对此,经委的意见非常大,甚至说我们几个人把国有企业的改革耽误了几年。

但是,到了1986年底,由于企业利润普遍交不上来,1987年的财政任务也落实不下去。我记得,首先是天津逼出一种办法,由主管部门同企业一家一家谈判,核定承包指标,签订承包合同,最后把任务落实下去了。很快这个经验就在全国推广,普遍搞起了利润承包经营责任制。1987~1990年,全面承包制大概又搞了四年。包的结果怎么样呢？国有企业的利润根本没有搞上去，亏损面反而扩大了。承包以前，亏损企业一般不超过 20%；包了四年之后，企业的盈亏变成了"三三制"，即三分之一亏损，三分之一盈利，三分之一虚盈实亏。也就是说，三分之二的企业没有利润了。到 1990 年，好多企业和地方都提出来，利润没法包了，就包流转税，也就是把产品税、增值税、营业税给包了。中央发现这不行，因为国家财政收入绝大部分就靠这三大税，把这三大税包了，如果交不上来，整个国家就没法活了。于是赶快发通知，一律不准承包流转税。

为此，1991 年秋天，中央专门召开了一次会，总结国有企业改革的经验。这次会明确了一点：国家同企业的关系，看来主要并不在企业利润分配上，而在企业的经营机制不合理。因此，明确提出深化国有企业改革，必须转换企业经营机制，把国有企业推向市场。到 1992 年上半年，写出了一个《全民所有制工业企业转换经营机制条例》，下半年开始实行。但是效果还是不好，因为条例的重点是扩权，规定给予企业 14 个方面的自主权，在政企分开没有解决的情况下，扩权也根本扩不下去，各部门都不愿意把权扩给企业。

1993 年，十四届三中全会专门做出了一个《关于建立社会主义市场经济体制若干问题的决定》，明确提出，国有企业的改革不仅要进行机制转变，更关键的是要进行制度创新，建立现代企业制度。具体地说，就是国有企业改革必须解决深层次问题，着力进行制度创新，建立现代企业制度。对所谓现代企业制度，归纳了 4 句话 16 个字："产权明晰，权责清楚，政企分开，管理科学。"当时，国家搞了 100 户现代企业制度试点，体改委分管 30 户，经贸委分管 70 户。从制度设计上看，这本来是很正确的，但是从后来贯彻的情况看，并没有完全按照这个来做。主要是因为决定出来后，在理论上仍有争论，各方面在三个问题上看法不一致。

第一个问题，国有企业要不要制度创新？有的人包括中央党校有的教授提出来，国有企业就是国有企业，搞什么制度创新？要创到哪儿去？第二个问题是要不要搞产权改革？好多同志不同意国有企业搞产权改革，认为产权改革是要搞私有化。有的领导同志也公开批评产权改革的提法。第三个问题，要不要建立现代企业制度？好多人提出，现代企业制度是资本主义的企业制度，不是社会主义的企业制度。产权、经营权、政企分开这一套，都是资本主义的东西，不是社会主义的东西。所以，从总体上看，十四届三中全会的决定并没有得到很好的贯彻，具体工作主要搞的是加强企业管理。在90年代中期那几年，企业改革的重点年年提的都是加强管理。从原则上说，加强企业管理是很重要的，但是，不从企业制度上解决问题，加强管理是持久不了的，结果也确实没有太大的效果。到1997年、1998年，国有企业不但没有好转，反而出现了全面亏损，即亏损企业多于盈利企业，亏损总额也大于盈利总额，好多企业都面临生存无望、求死不能的境地。怎么办呢？最后就搞了三年企业脱困。主要办法：一个是给企业注资，特别是给国有大企业注资；另外一个办法就是给企业减负，搞"减员增效，下岗分流"。据有关部门的统计，这几年给国有企业一共注进了两万多亿资金，下岗分流大概两千多万人，动作不能说不大。搞了三年，到2001年年初曾经宣布，国有企业已经解困了，但到第三季度发现，国有企业的困难并没有解决。为什么？因为原来的数字根本就不准确。

公司制、股份制也是长期存在争论的一个问题。我记得，公司制、股份制是世界银行北京办事处的林重庚1984年提出来的。厉以宁有可能提得更早，但并没有引起领导重视。1984年，世界银行在关于1983年中国经济发展的报告中提出，中国的国有企业改革可以借鉴西方的公司制、股份制，受到了国务院领导的重视，并布置体改委进行研究。首先，我们组织人查看了马克思、恩格斯对公司制、股份制的评价，究竟符不符合社会主义理论，查的结果是符合社会主义理论，因为马克思，恩格斯曾经说过，股份制是一种比资本主义私有制先进的产权制度，是过渡到社会主义的金桥。1985年，西德"五贤人委员会"主席施奈德带一个代表团来中国访问。五贤人委员会是西德政府的最高经济参谋机构，由五个经济学家组成，几年重新选一次，每年向政府提一次对经济发展的咨询意见。施奈德来中国，在会见赵紫阳过程中，赵紫阳就国有企业改革征求他的意见。施奈德很稳重，说："现在我没法答复，待我们回去研究后，明年来时再答复。"1986年秋天，他又来了，住在钓鱼台。我记得，赵紫阳指示让安主任去见他，我也一同去了，征求他对国有企业改革的意见。他说，他们研究后认为，改革国有企业最好的办法可能就是搞公司制、股份制。对此，体改委的同志基本上都同意，但当时经委的人不太同意。因此，只能先一点一点做起，选个别企业发行了股票，并开始筹办证券市场。尽管我们很谨慎，但还是遭到很多单位和同志的非议。有一次人大常委会还专门提出质询：体改委搞公司制、股份制，是不是搞私有制？体改委专门派人在人大常委会上解释这个事。1993年，在改革决定中已经写了公司制、股份制，但不足的是，没有明确写上"公司制、股份制是现代企业制度的主要实现形式"，而只是写了上"公司制、股份制是建立现代企业制度的有益探索"。正因为只写了探索，各方面看法不一，推进的进度仍然很慢。一直到2003年，中央才最后决定下来，企业改革必须建立现代企业制度，而公司制、股份制就是现代企业制度的重要形式。

四　国家宏观调控逐渐走向规范

宏观调控体制的改革，总的是随着市场放开、企业放活逐步进行的。正因为是逐步进行的，开始往往不很规范，政策也不太统一。宏观调控走向规范是在1993年、1994年。这个时候，我们进行了几方面的重要改革，一是财税制度改革，二是金融制度改革，三是外贸、外汇制度改革。

财税改革是建立起了全国统一的增值税制度，并在这个基础上，将中央与地方的财政关系，从过去长期实行的包干制，改成了比较规范的分税制。金融改革明确了一个严格的原则，就是财政出现了赤字只能发国债解决，不能向银行借款或透支，中央银行在国务院的领导下有独立执行货币政策的地位。外贸改革主要是将过去外贸完全由国家垄断，改成了在一定条件下多种所有制企业都可以经营。外汇改革将过去实行的双重汇率、多种汇率，一次性并轨调整到市场汇率，并相应实行了有管理的浮动汇率制度，经常性项目放开，投资性项目继续控制。实际上，外汇兑换在相当大程度上放开了。

应该说，这次宏观调控体制改革是很成功的。从1993年到现在，近十几年经济没有出现大的波动和折腾，与新的宏观调控体制的建立有非常大的关系。1989 年那次宏观调控造成的波动比较大，但 1993 年和 2003 年开始的两次宏观调控波动就不是很大。为什么呢？因为 1989 年的宏观调控，主要采取的是行政措施，就是国家收紧财政，收紧金融，而且一刀切；基本建设项目由国家一个个地批准。1993 年以后的调控就没有出现这种情况，国家主要是管好两个"闸门"，一个是资金，一个是土地。主要是通过这两个闸门的管理，特别是通过金融、税收手段来进行调节，比如贷款利率、税率，增加投资方向税等。当然，我认为，1993 年这次调控也有点毛病，就是时间太长。本来，调控到 1995 年，已经基本上平衡了，1996 年应当适当放松，就是合理调整财政、货币"双紧"政策，适当增加一些投资，扩大基本建设，增加劳动就业。但由于 1996 年没有放松，1997 年下半年开始出现了通货紧缩，即物价不是上升，而是下降，并且一直延续了六七年。到 2003 年，通货紧缩才有了改变，物价由下降到上升 0.1%。这段时间，国有企业效益不升反降，甚至大面积亏损，与通货紧缩有非常大的关系。因为价格下降，产品卖不出好价钱，就没有太多利润，甚至成本也收不回来。为了把它卖出去，实现生产与工资的增长，只好低价卖出，结果企业效益大幅度下降。2003 年开始的宏观调控，主要采取的也是经济手段，所以能够获得更大成效。不仅较好地解决了经济过热的问题，而且时间控制也比较好。到 2005 年，就在内部明确不再出台新的调控措施了，从而使整个经济增长速度在调控期间也基本没有下降，出现了连续多年的高增长。

所以，对改革开放以来三次最大的宏观调控经验，我的概括是：必须做到"三适"，即适时、适度、适可而止。第一次是 1988 年，之所以在成功之余还有所不足，主要是不适时和适度，即动手调控的时间偏晚，力度偏大。第二次是 1993 年，之所以也不够理想，即虽然较好地做到了适时、适度，但没有做到适可而止，即延续的时间太长了。只有 2003 年的调控，因为"三适"基本上都做到了，从而也取得了全面的成效。

总之，我认为，中国的改革还是比较成功的，主要是方向、重点抓得比较准、比较对。比如，商品经济、市场经济、多种所有制、多种分配方式、国家间接调控等等，这一路走来，不是要求一步到位，而是一点点往前走的。根据不同时期的情况，能够走到什么程度就走到什么程度，不强求走得太快；如果强求走得太快，不仅不能取得这么大的成效，反而会出现很多问题。因此，树立正确的改革方向，循序渐进，逐步突破，是中国改革积累的一条重要经验。

亲历改革开放初期的决策过程

口述者：徐景安[*]

访谈者：鲁利玲

时　　间：2007 年 9 月 5 日

地　　点：北京广州大厦 1075 房间

整理者：鲁利玲

　　我是 1979 年初调到国家计委研究室工作的。当时，室里的研究人员总共才四个，两个人研究生产力，两个人研究生产关系，我和魏礼群是研究生产关系的。生产关系研究什么呢？就是研究怎么扩大企业的自主权。这是因为，打倒"四人帮"以后，不是搞拨乱反正吗，理论界的一些同志认为，社会主义还存在商品交换，还存在商品经济。特别是胡乔木写了一篇文章《按客观经济规律办事，实现四个现代化》，他提出，要尊重价值规律，批评长官意志，搞瞎指挥。因此，当时像国家计委这样的部门，都认为要扩大企业自主权。

　　到计委研究室以后，查资料比较方便，我很快就查找出来中央管的计划品种太多了，企业的产供销、人财物全部是国家管着。企业生产什么，生产多少，都由国家来决定。甚至企业盖个厕所都要国家批准！针对这种情况，

---

[*]　徐景安（1941~），上海人。历任中央马列主义研究院、中央政策研究室、国家计委、国务院体改办研究人员，国家体改委总体规划组处长，中国经济体制改革研究所副所长，深圳市体改委主任。

我写了一篇文章，题目是《从我国社会条件出发，实行计划调节和市场调节相结合》。我提出："社会主义社会虽然建立了生产资料公有制，但在不同的所有制之间以及同一个所有制中各个经济单位之间，仍然存在着经济利益上的矛盾，建立在这种不同的经济利益上的社会主义经济是商品经济。"因此，既要尊重有计划按比例的经济规律，也要尊重价值规律。为此，"生产计划，实行国家计划与企业自决计划"；"物资销售，采取商品计划贸易和商品自由贸易"；"产品价格，实行固定价格、浮动价格、自由价格"。[①] 1979 年 4 月，薛暮桥在无锡召开价值规律讨论会，有近四百名经济理论工作者到会，我也参加了这次会议，并在会上发表了这篇文章。这篇文章既有一些理论，还有一些设想，影响很好。可能是因为我这篇文章引起了上边的注意，所以 1979 年 7 月，国务院财经委成立体制改革小组时，就把我调过去了。

一　我国第一份有关改革总体构想是怎样形成的

体制改革小组是一个临时性机构，领导是张劲夫，但他平时不怎么来。其他成员大多是兼职的，有事情或开会讨论就来一下；只有我和柳随年是完全脱离国家计委工作，专职到体制改革小组的。柳随年是国家计委综合司的处长。薛暮桥也好，柳随年也好，主张改革的人在计委都是不得势的，所以就来搞改革了。

从 1979 年 7 月下旬开始，我和柳随年就开始组织召开各种座谈会，听取各方面的意见。我当时印象最深的是两个代表人物，一个是蒋一苇，倡导企业本位论，就是一切经济活动以企业为本位，并以此来构建我们整个的体制框架；另一个是杨培新，主张改革要三大步，第一步是扩大企业自主权，第二步是要组织专业公司，第三步要发挥银行的作用。因为杨培新是银行出来的，所以很强调银行在国民经济中的重要作用。当时，我们对企业本位论

---

① 徐景安：《从我国社会条件出发，实行计划调节和市场调节相结合》，《经济研究》1979 年第 5 期。

这个说法是很难接受的。尽管我们都认为扩大企业自主权是重点，是中心，但是用企业本位这个理论框架来构建整个体制，好像有点儿和经委的观点相似，经委就是主张企业本位。

在座谈会上，第一个核心点是计划与市场的关系。我们认为，要扩大企业自主权，改善国家管理，搞计划调节和市场调节，不可能完全按照企业的要求，以企业的利益来规定整个的国家管理框架。当时，理论工作者还有刘国光，他是主张"计划调节为主，引入市场机制"。所以，当时的理论偏好是，指令性计划不可能取消，计划调节为主，这个好像没有动摇；但一定要引入指导性计划、市场机制和价值规律。应该说，这是大多数人的共识。

第二个核心点是对企业的认识。当时，大多数的企业是全民所有制性质。既然是全民所有制，就是计划调拨了，对不对？都是国家的企业，那怎么承认价值规律啊，怎么引入市场机制啊，这个理论从哪里来？原来的企业是吃大锅饭，那么为了刺激企业的积极性，要发奖金了，干好干坏不一样了，要和企业利润成果挂钩了。这样，很自然地形成了企业利润留成制度。企业干好了，你就可以划出一块利润来，建立企业发展基金、福利基金和奖励奖金。这样，企业就有了自身利益，企业职工的利益和企业的经营成果就挂上钩了。这种做法在理论上我们怎样概括呢？称之为"相对独立的商品生产者"。企业不是一个完完全全的政府和国家的附属物，它还有一个相对独立的利益，是相对独立的商品生产者。因此，国家在管理企业的时候就不能一刀切，就要引入市场机制。当时，提计划调节为主，市场调节为辅，提倡价值规律，都是和这个认识有关的。

第三个核心观点是，社会需要是不断变化的，因此生产结构要不断地调整。靠单一的国家计划，既无法保障经济按比例发展，企业也无法实现产供销平衡。

座谈会上的这些观点，是当时理论界比较一致的认识，也是我们比较认同的。与此同时，我们还收集整理了国内外有关体制改革的情况和资料。在这个基础上，10月份，我们草拟了一个关于改革设想的《初步意见》。在写文件的过程中，柳随年起了很大的作用。他毕竟是国家计委出来的，有一些综合的考虑。我就是他的笔杆子，文字工作由我来做，但很多思想是柳随年的。准确地讲，这份《初步意见》，并不是根据张劲夫转达了上面什么指示来写的，完全没有！我是根据柳随年的思想，以及我的体会，根据座谈会上大家的思想认识，慢慢地形成了这个稿子。初稿完成后，劲夫同志看了，很高兴。说实在话，我们也认为写得还是像模像样的。随后，张劲夫主持召开了一些层次比较高的座谈会，听取和吸收各部门的意见。我的印象中，张劲夫和其他领导人都不一样，在风格上绝对不一样！他时常讲着讲着就激动地站起来，边踱步、边比划、边发表意见。劲夫同志热情奔放，非常有感情色彩，也非常平易近人，不同于传统的领导人。所以，在我的心目中是非常崇敬他的。在张劲夫听取各方面的意见后，我们又对《初步意见》做了进一步的修改。

12 月 3 日，我们形成了《关于经济管理体制改革总体设想的初步意见》。我认为，这个《初步意见》的意义在于，结束了过去历次体制变动在中央与地方关系上兜圈子、在行政管理办法上动脑筋的做法，提出了五大改革原则：一是把单一的计划经济改为计划调节和市场调节相结合，以计划调节为主，注意发挥市场调节的作用；二是把单纯地行政管理的办法改为经济办法与行政办法相结合，以经济办法为主，保持必要的行政手段；三是把企业从行政附属物改为相对独立的商品生产者，在国家统一领导下扩大企业经营管理自主权；四是正确处理中央与地方的关系，从有利于发展社会化大生产的要求出发，划分中央部门与地方的权限，在中央统一领导下，充分发挥地方的积极性；五是正确处理政治思想教育与物质利益的关系，在重视物质利益的同时，要加强政治思想工作，提倡照顾全局利益，发扬共产主义风格。

文件写好后，送到李先念那里，他当时是国务院财经委的副主任。大概是 12 月上旬的一天，在中南海，李先念主持会议，专门讨论这个稿子。这是我第一次参加高层的中央决策会议。会议从晚上 7 点开始，大家坐那里，不谈正题，每个人都在那儿东拉西扯，我很着急。到了 8 点 45 分时，李先念说话了，他说："这个稿子我看了两遍，都没有看懂。"我心说，好家伙，这下完了！他都没看懂，那还怎么通过啊！紧接着，李先念指着柳随年和我们体制小组的人，说："他们是中国共产党党员，我相信他们是会对党负责的。所以，我建议，这个文件还是先发下去。"就这样，通过了！中央的最高决策就是这么定下来的。我记得，在这个会上，没有任何人提反对意见，也没有任何人表示赞同。接下来，我们这个文件就在全国计划会议上印发了，12月15日，张劲夫在计划会议上做了关于《初步意见》的说明。

我后来知道，这个《初步意见》发下去以后，当时的四川省委书记赵紫阳正在搞扩大企业自主权试点，他看到文件后，很欣赏，很高兴。本来嘛，他在搞企业改革试点，中央出台了一个有关总体改革的文件，正是他所需要的。因此，1980年4月他从四川调到北京后不久，就把原来的体制改革小组改成了国务院体制改革办公室，① 国务院秘书长杜星垣兼主任，廖季立主持日常工作。薛暮桥名义上没有什么职务，但实际上大事情都向他请示。我感觉，赵紫阳当时比较看重的人，一个是薛暮桥，一个廖季立，一个马洪。体改办成立后，就从各方面调人，但正式调入的人员不是很多，大部分是各部委的联络员，像税务局啊，物资部啊，要开会了，就请他们一块儿来讨论。

二　关于转变经济结构的决策过程

1980年，赵紫阳刚到中央工作，就面临着国民经济的结构调整。因为打倒"四人帮"后，经济上要来个快速发展，引进宝钢等22个大项目，发生了巨额财政赤字。所以，赵紫阳面临的第一个问题，不是改革，而是调整。我根据当时的情况，写了《要放慢还权还利的步子》的报告，意思是，考虑到整个国民经济比例失调、财政赤字，对农村政策的调整和企业改革的步子不能迈得太大。要根据国民经济调整的要求，对改革重做安排。赵紫阳看了我的报告后，11月22日批示："这是徐景安同志就当前经济改革写的一篇意见书，现印发省长、市长、自治区主席会议一阅。徐景安同志原是国

---

① 1980年3月17日，中央政治局常委会决定，成立中央财政经济领导小组，赵紫阳任组长，负责经济方面的工作，余秋里、方毅、万里、姚依林、谷牧为小组成员；撤销国务院财政经济委员会。5月8日，在中央财经领导小组领导下，成立国务院体制改革办公室。——整理者注

家计委政策研究室研究人员，现在国务院体制改革办公室。我认为，他提的建议是有道理的，很值得重视。"

搞经济调整，就得压缩基本建设规模，寻求收支平衡。但大规模压缩基本建设以后，生产萎缩了，钢材卖不出去了，机器卖不出去了，水泥卖不出去了，企业收入下降了，又不能裁员，工资还要照发，支出不能减少，这样又带来了新的不平衡，有可能导致恶性循环。于是，我又写了一篇《我国经济摆脱困境的出路何在》的文章。我提出："从国民经济全局来看，我们不得不采取压缩基本建设投资这一措施，这是使国民经济由被动转为主动的关键一着。""主动压缩这部分生产能力腾出能源、原材料，保证消费资料生产的发展，以增加收入，稳定市场，是继压缩基建投资以后，使经济由被动转为主动的第二关键一着。我们的希望在于消费资料生产的发展，所增加的收入，不仅能弥补压缩生产资料生产所带来的收入的减少，而且能弥补各项补贴、经费等支出的增加，实现财政收支平衡。这样，我们的经济就能转危为安，摆脱困境。"我还对赵紫阳说，这样做，不仅有经济意义，还有政治意义。长期以来，社会主义国家就是发展重工业，商品匮乏，让老百姓勒紧裤腰带。如果在您的领导下，发展消费品生产，不仅繁荣经济、增加收入，而且商品琳琅满目，这具有重大的政治意义。对我这篇文章，赵紫阳于12月22日批示："暮桥、马洪、季立同志：小徐写的这篇意见，我认为可以由研究中心组织讨论。不仅经济理论工作者，也吸收一些实际工作者参加。然后再把各方面的意见集中起来，提到财经小组。"这样，在薛暮桥的主持下，前后组织了五次讨论，发了五期简报。

发展消费品生产，从哪儿抓起呢？从大城市抓起。1981年2月、7月，我随赵紫阳到天津、上海考察。从天津回来以后，我根据紫阳一路谈的意见，再加上自己的考虑，起草了4月14日他在国务院全体会议上的讲话，提出发展与改革的9条意见。这是赵紫阳到中央工作后的第一个比较全面的施政纲领。

国外有评论认为，影响中国经济的三大决策，一是调整结构，发展轻纺工业；二是农村承包；三是城市改革。其中的第一条，的确很重要。苏联是重工业太重，轻工业太轻，长期调不过来。我们从1980年开始，就提倡发展消费品生产，手表、缝纫机、自行车、冰箱、电视机等"三大件"、"五大件"。中国是个人口大国，不搞消费品生产，怎么发展经济？这又与改革主要是调动地方中小企业、社队企业、民营经济的积极性相一致的。当年，北京卖的蛋糕都是硬邦邦的，咬都咬不动；现在的市场是什么样子？可以说商品极大丰富，琳琅满目了！

三 中国改革的市场取向是如何确立的？

1982 年 3 月中旬，在筹办国家体改委的时候，我所在的国务院体改办成建制地并过来，还有刚刚撤销国家机械委的一部分人员，再加上从各部委调来的人员，共同组建了国家体改委的工作班底。5 月 4 日，国家体改委正式成立，由赵紫阳亲自担任主任，薄一波、安志文、廖季立、周太和、童大林等担任副主任。下面设总体规划组、生产组、流通组、试点组等，我是总体规划组的处长，负责文件起草工作。

应该说，对于我国改革的方向和目标，在认识上是有反复的。1979 年的《改革总体设想的初步意见》只是说："实行计划调节和市场调节相结合"。1980 年《关于经济体制改革的初步意见》的提法是："生产资料公有制占优势、多种经济成分并存的商品经济"。1982 年《经济体制改革的总体规划》改为："以生产资料公有制为基础、存在商品生产和商品交换的计划经济"。1983 年《关于当前经济体制改革的几点意见》的提法是："以计划经济为主、市场调节为辅"。1984 年十二届三中全会的报告才确定为："有计划的商品经济"。1987 年十三大报告明确提出"国家调节市场，市场引导企业"。

这些提法变化的背后，反映了一个实质问题，由国家为主组织经济活动的体制要不要改？简单来说，就是企业的生产经营活动究竟是由国家管，还是企业管？今天看，这不算什么问题，但在当时却是一个大问题。国家通过指令性计划、调拨物资、规定价格来控制企业，以确保国家的重点项目和骨干企业的运行。由政府组织企业的产供销，就从中央到省、市、县设立了一系列部门，除了计委、经委、财政以外，还有冶金、煤炭、机械、电子、纺织、轻工、物资、价格等经济部门，仅机械行业就有一机部到七机部。上述提法的改变，关系多少部门的生死存亡以及权力结构的调整啊？应该说，在改革的目标取向上，的确有两股力量在较量，争执的焦点，是搞商品经济，还是搞计划经济。在这个过程中，是怎样转变的呢？

我记得，有这样一件事情。1983 年 9 月，胡启立召集国家计委、国家体改委以及地方和理论界的一些同志，集中起来，组成小组，专门研究改革计划体制。当时，由国家计委副主任柳随年牵头，还有魏礼群、余芝芳等，代表计委一方；由国家体改委副主任贺光辉和体改委委员廖季立牵头，杨启先、我参加，代表体改委一方。在讨论时，我们争论得很激烈。10 月 12 日，在中共十二届二中全会上，邓小平做了题为《党在组织战线和思想战线上的迫切任务》的讲话，提出反精神污染。本来，清除精神污染只是在思想战线中进行，结果波及我们改革战线。我提出的关于实行政企分开的观点，杨启先关于有计划按比例规律和价值规律是"双胞胎"的观点，都被说成是精神污染。针对当时发生的情况，赵紫阳明确表示：工作讨论中的意见，不能作为精神污染。后来，他又说经济领域不反精神污染。

1987 年，我早已调到中国经济体制改革研究所了，并担任副所长。3 月 13 日，我与李峻联名给邓小平写信，说："高举坚持四项基本原则和坚持改革、开放两面旗帜，反对'西化'和'僵化'两种错误倾向，是我党今后长期的任务。当前，突出反对'西化'倾向是必要的。但从总体上需要对两种倾向的实际危害做出切实的估计。""存在西化倾向的大多是青年学生和文化工作者一部分人，他们的社会影响不能低估。但他们毕竟不掌管国家的领导权。而存在僵化倾向的，大多是实际掌握领导权的一批干部，他们在一定程度上将左右国家前进的方向。我党的严重历史教训之一就是对上述两种错误倾向没有能做出清醒的、恰当的估计，过分夸大了资本主义复辟的危险性。因此，对两种倾向的实际作用和危害，做出总体上的估计是必要的，以便在突出反对某种倾向时，掌握必要的度，保证我国改革的顺利前进。"

当然，我们意识到的问题，赵紫阳早已想到了。1987 年 1 月 8 日，在中央书记处会议上，他就提出："反资产阶级自由化只在文化思想界进行。"4 月，在向邓小平汇报工作时，他又提出："几个月反自由化斗争之后，大气候已经起了变化，自由化言论占领舆论阵地的情况也基本改变过来了。而在一些人中间，以'左'反对改革开放、借反自由化来否定改革开放的论调仍然甚嚣尘上。这种气氛与把十三大开成改革开放大会的要求极不协调，必须从现在起着重宣传改革开放这一面，为十三大的胜利召开做好舆论准备。"5月13日，他在宣传、理论、新闻、党校干部会议上，进一步强调："改革已成为社会主义国家的潮流，不改革没有出路。四个坚持是我们的基本原则，改革、开放、搞活是我们进行社会主义现代化建设的总方针、总政策。不坚持四项基本原则，改革、开放、搞活就搞不下去；不改革、开放、搞活，四项基本原则也坚持不好。"赵紫阳的这个意见被邓小平接受了。

7月4日，邓小平在《我国方针政策的两个基本点》的谈话中，明确提出："搞现代化建设，搞改革、开放，存在'左'和右的干扰问题"，但"最主要的是'左'的干扰。建国后，从一九五七年到一九七八年，我们吃亏都在'左'"。这就为党的十三大奠定了政治基调。10月，赵紫阳在十三大报告中，提出了"国家调节市场，市场引导企业"的新机制，中国改革的市场取向得以向前推进了。

四 价格双轨制的决策过程

伴随着整个经济体制逐步从计划向市场转轨，价格问题就越来越突出了。由于能源、原材料等基础工业品价格太低，加工工业品价格太高，结果基础工业越来越跟不上加工工业的发展。为此，国务院开了很多次会议，讨论价格改革问题。小调解决不了问题，大调经济承受不了。煤炭价格调一点点，电力就要涨价，铁路运输要涨价，企业成本上升，销售价不让动，怎么办？后来想了一个办法，调价以后，谁的利润增加了，国家收回来；谁吃亏了，国家再对其补贴。最后什么结果呢？拿到好处的企业，国家收不回来利润；亏损的企业，国家必须不断补贴。当时，不知道做了多少方案，都行不通。小调，中调，大调，在方案的选择上吵得一塌糊涂，一直找不到出路，伤透了脑筋。

1984 年 3 月，由《经济学周报》、《经济日报》、《世界经济导报》等十个单位共同筹备召开中青年经济学者的学术讨论会，会议的筹备工作由《经济学周报》的张钢等人负责。当时，张钢找王岐山商量，王岐山说："徐景安了解情况，你去找他参加。"于是，张钢找到我，我觉得，这是好事啊！临开会了，国家体改委和经济研究中心都不同意我去参加会议，因为这个会不是国家有关部门召集的，会有一定风险。在这个期间，温元凯在安徽合肥组织召开了一个所谓改革者大会，受到中央的批评，似乎参加这个会就是改革者，不参加这个会就不是改革者？领导们也是出于好心，让我们别参加。可当时我担任了整个会议的策划工作，讨论题目都是我定的，我怎么好半路撂挑子呢？当时，我已经是国家体改委的处长了，是冒着被撤职的危险去参加会的。

9 月 3 ~ 10 日，在浙江省德清县召开了中青年经济科学工作者学术讨论会。由于地点是莫干山，也叫"莫干山会议"。会议代表是按提交的论文水平确定的，不讲关系，不讲学历，不讲职称，不讲职业，不讲"名气"，从 1300 篇论文中确定了会议代表 124 人。会议分 7 个组，第一组是宏观组，第二组是企业组，第三组是开放组，第四组是流通组，第五组是金融组，第六组是农村组，第七组是理论组。我一直在第一组，即宏观组。在这个组里，田源是价格中心出来的，主张"调"；张维迎是按论文选来的，则主张"放"。维迎就是聪明，喜欢用形象的例子来说明经济学的道理。他举了一个例子，说：价格就像温度计中的水银柱，气温高了，水银上去了；气温低了，水银就下来。也就是说，价格随市场供求关系的变化自动地升降。而调价是什么意思呢？不是水银柱，而是铁柱子。要降价就得锯掉一段，要加价就得再接上一段。供求关系是瞬息万变的，你这样搞，来得及吗？！实际上，维迎讲的是市场经济的 ABC，深入浅出，这是一个具有革命意义的提法。因为我们过去都是"调"的概念，没有"放"的概念，没有引入市场经济的概念。但价格能全放开吗？华生是另外一个组的成员，他也到我们这个组参加辩论。他当时是社科院研究生院的，提出了"先放后调，放中有调"的思路。当时，吵得热火朝天。

在莫干山会议期间，李湘鲁和孔丹来看我们。他们说，劲夫在杭州，想听听会议的情况。于是，我们就去了杭州，跟张劲夫口头汇报了一次。这个汇报是华生去的，张维迎没去。因为考虑到张维迎是毛头小伙子，说话比较冲，没有让他去，让华生去的。这个情节是华生帮我回忆的。

会后，我根据宏观组争论的内容和自己掌握的实际情况，写了一篇《价格改革的两种思路》的报告。尽管这篇文章本身没有明确提价格双轨制，但核心意思就是价格双轨制。我提出：考虑到由国家计划供应和统一分配的能源、原材料比重太大，煤炭占 50%，钢材占 70%，建议采取调放结合、以放为主的方针，先将供求基本平衡的机械、轻工、纺织的价格放开，所需的原料也由计划价改为市场价；随着一个个行业的放开，统配煤、钢材的比重就会缩小，这时较大幅度地提高能源、原材料价格就不会对整个国民经济产生很大冲击。一个个行业的放开，就会出现统配内的计划价与自销的市场价，应配套建立物资市场。原来价格改革是一个大系统，调整以后会出现连锁反应啊！但通过双轨制这个思路，把一个很难分解的大系统，分解成一个个小系统，可以一步步来。这就是双轨制的高明之处，计划外部分放开，计划内部分可以不放开。这份报告写出来后，我兴奋不已。记得当时在杭州西湖边散步时，我对张钢他们说："金苹果已长出来了！"这是什么意思呢？我预感到上边一定会感兴趣，解了价格改革的燃眉之急。果然，报告送上去后，9 月 20 日张劲夫就批示："中青年经济工作者讨论会上，提出的价格改革的两种思路，极有参考价值。"9 月 30 日赵紫阳批示："价格改革的两种思路很开脑筋。总题目是如何使放、调结合，灵活运用；因势利导，既避免了大的振动，又可解决问题。广东从改物价管理体制入手；江苏乡镇企业走过的路，协作煤价的下浮；及粮、棉由大量搞超购价的结果带来了比例价，都实质上是放、调结合的成功事例。"

以后，价格双轨制的实行，不仅避免了改革过程中的风险，纠正了不合理的价格体系，而且打破了僵硬的价格管理制度，最终带动了计划、物资体制的改革。这是对计划经济制度的重大突破，奠定了我国商品经济制度的基础。实际上，我国的经济改革就是走了双轨制道路。几乎所有的改革都从试点起步，再一步步推广。在内地不开放的情况下，试办经济特区和沿海开放城市等等。双轨制的好处是明显的，一下子放开，经济承受不了，观念也接受不了，干部也得培训啊。最重要的是，一直有强大的反对派盯着。计划这一轨仍然保留着，他们容易接受，没话说啊！如果中国搞休克疗法，不用说别的，先把你"休克"掉！当然，双轨制也一定会带来问题，这就是新旧体制的矛盾、摩擦、漏洞，腐败也由此而生。价格双轨制催生了中国第一批暴富者。官商结合，倒卖物资，不断将计划内倒到计划外。两极分化、贫富扩大、权力腐败也就从这里开始。

五　住房和土地制度改革的决策过程

长期以来，我国的城市住房制度一直采取国家包下来的办法，即由国家投资建房，再无偿分配给职工。当时，全国城镇公有住宅九亿多平米，实收租金一亿元，每平米租金一毛一分，远不够管理、维修之用，致使失修失养的住宅占一半以上。为此，建设部房管局提出来，要将房租提高到每平方米五毛四分。这同价格改革一样，面临同样的问题：提高房租，涨不涨工资？不涨工资，老百姓要骂娘。提房租、涨工资呢？住小房子的，可能有好处，住大房子的，就要多掏钱。老红军、老干部都住大房子，他们能多掏钱吗？算下来，还不如不改，改了以后，国家还得多掏钱。

1984 年 5 月，我在《试论我国的经济发展战略》一文中提出："现行的住房政策必须代之住宅商品化，这是解决住宅问题的唯一出路。"具体做法是："变住房无偿分配为补贴出售、优价出售和全价出售"。"变低房租为半价、全价房租"，"公有住宅折价出售"，"住宅建设产业化"。[①] 1984 年底和 1985 年初，我两次向赵紫阳面陈，提高房租不是为了弥补亏损，而是立足于把房子卖掉，即房租提高到使买房比租房合算。全国 9 亿多平米的公有住宅，以每平米 50 元出售，国家就可收回 450 亿，投入住宅再生产。极而言之，把房子白送给老百姓，也是财政甩了包袱，不用再补贴了嘛！提高房租，职工可以买房，就不会有意见。如果得不到房子的所有权，房租提高一点儿，职工也不愿接受。住房制度改革还可以引导消费。当时，职工有钱就

---

① 田源主编《腾飞的构想》，辽宁人民出版社，1985，第 6~8 页。

买彩电、冰箱，生产不出来，只得大量进口，而住房子则伸手向国家要，国家没有财力建房。住房制度改革后，职工有钱就先买房了，减轻了对进口消费品的压力。紫阳赞成我的意见。

1985年3月9日，赵紫阳在听取建设部关于城市住宅租金改革和住宅出售问题的汇报时，明确指出：房租改革不是为了维修房，而是为了促进卖房子。房租太低，人们不买房子。为了合理分配房子，限制分房后走后门，以权谋私。住宅券是专用的，在别的方面是不起作用的，根本问题是为了促进住宅商品化，把房子变成个人的。为此，成立了房屋租金改革领导小组，我是领导小组的成员。当时，在小组内形成了两种意见，建设部房管局的意见是提高房租，我则主张卖房。我对房管局的同志开玩笑说，你们当然不赞成卖房了，房子卖掉了，房管局局长就当不成了。住房在地方手里，住房改革自然由地方决策。因此，形成了青岛模式，提高房租，发放住宅券作为过渡；上海模式，小步快跑，逐步提高房租；深圳模式，提高房租，折价出售，一步到位。经过十多年的探索，殊途同归，最后都实行了住宅商品化。

还有一项与此相关的是土地制度改革。1982年宪法第十条规定："任何组织或者个人不得侵占、买卖、出租或者以其他形式非法转让土地。"这条规定看上去是保护国有土地、保护国家利益，但由于国有土地不得出租，也不准以任何形式转让，结果被无偿占用，造成土地资源的严重浪费，给国家带来无可估量的损失。

我记得，那个时候，新华社内参登了一篇报道：上海住房紧张，侨眷手里有钱也买不到房。香港来了一个商人，对市政府说，只要划一块地给他，就可解决这个难题。政府正为这事头痛，就给了他一块地。他从香港请了一个设计师，画出图纸，就在报纸、电视做广告，预交房款，在规定时间交房。结果，房子被侨眷一抢而空。他请施工队建房，自己就回香港了。就这样，他没掏什么钱，大捞了一笔，还为上海解决了一个老大难问题。报道最后说，这件事为什么我们自己不干，让一个香港人做呢？没错，在当时的体制下，就不许自己做。这个香港人不是打着房地产开发，而是帮侨眷解决住房困难的旗号来干的。

还有一个事例。深圳因为建设急需资金，开创了有偿使用土地的先例。

1987 年 5 月，深圳借鉴香港模式，制定了《深圳经济特区土地管理体制改革方案》，确定了土地所有权与使用权分离的原则，采取协议、招标、拍卖的方式，出让国有土地使用权。海南杨浦把土地批租给外商，也许存在租金过低的问题，有人指责是"卖国行为"，将使我国重新沦为外国的租界，掀起轩然大波。实际上，在当时，任何形式的土地出租、转让都是违宪的。1988 年，终于通过了宪法修正案："土地的使用权可以依照法律的规定转让。"我国改革的过程，就是一个不断违宪又不断修宪的过程。

1992 年 5 月 13 日，我在深圳召开的第三期土地使用制度改革市长研讨班上说："城市调节经济的手段主要有三个：第一是土地规划；第二是人口规划；第三是产业规划。而土地又是要放在第一位的。如果我们的城市注意到了这三个方面的问题，就是管住了大问题。""我们很多城市为什么总是破破烂烂？原因就是没有钱搞城市建设。于是就多办工厂、多建商店，好收税利。结果企业办了一大堆，还是没有钱搞城市建设，城市还是破破烂烂。如果我们把土地作为重要财源，就可以实现良性循环。我们从土地获得收益，搞城市基础设施建设，就可以吸引大家投资办厂盖房，地价上涨，收益再拿去搞城市建设。这样就形成了良性循环。"

最后，我想说的是，由于历史的机缘，使我有幸参与了党和国家一些重大改革的决策过程，并奉献了自己的微薄之力。在我看来，我国的改革从农村承包、城市企业扩大自主权起步，80 年代主要是建立商品市场，90 年代主要是建立要素市场。然而，当产品、土地、资本、劳动力等资源逐步进入市场后，在带来经济持续快速增长、资源配置效率极大提高的同时，资源市场化的改革也给权力带来谋利的机会。这是因为除劳动力以外，资源大都掌握在各级政府手里，权力是产生腐败的制度基础。因此，今后的改革重点应围绕限制政府权力的思路展开，真正做到把权力关在笼子里，从而使我国的改革沿着正确轨道不断推进。

坚持市场化的改革道路

口述者：宫著铭[*]

访谈者：鲁利玲、乔桐封、陆一

时　间：2010 年 6 月 24 日

地　点：北京亮马河茶社

整理者：乔桐封、鲁利玲

一　对计划经济与市场经济的感悟

1977 年底，我调到国家计委计划组下面的综合组工作，1978 年 2 月正式上班。那个时候，"文化大革命"刚结束，国家机关还不正规，没有部、局、处，全都叫"组"。计委和经委合在了一起，计委叫计划组，经委叫生产组。大组套小组，计划组下面又分综合组、财贸组、基建组、外贸组等等。我去的时候，计划组的组长是余秋里，发文件的落款就是"国务院计划组"、"余秋里等同志"。我去的时候，整个计划组大概也就三十多人，原来计委的人都下放了。我是单个调过去的，有后门关系，但是有个理由，我是搞线性规划的，曾经与科学院合作过，这是个新东西。为了调我，陈先给

---

[*]　宫著铭（1946～），山东临沂人。历任国家计委预测中心总工程师，国家体改委委员，国家计委委员，中国人民银行党组成员兼金融体制改革办公室主任、综合计划司司长，交通银行董事，国务院金融体制改革领导小组成员，国务院经济体制改革方案领导小组成员兼金融改革组负责人，中国证券市场研究设计中心（联办）总干事，中国电子信息产业集团公司总经理助理，中国华电房地产公司董事长，中国金融学院教授。

李人俊打了个报告，李人俊批了"同意"。当时，陈先是计划组副组长兼综合组组长，相当于综合局局长。综合组里就四个人，除了我以外，有柳随年、王春正，还有一个小年轻，是个工农兵大学生。

1978 年 9 月，还是华国锋主政时期，国务院召开全国计划工作会议，讨论 1979～1980 两年的经济计划安排。那次会议后来被认为鼓吹"洋跃进"，就是大干快上。我有这个印象，所有的计划指标都往上调，有点儿像 1958 年的劲头。1979 年开始调整，那次会议定的指标都一风吹了。

当时，我们综合组的任务，就是整理下边报上来的资料和计划。各部、各省、各直辖市都要上报计划，然后由我们汇总。很多的材料都扔在我的柜子里，一个书柜装了半柜子，都是下面报来的计划。我敢保证，没有一个人全看完过，上边的人更没时间看。为什么我说计划经济是瞎扯呢？就是因为根本看不过来。你想，一个本儿里头，重要物资有几十种，粮食、油料作物还有一大堆呢，谁有工夫看那个？就是看完了，加起来也不对，跟全国的数差太远了。当时，综合组主要的笔杆子是王春正。他的经验就是，这些材料都甭看，就按去年的数，加个 10% 就行了。等到差不多了，跟部里头商量商量，出一个大表就完了。实际上，计划经济搞不了平衡。你比如说投资计划，都是"头戴三尺帽，上来砍一刀"。你说 100 亿，我就说 50 亿，砍掉一半。所谓计划，都不是算出来的。什么叫计划？讨价还价就叫计划。全是省长、部长找计委主任，他们最后捏咕出几个项目，批了就批了。我到计委后，就不断鼓吹计划的科学化。那时候，在国外，投入产出分析、线性规划、计量经济模型等等很热门，都得了诺贝尔经济学奖。

当时，计委的核心部门是基建组，后来叫投资局，那儿是真正有权的，专门负责批项目。项目一上，黄金万两。为什么叫"跑步（部）前（钱）进"呢？你跑下来项目，就什么都有了。拿着计委的批文，上银行要钱，上部里要钢材，计委这个章不给你盖，就啥也没有。还有一个组有实权，是计委的外贸组。进出口的许可证归外贸部发，但是计委外贸组有一个计划控制权，一些最重要的物资，外贸部得听计委的。说计委权力大，就是人、财、物的计划都得由它批。计委不给你列计划，财政就没有口批，银行也没有口放款，你就上不了项目。

　　当时的技术手段也很落后，没有计算机。1979 年，从罗马尼亚引进了一台 Felix512 计算机，主要是统计局用于统计数据。计委最早的一台计算机大概是 1979 年克莱因送的。现在看，那台计算机太落后了，比 286 还低好几个档次，运算速度才几十万次，而且没有现成的程序，得自己编。我到计委的时候，克莱因很吃香，他刚得诺贝尔奖，就是宾州大学沃顿商学院的头儿。他搞的叫 Econometric Model，经济计量模型。当时，他正在搞全世界的模型，已经搞过美国的，他得诺贝尔奖就是因为拿经济计量模型来分析美国经济。这期间，克莱因访问过计委，刘遵义跟他一块儿来的，让我接待他们。克莱因来计委，是想让中国派人跟他一块儿搞世界模型（World Model），他缺中国这一块资料。不管怎么说，中国是个大国，人口、产量也不低，但中国没答应他。但是，他送的那台计算机没闲着，计委给我们任务，我们就自己弄。搞计量经济学，我们是和中国科学院应用数学研究所一起搞的。

　　1980 年 1 月，我写了一篇文章《必须注意通货膨胀》，耀邦同志批给人民银行，让他们"仔细研究"。整个人民银行，只有一个人看懂了。没英文底子的人，看不懂我的文章。因为我看的是弗里德曼的书，然后套中国的现实，提出这么一套观点。

　　1981 年 9 月中旬，有一天，我刚到办公室，计委突然通知我，叫我和范木荣去中南海，说是赵紫阳找我们。范木荣是我的领导，副处长，我是工程师。那天，范木荣事先准备了很多材料，没想到赵紫阳根本不问他，就只问我。不知道赵紫阳是怎么知道我的，可能是看到计委内部刊物上登了我写的文章。我在文章中提出了一个思路，就是"轻税、低债、高储蓄、高速度"。

　　这个思路是怎么来的呢？当时，中国刚从计划经济过来，计划经济的特点之一是国家收走的利润比例特别高，大约占当时国民收入的 60%，这很不合理。"低债"，就是不要从国外借那么多债。我的根据是什么呢？因为我研究了中国的储蓄行为。在国外，研究经济，从凯恩斯开始，就非常重视储蓄行为。凯恩斯的伟大发明就在这儿，"消费＋储蓄＝消费＋投资"（C＋S＝C＋I），I 必须等于 S，投资必须等于储蓄。如果投资低于储蓄，那么经济就会出现萧条。然而，在资本主义国家，I 经常有小于 S 的倾向，储蓄老大于投资，就是因为投资有风险，人们不愿意投资。在中国、苏联、匈牙利、东德，都是 I 大于 S，投资大于储蓄，计划经济就是这个德性。中国自 1949 年以来，I 永远大于 S，这与中国的传统正相反，中国人本来是最喜欢储蓄的。全世界的储蓄率最高的是犹太人，其次是海外华人。我有一篇文章，《中国居民的储蓄行为及对我国经济建设的意义》，[①] 我的文章很多都是围绕它的。我认为，中国就是想多收税，多收利润，收回来好搞建设。1980年、1981 年经济发展速度很慢，4%、5%，赵紫阳很着急。我的意见是，中国人其实有的是钱，他不花钱，都存在银行里头。银行的钱"惰性化"了，沉淀了，它不是一个"活跃"的东西。你得调动这个东西。当然，最好是建立证券市场。

这次与赵紫阳见面不久，我拿到了德国最高的奖学金——洪堡奖学金。到德国以后，对方的一个专家委员会看了我的论文，给我定位，做博士后。我研究的是计量经济学，我知道自己的经济学只是皮毛，所以先得恶补西方经济学。第一年以读书为主，以后就做模型，我做了一个很大的中国模型，只可惜缺少数据，只能算是一个模型的理论构架。我在德国最大的收获之一，就是跟着德国人一起去考察东德、捷克、匈牙利、罗马尼亚、奥地利，跑了一大圈。捷克过去是欧洲的工业基地，全世界都上捷克去买皮鞋、汽车（斯柯达）。到了 80 年代，捷克人自己已经没有皮鞋穿了，全是人造革，想买一双皮鞋都得走后门。通过这些考察，使我看到了计划经济国家与市场经济国家之间的巨大差距。德国社民党 1958 年放弃计划经济，1974 年放弃国有化。在欧洲社会民主党里，它是第一家。德国的社会市场经济，你要说它是"社会主义市场经济"也行，其实就是一回事儿。在德国学习三年，使我对社会市场经济有了大量的亲身的了解和体会。这是我后来提出一些改革方案的重要思想来源。

1984 年，在德国学习结束后，我又回到国家计委。当年 10 月，我被任命为国家计委经济预测中心总工程师。这个预测中心是我去德国之前建议成

---

① 此文发表于《数量经济、技术经济研究》1985 年第 1 期。

立的，因为搞经济模型主要就是分析、预测，我的建议是"用科学的预测方法改善计划方法"，先是在综合局里成立了一个预测处。我回来的时候，它已经演变成一个预测中心，局级单位了。现在，这个中心合并到国家信息中心去了，叫信息中心的预测部。在计委预测中心才干了几个月，1985年的3、4月份，安志文找我，体改委给我任命了一个委员，计委马上也给我任命了一个委员。我的两个委员身份就是这么来的。

二　介绍社会市场经济

1985年4月，我到了体改委。当时，体改委在中南海的工字楼办公。从北门进去，马路东边儿是工字楼，西边儿就是总理、副总理的几排小楼，中间就隔一条马路。北院儿是国务院，灰墙；南院儿是中共中央，红墙；拿着北院儿的出入证进不了南院儿。

1985年，国务院组织了一个班子，起草"七五"计划的建议。这个班子大概十几个人，头儿是袁木；年轻人，有我一个，还有李剑阁；老一点儿的有房维中，还有计委两个笔杆子，叫什么名字我想不起来了。我们在玉泉山找了一个地儿，住那儿。赵紫阳、胡启立、白美清以及有关部委的领导有时候也过来座谈。

在起草文件的过程中，我们争论得很厉害。我坚持主张要搞市场经济，认为计划管得太多。当时，正是大家对物价非常敏感的时候，关键是物价问题，因为牵扯到整个市场问题。反对的意见很普遍，最怕的就是放开物价，谁敢负这个责任啊？计委不敢，物资部更不敢。物资部说："现在，计划内一万块钱一吨的东西，计划外都两万块钱一吨了。你还放开，那我这个一万也变两万了。"就是怕失控。当然，要放开，头一个就是取消物资部，取消统购统销。对这个问题争论非常大，没有人支持我的意见。当时，尽管我是体改委和计委的双料委员，但不代表任何部门，等于是一个特殊人物。我想，领导可能是有意让我去放炮，因为他知道我的基本观点，那就是中国要搞社会主义市场经济。我后来想，领导就是要打破僵局，要不这帮人能写出"市场"两个字吗？

　　我们在玉泉山讨论期间，有两次赵紫阳参加了。他最担心的是物价。走市场化道路，他没有什么疑问，这一关非要过不可。在那次会议上，大家的认识也统一了。因此，"七五"计划的建议，在物价问题上吸收了我的意见。另外，财政写了一条，金融写了一条，这两条也采纳了我们的意见。这个班子形成了一个东西，叫《关于制定国民经济和社会发展第七个五年计划的建议》。当年9月，在党的全国代表大会上通过了。这是一个比较特别的会议，实际上就是要解决十二届三中全会没解决的问题。

　　大概是6月前后，安志文找我，让我牵头组织一个研究小组，要搞一个改革的总体规划。我跟他说："我在玉泉山那儿搞'七五'计划建议呢!"安主任说："你们是年轻人嘛，应该比'七五'计划建议更放开一点儿，放开了想。"总体规划组在国管局的西山招待所集中，一共有九个人，都是指定的，其中有楼继伟、郭树清、刘吉瑞、邱树芳、许美征等一些人。这个小组和玉泉山的"七五"计划建议小组的工作是平行的，同时进行。当时，我就两边跑。我比他们有点儿优势，了解"七五"计划建议的讨论情况，知道改革决策已经走到哪一步了。

　　后来，总体规划研究小组写了一个《经济体制改革总体规划构思》的报告，五万字。我的印象是，安主任说的"更开放一点儿"的任务没有完成，这个规划不敢迈步，基本没有什么突破，只讲到市场，没有比"七五"计划建议更进一步的东西。实际上，关于市场的问题已经突破了，不需要再写了，物价也早就是双轨制了，已经压不住了。特别遗憾的是，我力主写上股份制改革的建议，当时只有许美征支持我，大多数人不赞成，结果就没有写进去。

　　9月初，我参加了体改委和世界银行共同组织的巴山轮会议。世界银行请来了美、英、法、日多国专家，还有东欧国家的经济专家，其中就有匈牙利的科尔奈。我没想到搞这么大的规模，参加的人这么多。我的总印象是，国内第一次如此大胆、开放地讨论改革问题，但我还觉得不解渴。在此之前，我读过科尔奈的《短缺经济学》，英文的，因为他不是英语国家的人，所以写得比较通俗易懂，不像弗里德曼那些人的书特难读。1983年，我曾两次访问维也纳比较经济研究所，和科尔奈讨论过问题，也曾见过奥塔·希克等人，跟他们讨论问题。我的印象是：他们的改革思路过于保守，甚至已经落后于中国 80 年代初的实践。不要说什么市场、股份制，这些都没有。他们还拘泥于国有企业怎么改革，还是承包啊，奖励啊，怎么实行按劳分配啊，搞这套东西，远远落后于中国当时的实践。

我记得，在这次会议上，有个法国人，是一个国营企业的总经理，老讲国营企业怎么管理，讲宏观怎么调控。他们很客气，愿意讲一些不敏感的话题，没有说什么批判的话。当然了，中国花钱请你来，不能老说中国不好啊，这可以理解。同时，他们的思路之所以保守，也和西方对中国的误解有关。西方以为中国跟苏联、东欧一样，都是计划经济。我给他们解释，中国根本就不是计划经济。为什么呢？我曾用计量经济学方法研究过中国经济的结构。在国外有一种分析方法，就是把经济分成私人部门（Private sector）和国有部门（State sector），这么来分析。我研究的结论是，80 年代上半期，中国的私人部门已经占到 80%，远非东欧能比。当时，人民公社已经解体，农村实行了包产到户，除粮棉油之外的所有农产品，什么蔬菜、花生、鸡蛋啊，都放开了；肉类除了猪肉还有一点儿统一屠宰的问题，其他也都放开了。匈牙利也好，苏联也好，那时候都没有这样放开，还是实行统一分配的。中国的农村是这个情况。城市是什么情况？城市里有大量的大集体、小集体、个体户，就业人数已经超过国有企业的就业人数；农民、加上城镇非国有部门的就业人数占到劳动人口的 80% 以上。也就是说，80% 以上的人不在国有部门工作，怎么能说是计划经济呢？在物资方面，统一分配的物资，80 年代初就冲垮了，实行双轨制了。除了一部分钢材和其他小部分物资，大部分商品已经是市场调节，都放开了。有的轻工业产品从来就没有计划过，计委从来没管过什么暖水瓶啊、铅笔啊这些东西。苏联是连纸带笔，什么铅笔、圆珠笔、钢笔全都给计划了。中国没有，这种小东西从 50 年代就一概不管，你自己弄去。所以说，中国的情况跟苏联完全不一样。为什么毛主席写《论十大关系》啊？十大关系突出了中国和苏联不同。很多外国人不知道这个差别。

不过，在巴山轮会议上，国外经济学家提出了宏观调控、市场和企业的概念，这本来不是新提法，但对领导层和一些老同志来说，是很新鲜的。后来，体改委提出"国家调节市场，市场引导企业"这么一个整体思路，这是和巴山轮会议有关系的。这个思路加到"七五"计划的建议里去了。其实，中国人一直就会干宏观调控，比谁都厉害，不用再教。但是，如何表达还是有讲究的。从计划经济向市场经济过渡的过程中，这个提法容易被上面接受。要是不加一个中央领导，不加一个宏观调控，谁也不放心啊！完全放开，肯定不行。先在前边加个帽子——宏观调控，由国家来调控市场，然后呢，市场是核心，真正引导企业的是市场，这样改革的阻力就小了。

1986 年 3 月，在国务院、中央财经领导小组的直接领导下，成立了经济体制改革方案研究领导小组，主要任务是研究制订明后两年的改革方案和主要措施。这个小组由田纪云负责，成员大多是国务院主要部门的领导：张劲夫是国务委员，宋平是计委主任，陈慕华是人民银行行长，王丙乾是财政部长，陈俊生是国务院秘书长，安志文是体改委党组书记，吕东是经委主任，马洪是国务院发展研究中心主任，刘国光是学者。就我和周小川比较特殊，什么都不是，也参加了这个领导小组。在领导小组下面，设办公室和各专业小组。日常协调和综合的工作由办公室负责，办公地点设在国家体改委，就是后来俗称的"方案办"，主任是高尚全，副主任是杨启先、傅丰祥，后来又加了吴敬琏；价格组有陈先、成致平、田源；财税组有李朋、金鑫、盛树仁、楼继伟；投资组有柳随年、朱镕基、周道炯、徐景安；外贸组有郑拓彬、沈觉人、季崇成、周小川；工资组有赵东宛、张彦宁、严忠勤、倪迪。我被分到了金融组，组长是刘鸿儒，还有一个童赠银。在研究和制订改革方案的过程中，也吸收了中央和地方有关部门的同志参加。我想，之所以把我分到金融组，是因为，第一，我写过一些这方面的文章；第二，我曾经跟领导说过，物价也不是特别可怕，有办法治，就靠银行来治它。

三　参与改革中期规划

1987 年初，因为我曾在方案办金融组研究过金融改革，中央就把我任命到中国人民银行，任党组成员，并明确，由我负责体改的事儿。

10 月，李铁映提出，要搞一个改革的中期规划。由体改委委托有关经济主管部门、科研机构、大专院校及部分地方体改部门，对今后八年（1988～1995）的经济体制改革进行了综合规划和专项设计。俗称"三五八"规划，也就是今后三年、五年、八年的改革设想。那时，赵紫阳已经担任党的总书记，李铁映是体改委主任。为搞这个中期规划，成立了九个起草小组。我负责其中一个组——人民银行组。我那个组除了我以外，还有几个小青年，记得的有"两蔡"：蔡鄂生、蔡重直，还有一个《世界经济导报》的人。在我的主持下，我们这个组写了个《中期改革纲要》。我提出，根据国际上的经验，能够创造比资本主义更高的劳动生产率的只有一个，就是民主社会主义。所以，改革的目标模式是民主社会主义。方案的第一段，第一节，就是远期目标——民主社会主义；中期目标——自由社会主义。其实，这个"自由"，讲的是经济自由。

1988 年 5 月 30 日到 6 月 3 日，体改委在京西宾馆开会，讨论经济体制改革的中期规划。每个组都拿出了一个方案，落款都是某某课题组，我那个组的落款是人民银行课题组，周小川那个小组的落款是对外经贸部课题组，上海市体改委课题组，吴敬琏也有一个小组。一开始，是内部会议，然后就扩大了，很多人参加。在会上，我这个东西一出来，就引起了很大震动，有很多反映。安志文当时是中央财经小组成员，我不知道他是什么态度，但是他的秘书阎克庆跟我说："你这个方案有新意，两阶段论。第一阶段经济改革，第二阶段政治改革，有新意。"但是，第二天就变了，安志文说："这个东西全部收回，不能往下发！"《世界经济导报》，还有广东的好几个报社找我，说："赶快，发表！我都给你登！"我说："不能登，安志文说了，不准外传。"

1988 年，还有一档子事儿，就是价格闯关失败。事先，我曾提过，防止通货膨胀的保障措施之一是控制货币供应量。早在 1985 年我就提了，以后不断地提，保值储蓄是后来的具体措施。1988 年，在北戴河会议之前，我写了一个东西，就是控制货币供应量，最关键问题是利率问题。真实利率应当是正的，就是比物价上涨得高，不能比物价低。当时的物价指数是一塌糊涂，统计局也闹不清楚。同时，中国整个的统计系统还没有改过来呢，还叫什么"物资平衡系统"呢！中国是上报系统，统计局靠底下报，报上来以后，我一统计、一综合，就完了。这时，我已经是人民银行综合计划司的司长了。为了写这个报告，我搞了全体动员，二十多个人一块儿弄的，写了一个很详细的报告，报告中，光数据计算就一大本。这个报告在北戴河的会上做了汇报，我们提出：要控制货币供应量，最关键的问题是利率问题，真实利率应当是正的，就是利率要比物价指数上涨得高，不能比物价低，利率如果是负的，就控制不住物价。

四　参与中国证券市场设计

我参与设计中国的证券市场，有一个机缘。1988 年春天，交通银行成立 80 周年，我代表人民银行去参加庆典活动。朱镕基通过交通银行的人告诉我，让我到他家去。以前在国家计委时，我和朱镕基打过交道，他认识我。在"右派"平反的时候，我是甄别小组跑腿的，看过他的档案，他这个"右派"最冤了。1957 年，他讲过两句话，最后定的就是一句话："南斯拉夫的工人自治有一定道理。"就这么一句，弄个"右派"。因为性质不太严重，就留党察看，后来改成党内警告，没开除党籍。在这次见面的交谈中，他问我："你们人民银行有没有考虑，我们上海想变成一个金融中心啊！你是人民银行体改办的主任，你就说说吧，我们要搞金融中心，怎么个搞法？你们有什么设想？"他有建立上海"大金融中心"的设想，而且这个设想不仅是他一个人，包括当时交通银行、人民银行上海分行那帮人，还有好多老家伙、老银行家，都说："原来国民党的中央银行就在上海呀，我们这儿是金融中心啊，怎么跑到北京去了？"

当时，我跟朱镕基提了两条。一个是上海想要把中央银行弄到上海来，像过去蒋介石那时候一样，恐怕不可能，也不现实。你现在的办法，就是抓住交通银行。交通银行的牌子挂在北京，但是总管理处设在上海，人都在上海，交通银行总行都是上海人。抓住一个交通银行，抓住你能说话的、听你话的这些人，还有信用社这些机构，要利用他们的力量。第二，更重要的是，要办个证券交易所。我说，什么叫作金融中心？有银行不算金融中心，有交易所才叫金融中心。纽约成为金融中心，主要是它那里有交易所，一天的交易量上千亿。为了交易，有多少银行的钱存在纽约啊！如果钱都存在你上海，你不就有钱了嘛，用都用不完。我给他提了这么个观点，他很感兴趣。而且，我跟他说，买股票，股份投资，那是不用还的呀！只要交个利息就完了，不用还本。他对这个建议特感兴趣，说："哦哟，还不用还本啊！"那时候，财政拨款已经改为了银行贷款，拨改贷，技改，那压力都很大，国有企业受不了。

正是因为与上海的这层关系，1988年下半年，我就找张晓彬、贾虹生、王岐山、廖幼铭这些人商讨，我的目标是冲着建立股票交易所去的。股票交易所是个民间机构，应该公司出钱，搞股份制。我是照这个思路来的。所以，我找这帮人出钱。一路谈下来，他们都想搞，可以说一拍即合！当时，我的感觉，各方面的看法其实都很一致了，我说的市场经济的一些基本形式，比如金融市场、资本市场，已经是箭在弦上，不得不发了。

9月8号，由国家体改委和人民银行体改办召集，在万寿宾馆召开金融体制改革和北京证券交易所筹备研讨会，财经口各部门都来人了，由我主持会议。当时，刘鸿儒让我牵头写一个建议。后来，由张晓彬负责，写了一个《中国证券市场创办与管理的设想》的报告。11月9日，姚依林、张劲夫共同主持中央财经领导小组会议，听取我们这个证券研究设计小组的汇报。参加这次会议的，除了财经小组的成员外，还有国家体改委、国家计委、财政部、人民银行等主管部门，国务院发展研究中心、社科院以及几家金融机构的负责人，像安志文、项怀诚、吴明瑜等，以及张晓彬、王波明、高西庆、陈大刚等人都参加了。我因出差，不在北京，没有去。11月29日，中央财经领导小组印发了《关于听取证券交易所研讨情况汇报的会议纪要》。

1989年3月，证券交易所研究设计联合办公室就成立了。联办之所以能够成立，关键就两条：第一条，公司肯出钱；第二条，人民银行不反对。必须有这两条，没有这两条就办不成了。钱呢，只要有人民银行的名义，那些公司都肯出钱。当时，我就拉大旗作虎皮，我把陈元拉来了。那时，陈元是人民银行的副行长，分管金融管理和金融机构这一块儿。我跟陈元是在国家计委的时候认识的，他从社科院工经所硕士毕业，分到计委。在预测处，他跟我就坐对面桌，我们有些想法还是挺能说到一块儿去的。我们共事大概有半年时间，他就调走了。在人民银行，我们又共事了两年，关系相当好。因此，联办就这么成立了，我是联办的总干事长。

联办成立不久，正好赶上 1989 年政治风波。以后，搞清查整顿，各大部委都有工作组进入。李贵鲜主动向中央报告了人民银行的好几个事，其中就有我参加中期改革方案的事儿。1989 年 6 月 16 日，我被免去人民银行综合计划司司长职务。后来，人民银行又一纸公文给了体改委，说：我们建议，宫著铭同志回体改委。体改委接收了，我就回了体改委。7 月，在体改委公布的领导名单里，体改委委员一栏中没有我了。但是，联办不能让它散架了呀！怎么办？我花了很大的力量，我得跟那些股份单位说呀，因为人家知道我已经离开人民银行了。它可以作为一个民间机构继续存在，但是，还得挂靠一个体制内的单位。为此，我专门去找过陈元，我记得是王波明跟我一块儿去的。陈元态度很明确：你们都过来，我都接收，一个人都不落，全部接收。但是，王波明他们不干，可能是想独立。当时，他们还不太明白，在中国，民间机构没有挂靠单位不行，活不了呀！但是，我得考虑这些问题。于是，我就想起体改委了。我找刘鸿儒，刘鸿儒是体改委副主任。我说："这摊子你们收了得了。"刘鸿儒对我的提议特高兴，说："噢哟，这事儿好啊，愿意愿意！"我也找了傅丰祥，我们在西苑饭店谈了一次，傅丰祥当时是体改委委员兼宏观司司长，就要退休了。我和他们谈妥以后，就跟王波明说："第一，我不干了。第二，由傅丰祥来干。第三，联办挂靠体改委。"就这样，联办就挂在体改委了。

我仔细考虑了一下，如果说我为改革做了一点儿工作，也就是 1984～1986 年这么一小段儿，向领导同志介绍德国的社会市场经济。第一，为什么计划经济打不过市场经济？当时，邓小平他们讲改革，也知道中国落后、外国先进，但是知道得不是很详细。第二个问题，搞市场经济，搞乱了怎么办？特别是放开物价。当时，人们认为，市场经济就是放开物价。几大自由嘛，自由决策，自由开业，自由买卖，自由竞争，就是干什么都行。出现投机行为怎么办？放开物价怎么办？我提出，放开物价不可怕，国外对控制物价已经有很好的办法。不是靠行政办法，靠的是宏观经济管理。我最早写的文章就是关于这个问题：德国联邦银行怎么控制货币供应量，怎么控制物价。实际上，我就是重点鼓吹在中国要搞市场经济，只不过我有些超前了。

改革开放初期价格改革的决策背景

口述者：成致平[*]

访谈者：薛小和

时　间：2007 年 11 月 15 日

地　点：成致平住宅

整理者：薛小和

1977 年 11 月，邓小平在听取国家计委汇报工作时指出："要注重农村问题，随着工业生产的发展，要逐步缩小剪刀差。"要缩小剪刀差，就必须提高农产品价格，降低工业品价格。所以，最先提出提高农产品价格的就是邓小平。当时，有关各方对我国提高农产品价格的看法并不一致。国家物价总局农价司认为，农产品提价，对国民经济有牵一发而动全身的影响。为了稳定物价，小幅度提高农产品价格是可以的，但不宜大幅度提高。省里的同志，如赵紫阳、万里，他们都主张提高农产品价格。供销总社认为，"一粮带百价"，不与粮棉争地的三类农产品价格可以放开。国家计委认为，缩小工农产品价格剪刀差，应采取降低农用生产资料价格为主、提高农产品收购价格为辅的方针，农用生产资料成本降低的好处基本上给农民，国家也得一点，这样，国家不吃亏，农民也满意。农口的同志都赞成提价，但是他们没有提出具体方案。

---

[*] 成致平（1926～2015），山西平遥人。历任国家物价总局副局长、局长兼国务院物价小组副组长，国务院物价委员会委员，中国价格学会会长、中国价格协会会长。

一 1979年提高农产品价格

1978 年 5 月，国务院副总理纪登奎对国家物价总局的领导同志讲了国务院财贸小组组长、商业部部长姚依林提出的"粮价三层楼"方案，即第一层楼为农民交售的统购粮，执行提高后的国家统购价；第二层楼为农民超过国家统购任务卖给国家的部分，实行超购加价；第三层楼为议购部分，国家按市场价格随行就市收购。纪登奎让有关方面敞开议论，提出各种不同意见。随即，组织有关部门和部分地区调查研究，连续召开多次会议商谈提高农产品价格的主要政策，包括粮价总水平提高多少？定购价提高多少？超过计划收购部分加价多少？等等。这些会议是李先念主持的。

这时出现了许多方案。计划部门、财政部门主张 1979 年粮价总水平只提高 15%，过一年再提高 15%；物价部门的同志认为只提高 15% 鼓励作用不大，主张多提一些；不少省和自治区的同志不争基本建设投资的数额，而是争粮食提价的幅度，认为这是调动农民积极性、振兴农业、带动整个国民经济发展的当务之急；财政部吴波提出，如果一定要提高粮食收购价格，那就把棉布销价也相应提高，以弥补国家因提高粮食收购价格而增加的支出；也有的认为，粮食统购价可以不动，超购部分的价格可以多提；等等。最后，倾向于粮价总水平提高 30%。

关于超计划收购加价多少，争论更激烈。薛暮桥同志经过调查研究后认为：我国不仅存在着工农之间的差别（差 1 倍左右），而且农民与农民之间的差别比工农差别还要大。提高粮价应当是既要使卖粮较少的农民得到好处，又要增加卖粮大户的收入，达到既不是平均主义又不刺激两极分化的目的。时任四川省委书记赵紫阳主张定购价不动，超购部分大提，建议加价 100%。李先念认为，这样做会扩大农民之间的贫富差别，最后倾向于定购部分提价 20%，超购部分加价 50%。棉花实行不实行超购加价也有争论，产棉区要求强烈。最后，李先念做了结论：棉花的统购价格在上年提高的基础上再提高 15%，北方棉单产低再加 5% 的价外补贴，并从 1979 年开始，对棉花也实行超购加价政策，以前三年收购量为基数，超基数收购部分加价幅度为 30％。

9 月 9 日，李先念根据党中央讨论的意见，在国务院务虚会上做总结，在谈到价格问题时说："目前主要农副产品收购价格偏低，不少支农产品的销售价格偏高。中央已经确定，要进一步缩小工农产品之间的比价，我们必须抓紧落实，今年做好准备，明年开始逐步实行。首先解决提高粮价的问题。调整价格要处理好国家、集体、个人之间的关系，搞好几个方面的平衡。"此时，较大幅度地提高粮价的原则才确定下来。

之后，姚依林召集国家物价总局的刘卓甫、季龙、成致平，商业部的艾中全，全国供销总社的王凤然反复多次研究其他农产品的提价幅度，当时议定食用植物油的统购价格提高 25％，超购加价的幅度也扩大为 50％，生猪的收购价格提高 26％，苎麻、蚕茧、甘蔗、甜菜、鲜蛋的价格均在 20％ ~ 90％ 的幅度内适当提高。为了控制国家的货币投放，对黄麻、油脂、大豆、烤烟以及中药材、皮毛、水果等推迟到 1981 ~ 1984 年分期分批逐步提价。国家物价总局遵照国务院的原则意见，召开了全国物价会议，对各省、自治区、直辖市的农产品，根据各地的具体情况，商议了分地区的提价方案。如对内蒙古、新疆、青海三大牧区的菜牛、菜羊即根据民族地区的情况，起草了更大幅度的提价方案，这些牧区的菜牛价格一下提高了 46％，菜羊价格提高了 29％。

12 月 8 日，姚依林在中央工作会议西北组发言时讲："在提高农产品收购价格问题上，我已同国家计委、物价总局研究过，提出了一个提价 70 亿元人民币的方案，送给农业小组了，比计委本子多提 30 亿元。这 30 亿元哪里来？我看可以发一些票子，在明年国民经济大发展的情况下，物价总指数由于农产品提价要提高 3％ 的条件下，多发 50 亿元人民币是没有危险的。明年农产品提价，一步就是 70 亿元。明年着重解决农副产品的价格调整问题，后年着重解决降低农用生产资料价格以及有一部分农产品提价的扫尾工作。这些措施加在一起，力求全国平均每个农村人口，每年增加 10 元钱左右的收入，农民的积极性是可以调动起来的。农产品收购上，可以把统购派购的范围减到全部农产品商品的 60％ 左右，议价部分扩大到 40％ 左右。市场上出现有定量供应商品，也有议价商品，两种商品两种价格，这样做可以使市场活跃起来，使农业生产发展快些。"这些意见受到大会的重视和赞同，最终形成了 12 月 22 日党的十一届三中全会通过的方案："建议国务院做出决定，粮食统购价格从 1979 年夏粮上市时起提高 20%，超购部分在这个基础上再加价 50%。棉花、油料、糖料、畜产品、水产品、林产品等农副产品的收购价格也要分别情况，逐步作相应的提高。"

中央决定提高农产品收购价格之后，全国物价部门对影响所及的粮食制品等销价的安排又做了调查研究，实事求是地提出区别对待的办法。控制的办法大体上分为四种类型：第一类是有些商品主要靠增产节约解决，不准提高价格，如原材料提价影响很小的普通点心、面包、饼干、奶糖等，以及生产企业所用的原材料不提价，只是增加了职工补贴的一般工矿企业，这些企业在提高副食品销价给职工补贴以后，只影响商品成本上升 1% ~ 2%，不必提价；第二类是有些商品可以把原料提价部分和税金提高部分相应提价，不要因原料提价增加利润（如罐头食品等）；第三类是有少数可以允许原料提价后毛利部分适当加价，以免有的饭馆给职工补贴后发生亏损，如饮食业的荤菜，包括过油肉、回锅肉等；第四类是有少数商品和服务业，原来就亏损且难以克服，必须适当提价（如有的地方理发价格特别低，只有两角，全行业亏损，给职工补贴后亏损更大）。所有这些，都分地区分行业事前进行周密调查，做出方案，经过审批，正确执行。

这次提价经过约一年时间的调查研究，反复探讨，民主协商，因而方案比较科学合理。因之，党的十一届三中全会通过并经过国务院做出决定之后，国家物价总局会同有关部门发文，1979 年 2 月到 4 月，分不同品种在全国范围内顺利执行。因为南方、北方新粮上市的时间不一样，所以是陆续执行的，保证新粮上市时全部提价。

二 1979 年副食品销售价格的提价

提高主要农产品收购价格后，销售价格怎么办？国家物价总局遵照党的十一届三中全会的决议，经过调查研究，提出了分为三类区别对待的方案。一是粮、棉、油系国家统购统销物资，当时都是凭票定量供应。为了不影响职工生活，购价提高后，销价不动，由国家财政补贴给经营单位，国家供应一公斤粮食补贴两毛左右，供应一公斤食油补贴一元六毛左右。二是肉、禽、蛋等副食品及有关商品的购价提高后，适当提高销价。因为这些商品不是国家统购统销物资，购价提高后不提高销价，购价高销价低，市场会发生混乱。至于副食品销价提高对职工生活的影响，国家可直接给职工加工资、发补贴。三是甘蔗、甜菜和肥皂、香皂用油购价提高后，由工业部门增产节约，降低成本解决，用这些工业原料生产的工业品销价不予提高。

1979 年初，上述方案在国家计委讨论多次，计委领导同志对一、三两类商品销售价格的安排都同意，但对第二类则有不少同志提出了不同意见。当时，主持计委日常工作的常务副主任李人俊说："这样做是'一枪打了三个眼'，对农民提价，对职工补贴，对经营部门补亏，这三方面都要国家拿钱。这样做是'赔了夫人又折兵'，既抬高了物价，国家多开支，群众又会意见纷纷。"国家计委副主任段云说："这样做是吃不上羊肉，惹一身骚。"他主张销价不动，过两年再说，以免形成新中国成立 30 年市场大涨价。也有的人提议，肉是定量供应的，蛋也可以在城镇实行定量供应，定量内销价不动，定量外销价提高。当时，国务院指定调价方案由国家计委和国家物价总局提出，计委不同意，提高副食品销价的工作就拖了下来。

但是，市场反应是灵敏的。提高了粮食等农产品和副食品收购价格，销售价格不做变动，购销价格倒挂导致了大量倒买倒卖现象。粮食是国家统购统销的，城市居民凭购粮证买粮，农民买返销粮也有规定手续，即使粮食销价低于购价，人们也无法多买国家的粮食进行倒卖。棉花、苎麻等工业原料，由商业部门按计划卖给工厂，絮棉对群众也是定量供应，销价不提也不会倒卖。但是，鸡鸭蛋等副食品情况就大不相同了，市场上很快出现了"倒蛋部队"。许多投机的人早上从商业部门低价买进，中午就高价再卖给商业部门，从中赚取差价，还可获得当时国家给生产这些产品的农民的奖售物资。有些基层商店和供销合作社为了防止这种事情发生，雇人用红笔在收购来的鸡蛋上画圈圈，凡是有红圈圈的鸡蛋就不收购。可是，旺季收购的鸡蛋是数以百万计、千万计的，怎么画得及呢。生猪也是这样，国家购销一头猪要赔二三十元，有的单位便把本来养了自己吃的猪也卖给国家，再向国家买肉吃。国营商业部门经营副食品也不积极了，因为粮食统购统销的数量是计划控制的，国家可以按计划规定数量，对销价低于购价的差额给予补贴。肉蛋等副食品就不同了，商业部门经营亏本，就少购少卖，对生产、对市场供应都产生了严重的不利影响。

3月21日，在中央政治局会议上，李先念就提高农产品购价后必须提高销价做了发言。他说："农产品提收购价，不提销价，物价长期倒挂不行，都倒挂，财政补不起。要在这次调价中，把物价调整到一个新的基础上。提高销价，要补贴工资，使人民的实际收入不减少，请有关部门研究。"姚依林当即指示国家物价总局组织全国的物价部门进行两方面的调查，一是提高副食品销价对职工生活的影响如何解决？二是提高副食品销价对国家财政收支的影响如何解决？第一个问题，国家计划提高副食品销价的幅度是，全国平均猪肉提高33%，鲜蛋提高32%，主要水产品提高33%，牛羊肉提价幅度高于猪肉，家禽、牛奶的销价由地方根据当地情况适当调整。这些销价提高对农民的影响不大，因为大多数农民消费的副食品是自给的，何况他们还从提高农产品收购价格中增加了收入。但对职工和城镇居民的生活影响就比较大。遵照李先念一再指示的"你们提任何方案，都不要影响职工生活"，必须给全国的干部、职工以相应的补贴。那么，怎么补、补多少呢？一种补法，是按每个职工实际赡养人口来补，这将不胜其烦。因为人口是不断变动的，今天没孩子，明天会有孩子；今天有孩子的，以后孩子就会成为职工。那就几乎月月要做调查，月月变动补贴数额。这是难以办到的。另一种补法，是按现有人口补贴，一次定下来不再变动。这同样由于人口经常变动的原因而极不合理。过去有的地区对粮、煤提价补贴曾用过这个办法，结果矛盾重重，群众意见很大。因此，决定采取按统一标准给每个职工相同补贴的办法。至于每个职工补多少钱，要经过广泛调查研究才能合理确定。

为此，国家物价总局组织了大规模的深入细致的调查研究，了解到提高副食品销价对职工生活的影响基本上由以下三个因素决定：一是各地提价幅度有大有小；二是副食品供应数量有多有少；三是职工负担的赡养人口有多有少。根据1978年的典型调查，16个省、自治区、直辖市职工平均赡养人口为 2.06 人，最少的是上海 1.74 人，北京 1.77 人，最多的是江西 2.28 人，宁夏 2.35 人，黑龙江 2.42 人。上述三个因素，有的地方比全国平均水平好，按每个职工每月补给 5 元计算，职工所得补贴大于或等于支出的面就宽一些，大体上可以达到 90% 左右，如山西、山东、河北。有的地方在上述三个因素中只有两个因素比全国平均水平好，补贴受益的面也比较宽，按每人每月补给 5 元计算，职工所得补贴相当于或略大于支出的面可以达到 80% 多，如上海、武汉等地。有的地方上述的三个或两个因素比全国平均水平差，补贴受益面就小一些，如重庆等地。总之，各地从发展生产、增加供应、控制销价、减少集市价格上涨影响等方面认真努力，争取提高副食品价格给每个职工每月补贴 5 元之后，全国总算账，职工不减少收入的面可以达到 80% 左右。根据上述调查资料，国家物价总局又与商业、供销等有关部门反复研究磋商，最后提出执行方案上报国务院：全国每个职工每月补贴 5 元，在纯牧业县（旗）工作的职工，由于肉类消费水平较高，每人每月补贴 8 元。

　　7 月底 8 月初，国务院召开专门会议，研究八种副食品提价给职工补贴问题。会议由李先念主持，主管这项工作的姚依林、陈国栋和国家计委、财政部、商业部等有关部委负责人及国家物价总局参与方案起草工作的干部参会。国家物价总局局长刘卓甫将补贴方案汇报后，财政部的同志发言说，根据他们测算，每个职工每月只要补四元五毛就够了。这样，会上就出现了两种意见。国家物价总局是具体负责这项工作的，事先经过周密调查，方案的论据很充分；而财政部也是权威部门，他们算了国家提高农产品收购价格和给职工副食品价格补贴所增加的财政支出的大账，也有一定道理。会场上一时寂然无声。这时，担任国家物价总局研究室主任的胡邦定起立发言，他说："每个职工每月补五元钱的方案，是经过广泛调查研究、认真测算，并兼顾到国家、集体、个人三者的利益而提出来的。究竟补五元还是四元五，对在座绝大多数高级干部来说是无所谓的，甚至一元钱都不补也没有问题。可是请问一问小周（指在会上做记录的国务院办公厅秘书局工作人员周锁洪同志），一个月挣五六十元钱，上养老下养小，四元五元和五元的差别就很大。堂堂中华人民共和国，办这样一件价格改革的大事，不补一个整数，只补四元钱再加五角，实在没多大意思。"他说完后，再没有人发言。隔了不一会儿，李先念说："就按补五元的方案报告中央，散会。"

至于提高副食品销价，对国家财政收支会产生多大影响？国家物价总局组织各地物价部门，进行了深入的调查研究，向国务院汇报了以下细账：猪肉等 8 种副食品及有关商品提高销售价格，提价总额为 58 亿元，包括以下 3 个部分：第一部分是猪肉等主要副食品提高销价的直接回笼，共约 42 亿元；第二部分是猪肉等主要副食品提高销价的连锁反应，即必须连带提价的有关商品和服务收费的回笼金额，共 10 亿元；第三部分是由于副食品提价影响集市贸易上的有关商品价格上涨的问题，经调查了解，按相当于副食品提价的 20% 匡算，全国涨价额 6 亿多元。

猪肉等 8 种副食品提价，国家需要给予补贴的人员，包括以下 4 个部分：一是 1978 年底全民所有制、集体所有制职工总计 8787 万人。二是 1979 年计划安排就业的 650 万人，安排以后，随工资发给补贴。三是离休、退休职工、城镇民办学校教师和代课教员以及全民所有制单位应当发给补贴的各种人员。根据地方调查，结合中央有关部提供的资料计算，全国约 1000 万人。四是部队非增加不可的津贴和各种补助费等，共 3 亿多元。以上合计，全国应补贴的对象约 1.044 亿人，每人每月补贴 5 元钱，加上对部队的补贴和各种津贴、补助费增加部分，全年补贴总额 66 亿元。总起来看，全年 8 种副食品提价总额 58 亿元，补贴总额 66 亿元，补贴大于提价 8 亿元。单从国家算账的情况看，提价总额 58 亿元当中，国家可回笼 47 亿元；补贴总额 66 亿元当中，国家需支出 54 亿元。回笼与补贴相抵，国家需净增加开支 7 亿元。由于生产是增长的，供应量是增加的，从长远看，这样把对企业的暗补改为对职工的明补，可以收到控制补贴的效果，不多增国家的财政负担。

国家物价总局和全国物价部门用了四个多月时间，在全国许多地方进行了上述两个方面的调查，向国务院做了汇报。7 月 26 日至 8 月 9 日，国务院在一招（现北京国谊宾馆）召开了由各省、自治区、直辖市分管经济工作的负责同志、物价局长、劳动局长参加的全国物价工资会议，讨论了提高农产品收购价格以后，合理调整销价，同时给职工副食品价格补贴并适当增加工资（主要是给 40% 的职工提升工资级别）的问题做出了决议。接着，中央政治局在人民大会堂召开会议，由华国锋主持讨论。经讨论议定后，中共中央、国务院于 1979 年 9 月 24 日批转了《全国物价工资会议纪要》，并发了通知，在通知中着重指出："提高主要副食品销售价格给职工补贴，同时适当调整工资，涉及国家、集体、个人各个方面的利益，关系到安定团结的大局，关系到国民经济的调整、改革、稳定、提高，关系到四个现代化建设，影响深远，意义重大，各级党和政府必须把它作为一件大事来抓。"

10 月 17 日，国务院发出《关于提高主要副食品销价后发给职工副食品价格补贴的几项具体规定》，11 月 1 日正式实行。在实行前夕，即 10 月 31 日晚上，各地副食品商店按原价供应八种副食品一直到午夜 12 时。提价以后，群众反映，"过去以为五元不够，现在看够了"。"过去怕涨价过多，现在看不多"。一般比较满意。

这次提高副食品销价给职工补贴方案执行结果，主要由于副食品提高销价，1979 年 12 月全国市场商品零售物价总指数比 1978 年 12 月上升 5.2%，其中城市 6.1%，农村 4.3%。国家除把提价增加的收入全部用于补贴职工外，财政上每年还拿出了 7 亿元。但如果把国营商业原来因购销倒挂而亏损的钱减去，国家财政实际每年只拿出 4 亿元。用这些代价换来理顺副食品购销的价格关系，调动了农业生产和商业经营的积极性，有利于繁荣市场，改善人民生活，是十分值得的。

三　1985年部分副食品销售价格放开

1984 年 10 月，党的十二届三中全会通过《中共中央关于经济体制改革的决定》。为了贯彻执行这个决定，党中央、国务院确定 1985 年价格改革迈出重大步伐，主要是放开生猪等副食品价格。10 月 21 日，赵紫阳在各省、自治区、直辖市主要负责同志的会议上强调指出："我国的经济体制改革，难度最大的是价格改革，而价格改革又是整个经济体制改革成败的关键。今后五年主要是过价格改革这一关，这一关过好了，其他事情就好办了。"12 月 24 日，中央书记处又做了专门研究，同意《国务院物价小组关于一九八五年价格改革方案的汇报提纲》，并指出："放开猪价，适当提高煤价，调整农村粮价是可行的。应当走一步，看一步，务求初战必胜，为以后的价格改革开拓道路……做好认真细致的准备工作，特别是宣传工作，要向广大干部和群众讲清这次价格体系改革的意义、性质和政策措施，消除对价格改革的误解。"在决定副食品价格放开时，李瑞环、天津市委和铁瑛、浙江省委不同意，国家物价总局还派人专门去解释，做说服工作。

在这次物价调整中，李先念同志多次明确指示："提高副食品价格不要影响职工生活"，在放开价格的同时，必须给城镇职工及居民一定的价格补贴。国家物价总局坚定地执行了这项指示。提高副食品销价，对职工给予补贴后，只有收入高、吃肉多、占职工总数10%～20%的人增加了支出，而对于80%～90%的广大中等收入及低收入职工来说，补贴大体等于增加的支出，或大于增加的支出。然而，国务院开会讨论这个问题时，出现了一场争论，焦点就是给城镇职工和居民增加副食品补贴该采取什么办法？一种意见认为，可以仿照1979年提高八类副食品价格发放补贴的办法，只给职工发副食补贴，对影响居民增支的部分，按职工赡养人口的平均系数，一并加入职工补贴中发。对于非职工家属的城镇居民采取发放困难补助的办法解决。这种办法后遗症小，补给职工的金额，可在以后调整工资时计入工资；缺点是赡养人口多的职工会吃点亏，赡养人口少的职工会占点便宜。国家物价局主张采用这个办法。另一种意见认为，给全体城镇居民发补贴，每人一份，随购粮证每月发放。这种办法简单明了，容易为群众接受，缺点是后遗症太大，调整工资时难以并入，会长期留下一个"尾巴"，不好处理。

1985年2月5日，针对这两种分歧意见，国务院召开专门会议进行研究。赵紫阳对两个方案权衡比较后，认为1979年的办法没有给每一个城镇居民发补贴，有人有意见，所以决定采取后一种办法，即在副食品价格调整的同时，给所有城镇居民按人头发放副食补贴。这次采取按人口增加补贴的办法，看起来受益均匀，人人平等，连城镇没有工作的老太婆也能从粮站或街道办事处领到国家发给的价格补贴，但是，实际上没有做到保证大多数人的生活不受影响的初衷。据典型调查，这次副食品提价发放补贴后，收支平衡的户占到干部职工总数的70%～75%，而收益小于支出的占25%～30%。而1979年副食品提价，按职工乘平均赡养人口系数发放补贴，收益大于支出和收支平衡的户要占到 75%～90%，收益小于支出的户只占到干部职工总数的 10%～25%。从具体工作来看，按人口补贴随粮票或户口由粮店、副食店、街道居民委员会发放，工作量大，费人费工，远不如按职工补贴随工资发放比较简便易行。

4 月 12 日，遵照党中央的决议，赵紫阳指定由国家物价局局长在电视播放的黄金时间讲话。当时，我讲的要点是："1985 年价格改革的基本方针是：放调结合，小步前进。就是放活价格与调整价格相结合，走小步子，稳步前进。改革的重点主要是放开生猪收购价格和猪肉销售价格。还有调整农村粮食购销价格，适当提高铁路短途运价。"关于放开猪价的问题，我说："近几年来，农业生产迅速发展，粮食增产较多，而生猪增长不快，难以适应人民生活水平提高的需要。为了促进粮食向肉食转化，发展生猪生产，必须改革不适应当前情况的生猪派购政策，实行合同收购和市场收购，取消国家统一制定生猪收购价格与猪肉销售价格的制度，根据市场供求情况的变化，实行有指导的议价。对城镇居民因肉价上涨而增加的支出，国家给予适当补贴。"我还讲了调整农村粮食购销价格："今年要取消粮食统购，改为合同定购，定购以内的稻谷、小麦、玉米的收购价格，按'倒三七'比例作价，即三成按原统购价，七成按超购加价。各省、自治区、直辖市在不突破国家下达的粮食定购总数和'倒三七'比例价总水平的前提下，可以根据实际情况，适当调整具体粮食品种的加价比例。"我做了广播讲话后，社会反应比较平稳，没有发生抢购。

6 月 9 日，我向国务院汇报价格改革出台情况：1985 年价格改革方案已经陆续出台，各地初步反映，执行顺利，市场平稳，情况比预计要好。截至 5 月 20 日，各地生猪收购价格均已放开。猪肉的销售价格，已有 26 个省、自治区、直辖市放开，江苏、新疆、甘肃将于近期放开。全国平均生猪指导性收购价格，每斤为八毛三左右，比原牌价上升两毛；猪肉指导性销售价格，每斤为一元三毛七左右，比原牌价上升三毛七。这同全国物价会议预测的价格水平基本一致，部分生猪主产区的收购价格低于预测，有些主要销区销售价比原来预测稍高一点。放开后的猪价，产销地区之间的差价拉开，质量差价比较合理，经营渠道增多，对发展养猪，搞活流通，都将发挥积极作用。

与此同时，牛、羊、禽、蛋、水产品的价格，也已放开。大中城市的蔬菜价格，已全部或部分放开。这些副食品价格放开后，没有引起集市贸易全面涨价，鸡蛋等价格还略有下降。存在多年的鲜活副食品流通渠道单一、价格统得过死、经营大量亏损等不合理局面，已开始改变。各省、自治区、直辖市在放开猪价的同时，都按国家规定政策，结合当地实际情况，对城镇非农业人口给以价格补贴，其中绝大多数省、自治区、直辖市按人计发，少数地方按职工计发，补贴标准一般是适当的。7 月 11 日，邓小平在听取中央负责同志汇报当前经济情况时说："物价改革是个很大的难关，但这个关非过不可。不过这个关，就得不到持续发展的基础。十二届三中全会以来九个月的实践证明，物价改革是对的。"

四　有升有降地调整纺织品价格

1982 年时，纺织品产销矛盾非常尖锐。一方面，涤棉布大量积压滞销，原因是我国从 60 年代开始发展化纤工业，80 年代化纤布产量已到三十多亿米，比 60 年代增加了三十多倍，但价格偏高，同人们的购买力不相适应。1980 年和 1981 年每年增产九亿米，但市场销量每年只增加两亿米。由于大量积压，企业生产困难。同时，涤棉布成本由于大量增产而大幅度下降，有了降低价格的可能。另一方面，由于 1963 ～ 1980 年先后五次提高棉花收购价格而纱布价格未动，以致纺 21 支纱的棉花加上纺纱加工费每市斤棉纱生产成本应为两元两毛六，而当时的棉纱价格每市斤仅为两元零一分，国家为生产棉纱、棉布支付了大量补贴，成为难以承受的负担。

针对这种情况，1982 年第一季度，国家物价局和纺织部向当时主管物价工作的国务院副总理姚依林做了汇报。汇报之后，姚依林让物价局进行调查。5 ～ 9 月，国家物价局、商业部和纺织工业部在全国进行了调查研究。调查的地点有上海、无锡、西安、重庆，因为纺织品的主要厂在这些地方。综合调查结果，物价局、商业部、纺织部共同研究了一个纺织品价格调整的意见，建议涤棉布每米降价一元一，棉布每米提价三毛。这样，棉布提价后，国家对纺织用品的补贴可以减少，涤棉布降价后的价格群众可以接受，工厂也可以顺利生产。我们先向当时国务院物价小组组长张劲夫汇报，之后张劲夫又和我们一起向姚依林汇报，汇报后初步认可了这个方案。

10月5日，我向国务院常务会议汇报了涤棉布降价、棉布提价的方案。汇报以后，国务院领导意见不太一致。对涤棉布降价都没有意见，这是对老百姓有好处的；但王任重对棉布提价不太赞成，说现在农民收入还不多，每尺棉布涨价一毛，从两毛多涨到三毛多，怕涨价增加农民负担。财政部王丙乾认为涤棉布降价多了，影响国家财政收入。我们就解释说，如果涤棉布降价增加了销售量，每年能多销售8亿米甚至10亿米，那国家收入并不少。对王任重同志，后来我们给他送了很多调查材料，他看了后也同意了。这样国务院就原则通过了，并指示：化纤与棉布价格如何处理，是个大问题，已经到了非解决不可的地步；以化纤布降价、棉布提价为核心，加上其他商品降价，搞出一个降价金额大于提价金额的方案来，明年上半年就集中力量办这件事。之后，姚依林说，再向高层领导汇报，向小平同志、陈云同志、先念同志汇报。

10月9日，赵紫阳、张劲夫和国务院物价小组领导同志向陈云同志汇报了纺织品调价问题。陈云同志问得很仔细，他是个行家。他问，涤棉布一米降价一块钱，幅度够不够啊？群众愿意不愿意买？降价不要零敲碎打，要降到群众能接受的程度。他又问，棉布涨价农民能不能接受？改革开放这几年，农民究竟增加了多少收入？我们汇报说，十一届三中全会决定提高农产品价格，是1979年4月实行的，这一年，农民就增加收入68个亿，再加上超购加价，1980年、1981年增加的收入比68亿还要多。陈云又问，卖粮食的农民增加了收入，还有不卖粮食的农民呢？我们汇报说，除了粮棉价格提价，猪、牛、羊的收购价格也提了，农民家里都养猪养羊，牧民家里都有牛羊，从这里也能提高收入，所以农民增加收入是普遍的。农产品提价使农民一年多收入60多个亿，棉布涨价全国一共是涨24个亿，为此农民多消费12个亿，农民应该能承受得了。陈云又说：你们要很好地算账，农民都是马克思，都会算账。汇报之后，陈云觉得这个方案还可以。但他决策很慎重，他说：我们的决策关系全国人民的切身利益，不要匆忙决定，把你们的原始调查材料给我送来，我再看看。后来，我们给他送去了一大包，给了朱佳木（时任陈云的秘书）。陈云同志反复研究，看材料，征求别人的意见，一共研究了 17 天，我们等了半个多月，后来去问朱佳木，陈云同志什么意见，朱佳木告诉我们说，陈云同志说你们这个方案可以，涨价降价都是硬碰硬的东西，你要向中央书记处汇报。

姚依林又把我们的方案和陈云同志的意见送给小平同志、先念同志，其他的中央领导同志也都送了。过了几天，小平同志说：同意陈云同志的意见。先念同志说：看来只能这样干！后来就向中央书记处汇报。这次汇报后，张劲夫亲自到华东地区做调查研究，同一些省市的负责同志通气，提出了纺织品调价的指导意见。与此同时，国家物价局和有关部从各地抽调干部集中到北京，测算具体品种的调价方案。

10 月 30 日，国家物价局在石家庄召开全国性的会议，各地的物价局长、纺织部门和商业部门主管价格的负责人都参加了，把陈云同志、小平同志和先念同志的意见都传达了。陈云同志曾提出，涤棉布能不能多降一点。我们和大家经过研究，决定把涤棉布降价金额加大为每米 1 元 2 角，并同意对突出贫困地区采取措施给予适当照顾。陈云同志还提出，你们能不能把别的东西也降点价，降价的总额要比涨价的总额大，让更多的老百姓得到好处。后来，我们和与会同志研究提出，全国统一降价的商品增加了手表、照相胶卷、闹钟、布胶鞋、彩色电视机、部分电风扇等，全国降价金额为 27 亿元，提价金额为 24 亿元。这样就符合了陈云同志的要求，要降大于升。

11 月 17 日，我们把纺织品及手表、彩电等等的调价方案都准备好，由我向中共中央书记处做了汇报。书记处对降价方案都没有意见，但对提价，胡耀邦同志说，你们方案里说，一尺棉布提一毛左右，你不要提"左右"，就一毛，不要增加群众的负担，要严格控制提价的幅度；再一个是，其他的商品在这个时期都不要提价，要稳住价格。我们解释说，为什么是一毛左右呢，因为棉布的品种、规格有几千种，粗布、细布、咔叽布、花布，等等，品种很多，加在一起平均每尺提价可能是九分几，也可能是一毛零几，这么多品种算下来不可能是整一毛。最后，书记处原则同意，并指出："化纤织品降价与棉布提价，是一个关系到十亿人民切身利益的大问题，它涉及占消费品四分之一的商品价格变动，是新中国成立以来最大的一次调价，政策性强，工作量大。再加上广大干部群众对棉布提价思想上缺乏准备，要充分认识工作的艰巨性，估计到可能引起城乡居民的强烈反应，一定要认真对待，力求把工作做得稳妥、周到、扎实，引起的波动小一点。"中央书记处决定，请国家物价局根据会议讨论的意见加以修改并起草好宣传提纲，向群众讲明，为什么降价，为什么提价。待五届全国人大五次会议期间同各省、自治区、直辖市有关领导同志交换意见后，提请中央政治局会议讨论决定。

会后，物价局起草了宣传提纲，姚依林同志主持，把中央研究室的有林、邓力群都请来一起研究修改。这个提纲研究了四五次。12月2日，国务院召集参加五届全国人大和政协会议的各省、自治区、直辖市党委书记和省长、主席、市长会议，由国务院物价小组副组长宋劭文讲了纺织品调价方案，各地同志一致同意，并提出了加强领导、认真抓好工作等许多宝贵意见。12月13日下午，中央政治局召开会议，专门讨论了化纤织品降价和棉布提价问题。会议由胡耀邦总书记主持，政治局的领导同志都参加了，由宋劭文向政治局汇报。胡耀邦同志说，宋劭文是老将出马，这个方案应该是很仔细了。汇报以后，陈云同志做了重要讲话。他说："要严格防止各种东西乱涨价，棉布涉及万把种商品。我们的龙头细布价格是三十年一贯制，没有提过价。粮、棉、油、布多少年来价格稳定，要注意人心浮动，布一涨价就猜想靠不住了。他就会想，粮价也不合理，是不是会涨，要防止这一点……我们现在工作上的终身制解决了，总理只能当两届，还有一样东西没有改，价格背离价值法则没改，化纤织品降价，棉纺织品提价后，在这一类商品存在的问题上就解决得差不多了……物价局这个方案好，我赞成这个方案。"他还说，宣传解释工作要做细，从党内到党外，不要没调价就把消息走漏出去，引起抢购。其他同志也讲了话。政治局会议认为：我国化纤织品价格偏高，棉纺织品价格偏低，多年来化纤织品和棉纺织品的比价很不合理。一方面，造成了化纤织品严重积压，不得不对化纤限制生产；另一方面，有些人民需要的棉织品供应不足，但工厂因无利可图又不愿生产。如果不很好地解决这个问题，随着我国化纤原料生产的发展，这个矛盾将日益尖锐，因此，较大幅度地降低化纤织品的价格，同时，适当提高棉纺织品的价格，势在必行。会议同意国家物价局党组《关于降低化学纤维织品价格和提高棉纺织品价格的报告》和《中共中央、国务院关于降低化纤织品和提高棉纺织品价格的通知（代拟稿）》，决定从 1983 年 1 月 20 日起实行，并指出严格禁止各地区各部门乘棉纺织品提价之机，其他商品随意涨价或变相涨价。凡是违反这一规定的都要严肃处理。

1983 年 1 月 15 日，姚依林副总理主持了全国人大、全国政协部分常委及党外人士出席的会议。在会上，我就调整纺织品价格问题做了汇报，说明这次调价，涤棉布每米降价一元两毛，棉布每米提价三毛，在纺织品调价的同时，还有手表、照相机等商品降价，并说明了具体品种价格变动及影响。会上大家进行了讨论和询问，一致拥护党中央、国务院的这项决定。此后，中共中央、国务院把 56 号文件及附件国家物价局调价报告、调价宣传提纲一起发到全国各县团级单位，供领导同志阅读并进行准备工作。1 月 16 日在党内传达，要求党员不许去抢购即将涨价的商品，作为一条纪律，如果抢购了，要处分。

这次纺织品调价所以比较成功，主要是因为：第一，中央决定的有升有降、降大于升的方针正确，品种搭配得当。第二，选择的调价时机适当。在经济形势好、市场商品供应充裕的情况下出台，在纺织品调价前后，保证了市场供应，物价基本稳定，人心安定。同时，调价的时间选定在春节之前，正值农村分配，纺织品销售旺季，对扩大化纤织品销售十分有利。第三，各级党政领导重视，思想统一、步调一致。从省委书记到乡党委书记，层层都作为大事来抓，是调价能够成功的重要保证。第四，宣传工作做得比较充分。有的省市由当地报纸发增刊，全文刊登中共中央宣传部、国家物价局《降低化学纤维织品价格和提高棉纺织品价格宣传提纲》，宣传工作深入细致，很有说服力；保密工作做得也好，等等。

五　分批放开小商品价格

小商品价格放开的原则是，既有利于搞活小商品的生产和流通，又不能影响市场价格的基本稳定。因此，要有领导、有计划地分期分批逐步进行。

放开的品种目录和实施办法都必须经省、自治区、直辖市人民政府批准颁布。各地控制小商品价格放开的范围有两种方法，一种是"点名法"，即只规定允许放开的品种目录，其余都不放开；另一种是"排除法"，即只规定不允许放开的品种目录，其余都放开。就全国来说，多数地区采取的是前一种方法，只有少数地区采取后一种方法。从 1982 年 9 月至 1984 年 10 月，国家分三批放开了小商品价格。

1982 年 9 月，放开第一批小商品价格。为了贯彻落实张劲夫关于小商品价格要根据国家的经济状况逐步放开，价格不由国家统一规定，实行市场调节的指示，国家物价局会同有关部门于 8 月召开了 12 个省市小商品价格座谈会，着重研究了三类工业品中的小商品价格逐步放开的具体实施办法，上报国务院。国务院于 9 月 16 日以国发〔1982〕120 号文批转了《国家物价局等部门关于逐步放开小商品价格，实行市场调节的报告》。对放开的品种范围、定价原则、组织管理及有关政策都做了明确规定。下半年，国家的经济状况进一步好转，工业消费品的供求比较缓和，因此，决定对小百货、小文化用品、小针织品、民用小五金、民用小交电、小日用杂品、小农具、小食品和民族用品中的小商品等 9 类，放开 6 类 160 种（类），主要是一些花色多变、规格繁多、产值小、单价低和容易断档脱销的日用小商品；对涨价因素较多、群众比较敏感的，如小食品、小学生用品、厨房用品等暂不放开。考虑到小商品在不同地区之间，生产的品种、消费的需要和现行价格水平差别都很大，各省、自治区、直辖市人民政府可以在这个目录的基础上，结合当地情况，略有增减，制定本地区第一批放开的目录。小商品的价格，应在国家政策指导下，实行市场调节、企业定价。其中，商业选购的小商品，由工商企业协商定价；工业自销为主的小商品，由工业定价。定价的原则，要根据价格政策，按照成本和供求变化，有涨有落，灵活掌握，适时调整。

1983 年 9 月，放开第二批小商品价格。放开第一批小商品价格后，执行情况是好的。但是，由于品种范围过小，不能适应流通体制改革和进一步发展小商品生产、搞活小商品流通的要求；已经放开的小商品价格，还存在着"放而不开"或"开而不活"的问题。有些地方虽然做了放开的规定，但是没有具体落实到基层企业，实际上没有放开；有些地方定价权虽然给了企业，但是定价办法没有改革，基本上仍用管理大商品价格的办法对待小商品，没有完全放活。针对出现的新情况和新问题，为了进一步放开小商品价格，1983年4月，国家物价局会同轻工业部、商业部、国家医药管理局在湖南省长沙市召开了部分省市座谈会，在总结交流第一批放开小商品价格经验的基础上，研究提出了进一步扩大放开品种范围、改革定价办法、把小商品价格放活的建议，报请国务院。1983年9月，以国发〔1983〕136号文批转《关于进一步放开小商品价格的报告》，决定在第一批已经放开的160种（类）基础上，第二批再放开350种（类）。并要求各省、自治区、直辖市人民政府以此为基础，结合当地小商品的产销情况，制定本地区第二批放开的小商品目录，在保持市场物价基本稳定的前提下，于9、10月间安排执行。

1984年10月，全部放开小商品价格。1984年，我国经济形势很好，市场繁荣，商品供应充裕，物价平稳。国家物价局根据各地前两批放开小商品价格后取得的良好效果，1984年10月6日，以价轻字〔1984〕360号文下达了《关于全部放开小商品价格的通知》。通知指出：经国务院批准，为了进一步促进小商品的生产和经营，活跃城乡市场，满足广大人民群众的需要，除了各级政府必要管理的小商品价格以外，其余全部放开。放开的措施、步骤和具体目录，均由各地自行确定。至此，国家关于"大体上用两三年时间把应当放开的小商品价格分几批陆续放开"的设想宣告实现。

但是，各地执行的情况不尽相同，进度有快有慢。湖南省对小商品价格放开的时间早、进度快，从1981年起，陆续将百货、文化、五金、交电、日杂、针织等工业产品中的大部分三类小商品价格放开，到1983年11月，除点名留下16种与人民生活较为密切的三类小商品价格仍旧由各级物价部门管理外，其余三类小商品都实行了工商企业协商定价；但是对小药品、小医疗器械，由于它是防病治病的用品，关系到人民的身体健康，不同于一般市场工业消费品，所以采取点名放开，逐步实行工商企业协商定价的办法。多数省份如北京、河北、山西、上海、浙江、山东、甘肃、重庆等，到

1984年放开价格的小商品达千种左右。个别省进度较慢，主要是西北地区，只放开了近百种。

1979年、1980年的农产品价格调整，1982年、1983年的纺织品价格调整和小商品价格放开，都是在党中央的领导下，在姚依林同志的具体指导下进行的。价格调整有升有降，降大于升，有调有放，保持基本稳定，非常成功。

1988 年价格改革闯关的事实真相

口述者：白美清[*]

访谈者：鲁利玲、余希朝

时   间：2013 年 1 月 22 日[**]

地   点：白美清办公室

整理者：鲁利玲

    1988 年的价格改革闯关，是改革开放中的一件大事，也是改革中遭受的一次大的失误与挫折。可以说，是 80 年代经济体制改革由盛到衰的一个转折点。这一改革的事实真相如何？前因后果如何？如何汲取经验教训？对此有不同的看法。我当时在国务院任副秘书长，兼任国务院物价委员会的副主任，亲身经历了这一改革的全过程。本着实事求是的精神，以事实为根据，力求将这一事件的真实真相表达出来，使之能得到一个客观公正的评价，能从中得到教益，使今后的改革得到借鉴。

---

[*] 白美清（1931 ~ ），四川双流人。历任中共四川省委副秘书长，国务院总理秘书兼中央财经领导小组副秘书长，国务院常务副秘书长，商业部、内贸部副部长兼首任国家粮食储备局局长，中谷粮油集团、大连北良公司董事长，中国粮食行业协会、中国粮食经济学会、中国饲料工业协会会长。

[**] 本文是白美清同志在 2008 年 4 月自撰的初稿基础上，于 2013 年 1 月 22 日接受中国体改研究会改革资料库的访谈，后根据当年的工作笔记和参阅相关文献资料进行了修订。——整理者注

一　价格改革闯关的由来

从1978年改革开放起步以来，在物价改革上，已采取了一系列措施。80年代初期，实行了调放结合、以调为主的方针，先后调整了农副产业品、主要副食品和部分生产资料的出厂价格。1983年初，又决定调整化纤品价格，提高棉纺织品价格，并在此基础上，第一次取消统购统销实行多年以来的布票，受到了多方的好评。在实行主动调价的基础上，又先后实行了对部分农副产品的议购议销，对工业品以国家定价为基础的浮动价格。1982年9月至1983年9月，又连续放开510种小商品的价格，使之脱离计划价格管理的范围，实行市场价格。1985年，中央一号文件取消了对粮食和农产品的统购派购，粮食改为合同订购，订购以外的实行议购议销、市场价格。1984年、1985年，除必要管理的部分商品价格以外，其余陆续放开，实行市场调节。这样，生产资料和若干重要商品就逐步由单一的国家定价（计划价格），演变为国家定价与市场调节价并存的双轨制的局面。于是，到1986年、1987年，价格改革就逐步转到"调放结合，以放为主"的阶段。

价格改革后出现的双轨制，比单一的计划价格有了进步，调动了生产积极性。但负面效应也逐步显露出来，如地方和企业自发涨价或变相涨价，推动了物价上涨，加重了人民负担。国家财政补贴又逐步上升，到了1987年、1988年，各种补贴已占到财政收入的三分之一，影响了国家对发展和建设的资金投入。同时，又助长了投机倒把，出现"官倒"，使腐败之风有新的蔓延。所以，解决双轨制的问题，就成为当时价格改革的重要课题，也是摆在中央高层面前绕不开的难题。如何解决，就成为当时改革要过的一道难关。这就是价格改革闯关的动因。

据我所知，当时，中央领导人开始是比较谨慎的。因为在经济连续高速发展的好形势下，经济生活各方面绷得很紧，货币投放过多，通货膨胀已经出现，而且有进一步扩张的趋势。国内生产总值的增长速度，1984年为15.2%，1985年为13.5%，1986年首次突破1000亿元，增长8.8%，1987

年为 11.6%，1988 年即使出现了抢购等，当年仍增长 11.3%。固定资产投资连续五年以 20%~30% 的速度增长。而商品零售价格指数上升幅度，由 1984 年的 2.8%，上升为 1985 年的 8.8%、1986 年的 6.0%、1987 年的 7.3%，对物价的社会承受力有限，各方反应较多。

1987 年初，赵紫阳就对我说："物价问题，要认真重视一下，要搞一点安定民心的东西，要总结一下经验。第一，今年出台的东西，要重新考虑；第二，报纸宣传要进一步表态，物价要基本稳定；第三，要加强物价检查，反对乱涨价。物价问题要很好研究，无论如何不能出乱子。"① 据此，经研究后，国务院发出了《关于加强物价管理保持市场物价基本稳定的通知》。到了 9 月，全国计划会议、经济体制改革工作会议在部署 1988 工作时，赵紫阳又强调："明年（1988 年）必须进一步贯彻稳定经济的方针，并且要突出稳定物价。稳定经济，突出的是稳定物价。财政信贷要从紧，要进一步缩小基本建设规模，控制消费基金的膨胀。同时，要保持生产的稳定增长。"尽管 1987 年采取了种种措施，但当年的物价指数仍然超过预计，到 1988 年初总结 1987 年工作时，情况有了一些变化。当时，中央领导同志考虑，是否价格改革的步子干脆加大一点，与其自发地涨价，不如快刀斩乱麻，主动地调价，"长痛不如短痛"；还考虑在经济上升时，搞价改较为有利，到经济下滑时就难办了。这些考虑逐步占上风。

1988 年 1 月 25 日，中央财经领导小组在讨论经济形势时，赵紫阳说："过去是隐性通货膨胀，是压抑型的，有钱买不到东西。过去没有通货膨胀这个概念，而是买东西排队。现在通货膨胀表现出来了。"还说："这两年是否在物价调整上过于谨慎，反而带来一系列问题。这个问题还想得不成熟，可能调了以后，反而更好一些。""物价，不能一步到位，搞大改；也不能因为困难就踏步不改，改革，包括物价改革都不能停步。"

4 月 18 日，在国务院全体会议上，李鹏布置 5 月份出台副食品由暗补改明补的政策。并指出，有的省先出台，影响其他省产生波动，应该采取有

---

① 引自赵紫阳讲话和作者工作笔记。

效措施，把物价控制在有效范围内。① 在国务院 4 月 22 日召开的调节收入的座谈会上，姚依林说："最近几年物价上涨避免不了。粮食的价格要花几年时间逐步提高，副产品的价格也要提高。另一类是生产资料，如燃料、石油等。如果没有石油基础价格提高，石油的发展是不行的。石油今年全行业亏损；煤炭今年国家补贴十几亿元，很快会变成煤短缺。运输业有个提价问题，这势必影响整个原材料工业，影响到发电行业。面临价格改革的问题拖不过去了。在考虑长期计划时，要把价格问题当作很重要的问题来对待。价格变动，每年要控制在 10% 以内，要有一个总体设计，牵动工资，牵动人民生活。工资制度也不可能定死，也要有总体规划。在变动期间，我们势必要两方面进行：一方面有工资的提高；另一方面要补贴，最低生活要有保证。"5 月 2 日，姚依林听取北京市副食品暗补变明补情况汇报时又说："物价非闯不可，不闯过这一关，改革过不去，这一点干部要有统一认识。""发展到现在，工业水平要提高一步，就要过物价改革关，希望价格不提高是不现实的。提高价格的幅度，能稳一点，每年不超过 10%，希望人民的生活相应提高。现在，还是希望物价能提到一定水平，今年办不到，今年农业减产，零售物价指数达到 17%～18%。而工资水平提高，很可能达不到 17%～18%。提工资也好，补贴也好，需要进一步研究，两者要并用。不能说这些措施就能解决理顺价格的问题，恐怕还要打四五年的硬仗。考虑提价问题，各地千万不要搭车。"②

　　5 月初以后，价格改革的准备工作加快了步伐。5 月 13 日，赵紫阳召集马洪、安志文、房维中、罗干、严忠勤、张琪等座谈当前物价和工资改革问题。赵紫阳在会上说："今年的问题比较大，物价指数比较高。不能年年如此，每年如此吃不消。但价格问题多，不理顺不行。看来，趋势无法避免，只有市场调节，价格向放开发展。搞市场调节，国家如何影响市场？一方面，经济不失去平衡；一方面，有些一时放不开的有步骤进行。"他指出："从当前出发，展望未来，看工资问题、物价问题怎么办。经济高速发展还有几年

---

　　① 引自作者工作笔记，1988 年 4 月 18 日。
　　② 引自作者工作笔记，1988 年 5 月 2 日。

时间，趁此时间理出头绪，避免东欧情况。经济好的时候没有理顺，速度下来了，各种矛盾都出来了，再改革，理顺这些东西，就得靠降低人民的收入。"他还说："今年物价太高了，今后要有一个总的控制。比如，在发展比较快的情况下，每年物价指数大体在 10% 以下，8%、9%、10%，连续搞几年。相应地把需要解决的物价问题解决掉……研究一下国际上路是怎么走的。达到这个程度，以后每年物价指数控制在 2%～5%，长期稳定下去。现在没这个经验，如何驾驭这个东西？在物价上涨的情况下，把价格理顺；在收入增长的情况下，使分配合理。"会上，大家议论，物价局同志说："不算通货膨胀，大体上涨 50%，可以把价格理顺。"体改委的同志说："五年时间，每年增长 10%，有的放，有的管，逐步达到目标。"经过讨论，得出了今后五年每年物价上涨不超过 10%，力争基本理顺物价，工资相应增长一倍左右。赵紫阳还说："今年物价过去了是大好事，过不去是大坏事。"这次座谈会酝酿的意见，就是以后物价工资改革的初步框架。

决定性的是 5 月 16 日、19 日召开的中央政治局常委会，讨论制定五年（1989～1993）物价、工资改革的方案。赵紫阳在讲话中提出："今年物价上升幅度很大，城市达到 15% 到 18%，是改革以来上升幅度最大的一年。据物价局讲，今年国际国内市场价格差缩小，有些产品比价不合理的状况也有改善，但形势仍然是严峻的。现在，我们决心搞好物价改革，看主要采取什么措施。大家集中力量过好这一关。搞好了，会给今后的改革打下好的基础。过好这一关，不出大的问题，要进行全面的部署。"他还说："今后工资和物价问题必须有一个长远的打算，有一个系统的方案，纳入改革的规划之中。这是所有社会主义国家最难解决而又必须解决的问题。要有一个长远的打算，有一个系统的方案，分步实施。社会主义国家都要过这一关。先搞一个从现在到 1993 年的五年计划……今年物价上升幅度很大，今后几年之内，群众和社会最高承受力能达多少，在这个限度内，连续几年把价格理顺。要弄清楚物价要理顺什么东西，每年上涨多少，要几年的时间才能理顺，都应有规划。如我们说每年物价上涨 8%～10%，五年时间就是 50%～60% 的上涨幅度，五年时间这个幅度，把价格理顺有无此种可能？也可分别计算，每年上涨 6%、8%、10%，这样需要十年、五年或三年时间？时间多一点，还是少一点，要算账。""物价定到这个盘子，必须在工资方面有措施。要考虑物价、工资和经济的发展，三者统一考虑。"他还谈了公平分配、党政机关廉洁、提高工业企业效益、思想政治工作等问题。他最后说："总之，今后几年是改革的关口，如何坚决而又谨慎地渡过，是摆在全党面前的紧迫任务。这些都是不能回避，不能像南斯拉夫、匈牙利那样拖下去，把有利时机丧失，不得不付出更大的代价来解决。对此，我们必须有统一而清醒的认识。"在 5 月 19 日中央政治局常委会上，赵紫阳又说："物价改革，不有计划地搞，各地就自流地搞、自发地搞，付出的代价大得多，造成的矛盾大得多。现在形势不进则退。没有别的路子，只能迎着困难前进。"当时，中央领导同志在发言中表示赞同赵紫阳的意见。在 5 月 16 日中央政治局常委会上，李鹏说："紫阳同志提出的都是非常重要的问题。现在工业速度高，农业情况也好，主要是物价方面议论太多。在我国，物价非改不可，也没有回头路好走。""现在的主要问题是价格调整无长远规划，事先不清楚。整个也要有中期规划，今年内改什么，达到什么目标，明年干什么，五年之内达到什么目标。赞成紫阳同志提出的对工资、物价做长远规划。中央决定，全党执行。"①　姚依林也说："我赞成物价从现在搞下去，是不是能够做到五年内理顺价格，理顺也只是初步理顺。国内市场在变化，国内需求也在变，但我们要集中一段时间，把它初步理顺。今后五年，比如每年价格上升不到 10%，实际工资超 10%，这样价格改革就可继续搞下去。"这次常委会上决定制定五年物价、工资改革方案。为了制定五年物价、工资改革方案，会议决定由国务院组成以姚依林为主任的物价委员会，立即开展工作。国务院物价委员会由姚依林提名，由财经各方面的负责同志 13 人组成，②　集中了国务院经济工作各部委的负责同志，意在尽快制定一个较好的切实可行的方案。

---

①　引自作者工作笔记，1988 年 5 月 16 日。

②　国务院物价委员会主任姚依林、副主任白美清，成员有闫颖（国务院副秘书长）、房维中（国家计委副主任）、迟海滨（财政部副部长）、邱晴（中国人民银行副行长）、刘鸿儒（国家体改委副主任）、严忠勤（劳动部副部长）、陈耀邦（农业部副部长）、张世尧（商业部副部长）、成致平（国家物价局局长）、张祺（国家物价局副局长）、马祖彭（姚依林秘书）。

5月30日，赵紫阳在中央政治局第九次会议上，做了《逐步建立社会主义商品经济新秩序》的发言。他在"关于物价问题"一节中指出："今年将是我们改革以来物价指数上涨幅度最大的一年。其中有国际市场商品涨价，特别是进口原材料大幅度涨价的原因，也有国内的原因。我们发展社会主义商品经济要按价值规律办事，这就必须理顺原来极不合理的价格关系。""必须看到，我们的整个物价体系还远远没有理顺，例如粮食价格、石油价格、运输价格等等，都是极不合理的。许多生产资料实行双轨制价格，在当时是完全必要的，有利于促进生产，但长此以往，流弊很大，这些问题有待解决。""为了过好物价改革这一关，要做通盘打算，制定一个综合考虑多种因素的物价改革计划，不能只是应付临时遇到的问题。比如，考虑到社会承受能力，物价指数每年上升多少为宜，大约需要几年时间才能逐步理顺，在工资、利率、思想工作方面采取什么配套措施等等，这些都要纳入计划之中。能否考虑，大体五年左右，把价格问题初步理顺。物价改革总的方向是放开，实行市场调节，并使之接近国际市场价格。""需要放开的物价，有些可以一步到位，有的可以先实行调放结合，然后再一步到位，在价格改革的五年总体方案中，明年这一步如何走非常重要。要尽可能做到社会震动不过大，而又能在理顺价格和促进生产方面真正解决一些问题。"到了5月底，结束了酝酿方案的工作，正式转入制定工作。以上，就是当时价格改革的背景和酝酿过程。

二 《1989~1993年的物价、工资改革初步方案》的制定

从1988年6月2日起，国务院物价委员会在姚依林的主持下，先后召开十多次会议，历经一个多月的时间，研究制定了《关于今后五年和明年物价、工资改革的初步设想》。经讨论修改后，8月5日到9日，提请国务院常务会议审议，并原则通过。据我的了解，在国务院常务会议讨论时，绝大多数同志都表示赞同，也有同志表示了担心。在8月8日讨论中，宋健说：通货膨胀控制不住，是本届政府的危险。通货膨胀严厉的措

施少了一点，显得很仁慈，决心不大。经讨论后，李鹏最后总结说：国务院常务会议原则同意物价委员会提出的改革方案，修改和提交中央政治局讨论。①

　　8 月 15 日至 17 日，在北戴河召开了中央政治局扩大会议。赵紫阳主持会议，姚依林就《物价、工资改革初步方案》做了汇报。会上，讨论得很热烈、很认真。在讨论中，有的同志说：对方案是支持的，很难想出更好的方案（赵紫阳插话说：箭在弦上，不得不发。）我们一方面支持，一方面担心。现在，群众心理承受能力比较低。针对群众中存在的问题，加强思想政治工作有好处。大家还就改革方案的内容、加强调控、控制通胀、发挥全党优势、做好政治思想工作等方面，提出了很好的意见。8 月 17 日上午，赵紫阳根据会上讨论的结果，归纳为 10 个问题，作为会议的结论。（1）原则批准国务院提出的物价、工资改革初步方案，提交中央工作会议和十三届三中全会审定。（2）物价改革是整个经济体制改革的关键，是经济体制全面改革的攻坚阶段。（3）改革中最重要的困难，也是大家顾虑最大、信心不足的就是通货膨胀，物价上涨过大。其实，我们在解决通胀上也有很多有利条件，有很大回旋余地。（4）整个这次改革能否达到预期目的，不仅决定于物价改革方案本身，而且决定于企业机制和市场的培育与形成。（5）关键在于全党统一思想、统一行动。这次改革有成功的极大希望，也有失败的可能，关键是全党要统一认识，重大措施令行禁止，统一行动。（6）这次价格改革的重大措施，如压基建、压集团购买力、培育市场、住房商品化等都要有具体方案和有力措施，有负责执行的机构和监督的组织。（7）加强和改进国民经济的宏观调控，控制中有的要用新办法，也有的要用老办法。（8）进一步搞好党政机关的廉洁，把解决分配不公的问题，摆在重要日程，作为改革的重要组成部分。（9）加强和改进思想政治工作。（10）在 9 月召开中央工作会议和三中全会。此前，召开党外人士会议和专家会议。赵紫阳发言后，习仲勋、乔石、胡启立、王任重、万里、杨尚昆、吴学谦、宋平、

———————

①　引自国务院常务会议记录，1988 年 8 月 8 日、9 日。

宋任穷、张劲夫、彭冲、丁关根等先后发言，表示同意，争取成功，避免失败。[①]

事实说明，这次中央政治局扩大会议讨论物价改革方案是认真的，并不是草率的。会议通过的《物价、工资改革的初步方案》提出："我国的经济体制改革和经济发展，已经把价格改革这个难度很大的课题突出地提到了我们的面前。价格改革这一关非过去不可，既绕不过去，也不能再拖。"方案分六部分：一是价格、工资改革的必要性；二是改革需要遵循的主要原则；三是1989~1993年价格、工资改革的轮廓设想；四是1989年价格、工资改革的初步方案；五是主要风险和基本对策；六是必须采取的配套措施。此方案经修改后，在9月份提交中央工作会议和十三届三中全会审定。

在制定方案前后，除了国务院物价委员会仔细讨论了数十次外，体改委、经济研究中心等单位也邀请专家进行了多次讨论，提出了许多好的建议，如要"管住票子，放开价格"；实行"从紧的财政、货币政策"等。此外，还较为广泛地听取了国际知名学者和专家的意见，如吴庆瑞（新加坡）、林重庚（世行专家）等。林重庚就提出："搞商品经济市场，核心是价格。现在价格改革放慢，全力推进企业承包，在市场情况混乱情况下搞活企业，前景令人担忧。应当控制企业改革的步伐，首先改革价格体制。"[②]美国邹至庄教授也说："中国目前正大力推行承包责任制，但不能把价格改革搁置一旁。确实，在企业经营机制尚未得到改造的情况下，改革物价难以显示应有的效果，但这并不是说，非要等到企业改革完成后才着手物价改革，这是不存在一先一后的关系，应相互配合，共同促进。"瑞士苏黎世大学林德教授也说："中国经济改革的关键是价格改革，如果价格改革不成功，改革在总体上就是不成功了。因为没有一个合理的价格体系，整个经济就无法合理运转。如果你们能在一星期完成价格改革，当然很好，但不知你们的人民承受能力如何？为此需付出的社会代价如何？所以，我主张大体上

---

① 引自会议记录，1988年8月17日。
② 引自《国家体改委快报》1987年第13号。

用五年时间改革价格。如果拖得时间太长，将失去价格改革的威力。"① 从以上事实可以看出，在制定方案过程中，是较为认真听取了国内外专家意见，注意集思广益的。

价格改革在 8 月下旬遭受挫折后，当时中央领导仍十分注意听取各方意见，研究改进办法。10 月 7 日，田纪云副总理会见新加坡吴庆瑞。吴庆瑞指出："国际经验表明，通货膨胀的原因有成本推动与需求拉上两种。我们认为，目前中国的通货膨胀主要是需求拉上造成的。中国人民银行的官员认为，这次通货膨胀是以往几年积累起来的问题表现。我们同意这一观点。价格改革在目前通货膨胀的条件下不要再放开。但一旦控制了，改革就要加快进行。价格改革会造成物价上涨，但这种短期痛苦是应该忍受的。进一步价格改革的必要性在于：一是可以彻底停止价格双轨制，消除由此带来的困难和弊端；二是使各类企业能在合理的条件下平等地竞争，并促使企业采取先进的管理办法。要避免每三至五年就出现一次经济过熟—紧缩的周期，改善宏观调控。"吴还建议，在国务院领导身边成立一个高级咨询委员会。②

1989 年 3 月，中央又派安志文、刘鸿儒到香港，与台湾中华经济研究院院长蒋硕杰、副院长于宗先、美籍华裔教授邹至庄、费景汉、顾应昌、刘遵义等人进行了长达四天的研究座谈，就经济发展、经济体制改革、物价改革等问题详细交谈。这些专家主张，政府的经济政策，除特殊情况外，应尽可能与市场的供求力量相配合，在有效管住货币的前提下，坚持放开商品价格，实行贸易汇率自由化和资金利率市场化。他们总的认为："大陆经济改革十年来，取得了很大成绩，人民生活显著改善。改革的目标要建立'市场引导企业'的机制，路子是对的。当前，虽然出现了一些问题，但从经济角度，并不算很严重，包括通货膨胀 18.5% 在内，比台湾 50 年代初期的困难要小得多。只要措施正确，实现经济继续稳定增长，进一步推动国家现代化，应当是有希望的。"关于价格改革，他们一致认为："历史已经证明，

---

① 引自《国家体改委简报》1988 年第 1 期，贺光辉、高尚全与林德的谈话记录，1988 年 7 月 22 日。

② 引自国务院特区办、国家外汇管理局印发《田纪云同志会见吴庆瑞博士谈话记录》，1988 年 10 月 14 日。

凡市场机能灵活运行的国家和同等经济发展阶段的国家相比，都是超前的；凡市场机能滞碍不畅的国家和同等经济发展阶段相同的国家相比，都是落后的。要是市场机制能很好发挥作用，必须改变政府管制价格的制度，不仅实物产品的价格，也包括资金和外汇的价格。大陆前几年的改革中，把许多产品的价格放开了，对有些产品实行双轨制，市场机能得到一定的发展，成效是很明显的。但由于去年通货膨胀加剧，听说现在又准备放慢价格改革的进程，并对一些价格重新进行管制。这作为一种临时措施是可以理解的，但时间无论如何不宜太长。这不仅因为，现在双轨价格，不可能长此下去；而且价格一管制，把有些产品的比价又扭曲了，把许多经济关系又弄乱了，对经济发展不利，将来付出的代价可能更大。有的人强调，价格改革要找时机，实际上，不合理的价格不改革，经济不能良性循环，就永远找不到人们想象的时机。因此，根本的出路还是要解决好总供给与总需求的平衡，下决心把货币管住。在此前提下，把绝大多数产品的价格放开，由市场形成；少数可以由政府按一定利润率原则控制。"①

所以，事实上是价格改革方案的制定，是注意听取各方意见的，而不是一意孤行的。但由于领导思想上急于求成，致使一些好的意见未被完全吸收，这是应当引以为戒的。

三　在制定价格改革五年初步方案中
邓小平和陈云同志的意见

邓小平非常关注价格改革，多次发表重要讲话，鼓励大家勇于闯关。早在 1985 年 7 月 12 日，赵紫阳、田纪云等到邓小平处汇报改革的思想和初步方案时，小平同志就指出："物价改革是很大的难关，但这个关非过不可。不过这个关，就得不到持续发展的基础。十二届三中全会以来九个月的实践证明，物价改革是对的……改革的势头好，要坚持搞下去，这个路子必须走。今后即使出现风波，甚至出现大的风波，改革也必须坚持。否则，下一

---

① 引自《安志文、刘鸿儒同志关于和台湾经济学家座谈的报告》，1989 年 3 月 25 日。

个十年没有希望。"① 在 1988 年制定物价、工资改革初步方案的关键时刻，小平同志接连发表讲话，予以支持和指导。5 月 19 日，小平同志会见朝鲜人民武装力量部部长吴振宇时说："多年来物价问题，是国家财政的沉重负担。只有理顺物价关系，改革才能加快步伐。最近猪肉、蛋、蔬菜、糖四种副食品放开价格，我们意识到这是个风险。我们准备让副食品价格放开先走一步，看发展，再放开原材料价格。国际舆论认为，这是我们十年来胆子最大的一次行动。中国不是有个关公过五关斩六将嘛，我们可能比关公还要过更多的关，斩更多的将。这是要担很大风险的事情，过一关很不容易。这次副食品价格一放开，就有人抢购，议论纷纷，不满意的话多得很。但是，广大人民群众理解中央这个决心应该下，旧的价格制度不符合价值规律，违反经济生活法则。过去我们每年搞物价补贴，国家财政负担很重，大约每年要几百个亿。我们的财政收入很大一部分搞了物价补贴，真正投入建设的就不多了，改善人民生活的就更少了。过去我们搞建设是背了个大包袱。要轻装前进，物价问题非解决不可。每走一步都要担很大风险，所以每走一步都要兢兢业业，都要大胆细心。我们的改革不会一帆风顺，会遇到很大困难。要让全党和全国人民懂得，这是很艰巨的工作。现在过第一关能否成功，今天还不能讲，但我们希望成功。这就需要我们在每走一步时，都要总结经验，做些调整，使之符合实际情况。非走这一步不可。在另一个意义上，也说明我们遇到了很大困难，我们走出这一步是个大胆的决策。走第二步时同样会冒风险，会遇到很大困难。不闯这个关没有出路。我们过去十年的发展是可喜的，但我们遇到的困难也不少。十全十美的方针、十全十美的办法是没有的，国际国内的经验也没有，面临的都是新问题，要自己去创造经验。坦率地说，下这样的决心，这样进行，我们领导也是胆战心惊，但就是要迎着风险、迎着困难上。基本理顺物价大概要五年，也许还不够。有五年天天提心吊胆，但我们的速度不会太慢。1988 年，尽管在风浪中发展，但速度可能要超过 10%，也就是要超过两位数。天天在风浪中前进，但本世纪末翻两番的任务一定能完成。这就是我们的现状。"

---

① 引自亲历者工作笔记，1985 年 7 月 12 日。

"中国现在实际上是很大很大的实验室。我们面临的是新事物。对经济工作，赵紫阳同志比较熟，看未来方针政策是对头的。我们通常讲实践是检验真理的唯一标准，放开物价，加速改革，正确不正确，也要看实践。总之，我们现在既有顺利的情况，又有冒险的情况。好在这十年来我们人民的生活有了点改善，对风险的承受能力有一定的增强。过年把子就可以看出这次物价改革是正确还是错误，偏差是小还是大。我总是告诉我的同志们不要怕冒险，胆子还要再大些。如果前怕狼、后怕虎，就走不了路。将来出了差错，主要责任是我的。当然，我们也有一定的信心和把握，不然不会下这个决心。"①

6月3日，邓小平会见"90年代的中国与世界"国际研讨会的全体与会者时又提出："改革没有万无一失的方案，问题要搞得比较稳妥一些，选择的方式和时机要恰当。不犯错误不可能，要争取犯得小一点，遇到问题就及时调整。这是冒风险的事情，但我看可以实现，可以完成。这个乐观的预言，不是没有根据的。同时，我们要把工作的基点放在出现较大风险上，准备好对策。这样，即使出现了大的风险，天也不会塌下来。"②

6月7日，邓小平在会见波兰统一党中央政治局委员、部长会议主席梅斯内尔谈话中指出："中国正在改革，为今后的发展创造更好的条件。我们不仅着眼于本世纪，更多的是着眼下一个世纪。现在面临的问题是，不进则退，退是没有出路的。只有深化改革，而且是综合性的改革，才能保证本世纪达到小康水平，而且，在下个世纪，更好地前进。""我们的改革有很大的风险，但很有希望成功。有了这样的信心，才能有恰当的决策。我总是鼓励我们的同志更大胆一些。"③

6月22日，邓小平会见埃塞俄比亚总统门格斯图时，在谈话中又指出："1978年以来，我们又开辟了建设有中国特色社会主义的全新事业。形势逼

---

① 引自房维中《在风浪中前进——中国发展与改革编年纪事（1977～1989）》第11分册，自印本，第151～153页；《中办通报》1988年第12期；新华社消息，1988年5月19日。

② 引自房维中《在风浪中前进——中国发展与改革编年纪事（1977～1989）》第11分册，第161页；《邓小平文选》第3卷，人民出版社，1993，第267页。

③ 引自《邓小平文选》第3卷，第268页。

人，迫使我们进一步改革开放。还需要过好几个关，现在我们碰到的最大的关是价格制度和工资制度的综合改革。前进的道路不平坦，但是我们相信这十年好的形势能够继续发展下去。我们对此寄予希望。"①

根据中央文献研究室文章的记载，在起草物价、工资改革初步方案过程中，陈云曾提出不同意见。5 月 18 日，姚依林到陈云处通报 5 月 16 日中央政治局常委会讨论物价、工资改革的情况，依林同志说：我们设想，从明年开始，每年价格上涨 10%，连续五年。每年人均收入增加 11%、12%、13%、14%，算四笔账。陈云问：你看可以理顺价格？姚依林答：我讲初步理顺，用五年时间。陈云问：物价连涨五年，情况会有什么变化？姚依林答：价格总水平提高 60% ~ 80%，工资增加 100%。陈云表示怀疑，说："物价每年上涨 10%，连涨五年，我打个很大问号。"姚依林说：这条路是否走得通，我也没有把握。陈云进一步点出：问题是，物价连续上涨 10%，影响的面很大。如果把这个计划公布于众，赵紫阳敢不敢讲？姚依林说：非讲不可。陈云又谈物价上涨后，不拿工资的农民怎么办，并说：根本问题是农民从土地转出来，拿工资，比当农民好得多。但是这个事很不容易。我们有生之年，农业过不了关。

5 月 28 日，陈云同李鹏谈话，明确反对拟议中的价格、工资改革办法。他斩钉截铁地讲了他的不同看法："每年物价上涨 10% 办不到。我是算账派，脑子里有数目字。理顺价格在你们有生之年理不顺，财政补贴取消不了。"② 另据李鹏记载：5 月 28 日上午 10 时去陈云同志处谈话，他的基本观点是："物价不可能一下子理顺，任何国家都有补贴。"③

我和国务院物价委员会的同志回忆，我们当时并没有听到李鹏和姚依林传达陈云这方面的重要意见。我本人也是在 2005 年中央文献研究室发表的文章和 2007 年李鹏公开出版的《李鹏经济日记》中，才看到陈云的这两次谈话的内容。

---

① 引自《邓小平文选》第 3 卷，第 270 页。
② 引自中共中央文献研究室《一九八八年物价闯关前后》，《炎黄春秋》2005 年第 10 期。
③ 引自《市场与调控——李鹏经济日记》（上），新华出版社、中国电力出版社，2007，第 534 页。

四　抢购提款风的冲击——五年物价、
工资改革方案的夭折

　　1988 年 8 月 17 日中央政治局会议结束后，8 月 19 日，全国报刊刊登了新华社于 8 月 18 日发布的会议公报，公布了会议讨论并原则通过的《关于价格、工资改革的初步方案》的一些内容。特别是报道中提到："会议认为，价格改革的总方向是，少数重要商品和劳务价格由国家管理，绝大多数商品价格放开，由市场调节，以转换价格机制，逐步实现'国家调节市场，市场引导企业'的要求。"公报发布后，给正处于通货膨胀形势下的市场起到了火上浇油的作用，许多群众不明真相，认为绝大多数商品价格要放开了，即是要涨价了。8 月下旬，全国许多城市出现商品抢购、挤兑银行存款的风潮，造成了极坏的影响。

　　据国家统计局的统计，当年 8 月份，社会商品零售总额比上年同期增长 38.8%。特别是耐用消费品，如洗衣机销售增长 1.3 倍，电视机增长 56%，电冰箱增长 82.8%。抢购的盲目性大。受抢购的影响，8 月份居民提取储蓄存款 389.4 亿元，比上年同期增长 1.3 倍。部分商品已经脱销。

　　抢购、挤兑事件发生后，8 月 26 日，赵紫阳找姚依林谈话，研究制止抢购问题，一致认为银行要搞保值储蓄，解决群众对物价上涨的恐慌心理。赵紫阳还提出把明年计划的物价指数调低一点，姚依林主张不超过 10%，赵紫阳表示赞成。赵紫阳还提出，是否搞上一年以整顿为主，治理经济环境，整顿经济秩序。8 月 27 日晚，赵紫阳约李鹏、姚依林、张劲夫交换意见，连夜磋商，研究明年把物价降下来，以及调价的安排等问题。赵紫阳说：看起来要把整顿经济秩序、治理经济环境纳入改革中去。以后，又与杨尚昆、万里、薄一波谈了一次。赵紫阳说："我们酝酿以后，国务院开会前，问了小平同志。他说同意这个部署，没有不同意见，不再谈了。"①

---

　　①　引自作者工作笔记。

　　8 月 29 日，赵紫阳主持中央财经领导小组会议，会议决定了三条重要措施：一是明年集中力量治理经济环境，整顿秩序，价格、工资改革的方向不变，但步骤要更稳妥些。二是采取有力措施制止抢购风。银行开展中、长期保值储蓄，以稳住居民的储蓄存款；明年（1989 年）的物价指数要明显低于今年，最好控制在 10%。三是要加强宏观调控，正确引导和约束地方行为及企业行为。这次会议，标志着五年物价、工资改革方案事实上已经告吹，仅仅存在了半个月时间，可以说是个短命的方案。自此以后，不得已转入了治理整顿的"新阶段"。

　　紧接着，8 月 30 日，李鹏主持召开了国务院常务会议。根据中央财经领导小组讨论的意见，经过研究，由国务院发出《关于做好当前物价工作和稳定市场的紧急通知》（国发明电〔1988〕14 号），做了 6 条规定：（1）国务院将采取有力措施，确保明年社会商品零售价格上涨幅度明显低于今年。（2）必须坚决贯彻执行国务院关于今年下半年不出台新的涨价措施的决定。（3）为了稳定金融和保护人民群众的利益，由人民银行开办保值储蓄业务，使三年以上的长期存款利息不低于或稍高于物价上涨幅度。具体办法由人民银行近期内制定公布。（4）坚决压缩固定资产投资规模。停建、缓建楼堂馆所新项目，严格控制社会集团购买力，抓紧清理整顿公司，清理整顿非银行的金融机构。要把今年的信贷和货币发行控制在国家要求的数额之内。（5）要切实做好农副产品的收购工作。（6）各级人民政府要组织好市场供应，严格市场管理。这些措施下达以后，抢购、提款的风潮就基本平息，经济生活开始稳定下来。

　　9 月 2 日，赵紫阳主持召开中央政治局会议，讨论稳定物价问题。他在会上说："全国出现提款抢购风，货币发行量超过北戴河开会时的预计，至少多发 100 亿元票子。再加上今年农业歉收已成定局。这对明年物价改革增加了难度。在物价改革方向不变，五年方案基本不变的情况下，在步骤上应当重新加以考虑。作为五年实行价格改革的第一年，步子要小一点，以避免大的风险。"还提出："明年改革的重点，放在整顿和建立经济秩序，深化和展开进一步物价改革所必需的各种配套改革上。"政治局会议原则同意了稳定物价、搞治理整顿的意见。

9月15日至21日，在北京召开了中央工作会议。赵紫阳在会上提出："明后两年改革和建设的重点，要突出地放到治理环境、整顿经济秩序上。"他还就前一段经济中出现的问题做了自我批评，说："我们还是见事迟，抓得迟了。""一段时间，我们曾想早点儿取消'双轨制'，现在看来不行。因为我们是个发展中国家。""既然'双轨制'在一定时期还不可避免，就必须研究如何减少它带来的混乱现象。这是宏观调控提出的一个非常重要的任务。"紧接着，9月26日至30日，中央召开了十三届三中全会。赵紫阳在会上说："治理环境、整顿经济秩序是明后两年改革和建设的重点。"他指出：我国当前总的经济形势是好的，但存在的困难和问题也不少，突出的是经济生活中出现了明显的通货膨胀，物价上涨幅度过大。造成这种情况的根本原因是经济过热，社会总需求超过总供给。总需求超过总供给，是多年积累下来的，在新旧体制转换时期还不可能完全从机制上解决这个问题，这就更需要从工作上加强管理和控制。近几年，我们控制预算内基本建设规模方面取得了一定成效，但预算外基建规模的膨胀远远没有控制住，而且愈演愈烈。如果今年年初抓紧解决这个问题，就会更好一些。看来，我们还是见事迟了，抓得晚了。当然，现在解决还来得及，如果再犹犹豫豫，当机不断，那就会出大问题。我们必须充分认识到遏制通货膨胀这个问题的重要性和紧迫性，当机立断，下最大决心，把明后两年改革和建设的重点突出地放到治理经济环境、整顿经济秩序上来。否则，不但价格改革难进行，其他改革也难以深入，整个建设的发展就会受到严重影响，甚至会损害十年改革所取得的成果。

在会上，李鹏也说：政治局会议后，我向小平同志汇报了一次。讲了方案，又讲了物价能否控制住，信心不足。小平同志讲，不是讲宏观调控吗，除了经济手段外，还要有强有力的行政手段。要强调守纪律，不能各行其是，不能自由行动。发挥传统优势，中央一声令下，全国统一行动。四项原则不能丢，丢了社会失去凝聚力。改革方向这个不能变，方法可以走一步看一步。9月1日，在妇联六大会议上，小平同志说，你们提的控制物价措施我赞成，喘一口气。但方向不变。改革是件伟大的事，只能有领导、有步骤进行。①

因此，十三届三中全会以后，全国经济工作的重点就转到治理整顿上了。五年物价、工资改革方案就胎死腹中了。也没有必要层层转达，动员全党、全国去实施了。

五 在价格改革闯关受阻后邓小平和陈云同志的表态

价格改革闯关引发抢购提款风潮，如何看待，如何总结经验教训，今后的出路如何，按什么方向走，是全党、全社会所关注的问题。

邓小平作为改革的总设计师，以其远见卓识，支持十三大选出的新班子，强调要总结经验，坚持改革。1988 年 9 月 12 日，中央政治局常委向小平同志汇报时（薄一波参加），小平同志指出：“要改变一个观念，改革，深化改革，不仅是一个价格改革，而是多方面的改革，只有多方面才能创造和理顺价格改革的环境和条件。但是，最后真正建立秩序不理顺价格不行。不理顺价格就谈不上经济改革的真正成功。能用五年左右的时间，初步理顺就不错，最终达到面向世界。”在谈到价格问题上的财政补贴时，小平同志问现在多少，赵紫阳答道：现在财政收入 2400 亿元，补贴大体上是七八百亿元，占财政收入 1/3。小平同志还说：“你不理顺价格，包袱就越来越大。补贴这样的问题要弄清楚，好好研究一下。”“总之，我们要定一个方针，就是深化改革，要为改革创造良好的环境，达到最终理顺价格……我认为，改革就是价格与工资改革这个提法要改变，因为它是综合的改革。实际上，对付‘倒爷’，不论‘官倒’、‘私倒’，它不仅是经济改革，也是政治改革。”邓小平还强调：“我赞成边改革边治理整顿经济秩序。要创造良好的环境，使改革能够顺利进行。中央定了措施，各地各部门就要坚决执行，不但要迅速，而且要很有力，否则就治理不下来。现在的局面看起来很乱，出现了这样那样的问题，如通货膨胀、物价上涨，需要进行整顿，这是不可少

---

① 引自房维中《在风浪中前进——中国发展与改革编年纪事（1977～1989）》第 11 分册，第234 页。

的。但是，治理通货膨胀、物价上涨，无论如何不能损害我们的改革开放政策，不能使经济萎缩，要保持适当的发展速度。现在出现的这些问题是能解决的，我们有信心。小错误难免，只要不犯大错误就行了。"①

9月16日，邓小平在会见日本自民党前副总裁二阶堂进一行时，也说："改革发展到今天这个阶段，到了应该很好总结的时候。十年来的发展是可喜的，但也带来新的问题。速度本来是好事，但太快也带来麻烦。通货膨胀主要是管理不严造成的，我们缺乏经验。物价改革以前就有通货膨胀，主要是总供给与总需求的关系处理得不够恰当。现在需要总结经验，继续前进，控制总需求的增长，控制发展速度。我胆子够大了，现在需要稳。十亿人口的大国，应力求稳定。走一步，总结一下经验，有错误就改，不要使小错误变成大错误，这是我们遵循的原则。"②

10月17日，邓小平会见罗马尼亚共产党总书记齐奥塞斯库时说："我们最近经济发展过热，速度太快，需要总结经验。这十年，我们取得了可喜的进展，但也带了一些问题。问题之一是我们的速度太快，带来供求关系的矛盾增大。分配方面，人们分配太多，与国家财政承受能力不相适应。所以，我们最近召开的十三届三中全会提出控制经济发展速度，治理经济环境，整顿经济秩序，初步确定搞两年。要整顿经济秩序，就要降低经济发展速度。太快了不行，太慢了也不行……总的情况好。我们制定的战略目标，肯定能够达到，至少本世纪的目标看来能够达到。"③

1989年3月23日，邓小平会见乌干达总统穆塞维尼时说："从十一届三中全会到去年底的十年里，我们有了可喜的发展，中国的经济和人民生活都上了一个台阶。但在发展的过程中，也出现了新的失误。这些失误同我们这些老人有关。现在领导层中的赵紫阳总书记、李鹏总理当然也有份，但主要是老人，老人中主要是我。如果讲失误的责任在谁，李鹏总理在人大作

① 引自《邓小平同志与中央常委谈话的记录》（1988年9月12日），参见《邓小平文选》第3卷，第277页。
② 引自中共中央文献研究室编《邓小平年谱（1975～1977）》（下），中央文献出版社，2004，第411页。
③ 引自外交部印发的邓小平同志接见外宾记录稿。

的政府工作报告中已经做了自我批评，我作为一个老人也有份。我们的根本观点是，这十年成就是主要的，我们的国民生产的总值翻了一番，这是不容易的，是由于我们坚持社会主义现代化路线，坚持改革、开放带来的。我们执行的路线、方针、政策是正确的。所以，我们大错误没有犯，但小错误不断。因为我们没有经验，没有经验就要摔跟头，今后也难以避免。我们现在的问题是通货膨胀，物价上涨得太快，给国家和人民都带来了困难。这个问题三年前就出现了苗头。如果把现在克服困难的措施放到三年前，问题就不会这么大，解决起来会好办得多。现在，我们要用两年或更多的时间来克服、纠正这些问题。"①

针对经济生活中出现的问题，在十三届三中全会以后，1988 年 10 月 8 日上午，陈云找赵紫阳谈了一次话，系统地讲了八个问题。他说："在我们这样的一个社会主义国家里，学习西方市场经济的办法，看来困难不少。你们正在摸索，摸索过程中碰到一些问题是难免的，还可以继续摸索，并随时总结经验。下面，我谈八点意见。"

第一，粮食始终是个大问题。十亿人民要吃饭，农民种地卖粮给国家，天经地义。现在相当大一批农民搞乡镇企业，买粮食吃不能小看。对乡镇企业要做一些调整研究，哪些是有用的，哪些是不行的，以便积极引导，促其健康发展。

第二，种田必须养地；承包已交企业的，必须确保设备完好率。化肥用得越多（超过一定数量），土地就越瘦，今后必须提倡施用农家肥。要研究现在农民不重视农家肥的原因，提出有效的解决办法。企业实行承包责任制，有积极的一面，也要看到消极的一面，比如不少企业为了完成承包数，硬拼设备，带病运转，近年来安全事故增多，恐怕与此有关。企业一定要维护好设备，特别是关键设备，四个九不行，必须做到万无一失。总之，要看到现在无论是农业生产还是

①　引自房维中《在风浪中前进——中国发展与改革编年纪事（1977～1989）》第 12 分册，第 50～51 页。

工业生产，都相当普遍地存在着一种掠夺式的使用资源的倾向，应当引起重视。

第三，中央的政治权威，要有中央的经济权威作基础，没有中央的经济权威，中央的政治权威是不巩固的。在经济活动中，中央应该集中必须集中的权力。搞活经济是对的，但权力太分散就乱了，搞活也难。现在非生产性建设，特别是楼堂馆所建设搞得太多了，连黑龙江也跑到北戴河盖堂馆所，真是怪事。

第四，永远不打赤字财政。从全局看，在几大平衡中，最基本的，是财政平衡。要扭转当前混乱的经济局面，首先要靠财政平衡，特别是中央财政平衡。现在票子发得太多，票子发行的权力要高度集中，我看还是要"一支笔"。

第五，在历史上起过作用的办法，现在不应该全部照搬，但也不能一概否定。三年恢复，赶上蒋介石二十二年。从"一五"到现在近三十六年，中间虽有曲折，但发展也不算太慢。在过去这些年里，我们搞的一百五十六项尖端科学技术、石油自给、武钢一米七轧机、十三套大化肥、宝钢以及铁路、电力、农田水利等建设，它们的作用不能低估。苏联能同美国抗衡，到现在才用了七十一年。而美国从华盛顿时代算起，到现在近二百年。（这一段话，在中央文献研究室的文章中删去。）当然，目前国内外情况同过去比，发生了很大变化。过去我们经济工作中也不是说没有缺点错误。我在一九七三年三月说过，六十年来，无论苏联或中国的计划工作制度中出现的主要缺点：只有"有计划按比例"这一条，没有在社会主义制度下还必须有"市场调节"这一条。所以，我们需要改革。但在改革中，不能丢掉有计划按比例发展经济这一条，否则整个国家经济就会乱套。

第六，提高人民生活水平要掌握一定的幅度，不能过高过快。还是那句老话：一要吃饭，二要建设。好事要做，又要量力而行。

第七，对储蓄搞保值是必要的，同时，国库券也要保值。如果不从根本上采取稳定物价的措施，提款抢购风潮还会再起。外债可以借，但要尽量少借。借外债要用得好，还得起。

第八，目前财政经济上遇到一些困难，在克服这些困难的过程中，必须加强依靠党的领导，特别是党中央的核心领导作用。

10 月 12 日，赵紫阳在印发陈云这一讲话时写道："陈云同志在 10 月 8 日就经济工作向我做了一些重要讲话，现印发政治局常委会议各同志。"

据中央文献研究室称："这是陈云晚年对经济工作一次比较全面的谈话，其内容是他晚年在经济工作方面一直关注的几个问题。为了准备这次谈话，他做了较长时间的考虑，并写好讲话提纲。在谈话的时候，他一边念稿子，一边讲话。这在过去是少有的，可见他对这次谈话的重视。"①

六　对价格改革闯关搁浅的反思

近三十年已经过去了，我们应当冷静地反思这次价格改革闯关失误。本人从始至终身经其事，深感需要对事件本身以及如何对待这一事件做出公正的、科学的、客观的评价，从而汲取有益的教训，对更好地沿着改革开放的大目标、大方向前进，是很有裨益的。

第一，当时是在经济过热、通货膨胀日趋严重的情况下，出台物价改革方案的。而且方案提出年物价上涨控制在 10% 左右来理顺价格的目标，本身就具有很大的风险。背离了价改"调放结合，以放为主，放中有管，稳步推进"的原则。可以说，当时经济环境不好、方案要求过急、公布的方式不当，因而酿成了改革开放以来第一次大的失误。

第二，物价、工资五年改革方案当时仅是一个提供会议讨论修改的初步方案。从 8 月北戴河政治局扩大会议原则通过到月底急刹车，仅仅两周时间，还未等到 9 月中旬的十三届三中全会审议批准、正式做出决定就夭折了。其直接后果，就是造成了当年 8 月下旬的几天里全国不少城市出现的抢购与提款。但当年经济仍然是快速增长的，国内生产总值增长了 11.3%，

①　引自中共中央文献研究室《一九八八年物价闯关前后》，《炎黄春秋》2005 年第 10 期。

进出口总额突破 1027 亿美元，增长 24.4%，财政收入增长 7.2%。因此，可以说，价格改革闯关受阻，在人们思想上、心理上造成的不良影响，大于经济上造成的损失。对这一事件带来的损失，我们不能缩小，也不能夸大，更不能无限上纲。例如，有人说，是闯关造成了通货膨胀。事实上，1988 年的工作是在李鹏总理的主持下进行的。当时，售物价总水平比上年直线上升，1 月份上涨 9.5%，2 月份上涨 11.2%，3 月份上涨 11.6%，4 月份上涨 12.6%，5 月份上涨 14.7%，6 月份上涨 16.5%，7 月份上涨 19.3%，8 月份上涨 23.2%。后来，全年平均上涨 18.5%；其中国家调价、放开的占 8%，自发涨价占 7.9%，而上年翘尾巴因素只占 2.6%。所以，并不是改革方案带动通货膨胀。当时，通货膨胀是多种原因形成的，既是 10 年改革中高速发展、货币发行过多沉淀下来的，也与当年实施保值储蓄迟缓、居民持币待购、商品紧缺等因素有关，这才是历史的真实。

第三，治理通货膨胀是改革、发展、稳定中的一个关键环节。应当说，从 1985 年开始已经出现通货膨胀的苗头，当年商品零售物价总指数上升到 8.8%。以后，虽采取了措施，但力度不够，仍控制不住；1986 年为 6%，1987 年为 8.3%。从领导思想上看，正如赵紫阳同志在 1988 年 9 月中央工作会议上说，见事迟，抓得晚，对通货膨胀的严重危害性认识不足，因而措施也不到位。赵紫阳主动承担责任，所做的这个自我批评是实事求是的。他从未把价格改革闯关受阻的责任推给别人。事实证明，通货膨胀问题是经济高速发展中的一种顽症，它直接影响到人民的承受能力，影响到改革、发展与稳定。如果当时下决心治理，全党统一认识，采取"管住货币、放开价格"；减少赤字，实行稳健的财政政策；控制货币发行，实行从紧的货币政策；采取综合性的治理措施，可能情况就大不一样。

第四，如何对待这次失误，这是一个应当深刻反思的问题。1978 年改革开放以来，较为严重的通货膨胀发生过两次，一次是 1988 年，物价上涨 18.5%；另一次是 1993 年，达到 21.7%。在 1988 年，如果领导层认识一致，全党团结一心，坚决按照十三大的正确路线和邓小平指出的正确方向前进，这些困难是可以克服的。不幸的是，当时领导层中认识并不一致。至于 1993 年那次通货膨胀，值得庆幸的是，由于那时领导层认识较为一致，坚决按小平同志南方谈话的精神办事，因而能够较为顺利地实现了"软着陆"。这两次不同情况，不同对待，不同结果，是可以为后来的执政者所借鉴的。

第五，价格改革是实行市场经济必须闯过的一道难关。但这一改革需要通盘考虑社会、经济和居民承受能力等各方面的因素，尤其是解决价格双轨制，更需要慎重决策，进行周密部署，经过较长时间的不懈努力，才能达到预期的目的，不可能一蹴而就，只能顺势而为，因势利导，不能求成过急。尤其是价格改革，涉及国民经济各个部门和人民生活的方方面面，是社会经济利益格局的重大调整，也是经济生活中最敏感的神经，牵一发而动全身，不可不权衡利弊，三思而行。现在看来，价格改革必须采取稳妥的办法，积小改为大改，以量变促质变，持之以恒，坚持不懈，渐次放开，通过市场竞争逐步理顺价格关系，构建起新的价格形成机制和运行机制，最终使市场在价格形成中发挥决定性作用。

第六，这次失误，是在改革过程中没有先例、没有经验的情况下产生的，是改革中的失误，前进中的失误。克服困难、继续前进的根本出路，仍然必须坚持十三大路线，坚持改革的正确取向，而不能有另外的出路。而我们以后看到的是，在"治理整顿"的口号下，改革发生了逆转。再加上随后发生的 1989 年政治风波，苏联东欧的解体，致使这次价格改革的闯关成为一个转折点。此后，事实上是改革的停滞，经济发展的萎缩下滑，国民经济出现了连续 22 个月的负增长，以至于我们改革开放的总设计师邓小平同志只得亲自出面到南方视察，发表了具有历史意义的重要讲话，扭转了方向，重新开始了坚持改革开放、全面建设小康社会、向社会主义市场经济迈进的新征程。所以，这一段改革史上的极为宝贵的经验教训，我们应当牢记不忘。

2008 年 4 月 8 日初稿

2017 年 12 月 5 日定稿

从 "拨改贷" 到确立银行的信贷功能

口述者：曹尔阶[*]
访谈者：景学成、刘立娜
时　间：2007 年 10 月 29 日上午
地　点：曹尔阶住宅
整理者：鲁利玲、刘立娜

1975 年，我从财政部"五·七"干校回来的时候，建设银行已经并为财政部的基建财务司，对外保持建设银行牌子，同国家计委的基本建设综合局对口。当时，建行党组要我研究固定资产投资规模。我发现，在计划内的基本建设投资之外，增添了大量的由财政预算、部门资金、银行贷款以及企业的挖潜革新改造或更新改造的投资，使得投资规模大为膨胀。为此，我提出：基本建设战线长，已经不是当初的"投资层层加码"的概念，而是国家计委把一些更新改造投资甩在外面，由财政来拨款加上去。这说明，我们当时就已经有了"基本建设战线规模太大"的概念。但是，在 1975 年底、1976 年初，"四人帮"搞了所谓的"批邓、反击右倾翻案风"，这一"批邓"，问题就被搁置了，没有人敢把报告往外拿。1976 年 10 月，粉碎了"四人帮"，中央抓了拨乱反正，思想比较开放。所以，人们对"以阶级斗争为纲"、"以钢为纲"、"以粮为纲"这些大的提法都陆续提出了质疑。

---

[*] 曹尔阶（1929～），江苏东台人。历任中国建设银行调查研究室副主任、主任，中国投资咨询公司总经理，中国国际金融公司高级顾问，清华大学经济管理学院兼职教授。

一 国民经济结构调整与"拨改贷"的提出

那个时候,国家的综合部门是三大部门,一个是国家计委,管投资的;一个是财政部,管钱的;再一个是国家建委,管基本建设。基本建设口子的总管是国家建委,谷牧是主任。从 1970 年以后,基本上每年是计委铺摊子,建委缩短战线,搞项目排队,缩短基本建设战线,集中力量打歼灭战。怎样才能缩短基本建设战线?国家建委很是挠头。

1978 年,正是"大干快上"的时候。冶金部提出,可以从国外借贷款,上钢铁。冶金部部长唐克说:"不要怕当'杨白劳'。"冶金部打算通过借外债,把"五五"计划时期的钢铁包下来。当时,银行界的同志到西方国家去考察,也提出信贷要介入投资,要打破基本建设只能用拨款、不能用贷款的禁区,调子很高。刘鸿儒还有个提法,就是"改变大财政、小银行的格局"。那个时候,在国家建委下面成立了基本建设经济研究所。所里汇集了不少知识界的有名人士,跟当时的社科院工业经济研究所相互唱和,在经济方面提出了不少新的主张。他们也认为,既然外国的建设可以用贷款来搞,那么我们国内的建设为什么不能由银行来贷款。还有一种看法认为,靠贷款来搞项目,有利于缩短基本建设战线。7 月 6 日至 9 月 9 日,国务院召开务虚会议,主题是研究加快四个现代化的速度问题,经济管理体制改革也是重要议题。经济理论界把基本建设无偿拨款改成贷款的调子很高,这股风也吹到了国务院务虚会议上去。所以,务虚会也要求制定改进更新改造资金、流动资金和固定资产管理办法的具体方案。在这种形势之下,既然经济理论界有拨款改贷款的呼声,所以国家建委对这个建议是很积极的,呼吁要积极进行拨改贷的试点。

1978 年底,党的十一届三中全会确立了实事求是的思想路线和改革开放的总方针,确定把党的工作中心转移到经济建设上面来。对经济体制总体上的认识就是一句话:权力过于集中。其表现,一个是计划直接控制,一个是财政统收统支,再一个是一切信用集中于银行。因为当时认为,如马克思所讲,"商业信用是资本家相互给予的信用",既然社会主义没有资本家,我们也就不需要商业信用了。所以一切信用集中于银行，所有货款都托收承付，取消赊销，取消预付，没有商业信用。这样一种体制束缚了各方面的积极性，经济确实是很死的。因此，十一届三中全会确定了放权让利的基调，充分调动中央各部门、地方、企业和职工个人或劳动者个人四个方面的主动性、积极性和创造性。这是当时总的基调。

当然，在这个时期，也有不同的声音。1979 年 3 月 14 日，陈云同志提出："借外债必须充分考虑还本付息的支付能力，考虑国内投资能力。"3 月 21 日，又在政治局会议上批评："冶金部提出，要用外国人的钱，把钢的发展都包下来，是把问题看简单了，看孤立了。不按比例，靠多借外债，靠不住。"在这次会议上，中央政治局讨论 1979 年计划和国民经济调整问题时，陈云提出了规模问题，认为"基本建设项目太多，要下决心丢掉一批"。9 月 18 日，陈云更加明确提出："不要用自由外汇兑换成人民币来弥补基建投资的赤字。"应该说，在投资领域争论最大的，还不是拨改贷的问题，而是投资规模问题。在这个问题上，建委、财政部同国家计委有矛盾。

建设银行跟国家计委在这个问题上还有过一次很大的争论。建设银行调查了基本建设投资效果，向中央写了一个"情况反映"，认为当前基本建设战线的主要问题是"长"（战线长）、"散"（资金分散）、"乱"（管理混乱）、"费"（损失浪费严重），要搞好调整，必须先解决这个老大难的问题。调查结果显示，计划内基本建设投资不到 400 亿元，计划以外各种渠道简单再生产和更新改造工程的投资，倒有 360 多亿元，两者合计，号称"六大战场，760 亿元"。这"六大战场"是指 1979 年各方面用于固定资产投资的资金，主要包括：（1）国家预算安排的基本建设拨款；（2）国家预算其他支出中用于固定资产的投资，例如，人防工程、地下电缆和战备工程、城市维护、商业简易建筑、挖潜改造拨款等等；（3）地方财政资金用于固定资产的拨款；（4）部门、企业留用的更新改造资金中用于固定资产的支出；（5）建设银行和人民银行各种技术改造放款；（6）引进项目到货付款的部分。当然，这同现在一年几万亿元的固定资产投资相比，还不到一个零头。但在当时国力的条件下，多搞一二百亿投资，却足以扰乱整个国民经济。全部固定资产投资已经相当于当年预算内外资金总和的 50% 多，大大超出习惯上认为"基建投资不超过财政支出 40%"的看法。

这个情况说明,"基本建设投资"这个术语,已经不能如实地反映建设投资的规模。所以,我们认为,要用包括基本建设和技术改造在内的"固定资产投资"来衡量建设投资规模。当时,建设银行副行长刘礼欣,要我们起草了向中央反映情况的报告稿。但是这个问题太过敏感,建设银行党组不敢贸然上报。刘礼欣就以个人名义,报给了财政部党组书记吴波,吴波把这个材料略加修改,转报给了国务院财经委员会和陈云,这一下引发轩然大波。计委的同志说我们的材料是给余秋里"安放了一颗重磅炸弹",立即写材料反驳。陈云是谨慎的,他说:一年的数字不一定能说明问题,要财政部按相同口径搞了一个 30 年的材料。最后在 9 月 18 日财经委员会召开的汇报会上,陈云下了结论:"经济的调整,即调整、改革、整顿、提高是必要的,并不是多此一举。计委这次提出 1980 年的基建投资是 250 亿元,财政部提出的是 170 亿元。不管哪个数字,都比 1978 年的 451 亿元和 1979 年的 360 亿元减少了。实际上,这就证实了 1978 年和 1979 年的投资超过了国家财力物力的可能。而这种超过国家财力物力可能的基建投资,自 1970 年以来或多或少就存在了。这就是基本建设战线太长的一个基本原因。"

这次争论的一个最重要成果,就是从此确立了"固定资产投资"的概念,基本建设与固定资产投资概念之争持续了一年多。在 1981 年五届四次人代会上,赵紫阳在政府工作报告中指出:"为了有效地推进技术改造,今后用于固定资产的投资,要把基本建设和技术改造的资金统一安排使用。"从 1982 年起,国家计委决定编制包括基本建设和技术改造在一起的统一的固定资产投资计划。固定资产投资的概念,就是在我们参与起草的报告里面第一次提出来的。报告认为,现在用基本建设的概念来衡量投资规模,已经不够了,而是要用基本建设和技术改造加在一起的固定资产投资的概念。在固定资产投资里面,基本建设和技术改造应该是此消彼长。当时,在这个问题上,我们跟国家计委确确实实是争红了眼。

当时,理论界的总体认识是,社会主义国家的经济体制有一个普遍性的弊端,就是社会主义国家存在着争投资、争项目的投资饥渴症。投资饥渴症形成了两个大锅饭:企业吃国家的大锅饭,职工吃企业的大锅饭。根源是什么呢？是国家对企业的无偿拨款和国家对企业的软预算约束。那时，科尔奈的短缺经济学还没传到中国来，但是，在知识界、经济理论界已经提出来软预算约束和投资饥渴症的问题了。同时，理论界认为，要在下放企业自主权的基础之上，国家对企业从税收、贷款上实行硬约束。硬约束是两个，一条就是利改税。普遍认为税收是硬约束，企业要依法纳税，不纳税就是违法。利改税还有一个主张，就是对固定资产实行占用税。也就是说，你占用了我的固定资产，你必须缴税。我记得，当时出了一个关于征收固定资产占用税的条例；另一个就是要把无偿拨款改成了银行贷款，有借有还，还本付息，这也是硬约束。

二 "拨改贷"改革的决策过程

正是为了解决当时基本建设投资规模膨胀的现实问题，对投资规模要有硬约束，遂使"基本建设投资由财政拨款改为银行贷款"的意见正式提上中央的决策日程。

尽管国家建委和建设银行没有直接的行政领导关系，但是工作联系是很密切的。因为都属于基本建设口子，而且有许多问题，建委要搞施工项目排队，找不到人了解情况，就要找建设银行，让它调查了解情况。我们建设银行基本上对那些大的项目，每年都做一次调查，每个项目都逐一向国家建委汇报，提出建议。我记得，那个时候，建委开全国基本建设会议，下面就套着开建设银行的会。有的时候，全国建设银行的会不是在财政会议里面开，而是在建委里开的。谷牧同志曾几次讲过，说建设银行是我的好朋友，就是这个道理。正是由于这种体制关系，拨改贷的政策制定，主要是在国家计委、财政部（含建设银行）和国家建委这三个部门中酝酿，主要是国家建委决策。

实际上，拨改贷的决策几乎是与国民经济结构调整的决策同时做出的。早在1979年初，国家建委向华国锋提出拨改贷问题，华国锋表态："基本建设投资要逐步由财政拨款改为银行贷款，今年就开始试办。"华国锋的这个讲话肯定了建委的看法。3月18日，国家计委向中央提交了《关于修改一九七九年计划的汇报提纲》。该《提纲》明确指出："为了有效地缩短基本建设战线，提高投资效果"，要"对基建体制要作大的改革。目前基本建设采取国家预算拨款的办法，助长争投资、争项目，而不讲投资效果的倾向，应当逐步改为基建投资交由建设银行贷款的办法。改革基建体制这件事，要由计委、建委、财政部和银行抓紧研究，提出具体办法，并着手搞些试点。"这说明计委也承认基本建设战线长，承认拨改贷有利于缩短基本建设战线。3 月 21～23 日，中央政治局听取和讨论了国家计委关于修改 1979 年计划的汇报提纲。

与此同时，建委、建设银行起草了《关于基本建设投资由财政拨款改为银行贷款的意见》和《基本建设贷款暂行条例》，先在上海征求一些单位的意见，要把他们原来申请的拨款给改成贷款。有两个单位顾虑还不上钱，当场就决定撤项目不建了。随后，将两个文件提交给计划会议、建委会议和财政会议，分别对《意见》和《条例》进行了讨论，征求了意见。3 月 27日，国家建委党组向中共中央、国务院提交了《关于改进当前基本建设工作的若干意见》，该《意见》认为，拨改贷"不仅是基本建设管理体制上的一项重大改革，而且对财政、计划、物资等方面的改革，也将起到一定的促进作用。"并将《意见》和《条例》提交到 4 月召开的中央工作会议，征求部分省、市、自治区党委主管经济工作同志的意见，准备由国家计委、国家建委、财政部联名报国务院批准试行。

8 月 28 日，李先念主持国务院会议，同意国家计委、国家建委、财政部《关于基本建设投资试行贷款办法的报告》及《基本建设贷款试行条例》，并决定：把建设银行升格为国务院直属单位，由国家建委、财政部代管，以财政部为主。当时，国家建委对代管建设银行很积极。因为建委要抓缩短基本建设战线，建委没有腿，要有建设银行给它提供情况；而建设银行也愿意由建委代管，打着建委的旗号到建设单位，了解施工单位的基本建设情况，名正言顺。

三　从"拨改贷"到发挥银行信贷功能

现在回过头来看，拨改贷的改革过程还是很顺当的，没有费太大的周折。我考虑，主要是两个原因：一是在投资分配上，拨改贷的改革并没有改变原来的规则；二是当时投资领域的主要矛盾是投资规模太大，拨改贷的矛盾没有那么大。

为什么说拨改贷在投资分配上没有改变原来的游戏规则呢？因为计划经济的投资体制，就是"计划上按部门归口、切块、分配投资"。这一条实行了很多年，一直到21世纪初的前几年，国民经济是全国各行各业的投资都要由国家计委统一来管，按部门归口、切块、分投资。冶金是一个部门，归冶金口，冶金口要在全国分二十七八块，把投资再分下去。拨款改贷款以后，计委还是照样分投资，并没有改变游戏规则。对财政部来讲，财政部是根据国家计委定的投资计划来定预算，然后按预算拨款。拨改贷改革是什么意思呢？它仅仅是把原来计划分配给建设项目的钱，先转给建设银行作为国家拨给建设银行的贷款基金，再由建设银行贷给建设单位。改的只是银行到项目单位这一段，把"领款条"换成了"借款条"，前半段并没有变。当时，财政部有句名言，认为"拨改贷"只是资金供应方式的改变，涉及不到管理体制的改革。可谓一语中的！拨改贷以后，国家计委还是照旧"按部门归口，切块分配投资"；财政部也还是照旧"根据投资计划列预算，按预算供应资金"。因此，在投资分配上，它没有触犯旧体制。这就是当时的拨改贷的实际状况。附带说一句，国家计委是想把拨改贷作为体制改革的一项内容。他们多次提出，要把基建投资拨给建设银行作为贷款基金，循环周转使用，但财政部不同意。财政部坚持，贷款前把基建投资拨给建设银行作为贷款基金，还款时则必须上交财政，不能循环周转使用。由于拨改贷触动不了计委，也触动不了财政部，因此没有什么阻力，有碰撞也是小碰撞；个别的同志有意见发表文章，但是提得很少。因此，基本建设争投资、争项目，不能都说是无偿拨款造的孽，不能说一改贷款就灵等等。一句话，在投资分配上，它没有触犯旧体制。

真正称得上改革的，是银行信贷介入投资，利用存款发放投资性贷款。在这个问题上，人民银行有功劳，李先念、邓小平有指示。早在1978年，人民银行就办起了5亿元小型设备贷款。1979年，中央提出：要"压积累，上消费"。所谓"上消费"，就是搞轻工。当时，轻工纺织要求追加20亿投资，财政部没有钱。财政部长吴波找人民银行行长李葆华商量，能不能借给财政部 20 亿，拨给建设银行作为贷款基金，由建设银行给轻纺部门贷款。李葆华说：那就干脆由人民银行拿 20 亿，直接发放轻纺贷款好了。正是从这里开始，为信贷资金介入投资开了头。然后，建设银行也从基本建设存款中拿出 15 亿，搞小型基建贷款；中国银行也对一些小型设备进口，发放小型外汇贷款。

1979 年 5 月 28 日，李先念在一次会议上说："建设银行要起蓄水池的作用，要在国家计划指导下，把张三暂时不用的钱借给李四用，可以利用吸收的存款发放贷款。"8 月 18 日，在讨论《基本建设投资试行银行贷款办法的报告》时，李先念又说："基本建设贷款不能突破国家基本建设计划，技措性少放款可以用存款贷。在建设银行的存款总额中，张三不用的钱可以给李四用，不要一个萝卜一个坑，要搞得活一点。"① 这样银行利用存款发放贷款就有了尚方宝剑了。10 月 8 日，在省、自治区、直辖市党委第一书记座谈会上，邓小平说："是不是设想把银行作为发展经济、更新技术的杠杆。银行本来是要生利的，可是我们现在的银行只是算账，当会计，并没有真正起银行的作用。资本主义国家的银行是很灵活的，利息也不是固定的，有高有低。国家今后对企业的建设项目不要用财政拨款的办法，而要用银行贷款的办法，收利息。企业应该从银行借支，银行收利息嘛。建设银行一定要搞起来，要直接开辟门路，要做生意。"又说："必须把银行真正办成银行，银行拨款的制度必须改革。财政体制，现在是集中不够，分散也不够。总的方针是，使地方财权多一点，活动余地大一点。"

从此，银行信贷介入投资，各家银行都想在支持地方建设上争座次。后来，国家计委每年都要求银行打一笔支持投资的贷款。虽然说这是一种体制改革上面的突破，但是对财政部无损，没有增加它的负担，所以财政部也是乐意接受的。赵紫阳当总理以后，就形成这么两句话："吃饭靠财政，建设靠银行。"对于计委来说也是得益的，计委在国家预算之外平添了一大笔从

---

① 周道炯主编《1949~1987 中华人民共和国固定资产投资管理大事记》，中国财政经济出版社，1989，第 270 页。

信贷来的投资，于是就把"按部门归口切块分配投资"，拓展为"按部门归口切块分配投资和贷款"。对此，当时的建设银行行长武博山是有顾虑的。他认为，有可能冲击财政信贷平衡，所以他对这一条是不积极的，对每年国家计委向银行多要一笔贷款来扩大规模，甚至是反感的。

1984 年 5 月 15 日，赵紫阳在政府工作报告中提出：要改革基本建设的管理体制，"在基本建设的管理上，必须简化审批程序，下放审批权限，减少环节，提高效率。今后除限额以上，需要国家计委综合平衡的项目，报国家审批以外，其余的实行分级管理、分级平衡。需要国家审批的，国家计委拟将过去的五道手续简化为两道手续，即只审批项目建议书和设计任务书。有关单位在设计任务书批准后，即可先行询价和预订货"。根据赵紫阳的报告精神，当年 12 月，国家计委、财政部、建设银行又发了一个《关于国家预算内基本建设投资全部由拨款改为贷款的暂行规定》，决定从 1985 年开始，全面推行拨改贷。

四 对"拨改贷"的评价

拨款改贷款改革的成功方面有哪些？我考虑，其成功之处有两个方面。一个就是教育了所有建设单位，不能够无偿地使用资金，必须要有资金成本的概念。它有了一个参照系，这个参照系就是利息，你必须先把利息赚上，然后再去赚你的收益。对企业来讲，这一点是很重要的，这就把增强资金周转、提高经济效益，提到了企业的议事日程。在这个问题上，外国专家对我们这个拨款改贷款也是很重视。80 年代初，世界银行的哈罗德就问过我：拨改贷付不付利息？我告诉他：低息，2.4%。他一下子就看出了这一改革的全部意义，很高兴地说：那就是说，你们的企业也要向市场买资金了。他的概念很清楚，利息是资金价格，企业也要到市场上去买资金了。所以，人家看得很清楚，你这是向市场化迈进的一大步，这是一大成功之处。

第二大成功之处，就是推动了银行的改革。因为在计划经济之下，对基本建设的项目，历来是只管拨款，不考虑投资收益。但是，银行贷款则不同，能不能够偿还贷款，责任落在银行头上。所以，从 1979 年开始，建设银行就在贷款上提出一个"多种摇钱树，不建赔钱厂"的口号。问题是，怎么能判断出哪些是"赔钱厂"，哪些是"摇钱树"？为此，我们不得不动员全行的力量搞投资信息调查，研究建设项目的产品供求状况和发展趋势，力求扶优汰劣。从 1981 年到 1985 年，前后搞了 40 多个产品和行业的全国调查，写出了 40 多本调查报告，不少情况获得中央领导的批示和重视。经济调查使建设银行在改革开放初期，避免了大约有 50 亿元的重复建设资金，并由此推动了贷款项目评估制度的建立，确立了审贷分离的原则。后来，建行又同国务院发展中心合办中国投资咨询公司，参与项目评估，我是第一任总经理。经济调查和项目评估，培养了建设银行的信贷干部，不但要关注投资产品的供求信息，而且要关注生产能力余缺的信息，以及技术的先进程度和竞争能力的信息。这正是改革开放后建设银行在项目评价上比较具有优势和竞争力的一个原因。

当然，在改革开放初期，由于各方面改革的不配套，拨改贷在实行中也存在一些问题。一个问题是，在我国，投资项目上不上，项目决策和产品决策都是由行政部门来定的。怎么能叫银行来保证这个产品的竞争力，负责资产的保值增值，以及贷款的偿还周转呢？因为能不能上，这是决策部门考虑的呀！这就限制了银行的作用。对银行来说，银行的钱是通过吸收存款获得的，包括用于国家预算内的资金，实际上是用利息从市场上买来的资金。但是，贷款项目却要听命于国家计委，银行对这一部分贷款项目，既没有决策权，又没有否决权，凭什么要让银行承担贷款的回收呢？这样，问题就来了。我曾经跟国家计委的同志开玩笑说：这个项目搞失败了，你们决策的人没责任，银行行长倒要"坐班房"。这个合理吗？国家计委的人对我这句话，非常反感。所以，在全面推进拨改贷以后，建设银行与国家建委就屡次提出来，在贷款问题上，银行对小项目要有贷款的决策权，对大项目要有否决权。这个矛盾一直延续到 1993 年成立国家开发银行。国家开发银行成立以后，又延续下去了。开发银行行长姚振炎有一次跟记者们说：我开发银行姓"银"，不姓"金"。意思就是说，我这个开发银行是银行，不是金库。不能要钱就给，我是要有借有还。实际上，他这个话隐含着我们说的要有决策权，要有否决权。

另一个突出的问题，就是拨款改贷款后，混淆了企业的自有资本和借入资本。财政部讲，拨改贷改变了资金供应方式。原来是国家拨款，是企业的自有资本，现在改成银行贷款，就成为借入资本了。所以，拨款改贷款是把这两个概念给混淆了。在国家没有任何投资的情况下，允许国有企业向银行贷款建厂、上项目，而且银行竟然同意给它贷款，这就为后面酿成国有企业的过度负债埋下了祸患。这就是拨改贷改革的荒谬之处。

在拨款改贷款的制度设计上，本来是考虑了资金的还款来源。在贷款的时候，是把原来计划分配的钱，先拨给建设银行，作为建设银行的贷款基金，再由建设银行贷给建设单位，这是前半段。后半段，建设单位建成投产以后，国家允许用税前利润来归还贷款。归还贷款的时候，做两笔账：一笔账是由税前利润归还建设银行的贷款，把这个贷款轧平；另一笔是把本来应该上缴的税前利润，转作为国家下拨给这个企业的固定基金。这一点很重要。这就保证了企业在还了贷款以后，它不是无主的企业，它还是国有资产，因为它是由税前利润作还款来源，所以它也不至于变成过度负债。当时，这个制度设计是考虑了这个问题的。但是从 1985 年拨改贷全面推开以后，每年的拨改贷大体上有 100 个亿。到了 1993 年底，建设银行经办的拨改贷余额已经积累到 700 个亿。再加上利用存款发放的贷款，就是投资型贷款，以及后来财政部自己开的口子，把一些本来有拨款的也改成财政信用，这些钱都要用税前利润来偿还，占用的税前利润越来越大。因此，在 1993 年宏观调控当中，朱镕基就认为，税前还贷是一大漏洞，决定取消税前还贷，只能够税后还贷。这样，财政的窟窿是堵住了，但是项目的还款资金却没有保证了。由此，就造成了国有企业过度负债的局面。

今天回顾来看，可以说，拨改贷改革的确是我们走向市场化改革的一个开端，但是在改革过程当中有缺失。由于我们当时的经济转轨刚刚开始，企业和市场都有一定缺陷，所以后来酿成了国有企业过度负债的后遗症。一直到 1999 年的"债转股"，也就是债权转股权，才把这项改革画上了一个圆满的句号。因此，我认为，拨改贷与后面的债转股的决策过程是连贯的。

亲历国有企业改革的决策过程

口述者： 张彦宁[*]

访谈者： 萧冬连、鲁利玲

时　间： 2009 年 7 月 10 日下午

地　点： 北京市紫竹院南路 17 号中国企业联合会会议室

整理者： 萧冬连

　　1975 年 7 月，小平同志搞整顿。国家计委从石油系统要人，我当时在燕山石化一个公司当经理，就把我调到计委的生产组。当时，国家计委有一个生产组，一个计划组，一个政工组，还有一个后勤组。袁宝华是生产组组长，张雁翔、赵荫华、徐良图，还有我，我们四个是副组长。小平同志搞整顿很得人心，大家都感到确实需要整顿，不整顿不行啊！我在企业的时候，总感到无所适从，生产真需要抓，经济真需要发展，但是政治上各种各样的要求，使生产很难搞下去。然而，整顿刚搞了一段，又来了"反击右倾翻案风"，把小平反下去了，整顿就停下了。直到粉碎"四人帮"以后，大家才感到希望来了。

一　出国考察的感悟

　　1977 年 10 月，国际贸促会组织一个访美代表团。当时，我国与美国交

＊　张彦宁（1927～），辽宁沈阳人。历任国家计委党组成员，国家经委综合局局长、经委委员、副秘书长、副主任和党组成员，国家体改委副主任、党组成员，国务院生产办公室副主任、经济贸易办公室副主任。

往较少，贸促会是民间团体，以这种身份去美国比较好一点。代表团由王耀庭任团长，他要计委生产组去一个人。袁宝华说，要一个搞化工的人去，我正好是搞化工的，就叫我去了。当时，我是国家计委党组成员。在这之前，我在燕山石化搞过成套设备引进。那时候，毛主席、周总理定了 13 套设备的引进，其中一套 30 万吨乙烯装置放在燕山。为搞这个项目，我 1973 年到过日本、德国、法国考察。一看国外的情况，我们简直不好比啊！回来也不好多说，只说一些具体的技术问题。这次到美国一看，那就比日本、德国的经济更厉害了。

1977 年底，生产组从计委分出去，以它为基础，1978 年 3 月恢复成立了国家经委。我到了国家经委，任综合局局长。那时候，搞企业的恢复整顿，得有个旗帜啊，大庆搞得还是好的，是毛主席、周总理树起的红旗，能站住脚，谁也不敢否定。因此，经委一成立，就开展学大庆，整顿企业，恢复管理。这个期间，正是大规模出访高潮。大家比较熟悉的情况是，谷牧带了一个代表团到西欧考察；而袁宝华带领的国家经委代表团，1978 年到日本，1979 年到美国，1980 年到西欧，连续出去了三次，基本上是原班人马，回来写了三个报告。

1978 年 10 月 31 日到 12 月 5 日的访日代表团组织得很好，团长是袁宝华，顾问是邓力群，他当时是中国社科院副院长；还有京、津、沪、辽四个省市主管工业的副省长、副市长，他们都是副团长。代表团成员有马洪，他刚从燕山调到中国社科院工业经济研究所当所长；有孙尚清，他是工经所副所长；还有经委的我和徐良图等几个局长。这次到日本去，日本政府很重视，派专人给我们安排了很多日程。首先是专家给我们讲日本经济，日本经济协会、生产省本部、经团联等几个主要社会团体给我们介绍了各种情况。然后，派人陪我们到大企业去看，新日铁、松下、丰田等几个著名的企业我们都去看了。在日本，我印象最深的有几个事。一个是新日铁的新厂。我们去之前，小平刚去看过。到那个厂子一看，很现代，是日本最新的一个钢铁厂。我发现一个问题，这个厂的工人戴的帽子不一样。炉前工人戴两种帽子，一种是炼钢工人的帽子，一种是搞碎钢料的帽子；运铁水包的戴另一种帽子。我感到奇怪，问他们："怎么一个厂里面好多种帽子？不是一个公司的吗?"他说:"不是。我们都搞的是专业化协作,铁水是我们公司的,把铁水从炼铁炉运到炼钢炉是另外一个公司,炼钢炉前搞废钢块准备的又是一个专业公司,还有炼焦厂也是另外一个公司。"我感觉,专业化水平搞到这个程度,不简单! 我们中国这样的厂子管理都是一家。另一个事是参观质量标准协会的实验室。我印象最深的是,为了检验一个胶鞋底子的质量到底怎么样,就在那儿折胶鞋底子,要来回折上万次。这让我大开眼界,中国从来没有这种事情。再就是看他们的超市。我们总说,要实现物质极大丰富,可在它这儿却已经实现了,真是要什么有什么。而我们当时什么都短缺,凭票供应。当然,还有其他方面,比如交通工具汽车、新干线,生产组织、技术设备、产品质量等等。坦率地讲,我们的差距太大了! 不是一个档次、两个档次的问题。大家感触很深,感到"文化大革命"真是耽误了大事。

　　回来写总结的时候,大家议论到底怎么写呢? 这次出访和我以前出去不一样,以前只是看项目,这次到日本去是看经济,这就有了对比,大家最大的感受就是看到了巨大的差距。我们都知道,二战后,日本搞经济恢复,中国也搞经济恢复,因此,在50年代两个国家的经济水平差不多。这次一了解,日本搞了个经济倍增计划,一下子就发展了,差距非常之大。大家反过来一想,感到中国也有希望。为什么有希望? 日本从50年代那个水平搞成现在这个样子,也就用了十几年,我们要是解决了方向问题,完全有条件搞起来。

　　从日本回来后,宝华同志给李先念汇报,那时他主持国务院日常工作。李先念听了汇报后说:"你们再到美国去看看。"因此,第二年,1979年11月5日至12月6日,我们去了美国。到美国一看,规模和日本又不一样了。大家开玩笑说:"小日本,小日本,在这里找到根据了。"和美国比较,确实是"小日本"。美国的生产规模比它大,生产技术也比它高,企业也比它气派大。在美国考察期间,接送我们都是用企业的公务专机。我们到了能源部、商务部,国务院也去了,那是礼节性的。美国工厂的气氛也与日本不一样。日本工人都是规规矩矩地上班,到美国一看,美国工人嚼口香糖的,小桌前放他女儿的相片,放他太太的相片,很随便。但是,他们的工作效率很高,不影响工作。看了以后,回头想想自己国家的情况,确实有很多感慨。

回来写报告，因为有邓力群，大家胆子比较大。我们给国务院的报告首先瞄准的是商品经济，说社会主义国家也不能否定商品经济。我们的考察信息是通过两条线传到上面去的：一个是袁宝华通过李先念向国务院报告，一个是通过邓力群向胡乔木、邓小平直接汇报。所以，在写报告的时候，大家都很重视，说要准确一点儿，别出毛病。

日本、美国都看了，还得看看欧洲。1980 年 4 月 30 日至 6 月 4 日，我们又到欧洲考察，主要是到德国、奥地利、瑞士，重点看德国。德国与美国、日本又不太一样。二战中，德国基本上被炸平了，好多企业是重新恢复起来的。他们给我们介绍说："我们搞的是社会市场经济，和他们不一样。"我问他们："你们为什么叫社会市场经济呢？"他们介绍说，一个是他们在理念上受社会民主党的影响；一个是在战后恢复的时候，工厂重建不是资本家而是工人组织搞起来的。那时候，资本家也没有多少钱，他只有管理知识。因此，在恢复企业中，工人做出了巨大的贡献。所以，西德的企业组织是三个会：一个监事会，一个管理委员会，一个工人委员会。监事会基本上是代表股东的；管理委员会是经理层；工人委员会就是职工代表。他们规定得很严，企业要辞退职工的话，必须征求工人委员会的同意。你得说出为什么要辞退他，他犯了什么规，是不是应该辞退。工人委员会不同意，企业就不能随便辞退。他们说："从这个方面来讲，我们的职工福利、职工权益和美国不一样。所以，我们是社会市场经济。"他们还给我们说："你们是社会主义，我们是社会市场经济，我们都有'社会'两个字。"这使我们意识到，虽然德、日、美都是资本主义国家，但是他们的企业组织形式不完全一样。日本叫株式会社，也就是股份公司，但它基本上是管理层掌权，管理层决策；美国基本上是靠董事会，主要是股东决策；德国是三个会都要起一定的作用，但工会的作用比较大。

当时，我们在给国务院的报告中，就提出了发展商品经济和遵循价值规律的问题，报告里说：企业要有竞争。我们讲竞赛，资本主义搞竞争，虽然一字之差，但是动力大不一样。当然，竞争不是无序的，应该有序地竞争。在那时候，这个观念还是比较新的。

那时候，中央提倡领导人多出去看一看，看到了差距，大家就容易统一思想。不然，我们想了半天，想不出路子在哪，方向在哪？许多东西，理论上没有说过，大家都不知道。我们是经委代表团，所以几个报告里都建议要抓企业改革试点，扩大企业经营自主权。代表团里几个省市的同志和我们经委的同志认识很统一。报告送上去后，有了回馈，在这期间，经委就按照这个要求，搞扩大企业自主权的试点，选了八个企业，包括首钢。

二　从扩大企业自主权到承包制

起初，企业改革试点主要是扩大企业自主权。当时，我们的企业管得很死，产、供、销、人、财、物都是上面说了算，企业没有什么自主权，只是向上面报计划。计划批准了你就办，计划不批准你就不能办。企业财务跟着计划走，没有机动钱。在项目里面可能有点儿调整余地，比如是打酱油还是打醋，可以做点儿调整，但是项目的钱你不能拿到别的地方去。那时候，企业盖个厕所都得报，不能随便盖。我当过厂长，感到企业没什么决策权。所以，开始改革叫"搞活企业"，放权让利，给企业留点儿利，给点儿经营自主权。当然，力度大了也行不通。企业改革就是这样搞起来的。

后来，搞两步利改税。利改税是财政部提出来的，财政部也有道理，"利"是活的，而税收是固定的。我不知道你今年有没有利润，怎么办？我得先拿税，不管企业亏不亏，你得先交税。过去，企业亏损了，利润也就没有了，什么都没有了。因此，财政部提出利改税以后，我们经委也同意了。但是我们说，利改税的力度不能太大，还得给企业留点儿机动钱啊！另外，我们主张折旧费留给企业。当时的折旧费，企业不能动用，都要上交，企业一个钱也没有。我们说，这个办法不合理，折旧费本来是维持简单再生产的，你不给它，它怎么维持啊？讨论来，讨论去。财政部讲，折旧费一年多少个亿，你留在企业里了，我财政怎么办？最后达成妥协，一点儿一点儿地搞。

实际上，扩大企业自主权还是解决不了多少问题。在那个制度下，好多东西都没动。企业说，我还是使不上劲。怎么样调动企业积极性呢？地方先搞起来了，就是承包。为什么叫承包呢？就是国家要求企业完成计划指标，企业说：完成计划可以，但要给我点儿条件吧！谈来谈去，定出几条，这就是承包，后来叫"经营责任制"。从1985开始，有些地方就开始搞了承包。大概是1986年，吕东带了一个调查小组到山东。山东说：承包对企业调动积极性作用特别大。当时的承包有几种，一种是全额分成；一种是包死基数，超收分成；另一种是超收多留。从山东调查回来后，吕东给国务院写了个报告，说经委主张扩大承包责任制的试点。

1986年下半年，国务院开会讨论承包的问题，这个会我参加了，我是经委分管企业的副主任。在会上，经委主张承包，财政部主张利税分流，体改委主张股份制。三家方案不同，都有自己的理由。财政部也是有道理的，但是利税分流只是改了个换算办法，没有给企业放什么权，也没有给企业让什么利，对调动企业的积极性作用不大。搞承包，就是企业努力干活了，效果好了，它可以多拿多留。多留了以后，一块儿可以发展生产，一块儿可以适当提高职工的收入，还有一块儿可以增加职工福利。这样，企业和职工都有积极性。至于股份制，我们也考察了几个国家，也赞成股份制，但是当时认识上分歧很大，不可能搞股份制，条件不成熟，那是以后的事。会上，安志文说："我们本来是想搞股份制，但是现在看来条件不具备。"所以，最后他也赞成经委的意见搞承包。这样，中央、国务院就决定了，在企业改革中推行承包制。

1987年推行承包制以后，还有些企业搞利改税，但不是很多了，因为企业感到利改税没劲儿。经委也觉得，利改税只是换了一个计算办法，缺少动力。财政这一块是保了，但企业那一块你没有考虑啊！改革要解决动力问题，没有动力怎么能把蛋糕做大呢？到1987年年底，财政部一看，承包的效果很不错，当年财政收入大大地增加。前几年，财政收入老是往下滑，这一搞承包，财政收入反而增加了，财政部也积极了。

1988年4月，国务院决定撤销国家经委。撤了经委以后，体改委把企业这一块拿过来了，我带了企业局、体改局、政策研究室、培训局等四个局到体改委。陈兰通是企业司的司长，孙树义是生产体制司的司长，连一民是政策法规司的司长，陈光复是干训司的司长。实际上，当时体改委的工作也是很难推进。财政部在搞财政改革，经委在搞企业改革，商业部搞商业改革，各个部门都在搞改革；无论哪个领域的事儿，人家都自己搞了，体改委没有抓头。因此，经委一撤销，体改委至少把企业拿过来了。

当时，企业承包是赵紫阳抓的。1989 年政治风波以后，有人质疑：承包的方向对不对？也有人开始批这个批那个，批"国家调节市场，市场引导企业"。本来，这个提法是大家都赞成的。那时候，体改委也着急，咱们管企业，企业到底怎么搞？人家打电话来问我们，我们怎么答复啊？我们想，承包这个事，不是哪一个人定的，这是国务院集体定的，中央都同意了，应当坚持。我们就求助于省市。1989 年秋天，我们一个省一个省地给主管工业的省长打电话，给省长、省委书记打电话，问："你们到底怎么看？你们到底还搞不搞承包？"当时，我们询问了 22 个省市，他们都主张继续搞承包，说：不能动摇，不然我的经济没办法。调查研究后，体改委给国务院正式写了个报告。我们说，摸了 22 个省市的情况，各地都主张继续搞承包。当时，李鹏任总理，他最后定了，坚持搞承包。体改委一直坚持搞承包，是有底气的。22 个省市，有名有姓，主张搞承包。我们动员有的省市：你们不能光说，干了以后你们登报，登了报我们可以从报纸上收集。这个办法还是起了作用的。当然，国务院还有别的渠道了解情况，一听有这么多省市要继续搞，又没有别的好办法，还是坚持搞承包吧，就这样又搞了一段承包。

当然，承包制也出现了一些问题，基数到底怎么包？一年谈判一次。政府说，企业留利太多；企业吵着说，政府要得太高。不停地讨价还价，很厉害。很多人认为，这个办法不规范。另一方面，企业承包以后，基本管理权限还没有完全落实，经济上给了企业一点儿出路，其他很多问题，如人事、劳动工资、采购、出口等许多问题都不太明朗。还有一个问题，就是企业资产不好处理。企业承包以后，用自己的留利发展生产，这个账怎么算？企业说，这块新增的资产应该多给我点儿好处。当时，我们想搞分账制。我还专门在张家口开了个会，讨论承包后企业新投入的这块资产怎么样算，怎么调动企业扩大生产的积极性，但意见不一致，财政部不同意，最后没搞成。这样，企业说，我不积极投入了，自留资金发展生产有什么好处啊？有钱就搞奖金，搞职工福利。

朱镕基到国务院以后，1991年7月，成立国务院生产办，他兼生产办主任。为此，我从体改委转回到生产办，把原来经委那几个局又带出来了。我是1988年年末到体改委的，前后三个年头。到了生产办以后，我还是抓企业改革。1992年5月，国务院生产办变成经贸办；1993年3月，经贸办又变成了国家经贸委。

在这期间，还有一项措施，就是建立一批企业集团。当然，不能一看"集团"名气大，谁都叫集团。1991年，国务院决定，统一搞一批，定了48家，钢铁、机械、一重、二重、石油等各行业排在前三位的企业基本上都放进来了，都是涉及国计民生的大企业。这是我在体改委时国务院决定的，我到生产办以后，体改委洪虎接管了这个事。当时，我们还争取给这批企业集团提高政治地位。给中组部汇报，是不是给企业集团的厂长享受副部级待遇？那时，还没有提企业不要和行政挂钩。为什么争副部级待遇呢？理由是说便于参加会议、看文件，好多大企业只能看县团级的文件，中央好多文件传到它那太慢了。最后，刷掉了一批集团名单，不然的话，该有多少副部级待遇啊！1991年，生产办和体改委、国家计委三家在四川召开一次会议，专门交流建立企业集团的意见。生产办去的是我，体改委是洪虎，国家计委是一位姓王的副主任。8月，我们搞出来一个文件，《关于选择一批大型企业集团进行试点的请示》，当年12月，国务院批复了这个文件。

朱镕基主管经济工作后，觉得还是要抓转换企业经营机制。不转换经营机制，光搞承包，一年一谈，好多东西是浮动的，每年都可能变。因此，就提出了要转换经营机制。朱镕基下了很大决心抓这个事，大概开了十多次座谈会。协调来协调去，最后各方算是妥协了。1992年7月23日，出了一个《转换经营机制的条例》，解决了十几项企业自主权。比如用人权、用工权、技术改造等，一条一条都画上了具体杠杠。这个条例是扩大自主权的延续，从文字上看，好像和以前的文件差不多，但是以前只是原则，这一次划了具体杠杠，比较具体了。朱镕基讲："越具体越好，越具体企业越好落实。"所谓妥协主要是跟财政部。财政部是管钱的，劳动部是管人的。当时，与劳动部的矛盾不是太大，我们提出打破"三铁"，劳动部支持，我们一块儿搞。矛盾主要是财政部，我们也理解，因为它要保证年度财政收入。我们考虑企业活力比较多，主张多放点权，财政部说钱没了。我和财政部的人也很熟，会下他们跟我说："你来当这个财政部长，你也得说这个话。"

三　建立现代企业制度

转换经营机制条例出来以后，还有一个大问题没解决，就是资产问题。这时候，体改委提出来要搞股份制，也只同意在上海、深圳等少数几个城市试点，地方自发地搞了一些股份制。原来，我们提出股份制三种形式：一个是职工持股，一个是法人持股，一个是公开上市。1989 年政治风波以后，好多人批股份制就是私有化，股份制试点不好弄了。怎么办？收缩一下吧。只推行法人持股，职工参股、公开上市那两个形式不要再扩大了。搞一点股份制试点，这个没风险，意见容易统一。

1992 年 2 月底、3 月初，体改委和生产办在深圳召开了一次股份制的座谈会，我们一块儿到深圳，我在会上有个发言。会上，越来越多的人认为，应该搞股份制，因为转换经营机制还是行政的办法，没有解决体制问题，没有解决法人地位问题。没有法人地位，企业怎么自负盈亏？它能负盈，负不了亏，只能在奖惩方面解决一点儿问题，要企业自负盈亏办不成。同时，企业搞不好也不能破产。我记得，到日本考察时，他们跟我们介绍，他们一年有几十万个企业破产，遭到淘汰。还有个企业结构优化的问题，要结构优化就必须实行企业兼并。然而，搞兼并遇到地区和部门利益不好办。地区说，你搞兼并可以，税不能带走。把税源带走了，我怎么办？这不就乱套了。当时，要求打破行业地区界限，但是经济利益问题没理顺，行不通。想来想去，还是搞股份制，因为世界各个国家都搞股份制。从深圳回来以后，我们写了一个《股份制企业组建和试点工作暂行办法》。这期间，陈锦华是体改委主任，李鹏不再兼了。当时，锦华在燕山召开了一个座谈会。这次座谈会是高尚全主持的，我也参加了。谈理论比较多，主要是计划与市场，不完全是谈企业。我觉得，这次座谈会大家思想还是看得比较远的。说老实话，我们内心对市场经济是完全可以接受的，因为我们看国外都是搞市场经济。问题不是行不行，而是我们承受能力怎么样？不久，小平的南方谈话就公开了，说不要争论姓"社"姓"资"问题，思想开始松动了，才敢继续推行股份制。

1993年，起草十四届三中全会文件，起草组有刘国光，还有财政部管资产的，我也参加了。那时候，我已经退下来转到人大了，但经委还叫我代表经委去参加起草。6、7月份就开始起草，一直到9月。在起草文件的时候，大家议论，企业改革到底怎么走？当时，有人提出："推行现代企业制度还不够，应该搞公司化，企业都应当改成公司。"有人就反对说："什么公司化？股份制就是私有化，你又来个公司化，搞不好又是私有化。"争论来争论去。我说："你光写公司的东西不行，面上的千千万万个企业怎么办呢？不可能一下子都搞公司，搞公司主要是大中型企业，小企业搞什么公司啊？"我提出："有条件的搞公司，就是有限责任公司和股份有限公司；没有条件搞的还应当继续搞承包，小企业还搞租赁。过去的办法不要一下子都否定，逐步转，自然转。"就这样，我们提出了四句话：建立适应市场经济要求的"产权清晰、权责明确、政企分开、管理科学"的现代企业制度，最后在中共十四届三中全会通过了。

从那个时候开始，朱镕基开始抓企业上市的试点。中央文件明确提出建立现代企业制度以后，建立有限责任公司和股份有限公司就比较顺了。因此，真正开始解决企业经营机制的转换，是十四届三中全会解决产权问题以后。1993年，决定在100家企业搞现代企业制度试点，经贸委负责70家，体改委负责30家。开始叫经贸委抓。体改委说，企业改革我们一直在抓呀，我们不抓企业改革，抓什么？后来说，大家一块儿抓吧，来个三七开。体改委是洪虎抓这件事，经贸委这边我走了以后是陈清泰负责。陈清泰是从二汽调来的，来了以后就是搞现代企业制度。

搞股份制，比较复杂的问题是资产怎么评估？那时候，我们自己没有评估公司，只好办学习班，我通过美国商务部联系美国派来几个专家，给我们专门讲资产评估问题。财政部派了好几个处长来学习，他们特别关心这个事。请外国的评估公司搞得很好，但是费用很贵。当时，还没有立法。我在全国人大财经委的时候，大家都认为不能没有法律依据，都靠行政部门下文件不行。《企业法》有了，还应该有《公司法》、《国有资产法》。李灏负责接着搞，拉我去参加。我们跟李灏到上海等地调查，大家都赞成。但是，涉及利益的具体事太多，直到第十届人大，《国有资产管理法》才出来。

后面就是加入世贸组织。那时候，我已离开行政岗位。入世对企业改革意义也很大，竞争更规范了。总的来讲，企业改革是千辛万苦，过去实在太僵化了，管得太死了，想一下子突然变化，各方面都不适应，只能逐步来。也只能是摸着石头过河，逐步解决企业的问题，过一段就总结一下，企业改革到底解决了什么问题？有的人估计乐观一点，有的人估计悲观一点，认为企业变化不大。到现在也不能说问题一点都没有了，公司治理结构还是有问题。但总体来讲，每改革一步确实解决了一部分问题，中国企业改革的路子基本上走通了。各个部门、各个省市、理论界、企业都做了很大的努力。

我与中国股份制改革

口述者：厉以宁[*]
访谈者：薛小和
时　间：2008 年 10 月 31 日
地　点：北京大学光华管理学院院长办公室
整理者：薛小和

一　参与计划体制改革的研讨工作

1983 年下半年，我被借调到中央书记处胡启立办公室。当时，根据中央的安排，国家体改委和国家计委成立了一个中央计划体制改革小组，我代表胡启立参加了这个小组的工作。我记得，体改委的牵头人是廖季立，计委的牵头人是柳随年，还有魏礼群、贺光辉、杨启先、徐景安、郑洪庆、王琢、贺镐圣等一些人。这个小组有 12 个人，主要是研究计划体制怎么改，为十二届三中全会准备方案。

胡启立关照我，会上多听人家意见，大家一起讨论，别把你那一套全讲出来。所以，在会议上，我的发言都是很温和的，实际上我内心要激进得多。我最早谈股份制改革的观点，是在 1980 年中央书记处研究室和国家劳

---

　　* 厉以宁（1930～），江苏仪征人。北京大学社会科学学部主任，北京大学光华管理学院名誉
　　院长。曾任全国人大常务委员会委员、法律委员会副主任、财经委员会副主任，全国政协常
　　委，经济委员会副主任。

动总局召开的会议上。在这一年的全国劳动就业会上，我也提出了这个观点。我的股份制改革的观点，胡启立是同意的，他也跟我讲了，曾对耀邦同志做过汇报，耀邦同志也同意。当时，最了解我思想的有杨启先，还有徐景安和郑洪庆。柳随年是代表国家计委去的，思想不解放；后来他到全国人大以后，思想可解放了，我俩谈得非常好。我们很多部长都是下来以后到了人大，思想就转变了。

当时，研究的改革方案还是很保守的，主要是强调"计划经济为主，市场调节为辅"。廖季立的思想不保守，但他也说："计划为主导，计划代表国家意志。"在小组里，没有说全盘学西欧的，谁都不敢改变国家计划为主的提法。我在会上有一个发言，后来写在我的书里，我说："有计划的商品经济，是后来才提出来的，当时提的是'计划经济为主'。所谓为主，指的就是主导权，就是要由国家来调控宏观经济。"当时，是这样来讲计划经济的，只要主动权掌握在国家手里就行，大家都不敢触动"国家计划为主"的概念。

那时候，我不参加外面的一些会议。比如，请我到莫干山参加会议，讨论价格改革，我没去。一方面是因为跟我的思路不一样，我认为价格改革不解决问题；另一方面是由于我在胡启立办公室工作的原因。这期间，我也没有发表什么文章。实际上，到了1983年底，反精神污染，这个小组就讨论不下去了，但我留在书记处工作。

在书记处工作期间，我感觉，胡耀邦并不太懂经济，但是别人的意见他会听的。有时候，我和胡启立一起去他那里聊天。有一天晚上，有电话来，让我到胡耀邦办公室去。我当时住在中央警卫局，所以很快就赶过去了。胡耀邦和我谈经济问题，谈改革开放，加快步伐，谈14个沿海城市开放。他还说："高消费有什么害处？要鼓励消费。"胡耀邦的思路就是今天花明天的钱嘛！我感到，胡耀邦看出了扩大内需对经济的促进作用。我那时候觉得消费不要太超前，要适度。他说："中国人没有汽车。如果有汽车了，全国的成年男女都会开车，这是好大的人力资源啊！战争一打起来，全能够上前线。外国人都会开车，要上前线，开车就上去了，中国人不会开车不行。"他净讲这些东西，但思想很活跃。胡启立也挺有意思。因为他处的位置是不一样的，要跟胡耀邦保持一致，还是要搞改革开放的。胡耀邦在经济上并不内行，但思想是很超前的。那时候，赵紫阳在国务院，他不管这边的事，我们这边由中央书记处管。

1984 年 3 月底，根据中央书记处和国务院的决定，在北京召开了沿海部分城市座谈会，讨论开放 14 个沿海城市的问题。我记得，有这么一件事，讲出来你们可能不相信。那是个很正式的会议，我不理解他们在谈什么东西。王震讲："我就不知道，现在的宴会，你雕一个凤凰摆在那里什么用啊？不如吃火锅，大家一起吃。"就谈这些问题。这是我第一次参加中央的会议，我坐在后排，跟秘书们坐一块儿。我边上有两个人，一个是上海的副市长阮崇武，一个就是海南的雷宇。会上，大家先谈一些与此话题不相干的东西。比如胡耀邦说："济南到青岛修的高速公路，不让农民的拖拉机上路，农民不骂娘才怪呢！"因为第一次参加，我觉得，中央的会议怎么就谈这些内容呢？但是，大家对深圳特区是一致肯定的，会上没有人反对，都认为改革开放步子不能慢，要加快。主要是考虑趁老人们还在，赶快推。最后的讨论结果还挺好的，14 个开放城市都批下来了。

开完 14 个沿海城市改革开放会议后，我就回到北大工作了。但和那边还是有联系的，我不在那儿上班了，可还在那儿住啊！那个时候，一个礼拜工作 6 天嘛！一到礼拜六晚上，薄熙来就派车把我送回来，不过，从这时开始，我就便于写东西了。我是在 1986 年才彻底离开的。

二 向中央提出股份制改革的思路

1984 年以前的改革，主要是从外围进行改革，农村家庭联产承包责任制的推广，乡镇企业的兴起，经济特区的建设等等。1984 年 10 月，中央召开了十二届三中全会，会议决定把改革的重点从农村转移到城市。城市主要是国有企业，那么，城市改革怎样搞？

当时，吴敬琏的改革思想占上风，因为他是在国务院经济研究中心的。他提出，应该放开价格。我记得，在一次会上，他说："穿衣服，扣扣子。第一个扣子扣错了，下面三个扣子就全错了。"他说："第一个扣子应该是理顺价格，价格理顺以后就是价格放开了。"当时，国务院接受了这个观点。所以1985年开会的时候，很多是讨论价格问题。在这些会上，对于价格问题，我始终没发过言；对国有企业改革问题，我也没发言。因为国有企业当时搞的都是放权让利呀！我认为，这些办法不解决问题。到了1985年下半年，有比较可靠的消息说，到1986年，价税财联动方案可能就要出台了。在这种情况下，我就觉得很紧急了，必须要谈我的观点了。

1986年4月25日，在北京大学五四科学讨论会上，我做了一个报告，叫作《所有制改革是改革的关键》。我说的第一句话就是："经济改革的失败可能是由于价格改革的失败，但经济改革的成功并不取决于价格改革，而取决于所有制的改革，也就是企业体制的改革。"所有制改革就是要从国有企业入手，动产权。对于这个讲话，外电报道得相当多。我看到的包括香港的报纸、美国的报纸，说："中国出现了另一种改革的想法，就是要动所有制。"后来，中央财经小组的领导张劲夫同志看到了这个报道，他告诉我，他一看到马上转给赵紫阳了，并对赵说："在学术界有不同的看法，这种意见还是可供参考的。"据说，我这个讲话对赵紫阳有一些影响。

到了7月份，放暑假了，我带了一批学生到哈尔滨去讲学。这批学生当中有现在非常有名的人物，像经济学院的院长刘伟，那个时候他是刚毕业的硕士生；像北大管理科学中心的副主任朱善利，那时候也是刚毕业的学生；还有孙来祥，他现在在英国伦敦大学做教授。邀请方当时说："你们讲完了课，去镜泊湖游览一趟。"所以，我们定好了从哈尔滨到牡丹江的火车票。没想到，在刚讲完课的当天晚上，黑龙江省委派人来找我，省委副书记周文华说："中央和国务院来电话，让您连夜赶回北京。"我问："什么事啊？"他说："大概有什么事跟你谈谈。"当然，他也不知道什么事。这样，大家就没法去镜泊湖了，他们就跟我一起回北京了。

回北京以后，8月19日，是安志文、鲍彤两个人找我谈话。他们说："赵紫阳同志让我们来听你详细讲讲，为什么不能搞价格改革？为什么要搞企业改革？"所以，那天全是我在讲，我给他们两人讲了一上午。他们做了详细记录，都没有表态。他们就是听，代表赵紫阳来听，然后问了一些问题。我大概讲了这样一些观点："中国为什么不能让价格改革领先？第一个理由就是，中国跟西德不一样。西德是一个私有制国家，它的企业都是私有的，所以1948年西德搞改革，搞'休克疗法'，把价格一放开，企业该淘汰的淘汰，该重组的重组，该突破的突破，该发展的发展。私有企业能适应优胜劣汰的环境，市场价格一理顺，企业就变活了。所以，到50年代中期它的经济就复苏了，到50年代末期经济就起来了。而中国则不行，因为中国是公有制经济社会，公有制的最大问题是产权不清楚，没有人负责，企业是躺在国家身上吃大锅饭的。放开价格以后，企业被挤垮了，国家还要兜着，放开价格是没用的。"当时，说到这里，安志文和鲍彤都点点头。我说："还有第二个理由，西德是在美国帮助之下搞改革的。当时，有马歇尔计划，有大量的美元支援他们，所以物价一放开，就进口粮食、进口石油，一下子就把物价平下来了。中国这样搞，是要冒着极大风险的。物价会上涨，会发生抢购，会发生挤提存款。有哪个国家能够出一大笔美元来帮助中国搞改革？这是第二点。"他们俩说："有道理。"我讲："更主要的问题是，价格改革是改革了环境，但是企业是市场的主体，中国的国有企业是政企不分的，产权不明确的，投资主体也不明确的，不能成为市场的主体。如果不改企业，光改价格，环境搞好了，也没太大用处。所以，现在关键问题是要动产权，所有制改革就是要明确产权，股份制是明确产权最好的办法。"

我还对他们讲："价格改革不能试点，一改就是全国都改，而企业改革可以搞试点，总结经验逐步推广。所以，若是先改价格，那全国不就都乱了？这是一条。第二，价格改革有可能一夜之间回到计划经济时代。比如，价格放开了，放开以后是通货膨胀，然后物价上涨，老百姓抢购了，刹不住了，就暂停。结果，一夜之间又回到计划价格了，这样风险太大了。企业改革可以是渐进的，一步步总结经验，第二批就比第一批更有经验，它只能前进不能倒退。比如，让老百姓买了股票，你宣布股票作废，行吗？"这些观点我的文章里都没谈，因为这两个问题太敏感了。我当时还讲："我是从西方经济学角度讲了产权应该明确，还应该从马克思主义角度来讲。根据辩证唯物主义原理，内因是变化的基础，外因是变化的条件。价格改革是外因，企业改革是内因。此外，根据马克思政治经济学原理，生产是第一性的，流通是第二性的；生产决定流通，流通反作用生产。价格是流通领域的改革，企业改革是生产领域的改革。"我说："你们向上面汇报，应该这么汇报。"他俩都笑了，特别是鲍彤，他说："真有你的！"据我所知道的，他们汇报上去以后，中央有所考虑，价税财联动方案推迟了。当然，也有其他方面的影响。

这一年的 10 月和 11 月，赵紫阳听了杨培新三次汇报。杨培新向赵紫阳介绍了德国专家施耐德和瑞士专家林德的意见。他们认为："中国不应该把注意力放在价格改革上，应把注意力放在发展生产上。"我后来得知，赵紫阳当时表示："国内经济学家也有这种论点，比较系统的是厉以宁。厉认为，要搞市场机制，在法制不完备情况下，不宜搞价格改革。这种观点，可以慎重考虑。"当时，外面传说，赵紫阳跟我很熟。实际上，我跟赵紫阳并不熟。有一次开会，好几个人都去了，我也参加了。赵紫阳问："厉以宁今天来了没有？"其实，我就坐在他对面，别人告诉他说："这就是厉以宁。"这是我和赵紫阳第一次见面，可见以前是不熟的。因为我的办公室在中南海南院，即中央办公区，他在北院，即国务院办公区办公。

三　股份制改革一波三折

1986 年的秋天，大概 11 月份，胡启立带了我和另外几个人到四川进行调研。当时，股份制的试点是在四川，重庆是包括在四川里的。我们先到成都，再到自贡，再到重庆。当时的四川省委书记是杨汝岱，他一路陪着我们。重庆的市委书记是廖伯康，市长是肖秧，他们全都同意要搞股份制。肖秧提出来，重庆很困难，让重庆做试点吧！杨汝岱同意了，胡启立也同意了，说重庆是四川的地方，四川试点就包括重庆了。我在那里做股份制改革的报告，在成都做了，在重庆也做了，当时的气氛是热气腾腾。没想到过了一个多月，胡耀邦下台了，就开始改戏了。据我所知，我们能够到四川做调研，准备在四川做试点，耀邦是同意的。这样，由胡启立带队，他心里也比较踏实。赵紫阳也是同意的，他说："先试试点嘛！"第一个阶段搞股份制试点的情况就是这样。最集中论述我当时观点的一本书，是 1987 年 1 月人民日报出版社出版的，主要是所有制改革的探讨，当然也有一些其他的文章。

前些天，我碰到胡德平了。他说："有人说，胡耀邦反对股份制，我是不同意的。"他问我："你们到四川做股份制的调查，准备在四川试点，耀邦同志知道吗？"我说："他是知道的，耀邦若是不知道，不同意，胡启立去干吗?!"前不久，我和胡启立在电话里聊天。他说："最近，我跟杨汝岱在一起谈咱们那年到四川去。杨汝岱讲，当时要是听了厉以宁的话，在四川把股份制搞起来，四川经济不是现在这个样子啊！胡启立告诉他，当时耀邦都挨批了，厉以宁也挨批了，谁还敢搞啊？"

胡耀邦挨批后，赵紫阳说还得搞企业改革，但改为承包制了。企业全面实行承包制是1987年初出台的。搞了大半年后，到了年底就不行了，不解决问题。我从来就不赞成"放权让利"这个提法。在我看来，放权应该叫还权，让利这个说法也不通，首先要明确产权。企业改革这些做法，包括放权让利，扩大自主权还有承包制，不动产权问题是不行的。就跟农村改革一样，必须先明确产权，包产到户有产权问题，宅基地也有产权问题。产权问题一明确了，那问题就好办了，下一轮改革浪潮就起来了。因此，对于承包制，我当时不表态。我觉得，放权让利、承包制都没有用，那时候我讲股份制都是在内部场合谈。

我认为，国有企业被一些所谓的改革给害了。当时，报纸上渲染的都是承包制，最早搞承包的，像马胜利，后来都不行了，首钢后来也一样。国有企业跟着假象走，后来学邯钢，其实邯钢都改股份制了，所以说这是一种假象。当时，有一个中央领导人说："我们在解放以后就有股份制嘛，中国跟东欧波兰合资搞轮船航运公司，就是股份制。是中国的合资企业，产权很明确嘛！"然而，理论界的人不敢露头，马洪当时是国务院副秘书长，上面不同意，他自己能讲吗？

1987年，承包制问题出来以后，我说："承包制层次太低了，承包制是一个买卖关系、合同关系，它不解决产权问题。而且，在中国当时的情况下搞承包制，很可能搞成短期行为，企业去拼设备，不去积累。还有一条很重要，企业都学首钢，首钢是特殊政策的产物，你能把这个特殊政策给所有的承包企业吗？"这样，承包制不解决问题，经济又下滑了。到1988年，又重新提出来还是要搞价格改革。

赵紫阳虽然对股份制有意见，但是他不主张批股份制。1987 年，反对资产阶级自由化的时候，很多人说要批厉以宁，但是最后的名单里没有我，有王若水、刘冰雁、方励之等一些人。在这件事情上，苏星起了作用，他是实事求是的。邓小平把我的文章送给苏星审查去了，说："人家都说厉以宁的文章有问题。"苏星看了以后说："这是学术观点的争论。"他还说："国民经济按部门不同，国家控股比例可以不一样。"他引了我的一句话，重要的行业国家控股。他说："这不叫私有化。"苏星的改革观点并不积极，但是他人好，实事求是，不会做落井下石的事情。有一次，我在人民大会堂开会，在电梯上遇到他，向他表示感谢。他说："不用谢，我是实事求是。"

据说，1988 年夏天的价格闯关，是邓小平的意见；结果，还没"闯"呢，全国就开始抢购了，只好叫停。这个时候，又回到了股份制改革这条路上来。1989 年 3 月底，我接到通知："4 月 27 日，国务院召开股份制改革研究会议，请你出席，并准备发言。"那时候，我还是人大常委会委员，刚开完两会，就开始准备发言了。没想到，4 月 15 日胡耀邦同志去世了，学生就上街了。4 月 26 日《人民日报》发表社论，4 月 27 日学生都上街了。所以，我去国务院开会的路上很困难，汽车在小胡同里钻来钻去，才进了中南海北门到了会议室。我发现，那天开会，稀稀拉拉没来几个人。本来，准备开一天会，还不到一个小时，就说大家回去再准备吧。6 月以后，开始了第二次批判股份制。

1989 年政治风波之后的一段时期，我主要是去搞环保了。1989 年 10 月 1 日，国庆 40 周年。在天安门城楼上，宋健把我叫到边上说："你的观点是对的。但现在不是时候，你就跟我做环保工作吧。"那时候，宋健是中国环境保护委员会的主任，我就做顾问了。当时，江泽民的决策还是挺有意思的，外面批判股份制，他不管，在内部还是继续往下搞。正是在 1990 年批准成立了上海证券交易所，1991 年批准成立了深圳证券交易所。所以，我经常跟大家讲，不要讲那几年改革全停了，不符合事实。当时，如果中央不批准，能够成立上海证券交易所、深圳证券交易所吗？这说明，股份制改革并没有停，而是做好了客观的准备。

到1992年，邓小平南方谈话以后，我又开始呼吁股份制改革，可是朱镕基反对。他和我都是全国人大湖南代表团的代表，他跟我说："你那个股份制啊，不切实际的。中国没有那么多企业家，股份制是要有企业家的，中国还是承包制好。"我说："没有企业家，你一搞股份制自然就会有了。哪儿有天生的企业家？没有股份制的实践，哪儿有企业家？"

8月，我做全国证券法起草小组组长，这是万里委员长提名的。在《证券法》草案审议过程中，由于种种原因，在一些主要问题上争议较大。12月，江泽民把我、法律专家王家福、国务院发展研究中心的副主任陆百甫，找到他的办公室，谈股份制问题。我是从经济学的角度讲，王家福从法律的角度讲，陆百甫从政策的角度讲。江泽民听了以后，他说："我从来主张，要搞就搞大的。大的不搞，股份制全是小企业，那怎么行啊？"所以，他很同意搞股份制。散会之后，江泽民送我们出来，他跟我悄悄地讲了一句话："我还得去说服朱镕基。"这是当时的真实情况，留作历史吧。

当然，朱镕基后来也同意搞股份制，他不但同意了，还邀请我陪他去考察。我说："我太忙了，去不了。"他也想改善改善关系嘛！我对朱镕基有一条是肯定的，朱镕基抓打击走私，把外汇储备搞起来了。以前，中国外汇才几百亿美元，1996年突破1000亿，后来突破1万亿，这是对的。所以，我说这是朱镕基的功劳。当然，中国外汇太多也不好，但是至少有那么多吧，太少的话也不行。

此后，开始了大力推进股份制的进程。到十五大正式明确了，到十六届三中全会那就更明确了。

四 几点补遗

据我所知，世界银行报告谈的股份制，实际上没有联系到中国的国有企业改革。当时，外国人谈股份制，以为中国和西方一样，是自然发展起来的，包括张五常和一些海归派，都不了解中国的实际情况。

中国改革要从现实出发。我在 1986 年的文章中提出"存量"和"增量"的概念，增量先股份化，存量后股份化，分两步走。比如，这个企业有 10 亿资产，这是存量；上市发行 3 亿，这是增量。存量这一块不动，双轨制，层层推进。所以，股份制也是双轨制，就是流通股和非流通股。1986 年 12 月份，1987 年 1、2 月份的《中国改革》上连续三期登我的文章，论述存量、增量分开搞股份制的观点。当时，一些从国外回来的学者说："全世界哪有这种体制啊？不伦不类的，应该流通的不流通。要跟国际接轨，应该是全盘流通。"他们不了解，当初若是选择全盘流通，方案根本就出台不了，那些老同志不反对才怪呢！别人告诉我，我的文章发表以后，老同志说："存量都不动，占大头，行啊！集资，来钱，有什么不好？"实际上，我提出的方案就是要让老同志们放心嘛！就这样搞了 10 年，大非小非不就从这里来的吗？叫股权分置改革嘛！流通股与非流通股合为一股，双轨并单轨。不经过这样一个双轨制，在计划体制国家是很难转变的。所以，股份制改革是双轨制，价格改革也是双轨制。但问题是，机制不好转变，国有股份占大头，它就不流通，那怎么行？所以，到了 2000 年以后，就必须双轨并轨，搞了几年，这才搞成。

"厉股份"这个称号，我也不知道怎么来的。听说，最早是《纽约时报》发表一篇文章，它没有提到"吴市场"，也没有提到其他几个人，就把我的名字叫"股票先生"，"Mr. Stock Market"。我从改革一开始，即 1980 年就谈股份制，一直没有停止，三次遭到批判。第一次是胡耀邦下台，第二次是 1989 年政治风波以后。第三次不明显，主要是朱镕基反对。我的几个理论，他都反对。从 1993 年开始，我讲："失业比通货膨胀更可怕。中国经济怕冷不怕热，热一点不会出大问题，一冷所有的问题都出来了。"

在股份制改革过程中，最大的问题是三个层次的争论。第一个层次，是不是私有化？这是人家最反对的。我当时是说，重要行业是国家控股。第二个层次，中国会出现两极分化，收入分配不均。这个问题主要在管理上。第三个层次，股份制不如承包制。承包制是社会主义，股份制是资本主义。这完全是错误的。承包制有几个企业搞好的？没有搞好的。邓小平南方谈话以后，我在大连棒棰岛碰到国家体改委的廖季立，他拉着我的手，激动地讲："咱们搞改革，多艰难啊！几次挨批的都是你。"

有一种说法，说厉以宁不重视价格，其实我是产权为先。近几年，我不讲双轨制不好，也不说价格改革不对。我认为，价格双轨制不要否定，有它的一定作用，双轨制必须走。我的观点是，应该明确产权以后再放开价格。上次在全国政协常委会上，李克强来了，几个常委都来了。我说：工业、农业，产权已经明确了，现在就不要搞计划价格了。不然，净吃亏呀！把农民的价格弄得那么低干吗？越南大米每斤三元九，泰国大米四元二，黑龙江大米一元二。价格是有补贴，才加一毛钱，又补贴不到农民手里面。农民到外面去打工了，他没法再种地了。所以，我主张，农民粮食价格提高一点，给城市公务员发工资补助不就行了吗？何必绕一道弯子，补贴农民。结果，现在出现好多情况。我在外面调查，广西大米涨得跟越南大米差不多了，出海了，转个弯，又回到了深圳。当时，广州书记还讲，冒充越南大米卖，卖三块多钱一斤。变成这样了。现在，石油价格到了每桶石油一百三十元，我们还在补贴。结果，香港一天过来五万辆汽车，到大陆这边来加油，香港是咱们的同胞不管他了。外国民航公司的飞机到北京，油箱都是空的，也到这边来加油。中国纳税人的钱都补到外国去了，是吧？

据我所看到的材料，最早的股份制企业是乡镇企业。农民为了集资，办了股份制企业，他们是实践者。我的贡献在于，指出要用股份制重新构造社会主义微观经济基础，这是最重要的。要建立市场经济，不重新构造微观经济基础，就不能解决问题。不是把股份制当成一个集资的手段，产权明确的目的是什么？目的是重新构造社会主义的微观经济基础。微观经济基础有了，市场经济体制才能建立。在我看来，传统的计划经济体制有两大支柱，一个是国有企业体制，一个是城乡二元体制。前三十年搞了国有企业改革，只完成了一半；第二部分现在刚开始搞，也就是十七届三中全会后提出城乡一体化，要破除城乡二元体制。我的整个思路就是这样。

80 年代经济改革的回忆与反思

口述者：吴敬琏[*]
访谈者：范世涛、任潇艺
时　间：2017 年 11 月 3、4 日
地　点：吴敬琏住宅
整理者：范世涛、任潇艺

中国经济在改革的推动下迅速崛起，是 20 世纪世界范围的一件大事。怎样把改革的真实过程弄清楚，是一件非常重要的工作。我今天讲的对 80 年代改革的回忆和反思，既包括通过自身经历得到的体认，也包括我近来重新阅读 80 年代文献产生的一些想法。

一　探寻经济改革的目标模式

20 世纪 70 年代末期，当中国打开通向外部世界的窗户以后，国人惊异地发现，许多国家和地区在过去 20 年中发生了巨大的变化，中国已经大大地落后了。对中国政府派出的大量出国（境）考察团印象最深的，是日本、韩国、台湾、香港在过去一二十年的高速发展；而推动这些国家和地区发展

---

[*] 吴敬琏（1930~），江苏南京人。历任中国社会科学院经济研究所副研究员、研究员，国务院发展研究中心常务干事，国务院经济改革方案办公室副主任，国务院经济研究中心（现国务院发展研究中心）研究员。

的重要体制因素，是这些经济体在市场经济制度的基础上遵循价值规律，发展商品生产和商品交换。例如，1978 年 10 月底，重要理论家和政治家邓力群以顾问的身份随国家经委组织的日本工业企业管理考察团出访。他在访日归来的讲演中指出："在我国现阶段，商品经济的发展具有客观必然性，是不依人们意志为转移的。""有的同志害怕商品经济，实际上反映了农民小生产者对生产高度社会化的畏惧心理。"

1978 年 9 月，李先念副总理在国务院务虚会上做总结时，根据陈云的意见，提出中国应当采取"计划经济与市场经济相结合"的经济体制。① 1979 年 3 月，陈云在撰写的《计划与市场问题》提纲中对这一问题做了更深入的阐述。他说："整个社会主义时期必须有两种经济：（1）计划经济部分（有计划按比例的部分）；（2）市场调节部分（即不做计划只根据市场的变化进行生产，即带有盲目性调节的部分）。第一部分是基本的主要的；第二部分是从属的次要的，但又是必需的。"② 11 月 26 日，邓小平在回答外国友人的提问时，也指出："说市场经济只存在于资本主义社会，只有资本主义的市场经济，这肯定是不正确的。社会主义为什么不可以搞市场经济，这个不能说是资本主义。我们是计划经济为主，也结合市场经济"。③ 这样一来，市场取向的改革，就成为 1978 年 12 月中共十一届三中全会以后中国改革的首选方向。

学术界较政治领导人走得更远。不少人主张，以商品经济（商品经济是俄国人对市场经济的叫法），即市场经济作为我国经济改革的目标。1980 年初夏，薛暮桥在为国务院体制改革办公室起草的《关于经济体制改革的初步意见》中提出："我国经济改革的原则和方向应当是，在坚持生产资料公有制占优势的条件下，按照发展商品经济的要求，自觉运用价值规律，把单一的计划调节改为在计划指导下充分发挥市场调节的作用。"这份初步意见得到了胡耀邦等党政领导人的支持，但最终并没有形成党政领导机关的正

---

① 参见朱佳木《谈谈陈云对计划与市场关系问题的思考》，《党的文献》2000 年第 3 期。

② 引自《计划与市场问题》，《陈云文选》第 3 卷，人民出版社，1995，第 244～245 页。

③ 引自《社会主义也可以搞市场经济》，《邓小平文选》第 2 卷，人民出版社，1994，第 231～236 页。

式决定。对《关于经济体制改革的初步意见》的提出和后来遭到否定的过程，薛暮桥在自己的回忆录中有比较详细的记述。批判者的主张是："从总体上看，社会主义经济不能是商品经济而是计划经济。有计划的商品经济的提法也不对，因为变的落脚点仍然是商品经济，计划经济被抛弃了。"①1981 年中期以后，认为社会主义经济应当是商品经济的意见也受到批判，上述意见自然也就胎死腹中。

1981 年改革目标提法的改变，从现实经济发展方面看，最重要的原因是，国有企业"扩大企业自主权改革"造成了宏观经济的紧张态势。

在改革开放初期，市场社会主义是中国最具影响力的社会思潮。市场社会主义发源于东欧社会主义国家。它的主要特点是，在保持国家所有制和计划经济体制基本框架的条件下，引进国家管制下的市场竞争机制。按照其创始者、波兰经济学家奥斯卡·兰格的理论，他一方面认为，价格是由计划机关模拟市场试错过程来决定，即完全由供求状况决定；另一方面他又认为，市场并不能反映社会的要求，所以还要有政府的管制。因此，市场社会主义者所要建立的"市场"，并不是由企业自主交易的真正的市场，而是政府管制下的市场（Regulated Market），其目的是提高国营企业的运营效率。因此，70 年代末 80 年代初，进行市场社会主义式的经济改革的苏联、东欧社会主义国家，莫不把扩大国营企业自主权作为改革的一个重点。这种主张符合社会主义国家重要社会集团——国营企业经理人员的诉求。因此，主张对国营企业放权让利甚至实行企业自治，往往形成强大有力的改革派别。

中国企业界和经济领导部门的大多数人也是这样。他们认为，国营企业之所以缺少活力与效率，是因为政府管得过多、统得过死，改革的方向应当是对企业放权让利。在 70 年代末期，对企业扩权让利成为经济领导部门和学界的主流意见。1978 年 9 月，李先念在国务院务虚会的总结中指出："过去二十多年的经济体制改革的一个主要缺点，是把注意力放在行政权力的分割和转移上，由此形成了'放了收、收了放'的'循环'。在今后的改革中，一定要给予各企业以必要的独立地位，使它们能够自动地而不是被动地

① 参见《薛暮桥回忆录》，天津人民出版社，1996，第 375～379 页。

执行经济核算制度，提高综合经济效益。"① 据袁宝华回忆，他在 1978 年
10 ~ 12 月间率领国家经委代表团对日本企业进行考察。考察中，代表们
"深感我们的企业必须进行改革，要给企业更多的自主权"。李先念在听取
代表团汇报后也说，经济要搞好，首先是企业要搞好，要扩大企业自主权。

许多经济学家也持有类似的观点。例如，1979 年 9 月，马洪在一篇论
文中指出："改革经济管理体制要从扩大企业自主权入手"，扩大企业在人、
财、物和计划等方面的决策权力。② 蒋一苇提出工业企业、商业企业、农业
企业作为基本的经济单元的"企业本位论"。他认为，全民所有制企业要
"在国家统一领导和监督下，实行独立经营、独立核算，一方面享受应有的
权利，一方面确保完成对国家应尽的义务。""企业应当是企业全体职工的
联合体……企业的权利是掌握在全体职工的手中"，"实行独立经营、独立
核算"。③ 董辅礽也明确提出，应当改革"全民所有制的国家所有制形式"，
实现"政企分离"，使全民所有制经济单元"具有统一领导下的独立性，实
行全面的独立的严格的经济核算"；各级产业组织中的劳动者有权在维护和
增进全体劳动者共同利益的前提下，在统一计划的指导下，结合本单位和自
身利益的考虑直接参加经营。④

事实上，早在 1978 年 10 月，四川省就率先开始了扩大企业自主权改
革。四川省选择了 6 家国有工厂进行扩大企业自主权试点。1979 年 7 月，
国务院颁发了《国务院关于扩大国营工业企业经营管理自主权的若干规
定》、《关于国营企业实行利润留成的规定》和 5 个相关文件，向全国企业
推广扩大企业自主权和实行利润留成的改革措施。到 1980 年，这些措施已
经扩及占全国预算内工业产值 60%、利润 70% 的 6600 家国有大中型企业。

扩大企业自主权改革的内容与 1965 年苏联完全经济核算制改革大体类
似，主要包含两方面的内容：一是简化计划指标，放松计划控制，扩大企业

① 参见《在国务院务虚会上的讲话》（1978 年 9 月 9 日），《李先念文选》，人民出版社，
1989，第 324 ~ 336 页。
② 参见《改革经济管理体制与扩大企业自主权》，《马洪集》，中国社会科学出版社，2000，
第 227 ~ 245 页。
③ 参见蒋一苇《企业本位论》，《中国社会科学》1980 年第 1 期。
④ 参见董辅礽《关于我国社会主义所有制形式问题》，《经济研究》1979 年第 1 期。

管理层的经营自主权；二是扩大奖励基金的数额，强化对企业和职工的物质刺激。赋予企业管理层的权力包括：（1）在增产节约的基础上，企业可以提取一定数额的利润留成，向职工个人发放奖金；（2）在完成国家计划的前提下，增产市场需要的产品，承接来料加工；（3）销售多余的物资、销售商业部门不收购的产品和试销新产品；（4）提拔中层管理干部。[1]

在开始的几个月内，扩权显著地提高了试点企业增产增收的积极性。但是，和 1965 年苏联的国营企业改革相类似，它的局限性很快表现出来。在新体制下，某些自主权的企业不受产权和市场竞争的约束，因而，增产增收积极性的发挥，往往并不有利于社会资源的有效配置和社会收益的增加。由此造成了货币大量增发和总需求失控，财政出现新中国成立以来最大的赤字，市场物价大幅度上涨和经济秩序的混乱。

回想起来，经济出现上述问题的重要原因是，扩大企业自主权改革所要求下放给企业的经营权，其实有一部分是作为企业产权基本内容的剩余控制权以及随之而来的剩余收入索取权。因此，如果放权和让利真正到位，就意味着企业不再受国家所有权的约束，而成为内部人控制下的企业；如果坚决维护国家所有者的权利，改革措施就不可能真正落实。通常的结果是，一方面，国家对国营企业管理人员的任免和重大决策的行政控制不可能消除；另一方面，内部人控制的种种弊端日趋严重，一些人竭力利用制度漏洞，以损害社会利益的办法去谋取少数人的利益。

针对国民经济出现的不稳定状况，国家计委向 1980 年 11 月 15 日召开的省长会议和全国计划会议提出了对经济计划"动大手术"的调整建议。11 月 24 日，传达了中央政治局常委陈云和李先念要求"狠抓调整"，1981 年"一步退够"，做到"财政没有赤字、银行不发货币"的意见。邓小平也表示支持他们的意见。11 月 28 日，国务院副总理兼国家计委主任姚依林受命向中央政治局常委会和中央书记处汇报了《关于一九八一年对财政信贷和基本建设安排的初步设想》，做出了 1981 年"一步退够"的具体安排。1981 年的工农业总产值增长率被规定为 3.7%，基本建设投资总额比上年减

---

[1] 参见周太和等《当代中国的经济体制改革》，中国社会科学出版社，1984，第 166 页。

少 40%。

接着，中共中央在 12 月 16 日至 25 日期间召开工作会议，贯彻上述决定。首先，陈云在 12 月 16 日的中央工作会议开幕会上引用翁永曦等四位年轻学者给他的信，明确提出"缓改革，重调整"的方针。然后，赵紫阳、李先念、邓小平等三位中央常委在中央工作会上也发表了意见。由此，中国经济发展进入了以进一步调整为中心的阶段。①

由于当时的国家计划受到了企业市场活动的冲击，许多人把 1980 年国民经济出现的不稳定状况归因于"没有提出调整和改革的关系"和"过度突出了市场调节和扩大企业自主权的作用"的结果。由此提出了加强计划管理的要求。

1980 年 11 月 25 日，陈云在出席中央政治局扩大会议，讨论提交五届全国人大的政府工作报告稿时，要求在报告中说明："计划经济和市场调节两者的关系，是主要方面和从属方面的关系，计划经济起主要作用；市场调节从属于计划经济。"② 在前述 12 月 16 日的讲话中，他再次强调了中国经济"是以计划经济为主体的"。③ 这成为他稍后提出"计划经济为主、市场调节为辅"的先声。

二 从"计划经济为主"到"有计划的商品经济"

1981 年 12 月 22 日，在中央召集的省、市、自治区党委第一书记座谈会上，陈云把他对中国经济体制的设想概括为"计划经济为主、市场经济为辅"。④ 紧接着，在 1982 年春节（1 月 25 日），陈云召集国家计委的领导人到他家里发表了重要讲话。在春节讲话中，他开宗明义地说："我今天要

---

① 参见房维中《在风浪中前进——中国发展与改革编年纪事（1977~1989）》第 3 分册，自印本，第 156~238 页；中共中央文献研究室编《陈云年谱》（下），中央文献出版社，2015，第 262~266 页。
② 参见中共中央文献研究室编《陈云年谱》（下），第 282~283 页。
③ 参见房维中《在风浪中前进——中国发展与改革编年纪事（1977~1989）》第 3 分册，第 203~209 页；《经济形势与经验教训》，《陈云文选》第 3 卷，第 279 页。
④ 参见《经济建设的几个重要方针》，《陈云文选》第 3 卷，第 305 页。

讲的是怎样坚持以计划经济为主、市场调节为辅的问题。"还说:"现在计划不受欢迎啊!所以我就找计委的几位同志来谈一谈这件事。""去年十二月我讲了那四点,主要强调计划经济,不强调不行。"①

这次转折,还有意识形态方面的动因。当时,虽然经过思想解放运动,思想界一部分人突破了传统思想的禁锢,但意识形态领域仍在很大程度上受到苏联政治经济学的束缚。所以。即使此前两位主要领导人都曾认为,中国未来的经济体制应当包含市场经济的部分,但是市场经济的提法仍然引起意识形态部门一些人的疑虑。他们认为,说社会主义经济具有市场经济的性质,违背了马克思主义原典的论述,因此,不能在党的文件中使用,以致在1979 到 1992 年正式出版物的领导人论著中,"市场经济"都被改为"市场调节"。对市场经济的这种"修正",后来进一步演化为对商品经济的批判。

1981 年 4 月,中央书记处研究室印发了一份题为《当前关于计划调节与市场调节的几种观点》的内部材料。它按照对计划调节和市场调节的态度,将经济学家划分为四类。在第一类中,摘引了一些人关于坚持以计划为主、市场调节是必要补充的言论;而薛暮桥、林子力等主张微观经济由市场调节,或国家计划也要通过市场调节来实现的经济学家则被划为第四类。②

1982 年 8 月,在起草党的十二大报告过程中,一位当时处于领导地位的理论家组织并批发了起草组五位成员给他的一封信,指摘一些经济学家关于发挥价值规律的作用、把企业办成独立的经济实体、企业的经营活动主要由市场调节、体制改革的实质是要建立"在商品经济基础上的计划经营方式"等意见,是"必然会削弱计划经济,削弱社会主义公有制"的"错误观点"。信中指出:"在我国,尽管还存在着商品生产和商品交换,但是绝不能把我们的经济概括为商品经济。如果作这样的概括,那就会把社会主义条件下人们之间共同占有、联合劳动关系,说成是商品等价物交换的关系;就会认定支配我们经济活动的,主要是价值规律,而不是社会主义的基本经济规律和有计划发展规律。这样就势必模糊有计划发展的社会主义经济和无

① 参见《加强和改进经济计划工作》,《陈云文选》第 3 卷,第 309~311 页。
② 参见中央书记处研究室《当前关于计划调节与市场调节的几种观点(参考资料)》,1981 年 4 月 26 日,北京大学图书馆藏。

政府状态的资本主义经济之间的界限，模糊社会主义经济和资本主义经济的本质区别。"①

1981～1983年，各主要报刊发表了大量批判在计划经济与市场调节问题上"错误观点"的文章。红旗出版社把这类文章编辑成《计划经济与市场调节文集》一书出版。按照该书"前言"的说法，"国民经济的有计划发展是社会主义经济的一个基本经济特征"，"放弃计划经济，必然导致社会生产的无政府状态，导致对社会主义公有制的破坏"；"实行指令性计划是社会主义计划经济的根本标志，是我国社会主义全民所有制在生产的组织和管理上的重要体现"，"取消指令性计划，取消国家对关系国计民生的生产资料和消费资源的生产和分配的直接管理，取消国家对骨干企业的直接指挥"，"国家就难以掌握必要的经济力量来保障国民经济按照全社会的利益和要求健康发展，就无法避免社会经济生活的混乱，就不能保证我们的整个经济沿着社会主义方向前进"。他们认为，"经济体制改革的中心问题是坚持贯彻计划经济为主、市场调节为辅的原则"。根据这个原则，"前言"声称，对"认为我国现阶段不具备实行计划经济的条件"；"认为计划经济只管宏观经济，微观经济即各个企业的活动应由市场调节"；"认为包括全民所有制企业在内的所有企业都应成为完全独立的经济实体，具有商品生产者的一切特征和权利，有权自主地生产、交换等经济活动"；"认为市场经济比起计划经济要优越得多"等"否定、怀疑至少会导致削弱社会主义计划经济的观点""不能漠然置之"。②

这时，不同的意见不再能自由发表。薛暮桥因为说过"计划调节大部分要通过市场调节来实现"，而不得不在他自己主持的经济体制改革理论座谈会上违心地做检讨。刘国光也因为在《人民日报》发表文章，说"随着买方市场的逐步形成，随着价格的合理化，要逐步缩小指令性计划的范围，扩大指导性计划的范围"，而受到批评。

---

① 引自《林涧青、袁木、王忍之、有林、桂世镛致胡乔木的信》（1982年8月25日），打印稿复印件。

② 参见红旗出版社编辑部编《计划经济与市场调节文集》第1辑，红旗出版社，1983，"前言"，第1～6页。

在这样的背景下，1981 年 6 月，中共十一届六中全会做出的《关于建国以来党的若干历史问题的决议》，以及 1982 年 9 月胡耀邦在中共十二大上所做的报告，都对中国必须在公有制基础上实行计划经济制度，对必须坚持计划经济为主、市场经济为辅的原则做了论述："我国在公有制基础上实行计划经济。有计划的生产和流通，是我国国民经济的主体。同时，允许对于部分产品的生产和流通不作计划，由市场来调节，也就是说，根据不同时期的具体情况，由国家统一计划划出一定的范围，由价值规律自发地起调节作用。这一部分是有计划生产和流通的补充，是从属的、次要的，但又是必要的、有益的。"与此同时，该报告批评了违背上述原则、妨害国家统一计划的倾向，指出："这几年我们对经济体制实行了一些改革，扩大了企业在计划管理方面的权限，注意发挥市场调节的作用，方向是正确的，收效也很明显。但是，由于有些改革措施不配套，相应的管理工作没有跟上，因而削弱和妨害国家统一计划的现象有所滋长。这是不利于国民经济正常发展的。今后，要继续注意发挥市场调节的作用，但决不能忽视和放松国家计划的统一领导。"

这样，强调中国经济的计划经济性质，加强国家计划的统一领导，就成为直到 1984 年中共十二届三中全会做出《中共中央关于经济体制改革的决定》以前的政策基调。根据这一基调，前此在大多数国有企业中开展的扩大企业自主权改革也停顿下来，转向强调国有企业对国家的责任。在这种思想指导下，中国只能在保持计划经济基本性质的同时，采取一些变通的措施来发展商品生产和商品交换。例如，农村实行土地承包责任制，城市允许个体经营甚至少量雇工等等。这些措施为市场经济开辟出一定空间，有力地促进了经济增长。尽管这些措施取得了一定的成效，但并不意味对整个国民经济进行系统性改造。因此，中国经济就处在一种计划经济体制已经被突破，而市场经济体制又还没有建立起来的状态下，经济发展也很不稳定。

虽然"计划经济为主、市场调节为辅"写进了中央文件，但无论在学术界还是在党政领导干部中，都有不少人认为，改革的基本方向应是市场取向，主张恢复商品经济的提法。1984 年 6 月，马洪受赵紫阳之命，组织包括我在内的几位社科院研究人员写了一篇为商品经济翻案的文章，即《关于社会主义制度下我国商品经济的再探索》。① 7 月，马洪将这篇文章送请几位领导干部征求意见，意在试探反应。结果，这篇文章不但没有遭到批评，反而受到像王震这样的革命家的称赞。这使主张搞商品经济的领导人有了信心。

根据领导干部的正面反映，赵紫阳在 9 月 9 日给中央政治局常委写了一封信，建议把中国的计划体制概括为以下四层意思：（1）中国实行计划经济，不是完全由市场调节的市场经济；（2）完全通过市场进行调节的生产和交换，只限于小商品、部分农副产品和服务修理行业，它们在国民经济中起辅助作用；（3）计划经济不等于指令性计划为主，指令性计划和指导性计划都是计划经济的具体形式；（4）指导性计划主要用经济手段来实现，指令性计划也必须考虑经济规律特别是价值规律的作用。由此得出的结论是："中国式的计划经济，应该是自觉依据并运用价值规律的计划经济"，也就是"有计划的商品经济"。他从解释什么是计划经济提出问题，先说社会主义经济是计划经济，再说不论指令性计划还是指导性计划都必须考虑经济规律，特别是价值规律的作用，最后把落脚点放到了商品经济上。对于这封信，邓小平、陈云、李先念、胡耀邦均批示或回信同意。于是，社会主义有计划商品经济的改革目标也就确定了下来。

中共十二届三中全会通过的《中共中央关于经济体制改革的决定》写道："就总体说，我国实行的是计划经济，即有计划的商品经济"。然后要求"突破把计划经济和商品经济对立起来的传统观念，明确认识社会主义社会经济必须自觉依据和运用价值规律，是在公有制基础上的有计划的商品经济。"并强调指出："商品经济的充分发展，是社会主义发展的不可逾越的阶段，是实现我国经济现代化的必要条件。只有充分发展商品经济，才能把经济真正搞活，促使各个企业提高效率，灵活经营，灵敏地适应复杂多变的社会需求。"这样的行文，既与中共中央过去的提法保持一定的衔接，又从实质上确定了中国改革的市场取向，就容易实现突破。

《决定》还提出了一系列市场取向的改革方针，它们包括：（1）增强企

---

① 这篇文章后来发表在《经济研究》1984 年第 12 期。

业的活力，特别是增强全民所有制的大中型企业的活力，是以城市为重点的整个经济体制改革的中心环节；（2）要建立合理的价格体系，使价格能够比较灵敏地反映社会劳动生产率的变化和市场供求关系的变化，价格体系的改革是整个经济体制改革成败的关键；（3）实行国家、集体、个体一起上的方针，积极发展多种经济形式和多种经营方式。这些重大方针的提出，为 80 年代中后期的经济体制改革开辟了道路。因此，可以说，《决定》的通过，标志着中国改革从局部试点开始转向以市场为取向的全面改革。

邓小平对《决定》做出了高度评价。他说："这次经济体制改革的文件好，就是解释了什么是社会主义，有些是我们老祖宗没有说过的话，有些新话。我看讲清楚了。""我的印象是写出了一个政治经济学的初稿，是马克思主义基本原理和中国社会主义实践相结合的政治经济学"。① 陈云也表态说："这个文件非常重要，是一个很好的文件。"②

三　"有宏观调控的市场协调"（ⅡB）成为改革的目标模式

在《关于经济体制改革的决定》确立社会主义有计划的商品经济的改革目标后，接着发生的问题就是如何解释"有计划的商品经济"。由于《决定》采用的是由正确理解"计划经济"提出问题，然后落脚到"商品经济"的论证方式和"有计划的商品经济"的表述方式，给做出不同的解释留下了很大的空间。1985～1989 年期间，在各种选择之间发生了多次变动。这些变动也对改革的进程产生了重大的影响。

我曾经把上世纪 80 年代初期提出的改革目标模式归结为以下三种：（1）市场社会主义模式（"苏联东欧模式"）；（2）政府主导的市场经济模式（"东亚模式"）；（3）自由市场经济模式（"欧美模式"）。现在看来，这

---

① 引自中共中央文献研究室编《邓小平年谱（1975～1997）》（下），中央文献出版社，2004，第 1008 页；《在中央顾问委员会第三次全体会议上的讲话》，《邓小平文选》第 3 卷，人民出版社，1993，第 83 页。

② 引自中共中央文献研究室编《陈云年谱》（下），第 414 页。

种分类还是比较表面的。从计划和市场的关系着眼，匈牙利经济学家科尔奈在 1985 年巴山轮会议上提出的两类四种体制分类，也许更能反映不同体制的本质。他在会议的发言中，把经济调节机制概括为 I 和 II 两种类型，I 是行政控制（Administrative Regulation），II 是市场协调（Market Coordination）。每一类又有两个子类：行政控制分为直接的行政控制（IA）和间接的行政控制（IB）两种。他指出，IA 模式和 IB 模式的"差别在于纵向调节的手段不同。在直接控制的情况下，上级权力机构以具体的指令性产出指标和投入限额下达命令，那些不服从命令的人会受到行政处分。在间接控制的情况下，中央不给企业下达命令，而是手中掌握一套杠杆，用间接的办法对企业的行为进行调节。"市场协调分也为自由放任的市场协调（II A）和有宏观调控的市场协调（II B）两种。他认为，真正有效的经济改革应当从 IA 模式直接进入 II B 模式。当时的匈牙利经济已经进入了间接行政控制的状态。在这种情况下，应该强调这只是一种过渡阶段，长期停留在间接行政控制（IB）的阶段，会使企业继续处于软预算约束（soft budget constrains）状态，改革难以取得预期的成效。[①]

对决定中国改革的目标模式来说，1985 年，是十分重要的一年。

首先，根据邓小平的提议，世界银行组织了以林重庚和伍德为首的庞大国际专家团队。在中方工作小组的支持下，对中国经济进行了全面的考察。经过深入的研究，1985 年 5 月完成题为《中国：长期发展面临的问题和选择》的长篇考察报告。这份考察报告不但全面分析了中国经济面临的主要问题，而且根据对各国经验的比较研究，提出解决问题的可选方案，因而受到中国领导人和经济学家的高度重视。他们认真阅读和讨论了这个考察的主报告和六个附册，从中学习现代经济学的基础理论、分析工具以及国际发展经验。这对于提高并开拓中国经济学家的眼界，提高中国政府的决策水平起到了良好的作用。

第二，第一份《经济体制改革总体规划》的诞生。1985 年 5 月，中国

---

① 参见郭树清、赵人伟《宏观经济管理国际讨论会专题报告（I）：目标模式和过渡步骤》，载中国经济体制改革研究会编《宏观经济管理国际讨论会资料汇编》，中国经济出版社，1986，第 16~18 页。

社会科学院研究生院郭树清等三位受过现代经济学训练的研究生上书国务院领导，要求制定全面改革的总体规划。在赵紫阳的支持下，国家体改委组织了由楼继伟、郭树清等九位中青年学者组成的研究小组，并很快写出《经济体制改革总体规划构思（初稿）》。这份规划用经济学的语言，为已经被确定为改革目标的"商品经济"描绘了清晰的图画。它指出：在商品经济中，"市场体系构成经济机制的基础"；企业根据市场关系自主决定自己的活动，劳动者自主选择职业；政府对经济的管理则由间接控制为主取代直接控制为主的体制。这一规划还设想，改革可以分两个阶段进行：第一阶段，以实现商品市场的价格改革为中心，配套进行企业改革、财税体制改革、金融体制改革和建立中央银行制度；第二阶段，以形成完善的要素市场，取消指令性计划，完成从计划经济到"商品经济"的转型。

　　第三，"宏观经济管理和改革国际讨论会"的召开。在确定中国改革的若干重大政策问题上，1985年9月2~7日在长江游轮"巴山"号上，由国家体改委、国务院发展研究中心和世界银行共同召开的"宏观经济管理和改革国际讨论会"（即巴山轮会议）具有里程碑式的意义。参加这次会议的国际知名专家有托宾、凯恩克劳斯爵士、科尔奈、布鲁斯、埃明格尔；中方的参加者有薛暮桥、安志文、马洪、廖季立、项怀诚、高尚全、杨启先等经济官员，刘国光、戴园晨、周叔莲、吴敬琏、张卓元、赵人伟、陈吉元、楼继伟、郭树清、田源等经济学者。会议对中国改革宜于选取的体制目标进行了热烈的讨论，科尔奈对世界各国经济体制的分类成为议论的中心。在讨论中，不但外国经济学家扩展了科尔奈对有宏观调控的市场经济的优点所做的分析，具备现代经济学素养的中国经济学者也认同科尔奈的分析和选择，把有宏观经济管理的市场协调（ⅡB）看作中国经济改革的首选目标。

　　巴山轮会议的讨论，对确定转型期间的宏观经济政策方针也起了重要作用。转型期间应当采取什么样的宏观经济政策，是中国政界、经济界和学界长期争论的问题。在早期的讨论中，据称代表主流经济学观点的"通货膨胀有益论"曾经占有优势地位。在巴山轮会议上，通过与会学者对中国当时经济情况的深入研究和对中国学者刘国光、赵人伟介绍中国学术界争论情况的论文的讨论，与会的外国专家托宾、凯恩克劳斯和埃明格尔虽然来自不同的国家，属于不同的学派，但他们出乎中国学者意料地一致认为，中国应当采取紧缩性的财政、货币和收入政策，应对经济过热和通货膨胀的问题。在经济学者与经济官员取得共识的基础上，为正在起草的"七五"计划《建议》确立了采取稳健的宏观经济政策，以便为经济改革的顺利推进创造有利环境的方针。后来的事态演变表明，这是一条符合于经济学基本原理的正确方针。此后，发生的几次巨大经济波动，例如 1988～1989 年爆发的通货膨胀、1992～1994 年的经济过热和通货膨胀，以及 2007～2008 年的资产泡沫和通货膨胀，无不是背离了这一正确方针的结果。

　　第四，所有以上这些成果，集中表现在 1985 年 9 月 18～23 日中国共产党全国代表会议制定的《中共中央关于制定国民经济和社会发展第七个五年计划的建议》中。特别是，把要在"七五"期间建立的经济体制，概括为自主经营、自负盈亏的"商品生产者和经营者"，包括商品市场和要素市场在内的市场体系和以间接调控为主的宏观调控体系，为市场取向改革树立了正确的目标。

　　安志文曾经在他的回忆文章里说，"七五"建议里的"三环节配套改革"内容是受了巴山轮会议上科尔奈发言的影响。这是不完全确切的。虽然"七五"建议有关决定的确反映了科尔奈的一些重要经济思想，但是这种影响，并不是直接来自巴山轮会议上科尔奈的发言，而是通过其他途径，比如说，通过郭树清、楼继伟等人写作的《总体规划》发生影响。

　　根据我的亲身经历，直接影响"七五"计划《建议》相关内容的，是当年 7 月 15 日中共中央和国务院召开的《"七五"建议（1985 年 7 月 12 日第五次草稿）》讨论会。这份草稿突出地强调了"搞活企业是整个经济体制改革的出发点和落脚点"。我在发言中认为，文件中这样的提法不够准确，需要进一步推敲。为此，我根据科尔奈关于国有企业和国家的"父子关系"、"软预算约束"理论，在会上发言中指出，放权让利并不能解决软预算约束问题，而且企业行为的改变，要靠市场竞争的约束。据此，我提出："不能把改革简单地归结为扩大企业自主权。它必须在经济体系的基本环节上既是有步骤又是配套地进行。在我看来，有计划商品经济的基本环节是三个：自主经营、自负盈亏的企业；竞争性的市场；以间接调节为主的宏观调控体系。这三个方面的改革要同步前进。"① 我的这一意见被采纳。在"七五"计划《建议》中写下了以下的内容："建立新型的社会主义经济体制，主要是抓好相互联系的三个方面"，即（1）使企业特别是国有大中型企业成为自主经营、自负盈亏的商品生产者和经营者；（2）发展商品市场，逐步完善市场体系；（3）将国家对企业的控制逐步由直接控制为主转向以间接控制为主。这些规定后来被叫作"'七五'三条"。

"'七五'三条"的确立，意味着确认了中国经济体制改革的目标模式，即有宏观调控的市场经济，也就是科尔奈的"ⅡB 模式"。"七五"计划《建议》还规定，力争在五年或者更长一些的时间内，奠定这一新经济体制基础的目标。

四　"价税财配套改革"的揭幕和落幕

为了研究"七五"期间，特别是"七五"前期的经济体制改革的步骤和配套措施，中国经济体制改革研究所和北京青年经济学会于 1985 年 12 月中旬召开了三天研讨会。1986 年 1 月 25 日，赵紫阳主持中青年学者座谈会，听取了几种代表性意见的汇报。我也代表周小川、楼继伟、李剑阁做了《以改善宏观控制为目标，进行三个基本环节的配套改革》的发言。② 会后，赵紫阳的秘书鲍彤转告我们，赵认为，会上提出的四种方案都不理想，我们的思路比较成系统，但需要的条件很高，很难实行。

3 月中旬，我在上海搞调研时听说，赵紫阳已经决定，在"七五"前期，即 1987 年和 1988 年，进行价格、税收、财政配套改革（简称价税财配套改革），由于此前获得的信息是，领导已经放弃了配套改革的想法，当时我感到非常突然。回到北京后，我了解了更多的情况。特别是我被任命为国务院经济体制改革方案研究领导小组办公室副主任，负责制定配套改革方案，阅读了更多的文献，才认识到这个决定绝非事出偶然，而是经过长期思

---

① 我的发言见《单项推进，还是配套改革》，《吴敬琏文集》（上），中央编译出版社，2013，第 313 ~ 314 页。

② 见《吴敬琏文集》（上），第 315 ~ 317 页。

考和酝酿做出的慎重决策。

其实，早在 1985 年 12 月，赵紫阳在河南省直属机关负责干部会议上的讲话里，就提出过由于只进行企业改革而没有建立竞争性市场体系，首先是商品市场所造成的困境。他说："现在改革面临着一个很大的问题，就是企业放活以后，效益好的企业收入比较好，效率差的企业说，他为什么能够上去我不能上去？是因为各种客观条件，所以就造成互相攀比。还有企业与机关之间，也互相攀比，越攀越高。这样攀来攀去，你高我也高。如果不加以节制，最后的结果仍是吃'大锅饭'，改革从克服吃'大锅饭'出发，最后还是回到吃'大锅饭'上来。恐怕这是改革中的一个非常困难的问题，可能成为决定我们改革成败的一个关键问题。"他分析其中的主要原因是，企业之间有很多不可比的条件，不能在平等条件下竞争。比如说，厂和厂之间占有的固定资产不同，生产的产品不同，利润多少也不一样。目前从一个企业看，形势也不错，从大的方面看，从宏观上看问题却相当严重。互相攀比的结果，生产没有搞上去，而消费资金却膨胀起来。搞不好，我们国家的经济就会出现未老先衰。他由此得出的结论是，必须找出一个避免相互攀比的办法来，既能鼓励先进企业，其他企业也不能攀比。显然，根本的措施就在于进行价税财改革，建立起平等竞争的市场环境。

通过对这个问题的反复考虑，1986 年 3 月，赵紫阳提出，要推行价税财配套改革。他先和自己的两位秘书讲了 1986~1987 两年发动一场价格、税制、财政体制、外贸、金融体制等方面配套改革的设想，接着，在 3 月 13 日的中央财经领导小组会议上讲。3 月 15 日，在国务院常务会议听取全国城市经济体制改革工作会议汇报时，他更详细地讲了价格、税收、财政改革的基本要求和这样搞的理由。他在讲话中指出，当前面临问题的根源在于"新旧两种体制胶着对峙、相互摩擦、冲突较多"。这种局面不宜久拖，所以应当在 1987 年和 1988 年采取比较重大的步骤，在市场体系和宏观经济的间接调控这两个问题上步子迈大一点，为企业能够真正自负盈亏，并在大体平等的条件下展开竞争创造条件，促使新的经济体制能够起主导作用。具体说来，改革可以从以下三个方面去设计：第一是价格，明后年应当把价格体系的改革摆在第一位；第二是税收；第三是财政。这三个方面的改革是互相联系的。接着，他还对为了形成平等竞争的环境必须进行价格、税收、财政方面的配套改革进行了详细的论证。①

3月25日，国务院发出通知，成立以田纪云副总理为组长的经济体制改革方案研究领导小组，并在领导小组下设办公室。方案办成立后，我们曾经到国务院秘书局把赵紫阳讲话的录音借来听了一遍，大家都觉得讲得非常好。随后，就按照赵紫阳的讲话精神进行方案设计。

价格改革最早的设想是，通过先调后放的改革方式，用两年或者稍长一点时间放开生产资料价格和运输价格。后来，领导怕涨价幅度太大，各方面承受不了，在6月份改为1987年只改钢材价格，然后再考虑其他方面的价格改革。经过反复折冲，8月，方案办向国务院和中央财经领导小组提交了以价格、税收、财政、金融、贸易为重点的配套改革方案。这一方案得到国务院常务会议和中央财经领导小组的批准以后，9月13日，赵紫阳、姚依林、田纪云等向邓小平做了关于当前经济情况和明年经济体制改革方案的汇报。邓明确表示，赞成这个改革方案，而且认为价格改革的步子还应当加快。②

在此期间，我听说，中国经济体制改革研究所主要研究人员也听了一遍赵的讲话录音，但他们表示不能理解。随后，他们就到匈牙利和南斯拉夫考察去了。回来以后，写了详细的考察报告，其实就是针对3月决策所做的"反决策论证"。考察报告强调："市场的形成是相当长期的过程"，"要避免将改革本身理想化"；"价格改革很容易导致物价和工资轮番上涨，出现'比价复归'的现象"，这种通货膨胀，"靠简单的总需求控制是很难奏效的"。③

直到9月底10月初，配套改革的方案设计一直在按计划推进。9月下旬，在十二届六中全会上，中央财经领导小组做了《关于当前经济形势和

---

① 参见房维中《在风浪中前进——中国发展与改革编年纪事（1977~1989）》第9分册，第33~39页。
② 参见中国经济体制改革研究会编《中国改革开放大事记（1978~2008）》，中国财政经济出版社，2008，第147页。
③ 参见中国经济体制改革研究所编《艰难的探索——匈牙利、南斯拉夫改革考察》，经济管理出版社，1987，第1~30页。

经济工作的通报》，向全会通报明年和后年的经济体制改革方案。《通报》指出，改革要按照"总体设计，配套改革，有主有次，分步实施"的方针，努力把搞活企业、完善市场调节机制和建立以间接控制为主的宏观管理体系这三方面的改革协调起来，相互适应地向前推进，以促进社会主义有计划商品经济的发展。"把改革的重点放到理顺生产资料价格、逐步建立和发展生产资料市场上来，相应地进一步改革财政税收制度，适当加快金融体制的改革，为增强企业活力创造更好的外部环境。"① 具体地说，方案规定：1987年首先调整和放开钢材价格，1988年以后再视情况逐步调整或放开煤炭、水泥、石油、电以及铁路运输等生产资料价格。

但是，10月中旬风云突变，传来了赵紫阳10月14日在听取杨培新汇报德国专家施奈德意见的讲话，决定停止价税财配套改革的消息。后来，看到赵的一次讲话要点说，做出这个决定，是接受了施奈德、瑞士林德教授和北京大学历以宁教授不赞成搞价格改革的意见。我很怀疑这种解释。且不说反对价格改革完全不符合弗赖堡学派经济学家林德的一贯主张，仅仅是因为听了两位外国人士的意见，就把中央财经领导小组、国务院常务会议和邓小平定下来的事情否定掉，也不太符合中国的"规矩"。所以，我认为这里一定还有另外的原因。

据我所知，即使在中央领导层中，对于停止价税财配套改革，转向以国有企业承包经营为主线，也是有不同意见的。比如说，方案办的直接领导田纪云后来多次跟我表示过，他不赞成转向以企业承包为主线，并且认为，如果坚定地执行1986年的配套改革方案，1988年和1989年的一些问题不会发生。也许因为考虑到内部的不同意见，1986年11月下旬，赵紫阳在广西视察期间，解释了为什么停止价税财配套改革的原因。他说，这是因为感到企业问题和农副产品价格问题需要优先解决。如果这两个问题和钢材价格同时搞，有可能承受不了。

---

① 参见房维中《在风浪中前进——中国发展与改革编年纪事（1977～1989）》第9分册，第111～113页。

五 回到了"间接行政调控"的 I B 模式

1987 年 1 月,赵紫阳接任中央代理总书记。以后,他从价税财配套改革转向以企业承包为主线的想法就更加明确了。

1 月 19 日,在全国省长会议上,赵紫阳提出:"搞活企业,是经济体制改革的出发点和立足点,是我们改革的基本理论和基本实践,不能动摇",要求"根据所有权和经营权分离的原则,进一步探索和试验各种形式的经营承包责任制,扩大企业经营自主权"。

2 月 2 日,赵紫阳提出,用两三个月的时间,重新研究一下今后改革的路子。他虽然一再说,"'七五'计划规定的三条是正确的",但接着就用一个"但是",把他过去分析搞活企业与建立竞争性市场体系之间关系时的逻辑颠倒过来,回到企业承包的主线论上去。他说:"由于企业本身的机制没有改革,宏观很难对它有影响。"所以,"如果企业的问题不进一步解决,其他改革很难办"。他由此得出的结论是:"要从搞活企业出发,考虑全部配套的问题。企业的经营责任制,要搞一个细则,搞成之后就是大面积实行,而不是试点。""在解决这个大前提的情况下,再解决财政、价格、工资、税收、计划的配套的问题。"[①]

3 月 25 日,在提交全国人民代表大会六届五次会议上的政府工作报告中,赵紫阳采用了同样的表达方式。他首先肯定,"以增强企业活力、完善市场体系和健全宏观管理制度为主要内容"的"既定的改革方向和总体部署是正确的"。接着又宣布:国务院经过认真研究,确定 1987 年经济体制改革的主要任务是,以增强企业特别是全民所有制大中型企业活力为中心,着重改革企业经营机制和企业内部的领导体制。

4 月 10 日,在省委第一书记会议上,赵紫阳指出:"今后的重点应放在改革企业的经营机制问题上,对大中型企业实行不同形式的承包经营责任

---

① 参见房维中编《在风浪中前进——中国发展与改革编年纪事 (1977~1989)》第 10 分册,第 73~76 页。

制。一些小企业一租赁，效益马上就上来了，税收也增加了。"①

4月下旬，赵紫阳在上海调研时强调："不同形式的承包经营责任制势在必行"。他说：要缓解当前存在的困难，继续保持国有经济的稳定增长，出路就在于把作为国民经济骨干的大中型企业搞活。许多小企业实行承包、租赁以后，效益很快就大为提高。几个实行投入产出包干的行业，也都取得良好的效果。为了改善大中型企业的经营机制，看来实行不同形式的承包经营责任制势在必行。

根据这一指导思想，主管国有企业的国家经委和主管改革的国家体改委协同动作。4月22～27日，国家经委受国务院委托，召开全国承包经营责任制座谈会。会议决定，从当年6月起，在全国范围内普遍推行承包经营责任制。② 这一决定，受到经济界和经济学界一些人的赞誉，称之为"我国经济体制改革的第二个里程碑"。③ 进而在1988年4月，全国人民代表大会通过《中华人民共和国全民所有制工业企业法》，将实行所谓"两权分离"的承包经营责任制确立为国家意志。在全面推广企业承包经营责任制的情况下，1985年末说的"互相攀比"、"更高级大锅饭"的问题再次出现在人们的面前。

1987年初，中共中央决定在当年的秋天召开党的第十三次全国代表大会。于是，代表大会怎样界定将要建立的经济体制，就成为各方关注的焦点。虽然邓小平在讨论十三大报告的起草问题时已经明确："不要再讲以计划经济为主"了，但是怎样正面表述，还是存在几种互相对立的意见。

一种主张是，明确改革目标是建立市场经济。其中，最重要的代表是广东的经济学家们。广东社会科学院、广东省社会经济发展研究中心等几个单位，他们写的报告请国务院发展研究中心转送党中央。马洪也同意这个意见。他让发展中心写了同意他们观点的评论报送给了赵紫阳。后来，赵将这

---

① 参见房维中编《在风浪中前进——中国发展与改革编年纪事（1977～1989）》第10分册，第138页。

② 参见邵宁主编《国有企业改革实录1998～2008》，经济科学出版社，2014，第21页。

③ 参见杨培新《推广承包制：我国经济体制改革的第二个里程碑》，《世界经济导报》1987年6月25日。

个报告批给了郑必坚和龚育之领导的"中国特色社会主义研究组"。

在计划机关中，赞成计划经济为主的看法更为流行。不过在邓小平明确反对讲"计划经济为主"的情势下，他们的说法也有了调整。1986年9月，在国家计委召开的"全国宏观经济管理问题讨论会"上，以国家计委研究机构负责人桂世镛及王积业为首的研究组和以国家统计局局长、国家计委顾问李成瑞为首的研究组，分别提出了接近于"计划经济为主、市场调节为辅"的改革目标模式，即"国家调节市场，市场引导企业"或"国家掌握市场，市场引导企业"。他们对这个模式做了以下的描述：这种模式的基本框架是"国家－市场－企业"，即"国家从保持总量平衡、比例协调和最佳宏观经济效益出发，对经济的宏观控制主要实行'间接调节'，同时辅之以必要的'直接调节'。间接调节的基本内容是：在市场调节力量已经达到的范围内，国家通过运用经济调节手段左右市场，市场引导企业按宏观经济发展要求进行活动，即实行以市场为中介的计划。直接调节的基本内容是：在市场力量没有达到或者运用市场手段并不经济的范围内，国家实施直接经济管理或直接从事一部分社会经济活动，以克服市场功能的缺陷，并尽量在直接调节手段中渗入市场机制，为市场发展创造条件。"①

赵紫阳曾经设想，把世界银行在进行发展中国家项目评估时采用的计算影子价格的办法，推广到整个国民经济，建立全国的决策价格体系，也考虑过把石家庄钢材市场的做法推广到全国。但是，经过论证，这些做法都不具有可行性，最后只好落脚到"计划与市场结合"上，用计划主要是靠政府的各种调节手段执行的间接计划去控制市场和企业行为。

1987年2月10日，新华社《国内动态清样》登载了原上海市经委主任李家镐提出的提高计划工作素质和完善市场机制的建议。李家镐的基本主张是，对生产过程的"三大层次"用不同的方法进行调节：对于最终消费品生产层次，应当直接根据市场需求变化而生产；对于中间生产资料，市场调节和指导性计划应当同时起作用；至于基础性生产资料的生产、分配和价

---

① 见桂世镛主编《论中国宏观经济管理》，中国经济出版社，1987，第18～26、68～81、235～255、361～368页。

格，在原则上应纳入指令性计划。李家镐把国民经济分为三大领域，分别用市场机制、指导性计划和指令性计划加以调节的主张，和赵紫阳一直以来主张的扩大指导性计划、逐步实现以指导性计划为主的想法十分接近。因此，赵将这份《国内动态清样》批发给国家体改委负责人安志文和国家计委负责人房维中，要求他们组织一个小组，研究计划和市场的关系究竟如何处理的问题，并在两个月内提出报告。

3月11日，安志文和房维中向赵紫阳报送了《计划与市场关系座谈会纪要》。这份纪要介绍了计划与市场结合的几种方案，其中，既包括按领域"板块结合"的方式，也有所谓"渗透式结合"的方式，并且认为后一种方式"是不可避免的"。《纪要》所称的"渗透式结合"，也就是1986年"全国宏观经济管理问题讨论会"上国家计委研究人员提出的"国家调节市场，市场引导企业"模式。

5月8日，国家计委向中央财经领导小组报送《关于改革计划体制的十二条意见》。这份意见实际上是根据赵紫阳在上海与安志文、柳随年的几次讲话精神整理的。这份意见强调指出："在相当长的时期里，完善的生产资料市场难以形成，金融市场和其他市场更难以发育健全。这种情况下，对市场的作用不能理想化，期望靠市场调节所有经济活动。即使将来市场发达了，计划调节和国家的干预也必不可少。"关系国民经济全局的重要经济活动，应当主要靠计划，计划工作要重点研究中长期的经济社会发展战略、重大比例关系、产业政策、企业组织结构以及分配政策等等。赵紫阳在讨论总结时，也着重指出："产业结构的调整、生产要素的组合，不能主要靠竞争、靠价值规律自发地调节，必须有政府的政策加以引导。"他说："十二条意见可以了"，还有一个"计委搞的'计划与市场结合'思路的文件，把这两者配合起来，今后改革的路子大体就有了。"①

赵紫阳在5月8日的讲话和后来9月29日在全国计划会议和全国经济体制改革工作会议上的讲话，明确否定了进行价税财配套改革、建立竞争性

---

① 参见房维中编《在风浪中前进——中国发展与改革编年纪事（1977～1989）》第10分册，第172、173页。

市场体系的设想，同时，提出了"有组织市场"的新概念。他说："原来曾经想过过这一关，两三年过去后形成市场。这种想法是按照一般公式，联系实际不够。价格必须改进，但合理化是一个渐进的过程，只能够逐步形成，不可能集中两三年时间解决。原来设想宽松环境，看来这是幻想。环境宽松了，还改革干什么？"所以，"我们只能在市场不充分、价格不合理的情况下解决企业的活力问题"。"生产资料，特别是一些紧俏的重要生产资料，需求大于供给的情况不会是很短的时间，在这样一些领域如何搞活是一个很大的问题；对于重要的紧俏的生产资料价格，只能形成国家管理、领导下的生产资料市场……而不能按一般自由议价那种市场的办法去搞。""我们原来设想，生产资料价格实行'双轨制'，采取放和改相结合，计划外的放，计划内的改，使两个价格逐步接近。现在看来，这种想法不大现实，不大适合中国的情况。如果那些重要的紧俏的上游产品价格经常处在动荡之中，那么中游和下游产品的价格就不可能稳定。看来，在市场问题上，上游、中游、下游产品不应一个样。重要的生产资料将来恐怕还是可以实行两种价格，但两种价格都应置于国家的规定与参预之下"。"这才真正叫作有组织的市场。"①

5月14日，国家计委向中央财经领导小组报送的《计划与市场结合的基本思路》，是一个决定中国未来体制框架的重要文件。这份重要文件重申了"计委十二条"的基本判断，即在当前商品经济还不发达的情况下，市场调节只能在一定范围和一定程度内进行；即使将来市场发育完善了，必要的计划调节和国家干预也是必不可少的；所以，中国必须实行计划与市场相结合的体制。至于二者如何结合，文件建议的基本框架是："少数的、关系国民经济全局的重大经济活动，靠计划调节；大量的、一般性的活动尽量放开，实行市场调节。"赵紫阳听取汇报后，对文件提出的把调节分为计划调节和市场调节两块的设计不完全满意，认为应当把计划调节和市场调节统一起来，"逐步转到以间接计划为主"，实行"计划指导下的市场调节"。他

---

① 参见房维中编《在风浪中前进——中国发展与改革编年纪事（1977～1989）》第10分册，第171～172、271页；另见赵紫阳《在全国计划会议与全国经济体制改革工作会议上的讲话》（1987年9月29日）。

说："不是提出国家调节市场，市场引导企业吗，把这变成目标模式行不行？"① 于是就一锤定音，1986 年国家计委的宏观经济管理讨论会提出的"国家调节市场，市场引导企业"体制，被作为中国经济体制改革的目标写入 1987 年中共十三大的政治报告，并在当年 10 月的代表大会上确定下来。该报告写道：社会主义有计划商品经济的"运行机制，总体上说应当是'国家调节市场，市场引导企业'的机制。国家运用经济手段、法律手段和必要的行政手段，调节市场供求关系，创造适宜的经济和社会环境，以此引导企业进行经营决策。"

实际上，在酝酿"计划和市场相结合"和"国家调节市场，市场引导企业"的目标模式的过程中，国家怎样来调节市场的问题就已经摆在了面前。日本、韩国等国的选择性产业政策正好适应这种需要，于是引进这种产业政策就成为一件顺理成章的事情。

1987 年 3 月，国务院发展研究中心向党政主要领导人呈交了一份题为《我国产业政策的初步研究》的长篇研究报告，建议引进在日本和韩国的产业政策。实际上，这和日本通产省所推行的选择性产业结构政策几乎完全相同。这个报告所说产业政策的要点，就是运用一组协调财政、金融、税收、外贸、外汇、技术人才等调控手段的综合政策体系，对某些产业的生产、投资、研究、开发现代化和产业改组进行促进，而对其他产业的活动进行抑制；产业组织政策则是引导企业的发展，促进生产的集中化和专业化协作，形成大量小企业围绕着大企业运营的体系。两个星期以后，这份研究报告就得到了批示和肯定。批示要求，"制定明确的产业政策和企业组织结构政策"进行国家干预，认为这样就体现了计划与市场的结合，"更易于显示改革促进发展的作用"，计划改革"也就有了方向"。这份报告不仅印发给了国家体改委和国家计委，还印发给十三大报告起草小组，要求吸收这些意见。

根据领导上"建立以产业政策为核心的经济政策体系"的要求，国务

---

① 参见房维中编《在风浪中前进——中国发展与改革编年纪事（1977～1989）》第 10 分册，第 173～185 页。

院1989年3月发布了国家计委制定的中国第一部产业政策:《关于当前产业政策要点的决定》。这个《决定》确定了"压缩和控制长线产品的生产和建设"、"增强和扩大短线产品的生产和建设"的目标;制定了长达十几页的《当前的产业发展序列目录》,对支持什么产业和技术、限制什么产业和技术做了详细的规定;并且要求计划、财政、金融、税务、物价、外贸、工商行政管理部门运用经济的、行政的、法律的和纪律的手段来实现这些规定。国务院所属部门和各地区也根据国务院的《决定》,制定了本部门和本地区的发展重点和限制重点,列出了限制、淘汰和保证生产的产品目录,列出了重点企业和项目名单。由此,形成了运用产业政策"有保有压"地干预市场、至今仍然难以完全摆脱的传统。

坦白地说,我过去曾经认为,"国家调节市场,市场引导企业"的运行模式只是市场经济的一种委婉表达。现在看来,这种认识是不正确的。M.弗里德曼的认识要比我们清楚得多。他在1988年9月和赵紫阳谈话时,直截了当地表达了对"国家调节市场,市场引导企业"的体制模式不以为然。对于赵介绍的"国家调节市场,市场引导企业"的运行机制模式,弗里德曼评价说:"这是不可能的。国家是从上到下地组织的,而市场却是从下到上地组织的。这两种原则是不兼容的。"① 实际上,"国家掌握市场,市场引导企业",更符合东欧流行的那种保持计划经济、同时部分放开市场的"市场社会主义模式"。市场社会主义大致上有两个特点,一个是给予国有企业一定的自主权,另一个是要将市场置于政府的管控之下成为"政府管控下的市场"(regulated market)。按照市场社会主义理论的原教旨来说,中央计划机关的职能应当只模拟市场,即根据供求状况用"试错法"对价格进行频繁的调整。但是,市场社会主义者又坚持认为,市场不能充分地反映整个社会的利益和社会未来的发展趋势。因此,政府必须代表社会的利益,运用价格、财政、金融等调控手段对市场进行控制和校正。

在"国家调节市场,市场引导企业"的经济体制下,虽然企业活动由市场引导,但是由于市场受国家调节,企业实际上处于国家的管控,主要是

① 参见弗里德曼夫妇的回忆录,*Two Lucky People*,University of Chicago Press,1998,p. 543.

通过价格、财政、金融等调节手段的间接管控下，并没有自主和自由决策的权利。这里，可以明显地看到市场社会主义"政府管控下的市场"的影子。确定实行这样的运行模式，也就意味着从科尔奈所说"有宏观调控的市场协调"（ⅡB）模式退回到了"间接行政控制"（ⅠB）模式。

六　价格闯关的插曲

1988 年，经济改革的指导思想又出现一次大的转折。这就是这年 5～8 月的价格闯关。

我在前面已经谈过 1986 年 10 月以后，领导人反复论证放弃价格改革、力行企业承包经营责任制必要性的情况。到了 1987 年下半年，领导人对于企业承包的效果似乎更有把握。8 月，在北戴河的一次中央财经领导小组会议上，一位领导人提到：邓小平从 1986 年底以后一再提出，国务院领导人应当讲清楚改革要"过哪几关"、"斩哪几将"。这位领导人可能是对停止价税财配套改革有意见，赵紫阳回答道："这是因为我们企业承包的效果讲得不够的缘故。实际上，企业承包今年已经初见成效，两三年后将大见成效。今后，我们应当多向他（指邓）汇报这方面的进展。"我参加了这次会议，印象很深刻。

12 月 18 日，赵紫阳在接见国家体改委和中央党校联合举办的第八期体改研究班学员的长篇讲话中，进一步论证了放弃价格改革和全力推行企业承包责任制的正确性。他强调："整个改革的出发点、落脚点都是要把企业搞活"，"明年改革要把进一步完善发展企业经营机制作为重点"。企业经营机制怎么改呢？"主要是通过完善、发展承包制入手，这个问题也是几年来反复实践的经验。"企业承包制的效益会很大，"用三年时间，理出个头绪就是很了不起的事。三年时间锲而不舍，把企业机制搞好，相应地把其他改革搞上去。我想整个改革形势将会出现很好的局面。"

一线领导人对企业承包经营责任制的评价，在 1988 年初达到最高峰。2 月 12 日，赵紫阳在接见全国承包责任制座谈会部分代表时讲话说："承包的潜力大得很，没有承包的企业要实行承包，短期承包要改为长期承包，同时要引入竞争机制，这是最大的潜力。承包饭至少可以吃三四年，农村承包也是吃了四五年。工业企业承包现在远远没有达到高峰。去年承包是起步，今年要明显见效益，明年会大见成效，然后再继续发挥两三年，城市承包至少也可以吃四五年饭。"

但是，后来怎么突然从企业承包制又转向价格闯关了呢？有人说，是迫于邓小平的压力。根据我所了解的事实，我觉得这种说法不大客观。的确，邓小平1988年5月19日在人民大会堂会见朝鲜政府军事代表团时曾经指出："理顺物价，改革才能加快步伐。""中国不是有一个'过五关斩六将'的关公的故事吗？我们可能比关公还要过更多的'关'，斩更多的'将'。过这一关很不容易，要担很大风险。""但是物价改革非搞不可，要迎着风险，迎着困难上。"这确实反映了邓小平的一贯思想。邓小平的这一思想，固然推动了国务院的闯关决策，但是认为赵紫阳完全处于被动地位而没有自己的想法并不准确。事实证明，早在邓小平讲话以前，赵紫阳自己就提出过价格改革无法绕开的问题。

1988年4月2日，赵紫阳邀集李铁映、马洪、陈先、项怀诚等人座谈改革生产资料价格双轨制问题。他的思想又回到1985年底、1986年春天提出的问题。他对李铁映等人说，实行两种价格以来，各方面都出现一些矛盾，而且越来越严重。企业虽然承包了，但原材料价格不平等，就不是在平等条件下的竞争。"消费者买彩电，看起来国家定价没有涨，实际上一张买彩电的票卖三四百元，还是由消费者负担了涨价部分，只不过涨价部分国家没得到，都落到中间环节和倒卖者个人腰包里去了。""如果'双轨制'不改变，继续照目前的办法放任自流下去，只能是越搞越乱。要改变，就要有个方针，总的是要采取多种形式向一种商品一种价格过渡"。①

5月上旬，我去德国参加中德双边经济委员会的会议。回到北京以后，安志文就把我叫到他那里。他告诉我，前几天，赵紫阳在中央政治局常委会上提出应当进行价格改革。虽然最后要由政治局会议做出决定，但是这件事

---

① 参见房维中编《在风浪中前进——中国发展与改革编年纪事（1977～1989）》第11分册，第115～117页。

情基本定下来了。据我后来的了解，重启价格改革已经开始酝酿。

5月9日，赵紫阳主持中央财经领导小组会议，座谈当前经济发展和改革面临的重要问题。赵紫阳说，生产资料价格不外三个方案：（1）维持现状；（2）指令性计划部分也放开；（3）把指令性部分再缩小，变成国家订货。"三种方案都可以讨论，但有一条，不能回到过去统一定价的路子。现在乡镇企业都是市场调节了。"5月13日，赵紫阳同马洪、安志文和国家计委副主任房维中等谈物价和工资问题时指出："物价问题多，不理顺不行。看来趋势无法避免。只有市场调节，价格向放开发展。"① 5月16日，中央政治局常委会讨论工资物价问题。赵紫阳指出："不理顺价格，市场调节就是一句空话。""如果没有长远打算，势必避重就轻，避难从易，耽误了时机，最后解决的条件没有了。南斯拉夫、匈牙利、波兰都是前车之鉴。"出席会议的国务院总理李鹏也响应说："物价非改不可，也没有回头路好走。"赞成"对工资、物价作长远规划。中央决定，全党执行"。② 5月19日，中央政治局常委会设立以姚依林为首的物价委员会，负责制定五年物价改革方案。5月30日，在有各省市区党委书记参加的中央政治局扩大会议，要求国务院组织力量，做好用5年时间过好物价这一关的方案设计，提交8月份的北戴河会议。

6月2日，赵紫阳在会见出席"90年代的中国与世界"国际会议的外宾时向他们介绍说：现在大体上说，全国的经济已有50%到60%实行了市场调节，也就是自由价格、自由成交。还有40%多一点，还是由国家定价，由计划控制。因此，市场作用受到很大限制。计划调拨、国家定价部分，虽然只有40%多一点，但这部分影响比较大，农产品中是粮食，工业品中是重要的生产资料和公用事业。"改革已经进入了这么一个阶段：要么就是解决价格问题和工资问题，要就是停顿起来。最近，我们中央政治局会议就是为了解决这个问题。价格改革的方向，不是国家定价，而是放开价格。这几

---

① 参见中国经济体制改革研究会编写组编《中国改革开放大事记（1978~2008）》，第180~181页。

② 参见房维中编《在风浪中前进——中国发展与改革编年纪事（1977~1989）》第11分册，第146、148页。

乎是所有社会主义国家的难题。但是，不能绕过去。我们要试一试，有风险，但可能成功。"①

实际上，在 5 月中央决定进行物价闯关以后，一直存在不同意见之间的讨论。一种意见是，从原则上不同意放开价格和全面实行市场调节。不过，这种反对意见主要发生在中央领导人之间，这一情况只是在近年才透露出来。据《陈云传》记载：5 月 28 日，陈云同国务院总理李鹏谈话，明确反对拟议中的价格改革。他斩钉截铁地讲了不同看法："每年物价上涨百分之十，办不到。""价格在你们有生之年理不顺，财政补贴取消不了。"②

我比较了解的是一部分经济学家和经济界人士。他们同意必须进行价格改革，但是认为，价格改革必须在"管住货币"的条件下进行。因此，不赞成在实行扩张性货币政策的同时进行价格改革。

早在 4 月份，在全国政协全体会议上，千家驹就批评价格问题处理失当：一方面"物价上涨幅度超过了工资增长的幅度，引起了部分群众的不满"；另一方面"价格不合理"，"既不反映价格，也不反映市场供求关系"。生产资料"实行价格的双轨制度。计划价格（牌价）与议价两种价格，议价比牌价高好几倍"。"这就给了不法分子以可乘之机。为获得牌价物资的优待，走后门，批条子，请客送礼，贿赂成风。他们以牌价购进各种物资，转手间以市价售出，即可获取厚利。甚或主管部门与不法分子互相勾结，串通一气，狼狈为奸，坐地分赃，这是目前社会风气不易好转的原因之一。"他还指出，改革价格体制，放开价格的最大障碍在于基建投资膨胀和货币超发。为此，他尖锐地批评了"某些主管部门一贯的好大喜功，急于求成，认为只有上基本建设才是经济发展的标识和动力的传统观念与习惯势力"，主张坚决压缩基建投资，消灭赤字财政，把省下来的钱用在支持价格改革，"提高职工工资和教育文化卫生科技事业上"。由于千家驹道出了人们的心声，他的 30 分钟的发言竟获得了全国政协委员们 31 次掌声的响应。然而，

---

① 引自《赵紫阳总书记会见"90 年代的中国与世界"国际会议全体与会者时的谈话》（1988 年 6 月 2 日），根据录音整理，国研字〔1988〕第 10 号。

② 见金冲及、陈群主编《陈云传》（下），中央文献出版社，2005，第 1792 页。

他的发言，却受到领导人严厉批评，叫作"哗众取宠"、"抹黑共产党的领导"。①

5月27日，在赵紫阳主持的讨论物价、工资改革问题的会议上，两种不同的观点发生了激烈的碰撞。会上，刘国光教授和我都认为，在连年采取扩张性宏观经济政策、通货膨胀蓄势待发、4月份居民储蓄存款出现了负增长、各地零星抢购已经发生的情况下，放开价格是不合适的。因此，我们反对在当时的宏观经济条件下立即进行闯关，主张在停止货币扩张和进行一段时间的经济环境治理以后，再推出价格改革。赵紫阳则提出："我主张适度的通货膨胀。这样，能保证经济的持续增长，使改革能够进行；否则，经济停滞了，物价上涨也制止不了。当然，这种状况持续多长时间，要研究。发展中国家，适度的通货膨胀有利于发展，南朝鲜、日本都经过这个时机，搞基础建设有个时间差。中国经济处于有活力时期，今后十年物价不超过百分之十，解决工资、物价改革为什么不行？全党全国要统一思想。"5月28日，继续开会。为了缓和前一天会上争论的紧张局面，赵紫阳接受了我的一条意见，即利率上调一个百分点。他还转述了前不久访问中国的阿根廷总统阿方欣的话，通货膨胀是上帝也制止不了的。如果阿根廷的通货膨胀率降到百分之几十，他就谢天谢地了。总之，赵紫阳认为，在发展中国家，适度的通货膨胀有利于发展。我后来得知，赵的这个思想受到体改所几位青年学者的影响。他们在巴西等拉美国家的调查期间，给赵发了一份电报，说是巴西等拉美国家通货膨胀已经达到百分之近千，也没有对经济繁荣造成障碍。

薛暮桥一贯反对用扩张性的宏观经济政策（他称之为"国民收入超分配"）拉动经济增长；同时，他主张，尽快放开价格，使市场能够发挥作用。6月中旬，他在国家计委召集的价格问题讨论会上发表了长篇讲话，指出：过量货币大部分不能由物价上涨冲销，在"隐蔽性的通货膨胀"已经十分严重的情况下进行价格改革，不是一种正确的做法。他认为，只能采用"管住货币、放开价格"的办法，先用一段时间紧缩总需求，然后逐步做到

---

① 参见千家驹《关于物价、教育、社会风气的几点意见》，《群言》1988年第5期；千家驹《从追求到幻灭——一个中国经济学家的自传》，时报文化出版公司，1993，第288页；丁石孙《我在北大当校长》，《炎黄春秋》2013年第10期。

把大部分价格放开，使市场发挥作用。作为一位既有深厚理论功底，又有丰富实践经验的经济学家，薛暮桥原来一直受到领导人的尊重，但在 1987 年领导人却很不以薛暮桥的主张为然，认为他的经济思想"已经不合潮流"，都是些"老框框"，"缺乏新意"，并且多次批评薛关于"国民收入超分配"的判断"不科学"，他要求"创造宽松环境再改革"的主张是"不现实的，不改革怎么会出现宽松环境呢？"①

8 月 15 ～ 17 日，中央政治局全体会议在北戴河召开。会议讨论并通过了物价委员会拟定，并经国务院审定的《关于价格、工资改革的初步方案》。《方案》规定，用五年左右的时间，逐步放开原材料和加工产品的价格；较大幅度地提高能源、交通、通信、公用事业等基础设施的价格；有步骤地提高农产品的价格水平，并使农产品内部比价逐步趋于合理；消费品价格逐步实行市场调节。与此同时，要通过调整工资和适当增加补贴，保证大多数职工实际生活水平不降低，并能随着生产的发展有所改善。

接下来的事态发展，与领导人的乐观估计完全相反。8 月 19 日晨，中央人民广播电台公布中央政治局关于进行物价、工资闯关的决定以后，通货膨胀预期迅速形成，全国普遍爆发了挤提银行存款和抢购商品的风潮。据国家统计局统计，8 月份社会商品零售总额比去年同月猛增 38.6%，其中消费品零售额增长 39.5%。1988 年全年社会零售物价指数上涨达 18.5%，其中 12 月份达到 26.7%（上涨率最高的广州市甚至达到 44%）。物价飞涨使贫富分化加剧，引起大众的极大不满。②

在这种情况下，8 月 29 日、30 日和 9 月 2 日，赵紫阳和李鹏先后召开中央财经领导小组、国务院常务会议和中共中央政治局会议，决定修改价格、工资改革的实施步骤，"集中力量治理经济环境，整顿和建立经济秩序"。关于价格改革，赵紫阳回到了 1988 年 4 月以前的想法。9 月 26 日，他在中共十三届三中全会的报告中，明确指出：少数重要商品和劳务价格由国家定价，绝大多数商品价格放开，由市场调节，以适应"国家调节市场，

---

① 薛暮桥在他的回忆录"反通货膨胀问题上的争议"一节中对这场争论的情况有详细的描述。参见《薛暮桥回忆录》，天津人民出版社，1996，第 411 ～ 418 页。

② 参见戴根有《1988 年通货膨胀成因及治理建议》，《中国金融》1989 年第 5 期。

市场引导企业"的要求，需要经过长期努力才能实现。某些重要初级产品和原材料价格双轨制不可能也不应当在短期内取消。近期可以放开的，应当是供大于求和供求矛盾不大的产品，主要是为数众多的消费品和工业制成品；对极端重要并将长期短缺的初级产品和原材料，包括粮食、油料等农产品，煤炭、原油等燃料，钢、有色金属等原材料，不能硬性地过早取消双轨制。如果没有国家定价这一轨，就会造成包括人民生活必需品在内的众多产品的价格全面暴涨，物价上涨就无法控制，并将大大提高整个工业生产成本，使我国工业在国际市场上很快丧失竞争力。

值得一提的是，1988年9月中旬，正在上海访问、准备前往北京的美国经济学家弗里德曼，向中国领导人提交了一份备忘录，重申他"管住货币、放开价格"的主张。他尖锐地指出："由于对原材料实行人为的低价不可避免地导致短缺、凭关系配给和贿赂"，价格双轨制乃是"对腐败和浪费发出的公开邀请"。他建议，一方面通过控制货币增长来制止通货膨胀，另一方面通过快速地全面放开物价和工资控制改变价格双轨制，尽快实现价格和汇率的自由化。① 9月19日，在与赵紫阳的会见中，弗里德曼再次阐述了这些意见。

事实上，通货膨胀和腐败滋生，不但导致了1988年的经济恐慌，而且诱发了1989年的政治动荡。邓小平在总结1989年的政治风波的发生原因时指出："这次出这样的乱子，其中一个原因，是由于腐败现象的滋生，使一部分群众对党和政府丧失了信心。"又说："在这次事件中，没有反对改革开放的口号，口号比较集中的是反对腐败。"②

在我看来，不论是1988年的经济风波，还是1989年的政治风波，其根本原因都在改革推进不力。然而，在这两场风波发生以后，一些邓小平后来在1992年的南方谈话中严厉批评的"政治家、理论家"却利用这个机会，把矛头指向改革，指称中国的改革从一开始就出现"方向错误"，必须调转方向，回到改革开放前的老体制去。于是，改革转入了低潮；经济发展也经

---

① 备忘录中文版参见《弗里德曼对中国经济改革的几点意见》，《改革》1988年第5期。

② 参见《组成一个实行改革的有希望的领导集体》、《第三代领导集体的当务之急》，《邓小平文选》第3卷，第300、313页。

历了一次衰退。

不过，正如常言所说，祸兮福之所倚。在一定条件下，灾祸也会带来好的结果。80 年代后期的折腾也带来了某些好的结果。从短期来看，在 1989 年末开始的严厉紧缩的经济环境，使生产资料的双轨价格逐渐靠拢，在 1992 年前后，波澜不惊地实现了并轨。从较长期看，这场波折教育了人们，提高了多数人的改革觉悟，为 1992 年邓小平南方谈话以后掀起新的经济改革高潮奠定了思想基础。

回忆中国改革开放过程中的
对外经济思想开放

口述者: 林重庚（Edwin R. Lim）*

访谈者: 苏国利、吴素萍

时　间: 2018 年 3 月 25 日**

地　点: 中国大饭店

整理者: 苏国利、吴素萍

　　始于 1978 年的中国改革开放堪称世界现代史上最伟大的成就之一，亦将被看作世界历史的转折点。尽管国内外人士对这段历史有着广泛而浓厚的兴趣，但对中国改革开放的过程缺乏详尽了解。作为国际组织的一员，我亲身经历并参与了中国改革开放的过程，特别是在这一过程中的前十多年。对我来说，这的确是一份难得的殊荣。在中国改革开放 40 周年之际，以自己的视角再次回顾这段历史，意义非同寻常。在我看来，分析这一伟大历程并分享这些宝贵的经验，对经济学界本身、世界各转型国家的经济决策者乃至世界上还正在为快速促进本国经济进步而奋斗着的很多国家领导人和经济工作者来说，都大有裨益。

---

　　* 林重庚（Edwin R. Lim），前世界银行官员，中金公司首任总裁。

　　** 2008 年 6 月，林重庚先生曾应邀为"中国经济五十人论坛"组织编写的《50 人看 30 年》一书做序，为此接受了苏国利等人的专访。本文系在此基础上对林先生进一步专访，修改整理而成。

　　我参与中国经济改革始于 1979 年的一个夏日。那一天的重要性，我后来才意识到。

　　那年 7 月，我携家人来京旅游，住在北京饭店。当时，外国人来华并非易事，华人华侨也不例外。当时我在世界银行东亚处工作，南、北越统一后不久，世界银行便开始了越南业务。当时的越南仍很封闭，抵达河内最便利的航线需经北京转机。中国当时尚未恢复世界银行席位，与世界银行没有业务关系。1977～1979 年间，我几次赴河内出差均过境北京，以主管越南业务官员的身份到中国驻华盛顿联络处申请过境中国签证。

　　即便这是短暂过境中国的机会，我们这些海外经济工作者也十分向往。当时，国际社会并不了解中国的经济发展状况，所以我们都极想了解中国究竟是什么情况。

　　在中国驻华盛顿联络处曹桂生公使的帮助下，我的家人取得签证与我同行，在北京仅停留三天。抵京第二天，我意外接到中国银行的邀请，在前门烤鸭店设宴招待我们。到了烤鸭店我才明白，原来宴请的主人是中国银行研究部主任林基鑫——恢复国际货币基金组织和世界银行席位可行性调研团团长。① 在座的还有王连生（当时在财政部地方财政司工作，中国随后派往世界银行的首位执董）、戴乾定（当时在中国银行研究部工作，后任中国银行伦敦分行行长及中国驻国际货币基金组织执董）、张小康（当时在外交部国际司工作，后曾任中国驻爱尔兰大使、中国驻新加坡大使）。作为调研内容，当时他们已访问南斯拉夫和罗马尼亚，了解这两个国家与国际货币基金组织和世界银行的交往经验。

　　我在席间的讨论中发现，调研团成员最关心的问题是，如何从世界银行集团的国际开发协会（International Development Association）获得软贷款，想了解申请软贷款的条件。当时的软贷款是无息贷款，50 年偿还期。我告诉他们，任何一个国家申请世行贷款，无论是按照市场利率的硬贷款，还是无息的软贷款，关键步骤是世行总部要派代表团对申请国进行经济考察，贷

---

① 中国在 1945 年即是国际货币基金组织和世界银行创始成员国。1949 年后，席位一直被台湾当局控制。直到 1971 年，中华人民共和国取代台湾当局在联合国席位。1971～1980 年间，国际货币基金组织和世界银行与中国均无业务往来。

款资格取决于经济考察的结果。为此,我们主要讨论了准备世行经济考察的程序。

1980 年初,林基鑫率领的调研团向中央提交了《恢复国际货币基金组织和世界银行合法席位程序和安排的报告》。经国务院批准,中国银行随即邀请世界银行集团罗伯特·麦克纳马拉行长访华,磋商中华人民共和国恢复世行席位的相关事宜。

麦克纳马拉率领的世行代表团于 1980 年 4 月抵京。他后来回忆访华情况时说,邓小平会见时向他明确表示,中国下决心要实现现代化、发展经济。有世界银行的帮助,中国实现这些目标会快,更有效率;没有世界银行的帮助,也照样要做,只是花的时间可能会长些。[①] 在双方积极配合下,谈判很顺利。一个月后,世行董事会批准中国恢复世行席位。麦克纳马拉行长从中国回去不久,我即被任命为负责中国业务的首席经济学家,分管中国经济调研及政策对话工作。1985 年,我被派往北京,建立世行驻中国代表处并任首席代表。这一任命直至 1990 年。[②]

那次意想不到的前门烤鸭店晚宴之后不到一年时间,我便身临其境,不仅可以就势观察中国刚刚开始的改革开放过程,而且一定程度上亲历其中。以我当时的工作身份参与中国改革开放过程的一个主要领域自然是对外经济思想的开放过程。因参与这个过程的许多前辈已故去,反映这一方面的资料并不多,我希望通过回顾自己的亲身经历,与大家分享当年了解的相关情况。

中国从计划经济到市场经济改革目标的演化分为几个阶段,我将分主题来回顾,首先是如何理解和运用社会主义国家的改革思想,随后是如何引进现代主流经济学思想。我只讲中国领导人和经济工作者如何接触外国经济思想,以及如何与外国经济学家和改革实践者接触,不涉及中国内部意识形态

[①] 晚年间,麦克纳马拉时常提起,通过 1980 年那次与中国领导人的简短会晤,他坚信,中国不仅仅是把世界银行当作一个资金来源,而且充分利用世界银行席位带来的所有机会。

[②] 林重庚先生提到,世行首批中国工作团队里,主管经济学家是伍德(Adrian Wood)。从 1981 年到 1985 年的两次经济考察报告,从 1982 年的莫干山会议到 1985 年的巴山轮会议,伍德一直与林重庚先生并肩工作。1985 年,伍德离开世界银行,回到英国,在牛津大学任经济学教授,现已退休,至今仍坚持从事中国经济研究。——整理者注

和政治辩论与纷争。最后，我还会补充回顾 90 年代中期再次回到中国参与创办中金公司的经历，以及近年来参与的中国经济研究工作。

一 认识思想引进的重要性

重要成就通常始于新思想和创新想法。20 世纪 70 年代改革开放启动时，中国正走出几十年游离于世界之外的知识封闭状态。尽管许多中国经济学家非常努力、富有勇气也很有能力，但没有几个领域像经济学界那样严重地与外界隔绝。

中国领导人早就认识到学习外国思想及先进经验的重要性。早在 1956 年，毛泽东在《论十大关系》报告中的第十大关系中就指出："一切民族、一切国家的长处都要学，但是，必须有分析有批判地学，不能盲目地学，不能一切照抄，机械搬用。"[①] 然而，事与愿违。在随后 20 年间，传统的苏维埃中央计划体制原封不动地被照搬到与苏联情况千差万别的中国。学习西方外国经济思想和经验几乎被看成是一种政治罪过。

中国下决心启动改革开放最重要的发端之一是，70 年代后期，中国高层领导发现世界其他国家经济进步是那么迅猛，相比之下，中国是那么落后。1978 年，前后共 12 位副总理及副委员长以上的中央领导人，先后 20 次访问了 50 多个国家。邓小平先后 4 次出访，到过 8 个国家。他说："最近我们的同志出去看了一下，越看越感到我们落后。什么叫现代化？50 年代一个样，60 年代不一样了，70 年代就更不一样了。"[②]

70 年代末，邓小平的讲话主题再次重现学习外国经济和技术的必要性。"我们要自力更生、奋发图强来建设自己的国家，同时也要虚心学习外国一切先进的东西，学习和借鉴外国的管理经验和先进技术"；"世界天天发生变化，新的事物不断出现，新的问题不断出现，我们关起门来不行，不动脑筋永远陷于落后不行"[③]。按照邓小平的指示，引进外国思想和学习外国经

① 《毛泽东选集》第 5 卷，人民出版社，1977。
② 引自《小平在 1978》，《南方人物周刊》2004 年 8 月 17 日。
③ 引自《小平在 1978》，《南方人物周刊》2004 年 8 月 17 日。

验,早年在中国领导人和经济工作者们确定改革目标和改革步骤中发挥了至关重要的作用。

二 引介苏东改革理论和经验

从思想理论到中央计划体制,苏东国家的情况与中国较相近,此外,中国经济工作者们自 50 年代后期便已对苏东国家的改革方案有所了解。事实上,中国改革先驱孙冶方和顾准的改革思想与东欧早期的改革思想理论几乎一致。所以,中国对改革思想的开放很自然地始于学习苏东改革理论。当时,学习活动由中国社科院牵头,特别是经济研究所,所里的主要经济理论工作者都曾在苏联留学。

1979 年到 80 年代初,中国与苏东国家经济交流活动频繁。中国方面的出访包括:孙冶方 1978 年访问南斯拉夫和罗马尼亚,刘国光和柳随年 1982 年访问苏联,廖季立 1983 年访问匈牙利。苏东方面的来访包括:1979 年,南斯拉夫经济学家马克西莫维奇访华。1981 年,波兰经济学家布鲁斯和捷克经济学家奥塔·锡克分别应邀到中国社科院讲学,吸引了研究机构及政府部门众多经济工作者,当时会场座无虚席,与国内著名经济学家薛暮桥、廖季立和马洪等座谈,还得到中央领导人亲切接见。

那时,中国已恢复世行席位,我正在北京讨论世行第一次经济考察报告草稿。吴敬琏和刘国光来找我,提议请世行出面邀请一些既懂改革理论又有实际改革经验的东欧经济学家来华,组织一次学习苏东经济改革经验的会议。我当即应允协助。这就是 1982 年 7 月在浙江莫干山一个避暑山庄里召开的莫干山会议。东欧专家组由布鲁斯带队,包括波兰国家物价委员会前主任斯特鲁明斯基、捷克斯洛伐克前副总理奥塔·锡克的工作搭档考斯塔、匈牙利改革经济学家肯德、苏东经济改革专家及美国威斯康星大学格兰尼克教授等。

与这些苏东改革经济学家的交流对中国领导人及经济工作者到底产生多大影响,即使后来也较难评价,对中国整体经济改革理论的影响更难以估量。根据我个人当时的体会,回想当时中国经济工作者的状况及对后来对中国情况的观察，我认为对以下三方面产生的影响意义深远。①

首先，东欧经济学家不像中国经济学家那样脱离国外经济理论。因此，他们可以用现代经济理论的概念和技术分析中国经济情况，对经济问题的解释提升到了一个新的层次。更重要的是，东欧改革经济学家向中国同行论证了中央计划体制紊乱的内在根源是体制问题。中国决策者和经济工作者原以为很多经济上的问题是政策失误，究其根源，其实是中央计划经济体制下固有的、不可避免的问题，这些问题只有通过根本的经济体制改革措施才能得以解决。

其次，详尽了解东欧改革经验，加剧了中国经济工作者对在中国使用东欧经济改革模式的悲观心理。虽可洞察中央计划经济的弊端，但无论是布鲁斯的"有管理的市场模式"，还是锡克的"新经济机制"，都暴露出重大瑕疵。莫干山会议讨论了苏东改革的新办法，但中国的改革前辈敏锐地质疑了借用高科技，特别是靠计算机来解决经济体制问题的可行性。薛暮桥、廖季立及中国领导人尤其质疑锡克等东欧改革经济学家关于价格改革先调后放的提议，特别是根据计算机精确算出的数据做出价格调整的方法。即便使用计算机和众多部门的投入产出表得出的数据，也绝不可能同时算出数以万计的价格！

再次，当这些东欧专家开始了解中国经济的实际情况之后，都认为东欧改革经验不大适用于中国，中国需要另谋改革出路。这一点可以莫干山会议为证。会上讨论了中国改革应采用"一揽子"方法还是分步进行的方法。与会所有东欧专家强烈建议"一揽子"方法。会后，东欧专家到中国几个城市考察。考察途中，他们改变了想法。鉴于中国各地情况千差万别，经济落后，贫困现象严重，综合改革中所需人才和资金匮乏，物资储备薄弱，中国仍是一个低收入发展中国家，没有犯错误的余地，专家最终建议采用谨慎

---

① 这段时期，中国社科院经济所赵人伟大量参与接待外国经济学家的活动。1979年布鲁斯来华讲学期间，由他全程陪同；1980年，世界银行第一个经济考察团考察期间，他是中方工作组成员；1985年，他是巴山轮会议参会人员。当时，他是社科院经济研究所研究员，1985年任经济所副所长，1988年任所长。林重庚先生本人并未亲身经历这段历史的部分内容，均通过赵人伟了解得知，谨此向他特别致谢。——整理者注

的渐进改革方法。他们因此认为中国改革要有总体规划，有明确的改革目标，然后分步进行。在这一重大问题上，来自东欧、世行（包括伍德和我本人）以及中方与会专家之间获得了共识。①

当时，中国农村改革已取得成功，推动了整体经济增长。没有一个苏东国家有这样的改革经历，中国的改革前景令东欧来访专家受到鼓舞。布鲁斯等专家坚信，尽管可以预见中国在城市改革中会面临困难，但这场变革的大趋势难以逆转。事实上，中国经济理论及改革发展情况已渐渐脱离了东欧改革模式，东欧经济改革理论已明显不适用于中国。中国与苏东在改革理论和实践上的分歧日见增多。1989 年 3 月，国际经济学会在莫斯科召开的"计划经济中的市场力量"圆桌会议上，这种情况表现得尤为突出。当时，经济学家董辅礽代表中国发言，题为《中国经济改革中的市场发展》，他详尽介绍了中国改革情况。讲话中，董辅礽分析道，像中国这样一个发展中国家，改革过程中会出现各种具体问题，如双轨制，又如通过非国有部门的增长而非通过国有部门私有化而形成的多种所有制并存情况等等。当时我以世行中国代表处首席代表身份参会，我明显觉察到，除了已取得成功的中国农村改革外，苏东及西欧专家对中国改革前景高度质疑。他们认定，中国改革会日渐消退，最后将如苏东一样，以失败告终。两种思路从根本上支配着苏东经济学家，一是在中央计划体制的框架下，改革应依靠高技术来提高计划的效率，并在此基础上增强市场的作用；二是在西方专家的怂恿下，后来逐渐成为主流思路，即全盘否定社会主义制度，以完全的资本主义市场经济取而代之，即实行全盘私有化，并以激进的政治改革与之相伴，甚至将这种激进的政治改革放在优先地位。

众所周知，在随后 20 年里，苏东国家采取的经济和政治改革措施既不是原来的路径，也不同于中国的选择。两条截然不同的道路导致了完全不同的后果，这一点有目共睹。

---

① 薛暮桥、刘卓甫、廖季立，1982 年 8 月 10 日关于莫干山会议的报告中介绍了相关情况。可参见《薛暮桥文集》第 9 卷，中国金融出版社，2011，第 268 ~ 276 页。

三 世行报告引入现代主流经济学

学习苏东改革思想的同时，世行的两份经济考察报告让中国认识了现代主流经济学理论。世行第一次经济考察是为中国申请世行贷款的需要，第二次考察则是应中国领导人的具体要求。正当中国领导人和经济工作者明显发觉苏东改革思想和经验对中国的局限性时，现代经济学在研究中国经济问题中前所未有地应用，对中国融入现代主流经济学思想理论和迈向市场经济起了积极的推动作用。

1980年5月，中国恢复世界银行集团席位。同年7月，世行派高级代表团来华，磋商启动中国业务事宜。作为代表团成员，我的任务是组建工作小组，来华进行经济考察，向世行董事会提交一份考察报告，这是启动贷款项目的第一步。7月份后，我们组建了一支由世行最好的经济学家和行业专家组成的30人考察团，按行业分组，包括经济组、农业组、能源组、工业和交通组。考察时间自1980年10月至12月，每个小组轮流赴中国各地一个月，考察地点选择甘肃、湖北、江苏、北京和上海。

由于几十年的对外封闭，外国专家到中国各地考察经济情况的安排让负责接待世行考察团的官员有些不知所措。他们心里没底，不知道考察团到底需要什么信息和数据，因为这可能涉嫌泄露"国家机密"，他们还担心考察团另有目的。我当时心里很明白，尽管中央领导已决定跟世行全面合作并开展这次经济考察，但配合我们具体工作的官员仍顾虑重重。

为增强官员对世行考察团的信任，我们商定，由中方指派一个工作组，跟我们并肩工作，一起参加所有会议，凡是收集到的信息和数据，双方各持一份，报告的每一稿都请他们过目。同时，我们也请中方工作组提出他们对经济形势的分析，并加入报告中。与中方工作组并肩工作的模式显然很成功，在随后几十年里，世行延续了这种模式，所有的经济考察团都有这样一个工作组。

与世行首次考察团一起工作的中方工作组成员包括财政部的星光和朱福林、国家计委的郑立和社科院经济所的赵人伟。此外，各相关行业部委也派人与考察团行业小组一同工作。跟考察团工业组并肩工作的其中一位主要中方人员来自社科院工业经济所，后来去了政府部门。这个人就是朱镕基。

世行这份考察报告"概要和结论"部分就此次考察目的这样写道："近年来，中国境内境外都在争论两个相关的问题。自 1949 年中国革命取得胜利以来，中国的经济发展在为中国人民服务方面做得如何？同时，非政府因素、政府制定的政策以及政府自身的经济管理体制都分别发挥了什么作用？结合其他发展中国家的经验，这份中国经济考察报告将初步尝试讨论这些问题，同时探讨这些问题对未来政策的影响力。"1981 年 3 月，考察报告初稿递交给中国政府征求意见。报告包括主报告和多个附件，涉及统计制度、基本数据统计表、农业、工业、能源、交通、对外贸易和金融、人口、卫生和营养以及教育等多个行业。6 月，正式报告提交给世行董事会。根据这份报告，世行随即批准了中国政府首笔软贷款——大学发展项目，同时确定了中国申请世行软贷款的条件。报告满足了世行中国业务的需要。

世行第二份考察报告是应中国领导人的特别要求而准备的。1983 年 5 月 26 日，中国领导人邓小平和赵紫阳分别接见由克劳森行长率队的世行访华团，我是代表团成员之一。邓小平主席向代表团讲述了他对中国发展前景的想法及国家的长远目标。他说，中国刚刚决定启动一个发展规划，要在 1980～2000 年间实现工农业总产值翻两番的目标。赵紫阳总理说，他看了世行第一次中国经济考察报告，很有意思，很有用。他们请世行再组织一次经济考察，针对中国未来 20 年面临的主要发展问题，特别要根据国际经验，为达到中国上述发展目标提供一些可选择性建议，并对这一目标做可行性研究。

遵照中国领导人的提议，世行第二次经济考察于 1984 年正式启动。由经济学家及各行业专家组成的这支庞大的考察队伍，先后两次专程来到中国，共花了 9 周时间对中国进行考察，同样选择了甘肃、湖北、江苏、北京和上海。1985 年 2 月，带有六个附件（教育、农业、能源、经济模型与预测、国际视角的经济结构及交通）的主报告草稿提交给中国政府征求意见。3 月，我和伍德作为报告主笔人再访北京，与中方工作小组深入讨论报告草稿，受到中央和财政部领导的接见。

1985 年 5 月，题为《中国：长期发展的问题和选择》的经济考察报告提交给世行董事会。报告尝试根据多部门模型预测可能的经济增长路径，对未来经济快速增长及 20 年工农业总产值翻两番的可行性表示认可。报告同时指出了可供选择的发展途径，尤其强调以服务业和更有效地利用能源两方面为基础的途径，与主要依靠快速工业化为基础的途径相比，增长速度虽相同，但在经济发展过程中能达到更好的平衡。报告还详尽分析了农业、能源、技术、交通、工业分布、内外贸易、人口、教育、就业及社会等问题，包括收入差异、社会保障、住房以及社会服务等问题。

上述两份报告除满足了世行和中国政府的工作需要，也破天荒地首次由一个国际经济学家团队透彻分析中国经济情况。这标志着中国在对外经济思想开放和吸取国际发展经验方面有了突破。可从以下几个方面来看。

首先，两份报告证明了摆脱意识形态束缚，科学客观地进行经济分析的可能性。分析基于合乎逻辑的理论、统计数据及国际经验教训。考察报告并非谋求限定或改变中国发展目标，而是单纯地对如何更快、更有效地用较低代价实现中国经济发展目标提出建议。一个明显的实例就是关于中国工农业总产值翻两番的目标，当时中国内外的许多人士认为这是个不切实际的想法。

其次，与东欧改革经济学家在华讲学及论著相比，这两份报告更多地引入了许多现代经济学的概念和方法，如从基本经济学概念到计量经济学和经济模型这样复杂的分析工具。通过两份经济考察报告，这些工具的使用得到广泛传播，让中国经济工作者坚信现代主流经济学适用于中国。据赵人伟后来告诉我，当年，他把世行第一份经济考察报告念给躺在病榻上的孙冶方听。除了对西部特困地区人口移民问题上保留自己的看法外，孙冶方完全同意世行专家的意见。1985 年考察报告里提出的建议对制定中国第七个五年计划也发挥了作用。①

---

①　但报告的可用性当时并非毫无异议地被中国接受。一位中国官员看了 1985 年那份报告后这样形容：我们请了一帮"西医"，为中国开了一堆"西药"，要把中国送上"西天"！

四　巴山轮会议引介宏观调控国际经验

　　通过自身的改革经验，根据对东欧国家改革失败教训的了解，到80年代中期，中国领导人及矢志改革的经济工作者开始认识到，中国的进一步改革必须突破苏东框架，朝着社会主义市场经济模式前进。众所周知，1984年10月举行的中共十二届三中全会决议提出了"有计划的商品经济"改革方向，这是中国经济改革理论的一个重要转折。1987年，这一说法进一步表述为"国家调节市场，市场引导企业"，1992年，最终表述为"社会主义市场经济"。虽如此，可以说，80年代中期的中国改革思想已清晰地显现出市场经济的轮廓。1985年9月召开的巴山轮会议上的讨论凸显了这些特点。

　　召开此次会议源于中国领导人。1985年初，国家体改委的廖季立约我见面。他说，体改委领导建议世行组织一次国际研讨会，讨论一下这些题目：（1）国家如何管理市场经济；（2）从中央计划经济到市场经济转轨过程中相关的问题；（3）关于整合计划与市场的国际经验。我们商定，与会国际专家需有这三方面的知识和经验，中方与会人员要包括政府各部委参与政策制定的经济工作者和研究机构的经济理论工作者。会议不能只请国际专家做演讲，而是为中外与会者提供一个深入交流的平台。

　　随后几个月里，我、廖季立和体改委指定负责组织这次会议的秘书长洪虎多次见面，讨论会议应如何满足领导的这些要求。会议于1985年9月召开。8月底，外国专家应邀到了北京。8月31日，赵紫阳总理接见与会外国专家及部分中方专家。随后，与会人员飞往重庆，9月2日，在重庆登上一艘名为"巴山"的游轮，会议就在这艘长江游轮上召开。9月9日，会议结束，游轮在武汉靠岸。此次会议名为"宏观经济管理国际研讨会"，俗称"巴山轮会议"。

　　之所以选择这样一个特殊的会场，是为了保证与会人员一周内不受日常工作的干扰，专心开会，也是为了让与会的知名外国专家不离开会场也有机会欣赏中国最美丽的风景之一——三峡。受邀外国专家允许偕夫人同行。会议期间，游轮常靠岸，夫人们能上岸游览长江沿岸的小镇和景点，会议则照常进行。其间仅休会半天，全体与会人员下船，游览了小三峡。

在游轮上开会最大的限制是空间太小，只能容纳有限人数。中方参会人数因此受到严格控制。最初的中方参会名单只有高级领导和一些长者。经一再磋商，我们议定，与会中方人员应代表不同年龄段，遂特意预留几个40岁以下的青年参会名额。不能不说这是个明智之举。在随后20年的经济体制改革过程中，几位青年与会者都发挥了非常重要的作用。中方与会人员真正做到了老、中、青三结合，老年与会人员包括安志文、薛暮桥、马洪、童大林等；中年与会人员包括刘国光、高尚全、吴敬琏、项怀诚、赵人伟等；青年与会人员包括郭树清、楼继伟等。

在与会外国专家的选择上，除了日本的小林实是中方直接邀请的以外，其他专家均严格按照中方领导提出的三个要求邀请。

第一个题目，国家如何管理市场经济。这方面既有丰富理论知识又有实践经验的有三位专家：美国经济学家詹姆斯·托宾，时任白宫经济顾问委员会委员，1981年前因论证金融市场与消费/投资决策、生产、就业及物价关系而获诺贝尔经济学奖，是论述稳定和增长政策理论与实践的《新经济学》作者之一；英国著名政府官员、国际公务员阿莱克·凯恩克劳斯爵士，是经济政策领域知名学者，曾任英国格拉斯哥大学应用经济学教授、英国政府经济顾问、英国政府首席经济学家、牛津大学圣彼得学院院长；德国著名国际货币政策经济学家奥特玛·埃明格尔，多年担任德国中央银行行长。德国央行是发达国家中最独立的中央银行。

第二个题目，从中央计划经济向市场经济转轨过程中的相关问题。二战之后，凯恩克劳斯和埃明格尔分别在英国和德国负责放开价格管制及市场复兴的工作，且在短缺经济条件下制定反通胀措施及解除价格管制方面都有直接的经验；波兰经济学家布鲁斯和匈牙利经济学家科尔奈是社会主义中央计划体制问题的专家。他们的任务主要是讲解从计划经济到市场经济转轨过程中的微观经济要求。

第三个题目，关于整合计划与市场的国际经验。邀请的专家有：法国前国家计划办公室主任米歇尔·阿尔伯特；南斯拉夫稳定委员会和政府经济改革委员会成员亚历山大·巴伊特；美国经济学家里罗尔·琼斯，专门研究韩国经济，曾在韩国计委工作过。这次会议没有直接从韩国邀请专家参会，主要是因为政治原因，后面我还会谈到。

今天，大家公认巴山轮会议是在中国经济体制改革转折时刻举行的一次重要会议。当年的很多中方与会者撰写过文章，谈论自己的感受和召开这次会议的意义。根据我自己的亲身经历，想在此补充几点。

第一，首先纠正一下外界的错误印象。组织这次会议并非世界银行的主张。主动提出组织会议的是国家体改委领导，且事先准备好了拟在会上讨论的具体问题，并要求外国专家必须满足上述三个问题的需要。会议的组织，包括游轮会场的选择，也是遵照国家体改委领导的指示，为的是给中外与会专家提供一个不间断地详尽研讨的机会。会上安排了全体会议、小组讨论，也有一对一的会谈，无论哪种形式，都能进行到夜里。在世行工作多年，我的亲身体会是，讨论最奏效的政策问题要由需求驱动并专为满足主办国的需求而策划。在我看来，巴山轮会议是由需求驱动的杰出案例。

第二，尽管中国领导人1984年已经决意突破中央计划体制的限制，但对市场经济的理解和运作缺乏了解，特别是顾虑市场经济中出现的盲目竞争和非指导性增长，以及不可避免地想到经济迅速增长期与随之而来的经济大萧条。巴山轮会议上的讨论清晰表明，宏观经济管理的理论与实践已从20世纪20年代至30年代的自由放任政策发展到了80年代的总需求管理及宏观经济的积极应对政策。很多讨论围绕着通过财政、货币和收入政策等工具管理总需求，以间接方式管理市场经济的议题。

第三，国家体改委领导提议召开这次会议的另一原因，或许还因为1984年下半年到1985年上半年出现的严重经济过热。感觉到中央将大幅推进改革，地方政府争相增加投资项目，企业设法提高工资和奖金，结果加剧了通货膨胀压力。管理宏观经济形势的需要因而成为巴山轮会议的一个重要议题，诊断经济过热、使用财政和货币工具应对问题。托宾、凯恩克劳斯和埃明格尔三位专家来自三个不同国家，尽管他们对宏观经济管理见解不同，各自代表着经济理论的不同派别，但他们一致认为，中国应采取坚决措施应对经济过热问题。从这三位具有丰富宏观管理经验的经济学家到主要有发展中国家经验的世行经济学家（伍德和我本人），再到东欧经济学家布鲁斯与科尔奈，对分析中国这个问题的缘由和应该采取的政策措施都毫无异议。这显然表明，现代经济学有一个核心，那就是，它并不隶属于个人的或政治的解释。

第四，巴山轮会议有一份意外的收获。这份收获很少有人谈起，但在我看来，它对后续的中国经济改革和经济学理论发展都有重要意义。在巴山轮会议上，与会国际专家在会间有机会与中国青年经济工作者交流，并听到他们对中国改革问题发表见解。凯恩克劳斯爵士尤为用心。他认为，这些年轻人在中国未来经济改革中将大有作为，中国的经济改革需要懂得现代经济学的年轻一代。回国后，他向牛津大学现代中国研究中心主任提议，在该中心专为中国设立"经济培训项目"，培训青年经济学家。针对中国经济改革的需求，他们共同设计了以从计划经济向市场经济过渡为特点的现代宏观经济管理课程。1986～1994 年期间，每年有五至七名具备经济学专业背景和综合潜质并已参与改革实践的年轻人，由国家体改委、国家计委、中国社会科学院和国务院发展研究中心等单位推荐，经世行中国代表处官员面试，在世行、联合国开发署、福特基金会等机构的联合资助下，选送到牛津大学学习现代经济学课程，其中包括到英国政府部门、研究机构或投资银行实习，为期一年。几名学员随后继续留在牛津大学攻读经济学博士学位。该项目共为中国培训了约五十名学员，他们绝大多数学成回国，投身于中国经济改革工作，在中国经济改革过程中发挥了重要作用。

巴山轮会议也有不尽如人意之处。对于像韩国这样有代表性的发展中国家，如何在市场经济中实施经济计划的讨论就不太深入。所以，两年之后世行再次应国家体改委的提议，组织了一次题为"计划与市场"的研讨会。会议地点选在曼谷，目的是方便从韩国邀请高级代表团参会，时间是 1987 年 6 月。韩国代表团团长是前副总理兼韩国发展研究院（主管韩国战略规划事务）院长金满堤（Kim Mhhn—Je）。有意思的是，这次会议竟让印度代表团受益匪浅。印度代表团团长是曼莫汉·辛格，当时的印度计委常务副主任（主任由总理名义兼任），副团长是阿卢瓦利亚，当时的总理经济顾问。在会上，这两位印度资深经济学家被中国矢志从根本上推行经济改革所打动。90 年代初，印度启动改革计划，总策划人就是时任财政部长的曼莫汉·辛格，阿卢瓦利亚是他的副手。曼莫汉·辛格后被称为"印度改革之父"，并于 2004～2014 年任印度总理。

从 20 世纪 80 年代末到 90 年代初，国际会议一直是中国政府官员和经济工作者学习国际上改革和发展经验的主要途径，但会议主题从宏观的战略改革问题逐渐转移到更加具体的职能部门问题上。如世行与国家体改委于 1986 年联合召开的"金融体制改革国际研讨会"、1987 年的"国有企业管理和组织国际研讨会"等等。

从 20 世纪 90 年代到现在，中外经济工作者和实践者的交流与对话越来越多。与以往不同的是，这些活动都是由中国国内机构与不同的外国机构，以不同的层次及多种多样的形式组织。其中的一次重要会议是 1993 年 6 月在大连举行的"中国宏观经济管理国际研讨会"。被称为"大连会议"。这次会议给我提供了再次参与中国改革的机会，也成为我重返中国的一大契机。

五 组建中金公司助推国企和金融改革

1990 年，我离开世行中国代表处回到世行总部，负责西非各国事务。70 年代，我曾作为世行经济学家常驻尼日利亚的拉各斯。我遗憾地发现，在这之后的近二十年时间里，尼日利亚和大部分撒哈拉以南非洲国家的生活水平不但没有明显改进，有些领域反而呈现倒退情形。我在世行工作的大部分时间是常驻，已不大习惯世行总部的文化氛围。这一切都令我十分怀念在中国的工作。

1993 年 3 月，当世行建议我去哈佛商学院参加"高层管理课程"（Advanced Management Program）时，我欣然接受安排。哈佛商学院三个月的学习让我大开眼界。当我了解资本市场和金融机构，比如投资银行可以在中国这样的发展中国家发挥非常重要作用时，我异常兴奋。事实上，90 年代初中国已有不少经济工作者在探讨发展资本市场的可行性。与此同时，许多外国金融机构也正千方百计地进入中国市场。我当即萌动了重返中国的念头，期盼着自己能在中国金融领域的迅猛发展过程中有所作为。

　　1992 年底，老朋友刘国光在华盛顿和我见面，我向他透露了心事。他听后对我大加鼓励。回国后的 12 月 5 日，他写了封亲笔信，呈送朱镕基副总理，信中转述了我对中国金融改革的想法。朱副总理在信中批示四个字："是件好事"。这对我无疑是莫大的鼓励。在不少其他中国朋友的共同建议和支持下，1993 年完成哈佛商学院的管理课程之后，5 月 28 日，我写信给朱镕基副总理，提出在中国设立一家合资投资银行的想法，并请求面谈。80 年代考察中国经济时我们便相识，后来他担任上海市市长时，与世行代表处也有业务往来。

　　1993 年 6 月 10~12 日，世行中国局邀请我以观察员身份参加大连会议，这对我来说可谓恰逢其时，因为这次很可能有机会面对面地向朱镕基副总理说明我的想法和建议。果然，会议结束的前一天，我便接到来自北京的通知，朱镕基副总理同意见我。于是，我改票启程前往北京。

　　6 月 13 日，在与朱镕基副总理的会见中，我们谈到了企业重组和兼并，讨论了如何用市场机制而不是像计划经济时期那样用行政手段来推动。我们还谈到了中国需要外国资本发展基础设施，如何通过资本市场运作为基础设施建设融资，谈到投资银行在市场经济中的作用。朱镕基副总理还说，合资的投资银行可以提高内资和外资的配置效率，有助于改善整体市场经济中的投资决策。会见结束时，他鼓励我试试在中国创建一家合资投行。

　　此次会见后不久，我毅然决定重返中国，帮助组建一家合资投资银行。我的想法得到世行总部的支持，特准我停薪留职两年。1993 年 12 月 17 日，我向朱镕基副总理递交了设立一家合资投资银行的申请。文中提到："希望在中方的支持下，联合外方一些机构，借鉴国际经验，建立一个符合国际标准和惯例的投资机构。这个机构不仅可以在国际上募集巨额资金，更可以推动和帮助国有企业改革，为国家金融改革和人才培育做出示范。"这份申请由当时的中国人民银行陈元副行长转呈。

　　改革试点想取得成功，中外机构能否有效合作至关重要。因此，在公司的股权设计方面，我们决定中外双方各持股 50%，这样不会一方独大。在数月的斟酌以及多方和多轮谈判后，摩根士丹利最终成为外方大股东，新加坡政府投资公司和香港名力集团控股有限公司为外方小股东。中方大股东是中国建设银行，小股东是财政部与经贸委下属的中国经济技术投资担保公司。经过近两年繁复的筹备，多轮的复杂磋商，中国国际金融有限公司（CICC，简称中金公司）终于在 1995 年 6 月 25 日得到中国人民银行的批准，中金公司获得中国首份中外合资投行营业执照。

自成立至今，中金公司无疑取得了成功。作为发起人之一，我为自己当年在哈佛课堂上萌生的念头和随后的决定深感欣慰。我在投行领域毫无实践经验，在这之前的职业生涯也从未涉足过商业企业。中金公司成立后，我的作用不再明显。担任首任总裁仅几个月后，世行特准我两年的停薪留职期限也到了，我结束自己重返中国的使命，于 1996 年 1 月返回世行，直接到新德里，主管世行印度业务。

中金公司创业的功绩主要得益于首任董事长王岐山领导下的中方管理团队，他们的共同努力为中金公司的后续发展奠定了坚实基础。为获得顶级国际投行技术，公司起初三年全权委托摩根士丹利进行业务管理（后延至五年），这在当时是个大胆的举措。事实证明，这个安排对实现彻底转让投行管理实务和技术是完全必要的。为确保公司的长足发展，在合规、风险管理、员工薪酬和激励等方面中金公司采取了符合最先进国际惯例的市场化做法。

回顾这一历程，作为改革试点的中金公司可以说是中国金融改革中的一次思想对外开放。当时的中国正致力于建立符合市场经济的金融市场和金融机构体系，投资银行是新生事物，更何况这是一家中外合资的投行。中金公司在国企改革中也发挥了应有的作用，大大提升了国有企业在国际资本市场融资的能力，还培养了一大批投行专家，成为中国投资银行界的"黄埔军校"。从成立到现在，中金公司千余名员工到海内外其他金融机构工作，公司早期管理团队成员均成为中国主要金融机构的高管。由此可见，中金公司在申请成立文件中描述的愿景基本实现。

如前面所述，邓小平在 70 年代末曾号召：我们要虚心学习外国一切先进的东西，学习和借鉴外国的管理经验和先进技术。中金公司的创立和发展很好地体现了这一精神。在 2005 年中金论坛上，首任董事长在论及中金公司的发展历程时总结道："改革开放激发的经济社会的巨大发展对资本市场提出了要求，中金公司正是在这种历史背景下应运而生。中金公司既体现了中国资本市场运作过程中的组织创新，也体现了它的制度创新。中金公司起到了试点、探索和'带头羊'的作用"。

六　新时期内的理念和思想引进

2002 年，我从世行退休。彼时，中国经济改革已经取得举世瞩目的成就，但也面临新的挑战。吴敬琏等几位老朋友积极鼓动我继续为中国做些政策研究，像以前一样，引介经济发展的国际经验和前沿的经济思想，我欣然答应。非营利、非政府、非机构化的"中国经济研究和咨询项目"（China Economic Research and Advisory Program）就这样诞生了。

项目研究工作由一个顾问小组指导，他们都是当年与我共事过的经济学家。顾问的作用是确定研究课题，确保研究内容与中国优先考虑的经济发展问题相关。课题确定后，我们根据实际需要邀请一组相关领域的国内外最著名的专家，组成研究团队。研究方式是中方专家介绍相关情况，外方专家介绍相关国际经验，双方并肩工作，共同完成课题报告。该项目旨在通过研究中国经济问题，促进中外学者、官员之间的交流，从国际视角为中国经济政策的制定提供建议；通过与国外知名经济学家和研究人员的合作，提高中国经济学者、研究机构及其人员的经济政策分析和研究能力。

在中金公司董事、新加坡政府投资公司郑国枰的积极推动下，新加坡政府主要资助了项目前期的课题研究。后期研究工作主要由北京凯恩克劳斯经济研究基金会提供资金和行政支持。该基金会是巴山轮会议之后牛津大学经济培训项目的产物，是该培训项目师生为纪念凯恩克劳斯爵士发起成立，其宗旨与我们的研究项目恰好一致。

该项目首个研究课题"中国社会保障体制改革"是在全体顾问一致建议下启动的，2004 年 10 月完成《中国的社会保障改革：问题及对策选择》课题报告，报告及政策建议提交到国务院后，课题组受到温家宝总理的亲切接见。接见会上，大家一致认为下一个课题应研究"中国与世界经济的关系"问题，"中国与全球经济——面临的问题和选择"课题报告于 2006 年 6

月完成。在项目顾问的提议下，我们随后着手研究中国城市化问题，"中国的城市化：面临的政策问题和选择"课题报告于 2007 年 5 月完成后递交到中财办。各项研究成果适时以不同方式得到推广，达到了预期目的。此后的几年，中财办的关切成了我们的研究方向，项目顾问鼎力支持据此确定的研究课题。为制定"十二五"规划的需要，受中财办和国家发展改革委联合委托，项目组开展了中国中长期经济发展问题研究，三十余名中外国际著名专家参与，听取了众多专家学者和政府官员的意见，2010 年春节前完成《中国经济中长期发展和转型——国际视角的思考与建议》课题报告，于 2011 年由中信出版社出版，并荣获 2016 年度第十七届"孙冶方经济科学著作奖"。2011~2012 年，我们继续开展了在新时期进一步深化中国经济改革的研究工作。

结束语

当前，中国经济学无疑已结束了游离于世界之外的状态，在理论和实践上都已步入现代经济学的主流行列。这应该被看作是中国经历了曲折之后已复兴到一种正常状态。这里有必要区分改革和开放。经济改革并不是一种新的提法。1949 年中华人民共和国成立不久，中央计划经济的弊端就已经逐渐显现。苏联、东欧国家和中国都已经做了种种努力试图克服这种弊端。与此相对照，40 年前中国对全球经济和外国思想制度的开放却是一项意义深远的举措，它扭转了几个世纪以来的闭关锁国政策。

历史上，中国曾经是一个开放和具有技术创新活力的社会。唐宋时期，在 600 多年的时间里，中国在艺术、文学、科学和经济技术等领域都是最具创造力的国家。在这个时期，中国也是世界上最富有文化和技术能力的社会，经济发达，技术先进。可是，14 世纪之后，中国没能通过自身的技术变革和对国外先进技术的有效利用来保持经济增长。实际上，在 20 世纪后期之前的 500 多年里，中国拒绝并抵制外国的思想和制度，自明朝后期以来，变成了一个内向型为主导的经济。

1800 年前后，欧洲大部分国家在技术上已经超越中国，在接下来的 150 年里，这种差距日渐扩大。1850 年前后，日本经济与中国经济大约处在势均力敌的发展阶段，但是，一百年以后，日本已经把中国远远地甩在了后面。20世纪中期，中国和印度（另一个历史上发达而现代经济落后的国家）位于世界上最贫穷的国家之列。正是在这种历史背景下，邓小平和中国其他领导人在70年代末期开启了改革开放的历程，既没有任何国家从中央计划经济向市场经济转型的成功经验可资借鉴，也没有关于成功转型的宏伟蓝图引导。因此，这样一种改革将面临巨大的风险和挑战，对经济、政治和社会稳定产生深远的影响。所有试图从计划经济向市场经济转型的国家在转型过程中都遭受了经济重创，大部分东欧和中亚国家经历的经济衰退甚至比20世纪30年代早期的"大萧条"更严重和持久。中国是唯一一个在改革过程中能够取得持续和快速增长的国家。在这个意义上说，中国的改革开放是人类历史上具有重大意义的成就。

中国领导人和经济学工作者在中国经济改革开放中展现了过人的勇气和远见，他们吸收国外新的经济理论和经验，根据中国的国情将之转化并应用于实践。在没有任何成功经验可以借鉴的情况下，他们采取了摸着石头过河的策略和试错的方法，这一点最明显地体现了他们的远见卓识。几乎没有任何国家的领导者能如此成功和明智地把国外新的经济思想转换为具有如此历史意义的经济政策。

在中国过去40年的改革过程中，国外新的经济思想、发展理念、国际经验和教训发挥了重要作用。今天，为了全面建成经济更加发展、人民生活更加殷实的小康社会，实现第一个百年奋斗目标，乘势而上开启全面建设社会主义现代化国家，实现第二个百年奋斗目标，中国正在继续深化改革。在这一过程中，依然有很多国际经验和教训值得中国学习和汲取。同样，也有许多国家能从中国40年的改革开放中学到许多经验。中国改革开放的进程及其经验教训已经成为当前经济增长和发展思想的重要元素。

在这40年期间，我以国际组织官员和经济学者的角色，经历和观察中国经济改革开放的过程，较为完整地参与了这一过程中的思想开放，这是我职业生涯中极为重要的一段经历，也将成为我人生中难忘的记忆，我感到无比荣幸。但从个人角度来说，作为一名海外华人参与和体验这一过程，我感觉意义尤为不同。

亲历深圳特区改革开放的重大决策

口述者：李灏*
访谈者：杨继绳、萧冬连
时　　间：2007 年 10 月 14 日、15 日
地　　点：深圳市委李灏同志办公室
整理者：萧冬连

我先说一个观点，不能把开放和改革分开，开放本身就是一种改革，改革也推动开放。过去，国务院特区办、进出口委主管开放，体改委主管改革，其实，这两件事情根本就分不开。从深圳来讲，我们没分什么时候改革，什么时候开放。深圳特区做的工作主要的就是改革，体制政策的开放，那不就是改革吗？什么叫对外开放？没有人做过定义，引进技术、管理经验等当然重要，但还有一些东西。小平讲，要借鉴全人类已有的一切文明成果，我认为这是对对外开放最好的阐述，不光是学习借鉴技术性成果，还有政治、思想、文化等各方面的成果。不但中国弱小的时候要坚持这样的方针，将来中国变成一个发达的强大的国家，也得坚持这样一个方针。因为中国再大，顶多是人类的五分之一，你总不可能包括全世界的创造，文明是不断进步的。我理解的最好的改革开放就是这样的。

为什么调我来深圳？这个问题不大好回答。我来这里，开始并没有说是

---

* 李灏（1926~），广东电白人。历任国务院副秘书长、广东省副省长、深圳市市长、深圳市委书记、全国人大财经委副主任。

来接梁湘的，只是分担他一部分工作，我当市长，他当书记。第二年，他调到省顾问委员会去了，我就是书记兼市长。为什么要调整深圳的班子？没有一个人很正式地给我说过，糊里糊涂就来了。当时的关键人物是两个，一个是邓小平，一个是赵紫阳。我当时任国务院副秘书长，我天天可以见到赵紫阳，但我调深圳这件事就谈了一次，谈话时一切都成定局。说实在的，当时我也不想来这里，周围很多人劝我说你不要去，说得难听的，你到那里去送死干吗？先不说我个人，我先讲讲当时的背景。

一　创建深圳特区的背景

特区建设从筹备开始讲。1979 年 7 月，中央有一个 50 号文件，正式决定办特区。实际上，这种意识从 1978 年以后就慢慢形成了，始发起点是 1978 年的大规模出国考察。中国长期封闭，一直到 1978 年，除了搞外交外贸的以外，其他人对外交往非常少。所以，粉碎"四人帮"以后，出国考察日渐受重视。1977 年就有人出去了，但是不很多。1978 年谷牧带的欧洲考察团是一个转机。这个团我参加了，广东省的王全国也参加了。我们这些人都是第一次出国，这次出访对大家很震动，外面变化太大了，资本主义世界完全不是想象的样子！回国后，谷牧向中央做了汇报。1978 年 7 ~ 9 月份，国务院开务虚会议，前前后后开了两个多月。这个会对改革开放起到了一定的推动作用。会上，大家的基本共识是，外国发展非常快，外国也愿意给我们投资和合作；同时，也基本确定了一个利用外资搞进出口贸易的方针，主要是引进国外技术、设备，搞加工出口。

广东省跟海外本来就有联系，一直想开发。当时，广东的想法是，中央只要下放给我权力，广东一定会发展得很快。1979 年 4 月，中央召开工作会议，广东参加会议的有两个人，一个习仲勋，一个王全国。在会上，习仲勋要求中央给广东省一点权力，让广东先行一步。他甚至说："你让我广东独立了，我搞得更快。"当时，我没在场，没法证实。主持这个会议的主要是华国锋、李先念。会议完了，华国锋就找习仲勋谈话，问："你要什么特殊政策？"那时候，中央的提法只有一个"对外开放，对内搞活"，好几年都没有体制改革这个词。当时，中央的精神是开放，究竟怎么开放，大家都不知道。因此，先让广东开放。福建的同志也聪明得不得了，在中央工作会议上说：广东省怎么做我们就怎么做。后来定了，让广东、福建先行一步，对外开放，叫实行"特殊政策和灵活措施"。

1979年的中央工作会议结束以后，5月，谷牧带着外贸部、财政部、国家计委及经委的同志到广东，跟广东省一起起草广东省实行特殊政策的报告，我也参加了起草。弄完这个报告，我们马上跑到福建，帮福建炮制了一个报告，两个报告内容差不多。7月15日，中央批转了这两个文件，统一写了一个批示。

两省的特殊政策有几项重要内容。第一，中央对两省的财政实行大包干。这是很大的进步，因为当时财政是统筹统支的。在特殊政策下，广东省收的钱，给中央交10个亿就行了，多出来的就是广东省自己的。福建省呢，中央每年补助两个亿，多花了中央不给，多创收了都是福建自己的，也不减少补助额度。这对广东省来说是重大的改变，这么一包就是四五年。第二，给两省对外交往的方便，给予外商投资项目审批权、人才交流审批权。第三，试办出口特区。出口特区是吴南生提出来的，我们到国外考察看到有一种自由贸易企业，主要是出口，我们认为可以仿效，于是就想搞出口特区，推动出口。当时，出口特区很不起眼，并没引起大家的重视。我听说，姚依林说，如果广东能用铁丝网围起来，作特区也可以。人家都以为广东、福建就是特区，小平也是这么想的。实际上，特区只是在深圳、珠海、汕头和厦门划定的一小块地方。

最早提出办深圳特区的是吴南生。广东省成立了特区管委会，吴南生负责，并兼深圳市委书记。开始时，很不容易，矛盾很多，所以派梁湘去。到我当市长的时候，深圳已经有了一定基础了。1979年，宝安县财政收入才1700万，工农业生产总值不到两个亿，每年省里还得补助一点，大概是二三十万。到1985年我来时，财政收入达到5个亿，GDP大概30多个亿。

当时，对办特区的争论特别多，说特区是资本主义地区之类的说法有很多。1984年初，小平同志第一次来南方视察，市委向他汇报，汇报完了请小平做指示。小平说："我没什么讲的，你们讲吧。"并不是小平同志要冷落深圳，因为当时的议论很多，小平同志都不敢题词，回到广东才给深圳题个词。他提得也很科学，说办特区的决策是正确的，就不说是成功的。但是小平同志这一来，就把许多非议平息了。当时，连香港的新华社都反对深圳特区。1980年，我到香港做调查研究的时候就听到。回来后，我去给港澳办通报，那时主任是姬鹏飞，李后、鲁平是副主任。我说："现在，不是已经通过广东《特区条例》，中央决定办特区了嘛，新华社还传播这种东西，是不妥当的。"我们内部感觉到深圳进步很快，自我感觉良好，但外部议论很多。一个是内地都认为，深圳全民经商赚内地的钱。在这一点上，杀伤力是很大的。再加上一个"输血论"，就是说深圳是靠国家、靠内地输血发展的。因为这个事，深圳对蛇口意见很大。这样，国内对深圳的领导班子形成了不好的印象。外部最典型的就是1985年初香港《信报》连续发表12篇文章，总题目是《深圳庐山真面目：假、大、空》，每一篇都有具体的题目，这12篇文章攻得可真是难受了。香港有一个搞经济研究的叫陈文通，这个人本身没有太大的恶意。他是看到深圳发表的材料，说深圳已经实现了"三为主"，即工业为主、出口为主，利用外资为主，他用数字材料分析得出结论，说深圳还没做到所谓的"三为主"！写了一篇文章给《信报》发表了。当时《信报》对内地不是特别友好，根据陈文通的材料引申出来12篇文章，把深圳说得一无是处，连根拔起。内地同志来到这里不是要兑换外汇券嘛，有位同志来深圳住了一家旅馆，旅馆只收外汇券，不收人民币，这当然做得不对。这个同志在那里大发脾气，说中华人民共和国的领土，人民币都不许流通了，简直是无法无天！我跟这位同志很熟，就不说他的名字了。像这样的事情影响是很不好的。

1985年8月，我从北京坐火车到深圳报到。在火车上，列车长知道我是去当市长的，主动跟我聊天，要我关照一下。我问："你对深圳有什么建议吗？"他说："别的没有，我建议是不是不拿港币，拿人民币就能坐公共汽车、坐出租车。"这不就等于批评吗？那时候，罗湖口岸的小汽车，你要是给他人民币，他就不拉你，把你晾在那里。那个时候不像现在，抢着要人民币，那时只有港币才行。

二　中央调我来深圳主持工作

为什么派我来呢？其实，直到 1980 年底，我和赵紫阳都没有直接接触过，我当时是进出口委的专职委员。进出口委班子很强，有各个部委的兼职委员，还有专职委员，汪道涵、马宾，冶金部周新城，中国人民银行的甘子玉和我都是专职委员。那时，开放改革做得最多的是进出口委，一个引进技术，一个外汇管理。曾经也想管港澳的问题，后来说，港澳问题还是交给港澳办管吧。1980 年，联合国出钱，组织出国考察出口加工区。开始组织两个组，一个南半球，一个北半球。江泽民率领一个组，他是 1980 年下半年调到进出口委的。我率领一个组。我提出，一个题目分两个组，如果意见不一致就难办了，就让江泽民带一个组去国外，我带一个队到香港去做调查研究，我在香港做了二十多天的调查。

到了 1981 年，有两件事赵紫阳可能对我有一点点印象。国务院开会讨论两个文件，一个是改进外贸体制的问题，一个是沿海城市工作会议。讨论第一个文件时，矛盾就很尖锐。那时革命的动力是进出口委，革命的对象是外贸部，但是外贸部不归进出口委管，结果这个文件就没有通过。但赵紫阳对这个文件非常满意，说这个文件写得好，还拟了个批语。加上上海在沿海城市会议上的报告，把上海的报告作为附件一起转发。但上海那个文件压到第一书记抽屉里出不来，纪要还是发了。

这里，有一个情况要交代一下。赵紫阳到北京后，对国务院的机构进行了大刀阔斧的改革。当时，国务院有八个口，一个副总理管着一个口，余秋里管能源委员会，万里管农村工作委员会，康世恩管经济委员会，谷牧管进出口委员会，方毅管科技委员会，薄一波管机械委员会，这些人的资历都比赵紫阳老，不好指挥。赵紫阳把这些委员会都撤销了。进出口委撤销不撤销有些犹豫，后来也撤销了。1982 年，八个委员会都撤销了，计委变成了小计委，经委变成了大经委。万里兼管经委，我到经委当副秘书长，副主任都是有名的人，吕东、袁宝华等人，还有八个委员，如张彦宁、朱镕基、林宗棠、林汉雄和我。这些人后来都做到部长了，除了张彦宁，人比较老实，现在还是搞企业管理协会。之后，经委的人事又有调整，张劲夫当经委主任，田纪云是国务院副秘书长，实际要他到经委当秘书长。1983 年，我到国务院当副秘书长，这时和赵紫阳接触比较多了。

1984 年召开沿海工作会议，这是一个很重要的会议，是小平南方谈话以后开的，会议决定开放沿海 14 个城市。这次会议名义上是胡耀邦、赵紫阳负责，实际上是胡启立、谷牧负责，会议是谷牧主持的。会上，吴南生就把邓小平的话讲了。赵紫阳不是天天去会上，每天在路上碰到他，给他简要汇报一下情况。当时，紫阳说："一下开放这么多城市好不好呀？"我说："开始我也有这样的想法，后来各地要求开放的城市越来越多，就弄了 14 个。"这次会议后不久，就把国务院特区组升格为特区办。特区组是 1982 年进出口委撤销时，抽调了十几个人，在国务院办公厅下成立的。谷牧在会上说："成立特区办谁去好呀？"赵紫阳说："不是李灏吗？"谷牧不赞同，说我姓张了，姓田了，不姓谷了。意思是指我为张劲夫、田纪云服务，不给他服务。

在赵紫阳脑子里，我与特区是连在一起的。因为 1979 年我到广东考察过，参与草拟 1979 年 50 号文件；1980 年开了一次沿海会议，有一个 41 号文件，这个文件把"出口特区"改为"经济特区"；1981 年又开了两省加沿海城市会议，有一个 27 号文件。这几个文件都很实在，对改革开放都很重要。特别是 1981 年 27 号文件，为制定文件，在北京开了一个月会，中央一些部门参加了，定的那些政策有很多现在都没有实行，如发行特区货币。到 1985 年时，新华社香港分社许家屯、港澳办的姬鹏飞、国务院外事小组的陈楚要我去香港接许的班，赵紫阳不同意。1981 年，就曾有过让我去深圳当市长的考虑。1982 年，宋任穷到广东想提梁湘当省长，让我去接梁湘的班，后来为什么没有去呢？因为梁湘当省长没通过，梁湘这个人个性强，反对派也不少。后来，赵紫阳关照他，1987 年让他做海南筹备组组长，中顾委委员。让我去深圳是有迹可循的。我对田纪云说："你不用我，随便在北京找个地方安排就行，为什么要我去深圳？"田说："不是我呀，好多地方要你去我都顶了。紫阳同志定的，你能改变吗？"赵紫阳是强势总理。当时，对赵东宛、陈锦华的安排，如果没有赵紫阳的坚持是不可能的。

　　来深圳之前，赵紫阳同我谈过一次话。我不想来，就对赵紫阳提出几条理由。我说："我从基层来，水平不够，当二排议员，动手、动笔、动耳朵，没有担过多大的责任。那个地方的班子，梁湘、周鼎都是我的朋友，如果把两个朋友都得罪了不值得。"赵紫阳没有回应我的话。他给我谈话很简单，说："不是我这里不需要你，是那里更需要你。"赵紫阳有一个特点，谈话干脆利落。我觉得，这一点也应该是他的不足，交流思想比较少。我跟他交流就有一次，从福建回北京的飞机上，只有宋平、我等四个人，他谈了不少。说："在北京当市长不容易，让我当也当不好，得跑跑耀邦那里吧，我这里也得跑跑吧，还有万里呀，彭真呀，还有军队呀，还有各部门，没有一点周旋能力是干不了的。"他当时讲了些内心的话。

　　赵紫阳找我谈话时，我提出一个问题，我知道这是个核心的问题。我说，"紫阳同志，深圳还是不是窗口？还是不是改革试验田？"他说，"当然是啦！"我说："如果是改革试验田的话，那我就可以对那些不合时宜的政策、做法突破了。"他点点头。我说："你刚才那番讲话，我可不可以给安志文传达一下，要他把深圳改革试验列入改革的系列里边去。"如果没有影响，试验出来的成果不能推广，不是白瞎吗？当时，北京都把特区当作化外之民。我在经委都听说，你们都不要到特区去，特别不要到深圳去。体改委对特区根本不管，安老对我们是很支持的，但他也有很多顾虑，特区是进出口委谷牧管。我这次正式地向安老传达了。我取得的这个权力就有了作为的余地，如果连这点权都没有，来深圳就一点意思都没有了。比如说，深圳1984年就启动劳动工资制度改革，搞了一个结构工资方案。省里反应很强烈，说深圳的工资标准太高了。我问赵紫阳，"你知道这个事吗？"他说知道。他问："你认为应该怎么办？"我说："工资制度的改革涉及利益，调动积极性的问题，这个方案你也看过，现在就不算数了，这个不妥吧？"他说："对！"我说："结构工资方案不能改，标准可以低一点，可以略高于内地，大大低于香港。深港两地落差太大了，深圳的工作怎么做？！"后来，全国都采用了结构工资。这些问题必须得到赵紫阳的认可。我说："我到深圳是如履薄冰。"赵紫阳说："梁湘还可干年把。"我说："我去后配合他，两年时间调整好，我跟他一起离开深圳。"但是，我去还不到半年，1986年初他就到海南岛去了。3月份，省委书记林若就告诉我，梁湘走后，由我当书记兼市长。计划单列市与省里没有矛盾是不可能的。重庆与四川、青岛跟山东省的矛盾都很大，道理是一样的。由于利益的关系，不以人的意志为转移的。也许深圳自己得反省一下，你得意洋洋的，对省里尊重不够。吴南生就这样得罪了省里。他说："我是省里派来的书记处书记，省里的部门就不要过问深圳的事了。"一句话就得罪了省里。南生在这里没有做多少时间就调回去了。1986年，赵紫阳调梁湘到海南当省长，许世杰当书记。当时，梁湘年纪已经大了，不容易，赵紫阳对他还是很关照的。我当时也没想到会干这么久，原想干两年就回北京。1990年，我就不兼市长了，郑良玉来当市长，年底又派了厉有为来当副书记。1992年，由于股票风波，郑良玉走了，厉有为当市长。1993年，我不当书记，厉有为接替我当书记。

三　首当其冲的经济调整

1985年8月，我到深圳后，最艰难的事是调整。我来这里，中央并不是要我来搞改革的，赋予我的第一个任务是要我恢复经济秩序，使它比较正常地发展。当时，深圳特区的建设劲头很大，计划也大一点儿，急一点儿。那个时候，全国都很困难，我们的外汇储备还不到100亿美元，深圳一下子搞八大文化设施，国务院特区办都很有意见，下命令，统统停建。中央开过两次特区工作会议，1985年会议已经提出要调整的意思，1986年会议就很明确了，就是压基建，抓生产，上水平，求效益，搞外向型经济。林若单独给我谈过，不要光铺摊子。这是我最困难的时期。

当时面临的问题是，基建规模过大，战线过长，结构也不合理，都是房地产，做生意的，做生意马上就可以来钱。搞工业、搞实业的没有多少。规模过大，自己有钱也可以，又没有钱，靠银行贷款。银行如果不贷款给你，你不死在那里吗？所以，有很多半半拉拉的工程，不停也得停。中央给深圳的方针很明确，就是"三为主"："工业为主，利用外资为主，出口为主"。1984年底，深圳发表公报说，深圳已经做到了"三为主"，被人家抓到了，其实没有做到，就是那么吹的！所以要调整。我不主动调整，也要被动地调整，无序地撤退。而我是做有序地撤退，该保就保，该换就换，该停就停，该取消的就取消。我的困难特别大，压缩18层以上的楼盘60多栋，施工队伍减少了将近10万人。中央开始在压缩规模上没有限制，后来有了，从25个亿减到15个亿。也没有钱了，外资来的很有限，主要靠贷款。人家不给你贷款，还追债，你不主动调整就打乱仗。这个工作是很得罪人的，下面的人很不明白，很不愿意。那时，对我的说法很多，说我是一个"泄肚子的市长"。我当时讲，进行调整是被迫的，要在被动的局面上争取主动。

1985年，深圳政府欠债7.8亿，现在看来微不足道，但那时财政收入是5亿，相当于一年半的财政收入，如果按现在来算，起码七八百个亿。来深圳半年后，我当市委书记前后，中央银行刘鸿儒找我谈债务安排，就是逼债嘛！我带了周锡五、周鼎两个人去跟他谈判。他认为，我们会赖账。我说："你们放心好了，我现在确定，政府一定做到收支平衡，不借债经营。这个公共财政怎么能够靠借债经营呢？我不否认，什么东西都要点儿开办费，前几年等于借你的开办费嘛，不借点钱怎么搞呀？但是到现在，五六年了，不能再这样搞了。从今年开始，财政收支要平衡。而且，你那个债务我一定还，三年保证还完。"他听了非常愉快，没想到我那么痛快，总认为我要赖账。我给财政局局长谈，今年你把开支抓紧一点，缺1000万，你给财政部下跪都不会给你的，我们一切要靠自己。从1986开始，政府不准搞赤字财政。两年多还完以后，一直到现在都没有搞赤字财政。如果谁当市长要搞赤字财政，我都要起来攻他。我说你财政不平衡可以发公债嘛，怎么能随便去借钱呢？这个口子不能开呀！企业可以借债。我当时规定了几条，一个是不搞赤字财政，一个是不给企业担保。国外给企业担保也不行。现在，好多地方出问题就是乱担保，特别是对国有企业担保，他哪天给你闯多少祸，你还不知道呢！我在大会上讲，如果深圳的公司给你亏损个一二十个亿，你把我市政府给卖掉我还不知道。另外，把所有的国有企业都改成有限责任公司或股份有限公司，这样就变成了负有限责任，不会因一个企业垮了连带一大片。我把它叫作"隔水仓"，把一桶水隔成许多格。我们搞了一个资产管理公司，由它作为总公司来担保。通过这些措施就把自己的桩打稳了，要不就要失控了。

在调整的同时，从搞工业搞外向经济的方面采取了一些措施。第一，动员中央各部委来这里办工业。再一个就是搞了外汇调剂中心。当时，搞出口不利，搞进口有利，没有外汇调剂中心，外向型经济是搞不起来的，这个下面讲改革时再谈。大家都误解，认为给了深圳多少钱。其实，深圳建特区以来，中央拨款也就3个亿。说主要利用外资，但外资所占比重也只有四分之一、五分之一，而且比重越来越小。那靠什么？靠自我积累，财政有盈余拿去搞建设，另一个靠企业积累，比如最典型的是华为，国家没给过一个投资，当然不能说一点帮助都没有，还可以贷款。但是贷款跟财政支持是不一样的，贷款是要还的，你不贷，他到国外也可以贷，上市也是个途径嘛！深圳现在形成那么多税收，出乎意料。

1985年底，开始做调整的准备。1986～1987年调整跨了两个年头，一年多的时间，主要是1986年一年，1987年基本上就调整好了。深圳的经济曲线是，1986年有所降低，1987年困难就过去了。但是，深圳这里的人，对调整都不以为然，我们的报刊都不大愿意登"调整"这两个字。等到1987年彭真来，我说："彭真同志，我这么做不知道对不对？"他说："这有什么不对，毛主席早就讲了，调整是经常的嘛！就好像驾飞机一样，偏了肯定要调整的嘛！"我说："那好，你这么说了，我就放心了。"所以，我也不害怕了，你爱怎么说就怎么说。1988年，全国进入治理整顿，赵紫阳最困难也是这个时期，我们的调整已经过了。1989年，江泽民到中央以后，我第一次参加中央会议，我本来不想发言，到最后，我说："总书记已经6点了，我还讲吗？"江说："还讲。"我发言，第一条就讲调整。我说："调整不能认为是一种消极的方针，调整也不是否定成绩。人总是要经常地调整一下自己的方向，才不会造成方向性的问题。根据我们深圳的经验，我看调整时间也不会太长，这是第一。第二条，我说调整不能一刀切。有的地方压缩得多一点，有的地方不压缩，有些还要发展。第三条，调整必须跟改革结合。我们中国又冷又热，总是出现'一放就活，一活就乱，一乱就收，一收就死'这样的循环。我们的计划经济也有大大小小的周期，虽然与外国的经济周期不一样。不解决这个问题不行了，必须跟改革结合，要不然这个病老犯。"

四 深圳特区的经济改革

深圳的改革，不是事前有一个很完整的方案后才推开的。发展中的事情摆在那里，需要去解决，实践迫使改革。任何一个改革，要等大家都认可，或者得到批准才去做是不大可能的，要去试试，做做看。在我来以前，深圳市已经做了不少的改革。比如放开物价，1979 年、1980 年就开始了，当然不是全面放开，最早放开的是副食品。广东省首先做的，深圳市自然跟着做了。我有二十多年没回广东，1979 年回去时，不敢到任何一个亲戚朋友家里串门，为什么？想招待你吃顿饭，菜都买不到，肉就更不用说了。所以，我就住在招待所珠岛宾馆，吃饭还吃公家的。但到第二年，1980 年开两省会议的时候，情形就开始变化了。我记得，省委同志讲，老百姓反映，现在的菜也不比过去贵。过去的菜，带土带烂的、带头带尾的，现在都去掉了，整理得整整齐齐再上市。在吴南生、梁湘时期，深圳的用工制度就已经变了，不管叫不叫合同工，反正不是完全的固定工。工程施工实行招标投标，这一点与省里有矛盾，省里讲我的施工队伍那么多，省里的工程当然是由自己来做，但深圳却要招投标。

1985 年 8 月，我一到深圳，先做了十几二十天的调查研究，等省里正式任命，要不然我没有合法身份。9 月初，省里开会任命我为副省长兼深圳市市长。9 月 29 日，我就建立了一个市长办公会议制度。在第一次会议上成立了四个机构，其中三项是很重要的改革。

第一项改革是最重要的，成立外汇调剂中心。如果不改变鼓励进口、压制出口的外汇政策，要搞外向型经济毫无办法。拿到一块钱外汇，进口消费品可以卖到五六块以上，暴利。所以，大家都大量进口，没有外汇怎么办？到处想办法搞外汇，除了用权力搞外汇，就是出现大量黑市，弊病很大。我没来之前，中央纪委一个姓马的主任，带了几十个人，加上省里的近百人，专门打击外汇黑市买卖。我来之后，已经抓到我们贸易公司的老总了。有一个礼拜天，检察院、纪委的人到我的家来，要我批准抓当时深圳最大的公司，特汽发展公司的总经理和副总经理。副总经理叫张西浦，是张根生的儿子。我说："不能这样做，倒买外汇是逼得他没办法才这样做，这是合理不合法。"我很快就建一个新制度，它就合法了。那个马主任被说服了，赶快去省里汇报，后来就撤销了。五六年后，他还给我说，我是给深圳做了好事，挽救了深圳。

所以，成立外汇调剂中心是一个很大的突破。我们规定，所有出口创汇，不到中国银行结汇，可以到外汇调剂中心调剂，需要外汇的到这来买。买外汇的价就高了，外汇调剂中心内部结汇价是两块八，公开挂牌外汇是一块五左右，后来上升到三四块、五六块。同时，严格规定，卖方与买方都必须是深圳的单位，这样对全国没什么影响。如果全国都可以进来，整个国家的外汇制度不就冲掉了吗！当时，并不是所有人都能理解，我们委托深圳人民银行罗行长执行。央行一位副行长兼外汇管理局局长对他说："老罗，你怎么接这么一个任务回来呢？这是违法的。"老罗说："我怎么办呢？市长刚来，有这么一件事要求我办，还能不接受吗？"我很感谢他。我说："我是以市政府的名义搞的，委托人民银行操作，出了事我们负责。"1986 年 3月份，有一次国务院讨论会，说深圳成立了外汇调剂中心。谷牧、姚依林说："这个办法可以，让他们试试呀！"1987 年，外汇管理的政策下来了，确认为合法，全国四十多个城市都这样做，这叫外汇初级市场。我们的改革得到首肯的就这一项。如果没有这一项，谈外向经济、扩大出口根本不可能。一直到 1995 年，朱镕基把外汇价格一下子提高到七八块，接近市场价了。

第二项改革是建立投资管理公司。这是出于什么动机呢？我来这里时做了一个调查，发现政府机构没有不办企业的，局级单位全部都办企业。这里面的问题很大，这些企业只挂个国有企业的牌子，它只看当年盈利多少，欠多少债它不管，这个多危险！最后出事还不是政府买单！当时，财政收入多少钱，欠多少债还有个账，但政府有多少企业，企业有多少资产，负多少债，根本不清楚，连资产负债表的概念都没有。因此，为加强对国有企业的管理，我们首创了一个概念，叫投资公司，后来又加上"管理"，叫投资管理公司，作为独立的法人，把所有的市属国有企业统统归它管理。管理一百多个企业，相当于现在的国资委。投资管理公司是 1987 年成立的，花了一年多的时间，才弄清深圳市究竟有多少经营性的国有资产，不包括行政资产，负债多少，净资产多少，之前，大家都是一笔糊涂账。

当然，成立投资管理公司不是一件简单的事。首先反对的是财政局，因为把财政局的权力夺了。不过，财政局毕竟在市领导下，还好办。省里也不赞同，财政部一直到 1989 年、1990 年王丙乾同志当财政部部长，他才认可。1990 年还是 1991 年，在全国人大会议上，吴邦国找我谈投资管理公司的事情，我介绍了情况，他说："上海也是这样做的。上海的企业多，因此成立了国资委，下设控股公司，三级体制。"我说："我们也是三级体制，市长办公会议也是起这个作用。"这个做法后来演变成国有资产管理系统。我到全国人大法制委时，就是抓国有资产法，从 1993 年启动，吴邦国、朱镕基都过问了，阴错阳差，到现在国有资产法都没出来。朱镕基同志讨厌"控股公司"的名字，我说："那就用深圳'投资管理公司'的名字。"后来，他同意了。

第三项改革是建立深圳监察局。为什么成立监察局呢？主要的想法是管好队伍，用监察局来监督干部是一个办法。我记得，1985 年 10 月份李光耀来访问，我接待他。他问："深圳有没有赌博、贪污之类的问题。"我说："深圳也是社会的一个部分，怎么能没有？只是不很厉害罢了。"他说："那你怎么对付？"我说："我准备参考你们的办法，准备成立监察局。新加坡叫反贪局，香港叫廉政公署，我都不用这个名字。"我对李光耀说："我有点学不了你，你的部长两三万美元一个月，港督几十万港币一个月，我这个市长一个月才一百多块钱。我们的干部多数都是共产党员，靠觉悟，很多人不是为了钱来做事，我就靠一条。"他说："我也是有约束的，我当总理十几二十年了，我培养多少百万富翁了，但是我李光耀不能当百万富翁。"这是李光耀第一次来深圳。

成立监察局，第一要监督干部执行党的路线方针；第二要监督党风、政风问题，是不是执行民主集中制；第三是监督干部的操守。这都很有必要。那时候，全国还没有监察局。严打的时候，动不动就以中纪委的名义、以党的名义冲在前面抓人，这对我们很不利。这个明明是政府的职能嘛！党的纪委应当站在更高的位置上制定政策、使用干部，不要冲到前面去抓人嘛！成立监察局，深圳市委是积极支持的，监察局属于政府的部门，人事安排上让纪委书记兼监察局长，紧锣密鼓地筹备了好几个月。1986年4、5月份开常委会，梁湘那时还在。我问："筹备监察局的事，前段时间还报告筹备动态，最近怎么无声无息了，怎么回事？"大家不吭声。梁湘突然说："听说人家不赞同搞这个东西呀！"我问："谁不赞成？"大家又不说话。最后，逼问出来，上面说你是胡闹！我说："谁说我胡闹了，给我说出一个道理来！"没有任何人讲，连梁湘也不讲了。我也不管他，我说："我是认真做改革试验，你说我胡闹，我还要给你扣一个帽子，说你反对改革呢！"后来知道，是最高检察院的检察长不同意设置监察局。这样，停顿了一段时间，到1987年才成立监察局。我对监察局的干部要求很严，决定给他们加一级工资。省里很反对，说纪委系统怎么不加？后来只加了半级。如果我再过一年不成立，可能就成立不了。我刚刚从北京下来，对我都还尊重三分呢！

第四项是成立规划委员会，抓规划。一个市长不抓规划，对整个发展的布局没有安排，光抓几个单项指标，那不乱套了吗？经济总量起来了，我作为市长必须要把规划抓起来。过去有个规划局，没有国土局；有个计委，是管项目的，对某一片土地怎么发展没有总体规划，更谈不上国土运用了。特区规划委员会委员包括了市主要部门的负责人，市长当然就是规划委员会主任了。我从来不做什么工程指挥部总指挥之类的，别人去做的你去做干吗？要发挥大家的积极性。1990年我当书记，不兼市长，我让郑良玉当规委主任，市长是当然的规划委员会主任。规划委员会每年都要开一次会议，我们还吸收了全国一些专家，还请了一些日本、新加坡、英国等国有名专家做我们的顾问。我是真心请教人家。一个英国专家，我来以前搞旧城改造，他是反对的。他说旧城改造把旧的痕迹都拆掉以后，就等于人失掉了记忆一样，后来旧城改造就停了。

五 深圳的房地产和股票市场

下面讲讲股票市场和房地产市场。我先讲房地产。深圳的房地产改革思路是比较符合现实情况的。当时本地的老百姓都有房子，主要是解决教职员工的住房。对于这个问题，我当时的压力是最大的，每年财政都拿很多钱盖房，成本高，分配又不公，有权力的可以多分点，分大点，结果导致财政压力大，职工还不满意。面对这种情况，出路只有改革。对于房地产，我们的认识是，住房是商品呢，还是公共产品，有没有社会保障功能呢？房地产是一个支柱产业，以搞 GDP 为主呢，还是解决民生问题为主？另一个重要问题，住房仅仅靠市场的无形之手来解决，走货币化、市场化的路子，还是发挥政府有形之手和市场无形之手的共同作用？要统筹解决好上述的种种疑问，我们认为深圳的房地产发展应该采用双轨制的办法。

我们采取双轨制的三种模式：一轨是政府的福利房，主要是社会保障功能，等于把住房与医疗、养老保险一样对待。这种房比较便宜，经营者不赚利润，不叫全成本，也不叫半成本，就是福利房，价格很低，一人一套。按照一定的级别给员工住房补贴，拿这个钱来买房子。1980 年代所有公务人员都买了，所以我们深圳的保障住房是解决得最好的。到 1990 年代后期就不行了。第二轨是商品房。商品房土地要作价，经营者可以有利润，面向市场。按现在的理解，就是深圳的房地产。这是市场的轨道，根据市场的价格来调整。中间还有一轨，搞一个微利房。针对一些国有企业或者其他企业的困难职工，土地是算成本的，但经营者只能是微利。

深圳上述所有的改革方案都不是封闭的，也不是闭门造车，都参照了国内的具体情况，去国外做了考察，还把北京主管部门特别是体改委那些单位请来了论证。但是，没有一项改革是批准的。因为他们批准了，就要负责任，所以即使同意改革方案，也不批准。深圳的改革可能有三种情况：一种是赞同，不给你批准；一种是反对；一种是不表态。总之没有一项是批准的。等着批准，哪一项都做不了。这种做法从某种意义上讲也是对的：我让你实验，你让我批什么？最典型的是我搞社会保障制度，花的时间最长，用了五年的时候，调查研究，起草方案，几经修改，1991 年出台的。出台时我当全国人大常务委员，我给劳动部长阮崇武打了一个电话，我说："阮部长，社会保障方案可以出台了，你们的意见我们也吸收了，还想给你通报一下，再听听你的意见。"他说，我马上到你那儿去。听我讲完后，你猜他怎么讲？他第一句话就说，你这个方案根本行不通。第二句话：但是你现在要做这种试验，我不反对。我说："阮部长，我当然希望这个方案对全国有参考意义，但是，行得通行不通，不是我说了算，你只要让我试验，我就高兴了。"我提出的方案是：社会统筹跟个人账户结合，完全用传统的包到底的做法不行，也不能像美国特别是北欧、澳大利亚那种高福利国家，我们也做不起。当时主要参考了新加坡的办法，个人拿出一部分，单位和国家补一部分，这笔钱一部分作为统筹资金，相当大的一部分计到个人账户里。现在我们社保的指导思想、基本政策就是这样的。隔了两年，阮崇武到海南岛当书记，不久我带一个队伍去海南，我说，哎呀，阮部长，你说的第一句话应该后悔了。你只同意我试验就行了，怎么那么早就做结论，说根本行不通呢？

再讲深圳市股份制改造。国有企业统统退出的观点，我是不赞同的。国有企业确实有很多弊病，最大的弊病是究竟是谁来代表国家管理？没有私人企业那样认真。但是，我们已经形成那么庞大的国有经济，退不等于输光呀，把它流失光了，那不是你的本事。假如从国有资产里面拿多少出来补充保障，那我赞同。或者再投资到别的地方去，总得有一个说法，总不能以把它弄光了为目的。国有企业的毛病确实是很多，我是没有到北京大学、清华大学进修过，读经济学，但是股份制、有限责任公司这类东西是常识性的。我第一个接触是 1984 年，看了世界银行的《中国问题的报告》。世界银行每年有一个报告，报告很谨慎地提出一个问题，说中国的国有企业法人治理结构很不完善，派一个总经理，一个党委书记，又是代表国家利益，又由他来操作，所有者和经营者不分离，这个矛盾很大，所有者缺位。世界银行的报告还不敢提股份制，它提出是不是可以考虑，像鞍钢那样的企业将产权划成若干份，有若干部、若干地方分别代表，这样就可以搞起来。虽然都是国有，但是毕竟立场也不一样。我看了这个东西很新鲜。我的思想并不是教科书式的。

当时，北京比较重视股份制的是张劲夫，在经委时就和我谈过，对我比较支持。1986 年我接受采访，问我改革怎么改？我说：我也没有一个完整的想法，但我的目标是，好比打篮球，要把深圳营造成一个按国际规则打篮球的地方。这样的想法，在当时是比较新的。最早对我这个话做出反应的是张劲夫，他说的时候我不在场。他说："李某的这个提法好啊！我们的规则是国际的，但球队是社会主义的。"作为一项改革措施，设置资产管理公司后，仍然不能解决问题。1986年，又出台了国有企业股份制改造试验条例，决定对六家大的国有企业进行试点。赛格的马福元很支持搞股份制，王石管理的万科是一个小企业，也很积极。有很多公司口头上说，我听你的，背后都不愿意做，像旅游公司、商业公司之类的。不管愿意不愿意，我都向各个企业派去了董事长。同时，成立了深圳发展银行，也是股份制的。当时，在理论上完全明白股份制说不上，但本能上感觉要这样做，于是慢慢有了股份制。发展银行一成立，又是上市公开发行，自然就有了交易。当时谁也没有想到搞证券市场。

发行公众股是从1987年开始的。那时候，要成立深圳发展银行，没有人买它的股票。推销800万公众股，最后有七八十万怎么样也卖不出去，就到机关来推销。后来，万科股票也卖不出去，就摆地摊，到处卖，摆个地摊随便买。到机关里推销的时候，我的秘书买了一点，买了4000块钱，我的司机和另一个秘书一股都没有买。那时候，没有钱，我的工资是200多块钱。当时，我不知道，一股都没有买，你别看我是个市长，不知道的事很多。后来，不是传我拿多少股？一查，我家属子女集中起来买了4000块钱，一人1000块钱，我都不知道。我就让他们把买发展银行原始股的处长以上名单列出来给我看。这才知道，常委里面只有我、一个副市长和警备区政委三人没买，其他人都买了。我说："大家都交公吧！"那种原始股如果留下来，不得了，涨了1000多倍！但是没有人留下来。

到了1988年，我到英国、法国、意大利考察。在伦敦组织一个投资基金、金融界座谈会，有些基金是很大的。我说："欢迎大家到深圳投资。"有人说："我的基金不能直接投资你的工厂企业，只能买你的股票，买你的证券。"这就提出一个问题，怎么买？没有股票交易啊。回到香港，我说："我看证券市场要从总体上考虑了。"找谁来做我们的顾问呢？最早找了日本的大和证券的宫琦永明，是日本很有名的学者，后来，还请了新宏基证券。我告诉他们：请你当我们的顾问，帮我做三件事。第一件事，帮我起草一个建立资本市场的总体方案。一个证券市场的方案，要有股份制公司，有证券公司，有登记公司，有证券交易所，还要对股民做宣传教育。没有股民，没有证券公司，没有股份制企业，没有交易所，没有结算单位，就不成为一个体系嘛。第二个帮我起草各种法规。我们翻译了几百万字的东西，把全世界的证券市场的各种法律制度都找来，高西庆都来参加过，他现在是投资公司的总经理，原来也是搞证券的。当时集中了一批人。第三个帮我培训干部。办了四期的讲课培训，新宏基来了很多人。我一回到深圳，就成立了资本市场领导小组，我让主管副市长负责这件事。后来说，你这赤裸裸的叫资本市场领导小组不好听，就改为证券市场领导小组。

深圳的证券交易所从 1988 年开始筹建。王建是深圳证券交易所第一任副主任。给他 50 万块钱，找了个破破烂烂的地方，成立证券公司。到 1990 年，一切筹备工作都就绪了，而且那个时候场外交易已经不可控制了。这个时候，上海的人来了，把那套法规都给他们了。我们报给北京不批，他一报就批下来了。知道这个信息后，我说再也不能拖了。11 月下旬，我把郑良玉等几个人叫去，开了一个现场会，参观了他们穿着黄马褂操作的那套系统。我说："准备工作早就做好了，为什么不开？"他说："没批下来。"我说："不管了，你明天就给我开，试验嘛！"选了一个好日子，12 月 1 日。上海是 12 月 15 日正式开业。我们这个叫作试营业，也没有什么仪式，后来又补办了一个，先"生孩子"后登记。现在，一般都说 1990 年两个证券交易所开业。当时，北京对这个东西很没有把握。小平同志 1992 年来还讲了这个话，说证券这个东西到底是好还是不好，还有不同的看法，可以试验嘛，试验不行再关嘛，关也可以慢慢关，留一点尾巴。我压力最大的时期是 1990 年、1991 年。那时候，场外交易暴涨，控制不住了。1990 年的 8、9 月份，最高时 1 块钱一股炒到 130 多块钱一股。如果上海没成立证交所，我孤军奋战，那可能就关掉了。如果只关深圳，不关上海的，也不好说。简单地说，证券市场的建立是事物逻辑发展的结果。搞了国有企业股份制改造，又成立了一些股份制企业，自然就引导出证券交易所。开始是柜台交易，还有场外交易。证券市场成立后，所有交易都赶到交易所去了。

至于"8·10 事件"，这是 1992 年小平到南方视察以后的事。说实在的，就是一种领导上的疏忽，首先是我的疏忽。那时候，股票的发行方式是拿身份证来买。新市长来了，我认为就不用太管了。郑良玉他们也明白这件事有风险。他说："我最后冒一次险，可以收回 10 个亿的发行费。"说 10 个亿政府做什么，想得很美好。他说："搞了这次，下次就不再做了。"市委没有讨论，最后就出事了。一批发行 6 家公司，抽签 1000 万张，每一个人可以买 10 张认购券，中签率 10%，没有风险嘛！中了一张签，可以赚一两万块钱。大家都知道这个能赚钱，把全国的身份证弄来买认购券。但是，在发行过程中有舞弊行为，比想象的还要厉害。很多人没有买到认购券，怨气很大，部分人上街游行。

那天晚上，我正好请陈慕华吃饭，郑良玉在。快吃完饭的时候，郑良玉嘀嘀咕咕扭头走了，他也不告诉我。我吃完饭，有人告诉我出事了！我回到传达室保卫处那个地方，郑良玉已经在那里了，张鸿义也在。当时，真是千钧一发！砸车、烧车，很快就到市政府来了。这种情况下，怎么办？大家束手无策。我说："看来没有什么办法了，就把明年的发行提前到今年。他们来的目的是想买股票，你不能满足他的需求，即使没有舞弊，他也不满意。"有些同志说："这个办法恐怕不行吧？"我说："你有什么好办法？"他们也提不出来。当时只有这个办法，全部责任压在我身上，如果我这个决定是错误的话，撤职查办，不会涉及任何人。没有开常委会，就那么几个人在那里。做了决定以后，连起草文字都来不及，匆匆写了几条就广播出去了。先讲你们游行示威、冲击机关不对，要保持秩序！我们一定会惩治腐败。最后说，现在决定，计划明年发行的多少股票现在提前发行，还是原来的地方卖。结果全都到那个地方买去了。广播完以后，马上召开局长以上会议。我说："明天你们两个人到一个销售点，如果再发生什么舞弊行为，我就追究你的责任。"因为当时发行股票有好几个环节，能不能印出那个票来也是一个问题。我就找银行行长，我说，你能不能花点钱，先印出来 500 万张。他说："恐怕印不出来。"我说："印不出来也得印出来！"他说："那我 8 点钟以前印出一部分，12 点钟印出一部分。"我说也可以。这个环节也很重要，你没有那个票，怎么发？

凌晨 1 点钟时，第一个给我来电话的是罗干，说听说深圳受到冲击，周围的武警差不多都来支援了，怎么回事？我说："这个事情过去了，已经平息了。"他听完以后没吭声。过了半个小时不到，丁关根又来电话，我又给他报告一遍，丁关根也没表态，他也不好表态。再过一会儿，李鹏来电话，我给他报告完了以后，他说："你这个办法行吗？"我说："事情已经平息了，现在一点事都没有了，都去排队买票了。但是，这件事情我还得给你报告一下，得到你的认可。除了这个办法，神仙来都挽救不了局面。"他说："你在第一线，了解情况，就按照你的意见办。"我真的非常感谢他，这就等于我的做法被认可了。但是，他讲得很科学，你在第一线，你最了解情况，最终追究责任还是我的责任。

早上8点钟，机关干部早早就去看，开始卖了。我去看后说："我得回去睡一个觉了。"刚躺下，谢非又来电话。他是省委书记，我给他报告，包括李鹏的表态都给他报告了，他也一句话都没说。我就想，这也看得出对我的工作支持的水平问题。那天晚上就这么过去了。第二天，各地的武警都来了，我还一个一个地去拜访他们，感谢大家。我平生最惊心动魄的就是这一次。假如发生重大流血冲突事件，我怎么向中央交待？我当时来不及请示，如果请示，上面几个小时不给回答，我也死定了。这边一冲边检、冲机关，发生流血事件，那就不好收拾了。说实在的，我也有七八分把握，这个办法是最简便的办法。我出差到新疆，还打电话回去问看有没有发现造假，说一张都没有，我就放心了，如果再发现造假又会出问题。我们做事第一要有科学的态度，再一个要敢于负责，处分就处分吧，不能让国家出大事。

因为这件事，我落了一个通报批评。我从来没有被通报表扬过。这件事最后的处理是，张鸿义是主管副市长，负直接领导责任；郑良玉负主要领导责任；李灏负一定领导责任。我也被通报了，如果不通报，我也不安心。谁都知道，书记是第一把手。因为这件事，郑良玉调走了，到江西当副省长，也没降他的职。张鸿义调到香港中银去了。他们当时好紧张，我是比较坦然。有一次，李光耀来，计划市长出面接待，我不出面的。李光耀问："李灏到哪去了？"有些不高兴了，他还是想跟我见面。最后决定，我跟郑良玉一起见他。

珠海经济特区的艰难历程

口述者：梁广大[*]

访谈者：杨继绳、萧冬连

时　间：2007 年 10 月 16 日

地　点：珠海市梁广大办公室

整理者：杨继绳

　　1983 年，广东省委调我去珠海，9 月 11 日，我拿着省委的介绍信到珠海报到。当时，从广州来珠海很困难，中间要过 6 个摆渡口，我从省委到这里，整整走了一天。整个珠海连一条像样的路都没有，就像一个渔村。工业总产值只有 5000 多万元，农业产值 4000 万元左右。这里渔民多，以渔业为主，农业主要是粮食、蔬菜、鲜花。珠海市没有什么工业，仅有的一点儿工业也是为渔业和农业服务的。最大的工厂是修造渔船厂和织网厂，另外还有石灰厂、染织厂、五金厂。那个时候，珠海特区引进工业的工作刚起步，引进了一些工业企业，如纺织厂、电子组装厂等。整个特区内的工农业产值比不上我在南海县一个公社的产值，全部财政收入不到 2000 万元，财政很困难，干部的工资、教职员工的工资靠省政府补贴。整个广东省都知道珠海的情况，建珠海经济特区，需要从全省各地抽调一些干部来，由于珠海边远落后，经济不发达，工资低还没有保证，很多人都不愿意来，需要做很多艰苦

---

　　*　梁广大（1935 ~ ），广东南海人。历任中共广东省佛山地委常委，佛山专员公署副专员兼财办主任，广东省珠海市委副书记、代市长，广东省委常委，珠海市委书记、市长。

细致的工作，反复进行动员，甚至要采取强制性调动的办法。我刚到珠海时，任市委副书记、代市长。1984 年初，人代会正式选举我当了市长。

一 解放思想，理顺体制

珠海要发展，首先要解放思想。当时，由于长期受计划经济思想束缚，干部群众的思想都很保守，人人都谨小慎微，唯唯诺诺，畏首畏尾，不敢有任何创新，甚至害怕说错一句话。事实上，中央已经给了特区试验权，完全可以撇开计划经济行事，但我们一些同志不敢承担历史责任，不愿自己想办法求发展，不敢负责，更不敢承担风险，所以，珠海经济特区的建设显得很慢。

除了计划经济思想的束缚以外，极左思想对珠海干部的影响也很深。那时，国外的资本家来珠海经济特区考察投资时，我们很多干部都不愿意和他们接触，连洽谈和陪餐都不愿意去。一遇到这种情况，总是你推我，我推你，人人都尽可能回避和资本家打交道。他们顾虑吸引外资，是不是搞资本主义？跟资本家洽谈，会不会被人说成与资本家勾勾搭搭？怕运动来了，说不清楚。所以，当时接待外商都要硬性分配任务，今天某某来了，你去接他。分配任务时，有的只好接受，有的则想方设法推脱说：不行，我有别的任务，你找别人吧。这样的思想状态更谈不上主动地承担起历史责任，主动运用中央给我们的政策大胆开拓了。

为了破除极左思想障碍，我和市委书记吴建民、副书记孙仁和何仲云等市委、市政府领导研究决定，把中央关于试办经济特区的有关文件重新印发给大家，组织全市处以上干部学习，深刻认识领会中央试办经济特区的目的、要求和方针政策，批判极左思想，联系实际，对比深圳找差距。大家畅所欲言，终于敞开心扉讲出了心里话：我们受"左"的影响这么深，怎么能承担起国家给我们的历史重任？我们不能再这样等下去了，越等越没有出路，越等越被动。现在，中央有这么好的政策条件给我们，我们却置之不理，不敢用，这将使我们失去发展的机遇。这次学习，我们一共召开了 36个座谈会，一边学习讨论，一边发动大家为经济特区的建设建言献策。花了几个月时间，干部的思想逐渐统一。

接着，我们着手解决体制问题。珠海经济特区原有两套人马，互相制约，一套是市委、市政府的，一套是特区管理委员会的。管委会下面也有工商局、外贸局、财政局和计委等，架构跟市政府一样，只是人员少点儿而已。在实际运行过程中，市委、市政府不过问特区管理委员会的事，特区管理委员会也不向市委、市政府请示汇报，两套班子各行其是，很不协调。大批干部动员来建特区的，结果挡在市委、市政府这边过不去。特区管理委员会只有几十个人，很多政策都用不上。另外，两套班子的干部待遇也不一样。特区干部有特区补助，有几百块钱（那时，几百块钱是一个不小的数目，可以买一台免税电视机），还有崭新的小车坐。这些待遇在当时是很了不得的，市委、市政府的干部就没有，市政府只有二手车。所以大家都不服，增加了不协调。特区有困难了，市委、市政府也无力支持，整个财政不到 2000 万，连发工资都不够。每年编制计划时，为这 2000 万元左右财政如何分配争得面红耳赤、不可开交。特区管理委员会说市委、市政府不重视特区，市委、市政府说特区管理委员会不顾全大局。看到工作如此不协调，我就想，这个体制问题不解决，严重制约特区建设。当时，有不少同志也提出这个意见。

经过反复讨论研究，市委、市政府最后一致决定，一定要解决这个问题。解决的办法是，由市委、市政府统一领导特区管委会，市长兼特区管委会主任，我当主任，副市长兼特区管委会副主任。下面的各个局、办，该归口的归口，该合并的合并，该撤销的撤销，该保留的保留。体制理顺了，大家就齐心协力了，干部的积极性调动起来了。在旁人看来，这件事情我做得很大胆。没过多久，上级就有人来批评我了。广东省特区办和国务院特区办的个别同志找我谈话说，你这样搞不行，不符合规定，是要出问题的。我到北京开会，北京也有领导同志对我说："广大，现在议论很多，你是不是考虑恢复原来的体制？"我说："我们市委、市政府已经考虑很久了，开了很多座谈会，都认真讨论过了，不会有什么问题。而且，关于试办特区的方针政策已经向世界公布了，没有什么好保密的。特区还是靠大家来办，应该调动大家的积极性来办好，光靠少数人来办是办不好的。只要大家学习好、严格掌握好特区的政策，就不会出问题，就能把特区办好。不需要再考虑了。"北京的领导同志没有再劝我，也就是默认了。体制问题就这样解决了。

二 采取多种方式筹措建设资金

当时，中央给我们特区开办费 2700 万元，是分两年给的。这点钱比起经济特区建设所需的资金相差很多，只有再去借些钱。我在银行工作过十多年，知道向外资银行借钱不容易，要有项目才行，而且利息很高。当时，我们只能向中国银行、工商银行、建设银行、农业银行借钱，这四家银行一共借给了我们一两个亿。我们用这笔钱建了一些基础设施和公共设施，如水厂、电厂、通信、港口、城区道路、对外交通、学校、医院。

珠海原来只是一个县级单位，银行没有多少钱，而且借的又都是商业性贷款，三年后要连本带息归还，不归还，银行就受不了。但我们的建设项目还没完工，三年就过去了，就得还银行的钱了。怎么还钱？学校和医院哪有钱还给银行？没有办法还银行的钱，银行就催。我想借新债还旧债；银行的领导就对我说，你当过行长你知道，有借有还，再借不难。你不还旧债，哪有钱再借新债给你呢？

1984 年底 1985 年初，从珠海几家银行确实筹不到钱了，我组织了一个班子到北京，向国家银行总行借钱。这个班子的人员有中国人民银行珠海分行行长、中国银行珠海分行行长、中国工商银行珠海分行行长、中国建设银行珠海分行行长、中国农业银行珠海分行行长，以及珠海市政府一位副秘书长和特区办一位副主任。我们在北京待了一个星期，找到当时的中国人民银行行长陈慕华、副行长刘鸿儒，以及中国农业银行行长和中国工商银行行长，请他们多多支持特区建设。我们的诚恳请求得到了陈慕华等行长的支持，总共筹了四个多亿。有了这些钱，1985 年、1986 年，我就全面展开供水、供电、港口、通信、学校、医院、干部宿舍、对外交通、征地、小区开发、城区道路、平整土地等建设。南山工业区、吉大区、江村、拱北、夏湾、兰甫、前山等小区，以及九洲港、度假村等项目，都是有了这笔钱后发展起来的。在这么短的时间里，珠海就改变了面貌，外商来珠海投资创业有了信心。

1986年以后，外商纷纷来珠海洽谈项目，每年都有几百个项目进入珠海，这些项目很多是带资金来的。外资银行向我们贷款也有了信心，我们就向外资银行贷款。整个特区建设蓬蓬勃勃地开展起来，到处都是工地。但是，向银行贷的款都是三年期的商业性贷款，随着贷款期限的临近，还贷的压力越来越大。后来，我发现了一个很不正常的现象：政府投入大量资金，搞基础设施和公共设施建设，政府建设到哪里，房地产公司就跟到哪里，房地产公司发展特别快，土地增值收益都让房地产开发公司赚取了。当时，珠海市政府向银行贷的款累计已达20多亿，这20亿拿什么还？怎样才能使政府的投资收回成本呢？

后来，我从香港媒体的报道中受到了启发。香港报纸经常公布拍卖土地的信息，而且这些土地最后都能拍卖出很高的价格。这是为什么？原来，香港的土地早就被政府统一征收了，政府在征收的土地上投资搞基础设施，把毛地变成熟地再卖出去，土地就值钱了，很多人抢着买，政府的投资就这样收了回来。再一了解，很多发达资本主义国家的土地资源也都是香港这样经营管理的。但香港当时还没有回归，是典型的资本主义，而其他发达国家搞的也都是资本主义，他们的办法我们能用吗？

回到现实来看，珠海经济特区尝试用贷款的办法寻求新的发展，已经闯出了一条用市场经济手段融资的新路，这条路是前人没有走过的，不可能有现成的办法解决前进中的问题，唯一的办法就是继续往前闯！而且，再仔细地想一想，政府的职责是创造良好的投资发展环境，是为国家和人民谋利益，而不是为少数人谋利益，政府收回投入到土地上的发展成本是对国家和人民负责，是按照市场经济规律办事，没有什么不对。

那时，中央给珠海经济特区有2000亩土地的审批权，我就利用这个权限把全市的土地征用了。1986年，市政府开展全面统征；到1988年，市政府征用了全市的土地。所有开发出来的土地统统收归政府所有，并建章立法。在统征土地的第一年，即1986年，市政府在拱北银都对面拍卖了一块不到5000平方米的土地，收入了4000多万元。这块土地的收入虽然只是20

亿贷款的四十分之一，却是政府第一次在投入资金的土地上收回了投资，相当于特区初期两年的财政收入，还贷的风险和压力一下子减轻了很多。这以后，市政府正式行文，规定今后任何部门单位都不允许私自征用土地、占用土地或乱圈地。

在预征土地的过程中，我们广泛听取农民的意见，尽可能接受农民的意见从优预征，并特别规定，尽管政府预征了农民的土地，但在预征地没有正式使用之前，允许农民继续耕种，政府一分钱都不收。为保证农民无田耕时有新的生活来源，我们规定，征地时给农民的补偿金不能一次用完，不能一次全分配给农户，要求农民必须用这些钱来办工业和第三产业，不能随意挥霍掉。所以，除了按国家政策规定给予农民土地补偿外，我们还根据各村的土地情况留给农民 10% ~ 20% 自用地，在留给农民的土地当中，划出 30% 预留给农民日后搞房地产。在这个基础上，允许每户再留 80 ~ 120 平方米土地给他们的后代盖房子，而且明文规定，农民搞工业盖厂房，或搞第三产业，不收市政配套费。因为市政配套费很高，按照规定，每平方米市政配套费应收 600 ~ 1000 元钱，但我们只是象征性地收农民每平方米 10 元钱。为了给农民创造新的就业机会，我们在做城市规划时都特别规定，马路两旁的加油站，一律交给农民经营。由于妥善处理了农民的利益，征地过程中没有一个农民因征用土地问题上访。到 1988 年，我们用分期付款的办法花 20 多亿元，把全市的土地都预征到政府的统一管理之下，前后差不多征了 110 多万亩。另外，经国家水利部门严格科学论证，协助我们围海造了 40 多万亩土地。这样，政府拥有的土地总量达 150 多万亩。有了 150 多万亩土地，我们心里就很踏实了。

在 80 年代末 90 年代初，珠海平均每年收回基础设施配套费就有 40 亿。有了钱，再投入开发土地，不断地把毛地变成熟地，把低值的土地变成高值土地，再转让取得收益，将收益再投入开发。从此，珠海经济特区投资建设的基础设施资金有了回收，走上了良性循环发展的轨道。

珠海经营管理土地的理念和办法，很快得到了社会各方面的充分肯定。1990 年 10 月，全国土地利用开发研讨班在珠海举办。1991 年 3 月，国家土地管理局和广东国土局领导到珠海考察，肯定了珠海的做法。5 月，国务院在珠海召开全国沿海城市土地使用制度改革市长研究班，有 127 人参加。
1992 年 4 月，国务院在珠海举行全国省长会议，推广珠海土地管理的经验。
当时上海的市委书记吴邦国、市长黄菊和后来的市长徐匡迪也都来考察，说
上海也要参照我们的办法经营管理土地。另外，各省市来参观学习的也不
少。后来，全国很多城市都是靠经营管理土地来搞城市建设和发展经济的。
1994 年 6 月 18 日，江泽民在珠海视察时，肯定了珠海政府开发管理土地的
做法。他说："你们的土地是垄断的，是梁广大垄断的，这非常对！你不要
动摇，我支持你。我在这里支持你，在北京也支持你。"他还说："土地是
国家最可靠、最牢靠的国有资产，把土地掌握在政府手里完全正确。对土地
不垄断不行。"9 月，江泽民在会见全国土地使用制度改革会议代表时指出，
珠海"统一规划、统一征地、统一开发、统一出让、统一管理"的经验，
值得各地借鉴。

实践告诉我们，光靠国家财政搞不了建设，把土地经营好就是最好的财
政。珍惜土地，管理经营好土地，资金就有了。珠海市政府有了土地，就从
根本上解决了钱的问题。资金问题解决了，我们搞大项目就有了经济基础。

三　想方设法吸引人才

珠海经济特区刚成立时，全市只有一个小农科所有专业人才，经济、技
术、法律、企业管理等方面的人才极度匮乏。所以，我们只能在全国广泛招
聘各方面的专业人才。

1984 年、1985 年，我们在《人民日报》、《南方日报》和上海《文汇
报》上刊登招聘广告，公开招聘人才，市委也组织了几个组到外地去招人
才。为了吸收人才，我们盖了很多两房一厅、三房一厅、四房二厅的住房，
提供给招聘来的人。这种招聘人才的办法解决了一些燃眉之急，但也出现了
一些意想不到的问题。有些人有文凭、有职称，但是，他们是为贪图享受来
特区的，不想承受创业的艰辛。这些人来到珠海后，怎么安排他都不如意。
后来，我们就搞以项目带人才。像格力电器集团、裕华切片厂等都是以项目
带人才。项目引来了，人才也随之而来。我们搞的亚洲最大的飞机维修中

心，也是采取以项目带人才的方式。再后来，我们决定自己培养人才，自己办学校。先是在电视大学办班，然后在暨南大学办了一些专业班。最后，我们就自己办大学了，自己培养人才。珠海缺什么人才，我们的学校就培养什么样的人才。

自己办大学，可以解决一些人才问题。但是，大学多了，也不一定能留住人才。有了大学，不等于你就有了人才。作为一个地区，要按自己发展的需要，有目的地吸引人才，有重点地培养人才。1992年1月下旬，小平同志来到珠海视察，看到我们很多企业有很多专家和硕士研究生，他很高兴。在视察亚洲纺织工厂出来的车上，小平说："你们这里是吸引人才的好地方。"我说："我们这里现在吸引人才，很多人都愿意来。3月份，我们准备重奖科技人才，怎么重奖呢？奖励小汽车，奖励房子，奖励上百万、几十万现金。"听我一讲，小平立即举右手的大拇指说："我赞成！"后来，我重奖科技人才，奖励"奥迪"，奖励房子，奖励最多的是80万现金，外面纷纷报道。那时候，内地科技人员每月的工资只有两三百元，这样的重奖在社会上影响很大。当时，北京正在开全国科技工作会议，是国家科委主任宋健主持的，珠海科委主任卓家伦也出席了这次会议。据他回来介绍，看到中央电视台报道珠海重奖科技人才的消息后，出席会议的代表议论纷纷，会议主题差不多完全转到讨论珠海重奖科技人才这件让他们感觉震惊的大事上去了。

1993年，我去北京开人代会，很多记者围着我问，重奖科技有功之臣是出于什么考虑？有什么意义？目的是什么？我说："主要是因为特区建设确实需要人才，但我们引进人才不容易，留住人才更不容易。很多年轻大学生宁可去国外，也不愿意到特区。尤其是1989年政治风波以后，全国就走了30多万本科以上的毕业生。为什么？不光是我们国家经济落后，待遇不好，关键是不重视人才，不尊重知识，不重视知识分子，知识分子感觉报国无门。国家培养一个大学生要花很多精力和财力，培养了又不重视他，发挥不了作用，造成人才流失。实际上，也是国家财富流失，非常可惜。重奖科技人才，就是用实际行动告诉知识分子，国家需要你们，尊重你们，爱惜你们，自己国家也有你们的用武之地。"也有人好意提醒我，说我胆大，放卫星，弄不好会犯错误。我告诉他们："这是小平同志点头的，是他赞成的。"

我们这样一重奖，各方面的人才都来了，有国内的，也有国外的，有的甚至放弃了国外的工作。1994 年 3 月，珠海面向全国举办人才交流大会，接待了来自全国 56000 人次的求职者。到 1994 年底，在珠海工作的专业技术人员已达到了 4 万多人。

四 邓小平对珠海的发展给予了大力支持

珠海的建设过程不是一帆风顺的。1983 年，我刚到珠海的那段时间，社会上对特区的议论比较多。有些人说，特区是资本主义的典型，除了五星红旗还是红的以外，其他都变色了。还有些人认为，特区不能再办下去了，要收了，不能再放了。走私贩私，就是改革开放、办特区造成的。甚至有人把特区视为当年清政府的租界，把租界跟特区相提并论，不讲两者的本质上的区别。这些议论给我们造成了很大的思想压力，整天提心吊胆。由于"左"的思想回潮，改革开放遇到了强大阻力，经济特区的建设发展面临巨大困惑，气氛非常紧张，人们平常说句话都小心翼翼。所以，珠海的干部们精神压力太大了，怕犯错误，怕运动一来有口难辩，不敢跟外商打交道。

1984 年 1 月 29 日上午，邓小平在杨尚昆、王震和广东省省长梁灵光陪同下，从深圳蛇口乘坐公安边防炮艇来到珠海唐家湾军事码头。事先，市委书记吴健民让我准备向小平同志汇报工作。一行人上岸后，随同来的广东省长梁灵光，向小平同志介绍了我们珠海的领导吴健民书记和我，介绍完毕即上车。在去视察企业的路上，我简单地向小平同志做了汇报。那天，我们陪他看了事先定好的珠海仅有的几个企业，一个毛纺厂，一个电子厂，这两个厂都没有什么科技含量。中午，我们陪小平同志一行来到珠海宾馆吃午饭。到了宾馆，我把当时社会上流传的一些针对特区的议论和特区干部的精神状态向小平同志做了汇报，毛毛（邓榕）当翻译。他一边听，一边笑，什么也没有说。我和吴健民陪同他一桌吃饭，吃饭的时候，他很高兴，喝了很多茅台酒。等吃得差不多了，我说："邓书记，帮我们写几个字，鼓励鼓励我们吧。"他说："好啊！"关于请小平同志题字这件事，我们事先是有筹划的，让珠海宾馆经理在我们用餐的屏风背后准备了文房四宝。小平同志同意题字后，宾馆经理和餐厅部部长就把屏风拉开。小平同志拿起笔来问：写什么呢？想了一下，就写了"珠海经济特区好"七个字。现在，回想起来，虽然那时珠海经济特区没什么可看，但他看到了曙光，看到了前途。

这次到南方视察，小平同志没有在特区讲什么话，但他对改革开放有了一个直观的了解，也有了进一步扩大开放的想法。小平同志回到北京不久，3月26号，中央书记处和国务院在中南海召开沿海部分城市座谈会，中央各部委和海关等相关单位的领导人都参加了，沿海14个城市的政府一把手也参加了这次会议。我和深圳的梁湘、广东特区办主任丁厉松都参加了这个会议，广东带队的是省长梁灵光，这次会议开了差不多一个星期。在这次会议上，谷牧同志传达了邓小平同志关于继续坚持改革开放和扩大14个沿海开放城市的重要讲话。这次重要讲话中提到的几个问题对我们影响很深远：第一，特区不是收不收的问题，而是放得不够的问题；第二，你们思想要解放一点，胆子要大一点，步伐要快一点；第三，我还是要提倡大胆地干，大胆地闯，积极去探索。这次会议以后，特区的一些优惠政策也落实了，特区内企业的所得税从获利年起两年全免、三年减半，审批权下放，都定下来了。

然而，1989年政治风波以后，批评特区的调门又高了。有人说，经济特区就是姓"资"不姓"社"，搞的是资本主义市场经济，是典型的资本主义！那时候，北京出现了一种声音说，中国西部地区不少家庭年收入不到几百元，温饱都没有解决，而特区的工资这么高，这是两极分化，这不是社会主义的发展方向。指责特区搞和平演变的声音也多了起来，不仅我们的干部有压力，境外的投资商也有压力。外资也在观望，不敢贸然进来，有的改变了态度，有的索性就走了。同时，国际上对我们国家实行制裁，我们借贷外国银行的钱还没有到期，有些外国银行借口资质问题要求提前偿还，实际上是来逼债。珠海借的英国劳埃德银行2500万美元综合性贷款，就遇到这种情况。他们多次发来通知要求还债，还声言说要上法庭。我感到很为难，想借新债还旧债也不行，因为别的银行也没有人再敢借钱给我们了。没有办法，为了维护国家和经济特区的信誉，我让外贸局长把珠海当时所有可能有外汇的企业领导召集起来，开座谈会，一起想办法。我把情况说明了以后，请他们支持政府渡过这个难关。大家听了都很气愤，二话没说，就开始凑钱，七拼八凑，总算是把英国劳埃德银行为首的银团 2500 万美元贷款还清了。还钱时，我们在香港开了记者招待会，港澳的报纸都纷纷地登载，说我们为中国争了口气。这次珠海还钱在国际上影响很大。当时，我国企业很难在国际上融到资金，一个企业在国外能借到 500 万美元都上《人民日报》报道。这家英国银行看我们还了钱，又说可以再借贷给我们了。但我说，我们不要了。苏联解体和东欧剧变以后，国内极左思想再次抬头，这些都给对外开放造成很大的压力，对外开放的步子不得不放慢了。

正当我们十分困难的时候，1992 年，小平同志第二次到南方视察，1 月 23 日上午 8 点 30 分，我和市委副书记黄静乘坐一艘新的海关缉私船去深圳接小平同志，我们的船到达深圳蛇口码头的时候还不到 10 点钟。等了一个小时左右，邓小平同志乘坐的车队来了，一直开到我们停船的码头位置。就在小平与送行的领导及工作人员握手告别的时候，谢非同志拉我到一边说："广大同志，我有个事跟你商量一下。"我问："什么事？"谢非说："这几天，老人家很想讲话，但是没有说出来。我俩好好分分工，我汇报省里的情况，你汇报特区的情况，有什么，说什么，把问题都端出来。时间不要太长，我们各自不要超过 15 分钟，让老人家多讲讲。"我说："好。"就这样，我马上转身走前几步，接小平上船，进入早已准备好的小会议室。小会议室里安排了两个沙发，是给小平和卓琳大姐坐的，正面还有一张小桌子。小平和卓琳大姐坐下来后，我们也坐下了。邓榕坐在小平右手边做翻译，她的旁边是小平的秘书王瑞林，谢非坐在小平的左手边，我坐在小平正对面。谢非先打开广东地图向小平汇报，其他人都在外围，有的站着，有的从别处找了凳子坐，旁听我和谢非同志向小平汇报。

当时，谢非指着地图说，改革开放这十几年，广东的发展取得了很多成就，但发展不平衡，珠三角快，东西两翼发展慢，他列举了一些数字，并表示今后要加大发展东西两翼。谢非汇报中，小平插话说："广东要在二十年内赶上亚洲四小龙，不光经济上要赶超他们，两个文明建设也要赶超他们，这样才是有我们中国特色的社会主义。"

接下来，是我汇报。我先汇报了珠海经济发展和引进外资的基本情况，如珠海工农业产值多少，引进多少外资，利用多少外资，出口多少，财政收入多少，如何进一步加大改革开放力度，如何开发西区，以及计划建设机场、港口、伶仃洋大桥，等等。然后，我汇报说："自从您1984年来了以后，珠海特区发展很快，但是目前有不小阻力和压力，比较困难，最主要的是政策变来变去。政策不稳定，执行不久又变了。不少外商对我们的改革观望等待，有的甚至不敢来了。"小平说："现在的问题主要是'左'，好似越'左'越革命。'左'是根本的，他打着革命的旗号，有的理论家还拿着大帽子吓唬人。"毛毛插话说："你是受'左'的影响太大、太多，否则你就不会受这么多苦。"小平还说："傻子瓜子这样的问题，有人要动，我说动不得。"

我汇报说："社会上有人指责我们搞资本主义，市场经济那一套是典型的资本主义。"小平说："搞市场经济不是资本主义的专利。计划多一点，还是市场多一点，不是社会主义和资本主义的本质区别。计划经济不等于社会主义，资本主义也有计划；市场经济不等于资本主义，社会主义也有市场。计划和市场都是调节经济的手段。"我们听了这一段话，都热烈地鼓掌，他也笑了，笑得很开心。我汇报说："有人指责我们现在不搞阶级斗争了，搞和平演变了。"小平说："这是错误的。根本问题是发展经济，只有发展经济，才能从根本上防止和平演变；如果经济不发展，老百姓一比就有问题了。为什么东欧一夜之间就倒下去了，就是没有解决这个问题，这不是很明显的吗？"

我汇报说："有人指责特区发展太快，人家温饱问题还没有解决，你们这样搞行吗？"小平说："这里有一个高速度和低速度的问题。低速度就等于停步。停步就等于倒退。现在周边一些国家和地区搞得比我们快，如果我们发展慢，老百姓一比较，就有问题。我们能快就要快，不要挡。有条件的地区尽可能搞快一点，才有条件帮助慢的地区。当然，你们正在发展，现在不增加你们的上缴，将来你们要帮助发展慢的地区。"大家热烈鼓掌。

我汇报说："现在，有人指责我们搞两极分化，不是个方向。"小平说："我们不是搞两极分化，让部分人先富起来才能带动大家富。我们这样搞共同富裕，大家一齐来搞，搞几十年，让一部人先富起来，才能带动后富嘛!"大家热烈鼓掌。

我汇报说:"有人说现在社会风气不好是改革开放带来的。"小平说:"不是改革开放才有黄、赌、毒。这里有个管理问题,我们要两手抓,两手都要硬。解放初,上海的妓女很多,认真抓一下,一下子就解决了。刚解放时,云南有两条枪,一条是真枪,一条是鸦片枪,党和政府一下决心,也解决了。我们不仅要把经济建设搞上去,也要把精神文明搞好,搞得比他们还要好。"他一再强调:"改革开放不能动摇,改革开放十几年发展这么快,就是靠政策啊。"在汇报时,小平还说:"谁反对改革开放,谁就去睡觉!"说这句话时,他的手在发抖,非常激动。

小平一边听我们谈,一边不断插话,澄清了很多糊涂的认识,对我们鼓舞很大。因为话闸打开了,老人家谈兴大发,我们也听得非常起劲,以至船靠岸了,我们都不知道,还坐在小会议室里谈。直到邓楠进来说:"哎呀,你们还在谈呀,珠海的人在岸上排队等着你们呢!"我站起身来一看,果然到了珠海,广东省省长朱森林和珠海市几套班子的领导都在岸上排队迎接。我马上说:"邓书记,今天就谈到这里吧,明天再汇报。"老人家这才起身下船。

第二天,我陪小平同志到珠海的几个工厂考察。在考察江海电子厂时,厂长丁钦元汇报完以后,小平转过身来对我说:"不是有人说你们姓资吗?我看你们是姓社的,这里是很好的社会主义。"在场的人都热烈鼓掌。在考察亚洲仿真公司时,小平问厂长游景玉:"科学技术是第一生产力,这个说法能不能站得住脚?"游景玉回答:"实践证明,现在能站得住脚,将来也能站得住脚。"小平说:"那就要靠你们的了。"上车离开亚洲仿真公司时,小平说:"这个厂不简单啊,这么多大学生、研究生,你们这里是吸引人才的地方。当年我们给钱学森一百个高中生,搞出了两弹一星,现在不可比了。"过了一会儿,小平又说:"我们搞改革开放不能动摇。改革开放一开始就有不同意见,这是正常的。不仅是特区,更大范围如农村改革,都有不同看法。我们不能动摇,不搞争论,大胆地试,大胆地闯。不争论是我的发明。"

中午,在方园楼旋转餐厅上,我汇报说,现在有人对特区持否定态度。

小平说："谁反对改革开放，就让他下台！""不搞改革开放，只有死路一条！"我汇报说："过去，珠海不少人跑到香港、澳门去了，有的村除了老人小孩以外，劳动力都跑了。当时我们却说香港、澳门是地狱，我们这边是天堂。现在大部分人都回来了。"小平说："这个好，说明社会主义可以战胜资本主义。"我汇报到城市规划方面的工作时，小平说："这很像新加坡啊，我要是外商，我也会到这里来投资。"

小平这次视察珠海，从 1 月 23 日抵达，到 1 月 29 日离开，整整七天时间，是小平在珠海停留时间最长的一次，也是小平 1992 年视察南方期间停留时间最长的城市。小平在珠海期间的讲话，极其全面，非常重要，是南方谈话的重点。这些讲话不但切中时弊，而且澄清了改革开放过程中一系列模糊认识和错误认识，极大地鼓舞了特区广大干部和人民群众，也极大地增进了投资者的信心，既有利于特区的进一步发展，也有利于坚定改革开放的道路，推动改革开放在全国范围内全面展开。

但是，我当时很纳闷，小平离开珠海快半个月了，尚未见到任何报道。报道还是不报道，我没有接到任何指示。我认为，这是一件关系到改革开放大业能不能顺利推进的大事，是一件关系到改革开放成败的大事。这么重要的讲话，应当让更多的人知道，特别应该让国外的投资商知道，以增强他们的投资信心。2 月 13 日，我找来珠海市委宣传部副部长彭冠和摄影师何华景，要他们挑出小平在珠海的 20 多张照片，写上文字说明。之后，我请香港《文汇报》、《大公报》和《澳门日报》等几家报纸的社长过来，向他们说明了这次小平来珠海视察讲话的重要性，请他们帮忙把我们精心挑选出来的 20 多张小平视察珠海的照片在香港、澳门的报纸上登载出来，希望他们支持特区建设和国家的改革开放大业。2 月 14 日，香港、澳门的这几家报纸全部登载了小平在珠海视察的照片，这一下子，全世界都轰动了，海外媒体纷纷撰文评论，影响很大。消息由境外传回境内，对国内也产生了很大的影响，一些媒体陆续开始报道。3 月 26 日，《深圳特区报》发表了题为《东风吹来满眼春》的报道，终于把南方视察报道推向了高潮。由于深圳这篇文章影响大，以致后来很多人都以为小平南方谈话是在深圳讲的，其实不然，小平南方谈话大都是在珠海讲的。

现在有的人以为，特区已经不特了，没有什么特别的优惠政策了。一些同志只看到优惠政策的实惠，看不到"特区"两个字的无形价值和现实价值。实际上，"特区"两个字比优惠政策还管用。因为中央并没有收回给你特区的权，你还有试验权和探索权。有了试验权和探索权，就可以继续开拓，继续创新。所以我觉得，特区应该继续发挥改革开放的带头作用。

多层次对外开放的决策过程

口述者：林其辉[*]
访谈者：萧冬连、鲁利玲
时　　间：2007 年 8 月 17 日
地　　点：中国经济体制改革研究会
整理者：萧冬连

　　我是 1984 年 3 月份从农机部调到国务院特区办公室的。一开始，特区工作归国务院办公厅管。随着改革开放的发展，特区发展比较快，1984 年成立了国务院特区办，是副部级单位，主任是何椿霖，后来提为部级单位。特区办成立了几个处，我在综合处。我一去就参加了沿海开放城市座谈会的文件起草工作。

一　进一步开放14个沿海城市

　　开放 14 个沿海城市的决策过程，应该从成立经济特区讲起。1980 年，根据小平同志的决策，在广东的深圳、珠海、汕头市和福建的厦门市划分出一块地方，举办经济特区。8 月 26 日，第五届全国人大常务委员会第十五次会议，审议通过了《广东省经济特区条例》，国家进出口管理委员会副主

---

　　*　林其辉（1931 ~ ），福建上杭人。曾任国务院特区办公室研究室副主任、综合司司长。

任江泽民在会上做了说明。会后，四个经济特区的建设开始启动。

但是，在一个社会主义国家，划一块地方，集中让外国的资本家拿钱来投资办厂，确实是史无前例的。我看过一些资料，在苏联初期，也曾引进一些外资搞木材加工，做过一些尝试，但没有成功。我国经济特区是在一些人的骂声和疑虑中发展壮大的，有人说，特区会变成外国的新租界、新殖民地，走到资本主义的邪路上去。小平同志有一句话，叫"摸着石头过河"。经过两年多的建设，特区到底建设成什么样了，他决定亲自到各个经济特区看一看，走一走。

1984 年 1 月 22 日到 2 月 10 日，小平同志视察了深圳、珠海、厦门三个经济特区。听取了当地省市领导同志的汇报。其间，1 月底视察了深圳特区、蛇口工业区等；2 月初视察了厦门。当项南汇报到厦门特区太小，只有 2.5 平方公里，要求扩大到全岛时，小平同志表示赞同，他说："我看可以，这没有啥子问题嘛！"他看了经济特区以后非常高兴，对三个经济特区都题了词。在深圳的题词是："深圳的发展和经验证明，我们建立特区的政策是正确的。"在珠海的题词是："珠海经济特区好"，在厦门的题词是："把经济特区办得更快些，更好些。"三个题词可以看出邓小平的思想：特区不是建不建的问题，而是怎样建设更快更好的问题；对外开放不是开放不开放的问题，而是怎样进一步扩大开放的问题。回到北京以后，2 月 24 日，小平同志专门找了几位中央负责同志谈话。说到视察经济特区的感想，他说："我们建立特区，实行开放政策，有个指导思想要明确，就是不是收，而是放。""除现在的特区之外，可以考虑再开放几个港口城市，如大连、青岛。这些城市不叫特区，但可以实行特区的某些政策。"小平同志还专门谈到了厦门经济特区问题，他说：厦门经济特区地方划得太小，要把整个厦门岛搞成经济特区。厦门岛全部搞成经济特区，就能吸收一批华侨资金，许多外国人也可以来投资，这样就能把周围地区带动起来，为它服务，使整个福建的经济活跃起来。

根据小平同志的谈话精神，中央书记处和国务院决定，3 月 26 日到 4 月 6 日，在北京召开了沿海部分城市座谈会，到会的有天津、上海、大连、烟台、青岛、宁波、温州和北海等 8 市、4 个特区，海南行政区和辽宁、山东、浙江、福建、广东和广西的负责同志。会议研究进一步对外开放一批港口城市的问题，同时研究了把经济特区办得更快更好、厦门特区扩大到全岛、搞好海南岛的开发建设等问题。为什么叫进一步对外开放？最初考虑，只开放广州、大连、上海、青岛、天津等条件较好的港口城市，大家叫作"广、大、上、青、天"，后来加上福州、宁波，7个城市。江苏省没有参加会，省长顾秀莲听说开这个会，赶到北京，找了胡耀邦、赵紫阳、谷牧，要求增加江苏省的南通市和连云港市，得到同意。其他沿海省领导同志也有这样的要求，这样，进一步开放的沿海港口城市成了14个，即天津、上海、大连、秦皇岛、烟台、青岛、连云港、南通、宁波、温州、福州、广州、湛江、北海。5月4日，党中央、国务院转发了《沿海部分城市座谈会纪要》（中发〔1984〕13号）。随后，谷牧带领有关部门及特区办的同志，深入到每一个市进行调查研究，听取当地领导人的汇报，召开专门会议进行研究、落实。国务院逐个批准14个城市进一步对外开放：9月25日批准大连市；9月26日批准秦皇岛市；10月18日批准宁波市；10月20日，批准青岛、烟台市进一步开放；11月27日批准北海市；11月29日批准湛江市；11月5日批准广州市；12月6日批准天津市；12月19日批准南通、连云港市；1985年1月22日批准福州市；3月8日批准北海市；3月14日批准温州市。

　　给予14个沿海城市的政策，核心是扩大其对外开放的自主权。就是国家给它一个范围，在这个范围内，可以自己确定，不用到省和国务院及其有关部门审批。具体政策主要有7条：（1）放宽利用外资建设项目的审批权限。天津、上海3000万美元，大连1500万美元，其他500万美元以下。（2）增加外汇使用额度和外汇贷款。天津2.6亿美元，上海3亿美元，大连1亿美元，其他城市也适当增加。（3）积极支持利用外资，引进先进技术改造老企业。（4）对外资企业给予适当优惠。凡是技术密集、知识密集的项目，投资额在3000万美元以上的，或属于能源、交通、港口建设项目，按15%的税率征收企业所得税；投资机械制造、电子工业、冶金、化学建材、轻工纺织、食品、医疗器械、制药、农、林、养殖及其加工业、建筑业的项目按税法8折优惠，即征收24%的企业所得税；外资企业进口本企业自用设备、建筑材料、交通工具和办公用品，免征关税和工商统一税；其出口产品免征生产环节的工商统一税。（5）有条件的城市兴办经济技术开发区，实行类似经济特区的政策。形成投资环境比较好的"小气候"，集中地为外商提供投资场所。（6）大力发展加工出口。（7）调整几个城市的开放类别，都调整为甲类。

沿海开放城市与经济特区的区别有4点：一是在功能方面，经济特区是全国的经济特区，起到全国对外开放窗口和经济体制改革的试验基地的作用；沿海开放城市主要是发展本市经济，兴办经济技术开发区带动母城及腹地发展。二是在范围方面，经济特区有严格的管理范围，由国务院审批，只有在这个范围内才能实行特区的优惠政策；沿海开放城市在老市区内都可以享受优惠政策，范围比特区大得多。三是在审批自主权方面，经济特区被赋予相当于省级的审批权，沿海开放城市除天津、上海外，只能由省赋予它们审批权限。四是在优惠政策方面，经济特区不管是生产性企业还是非生产性企业，一律按15%税率企业所得税，经营期十年以上的实行"两免、三减"的优惠，技术先进性企业还可以延长三年；沿海开放城市只有知识密集、技术密集型项目或能源、交通、港口项目才能享受15%的税率，一般工业生产性项目只能按24%税率，非生产性项目不享受优惠。

兴办经济技术开发区是沿海城市进一步对外开放的一个主要内容。为什么要建立经济技术开发区呢？因为老城区经过长期的建设，地域布局已经布满，兴建外商投资企业没有适合的地方，即使有地方也只能分散布点，有些老城区基础设施落后，特别是交通、电讯不行，外商反映"进不去，出不来"。如果能找一个比较集中的地方建立经济技术开发区，可以集中搞好基础设施配套，先形成投资环境的"小气候"。对建设经济技术开发区，谷牧同志提出三个基本原则：一是尽量建设在老市区附近，这样可以充分利用老市区的生产服务条件和基础设施。当时资金比较紧，开发区单独搞宾馆饭店，投资比较大。二是建设用地尽量利用沙滩、荒坡，不用耕地农田。比如，大连利用了渔村，天津是盐碱地，广州是低洼地。三是开发区建设要从小到大，逐步发展，建设一批，投产一批，收效一批。这些原则以后基本上得到贯彻。但是省以下一些地区在设立开发区中出现了一些严重的问题。

经济技术开发区与经济特区是有区别的。在管理体制上，经济特区是相对独立的行政区域，经济技术开发区则是在所在市政府直接管辖下的一块实行某些特殊政策的开放区域；在经济结构上，经济特区是以工业为主、工商结合的综合型经济，经济技术开发区则以工业生产和科研为主，生活设施主要依托老市区；在优惠政策上，经济特区的外商投资企业，不论生产性的或非生产性的，均按 15% 的税率，但经济技术开发区内，只有生产、科技企业才能享受这个优惠；在减免关税上，经济特区进口的生活消费品和投资品多数是免征或减征关税的，经济技术开发区则一律照率征收关税。

二　进一步开放长三角、珠三角和闽三角

开放沿海城市的政策实施后，1985 年初，谷牧带领有关同志到各地调查考察，了解进展情况。短短几个月，不断取得新的进展，发展形势很好。谷牧向邓小平汇报，邓小平听了很高兴，说"看起来大有希望"。谷牧谈到了珠江三角洲、长江三角洲开放的条件很好，还提到闽南厦门、漳州、泉州三角地区条件与两个三角洲差不多，建议把这里十几个县也列为沿海经济开放区，这样既利于福建的改革开放和经济发展，又有利于加强对台工作。小平同志当即表示赞同，说："好嘛！再加上闽南三角洲！"因为闽南不是三角洲，所以文件中写的是三角地区。根据小平同志的谈话精神，谷牧组织有关部门和地区的专家及熟悉情况的同志调查座谈，讨论三个地区的政策措施，并向中央书记处和国务院进行了汇报，中央赞同。

1985 年 1 月 25～31 日，谷牧在北京召开了长江、珠江三角洲和闽南厦漳泉三角地区座谈会，到会的有江苏、上海、浙江、福建、广东等有关地区和中央党、政、军有关部门负责同志。这个会我参加了，会上气氛很活跃，没有争论，大家很高兴，都希望把开放地区扩大一些。2 月 18 日，中共中央、国务院以中发〔1985〕5 号文件转发了《长江、珠江三角洲和闽南厦漳泉三角地区座谈会纪要》。三个地区进一步开放的步骤是：由小到大，先"小三角"，后"大三角"。以点到面，"点"就是三个三角内的苏州、无锡、常州、嘉兴、湖州、泉州、漳州、佛山、江门等市的市区和重点县的城关区。"面"就是安排以发展出口为目标的，利用外资建设的农业技术引进

项目、农产品生产基地和农产品处理加工工厂的上述市县的农村。有些项目不能在市区办的，如利用外资发展养殖业在城里弄不了，就要放到周围农村。这次会议列出了长江、珠江、闽南厦漳泉三角地区的经济开放区的市县名单，其中江苏省 16 个、浙江 6 个、广东 17 个、福建 11 个、上海 10 个，共 60 个市县。

1987 年底，国务院提出"沿海地区发展外向型经济战略"，主要是加速吸收外国直接投资和发展国外原料加工装配业务，实行原材料来源和产品销售"两头在外"，大进大出，积极参与国际交换和竞争，加快外向型经济的发展步伐。1988 年初，特区办向国务院提出了《关于加快沿海地区对外开放和经济发展的报告》。1 月 23 日，小平同志充分肯定了报告提出的意见，批示："完全赞成，特别要放胆地干，加快步伐，千万不要贻误时机。"小平强调："沿海这个拥有两亿人口的广大地带，较快地先发展起来，从而带动内地更好地发展，这是一个事关大局的问题。"根据小平同志的批示，国务院特区办公室起草了《国务院关于沿海地区发展外向型经济的若干补充规定》，报请国务院批准下发，主要是扩大了沿海地区吸收外商直接投资的审批权限，鼓励利用中外合资合作的方式加快老企业技术改造，下放外贸企业审批权，改进进料加工出口的原料管理等问题。

继而在 1988 年又批准了一大批沿海经济开放区。1 月，国务院下达《关于扩大闽南三角经济开放区范围的通知》（国办函〔1988〕2 号），扩大了闽南三角经济开放区，包括莆田市及莆田、仙游，泉州市的德化，漳州市的诏安、云霄、南清、长泰、平和、华安，福州市的闽侯、长乐、福清、连江、平潭、闽清、罗源、永泰，共 17 个县市。3 月，国务院下达《关于扩大沿海经济开放区范围的通知》（国发〔1988〕21 号），把天津、河北、辽宁、江苏、浙江、福建、山东、广西的 133 个县列入沿海经济开放区，其中辽东半岛、胶东半岛，河北环渤海地区，包括广西的一些沿海市县。6 月，下达《关于扩大广东省沿海经济开放区范围的批复》（国函〔1988〕96号），将广东省茂名、肇庆、惠州、汕尾、阳江等 35 个县市列入沿海经济开放区。12 月 1~3 日，国务院在北京召开沿海地区对外开放工作会议，国务院转发了会议纪要（国发〔1989〕5 号），进一步推动了沿海经济开放区的扩大。1990 年 9 月，国务院批准山东省济南市列入沿海经济区；1992 年，批准广东省的韶关、河源、梅州列入沿海经济开放区；1993 年 2 月和 3 月，又分别批准福建的三明、南平、龙岩、福州、漳州市和辽宁的营口市列入沿海经济开放区。至此，沿海经济开放区包括广东、江苏、浙江、辽宁、福建、山东、海南、广西所辖的 304 个市县，达两亿多人口。此后，沿海经济开放区就再没有批了，面积已经足够大了。

沿海开放区与 14 个沿海开放城市的主要区别有以下三点：一是范围不同。14 个城市主要限于老市区，而沿海开放区除老市县城区外，延伸到农村，开放范围大得多。二是功能不同。14 个沿海开放城市主要是利用外资、引进先进技术改造老企业，发展科研；沿海开放区按贸工农模式调整农业结构，发展创汇农业、轻纺工业、加工工业，增加外贸出口，把农业、出口提到很重要的位置。三是优惠政策不同。14 个城市只限于老市区，知识、技术密集型的外资项目按 15% 的税率，其他生产性工业项目按 24% 的税率征收企业所得税。沿海开放区的优惠政策包括：（1）在城市市区、县城关镇以及重点镇，兴办的属于科研生产性项目，按 24% 的企业所得税税率征收，在开放区农村的以出口为目标的外商直接投资兴办的农、林、牧、养殖业及其加工业，也按 24% 征收，把优惠政策扩大到农村。（2）外商直接投资 3000 万以上兴办的能源、交通、港口项目及技术、知识密集型项目，经财务部批准，也可以享受 15% 税率的优惠。（3）这些企业的产品出口，免征出口关税和工商统一税。（4）广东、福州、浙江、江苏四省可办一至两个开放隔离区，选择一些岛或者沙丘举办实验农场，引进国外动植物优良品种进行试养试种，从获利年度起，5 年内豁免一切税收。不过，这条优惠政策各省都没有利用。（5）适当扩大开放区内省辖市和重点县的审批自主权和出口经营权。以后，14 个沿海开放城市所辖市县也列入沿海经济开放区，这样，优惠政策趋向一致。

还有一种保税区。保税区严格地限定范围，用铁丝网拉上，面积不多，一两个平方公里。保税区内进口的原材料和加工出口都不收关税。如果保税区内生产的产品转销国内，就要加收关税。进来多少原材料，用了多少，海关都要严格监管。保税区不办服务性行业，可以办一些包装、仓储、出口贸易。所以保税区被称为"境内关外"。

三　海南"汽车事件"、"洋浦风波"和浦东开发

80 年代中期，海南的"汽车事件"在全国引起强烈反响。实际上，1984 年上半年以前，海南岛基本上是按中央的方针政策办事的，比较规矩，成绩比较显著，农业生产结构得到了调整，基础设施得到加强，对外开放开始起步。问题主要是从 1984 年下半年以后，在指导思想上发生了严重偏差，利用政策可以更快发展，进口不要批。不仅是机关，下面的企业都走私汽车，军队也搞这个。犯了严重的错误，忘记了国家利益，不听上级打招呼。当时，国务院特区办发现苗头，给他们打过招呼，说他们这样做是违反国家政策的，下命令他也不听。大量进口倒卖汽车，造成严重后果。"汽车事件"给海南留下了"三个包袱"。第一个是思想包袱，县处以上干部思想很不稳定，有的要求调走，人心浮动，不愿意在这里干了。第二个是案件包袱，有一些人倒卖汽车中有贪污问题，立案调查，查处的任务十分繁重。据掌握线索的有 700 多个案件，组织了 200 多个干部去查案件，中纪委的省里的干部都去了。第三是经济包袱，在"汽车事件"中，海南负担的贷款利息，要处理债权债务，达五六亿元，积压的各种物资 11 亿元。应该说，"汽车事件"对海南发展建设造成了一定影响。

中央、国务院对此非常重视，1985 年初，中央纪委派了一个检查组，协同广东省委进行处理，对海南区党委进行帮助，区党委先后召开多次常委扩大会，反复检查错误，总结经验教训，放下思想包袱。10 月 27 日到 11 月 16 日，谷牧带国家经委和国务院特区办的同志去广东，同广东、海南行政区的同志一起研究海南岛在"汽车事件"之后，如何继续搞好海南对外开放和开发建设问题。11 月 24 日，谷牧在北京主持召开了沿海开放城市和经济特区联合办公会议，形成了《关于当前海南岛情况和需要帮助解决的问题的汇报》。国务院批准了这个文件，并明确批示："海南岛的开发建设，必须真正立足于本岛资源，发挥当地的资源优势，要根据中央和国务院的文

件精神，进一步制定好发展规划。广东省要切实加强对海南岛工作的领导，国务院各有关部门，对海南岛的开发建设要继续给予支持和帮助。"由于党中央、国务院及广东省地方政府的支持和国务院有关部门的帮助，海南岛克服了"汽车事件"和强台风灾害，尽快地走上了健康发展的道路。

党中央和国务院对海南岛的开放建设并没有因为"汽车事件"而改变。1987年6月，小平同志会见外宾时说："我们正在搞一个更大的特区，这就是海南岛经济特区。"1988年4月13日，七届全国人大第一次会议同时通过了《关于设立海南省的决定》和《关于建立海南岛经济特区的决议》。5月4日，国务院发布《关于鼓励投资开发海南岛的规定》（国发〔1988〕23号），国家对海南经济特区实行更加灵活开放的经济政策，授予海南省人民政府更大的自主权。海南经济特区与海南省还是有些区别的，海南经济特区就是海南岛，海南省还管辖海南岛以外的一些岛屿。

下面谈谈"洋浦风波"的情况。海南洋浦是一片沙石地，不长庄稼只长仙人掌，在那里沉睡了几千年，但那个地方港口条件比较好，水深，不淤，是许多国际航线的必经之地，国际航船都到香港葵涌码头加油、中转，负担很重。当时，考虑是不是把那里建成一个国际航线的中转地，可以作为香港葵涌码头国际航线的补充。海南岛领导也提出了利用外资，成片开发洋浦经济开发区的思路，香港熊谷组有意接盘。经海南省批准，拟向熊谷组（香港）有限公司一次性有偿出让30平方公里的土地使用权，国务院认可这个事。1989年3月25日，在全国政协七届二次会议，张维等5位学者提出异议和反对，说是"卖国主义"、"新殖民地"，情况比较严重。3月28日，小平同志做出批示，肯定"海南省委的决策是正确的，机会难得，不要拖"，同时要求"向党外不同意见的同志说清楚"。按照小平同志的批示，谷牧亲自到政协讲话，说明洋浦开发是利用外资的一种形式，不涉及主权，主权还是我们中国的。实际上，"洋浦风波"在1989年就说清楚了，不同意见也少了。但是，为什么延迟到1992年才获国务院批准呢？主要是三个原因：一个是1989年政治风波，对社会影响比较大，有不少工作需要处理，没有精力过问洋浦开发的问题；二是政治风波对外商投资产生了一些负面影响，外商处于怀疑观望的状况；三是有关部门领导同志心有余悸，比较慎重。

上海浦东的开发开放，是在小平同志亲自倡导和推动下不断发展的。与经济特区比较，小平同志认为浦东开发晚了些，1990年2月13日，小平同志在上海同朱镕基同志谈到浦东开发时就说："你们搞晚了，你现在搞也快，上海条件比广东好，你们起点可以高一点。"回到北京后，小平同志又与江泽民、杨尚昆、李鹏等同志专门商讨浦东开发问题，并对李鹏同志说："你是总理，浦东开发这件事，你要管。"随后，姚依林同志受托带领各有关部门同志到上海进行专题研究，提出了有关建议，李鹏主持国务院会议听取了姚依林的专题报告；江泽民同志主持政治局会议，原则通过了国务院提出的上海浦东开发方案。

1990年4月18日，李鹏赴上海正式宣布：中共中央和国务院决定，同意上海开发开放浦东，浦东实行经济技术开发区和经济特区的某些政策。6月2日，中共中央、国务院批准同意上海市委、上海市政府《关于开发和开放浦东问题的请示》。随后，上海成立浦东新区。国务院给予浦东新区比开发区和经济特区更为优惠的政策，一共有10条，其中包括：（1）浦东新区新增财政收入在"八五"期间不上缴，用于新区建设；（2）浦东新区内生产性外资企业、按15%税率征收企业所得税，同时实行"二免、三减"的优惠政策；（3）允许外商投资兴办第三产业，对现行规定不准或限制外商投资经营的金融和商业零售业，原则上可以在浦东新区试办。

浦东开发为什么没有引起争议？一是浦东开发开放区与洋浦开发性质不同，浦东新区与其他经济特区和开发区一样，是我们坚决实行更加开放的特殊经济区域，不是土地成片开发。二是浦东新区的开发开放比较晚，比经济特区晚了十年，过去建立经济特区的争论，虽然没有完全解决，但认识趋于统一。围绕经济特区的争论什么时候解决了呢？主要是小平同志南方谈话，对经济特区的社会主义性质做了肯定。经济特区姓"社"不是姓"资"。三是因为经济特区和经济技术开放区的发展和取得的比较大的成就，经验证明浦东新区的开发开放是正确的。

成片土地批租的形式后来在苏州工业园区也搞了，也没有引起争论。苏州工业园区与洋浦特区成片出让开发有所不同，苏州工业园区是中国与新加坡政府于 1994 年联合建设的工业园区，中方的土地等出资股份占 40%，新方出资股份占 60%，主要由新方招商引资。成立了苏州工业园中新联合协调理事会，联合协调理事会主席由中新双方副总理一级担任，每年开一次会，重大问题由理事会研究解决，主要是借鉴新加坡的经济管理经验，结合我国的国情进行推广。所以没有引起争论。当时，新加坡不只想搞一个工业园区，想搞几个。国务院没有同意，其他地方没有办。小平对新加坡的管理很有兴趣，国务院还请新加坡副总理吴庆瑞当顾问，吴庆瑞是学者型的官员，经常写文章。

四　开放沿边和内陆城市

开放沿边、沿江和内陆部分省会城市的主要背景，是小平同志在 1992 年初发表了南方谈话。小平同志提出："改革开放的胆子要大一些，敢于试验，不能像小脚女人一样。看准了的，就大胆地试，大胆地闯。深圳的主要经验就是敢闯。"小平同志又指出："改革开放迈不开步子，不敢闯，说来说去就是怕资本主义的东西多了，走了资本主义道路，要害是姓'资'还是姓'社'的问题。"他提出三个标准，应该主要看是否有利于发展社会主义社会的生产力，是否有利于增强社会主义国家的综合国力，是否有利于提高人民的生活水平。肯定经济特区姓"社"不姓"资"。小平的谈话推动了对外开放的新高潮，对外开放进一步向沿海、沿边、沿江、内地推进，沿海建立了 13 个保税区，沿边开放了 14 个城市，包括中俄边界，新疆、云南、广西边界，在这些城市可以办沿边经济合作区。沿江开放了重庆、芜湖等 6 个城市及其开发区，内地开放了 18 个省的首府城市。这样就形成一种全方位开放的格局：东边有沿海开放地带，西边有沿边开放地带，中间有沿江和省会城市开放地带，整个布局比较合理了。

1992 年，在小平南方谈话的鼓舞下，全国各地出现了一股"开发区热"，情况有些失控。为了抑制开发区热，1993 年 4 月 28 日，国务院发布《关于严格审批和认真清理各开发区的通知》（国发〔1993〕33 号），规定设定开发区实行国务院和省、市、自治区人民政府两级审批制度。国务院审批的属国家级开发区，省政府审批的属省级开发区。名称上也有所区别，国家级的称为"经济技术开放区"，省级的一般叫某某省的经济开发区或经济试验区。要求审批设立开发区要加强领导，合理布局，注重经济效益和社会效益；严格控制开发面积；严格依法审批土地，严格控制占用耕地。省、市、自治区以下各级人民政府不得审批设立开发区。把开发区的审批权限做了明确规定，以前没有这个明确规定。但是，以后实际上并没有严格按这个实行。

这次"开发区热"，导致长期冻结了开发区特别是国家级开发区的审批，该批的也不批了。本来中央文件规定沿江和内陆省会城市都可以办一个开发区的政策，一直没有兑现，直到1998年实行西部大开发以后，才陆续放开了审批国家级开发区的限制。因此，"开发区热"在一定程度上影响了国家级开发区的发展，都不搞了，一刀切了，1993~1998年间没有审批一个开发区。

全方位对外开放格局到什么时候才算形成呢？我考虑是1992年以后逐步形成的，以后以根据我国经济发展战略的需要不断完善提高。主要特征：一是全方位，形成了沿海、沿江、沿边、内地的开放带，互相结合，包括我国的东西南北中各个方位。那个时候还提出一个"沿路"（欧亚大陆桥）开放，实际上没有形成。二是多层次。有经济特区、沿海开放城市及其经济技术开发区、保税区、沿海经济开发区，最近出口加工区发展得比较快，江苏昆山搞得比较早。我理解保税区与出口加工区差不多。不同层次、不同功能的特殊经济开放区域，散布全国各地。三是多渠道。不仅向发达的西方资本主义国家开放，而且也向沿边的原苏联东欧的社会主义国家及发展中国家开放。全方位对外开放格局的形成，对我国发展对外贸易，改变与邻国的关系，提高人民生活水平，实现和谐社会，加速我国的经济技术发展，加快我国社会主义现代化建设，都有着十分重要的意义。

1990年代后，外商直接投资出现了一些新特点。主要是合资、合作企业减少，独资企业增加，形成独资化趋势。2006年独资企业占外商投资企业的比重约达75%。为什么中外合资企业逐步减少，外商大多转向独资呢？主要原因有：一是我国投资环境改善，政策限制放开了，为外商企业独资化提供了比较宽松的政策环境。以前外商对中国不太了解，办一个企业拿到中国政府部门去审批，手续很繁杂，现在是一个楼办公，一站式服务，手续很方便。第二个原因跨国公司从自身利益考虑，独资化可以实现利益最大化，这是独资化的内在驱动力。第三个原因是跨国公司资产转移需要掌握企业的控制权。他的比较保密的技术有了控制权要可以随便转移。据专家分析，外商投资独资化是全方位的、战略性的，长期而持续的，不是个别，偶发和随机现象。这个动向值得我们警惕。

外资兼并国内企业是外商独资化的一个重要措施，外商兼并不少国内的制造业，他不要搞什么基本建设，建什么厂房，通过并购很快就掌握了国内的企业。兼并企业价格定得低，很多国有资产流失了。有些外商企业并购国内企业，有他不可告人的目的，想控制我们的一些领域，必须引起重视。我们要加快反垄断法的立法过程，通过建立完善的投资竞争政策体系和产业和市场监管体系，规范和约束跨国公司对境内企业的并购行为及外商投资企业的市场竞争行为。国家对国内企业的管理也要加强，对事关国计民生的生产性行业，不能由外国企业兼购，鼓励和支持国内企业加强核心能力的建设，加强国有企业的管理，培养具有国际竞争力的国内大型企业，要有我们自己的跨国公司。

亲历价格改革与建立期货市场

口述者：乔刚[*]

访谈者：萧冬连、鲁利玲、余希朝

时　　间：2011 年 2 月 16 日上午

地　　点：北京海淀区皂君庙 4 号中国经济改革研究会办公室

整理者：萧冬连

　　1982 年年初，我考入复旦大学经济系，读蒋学模的研究生。在读二年级时，蒋先生找我谈话，想让我留校，到学报当编辑。因为学报是他管的，他知道我有过一段学报编辑的经历。正在这时，国务院价格研究中心去复旦大学招人，我被选上了。这样，我就到了国务院价格研究中心。价格中心的领导有薛暮桥、马洪等。当时，国务院有几个研究中心：经济研究中心、技术经济中心和价格研究中心，1985 年合并为国务院发展研究中心。

一　参与价格改革的研究和方案设计

　　1984 年 12 月，我到价格研究中心后，很快就参与了一项工作。当时，各方面对价格双轨制的争论很大，赵紫阳通过鲍彤给我们布置任务，对生产

＊　乔刚（1951～），黑龙江哈尔滨人。历任国务院发展研究中心价格组副组长、市场流通研究部部长、市场经济研究所所长，北京商品交易所董事长，中国经济改革基金会副理事长，全程物流（深圳）有限公司董事长。

资料价格双轨制进行调研。价格调研小组是由田源带队，参加人员有研究中心的冯爱玲、高博、林伯勤、廖英敏和我，还有国家物价局和社科院的人员。1985年4、5月份，我们从北京出发，到河北、河南、湖北、江苏、上海、广东走了一大圈，大概有一个月左右。广东是重点考察的对象，连大部分县级市都走了，回来就起草报告。核心的观点是，双轨制突破了生产资料单一国家定价的模式，为市场定价开了个口子。当然，我们在认识上，还没有完全跳出原来的框框，认为重要的生产资料还要保留国家在价格制定上的干预。但对一些大路货的东西，可以逐步放开。这样，在价格改革上，就找到了一个过渡的办法，计划外放开一块，冲击一下单一国家定价模式。我们主张逐步加大放开的那一块，这个路子是对的。至少我参与完成的报告是这么一个思路。回到北京向鲍彤做了一次汇报。汇报结束时他又布置了一项任务，说北京副食品价格放开后反应很大，而广东放开后价格比北京还高却反映不大，紫阳要求就此组织联合调查。田源分不开身，这个任务就落到我头上了。联合调查组还有体改委分配司的李宝实副司长、物价局政策研究室主任王斯予、消费价格司李副司长。在对广东、北京分别调研走访后，我们提交了联合报告，核心的思路就是综合处理好收入分配、财政补贴等政策变量与物价水平的关系。后期，物价局的曹玉书也参与了北京的调研工作。

1986年3月，国务院成立经济体制改革方案研究领导小组，主要任务是研究制订明后两年的改革方案和主要措施，组长是田纪云。日常工作由办公室负责，高尚全是办公室主任；还有几个专题组，如价格组、财税组、投资组、金融组、工资组和外贸组。大家分组搞方案，然后在综合组那里进行协调。这次的改革方案设计，也叫价税财联动改革。

当时，国务院有个物价领导小组，薛暮桥牵头，具体工作是陈先负责。所以，改革方案办公室的价格组是由陈先牵头，副组长有商业部副部长姜习、国家物价局局长成致平和发展中心价格组组长田源。价格组的办公室主任是物价局副局长王兴家，临时办公室就在铁道部的院里，铁道部把一个大楼的二层大半层都借给我们了。我是常驻的，在那里住了八个多月，跟我住一个寝室的是上海冶金局的一个管财务的老处长。当时，各部委财务司都抽人参加，地方也抽人参加，把他们抽来就是算账的。开始，我们的思路还是调价，不是放开价格。价格改革方案从一开始就是由我负责执笔起草，其他人的工作就是把下边的数据资料汇总上来，经领导小组会议讨论形成意见，再由我一个人动笔成文。因此，在综合配套改革的方案中，关于价格改革的历次方案及报告，都是最终由我落实到文字上的。像给田纪云的报告，给赵紫阳的报告，最后到北戴河的报告，都是如此。当然，方案内容、思路不是我定，是领导们定，我只是负责执笔的。

我们先搞的方案是煤、油、电、运多价联动的方案。为什么是煤、油、电、运多价联动呢？因为生产资料价格偏低，造成了后续的价格体系不合理，要先调后放，希望通过一个合理的比价关系调整上游产品的价格。煤、油、电、运主要是初级产品，从煤炭、石油开始动起，对它的中间产品以及最终产品的成本都是有影响的。因此，石油部、煤炭部、电力部、交通部以及下游受影响的冶金、化工、铁路等部门都要抽财务司的人来算大账。各部部委提供数据，价格组根据过去几年从事理论价格测算所编制的一个包含两百多个部门的投入产出表来测算各种方案所带来的具体影响。说到底，这还是从计划经济那套思路延续下来的。动用全国的力量做了这么一个投入产出表，这在全国还是独一份。各个部委都有人常驻这里，提供数据，算账。当然，他们也经常因部里业务繁忙溜号回家。算出方案后，一层一层汇报。第一道是向田纪云汇报，田纪云通过了，然后在玉泉山向赵紫阳汇报。

6月11日、12日，在玉泉山向赵紫阳汇报时，田纪云、安志文、马洪等人都在场，陈先应该是参加了，我是作为工作人员参加的。实际上，这次会议是为北戴河会议汇报做准备。我记得，赵紫阳没听完就讲开了，我用铅笔做了记录。我估计，他听到了其他方面的一些意见，所以他自己主动提出一个方案。他说，别的东西就不要搞了，这次只动钢材，钢材价格提到每吨1000块。当时，我们算的每吨是几百块，不到1000块。这一下，我们整个小组全蒙了，几个月的算账白干了！回来后重新计算，按照钢材每吨价格提到1000元来倒推。钢材提价会引起一系列连锁反应，尤其对加工行业影响特别大。我们就计算它对加工行业的影响，对最终的物价指数的影响，还有对税收的影响。这一算，怎么也摆不平，哪家都摆不平，各部门对这一套价格改革方案议论非常多。现在，回过头想，当时的思路还是有局限的，就是立足于调价。可是，那时候也只能调价，放开价格没那个胆量。我记得，体改委有人主张应该全放开，张维迎算一个。可是，一下放开，冲击很大。在算账的时候，我们自己都有浑身起鸡皮疙瘩的感觉，觉得还是应该一步步来，稳着点。老同志大部分都是主张一步步来，我也受这个影响，主张一步步来。

说句老实话，向国务院领导报方案，说算出影响指数是多少多少，头头是道。但经过深入调研，我们才知道，这里面的水分简直是太大了。被调查的企业相当多的是同时有几本账，它报的是哪本账，谁也搞不清楚。而且，企业数据报到工业局，行业主管部门要调整一番，到地方政府部门又要调整，到国务院各个工业部门还要调整。实际上，我们很多东西就是靠这个有水分的数据算出来的。对于他们提供的数据是怎么出来的，我无法深究，我要的是完成报告，但这里面存在的问题还是令人担忧的。

8月2日到6日，方案办向北戴河会议做汇报，陈先老爷子去了。实际上，方案最后定稿非常难，一直到他临出发前，这个稿子才在国家计委印刷厂铅印出来。在汇报之前，我们价格组这些人，自己心里都没有底。我记得很清楚，马洪那时候在中南海院里办公，平时有事找我们，都是打个电话叫我们去。但这次马洪亲自过来到我办公室，找我谈价格改革方案的事。马洪问："你到底有什么意见？"他是我"娘家"的老领导，我必须得说真话。我大概讲了六七条意见，主导的意见是，单动钢材这一个价格，会带来一系列的不良反应。表面上看，钢材的价格问题是解决了，但是相关部门和后续影响可能不是太好。我跟马老谈，马老很认真地记了。再说办公室这边，稿子印出来了，陈先老头说："小乔啊，你把你的意见也写下来，我给你带到北戴河去。"我用笔写了一份个人意见，没有署名，大概印了十多份，给老头带走了。

北戴河开会我没去。参加会议的人回来跟我讲，赵紫阳主持一个小会，讨论我们按他的要求做的价格改革方案，不知道是陈先还是成致平做的汇报。汇报以后，赵紫阳问安老、马老："你们什么意见？"结果，陈先老爷子站起来，把我手写的那个东西递了过去，说："紫阳同志，我们办公室里还有一些同志有不同的意见。"这事我是听说的，你们可以找安老核实。我觉得，这事太有意思了。两个稿子都是本人写的，后边的稿子否定前边那个，这件事我永远忘不了。据说，北戴河会议没能敲定价格改革方案，后来全国人大财经委开会，因为有领导对此有不同意见，这个方案也没有通过。这样，价税财联动方案就被搁置了，我们没事了。大概到了 11 月份，价格组的办公室就撤了。物价局王兴家曾找我谈话，希望我能到物价局物价研究所去，并谈到对我个人今后发展的建议，但考虑到发展中心这边肯定是不会答应的。因此，方案办解散后，我就回到了发展研究中心。

1987 年，我们开始反思，研究价格改革为什么没过去？赵紫阳的一些讲话，提过要对价格改革进行反思。我们发展中心价格组就抓住上面这些意图，搭建了一个价格改革反思的课题组。那时，田源住院，我是价格组一室主任，课题由我主抓。同时，组织各个方面的人参加，有部委的、院校的、社科院的人，像李晓西、曾湘泉、梁天征等人都参加了。大概做了十来个研究报告，对这些年价格改革成功的地方、存在的问题及其原因做了一个反思。其中，我和陈共炎共同撰写的有关价格改革思路的文章还发表在《经济研究》上，并获了奖。我们有一本书叫《中国价格改革研究》，把我们价格组那些年里的研究报告，包括反思的报告都收在里面，国务院综合改革办公室的那个报告没在里面，因为那是保密的东西，不能拿过来。薛老、马老都给题了词，孙尚清作的序。

在反思过程中，我们发现一个问题，就是国有企业的产权问题。怎么从价格一下跳到企业产权上去了？因为搞了很长时间价格改革研究，发现价格动来动去，动不得，都和企业的制度有关系。为什么有些产品成本那么高，企业还能活着？如果企业按市场原则生存的话，你的成本高于社会平均成本肯定会被淘汰。但是，我们国有企业这套制度是生了它就不能死，再差也得在那儿挺着！企业在市场上竞争了半天，主体上没有任何改变，人为地维持一种亏损企业，必然造成成本很高，社会要为它付出多少成本啊？这就涉及产权制度了。当时，价格组由田源牵头提出了一个思路，企业可以买卖，不好的企业应该被好的企业收购掉。通过企业买卖，进入到一种正常的市场竞争，通过竞争成本不就下来了吗？下游产品受的影响也就小了，物价指数也就没那么高了。我们的选择就是这么逼出来的。在这期间，价格组开始转向了。转向两个东西，一个是研究企业制度问题，一个是研究市场问题。这两个问题不解决，光在这里摆弄价格，是走不过去的。价格过不去，咱们就别较劲，自己调整，转向做市场和企业产权方向的研究。

1988年1月，国务院发展中心和武汉市政府在武汉联合召开了一个关于企业产权转让的政策研讨会，发展中心是由李庆伟副主任牵头。会议前期的安排是我去的，找的是武汉市市长赵宝江。会开完以后，田源、我、任兴洲根据会议的意见和前期已经形成的思想，写了一份《关于企业产权转让的政策报告》。紫阳看了之后，有大段批示，批给了安志文、袁宝华。我记得，批示的大概意思是，原则上同意把报告的意见写进《全民所有制工业企业法》。当时，《企业法》就要出台了，安志文把田源叫过去说："你们赶紧给我拿出来一段文字，把你们的意见给我，按照写法律条文的要求，非常简要地整理一下。"我特意按照法律条文的风格整理了很简单一条，请田源给安老送去了。同时，我还立刻组织力量，主持撰写了一个《国有工业企业产权转让条例》，大概有40条，报李鹏批了，批给了国务院法制局。庄穆（现在证监会法律部）当时在国务院法制局，负责来找我们具体讨论落实，因为这个事我们两个有接触。当时，严格意义上的产权交易还没有，不准许。我们提出的报告在当时算是破冰，所以赵紫阳很重视。

二　参与中国期货市场的创建

1988年5月，我去伦敦政治经济学院做访问学者，这是世界银行资助的项目，是搞价格研究。这个课题组有李晓西、我、石小抗等，做到1989年3月。我们自己带了一些数据过去，最后形成了一篇论文，作为伦敦经济学院系列研究报告中一部分单独成册内部发行的。不过，这篇论文不是我最后完成的，我只把基本的东西提出来，形成初稿，最后是由课题牵头人及后来的参与修改者完成的。

在伦敦期间，我做了件不大不小的事，这件事和前边讲的有些联系。不是说我们转到市场研究了嘛。开始，我们一直研究批发市场问题，跟物资部交往比较多。这时候，沿海一带民间自发地出现了境外期货交易，是地下的，做外盘。弄个电脑就假装下单，这里的交易量比交易所的交易量还大，能不是假的吗？结果损失很大，经常有人被欺骗，黑箱操作，出了很多问题。1987年，有一个香港人，叫杨亮瑜，是培基期货经纪公司的。他提供了一个录像资料，专门讲期货交易机制，说期货交易有一个套期保值、化解风险的功能。这个录像不知怎么传到了中南海，赵紫阳看了以后，对期货市场很感兴趣。他找了安老和马洪，要求体改委和发展中心成立一个关于期货的联合工作小组，具体工作由杜岩、田源负责。就这样，搞批发市场研究的一些人，逐步就转到期货市场研究上来了。

我去伦敦之前，就知道有组建期货工作领导小组的事，所以去了后对组里的研究任务我当然也得兼顾。这样，在伦敦搞价格研究的时候，我就开了点儿小差，去考察了伦敦的期货市场。国际上，最发达的期货交易所在美国和英国，规模比较大的也就是这两个国家。当时的中国驻英国大使是冀朝铸，他派大使馆的一秘岳晓勇负责联络事务与安排。当时，有个外事纪律，像我们这些做合作研究的副局级干部出去，一些重要的事情得向他们报告。他们也知道我的研究方向和兴趣，就替我安排。10月份左右，岳晓勇陪我去，考察的第一家是伦敦期货和期权交易所（FOX），1993年此交易所改名为伦敦商品交易所（LCE），主要交易咖啡、可可、白糖等品种。我考察了它的组建体制、交易品种和交易规则等等。第二家是伦敦国际金融期货和期权交易所（LIFFE），国际上排名前几位。我记得，当时跟他们交易所接待人员讨论了一个问题，就是赌博问题。他们说，很多英国人也批评他们，期货交易带有很大的赌博性质。很多人把投机理解为赌博。客观上讲，投机和赌博是有共同特点的，但是赌场里的赌博是没有实际经济活动因素为依托的。经济生活当中的赌是跟经济事件、经济走势和某个产品的供求相关联的，所以不可同日而语。它赌的是经济活动本身，取决于对经济走势判断得是否准确。当然，这里面也有资金因素，对此不可否认。结果，这件事被人家关注了一下。

1989年3月，我的研究论文还没有完成，就回国了。当时遇到什么问题呢？田源要出国，去美国进修，是美方资助的项目。他告诉我，孙尚清明确对他讲，价格组一个组长，一个副组长，不能两个头都不在家。你要去也可以，乔刚回来你再走。我得知这个信息后，就跟伦敦经济学院的斯特恩、侯赛因教授讲，我的报告就这样了，我得走了。我从伦敦回来以后，在和田源交接工作的时候，他跟我说："你小子在英国还闹出点儿动静来。"我说："我闹出什么动静了？"他说，他认识一个在美国学习的中国留学生，毕业以后到美国一个很有名的大期货经纪公司去应聘。在面试的时候，对方说："别的不用回答，你就给我回答清楚一个问题，你们中国的国务院官员为什么去考察英国伦敦的两个期货交易所？背景是什么？中国是不是要搞这个东西？"因为在他们眼里，期货交易纯粹是资本主义的东西。当时，我们这边还八字没有一撇呢！他们根本不知道我们是在研究建立批发市场，只是提出了要引入期货机制这些东西。

1989 年下半年，搞了一段清查，但是我们的调研工作没有停。期货这摊子事是由发展中心和体改委两家负责的，田源走了以后，发展中心就是由我来配合体改委杜岩工作。期货工作领导小组重点抓的是三件事：一个是培养主体，一个是建立场所，再一个是制定规则。我从英国回来以后，就参与了这件事。1990 年，美国芝加哥交易所（CBOT）的副总裁格罗斯曼来，我和常清，还有河南省粮食局的、商业部的人，陪他在中原地区走了几个省，调查粮食市场情况。这个期间，我们下功夫最多的是郑州市场，上面是白美清牵头，后来白美清到商业部去了，再后来到中谷集团，但他与这个事有关。郑州粮食批发市场是以商业部为主，具体干活的有商业部张其泮和吴硕、农业部政策研究室主任郭书田、外经贸部港澳研究所所长陈宝瑛、我和杜岩。工作组里，有常清、刘俊英、朱玉辰，他们都算工作班子里面的人。老杜手下的阎克庆、张昌鸣也都参加过。为了这件事，我们前后不下十几次在北京和郑州开协调会。

1990 年 10 月 12 日，经国务院批准，中国郑州粮食批发市场正式成立了。当时，这是一个远期贸易，带有拍卖性质，也是公开叫价，引进期货交易机制。那时候，没有投机主体。换句话说，还没有期货经纪公司，90% 以上的参与者都是粮食生产企业、贸易公司，也就是粮食生产商和贸易商。第一天交易，怎么叫价，怎么举拍，都是事先演习过的。开始是一个批发市场的概念，但在"粮食批发市场"后面加了一句"引入期货机制"。在制定交易规则时，很多期货交易的东西已经写进去了。但是，最大的问题是，没有交易的概念，没有交易的氛围，还停留在现货和远期贸易。当时，李鹏批准期货市场设立的时候，就是这么批下来的。他理解就是签一个远期合同，没有想到后来会出现投机炒作这种现象。

继郑州之后，就是上海，是物资部柳随年负责，我和杜岩帮助处理一些事情。1991 年开业，名称叫"上海金属交易所"。开始，他们都是跑单的，就是学美国，手势叫价。当时，各部委都有这种意向，想在哪儿搞一个点儿。中国的期货交易所最多的时候，成立了大概三十多家，都是各地方政府、各个行业主管部门办的，官办色彩非常浓厚。对此，我们就指出，这种思路是存在问题的。但是，批评归批评，没有用，人微言轻。再下来一家就是深圳。我到深圳调研的时候，深圳市政府找我谈深圳成立交易所的事。为什么找我们呢？深圳成立交易所这个事是由有色金属总公司张罗的，有色的何玉良带队来与杜岩和我商谈此事。物资部对于工业生产主管部门开办交易所不太同意，两家有不同意见。深圳市政府也要我们帮助协调一下。

我们这个工作领导小组指导比较多的交易所是郑州、上海、深圳，还有一个苏州。开始批准它搞综合商社试点，1992 年成立了苏州交易所，是当地政府批准，苏州物资局搞的。苏州跟体改委流通司和我们市场流通部联系比较多，但我们没有决定权，也没有批准权，就是提一些相关政策的建议。当时的交易所都是地方政府批的，中央批过的，从上面戴帽子下去的只有一个，就是郑州，但只是叫批发市场。当各地纷纷挂牌成立交易所时，郑州方面很是着急，记得李经谋总裁就曾晚上打电话到我家，打听他们上报改名交易所的事何时能批下来。我就对他讲，在当前环境下，中央很难再批什么，再说各地的交易所也都是当地政府自己批的，恐怕只能走这个路子。后边的那些交易所都不是中央批的。上海成立了金属交易所，接着又酝酿成立粮油交易所，又是商业部的背景。当时，我们觉得要乱了，大家都呼吁成立一个管理机构协调一下，不能哪个地方想怎么搞就怎么搞。这才着手研究制定管理条例，这件事我们抓得是比较早的。就一个成熟的期货市场来说，参与期货交易的主体应该是各类交易品种相关的生产商、贸易商及用户，特别是各类机构投资者如期货经纪公司。那个时候，国人很少知道什么叫期货经纪公司。

1992年下半年，广东省给体改委送来了一个报告，是副省长刘维明签发的，内容是广东要申请注册一个期货经纪公司，想听听上面的意见。杜岩让我一起看看这个报告，商量给一个什么样的答复。正好我们的商业课题组要去南方，老杜说："你到那里去看看，实地考察一下。"这样，借到广州、深圳调研之机，我去做了一个实地考察。期货经纪公司设在广州国际金融大厦，在那里操盘的人有李晓军，还有梁燕成，他们带我看了一下。一看，我们觉得还行，整个流程设计和交易规则是符合国际标准的。回来以后，我跟杜岩一说，老杜说："行，那咱们同意。"我们两个部门签上意见盖上章，给他们发回去了。这可是全国第一份啊！这不是批准，就是同意成立经纪公司这个想法。人家地方拿不准，要你一个意见，你不是期货工作领导小组吗？总得给一个意见嘛。在那些年里，我和杜岩在工作上配合得十分默契，对于杜老的为人我也十分敬重。广州这个期货经纪公司（广东万通期货经纪公司）是1992年12月20日成立的。之后，广东省与国家工商局、国家体改委、国务院发展中心联合在广州国际金融大厦召开了"全国首届期货经纪公司政策研讨会"。会议讨论的内容也主要是由我们期货工作领导小组贡献的。从那以后，全国工商系统就开始给期货经纪公司注册登记了。

在此期间，我和杜岩就提出来要制定期货市场的管理规则。体改委在这方面真没少下功夫，从陈锦华开头，后来李铁映接着，马凯、贺光辉直接抓这件事。因为中国期货开始出现乱象的时候，我们就感觉必须赶紧出招了，再不出招下边就乱了，到处都在搞交易所，而且都有政府背景。再一个问题是，行业里面的诈骗特别多。我们提出，赶紧搞一个管理规定，《期货交易暂行条例》这个名字是我和杜岩提出来的。我们报上去后，委里的领导说："还是叫'规范意见'吧"，后来又改成《暂行条例》。《暂行条例》确立了期货市场的管理原则，包括设立主体、组织架构、交易原则、惩罚办法等内容。这不是我们闭门造车，我们组织全国力量上上下下搞了不知多少稿。在国务院会议室，李铁映就至少开过两次会讨论这个事，委里也开过好多次，这些会我都参加了。李铁映直接主持抓这个事，发表了非常明确的具体意见。当时，我们还建议，成立一个专门的期货监管部门，李铁映是支持的。

后来全国人大财经委也成立了期货交易法起草小组，我也受聘做了起草小组的顾问。

三　参与创办北京商品交易所

1992 年小平南方谈话，十四大报告提出社会主义市场经济，当时大家都在讨论市场经济问题。在几次会上，我提出了自己对社会主义市场经济的理解。正好我们正在承担着帮助北京研究设计交易所的课题。方案完成后，北京市计委委员刘晓光找到我和杜岩说："一时也找不到合适的人选，干脆你们帮人帮到底，就亲自来干吧！"其他交易所也在请我，大连就直接把电话打到我家里去了。我想想，还是在北京把它做起来吧！搞交易所，就要按照市场原则来做，既然做企业嘛，别的事就得少说话了，不同的领域需要遵守不同的规则。就此，我也就远离了什么学术报告、发表文章及记者采访等。

1993 年 5 月，我就到交易所筹备组上班了，发展中心和我一起过来了几个人，陈共炎、刘丽、左沃生等都过来了，但发展中心还是要我继续兼职。北京商品交易所的建立，也还是赶了一个末班车。之前，李铁映组织我们搞《期货市场条例》，他说："不能这么乱搞下去，应该建议国务院赶紧发个通知，不准再新设！"当时，北商所还没成立呢！但我和杜岩几个人已经帮忙研究很长时间了，北京市也已经确定了，我们就给他们说："你们必须得抓紧！"刘晓光去找王宝森，半个小时就批准了；到李其炎市长那里，一个晚上批准了。同年 11 月 18 日北商所正式开业。

应该说，在中国期货行业发展中，北京商品交易所有几个东西都是带有标志性的，是给中国争了面子的。第一，我们采购的用于交易的计算机主机（SUN2000）在国内是独一份。当时要经过"巴统"批准，[①] 我们还不能直接发到北京，先发到香港再转过来。美国大使馆商务参赞派人到现场考察，

---

① "巴统"即巴黎统筹委员会，是战后西方国家成立的专门控制高科技产品出口的机构。——整理者注

一看是搞交易所，OK! 这个设备当时在其他交易所都没有使用。第二，北商所对交易流程的设计是很规范的，交易软件系统的设计实行招标。国内各大计算机公司，还有计算机研究所的都来投标，国外的路透社也来投标，最后我们给了清华大学，清华大学常务副校长梁尤能与我签的合同。为了我们的项目，他们上了一批教师。我们配上了从国外回来的具有国际期货交易经验的人员，在西山一个空军招待所封闭了三个月，中秋节都没下山。课题组负责人是吴建平（他现在是国内"863"项目的负责人之一）。我们的系统还获得了国家科学技术进步三等奖。其突出的特点是，对期货交易流程的每个交易环节的风险实现了有效的自动控制。第三，北商所获得国际竞争对手的尊重。筹建工作到尾声的时候，美国芝加哥商业交易所（CME）董事长F. Sandner 一行来参观，中国证监会接待的，介绍到我们这里。他们看了以后很兴奋，在北京饭店贵宾楼他们搞的答谢宴会上，他说："我这次来中国收获很大。但是，我觉得，最大的收获是今天上午参观了正在筹建中的北京商品交易所。我感到非常非常惊讶，在中国会有像北商所这样起点高、在设计和管理上具备如此高水平的交易所。"后来，他的交易所跟我们联系非常多。

1994 年底，我率北商所执董团出访法国的 MATIF，英国的 LIFFE、LME，美国的 CBOT、CME，以及日本的东京谷物交易所、工业品交易所，都得到交易所董事长或总裁的高规格接待。北商所当时也是国际期货行业协会（FIA）唯一的中国会员，成为 FIA 会员的门槛是非常高的。1996 年，伦敦国际期货期权交易所 15 周年庆典的时候，我也收到了邀请。庆典活动是在伦敦的一个大古堡里举行的，我被安排在 1 号桌，这一桌都是国际顶尖级交易所的首脑。这些国际同行尊重你，背后的因素是很复杂的，因为你成长太快了，是个强劲的竞争对手！北商所的交易规模成长速度让国际同行很惊讶。那一期间，国际上知名的金融机构几乎都来拜访过北商所。伦敦金融城、纽约曼哈顿的市长，以及一些国家的监管机构也纷纷来参观。全球各大交易所及期货公司的来访更是络绎不绝。我记得很清楚的是，日本的一家著名商社反复要求加入北商所，想成为我们的会员，实在不行做观察会员也可以。他们想方设法要进场，我就是不让进。我认为时机不成熟。伦敦国际金融期货期权交易所董事长 Jack Wiggleworth 要跟我们联网，出于保护国内投资者利益的考虑，我也不同意联网。记得英国证券与投资委员会主席安格鲁·拉格在访问北商所后就说道："在短短时间里，北商所在规范化管理程度及市场成就和影响上取得如此大进展，这在国际期货业中实属罕见。"原中国证监会主席周道炯也曾指出，"北商所自开业以来不为利益所动，严格按市场规律办事，从来没出现大问题，这种规范化管理经验和措施应及时总结并加以宣传，因为北商所不仅是北京的也是全国的市场，是中国期货市场的门面"。

在那个时期里，我国期货行业的发展的确还存在许多尚待需要解决的问题。当时，许多国有企业炒期货出现了巨亏，损失重大。但冷静下来思考，问题究竟是怎么产生的，其实这是一个制度与管理上的问题。期货交易的功能之一是套期保值。如果严格按照规定的使用数量去锁定成本，套期保值是不会出问题的。然而，由于国有企业资金获得得相对容易，赔了跟自己没多大关系，赚了却可以好好地提上一笔，在风险与收益不对称和投机获利心理的驱使下，脱离了套期保值的基本准则，无端地放大筹码，造成的巨大风险就不可收拾了。我们北商所通过各个管理环节的设计来控制风险，减少了这样的问题肆意发生。当然，没有办法完全消除，因为交易人员的行为不是系统控制完全解决了的，这应该通过企业自身的制度管理来约束。1994 年底，在发展中心市场所、全国期货交易所联席会、中国期货市场咨询中心主办，北商所承办的国际研讨会上，我就明确提出了"风险管理与控制是期货市场的永恒主题"。

上世纪 90 年代，我国的期货行业有两件大事：一个是交易所改制，把公司制改成会员制。理由是：交易所实行公司制就会追求盈利，忽视控制风险，造成期货交易风险巨大，秩序混乱。当时，我写了一个报告，通过武小强给了李剑阁。小强说："剑阁说了，报告里讲的是个学术问题，不讨论。"从理论上来讲，世界上所有的交易所，不存在会员制和公司制对立的问题。你去看看香港期货交易所，它是有限责任公司，同样有会员制。法国的MATIF 交易所，是纯粹的私人公司，它也是会员制。根本不存在公司制和会员制的对立，只有不同类型法人的区别，会员制依托公司法人和财团法人都可以存在。在我国由于理论上尚存争议，实践上也就是按事业单位登记，还是按企业法人登记。从国际实践上讲，像美国和日本的一些交易所，最初有些是财团法人，但随着时代发展，交易所更多的是倾向于公司体制，公司治理是一个趋势。所谓改制，其实际结果就是证监会在交易所权力结构上的一次彻底调整。实行公司制，重大事项是由股东会决定的；改成所谓会员制以后，一律由证监会批准。虽然我们对改制有很多看法，但为了保存交易所，咱们就得改制。李剑阁主持这个工作，我们是老同事了，得支持他的工作。我们不仅带头改了制，还倡议成立了行业第一个自律组织——全国期货交易所联席会。

另一件大事就是"327"国债。[①] 1995 年 2 月 23 日下午，在上交所总裁尉文渊的陪同下，证监会期货部主任耿亮在交易大厅里目睹了一场灾难。那个事件过了很长一段时间，我在北京接待香港来的一个记者，陪同的一位男士是个搞计算机的博士。吃饭时聊天，他主动提起上交所那套系统是他们帮助设计的。我一听，马上来精神了！我说："我可找到人了！你给他们设计系统，为什么不给他们设计涨跌停板啊？"他说："我们当时提了，他们不太同意，怕影响交易量。"当时的背景是，国债期货交易最活跃的就是上证和北商。期货交易不是现货交易，而是杠杆交易。然而，他们在现货交易系统上来交易期货，瞬间下出巨量单子，没有足够的保证金，单子却成交了。而在北商所的期货交易系统中，由于设置了三级核查的风险控制系统：你下单子之后，我们的计算机系统马上进入三级核查，自动识别，保证金不够，你的指令无效；即使保证金够了，还要经过第二级核查，浮动盈亏必须小于25％，否则必须补一部分资金；资金补足了，还有第三道核查，对每个会员席位持仓量占总持仓量的比重有限制。你要想分几百个单子下单，也许有效；要想一个单子下这么大，超过持仓量的限制，超过的部分也是无效指令。所以尽管北商所也是交易风波骤起，但还就是没出大问题。

1998 年，期货交易所的撤留过程很是漫长且复杂的。8 月 1 日，国务院

---

① "327"是上海证券交易所国债期货品种，1992 年发行的 3 年期国库券，发行总量为 240 亿。——整理者注

下文（国发〔1998〕27号），决定撤销大部分交易所，全国只保留3家。我们不了解采用的是何种标准。其实依照我的理解，交易所的调整应该遵循市场原则，市场竞争，优胜劣汰，能活就活，活不下去就被淘汰。当时，全国14家交易所，唯有北商所已经开启了合并其他交易所的先河。北商所在成立之初，就兼并了北京金鹏铜交易所；1996年6月证监会正式发文，同意将长春联合交易所并入北商所。当时，我们已经派人过去改造他们的系统，准备连接了。然而，就在这时候，北商所却被撤销了，真是难以理解啊！多年来，北商所为中国期货行业争得的荣誉和付出的努力全都付之东流了。在京西宾馆召开的全国工作会议上，我郑重声明：本人自此退出这一行业。

在撤销北商所的过程中，还涉及出资人的权益问题。北商所本来是依照北京市体改委批准设立的公司法人，一共有14家股东单位。其中有央企、北京和外地的国企及民企。本来在交易所改制的问题上，这些股东就有不同意见。他们认为："为了支持交易所的工作可以改制，但资产还是我们的，要是交易所不办了，还得退给我们，这是我们的权益。"为此还专门做了决议。所以在1998年交易所撤销过程中，原股东们资产的处置就发生了很大的争论甚至是麻烦。当然最后还是按照证监会的规定做了调整，此事才得以完结。

中国证券市场的酝酿与建立

口述者：王波明[*]

访谈者：李青源

时　间：2008 年 9 月 25 日

地　点：北京泛利大厦王波明办公室

整理者：陆一

    1987 年，我在美国组织了中国旅美商学会，简称 CBA。当年，旅美的中国留学生有三大团体：经济学会、科技学会、再有就是 CBA。CBA 里主要是学商科的学生。基本上每周有个论坛，议论国家的改革大计，也经常聊一些国内目前可以做什么事情。议论来议论去，大家都觉得，应该在中国建立股票交易所，或者说叫资本市场。有了这个市场，就能够帮助资本形成，使得长期资本有一个去处。当时，我们这些在华尔街、律师事务所工作的，对中国经济体制改革比较有兴趣的人，开始组合到一块儿，每月小聚一次，大家畅谈怎么样在中国建立资本市场。1988 年 3 月，由我和高西庆、王巍执笔，联合李青原、刘二飞、茅桐、王大伟、盛溢，共同写成了《关于促成中国证券市场法制化和规范化的政策建议（初稿）》。对于建立中国的证券市场，这算是我们所做的一个前期准备工作吧。

---

  * 王波明（1955～），北京人。历任中国证券市场设计研究中心总干事、财经杂志社总编辑、证券市场周刊社社长、财讯传媒集团董事局主席、中国证券业培训中心副理事长、亚洲证券业培训学院理事、中国欧美同学会商会 2005 委员会副理事长。

一　设计资本市场

我是 1988 年 6 月回国的。回来做的第一件事就是跑各个部门游说，要游说体改委、政改办，包括一些大公司。我记得，去找过李湘鲁，湘鲁是紫阳的秘书，到政改办找陈小鲁也聊了。在这期间，非常重要的是康华公司的副总经理贾虹生起了很大作用，是他把我们带进了国内的圈子。当时，国内也有一拨人在鼓吹、准备、筹划建立资本市场。那个时候，我们真是自费搞改革啊，复印、查资料、开会，高西庆都得自己掏腰包。我们俩一人一辆自行车，四处奔波。

9 月 7 日，贾虹生找我，让我第二天跟着他去开一个关于中国金融市场的会。因为我刚从华尔街回国，他们希望我到康华工作。他对我说："明天有个会讨论股票的事，正好你和我去。"第二天，我就坐着他的车一起去了。贾虹生让我参加的会，是人总行召开的"金融体制改革和北京证券交易所筹备研讨会"。会议地点在北京万寿宾馆，后来就被称作"万寿宾馆会议"。研讨会由中农信总经理王岐山和中创总经理张晓彬发起，人总行计划司司长宫著铭主持，人行副行长刘鸿儒也参会了。会议内容是，讨论王岐山他们起草的建立北京股票市场的建议书。我一听，嘿！我回国，不就是要干这事嘛！这个研讨会囊括了中国经济界最有实权的机构，像中央财经领导小组、计委、体改委、人行、财政部、外经贸部、国务院发展研究中心等。此外，更为积极的参与者，是官办却又资本味道十足的中创、中农信、康华等公司。

会议开始后，宫著铭拿着一份《人民日报》，读了一下邓小平接见纽约股票交易所董事长约翰·凡尔霖时讲的话。他说："现在，有一份《设立北京证券交易所》的方案，今天大家就来议一下。"这份方案是中农信的王岐山和中创的张晓彬发起，其他几大信托投资公司参与起草的。张晓彬念了一下这个方案。他先说了建立北京证券交易所的设想，建立北京证券交易所的意义，然后分析时机是否成熟，以及为什么要选在北京等等。当时，我听了这事，非常震惊和兴奋。因为我们回国以后，到处游说这事，好些部门听完我们的话，都是半信半疑，也搞不懂我们说什么。但是，张晓彬他们的方案非常具体。接着，贾虹生等人开始发言。当时，中国人还不懂股票，大家从马克思"如果没有股份制，就无法想象美国南北大铁路能建设起来"的论述寻找理论依据。那个时候，国内对于资本市场和证券交易所的了解，确实是非常初级的。包括中央财经领导小组、中央政策研究室、计委和人民银行等部门参加会议的人，都提了一些问题，诸如市场怎么运转，需要什么条件，怎么去建？

会上，他们让我谈谈想法。我从专业角度说明应该建立资本市场了，又谈了建立资本市场的意义。因为资本市场是牵一发动全身的，一搞资本市场，企业制度改革、投融资体制改革、税收体制改革、会计制度改革等相关改革都会被带动起来。我还介绍了一下证券监管体制。我记得，当时从管理角度谈了美国的证券市场已经发展很多年，但是在 1929 年股票市场曾经把银行拖垮了，所以就出了一个《格拉斯－斯蒂格尔法案》，把银行和证券市场、资本市场分开。我说："我们要搞的话，管理体制应该是那样。"我记得，刘鸿儒问了几个问题："管，怎么管？谁管啊？"我就对这个问题发表了一些想法。人民银行体改办蔡重直博士是从德国回来的，接受的是德国全能银行的思想。蔡重直就说："应该是德国管理模式，德国管理模式是银行和资本市场混在一块儿，由一个机构管。"他讲了这个体制的好处。为此，就监管问题大家和我发生了一些争论。

最后，刘鸿儒做了总结。他说："建立股票市场，作为金融体制改革来说这是一件非常大的事情。在中国经济体制改革中，这事不仅仅是个经济问题。因为存在理论障碍，建设证券市场显得特别敏感，此事在国际上将引起密切关注。所以，这是中国经济体制改革中的一个大事，远远超出了人民银行的管理范畴。是否要做、是否能做，一定要中央来判断。""当前，只能做可行性研究，进一步往前走，需要给中央还得写报告。"他建议，我们写一份更详尽的报告上报中央，由中央决定。

这么多的政府综合部门和企业界人士集中在一起，来讨论证券交易所的事情，还是第一次。这个会后来被称为研究中国资本市场最早的一个会。可以说，酝酿创建中国证券市场的序幕就从万寿宾馆会议正式拉开的。

应该说，王岐山、张晓彬他们提出来的北京股票交易所的方案，是一个非常粗的设想，里头花了很大的篇幅讨论股票交易所应该设在哪儿。我后来才听他们讲，上海体改办有一批人，牵头的叫陈渝，也提出了在中国建立股票交易所的设想，但是他们的方案是要把证券交易所设在上海。所以，交易所建在何处，是有争论的，建在北京是主流意见。当然，上海方面是希望设在上海的，他们已经预感到了证券交易所对当地经济的拉动作用。

万寿宾馆会议散会的当天，王岐山做东，请大家到中农信吃饭，又是一阵热议。王岐山极其敏锐地意识到，此事意义重大，值得花大力气推动。接下来，大家就议到由谁来写报告的问题。那时候，国人中除了我具有华尔街从业经验外，几乎没有别人；在回国的人当中，也只有我一个人在那儿干过。吃饭的时候，王岐山就坐在我旁边，他向贾虹生建议："别让波明去康华了，把波明留出来，让他参与起草给中央的报告，论证资本市场的可行性，起草建立证券市场的设想吧。"他说的就是《中国证券市场创办与管理的设想》，即后来的"白皮书"。

编写工作涉及经费、场所等问题，张晓彬表示，这一切都由他们来负责解决，钱由中农信跟中创一块儿想办法。结果拨了10万块钱，组成了证券交易所研究设计小组，由宫著铭、张晓彬主持。起草小组有我、张晓彬、宫著铭、周小川、高西庆，还有人总行博士生蔡重直、北大法律系副教授陈大刚、中创的许小胜。大宫和晓彬是总张罗，并和岐山一起负责政策上的把关和协调。西庆、大刚管法律方面，中信的王莉负责交易操作和结算实务方面，我负责交易所运作和管理方面，还有几十位来自主管部门、研究机构的人员参加讨论。这样，我们就日夜兼程、快马加鞭地起草白皮书了。张晓彬还专门派许小胜为大家提供交通、资料、经费等方面的服务，把大家照顾得很好。同时，我们继续游说高层，阐述建立证券市场的必要性。

我记得，编写这份白皮书，我们结合国内当时很多实际情况，借鉴了当年3月在纽约写的建立中国资本市场的"建言"，诸如当时的状况怎么样，为什么要建立证券交易所，建立证券交易所大概要涉及什么方面的问题等等。我们还列举了建立证券市场应具备的其他硬件条件，我在家里画了一张证券交易体系、程序的说明图。我不仅参与了白皮书的编写工作，而且负责技术操作层面的论证工作。最后成形的"白皮书"，包括《筹建北京证券交易所的设想和可行性报告》、《建立国家证券管理委员会的建议》和《建立证券管理法的基本设想》，等于设计了一个关于中国证券业的整体框架。其中，引人注目的是，《基本设想》虽然是人行官员宫著铭牵头起草，但却提出了要人行交权的观点：从我国目前情况看，开始可以暂由人行金融管理司代行职责，但一俟时机成熟，即应由银行系统分出而独立于国务院领导之下。

二　中南海汇报会

我们的白皮书通过张晓彬，转给了国务院发展研究中心副总干事吴明瑜。吴明瑜曾经是科委的副主任，他跟赵紫阳的关系很好。在一次国务院开会时，吴明瑜乘着赵紫阳去洗手间的机会，他就追到洗手间里头去，把这个报告递交给了赵紫阳。因为当时你要谈国务院会议主题之外的事情，只能选择这种特殊的场合和方式。与此同时，另一个渠道也起了一定的作用。我们刚回国的时候，曾经到过政治改革研究室，跟陈小鲁、唐欣、高山几个人谈中国应该建立资本市场的事。他们听了以后，觉得这个事儿有点儿大，所以就向研究室领导汇报了。这位领导认为，这个事儿是一个好事，就在私下向赵紫阳说起过这个事。因此，当吴明瑜将报告提交给赵紫阳以后，差不多一个礼拜，赵紫阳就批下来了。现在，我还保留着当时赵紫阳在白皮书上的批示："关于此事建议中央财经领导小组，听一次汇报，请依林同志召集。"那个时候，姚依林是财经领导小组的副组长，赵紫阳是组长。

11月9日上午，在国务院第三会议室，姚依林和财经领导小组秘书长张劲夫共同主持了汇报会。听取汇报的还有中央财经领导小组顾问周建南，国家经委主任吕东，体改委副主任安志文、高尚全，财政部副部长项怀诚，央行金融管理司司长金建栋等三十多人。参加汇报的是张晓彬、高西庆、我和周小川。

会议开始时，张劲夫说："总书记让依林同志和我听取有关证券交易所的研讨汇报，看看条件是否成熟，提交到中央财经领导小组议一议，股份有限公司股票上市要什么条件？国家管理机构应该怎样审批，才能进行严格管理？"我就介绍了美国中小企业的股票上市情况。张劲夫又问："你们有没有研究过资本主义有哪些可以为我们所用？我国理论界有人提出社会主义不能搞期货交易，只能搞现货。"周小川回答说："期货有稳定的作用，期货运用好可以促进市场。"项怀诚也说："期货可以分担风险，有利于稳定。"吕东问："公有制为基础的企业与私有制为基础的企业，股票上市有何区别？"高西庆用以色列国营企业上市的法律规定与具体做法做了解答。安志文说："西方国家商业银行与投资部门为什么分开，分开是有道理的。专业银行有投资部，不能合在一起，那会产生很大的混乱，所以要分开。我们当初建投资公司，也是为了改革的需要，不能再退回去。"金建栋介绍了目前全国有 745 家信托投资公司，专业银行系统占 400 多家。37 家经人民银行批准的证券公司，还有一些未经人民银行批准，但已经由当地政府批准或主管部门批准的金融公司。劲夫同志说："这次要清理，不经人民银行批准的不行。"

会上，姚依林问："还有一个问题，即股份制与股票市场的关系。我赞成股份制，但要弄清实行股份制的企业与现有企业的关系，这里有什么问题需要探讨？企业不透明的话，股份制实现不了，需要评估才能上市。"对此，张晓彬做了回答。周建南同志说："现在企业是原有资产不清就发股票。"吴明瑜同志说："要建立国际标准的会计制度、审计制度。一个是等企业都搞好再上市。依林插话：那不行。一是各部门各公司自发研究，然后变自发为国家有组织地研究，花上一年时间搞研究。"依林同志说："同意。"

周小川提出："市场管理与组织具有一定的独立性，要分开。对于管理，人民银行本身出面不合适。"高尚全说："年轻人花了大量时间进行研究，是很有必要的。我同意证券交易所是深化改革的配套措施，它具有一定的复杂性。在公有制情况下，怎样搞交易所？我们基础工作差，市场发育差，竞争不充分，价格不合理，管理水平不高，要加强基础工作。搞交易所可能产生问题，如投机、市场波动等，总之，到底会产生什么问题，我们心里没底。要积极筹备，根据条件逐步发展。国家证券交易委员会领导小组，要不要成立？是由体改委牵头还是由人民银行牵头？"吴明瑜同志说："先明确中央哪个领导牵头。"

项怀诚同志讲："一、交易所作为明后两年体制改革的配套措施，要早起步，这并不意味着条件具备。交易所的建立应有非常发育的市场，要有严格的秩序为基础，管理上比较健全的企业，交易所需要价格税收体制合理、人才的条件。现在实际条件是可能只有几个企业上市。但交易所可以迫使企业面对市场，逐步上市。二、中国的特殊情况，规范化的市场应是好的企业上市，我国则是买卖亏损企业，这正是中国能走的一步。国外基本上是股票，我国基本上是债券，中国很可能是从债券交易起步。目前，还是体改委牵头为好！财政部一定参加。"安志文说："我让刘鸿儒同志参加会。他不在京。我的意见是两句话，一是条件不成熟，二是非搞不可，主要是企业股份化条件不完全成熟，另一方面一开始交易，要及早解决交易市场问题。"

张劲夫说："我们这些中青年同志，都是搞证券市场的积极分子。（姚依林插话说：我也是积极分子。）我思索多年，公有制到底怎么个公有法？现在全民不如大集体，要改革财产所有权的问题，用什么方式解决，股份制本身是核心问题，要探讨，我报名做一个志愿兵。体改委为主，我参与，要赶快搞出来。"紧接着，姚依林说："要紧锣密鼓地搞。"还说："我讲一个意见，社会主义优越性问题是不是实行股份制可以解决，也可能股份制是解决因素之一，我对股份制一直支持，资本主义搞股份制是规范的，是商品经济发达的产物，我赞成志文同志的意见，即一是条件不成熟，二是非搞不可，我以前多次讲股份制问题，都让人给抹掉了。困难多，不管有什么困难，要奋斗，搞出来，是公有制的股份制，这样，经济的灵活性可以大大增加，这个问题我很赞成，怎么搞法，我赞成劲夫意见。"

我记得，关于由哪个部门牵头的问题，金建栋希望由人总行牵头。他是有准备而来，还拿了一个稿子。他说："其实，股份制这个事，我们人民银行已经抓了很多年了。相当多的银行营业网点都在进行国债交易，也有一些已经成立了证券公司。上海有个工商银行静安营业部，负责人叫黄贵鲜，在旧社会就搞过股票市场。"他说："我们人民银行对这个市场一直都在抓。"当时，他还拿出很多数据。其实，他就是想说，这件事应该由人民银行牵头做，用不着另外找机构了。我记得，这个时候，傅丰祥就说："我觉得，人民银行来抓这个事情有点不妥，这是体改的事情。现在谈的这个证券交易所，跟你们人民银行正在做的，完全是两码事。所以，还是应该找一个相对中立，而且是肩负改革的部门来做这个事比较合适。"他接着说："我觉得，由安老来牵头做这个事，更合适一点。"这时，姚依林马上就说："我也同意。由体改委、志文同志你来牵头来做这个事情，比较合适。"刚说到这儿，金建栋又说："我们人民银行已经做了很多准备，还是由我们来牵头做这个事情，比较合适一点。"姚依林打断他说："人总行负责的事太多了，还是由体改委安志文同志牵头。"金建栋仍有异议，但再次被姚依林打断。这时，项怀诚发言说："非常同意由体改委牵头。"并认为，这样较公正。最后，姚依林拍板："有关证券市场的研究和筹划工作归口到体改委。"姚依林还采纳了张劲夫的建议："先由基层自发研究，然后变为国家有组织地研究和筹划。"会议气氛很活跃，大家畅所欲言，一直开到中午 12 点 10 分才结束。

中南海汇报会大体上有个说法：目前建立证券交易所尚不具备条件，但从今后改革发展趋势来看是必要的。如果是必要的，就值得研究，而要研究，就要有个机构。但这个机构国家是不上心的，国家是不给编制的，更不出钱的。后来，还是张劲夫给了个安慰的说法，叫作："民间发起，政府支持。"

现在回想起来，那个时候，领导脑子里的大思路是非常清楚的，我们这些年轻人都不可能有这样的设想。如果今天再讨论这样的事情，人们一定要让政府来主导。而在当时，决策层的意见却说：体改委从改革方面、从政策方面协调来做这个事，但是这个事儿本身要民间发起、政府支持。所以，我觉得，那个时候的领导确实挺超前的，想问题的高度很高，想问题想得挺透，能把这中间的界限划得很清楚。如果照现在思路，肯定就是政府进入股票交易所了。

三　成立"联办"

因为股票交易所这词太敏感，中央要求我们少说多做，低调筹备。这就需要一个机构来具体操作。

1989 年 1 月 15 日，由张晓彬和王岐山筹划，在北京饭店召集了一些大信托投资公司、产业公司的负责人开了一次会，称之为北京的华尔街会议，讨论中国证券市场的筹备工作。参会的有：中国化工进出口总公司首席代表郑敦训，中国对外经济贸易信托投资公司首席代表赵志坚，中国光大集团有限公司首席代表冷林，中国经济开发信托投资公司首席代表宫成喜，中国农村发展信托投资公司首席代表王岐山，中国国际信托投资公司首席代表、后兼联办理事长经叔平，中国信息信托投资公司首席代表杨咸祥，中国康华发展总公司首席代表贾虹生，中国新技术创业投资公司首席代表张晓彬。会议最后确定，与会的 9 家公司，每家公司出 50 万元人民币，总共 450 万元，组建一个民间机构，来推动证券市场的建立。接下来，我和高西庆等一些人为组建这个民间机构找地方。我们第一个办公地方在王府井原来的计算机研究所，现在已经变成时尚婚纱店，就在王府井拐角那个地方。

3 月 15 日，在香格里拉饭店，各出资单位举行一个签字仪式，也算是这个民间机构正式成立吧。我记得，这在当时金融界还算是挺大的一个事，所有银行的头儿都来了。当时，对于这个机构的名字，包括英文名字怎么起，颇费了一番争论。一开始说，叫证券交易所筹备组。刘鸿儒说："不行。你们不能把名字起得这么实。一定要起一个带有研究性质的名字，千万不要给外界一个印象说你们正在筹备。'筹备'这两字一定不能出现，一定要用'研究'、'信息研究'等等字眼。"同时，几个大信托公司的老总认为，如果要筹办证券交易所，一定要建在北京，不能拿到上海。最后，为了迁就刘鸿儒和几个大信托投资公司理事的意见，就起了个非常长的名字，叫"北京证券交易所研究设计联合办公室"。我估计，现在很少人能把它的全名给念出来。当然还得弄个简称，最后决定弄个"联"字，弄个"办"字，简称"联办"。至于英文名称，不能这么直接翻啊，英文就得把"股票交易所"的字眼给亮出来，就变成叫 Stock Exchange Executive Council，这是张晓彬给起的。到后来很多年，人家看着中文然后再看英文，谁和谁都不挨着，根本翻译不过去。至于现在的称呼"中国证券市场研究设计中心"，那是后来才改的。所以，成立联办最初的出发点，就是为在北京建立证券交易所做准备的。

签字仪式结束后，就组织了第一次理事会。由大宫来担任联办的总干事，我被任命为联办的副总干事。这次任命以后，联办也就是几个人。后来招了点儿人，两间办公室，宫著铭还专门对我说："你找个地方，别太贵了，要省点钱。办公就在计算机研究所那个电脑中心的四楼。"

联办建立以后，由于上边把这个事交给体改委安志文牵头，安志文就把具体的事情放在体改委宏观司了，主要由傅丰祥和许美征负责联络我们，然后再向上边做汇报。我记得，宏观司至少召集过两次会，把计委、财政部、人民银行等部门都找来了，商量建立证券交易所的事。为筹备北京交易所，我们搞了一张大图。围绕着证券交易所的环境配套，会计法、公司法、证券法，再加上证券公司、股份制公司等等，那张图现在我还留着呢！我们内部的参加者，会计是汪建熙，还有一个叫龙涛的。法律方面除了西庆，陈大刚推荐了一个叫何菲的，陈大刚也参加过一段时间，后来因为他要去新加坡实习，就离开了。交易方面，中信推荐了王莉，她比较懂交易的事情。这样就组织了一个班子，开始紧锣密鼓地筹备。

当时，好几家外国机构知道了这件事。日本的山一证券觉得，一定要跟联办搞好关系，所以他们专门请我去了一趟东京。4月，在日本考察期间，有人给我介绍，去见一下东京交易所的总裁。于是，我就去跟他谈。我们说："现在，中国要筹备建立资本市场，所以，想到你们这儿来取取经，同时建立一些合作关系。"东京交易所总裁跟我说："你们中国建立资本市场，我们全力支持，要钱也好，要技术援助也好，所有的事我们都给你包了。你们就别找美国人了，我们就全帮你们做了。"然后，他说："其实，我们日本的资本市场架构和交易制度，是二战以后，比较完整地从美国移植过来的。所以，你们去找美国人也没有太多的用处，我们这边基本上都可以涵盖了。"我听了以后，也很兴奋。

但是，联办的建立，确实有点儿生不逢时。它刚刚开始运作，就遭遇了1989年春夏的政治风波。进入7月份，我们的总干事宫著铭从人民银行被退回到国家体改委。当时，郑洪庆、周少华、宫著铭、周小川四个委员被"交流"了，体改委被整顿了，工作基本上停摆了。这样一来，联办也基本瘫痪了，这种状态一直持续到10月份。

尽管如此，从7月到10月这个期间，我们还是干了几件事。首先是要各个部门来讲一下他们大的设想，然后请汪建熙来讲会计制度，请何菲、西庆来讲法律，我自己来讲交易结构。大家还是在酝酿思路，但在具体推进上已经不是紧锣密鼓了。最后，由于财政部、人民银行和计委提议，应该组织一个全国性的考察团，把全国的资本市场情况了解一下，因此，10月份，联办开了一次理事会。大家都认为，这个方面的需求其实也很大，咱们可以调查一下，搞清楚情况。后来回想，这一次的全国调查，真是成了资本市场的播种机和宣传队，给基层带来了希望。基层认为，在这种时候，居然还有人在调查资本市场的情况，这说明中国的改革还可以继续往下走，至少中央没有把这个话头给掐断了。所以，当时由联办牵头的这次考察团意义确实很大。第一个考察团去了沈阳，第二个团去了武汉，第三个团去了广州，然后又往深圳去。就在考察过程中，出现了转机，使建立证券交易所的事有了实质性的推进。

四　参与筹备上交所和深交所

本来，我们打算把股票交易所设在北京，联办就是为此而设立的，跟中央也是这么汇报的。当时，中国没有资本市场，只有银行。银行总部都在北京，股票交易所最好设在金融中心。然而，1989年2月，就在我们筹备联办的时候，上海就开始有动作了，上海市体改办召集人民银行上海市分行等单位开会，研究成立上海证券交易所的方案。上海率先行动的原因之一是，上海市市长朱镕基计划开发浦东。中央说，钱是没有的，只能给政策支持。而开发预算就是8000亿，对于上海而言，根本就是天文数字。这时，宫著铭给朱镕基写了一封信，大致内容是说，要想开发浦东，就要借全国的钱。

银行已经没有办法了，你要搞个股票交易所。朱市长问他："什么叫股票交易所？"宫著铭用最简单朴实的语言向他做了解释。这引起了朱镕基的重视。朱说："那好吧，就建吧！"

12月2日，上海市委召开了常委扩大会，在会上成立了筹建上海股票交易所的三人小组，分别是上海交通银行的董事长李祥瑞、上海人行行长龚浩成、上海体改办主任贺镐圣。李祥瑞后来是沪市交易所的第一任头儿。问题是，要建股票交易所，上哪儿找懂行的人啊？这就想起了茅盾写的《子夜》，想起旧上海原来是有过股票交易所的，他们赶紧把这拨老人挖出来。还真找出几个人，但他们说过去的股票交易所，交易的不是股票，而是地方债券。联办的秘书长经叔平与朱镕基的关系很熟。1989年底，他和张晓彬一起到上海，向朱镕基介绍了联办的情况，并说："我们这儿有拨人，就是搞北京证券交易所的。"朱镕基说："好啊，那把他们请来，我给解决户口问题。让他们安顿下来，帮我把这个股票交易所成立起来。"当时，我们正好带着考察团在广州，准备去深圳。张晓彬要我们赶到上海，向朱镕基汇报，但因为太过仓促，没法赶到上海。直到所有人考察回到北京以后，大家聚在一起吃饭，晓彬就问大家："去不去上海呢？现在北京搞证券交易所，时机也不成熟，政治环境也不许可，要不干脆去上海？"大家商量了一番，结果，没有一个人愿意落户到上海去。

这时，上海的筹备工作开始上马。在经叔平的建议下，朱镕基同意联办来协助上海筹建股票交易所。在三人小组给朱市长的报告中，建议成立上海证券交易所筹备小组。上海人行的王定甫任组长，联办的章知方为副组长。三人小组建议，由上海市牵头，请联办的同志协助，朱市长还专门把"协助"两字划掉，改成"合作"。在合作筹备过程中，有一件很重要的事，就是搞了一个发展证券市场国际研讨会。1990年5月28~31日，由上海人民银行分行跟联办共同来组织这次研讨会。这好像是从新中国成立以后，第一个国际性的金融市场的研讨会。当时，理论界还没有敢提资本市场，只是提资金市场、长期资本市场、金融市场，但实际上就是资本市场。这个研讨会给当时的改革注入了一股新风，国际上对这次会上的发言和内容都非常重视，很多报纸都转载了这次研讨会。

以前，我们没觉得这事有多赶。建立股票交易所本身，就是一个系统工程，涉及法律、会计、投资人、交易场所的选定，需要层层审批，进度想快也快不起来。直到有外国记者问朱镕基："中国还要不要改革？"他回答说："当然要改革，比如我们马上要建立股票交易系统，今年年底上海股票交易所就要开门。"我们在国内拿到新闻稿，一看，哎哟，都5、6月了，我们还在筹备呢。既然上面发话了，肯定得赶紧做出来。

进入实际操作，遇到的第一个问题是，上海市给证券交易所定的级别叫"不定级"。这种安排，使得原来的人行上海分行的金管处处长王定甫主动退出了筹备组。这时，副处长尉文渊挺身而出，愿意来主持这个筹备工作。我记得，那时候，尉文渊恨不得每礼拜飞一次北京，跟我们讲这个方案到底怎么做。接下来，就是选址。选在了靠近提篮桥的查尔斯酒店，市政府把这个酒店拨给他们。当时的困难很多，最主要的是股票交易得通过电话下单，需要50对中继线，但上海市的电话资源奇缺，50条电话线在当时是一件大事啊，最后还是朱镕基亲自批准的。

就这样，12月19日，上海证券交易所举行了开业典礼。我跟西庆代表联办去上海，香港也组织了一个很大的代表团参加开幕式。朱镕基把上海外滩的灯全部搞亮了，把这件事当成上海的一件大事。在开业时，李祥瑞讲："第一，政治意义要大于经济意义。第二，债券交易大于股票交易。第三，长期意义大于短期意义。也就是说，我们搞股票交易所，这是一个 short case，就是长期看，我们改革还都在发展。当然，你别太想短期赚钱，也别想着有太多的经济利益。"他讲了三层意义，其实是证券，不是股票；是政治意义，不是经济意义；实际上是长期的，不是短期的。为什么呢？从短期经济来讲，朱镕基当时不是为了要建立一个资本市场，而是由于浦东开发，希望通过这个东西把上海变成金融中心，然后来帮助银行。银行是条条管理，上海有多少存款，银行才能贷多少钱。上海的银行存款是一个定量，银行要支持上海企业的流动资金，就没有太多新增的资金支持浦东开发。

实际上，李祥瑞在开幕式上说的这三点，很快就在实践中被改写了。也就是一年的工夫，全中国的钱就像对着抽风机似的，忽一下，全被抽向上海。股票交易量大大超过债券交易量，涌现了大量的百万富翁，比如杨百万。全国的资金涌向上海，上海银行的资金一下就多了。结果是，银行开始有钱可以支持浦东的开发了。

深证交易所的筹备过程与上海不同，有些曲折。1989 年底，在没有市政府支持的情况下，完全由民间发起，深圳成立了一个班子，由王健和禹国刚两人牵头，各家证券公司每家出了 100 万，筹建深圳证券交易所。我们到深圳后才知道，政府根本没有介入这个事情，也没有任何政策支持。我们去了以后，觉得由民间发起做这个事非常好，就给予大力支持。当时，联办是带有一些中央政府的意愿，对他们的工作给予了很多的肯定。我们将上海筹备交易所的细节和法律资料，转交给深圳的王健和禹国刚，资料都是一箱子一箱子背过去的。1990 年 5 月，上海开国际研讨会时候，当时没人知道深圳还有个股票交易所筹备组，李青原专门设计了一个题目，让禹国刚在会上自我介绍一下，说："我是深圳股票交易所筹备组的负责人"，给他们一个露面的机会。深圳也很希望中央承认他们。

我记得，我们还专门去了一趟香港。有人介绍我去找了香港证监会监察部主任史美伦，史美伦说："OK，大陆要建立证券交易所这个事非常好，我给你介绍袁天凡。"袁天凡是当时香港联交所行政总裁。在史美伦的引见下，我就去见了袁天凡。他的态度和日本人一样，你要什么资料、什么帮助，全力支持。我们把袁天凡也介绍给了禹国刚和王健，他们从香港搬回了好几箱子资料，研究怎么做证券市场。

当时，我已经知道上海交易所预定在 12 月 19 日开张，就跟深圳交易所筹备组的人说："上海交易所 12 月 19 日开门了，你们怎么办？"他们一听急了，说："我们一定要抢在上海交易所之前开门。"为了抢到"第一"称号，他们就决定 12 月 1 日开门。

12 月 1 日，深圳证交所开门的当天，我没有去，听说比较冷清，毕竟仓促嘛！那天，深圳市政府都没来祝贺，他们完全是自发型的。尽管有个大匾，叫"深圳证券交易所"，但也不敢太外露，用大红布把匾给盖上，不让太多的人知道。他们说："我们就是要个说法，深圳交易所是在 12 月 1 日开门的。"其实，在这个时候，中央还没有批准呢！深圳交易所正式营业是在

1991 年年中。为什么会这样呢？因为深圳市政府一看，上海的交易所也开门了，深圳市政府应该把这个事接过来，把它变成市政府的举动。于是，第二年又搞了一次开幕仪式。所以，现在说起来深圳交易所的正式开张，应该是 1991 年 7 月 3 日，而不是 1990 年的 12 月 1 日。如果是 1990 年 12 月 1 日，它就是社会主义国家的第一家交易所。现在想想，也挺理解他们的，毕竟意义重大嘛！在当时，一个社会主义国家建立一个股票交易所，这是不可思议的事情。当时，连股份制都是与私有制画等号的，更何况是股票交易所，搞不好是要被抓进去的。

所以说，对中国资本市场有标志意义的两个交易所，都是在 1990 年 12 月份成立的。刚成立时，深圳交易所还不合法，他们都是在场外交易。后来，大家给交易所面子，送几笔交易进去。深圳证交所开门那天，也就有三四笔交易在交易所里进行。对此，联办也不太好公开地表示什么，但跟他们有很深厚的友谊，最后研究决定："一定要有所表示。干脆，咱们就送一个花篮去得了，人也别去。"后来，联办的人就送了个花篮。

在我和高西庆等人帮助上海、深圳筹建交易所的空余时间里，我们以美国 NASDAQ 计算机联网交易为蓝本，设计建立了中国证券自动报价系统，即 "STAQ"。1990 年 11 月，该系统实现了国内 6 个城市 18 家公司通信联网。这样，以上海证券交易所、深圳证券交易所和北京联办申请的 STAQ，两所一网作为标志，中国证券市场就此建立起来了。

五 参与筹办中国证监会

对于联办来说，证券交易所成立以后，它的使命似乎已然完成。联办的钱也花光了，人也没用了，理事会就差说让我们自谋生路了。但是，我们还在继续琢磨中国资本市场这点儿事。

我觉得，关于证监会的建立，是一件比较有意思的事。因为这牵扯到我们政府内部制度的矛盾。一开始，证监会就在两个模式之间做选择。一个是大一统的，由银行全部都管了，这是日本模式；第二个是把资本市场和银行体制分开，就是美国模式。当然，还有第三种模式，归财政部管，就是德国模式，但没有成为主流意见。中国的资本市场，从最早开始，所有的大小事情都是由人民银行金管司管，实际上是日本模式。作为联办来讲，一直比较推崇美国模式，就是要把这两者分开。所以，人民银行对联办有很多意见。

1992年年初，事情的转折点，是联办帮江苏省策划发一亿人民币的债券。当时，准备在人民大会堂搞一个签字仪式，就在这个仪式要开始时，上边来电话说："赶紧取消这个事儿。人民银行没有规定允许省里发债，地方政府没有这个权力。"同时，人民银行又把这个事报告给当时的副总理朱镕基了，朱镕基就说："不可以，这是乱搞，社会乱集资嘛！"

6月，朱镕基叫我们去谈资本市场的事。有李青原、高西庆和我，还有楼继伟和李剑阁。朱镕基一上来就说："你们联办的胆子也太大了，你们竟然违反规定，帮助江苏省发债，人民银行都告你们状了。"李青原还想辩护两句。朱镕基说："别辩了！错了就错了，别说了。"接下来，就谈到要不要搞证监会，证券市场究竟要不要管，怎么管，谁来管？我们说："资本市场和银行体制一定要分开，否则以后会出事儿的。"朱镕基说："这么小的市场，就让人民银行来管一管嘛，为什么还要成立单独一个机构？"我们就跟他争了半天，说这个事银行管很不适合。后来，他说："好吧，如果要真有一个机构，那你们觉得谁来管比较合适？"我记得，我说了这样一个观点："任何一个机构，包括人民银行，都可以用政治任命，只要那个干部有一个全局观念就行了。唯独证券市场，一定要找一个专业干部来管，要懂这个市场，懂得改革。"朱镕基问："你们觉得谁够这个条件啊？"我们大家都说："刘鸿儒同志就不错嘛！"朱马上说："我就知道，你们会推荐刘鸿儒。但是刘鸿儒同志啊，肩膀太软。"这个时候，秘书李伟插话说："总理，人事问题是不是就不要在这里讨论了？"朱说："我就是要听听他们的意见。"后来，朱镕基跟李剑阁说："我看中国真正懂股票交易没有几个人，屈指可数。但联办那几个人，他们懂。"这是李剑阁后面私下里告诉我们的。

原本以为，这次会议谈完以后，证监会很快就会建立了，但过了三个月仍然没什么动静。直到8月10日，深圳爆发了"8.10"事件。正是这个事之后，促使朱镕基觉得，应该要有一个单独的监管机构。我记得快到冬天的时候，在天伦王朝，李剑阁和楼继伟请我、李青原和高西庆一起吃饭，李剑阁和楼继伟说："你们提议，要成立证监会，朱老板同意这个想法了。但前提是，你们必须都进入证监会。这是你们提出来的事儿，你们必须都得进去。"他们还说："证监会的体制设计由你们来提。"高西庆提出："建立委员制度，就是五个人，一人一票。"他们说："这些事都可以讨论，反正你们都得进去，你们得参与设计。"回来以后，我跟西庆一起搞了个设计方案，规划设立哪几个部，然后，提出设主席一名，设副主席若干。当时，傅丰祥是联办总干事，我们把这个方案给他看了，他改成"设主席一名，设副主席一名"。开始筹备证监会时，要求我们几个人都得进去，所以，有一种方案还提议，把联办取消了，联办的人都转到证监会里头去。当时，证监会筹备组在保利大厦办公，在财政部的账号还没开，联办先拿了200万借给刘鸿儒，这是我去谈的。当时，我们定了一条，联办不能跟证监会抢人，证监会点着谁，谁就去证监会。所以，那时候，联办就到处找人谈话，问愿不愿意去证监会？

1992年10月12日，国务院证券委员会成立，证券委的办事机构是中国证券监督管理委员会。证监会成立时，我和高西庆几个都进去了。联办大部分人，连打字员都到证监会去了，现在证监会好多人还都是联办的。大约过了一个月，我觉着自己不适合待在政府部门，就又出来了，接着做联办的事。

今天，回顾当年的这一段历史，让人感慨万千。回过头去看，当时对证券市场的制度安排大方向是对的。另外，对于中国改革而言，资本市场的创立，突破了摸着石头过河的模式，它遵循拿来主义，借鉴了国外成熟市场的经验，起点很高。白皮书关于资本市场结构的设想，现在基本上都实现了。

筹建上海证券交易所的决策背景

口述者：龚浩成[*]

口述者：龚浩成[*]

访谈者：陆一、富娆

时　　间：2008 年 10 月 22 日

地　　点：上海银欣公司龚浩成办公室

整理者：陆一

　　上海的金融改革，特别是证券市场的建立，经过了一个比较长的过程。1984 年以前，所进行的一系列改革，只是恢复建设银行、中国银行、农业银行、人民保险公司。到 1984 年 1 月 1 日，人民银行开始单独行使中央银行职能，才确立了中央银行体制。同日，建立了工商银行，把原来人民银行承担的工商企业信贷业务、城市居民储蓄业务，划到工商银行。这个时候，成立了以人民银行为领导，四大专业银行为主体的金融体制。但是，在那个时候，还没有直接金融。企业还不能够向市场融通资金，只是面向四个银行借款。我记得比较清楚的是，在 1980 年、1981 年，我还在上海财经大学教书，是财政金融系副主任、总支书记。我曾经在课堂上讲了三个钟头证券市场，尽管没有引起强烈的反对意见，但已经有老师提醒我，不要去讲这个东西，讲那个东西风险很大。可见，尽管十一届三中全会开过以后，大家都晓得计划体制是不行的，要向市

---

* 龚浩成（1927～），江苏武进人。历任中国人民银行上海分行副行长、行长，国家外汇管理局上海分局副局长、局长，上海证券交易所常务理事，上海证券期货学院院长。

场转化。但即使要向市场转化，对于证券市场大家还是感到是风险比较大的事情和领域。

一　设立证券交易所的条件日趋成熟

1984 年 10 月份，我调到人民银行上海市分行当副行长；1986 年夏天，接替李祥瑞当行长。调到人民银行上海分行以后那几年，在上海市委的领导下，在市体改委的推动下，已经在探索企业股份制的改革。1984 年，就出现了几家股份制企业，特别是 1985 年、1986 年又出现了好几家，飞乐发行股票就是在那时候。当时，主要是由上海市体改委推动这项工作，人民银行参与这项工作并不多。不过，当时在领导层中间都还是倾向于在集体所有制企业中搞股份制企业试点；如果要触及国有企业的话，还不敢大面积地加以推广。国有企业中间推广股份制试点，最早的一家就是真空电子器件公司。1986 年下半年开始改制，1987 年 1 月 24 日公开发行 5000 万元人民币股票。厂址就在欧阳路上，现在作了老百姓的住房，解放初期是上海财经大学的校舍。

在上海证券市场刚刚起步不久，中国人民银行上海市分行就确立了证券市场的中长期发展目标，即证券市场的发展分两步走：第一步，发展证券柜台交易，发展证券专营机构；第二步，在条件相对成熟的时候，筹建上海证券交易所。在这个基本思路的指导下，上海证券市场从 1984 年开始逐渐发展起来。

实际上，在股份制企业出现之后，除了内部推销，或者用我们今天话讲私募这种形式以外，它必然进一步要求公募，要求公开发行。1987～1989 年，股份制企业对公募的社会要求就比较强烈了。可是，股份制试点和发行股票还只是限于集体所有制企业为主，国有企业触及得比较少。真空电子器件公司的老总薛文海，他的胆量比较大，他就做了这个事情。这家真空电子器件公司实际上也是 1992 年发行 B 股的第一家企业。这实际上是交易所出现之前的背景情况之一，就是股份制企业的出现。假如一家股份制企业都没有的话，是不可能出现交易所的。第二个背景情况，是陆陆续续开始有证券出现。首先是，改革开放后恢复了国债发行，在 1980 年左右就开始了国债的发行，这也是证券市场形成的一个重要环节。

1987 年、1988 年出现了一些规模比较大的证券公司。这里有个插曲，大概是 1988 年上半年，人民银行总行要上海分行自己组建一家证券公司。这不是人民银行总行刘鸿儒等领导的意思，只是金管司司长金建栋要人民银行上海分行自己搞一家证券公司。对此，我是反对的。我认为，人民银行是监管部门，自己搞一个营业机构算什么话？我当时讲了一句话："这不是等于踢足球，裁判员下场去了，到时候临门一脚球踢进去，到底是算还是不算？"我就跟他提这个问题。但他给我们答复："人民银行上海分行自己不组建一家的话，上海其他两家也不批准。"就是指万国、海通。当时，我们已经向总行申报了万国、海通。最后，没有办法，我们只能组建了一个申银。上海的申银证券公司就是这么来的，申银的意思就是上海人民银行。申银第一任经理是吴雅伦，他当时是上海分行办公室的一个科长，后来成为证券交易所的副总经理。组建了这个公司之后，我找吴雅伦谈："你将来可以买卖一点债券，但不要去买卖股票。"因为债券体制比较规范，股票买卖起伏波动比较大。他说："我这个公司还有十多个人，十多个人工资怎么开？"我说："工资由人民银行上海分行付，按人民银行职工的编制、工资支付。"他说："这么多人没事干也没不行。"我说："那你就在国际化、规范化方面搞些研究工作。"好在，这个公司成立不久，证券公司开始吃香起来了，你要再组建一家就不是那么容易批了。

当时，工商银行上海分行看到眼红，也想组建证券公司，工商银行上海分行行长毛应梁、副行长王育春就不断来找我。他们原来有一个门市部，就是非常有名的中国工商银行上海市分行投资信托公司静安证券业务部，一直在运营，但规模比较小，如果有一个申银证券公司的牌子，业务就可以做大。由于他们不断要求，我后来这样答复：转让可以，这个公司转让给你们不收一分钱，只有一个条件，招牌名称不能变，仍旧叫申银证券公司。人员我们可以撤回来，你重新组织安排人。这样，吴雅伦就撤回来了。因为那个时候开始组建交易所了，吴雅伦就到交易所去了。申银证券公司转让过去以后，第一任总经理是阚治东。万国证券在"327"事件出事以后，与申银合并成为申万证券公司。1997 年，阚治东离开申万证券公司后，王育春担任总经理。

接着讲二级市场，静安证券业务部是起了比较大的作用。他们公开将已经发行的股份公司股票放在他们那儿的柜台上进行交易。当时，我们胆子也比较大。为什么说胆子大呢？这中间有一个事。1986 年 11 月 10 日至 13 日，在北京举行了中美金融市场研讨会，纽约证券交易所的总裁约翰·范尔霖来中国参加这个会议。他晓得中国发行股票了，社会主义中国发行股票对国际金融界震动很大，他又是纽约证券交易所的总裁，所以，他主动提出来要买一张股票。当时的国务委员、人民银行总行行长陈慕华就直接打电话给李祥瑞说："你给我搞一张股票，要通过邓小平送给美国证券交易所总裁。"李祥瑞接到陈慕华的电话后，把我们找到一起商量，研究送哪一张股票。在这件事情上，并不是上海主动推荐，而是总行点名要上海送一张股票，只不过总行没有指定我们应该送哪一张。

从全国来讲，上海的股票并不是唯一的，各地发行股票已经不少，沈阳、河南都有股票发行。而股票票面设计和印制应当有一定的格式，要在票面上具备基本的要素。比如，发股票公司的名称，发股票的日期，多少面额（不是市值），就是 100 块，或者 1 块，还要有签发日期，还要有公司总经理的图章等等，这些要素都要包括在内。严格地讲，上海并不是头一家发行股票，可是规范的股票上海确实是头一家，具备了股票的所有要素，而且都是在上海印钞厂印的；而各地送到总行的股票，要么没有总经理的图章，或者缺少其他一些要素。

因此，总行知道上海的股票设计和印制比较规范后，就打电话到上海，要我们上海送张股票来。当时，上海已经有四五个公司的股票，我们看小飞乐更规范一点，所以就决定送小飞乐的股票。为了表示这张股票的真实性，还在户主名字一栏上签了当时我们分管证券业务的副行长周芝石（他后来成为上海证券交易所的第一任监事会主席）的名字，并派当时分行金管处处长朱小华乘飞机把这张股票送到北京去。11 月 14 日，陈慕华陪同小平同志接见范尔霖时，将这张小飞乐的股票赠送给范尔霖。但范尔霖看到这张股票属于周芝石名下，就说：这股票还不是我的，它要过户到我的名下。就为这事，11月16日，他带着这张股票特地跑到上海来，在静安营业部办理过户手续。这成为当时轰动一时的大事。有了这件事，我们悬着的心就放下了一大半，就可以比较大胆地做了，不然总是提心吊胆的。

那个时候，我们准备工作中重要的一条，就是不断地派人出去考察了解。尉文渊有一句话，说他那时候还不知道证券交易所究竟是什么样的，他这句话说对了。我记得，1986年初，总行派我到日本学习。当时组织了十几个分行行长，由现在银监会的一个副主席蔡鄂生带队。蔡是山西财经学院毕业，他当时是总行金管司的一个处长，后来在上海分行当过行长。我们在野村证券公司，整整学了一个月。这是刘鸿儒跟野村证券伊藤正则联系好的，把我们派去。主要学习证券业务和日本的证券历史，每天就是上课、讨论。行里还组织过几批人到香港考察。上海分管金融的副市长庄晓天、我们分行的副行长罗石林，还有体改办的同志都去过，去了解境外证券交易究竟怎么样进行的。这些都是打基础的工作，都做得比较扎实。实际上，在证券交易所筹建以前，上海历任的领导，包括汪道涵都专门组织研究过这个问题。我们对股份制企业、一级市场的建立、证券公司的建立、柜台交易的建立，事先都做了大量的工作，到后面就是水到渠成的问题，而不是突然掉下来个证券交易所。

随着金融体制改革的不断深入，上海证券市场经过萌生、孕育等阶段，得到了迅速的发展，集中统一的证券交易所的诞生条件日趋成熟。到1990年底，上海证券市场的总体状况主要表现为：一是上市证券规模及交易规模扩大。各种证券，包括国库券、重点建设债券、企业债券、金融债券和股票等可上市证券总量达100多亿元，上市品种30多个，累计成交量达35亿多元。二是证券经营机构初具规模。截至1990年底，上海已有证券经营机构26家（尤其以上海申银证券公司、上海万国证券公司、上海海通证券公司和上海财政证券公司最为著名，号称"四大名旦"），柜台交易网点50多个，并批准设立了一批专门的信用评级机构，如上海远东资信评估公司等。三是形成了一套相应的法规和管理措施。上海市人民政府在颁布了《上海市股票管理暂行办法》、《上海市债券管理暂行办法》之后，又发布了《上海市证券交易管理办法》；中国人民银行上海市分行颁布了《上海市证券柜台交易管理暂行办法》、《上海市证券机构管理暂行办法》等。四是证券市场建立几年以来，投资观念逐步在市民中得到普及，投资者人数日益增多。据统计，全市有将近十分之一的市民参与了证券交易，机构投资者也不断增多。五是开发开放浦东的契机呼唤上海证券交易所早日成立，为其提供资金支持。

二　设立上海证券交易所的决策过程

1984～1988年，上海出现了一批股份制企业，建立了证券公司，开始有了柜台交易而且也有一定的业务量，人们的思想也有了一定的准备，这就给证券交易所的出现奠定了客观基础。

1. 成立上海证券交易所的背景

1989年2月2日，上海市体改办召集人民银行上海市分行等单位开会，研究成立上海证券交易所的方案。2月15日，上海市委根据当时金融商品不够丰富、企业财务没有公开和外汇管理问题的实际情况，对股份制发展和证券交易所设立的问题提出了"态度要积极，工作要扎实"的指导意见。2月27日，人民银行上海市分行成立了一个临时研究班子，提出要本着"创造条件，水到渠成"的精神，从实际出发，将市里的研究和人民银行的研究结合起来；同时，确定从金融的角度研究运行规则和防止产生问题的方法，以可行性、操作性为主提出详细的整体设计方案。要求方案要搞细致，应经得起推敲。3月9日，人民银行上海市分行领导再次开会研究设立证券交易所的问题。会议对设立证券交易所的方案报告进行了细化研究，认为在报告中不仅要写交易所设立的必要性、可行性和上海的具体设想，而且还要设计交易所的管理体系、组织体系和有关的法规，包括交易所的章程、营业规则与交易办法等。在这次会议上，第一次提出了交易所的人才需求问题，要求在当年的11月底拿出方案设计报告。

当时，上海市体改办和人民银行上海分行在交易所的设立方面存在着一定分歧。在证券交易所的主管机关方面，上海市体改办认为，应该设立证券交易委员会作为管理机构；而人民银行方面则认为，应该由人民银行来管理。因为当时存在着一个说法，人民银行总行就要设立证券管理局，因此交易所由人民银行管理是理所当然的，符合大金融的模式。在交易所的组织形式上，上海市体改办认为，交易所应该采取公司制的股份化模式；而上海分行则认为，应该采取非营利性的会员制模式。在证券交易所设立的时间上，上海市体改办的观点认为应该马上成立；而人民银行的观点则认为当前应积极准备。5月4日，上海市政府顾问汪道涵召集体改办、上海分行等有关单位的负责干部开会，听取关于设立证券交易所的意见。这次会议的总体意见认为，马上成立交易所的条件尚未完全具备，目前的主要工作是要收集相关资料，了解周边国家交易所的情况以及解放以前我国交易所的资料，积极创造条件，以便在适当的时机成立上海证券交易所。

为什么上海会在1989年要着急研究建立证券交易所这个问题，并在紧张的筹备以后，到1990年正式成立了证券交易所？这背后真正的原因，其实就是因为1989年发生的政治风波。政治风波的发生，一度引起国内外对我国改革开放政策的担心和怀疑，这对设立交易所的准备工作带来了一定的影响。政治风波以后，党内对是否继续进行改革开放产生了争论，我国的改革开放步伐一度放慢。再加上东欧剧变和苏联解体，使我国处于不利的国际环境之中。政治风波对经济工作带来什么影响呢？那就是中国刚刚打开了大门，外国人看到中国出了这么大的事情，根据他们那儿的报道，认为中国改革开放不会再坚持下去了。引进来的外国企业有些撤走了，有些外国资金也撤走了。

搞建设，资金是最大问题之一。全国各地的银行，用我们搞银行工作的行内话来讲，都是兑差行，靠存兑差吃饭。我们上海分行也不例外，我们一贯是兑差行。那时候，讲句形象的话，我们每个礼拜都要派分行的总经济师、计划处处长张令铃上北京。干什么呢？就是要钱，因为上海建设也没有钱。钱紧张到什么地步？我举个形象化的例子。现在上海的地标性建筑东方明珠电视塔，当时是龚学平在搞这个项目。德国一家公司原来准备出资，政治风波以后它不出资了，这个项目搞到一半没有办法搞下去了，没有资金来源，只能停工了。龚学平来找我，他说："你给我想想办法，这个项目停下来了。"我想，这是给上海办的实事。那个时候，浦东还是一片平地，还没有提出"开发浦东"的口号，不过上海人已经意识到非开发浦东不可了。我就对他讲："你这是一个标志性的建筑。"那时，上海电视信号质量太差，在南京路石门路附近电视台院子里那个电视塔信号不好，一开电视雪花很多。我就对龚学平讲："我们想办法支持你。"尽管当时这个项目要的钱也不是很多，不过三四个亿，但还是没有一个银行拿得出这么多钱。

当时，不仅要有钱，还要有贷款指标，这叫双重控制。我就跟上面讲："搞银团贷款，一家拿不起，搞它十家八家，你拿一点，他拿一点，就把这个问题解决了。"实际上，这是恢复旧上海的一个老做法，但在当时也是一种创新。于是立即给他筹钱，不到半个月就办好了。我对龚学平说："贷款利息可以低于国家利息水平，假如市面上是六厘的话，打个折扣，便宜一点，这是民生工程。"那个时候，就是这样一种情况，上海搞个电视塔，外资撤走，都没有办法继续下去，更不要谈有计划地开发浦东了，当时上海市区建设都很难推动。正是为了解决建设资金的瓶颈问题，上海市的金融体制改革迫在眉睫。与此同时，恢复上海作为国际金融中心的地位，上海也需要推动证券市场的蓬勃发展。1989年，上海的证券柜台交易已经十分活跃，浦东开发开放的风帆已经扬起，要不要开设证券交易所，已经提上议事日程，等待决策。

2. 成立上海证券交易所的决策

1989年12月2日，在上海康平路，朱镕基市委书记兼市长、黄菊和顾传训副市长邀请金融、学术界的部分专家、学者和有关部门的负责人，就如何"深化上海金融体制改革"的问题举行市委常委扩大会议。参加会议的人员除了市委常委外，还有市府经济智囊团高级金融顾问李祥瑞，人民银行上海分行行长龚浩成，上海市体改办主任贺镐圣，工农中建上海分行的行长、副行长，中国人民银行副行长刘鸿儒也应朱镕基的邀请，专程从北京到上海参加会议。这次会主要研究两件事，一个是证券交易所，一个是向外资银行开放。对外资银行开放，只讨论了半个小时，因为对这个问题的认识比较一致。实际上，谈得比较多的就是交易所的问题，几乎谈了一整天。

关于交易所，各方面担心性的意见比较多，担心这个交易所能搞得起来吗？会上，贺镐圣比较积极，他希望由市体改办负责筹建工作。他认为，先搞起来再说。朱镕基在会上点到我的名问："老龚，你意见怎么样？"我说："交易所要搞，但目前条件还不具备。最好能有100家股份制企业，其中50家有条件上市，那么搞交易所就比较顺理成章了。"朱说："你不要担心。真出了问题，我和刘鸿儒在第一线上负责，你在第二线上。"他也担心出问题。李祥瑞提出："交易所的建立，政治意义大于经济意义。"这句话好像没有报道过。所谓政治意义大于经济意义，就是对外表明，我们还坚持改革开放，不会退回到闭关自守的境地。而交易所的交易量不会大到哪儿去，或者说交易所的投资功能、调控市场功能的作用不会太大。大家认为这个结论是对的。

建立交易所，对外宣传，对内不宣传。这个意见开始是我提的，但是讲得不明显。我认为，外国人现在说，交易所的建立，内部阻力还很大。我说："内部，我们能不提尽量不提。"朱镕基就把它归纳为，对外宣传，对内不宣传。对外宣传就是要表明我们改革开放不会停顿，还将继续进行，所以要大力宣传它，后来也是这样进行的。在国外报纸，澳大利亚、美国、日本报纸都有报道，国内报纸几乎没有报道。为什么？就是国内一批人有思想顾虑，阻力大。国外称交易所是资本主义皇冠上的明珠。我们当时也讲这个话。不过我讲，这个不是资本主义特有的，商品经济都要有交易所，交易所是商品经济的皇冠，证券交易所是商品经济皇冠上的那颗明珠。我们这个也敢搞了，那么怎么会倒退到计划经济，倒退到产品经济模式去呢？实际上，就是用事实表明我们的态度。所以，对外大力宣传，对内不宣传，就是这个道理。这也是那天会议上确定的宣传的基本方针。

与会者一致认为，"深化金融体制改革，发展上海的金融事业"，对于提高企业的生存和竞争能力、扩大吸收外资、加快浦东的开发建设和促进上海的经济发展具有至关重要的作用，并提出了开放外资银行和建立证券交易所两条措施。同时，还建议成立专门领导小组，在市政府的直接领导下，由市人民银行、市体改办和其他有关方面的人员组成，具体对上述问题进行研究和筹备。就在这次会议上，朱镕基市长在听取了刘鸿儒等专家的意见后，拍板决定，上海要加大金融改革的步子，重现国际金融中心的风采。其中，首要的工作是开放外资银行和建立证券交易所，这是上海金融体制改革中两个最迫切的问题。此时的上海，对于建立证券交易所，虽然方方面面已经取得了共识，但是，建立证券交易所，既没有现成的经验可以照搬，更缺少人员与资金。而且，证券交易本身所存在的巨大风险，客观上要求决策的谨慎和工作的细致。

在总结发言中，朱镕基市长建议，组成一个三人领导小组，由人民银行上海分行牵头，市体改办和市政府咨询小组各出一个人。三人分别为龚浩成、贺镐圣和李祥瑞，具体负责领导这项工作。三人小组直接对市长负责，不需要通过单位和所属系统领导机构。同时，三人领导小组下设办公室，放在人民银行上海分行，具体负责制订方案和规划。在这一点上，上海市委和市政府采取了特殊的手段，朱镕基当场就指定三人小组来筹备证券交易所，这事也是打破常规的。此前，市委从来没有指定个人来搞一个项目规划；同时，三人小组不对本单位负责，也不是对市委负责，只对他朱镕基个人负责，这在我们国家日常的行政管理中少见的。

这样做有什么好处呢？就是把纠纷排除在外，让我们集中精力搞。可以设想，如果按照以往的工作程序，我们三个人上面有财贸党委、分管的市委秘书长、分管副市长、分管的市委副书记等等层级；作为垂直管理系统，像我们人行上海分行上面还有人行总行。如果当时我不以个人身份，而是以人民银行上海市分行行长的身份，就要报人民银行总行，就只有人民银行上海分行党组讨论通过的东西，才能做，这就要增加许多麻烦。假如意见不统一，那就更不好办。现在，我不代表一级组织，只要我们三个人统一了，我们就可以做。那么，对朱镕基负责而不是对市委负责，有什么好处呢？市委组成人员是相当多的，哪怕是常委也要八九个。如果对市委负责的话，任何事情我都要通报。假如市领导有不同意见，就要等待意见统一之后我才能执行，不统一我就不能行动。我们对朱镕基负责，就是说，有不同意见由朱镕基去做工作，我们不管。事后来看，这是非常正确的决定。在筹建上海证交所这件事情上，我们避免了重复汇报、请示，既加快了决策执行的速度，也避免了各种可能出现的干扰。如果没有这一条，上海证交所的筹建不可能这么顺利、高效和成功。

在那天的会议上，大致匡算了上海证券交易所要放到第二年的12月开业，但是没有确定是哪一天。因为香港贸发局的局长邓莲如 1990 年 12 月份要到上海，我们准备请她参加开业典礼。可以说，这是上海市政府主动驾驭资本市场的一次重大决策，它向全世界昭示，中国改革开放的大门在任何情况下都不会关闭。当然，尽管有市领导的大力支持，但是，意识形态方面的障碍依然存在。交易所姓"社"姓"资"问题并未完全解决，有人说行，有人说不行。三人小组确立的宗旨是："不要先说不行，要想想怎么才能行。"我记不清是 1989 年的冬天，还是 1990 年的冬天，江泽民当了总书记以后，第一次回上海，找了十个人开金融座谈会，那个座谈会我也去了。当时，他问起交易所的事情，我跟他解释说，投资和投机，照我们搞金融工作的理解，从时间概念来划分，半年以下就是投机，半年以上就是投资。因为江泽民英文比较好，我在会上跟江泽民说明，投机这个字在英文名词里面，叫机会的选择，不是我们平常所讲的投机倒把、投机取巧，也不是我们讲的道德概念上的投机思想。

3. 制定上海证券交易所筹备方案

1989 年 12 月 4 日，人民银行上海分行领导班子开会，就如何贯彻落实市委常委扩大会议决议进行研究，确定了上海分行进入三人小组办公室的四名成员。12 月 20 日，三人领导小组召开第一次会议，研究确定一个实施方案和设立外资银行、建立证券交易所两个单项办法。另外，确定由人民银行上海分行金融行政管理处处长王定甫、金融研究所所长王华庆和陈泽浩、外资管理处余航，以及交通银行上海分行调研部副总经理金大建、市体改办陈愉处长等六人组成办公室成员。会后，筹建领导小组即着手制定筹建方案。当时的组织架构是这样的：三人领导小组负责宏观的整体的筹建规划工作，对朱镕基负责。下面设有一个办公室处理日常事务，由王定甫等六人组成。另外，还有一个筹备小组，负责搞证券交易所具体的筹建准备工作，组长是尉文渊。

1989 年底，尉文渊从北京国家审计署调回人民银行上海分行以后，我原来想把他留在分行搞金融机构管理。上海分行有两大处是非常重要的，一个是计划处，计划处管银行资金。一个就是金管处，金管处管的面是最广的，除了银行以外的非银行金融机构都是它管。当时的处长是王定甫，原来我想让尉文渊接王定甫。后来，筹备证券交易所的具体工作实在选不到合适的人，再加上尉文渊主动请命，他找到我说："我去筹备交易所吧。"时间已经比较紧迫了，我感到不是一个很有闯劲的人去负责是不行的，尉文渊就是一个不墨守成规敢闯的人。我就说："你去吧。"这样就定下来了，尉文渊负责证券交易所的筹备工作。

1990 年初，我们以三人领导小组的名义，着手规划筹建上海证券交易所。在制定出初步的设计方案后，办公室的六名成员于 1 月 5 日至 12 日赴深圳考察。1 月 26 日，人民银行上海分行就进一步发展上海金融业的问题代上海市政府拟稿向国务院请示，请示中提出"完善证券市场，建立证券交易所"的建议。建议认为，成立上海证券交易所"有利于促进证券的发行，有利于进一步搞活金融"；并提出"证券交易所建立初期，拟以国债交易为主，同时继续扩大股份制的试点，以'三资'企业和企业集团股份有限公司为主，逐步增加股票的上市量"。2 月 1 日，三人领导小组举行第二次会议，总结了赴深圳考察的情况，并对经叔平向朱镕基市长提出的关于设立证券交易所和外资银行的设想进行了讨论。2 月 6 日，三人领导小组向朱镕基市长上报了讨论的结果。2 月 7 日，朱镕基市长批示请黄菊副市长任证交所筹备组长，主持筹备的具体工作，要尽快落实经叔平提出的建议。2 月 10 日，筹备办公室将设立方案初稿分送三人领导小组审阅。

2 月 17 日，我在衡山饭店和经叔平再一次会谈，我和他都介绍了各自的工作情况，最后经叔平表示："确认三人小组提出的有关上海证券交易所的筹建意见。"2 月 22 日，三人领导小组再次向朱镕基市长、黄菊副市长汇报设立上海证券交易所的筹备情况，涉及了筹备领导小组的组成、筹备办公室的人员组成、上海证券交易所的预计开业时间、法规建设和举办国际证券市场研讨会等内容。其中，正式提议"联办"（北京证券交易所研究设计联合办公室）的同志参与筹备领导小组和筹备办公室，但实际上，联办并没有人真正过来参加具体的筹备工作。在时间安排上，这个筹备方案建议1990 年实现交易所的试运行，正式开业时间安排在 1991 年。2 月 28 日，朱镕基市长对三人领导小组提交的报告批示："请抓紧一些，可否力争今年开业。"为了落实朱镕基市长提出的要求，三人小领导组指示办公室成员连夜抓紧修订筹备方案。3月5日，三人领导小组正式向朱镕基市长、黄菊副市长上报建立上海证券交易所的初步方案。方案除了包括上海证券交易所的机构性质、基本职能、上市范围和规模、交易方式和管理制度、组织体制等几方面的内容外，还设计了筹建工作的具体内容，并提出了需要研究的几个问题：（1）不断增加证券的上市量；（2）稳步扩大股份制试点；（3）制定法规条例；（4）适当保持会员单位的吞吐量平衡等等。

3月29~31日，国务院副总理姚依林到上海，就开发开放浦东的问题进行调查研究。上海向其中的金融组汇报了上海证券交易所的筹建方案，总体上得到金融组成员的同意。在对交易所会员单位的范围划定上，有人提出，既然是上海的证券交易所，其会员就应该限定在上海的机构范围内。但是，在三人领导小组的眼里，上海的证券交易所应该是全国的，于是，我将会员单位的条件改为：在上海的经批准可以进行证券交易的机构作为会员单位。这样，外地的证券机构只要在上海设立代表处就可以成为上海证券交易所的会员了。最后，上海提出的交易所筹备方案获得了国务院调研组的通过。5月4日，人民银行上海分行向中国人民银行总行上报《关于筹建上海证券交易所的请示》，并附上建立上海证券交易所的初步方案。5月17日，中国人民银行总行金融行政管理司原则上同意请示方案，并希望上海市分行抓紧制定上海证券交易所的组织章程等规定，再向中国人民银行总行正式报批。

为了更好地了解国外证券市场的运作与管理方式，由三人领导小组和上海市外资委与北京联办合作，于5月28日到31日，在上海市举办了"发展证券市场国际研讨会"。与会的有51位外方代表，包括政府官员、国际金融组织和中央银行的代表，以及证券业中的高级管理人员和专家等。国内代表有国家体改委副主任刘鸿儒、财政部副部长张佑才等，还有一些证券业和金融业的负责人、专家和学者。会上，与会代表介绍了其他一些国家和地区证券市场发展的过程、遇到的问题和将来的发展趋势，特别对中国和上海证券市场的发展提出了许多中肯、具体的建议。这次会议，不仅树立了我国和上海继续改革开放的良好形象，而且有利于上海学习国外的先进经验和做法，为推进上海的金融体制改革、促进证券市场的健康发展提供了有益的借鉴。与此同时，朱镕基市长到访香港地区、新加坡和美国。他在对外宣布上海开发开放浦东的战略构想时，正式提出要建立上海证券交易所，并且宣布交易所将在 1990 年年底以前开业。

在筹建上海证券交易所时，经过借鉴比较，确立了以下基本原则：一是实行法人会员制，不吸收个人入所，不以营利为目的；二是开始时以债券交易为主，并创造条件逐步转向股票交易和债券交易并重，积极为国家、企业筹措建设资金服务；三是倡导健康的投资行为，目前实行现货交易，禁止买空卖空的投机行为；四是以上海为主，面向全国，促进中国统一证券市场逐步形成。后来的市场发展状况证明，上述第一、第三条原则对加强证券市场的管理、控制市场风险发挥了积极的作用。就第四条原则而言，上海证券交易所确实为中国统一证券市场的形成发挥了功不可没的作用，并已成为全国证券市场的核心。以债券交易为主的原则，则反映了当时人们对股票市场强大生命力的认识不足，上海证券市场很快地就发展成以股票交易为主的格局，并为上海和全国的企业转制、筹资发挥了有目共睹的作用。

在最初的十几个人中，除了后来的副总吴雅伦等少数几位以外，大多数人包括尉文渊自己在内都没有接触过证券。因此，制定内部管理制度方面最初的工作就是查找国外的有关资料。在翻阅了美国、日本、新加坡、澳大利亚和欧洲的各种资料以后，筹备组对证券市场的基本规则和理念有了一定程度的了解。随后，就开始根据公正、公开、公平的市场规则以及集中竞价交易的基本方法和理念尝试着制定证券交易所的各种规则规范，先后拟订了《上海证券交易所章程》、《上海证券交易所市场业务试行规则》和《上海证券交易所会员管理规定》等自律管理法规，并得到了人民银行的批准。

三　上海证券交易所从筹备到开业

关于上海证券交易所这个名字的英语翻译，我在内部跟尉文渊商量过。照道理，上海证券交易所英文名字，常规叫法应该是 Shanghai Stock Exchange，而当时却翻译成 Shanghai Securities Exchange，颇费周折，我所以说，还有残余的历史痕迹留在那儿。这个主要是我的思想，尉文渊赞成叫

Stock Exchange，我说你还是保守一点。我和他说："一个，现在股票只有老八股，而国债有十几个品种。国债不是 stock，而是 securities。另外一个，反正英文缩写都是 SSE，你们对外简称都一样，你这样子一保留，就把那些讲什么分散国有财产、违反四项基本原则的人的嘴给堵住了，以后到时再改吧。"

上海证交所开业前夕，在制定市场业务规划时，进行了有关投资者买卖证券的资金如何管理的讨论。为了避免客户买卖过程中现金收付的繁琐手续，清算部提出了按照国际惯例，采用"委托买卖证券资金专户"的管理办法，也就是说要求客户在证券营业部开设资金专户，用作证券交易的资金交割。清算部提出的《上海证券交易所委托买卖证券资金专户管理办法》，经证交所集体讨论修改后上报中国人民银行上海市分行，并迅速得到了批复。得到批复后，清算部立即组织实施，包括将该管理办法通知各个证券商和赶制"委托买卖证券资金专户"和"委托买卖证券专户"两种存折。就这样，中国证券市场的第一个客户保证金管理办法出台了。它的出台为经纪业务的开展提供了良好的基础，促进了我国证券市场的迅速发展。

为了适应交易竞价采用电脑主机自动撮合方式的需要，上海证交所开业前一周着手编制证券交易代码，具体由清算部组织实施。清算部采用了全部用数字表示的方案。具体思想是第一位数字按信用等级或风险程度排列，后两位为顺序号码。如："090"表示 90 年发行的三年期国债；"201"表示中国工商银行上海市分行发行的第一期金融债券；"601"表示延中实业股票等。交易代码确定以后，大大方便了电脑系统自动交易的进行。为了提高交易员的业务水平，中国人民银行上海市分行安排对首批进场交易的交易员进行业务培训，由清算部负责讲授"清算交割"课程，先后讲了 53 期，培训交易员近 15000 名。

在筹建交易所的时候，上海专营证券业务的金融机构只有申银、万国、海通等三四家专业证券公司，再加上几家专业银行的信托投资公司，总共只有六七家可以从事证券业务的金融机构。但是要成立证券交易所，仅仅这么几家会员单位是远远不够的。经过一番研究之后，决定从城市信用社中挑选一些规模较大的作为会员，最后终于有 16 家单位成为上海证券交易所的首批会员。

在装修交易大厅的时候，设计师询问尉文渊在色调上有什么要求，尉文渊认为，使用过多的色彩效果不好，于是交易大厅的顶棚、墙壁都是银灰色的。但是这样一来，大厅内显得太冷清，气氛不好。后来，尉文渊决定在交易场内加入一些红色，让气氛活跃起来。但是，在他访问香港期间，负责服装的同志告诉他，自己在做马甲的时候认为黄颜色比红颜色好，就自作主张地做了黄马甲。尉文渊立即让其纠正，于是又做了一些红马甲。到交易所开业的时候，因为已经做了几件黄马甲的样品，就临时决定交易所人员穿黄马甲。从此以后，红、黄马甲就成为了证券商的场内交易代表和交易所管理人员的标志，以至于许多专家把这个巧合当成是国际惯例。

当时，还遇到很多难题。比如，需要 50 门电话，我们就没有能力解决这个问题。当时上海的电话容量非常紧张，尉文渊他们筹备组工作人员怎么也搞不定。可是，一个交易所连电话都没有那怎么跟外面沟通呢？吴邦国后来听到这个事情了，他说，我去帮你们解决吧。你们不要管这种事，你们集中精力做其他筹备工作吧。后来吴邦国帮助解决了这 50 门电话线的问题。再比如，是用电脑派单，还是打手势语？这个问题也是比较了很多国家的做法，我参观过八九个交易所，打单子都是打手势语的。打手势语有一个什么好处呢？就是气氛热烈，场内交易活跃。比如说，看涨的时候，场内你看到抬高一点，他看到更抬高一点，一下子气氛就来了。电脑派单，无声无息地、悄悄地，在电脑里配对就成交，没有那种气氛。刚开始，我赞成用手势语。后来，尉文渊请了一个人来教手势语，几次实验以后，他跟我汇报说，看来不行。他说，模拟运行过，两次打错。如果正式运行中打错我们就麻烦了。一旦打错，股民跟证券公司都要认账，你不能不认账，打错了也要认账。10 元，你打了 11 元或者 12 元，也要认账。这样引发的矛盾就太多了。后来，一是看趋势，一个也是看实在没有其他办法，所以决定还是电脑派单。

交易所叫上海证券交易所，但不能只有上海的单位才可以上市或交易，要突破地域的限制，在当时的背景下只能迂回和策略性地进行。我举两个例子。有一次，我到沈阳开会，沈阳人行的同志就提出，他们那里有个金杯汽车公司，要求到上海来发股票，我就不能讲不同意，因为你搞证券了就要打破区域限制。可是实际上，当时一个是资金紧张，一个是资金管理的模式是地方切块管理，上海的资金不能到外地去，外地的资金不能进上海。在这样的情况之下，沈阳金杯要在上海证券交易所发行 100 万股票，如果我答应在上海发了，上海的领导会怎么想呢？我上海自己的资金这么紧张，而你却把上海的资金给人家用？我后来临时就想了一个招，我说你们金杯可以到上海发行股票，但是，我们上海将来要到你们这里发一部分债，同等金额的债券。本来他们沈阳的目的就是想通过证券市场来沾上海资金的光，而当他们听到我说要到沈阳发债券，就不再提发行金杯股票的事了（沈阳金杯上市那是以后的事情了）。举这个例子，是要说明，当时资金管理体制不允许把区域的界限、行政的界限打破。

另外一个例子就是异地会员的突破。照理说证券交易所应当是全国性的，会员不能只是上海的。当时人行浙江分行的行长叫陈国强，一个女同志，她听说上海要建立证券交易所，就到上海找我，她说：老龚让我们的一家证券公司进来。我说：上面的精神是不让外地金融进来，但我在内部先答应你进来一个，我们私下融通。我总感到，证券交易所不可能只是上海的，总要打破这个省际的界限，扩充到外面去。我答应了她后，她说回去遴选一个，但她没有告诉我具体是哪一家公司。正在那个时候，浙江证券公司的李训跑来说：浙江同意我进来。我说：好啊，我已经答应陈行长，你们有一家进来。我想浙江证券公司，在浙江省有代表性。我说：你来好了。李训不仅进来了，而且在上海证交所成立时浙江证券成为第一届的理事单位，所以李训还是上海证交所的第一届理事。后来我又碰到陈国强，她告诉我说，她原来要选的不是浙江证券这一家，李训是冒充进来的。我说：你没有告诉我，我还以为浙江证券公司就是你们选的这一家。我举这样的例子，就是说明上海证券交易所在筹建过程中受限制的地方非常多。

1990 年 9 月 17 日，人民银行上海分行向中国人民银行总行和上海市政府提交了《关于建立上海证券交易所的请示》。9 月 19 日，中国人民银行和上海市政府联合向国务院上报了《关于建立上海证券交易所的请示》，称：

"中国人民银行上海市分行根据《中共中央国务院关于开发和开放浦东问题的批复》（中委〔1990〕100号文）精神，向我们报来了《关于建立上海证券交易所的请示》。""我们认为，建立上海证券交易所的条件和时机基本成熟，建议国务院予以批准，以进一步树立我国改革、开放良好形象，加快浦东开发、开放的进程，促进我国现已开拓的证券市场进一步发展，更好地为国家和企业筹集融通建设资金服务。"国务院对这个报告十分重视。仅仅过了十多天，10月8日，国务院副总理李贵鲜批示同意。11月14日，中国人民银行总行批复同意设立上海证券交易所。

11月26日，在上海华南宾馆召开了上海证券交易所成立大会。由于朱镕基曾反复关照筹建小组，证券交易所的建立对外可以宣传，但对内不做或少做宣传，所以，举行成立大会的当天，新华社从上海只发出一则200字措辞极其谨慎的消息："响应深化经济改革的呼唤，我国大陆第一家证券交易所——上海证券交易所今天正式成立。这一绝迹40多年的证券买卖专业场所于12月19日在上海外滩开业后，将有30种国库券、债券和股票在这里上市成交。据介绍，上海证券交易所是不以营利为目的的事业法人，实行法人会员制，不吸收个人会员入场。第一批22个会员中包括上海、山东、沈阳市、江西、安徽、浙江、海南、北京等地的证券公司、银行、投资公司、保险公司、信用社等地方和全国性金融机构。"这与海外媒体广泛而大篇幅的热烈报道，形成极大反差。

12月19日，上海证券交易所在上海浦江饭店举行了开业典礼。那天，刘鸿儒、周正庆、周道炯都来了，货币政策委员会委员、人大校长黄达也来了。在开业典礼上，我主持的会议。朱镕基在开业典礼上讲话，谈到上海证券交易所成立的重大意义时，他说："它标志着我国将坚定不移地继续奉行改革开放的政策。"

上海证交所的建立，对上海国际金融中心地位的促进作用，以及对中国在1989年政治风波以后继续推进改革开放的象征意义，为中央政府所认同。我记得，当年在康平路小礼堂开会时，朱镕基对我和李祥瑞说："你们大胆地去干，出了事，由我和刘鸿儒在前面顶着，轮不到你们三个去负责任。"一年以后，我找了一个机会，开玩笑地问朱镕基："当时，你的胆子为什么那么大啊?"朱镕基对我和李祥瑞说,在筹建上海证交所之前,他就向邓小平汇报过。邓小平当时就说:"好哇,你们试嘛,不行的话可以改嘛。"正因为此,尽管深圳的筹备工作开始比我们早,但他们得到人行总行的同意建立深圳证交所的批文,已经是半年之后的 1991 年 4 月 11 日,深圳证交所最终在 1991 年 7 月 3 日才举行了正式开业典礼。

创建深圳证券交易所始末

口述者：王健[*]

访谈者：陆一、邓伟

时　间：2009 年 5 月 14 日

地　点：深圳银湖田园居王健住宅

整理者：陆一

1985 年 7 月，我刚刚拿到南开大学国际金融专业毕业证书和硕士学位，就迫不及待地坐上火车来到深圳，到中国人民银行深圳分行人事部报到。后来，又先后到中国银行深圳分行和深圳发展银行工作，参与了深圳发展银行的筹备工作。1989 年底，深圳市领导让我去筹备深圳证券交易所，因此，我亲历了深圳证券交易所创建的全过程。

一　深圳证券市场形成的背景

深圳证券交易所和上海证券交易所成立背景是不一样的，深圳证券交易所成立是因为市场经济的需要。当时，深圳股票市场太乱了，不成立交易所严加管理就乱套了，不像上海那样有着大的政治环境。

早在 1984 年前后，深圳就开始了股份制改造。那时候，为什么要股份

---

[*] 王健（1950～2011），北京人。历任深圳发展银行第一副行长，深圳证券交易所筹备组负责人、副总经理、副理事长。

制改造呢？因为深圳很缺钱。中央给了政策，所谓政策只是税收政策，没有给钱。深圳有工、农、中、建四大银行，但他们对深圳的企业不屑一顾，因为这些企业的规模都太小了。深圳要搞基础设施、建机场，要建很多东西，没钱就搞不起来。1985年，李灏到深圳主政，他对这种状况非常着急。他来了以后，就想筹集大量资金，把基础设施搞起来，把整个工业发展起来。所以，他大胆地进行了股份制改革。那时候，发行的一些所谓股票是保本保息、债券性质的，但是又不是债券，又能分红，是不规范的。但李灏这样做，是想调动企业的积极性，吸引企业往深圳来。

当时，谁发的股票在谁那儿过户，也就是上市公司给过户。这就产生了问题：一是发的股票跟钱币一样，背书都乱了，没法过户；二是股票是固定面值，20块钱、50块钱、100块钱，没法把它拆细；三是过户时间太长，造成上市公司几乎一半人手去办理过户，而上市公司的主业不是股票过户。这就促成深圳建立证券公司，办理经纪业务。这是一个完全不同于理论和书本上的现实演进过程。我们是一步走完以后，需要第二步，才走得第二步，完全是摸着石头过河。不像有些人说的，先在上面制定很多规章制度和条条框框，预先设计规划宏伟蓝图，根本就不是那回事。

1987年，深圳设立了中国第一家证券公司——深圳经济特区证券公司。之后，就把过户的事全部给了特区证券公司。第一家特区证券成立后，过户仍然需要一个月。后来，又成立了几家证券公司。我们发展银行、特区在香港的一家公司和深圳国资局合资，成立了基金公司。接下来，把股票面额拆细了，改成一票制，这一票是多少就多少，这更麻烦了。譬如有的一票7963股，有的12060股，你更没法交易与过户了。股民人多，证券公司地小，因此股民不得不在外面举个牌子，跟游行似的，其实不是游行。牌子上有的写我有深发展，有的写我有万科，还有的写我买多少。我们深圳人民银行的营业部对面就是荔枝公园，这一片地，天天人山人海。结果，逼着我们又成立了证券登记公司。

那个时候，在深圳股票被乱炒，全国人都跑来乱炒。一个股票今天可能是100块，明天变成200块，后天又变成50块。黄牛党们拿着大哥大，在几个点布置眼线，由于各个网点各自为政，价钱一地一样。你那儿可能是

100，我这儿可能是50，通过手机，你那卖，我这买，就这样赚钱简直是太容易了。股票在市场交易中出现种种黑幕。对股票市场的这种状况，市体改委着急，人民银行着急，市委、市政府也着急，致使深圳市政府不得不成立资本市场领导小组。

1988年11月，深圳市成立资本市场领导小组，为建立证券交易所做准备。张鸿义副市长任组长，领导小组成员都是各个局级单位的头儿，我是以深圳发展银行法人代表的身份成为资本市场领导小组的成员。资本市场领导小组下设专家小组，专家组组长是汤学义。为了更好地规范深圳证券市场，李灏书记还邀请了香港的新鸿基证券公司，以他们的名义成立了顾问小组。1989年9月8日，深圳资本市场领导小组起草并向深圳市政府上报了《关于筹组深圳证券交易所股份有限公司的报告》。11月15日，深圳市政府下达了《关于同意成立深圳证券交易所的批复》，并成立深圳证券交易所筹备小组。

二　筹备深圳证券交易所

1989年12月27日，我接受了任命，出任深圳证券交易所筹备组负责人。我上任之后，在短短的几天之内，先办了三件事：第一件事是组织人，第二件事是找钱，第三件事是找地方。当时，说是证券交易所筹备组，其实除了我的一纸任命书之外，一切都是空白，这和筹建发展银行相比，简直不可同日而语。论条件，在发展银行外出办公，出入都是豪华轿车。论经济基础，发展银行有的是钱，每年盈利几千万元，办什么事有用不完的经费，光总经理室的可用活动经费每年就有上百万元。而在这里，就我一个光杆司令，还有几个热衷于证券业的年轻人在业余时间帮忙。出入办事骑自行车，活动经费根本谈不上，就是买必要的资料，也得自掏腰包。可是，早期筹备的工作量又很大，虽然证券交易所在国外已有近百年的历史，其中不乏成功的经验，简单地运用拿来主义不是不可以，但要考虑交易所的架构必须能运行，法律法规要不违反我国的现行大法。因此，摆在我面前的一项重要任务，就是要尽快地把眼前的工作理出头绪。

　　首先要人，人是第一位的，没有合适的人才，就不可能成就任何事业。但是，交易所尚未成立，人员如何安排？工资如何发放？组织部的负责人也无可奈何。我找到主管副市长张鸿义说："先以筹备组的名义借调一些人来工作，人事关系暂不调动，工资依然由原单位发，等交易所正式成立再调入。"张市长想了想说："可以，但我们要与被借人单位商量。"这算是对我们筹备组最大的支持了。于是，我四处借人。这里需要既精通一门外语又懂证券方面专业知识的人，否则便无法工作。但不管多难，也得想办法借。我先从发展银行借来两个研究生，在投资管理公司借来一个研究生，汤学义博士与禹国刚也每天来半天帮忙，于是筹备工作便拉开了序幕。

　　人员解决了，可是筹备组的活动经费又将如何解决呢？这里别说是活动经费，就连工资还要从原单位借支。这几个人自从借到筹备组，每天都要加班加点，连一分钱的加班费也没有，更无奖金可谈了。有一天，我突然得到消息，说是投资管理公司借给资本市场专家小组一笔经费20万元，存在人民银行，这笔钱一直没有用。我真是大喜过望，骑上自行车，跑到投资管理公司总经理董国良那儿，和他商量借这笔钱。董总非常支持交易所，他不但借给我们两个人（麻昉、汤学义），还非常爽快地借给了我们这笔钱。现在，所差的就是办公地点了。

　　深圳这个地方，要找块地皮，比登天还难。深圳是全国最早的开放城市，经济活动异常活跃，能够被人占的地方，早就有主了。为此，我几乎跑遍了整个深圳市，仍无着落。最后，不得不去找科委领导叶华明。叶华明是叶挺烈士的后代，听说我们创业如此艰苦，大为感动。老叶与我是好朋友，他了解我的性格，如果不是遇上了极特殊的困难，我是不会轻易找人的。他当即表示，叫我们搬到科委来办公，而且是免费的，交易所就设在科委大楼一楼大堂。连日来的四处奔波，得到老叶如此慷慨的支持，我十分激动。告辞老叶，走出科委大楼之后，我围着科委大楼走了好几圈，觉得这块地不错。因为交易所主要是证券商们在这里交易，用不着在商业中心，一个相对安静的场所对交易所更合适些。我马上向张市长汇报。然而，张市长却另有打算。他说："设在科委自然安静，但是，其影响程度不如在国贸大厦。因为深圳要走向世界，从长远的角度看，设在国贸大厦，影响会更大些。"于是，根据张市长指示，我们又另选在国贸大厦。这等于给我出了个难题。国贸大厦是商业中心，寸土寸金，地皮之贵令人望而却步，我们哪有钱在那儿租办公室。幸好，我与国贸大厦的马成礼总经理比较熟。我当行长时，很多公司经常来找我们发展银行贷款，国贸也是我们的老客户。于是，我找到马总说："现在，我已从发展银行调过来了。过去，我们发展银行对你们的支持不少，现在你也得支持支持我们了。借个地方怎么样？"他很爽快，说："那好，就支持支持你！我们三楼有个仓库，现在不用，先借给你们。装修之类的事我们帮你弄。至于租金嘛，象征性地交点儿就是了。"第二天一早，我带了两个人进驻国贸大厦，一连干了两天，把杂乱的仓库清理干净，破损的门窗修理好。然后，在仓库的门上挂出了"深圳交易所筹备组"的铜制牌子，牌子并不精致，但毕竟是中国第一个证券交易所的标志，时间是1990年1月1日。

筹备组成立后，我立即面对两大难题：一方面是规范股市与法制欠缺的矛盾。1989年底至1990年中，深圳股市非常混乱，股价像一匹野马，不可遏止。1990年5月，全国资金涌入深圳，五家股票市价28亿元，是发行面值2.7亿的10.3倍，月成交量达到2.6亿元。之后数月，平均市盈率高达几十倍甚至近百倍。巨大的供求不平衡，使股价和实际价值丝毫无关了，可股民们不在乎。但是，高利润伴随着高风险。在股票热浪的冲击下，深圳股市一度成为全市最热闹的地区。四面八方、三教九流的人都汇集其中，难免鱼龙混杂。在熙熙攘攘的投资者中，不少人都随身带有大量现金，少则几千，多则几万数十万。一些股民为了获取更高利润和逃避征税，甚至在公园、路边等成群结伙，深夜交易，为不法之徒从中作案提供了可乘之机。深圳发生了多宗因股票非法交易而诱发的重大刑事案件。不法分子利用人们希望转手抛售牟利心理，有的出卖挂失作废股票，有的涂改股票行骗。在此期间，一些里应外合的不法证券从业人员为黑市买卖私下过户、哄抬哄压股价，从中拿回扣，吃差价，勒索股民。一些低进高出的投机取巧者从股票交易中捞尽好处，很多人还成为了"一夜富翁"。有人曾做过一项调查：当日，从储蓄柜台转走的个人存款现金约为1100万元，然而，从当天证券公司提供的数据累计，成交股票额共约130万元，只占转款额八分之一左右。

　　那么，转出来的其余八分之七的资金哪里去了呢？明眼人一看便知，相当大的部分是转到黑市做股票交易去了。社会主义制度下的股市，当然不允许黑市如此猖獗。然而，法制欠缺，无法可依。于是，从保护国家利益、保护企业利益、保护投资者利益出发，市委、市政府几次召开股市会议，经充分讨论，决定采取行政干预措施。

　　另一方面的难题是行政干预。5月28日，《深圳特区报》在显著位置，以特号黑体字排出一行醒目的标题：加强证券市场管理，取缔场外非法交易，深圳市人民政府昨天公布《关于加强证券市场管理、取缔场外非法交易》的通告。这便是后来被人们称为的"5.28"公告。这是深圳股市开创三年来，政府第一次出来干涉黑市。在此之前，黑市交易根本无人管理。于是，有些人便认为这种交易是合理交易。因为在证券公司买不到股票，或是买卖股票手续烦琐、效率低下，不如在这里方便快捷。买股票者和卖股票者便不约而同地会集黑市，自由交易。如果放任黑市交易，则会害了股份制改革，伤害股民利益，毁了证券市场。但是，我们没有证券法，连公司法、会计法等必要法律法规都没有。无奈之下，只能行政干预。自从"5.28"公告发出以后，街面的非法交易骤然减少，黑市在极短的时间里得到了治理。但是，股价的问题，并没有因此而根治。新上市公司迟迟不能出台，持股者死把着手中股票不肯放手，证券公司有价无市，于是股价便又"乘风而去"。如果股价无法抑制，治理黑市恐怕就是一句空话。因为黑市价格诱人，持股者不肯抛，投资者也买不到，那么黑市早晚肯定还会复苏。况且由于缺乏经验，"5.28"公告的文字并不严谨。例如第一条："凡是证券买卖、登记过户、派发红利股息，须凭居民身份证或有效法人证明文件，通过经中国人民银行批准的证券交易机构进行。"整个这一条的中心问题不就是个身份证嘛！那么不管股票转几个人，只要能够找到第一个股民的身份证，股票照样还会赚来白花花的银子。5月末，为了减弱炒家操纵股市的影响力，避免股价暴涨暴跌，中国人民银行深圳分行推出了股票限价政策，规定委托买卖的价格不得高于或低于上一日收市价的10%。可是，这一政策出台后，股市依然不降温，反而节节上升。限价措施成了股价助推器。政府担心炒家过度的投机会使股价进一步离谱，最后使股市一蹶不振，于是收缩了上下限的区间。6月18日，又推出了5%委托买卖限价，然而股价小步快跑，越限价越表明求大于供，成了买入信号。6月26日，政府又出台了新的限价规定，每天委托升幅不得超过上一日收市价的1%，降幅可达上一日收市价的5%。这一规定的潜台词是：只欢迎降，不鼓励升，这更是买入信号。

对待"股票热"是压制还是疏导？股价暴涨的重要原因，是长期积累的股票供需严重失衡，屡次限价并不能从根本上解决上述问题。可是，疏导股票的措施出台需要一个酝酿与准备的过程。在此期间，有时采用严厉的限价手段压一压股价可能是不得已的，但这只是一种应急的治标办法。如果对这一点缺乏认识，把限价措施固化为一种经常性行为，就会严重扭曲发育中的股票市场。事实上，强行限价也不可能真正地平抑股价，股价的沉浮当然要遵循自身的价值规律。十个人同时争抢一种商品，其商品的价格自然会被哄抬上去；一百个同样的商品等待十个人选购，价格当然下跌，这是很简单的供求道理。很明显，强行限价并没有抑制股价的上扬，五种股票在这短短的四个月时间，都在飞速地上涨，显然，强行限价措施是失败的。

深圳股市的混乱，症结在供需失衡上。然而，提及推出新股平抑股价，深圳的官员们面露难色：上市新股须经北京有关主管部门审批，深圳市政府没有权力审批，况且当时深圳是全国唯一的有股票的试点城市，国家又没有一个专门机构来管理。偏偏新闻记者对于混乱的股市极为关注。新华社驻深圳记者王楚写了一篇反映深圳股市情况的文章。这篇文章虽然用词有些激烈，但事实确确存在，诸如：炒股者的疯狂，大街小巷股票横流，人头沸腾，街头、住宅、办公楼、写字间到处都可以看到人们大把大把数钞票的场面。上至国家干部，下到庶民乞丐，都在肆无忌惮地炒股票。股价一涨再涨，已经酝酿着巨大的风险等等。文章写出后，市政府秘书崔林找到王楚说："这篇文章发表后，肯定社会影响会很大，这将会给起步不久的深圳股份制改革造成很大压力。"于是，建议王楚通过组织程序，请主管副市长审阅一下再决定。王楚的用意是引起社会的注意，不要让股市走上歧途。市府秘书崔林的担心也不无道理。王楚将文章送交张鸿义副市长审阅，张鸿义觉得也应当给股市敲敲警钟。深圳股市能发展到今天这局面，很不容易，如果像眼下这个炒法，股份制改革将毁于一旦。因此，他签字同意王楚在内参上发表。结果，正像崔林预料的一样，这篇文章发表之后，社会反响强烈，深圳股市成了全国关注的焦点。一时间，社会各界议论纷纷，深圳股市面临着被停市的危机，市委、市政府承受着很大压力，于是，治理股市就成了死任务。然而，此时此刻，治理黑市根本无法可依、无规可循，只能采取行政命令的办法。于是，"政策市"频繁出现。主管领导一露头，股价就随音而动。

三　证券交易所的制度设计

1990年1月，筹备组的办公条件刚刚解决，我们就针对深圳市证券市场的乱象，开始着手证券交易所的制度设计，即编纂蓝皮书。工作班子包括王健、禹国刚、王卫卫、汤学义、周道志、麻昉、丁小璐、徐红、魏林祥、甄庆安、张桂淑等。蓝皮书的资料来自各国交易所的法律法规中文版本，是我们找香港交易所要的或买的，这些编纂人员都是我上任以后新招聘来的。我记得，我带着这些同事一起到香港时，找到了香港证券交易所的总经理袁天凡，向他说明来意后，他非常热情地接待了我们。他叫来资料室的负责人，让她按我们的要求，尽可能提供各国交易所的法律法规，而且尽量是中文版本。当时，他们十分慷慨，完全满足了我们的要求，把各国证券市场的法律法规都找来，包括英、美、法、德、日，尤其是香港和台湾地区的。我们尽量购买各国交易所的法律法规中文翻译本，不但捡了一个现成的便宜，而且节约了宝贵的时间。我至今都非常感激袁天凡先生，没有他的鼎力相助，没有香港证券交易所提供的各国的证券资料，仅依靠我们自己的力量，深圳证券交易所的建成还不知要推后多长时间。

我们是拿着各国现成的法律法规，组织大家认真学习，还请了刚从国外留学回来的专家，就是北京"联办"那些人，包括高西庆、王波明、汪建熙、李青原等一些人一起讨论。因为他们毕竟在国外干过一段时间的证券业务，对国外的法律法规比我们知道得多。同时，我们也邀请了香港证券交易所的同仁和一些证券商，一起讨论各国交易所的管理架构和组织架构的利弊。由于法律法规庞杂、严谨、晦涩，我们在讨论中充满了火药味。不是为一个理解争论,就是为法规的内涵吵架,大家争得面红耳赤。正是在这个基础上,各写一摊,分工合作,最后总纂,形成了所谓的蓝皮书。

蓝皮书主要是参考了港台证券交易所的法律法规和章程,同时也借鉴了其他国家比较适合深圳这种条件的一些法律法规。可以说,我们的蓝皮书是全体筹备组成员集体研究合成的结晶。当然,我们组织编写得比较仓促,难免零乱。同时,大家参考的书目也不是一个国家或地区,因此写出来的文字有港味的,有台味的,还有是外国味道的,有点儿不伦不类。难怪人民银行一位处长说我们食洋不化。但不管怎么说,它奠定了深圳证券交易所最初的必要的法律法规和规章制度。我的想法是,有规矩才有方圆,深圳市应该有一套大的原则与法律法规,交易所内部也必须有一套规矩,否则,无法交易。因此,要先立法,再发展。因此我们首先编撰了蓝皮书,强调公平、公开、公正的法律基石。

在交易所的建设方面,我强调三个方面:一是体制上,我们定的是公司制,而不是会员制。因为当时只有几家券商,他们一心赚钱,反对成立证券交易所,搞成会员制是不可能的。好在我在发展银行时认识很多局级公司与各级银行领导,有着良好的社会资源,所以我找了十几家公司,加上管理这些公司的市投资管理公司总经理董国良,请他们大力支持与配合,一家出一百多万,筹建深圳证券交易所。这些公司基本是国营公司,有市投资管理公司,物业总公司、深业投资发展公司、特发财务公司、特区证券公司、国际信托公司、有色金属财务公司,外加建行、中行、招行、农行和工行等。正是他们的积极支持,才有了我们最初的公司制的深圳证券交易所。二是站在别人的肩上,既要做到公平、公正、公开,还要有效率和有序。所谓站在别人的肩上,就是把各国的证券交易所的规章制度都拿来做参考,然后看看哪些适合我们,而且要选择最好、最公平、最公正、最公开、最有效率、最有秩序的,取众家之长,不怕东拼西凑。三是在目标上,我们制定了三条原则:交易自动化是最公平的,电脑只认程序不认人,只要程序公平,交易必然公平有序;交收过户无纸化,既公正又有效率;通信卫星化,避免了我们那时通信不便。当时,每个省市到深圳证券交易所只有两条线,经常因为线路问题而无法解决买单卖单实时行情迅速公布。所以,我们必须实现地面有电话线，天上有卫星，实行双轨制。

另外，我觉得，在电脑正式推出之前，一定要制定出一部有关电脑操作的法律条款，以使电脑运用程序有法律依据，并用法律条文确定电脑在股市交易中的绝对权威性。于是，一部《电脑辅助交易办法》应运而生。按照这个法规，股票交易的成交配对是自动完成的，过户也是自动划账的，任何人在成交过程中都无法做手脚。另外入市者购买股票，所有证件号码都输入终端，又防止了证件上的作弊现象。再有通过电脑委托买卖，买卖双方都有委托指令与时间，这样，过去柜台交易中的不法行为再无可乘之机。《办法》的制定，对于稳定股市、保护小股民的利益大有好处。但事情总难做到百人满意，万户如愿。一些人的利益得到保护，肯定就会有另一些人的利益遭到损害。《电脑辅助交易办法》还在讨论之中，便又一次成了众矢之的。令人无法理解的是，首先发难的是那些证券公司。一个要管，一个不让管，产生了矛盾，官司打到主管机关。主管机关以先易后难为借口，将《电脑辅助交易办法》打入冷宫，坚持要手工操作。这就使人们对深圳股市产生了疑问：深圳股市是不是一个诚实的市场？因为手工操作无法保证股票市场的诚实。一旦使用电脑方案，受损最大的就是那些黑幕中的股票掮客，电脑只认程序，只要程序合理，符合三公原则，它是最能保护正当交易，最不易"出错"的高技术手段，居然被那一纸莫名其妙的批示而束之高阁。同时，上海股市借用了深圳无纸化的经验，而且取得了可喜的成功。深圳孕育的婴儿，居然出生在上海。

在设计制度的过程中，我们遇到了一个思想认识上的冲突：究竟是先立法、再运作，立法先行；还是走一步、看一步，逐步规范。当时，中国既没有公司法，也没有证券法，相关的法律法规也不健全。所以，深圳人民银行的主导意见是，先发展，再规范，应该在发展中建立法规。人民银行深圳分行的金管处长甚至发表文章，说我们的蓝皮书食洋不化。但是，我们认为，没有规矩不成方圆。没有法律法规，就没有股市的公平、公开、公正。因此，我们也针锋相对，在报纸等媒体大谈国际惯例，谈保护股民利益，谈公平、公开、公正原则。这些必须先立法，再发展，否则，股市的发展就失去了基石，失去了标准，失去了原则。这样，必然要牺牲股民利益，牺牲国家利益，纵容少数人操纵股市。争论中，大家谁也说服不了谁。

3月，我们顶着各方面的压力，完成了管理模式、管理法规、交易程序、作业流程以及市场规划等方面的工作，在蓝皮书里草拟了四十多个法律法规。我们之所以这样做，就是想让深圳证券交易所的运行一定要和国际接轨，尽量按国际化标准操作。但遗憾的是，我们写的这些东西报到了主管机关——人民银行深圳分行，分管我们的是金管处，得到的一句话是："你们在著书立说，为自己扬名。"主管机关没有看到我们立法的实质、立法的精华和立法的动力，而只看到文字上的一些差异、语气上的一些不同，就用这种方式来阻止我们先立法后运作这个基本思想。这也不难理解，从筹备组成立到蓝皮书的出台，总共不到半年时间，的确有需要完善的地方。同时，这三本深圳股市的法规建设文稿，完全是按照国际惯例，结合深圳的一些实际情况而草拟编撰的，搞国内金融的人不是很熟悉。

在这个过程中，还涉及我国的股市管理架构，应当采取什么模式的问题。根据1987年3月21日和22日国务院颁发的两个文件的要求，当时的股票和债券的金融活动主管机关是中国人民银行。相应的，深圳证券交易所以及深圳股市，就由人民银行深圳分行管理。然而，股市不仅涉及人民银行，而且涉及企业改革、投资融资体系、税收和财政等方面。因此，1988年11月，由深圳市政府牵头，由市人民银行、市体改办、市投资管理公司、工商局、税务局、财政局等等组成了深圳资本市场领导小组，在这个小组之下又成立了一个专家小组和顾问小组，实际上有三个小组。在三个小组之外，为了审批股份制企业改革方案，又成立了一个由体改委、市人民银行、市投资管理公司这三家组成的深圳企业股份制改革联审小组。表面上看，我们有四个组织，实际上，股份制改造、上市公司初审主要由市体改办负责；中国人民银行深圳特区分行负责上市公司终审，它是深圳股票市场的主管机关。在业务操作层面，成立了深圳证券交易所、深圳市证券登记公司以及各个证券交易商。当时，证交所、登记公司和各个券商又联合成立了一个自律组织，叫证券商联席会。这套庞杂的体制和多层的管理产生了很多问题、很多矛盾。在上市公司初审阶段，有关系就容易通过，逐步发展到给钱或给股份就通过。因此，深圳体改办的两个头头都被审查下台了。终审的情况也差不多，不是企业好才可以上市，其中有不少内幕。

我认为，这种股市管理模式存在一系列的问题，为了使股市管理规范化，根据我们的国情，应该建立证券管理委员会，由证券管理委员会负责法律法规的健全和制定。当初，人民银行管理股市，那是国务院定的，它有有利的一面。人民银行是金融宏观管理的主管机关，归它管有利于宏观控制，有利于社会资金的统一调控。但是，证券市场并不是说你想要怎么调控就调控得了的。另外，也不利于证券市场的专业化管理，人民银行主要是控制货币和信贷总量。让它来管理证券市场，一没有经验，二对证券市场的货币流动也控制不了。不论是哪种手段，是控制利率，还是控制公开市场的业务，或者控制货币总量，都对资金流动很难控制。因为股民受利益驱动，如果股票上涨得非常迅速，他就会把钱一股脑地投向证券市场，人民银行能不让他投吗，控制得了吗？而成立专门的证券管理委员会，利大于弊。当然，在当时来看，如果要成立中国证券委员会也有一定的难度，可能与当时国务院的法规有冲突，国务院要修改相关的法规。同时，可能不利于中央银行对货币政策进行调控，造成一部分社会资金的分流。不过，成立专门的证券委员会，还是要比人民银行管理好得多。这种争论不仅在北京，尤其在深圳，争论得最为激烈。

四　深圳证券交易所的报批与开业

实际上，深圳证券交易所的成立，我们采取了先"出生"再"领证"的办法。或者说，是边报批、边创建。

1990 年 3 月，我们完成了蓝皮书后，便开始履行报批程序。为了使法规顺利报批，我们想出一个"两套方案"。第一方案：是严格按照国际惯例制定的。除组织大纲外，在《深圳特区股票发行暂行办法》的第八条，坚持强调了股市管理权的问题："深圳市人民政府证券交易委员会为深圳证券市场的管理机构。委员会下设证券发行管理委员会负责证券发行的审批管理工作。""发行股票须经管委会批准，未经批准，不得擅自发行股票。"同时，还不得不违心地搞出第二方案。因为按现行体制，需由人民银行审查并批准这部法规。而在我们的第一方案中，人民银行不再是股市的管理机关。那么，这样的法规它能批准实施吗？管他批不批，我让老禹先报第一方案。

方案报上去后，人民银行深圳分行打来电话，要交易所派人到人行去一趟。我们不敢怠慢，冒着酷暑前往人民银行。金融管理处处长口头传达人民银行深圳分行党组意见：我们不同意你们的方案，行长已经批了。移植借鉴香港这套法律，要结合中国实际，SEC（证券交易委员会）在中国行不通！其实，我们心里清楚，症结就在成立证券交易委员会，人行的权力被搁置在一边。但是作为银行，它的确不可能管理好股市。股市管理是一个系统工程，需要方方面面的部门，银行怎么可能统筹得起这副担子？第一方案就这样被枪毙了！我无可奈何地对禹国刚说："送第二方案吧。"第二方案是一套维持现有体制的方案，其症结是其第三条：本办法所称主管机关，为中国人民银行深圳经济特区分行。主管机关受中国人民银行总行和深圳市人民政府的委托管理深圳经济特区证券业务。而在《深圳经济特区股票发行实施细则》第三条又出现了："发行股票须经主管机关（中国人民银行深圳经济特区分行）批准"。在《深圳经济特区证券管理暂行办法》的第三条还出现了"中国人民银行深圳经济特区分行管理特区证券业务"的条款。使人大惑不解的是，如果第二方案推出之后，深圳市政府资本市场领导小组，不知应当干点什么？因为在字里行间找不到深圳市政府的责任。证券交易所似乎也没有建立的必要了。不过这两点明显的缺陷，在第二方案中好像并不重要，关键解决了谁领导谁的问题，这是头等重要的。

与此同时，3月，交易所的整个自动化系统工程基本就绪。深圳工商银行行长十分支持，愿意以其银行主机为交易所提供全套服务。4月间，人民银行总行刘鸿儒副行长莅临视察，同行的还有金管司的一些同志，他们一同参观了还不太成熟的交易过户系统。操作人员当场进行了模拟运行演示。人民银行总行一行对于这一系统的想法与设计给予了很高的评价。

继5月13日开业流产后，我们又改为8月18日试营业。但在试营业的前几天，主管部门又说，北京不同意开业。开业问题再次流产，不得不另改时间。8月22日，深圳市政府正式任命我和禹国刚为深圳证交所副总经理，由我主持工作并担任法人代表。9 月 2 日，深圳市政府对我们的设计方案第二次进行了讨论，这个不知被吵了多少回的第二方案总算是被通过了。如果真的能及时地推出这一套维持现行体制的法规，把交易所建立起来，至少有如下好处：股市可以有法可依，在当时股市混乱的情况下，能够起到一定的积极作用；这套法规在一定程度能够管好当时的股市；成立交易所，又能够创一个全国第一。深圳市政府也觉得，到了推出法规的时候了。但是，深圳人民银行一位副行长提出："此事要报中国人民银行总行批准。"这一要求并不过分，下级机关向上级机关汇报情况合情合理。

这期间，我们将开业时间改在 10 月 13 日。在开业的前几天，某行长亲自到北京汇报情况，汇报内容无可考证，南归深圳之后，10 月 13 日的开业又被否决了。其实，也许不同意开业的意见并不出自北京，而是当地主管部门的意见，然后借北京的名义，深圳市政府便无权干涉了。11 月 20 日，我突然接到北京联办总经理王波明的电话。他说："老王啊，你总想争第一，可是人家上海证券交易所已经被人民银行正式批准了。你们要加把劲了啊！"我核实之后，越想越不对劲。此时，深圳只有几家上市公司，如果上海先开业，两地加起来也不过十几家，那深圳证券交易所还有成立的必要吗？我越想越觉得问题严重，不得不越级向市委书记李灏汇报，把我的看法全都说了出来："其实个别人为了个人私利，或者为了保官，罔顾股民利益，阻止交易所的开业。交易所成立之后，肯定依法实行'三公'，要严管，肯定要触犯这些人的利益。全国现在也就几只股票，如果再不开业，我们就开不成了！"李灏书记听完汇报，拍案而起，其实他比我们都急。

11 月 22 日，深圳市委、市政府的主要领导李灏、郑良玉召集有关方面人员专门听取交易所筹备组的汇报。我主汇报，将上海证券交易所已经被批准、深圳股市混乱、官商勾结等问题再次进行了汇报。事实上，类似的情况以前曾不止一次向主管领导汇报过。现在趁书记、市长等主要领导都在，我重申了事情的严重性。此外，老禹还汇报了交易所的筹备情况，并当场做了演示。最后，我说："经过我们交易所集中交易，这样做既规范，又能克服许多弊病。如果实现了自动撮合、自动过户，大量的人为搞鬼便没了机会。实际问题是，乱就乱在这两个环节一直是被人用手工操纵。如果这个操纵再有一点儿私利混杂其中，搞鬼岂不是举手之劳？"直至此时，市政府主要领导才知道股市混乱，交易所迟迟不能开业的症结所在。今天又看了我们的现场演示，市领导心里也有了底数：股市不能再这样混乱下去了！李灏书记对郑良玉市长说："今天就是拍板来的。"聪明的禹国刚见状，觉得时机已到，再不能放过这次机会，马上表示："只要你们敢拍板，我们马上就能开业"。李灏书记与郑良玉市长听后十分高兴。主管机关一位领导却说："北京没批，能开吗？"在场的人都听出话中有话，柔中有刚。禹国刚立即接过话题："深圳的证券市场乱到目前这种程度，原因就是证券交易所没有尽早开业，我们如果现在把交易所运转起来，把全市交易集中起来管理，现行股市上的70%～80%弊端我们保证把它干掉。但如果交易所还不能运转起来，乱到最后不可收拾，北京要找你们算账！是不是这样？"禹国刚的一番话，果然见效。李灏书记与郑良玉市长严肃地问主管部门的领导："你看怎么样？"这是在逼主管部门表态，否则又会变卦。这位领导表态："你们是决策的，我们是摇旗呐喊的。市委怎么说，我们怎么做。"张鸿义副市长也急切地询问我和禹国刚："你们能不能开业？"我们回答："你们今天拍板，我们明天就开业。"李灏书记说："还是准备得充分一点儿好！12月1日开业。"我说："那好，就定在12月1日开业。上海订在12月19日开业，我们比他早19天，也好记！"我们的兴奋之情溢于言表。最后，李灏说："此事今天就拍板定了！以后不再开任何会研究！"

12月1日上午9点，我拉响了钟声，这是新中国证券交易所的开市第一钟，人们见证了交易所试业敲钟的历史。我们试业成功了，但却是先斩后奏的，尚未有人民银行的"准生证"。交易所试营业之后，市场的混乱局面得到一定程度的扼制，一些不法之徒的非法行为受到了限制，黑市交易因为有专门机关的监督，变得无机可乘。实践证明，交易所的试营业，对稳定股市、治理混乱起到了决定性的作用。李鹏总理在得知交易所试营业不久，股市秩序就有了明显好转的消息后，指示："要调查研究，总结经验教训。"于是，1991年4月3日，由中国人民银行总行、国家体改委、国有资产管理总局三家联合通过了第二方案，并呈送李鹏总理。4 月 11 日，中国人民银行总行发布了《关于〈深圳市股票发行与交易管理暂行办法〉和〈深圳证券交易所章程〉的批复》（银复〔1991〕154 号）；4 月 16 日，发布了《关于建立深圳证券交易所的批复》（银复〔1991〕182 号）。7 月 3 日，深圳证券交易所在香蜜湖度假村举行了正式开业典礼。

"皇甫平" 系列评论文章
发表的前后背景

口述者： 周瑞金*
访谈者： 陆一、傅娆
时　间： 2009 年 2 月 25 日
地　点： 上海生产力学会周瑞金办公室
整理者： 陆一

对我来说，1991 年是非常难忘的一年。这一年，由四篇 "皇甫平" 评论文章引发的一场思想交锋，成为 1992 年春天邓小平南方谈话的背景。"十二年一个轮回"，这是 1991 年 2 月 15 日农历正月初一发表在《解放日报》头版的《做改革开放的 "带头羊"》署名评论的开笔句子。紧接着，同一署名的评论《改革开放要有新思路》、《扩大开放的意识要更强些》、《改革开放需要大批德才兼备的干部》陆续见报。这一系列评论文章实际上表达了邓小平在中国改革开放关键时刻的讲话精神。但也就是这一系列评论文章，在 1991 年引发了一场全国性的争论，使得正反两方面对这一年的定义，不管是 "质量年" 还是 "改革年" 都落了空。最后，变成了一个名副其实的有关要不要改革开放的思想交锋年。

---

* 周瑞金（1939～），浙江平阳人。历任解放日报社副总编辑、党委书记，人民日报社副总编辑兼任华东分社社长，上海生产力学会会长，全国生产力学会副会长。

一 "皇甫平"评论产生的背景与由来

这个事情要从 1989 年讲起。那年，我们国家发生了一场大家都知道的政治风波。当时，国家的整个经济正好处在调整阶段，再加上那场政治风波以后在国际上受到经济制裁，所以 1989～1991 年连续三年经济下滑，1990 年下滑得最厉害，年增长只有 3.5% 左右，跌到了我们改革开放十多年来最低点。

与此同时，继 1989 年底罗马尼亚政局发生剧变之后，苏联和东欧社会主义国家动荡不安，危机四伏，摇摇欲坠，当时叫"苏东波"。国内一些政治家和理论家总结"苏东波"的教训是，改革动摇了社会主义的基础。当时，有人提出来，中国的 1989 年政治风波也是帝国主义和平演变的结果，因此要反对和平演变。当时，一些人在《人民日报》发表了重提阶级斗争的长篇文章，认为从"文化大革命"结束以后，在改革开放过程中基本上不大强调阶级斗争了，要重提阶级斗争。当时，就借助这个形势说还存在尖锐的阶级斗争，加强了对资本主义自由化的批判。他们讲，和平演变最严重最危险的领域在经济领域。认为改革开放引进了资本主义。把当时的经济特区说成是和平演变的温床；对于农村搞承包、工厂搞承包，他们认为是瓦解了公有制经济；又把当时搞的股份制改革试点称作是私有化的潜行；认为引进外资是做国际资产阶级的雇佣，是卖国。他们提出，要在经济建设为中心之外再搞一个政治的中心，就是要以反和平演变作为中心。还针对两个基本点，认为改革开放最危险，提出来只讲坚持四项基本原则这一个基本点。这就是他们提出来的纲领，要把一个中心变为两个中心，两个基本点变为一个基本点。这就等于开始全面地攻击并危及我们的改革开放事业。

邓小平同志对这种状况非常着急，就出来讲话了。1990 年 12 月 24 日，在十三届七中全会召开的前夕，小平同志找了中央领导同志谈话。在谈话中，他提出，一定要把改革开放推向前进，"要善于把握时机解决我们的发展问题"，强调"不要怕冒一点风险"推进改革开放，"改革开放越前进，承担和抵抗风险的能力就越强"。他在谈话中提出，只有靠改革开放才能够把我们的国家推向前进，经济能够不失时机发展起来。他还强调："必须从理论上搞懂，资本主义与社会主义的区分不在于是计划还是市场这样的问题。社会主义也有市场经济，资本主义也有计划控制。""不要以为搞点市场经济就是资本主义道路，没有那么回事。计划和市场都得要。不搞市场，连世界上的信息都不知道，是自甘落后。"

根据邓小平同志的谈话精神，12 月 25～30 日，江泽民同志在十三届七中全会上重申，要继续坚定不移地实行改革开放，深化改革和扩大开放是必须长期坚持的根本政策。他还提出，要大胆利用一些外资进行国有大中型企业的技术改造，"即使冒点风险，也值得干"。时任上海市委书记和市长的朱镕基同志，回来传达了七中全会精神，宣读小平同志讲话的是吴邦国同志。我在 1989 年 1 月担任解放日报社党委书记兼副总编。解放日报社实行党委领导制，所以由我主持报社的工作，是报社的一把手，听了这次传达。这个讲话给我印象特别深，听了以后感到非常振奋。

就在传达邓小平谈话之后，过了一个月左右，也就是 1991 年 1 月 28 日到 2 月 20 日，小平同志到上海来过春节。从 1988 年到 1994 年，小平同志连续七年到上海过春节，这是邓小平第四次到上海过春节。小平同志这次来上海，与前几次不同。前面三次，他到上海都住在西郊宾馆，同家人一起在那里休息、过节。这一次，他频频外出，视察企业，与领导人谈话，在新锦江饭店顶楼旋转餐厅听取有关浦东开发的汇报，发表了一系列有关深化改革的谈话。在此期间，朱镕基同志一直陪在小平同志身边，和邓榕一起整理小平同志的多次谈话，并在全市干部会议上，传达了小平同志的讲话精神，范围很小，内容也相当笼统。

我是怎么获取到小平多次谈话的信息的呢？2 月 11 日晚上，上海市委分管宣传的副书记陈至立同志把我叫到她在康平路的家里，她拿出邓小平同志在上海视察工厂、企业，听取汇报时讲话的整理稿给我看。当时，我看到这个谈话整理稿，第一感觉就是，这些谈话的基本精神和小平同志 1990 年底与中央领导同志谈话是一致的，但强调改革开放更进一步、更迫切了。其中，让我特别动心和动情的是，邓小平在谈话中强调："改革开放还要讲，我们的党还要讲几十年。会有不同意见，但那也是出于好意，一是不习惯，二是怕，怕出问题。光我一个人说话还不够，我们党要说话，要说几十年。"针对报纸上是一片批判资产阶级自由化、反对和平演变的声音，小平同志强调全党要讲改革开放，而且要讲几十年，这对我触动特别大。他在谈话中又一次强调："不要以为，一说计划经济就是社会主义，一说市场经济就是资本主义，不是那么回事，两者都是手段，市场也可以为社会主义服务。"他在这里再次强调市场经济的改革思想。邓小平在谈话中还强调要扩大开放。他说："开放不坚决不行，现在还有好多障碍阻挡着我们。说'三资'企业不是民族经济，害怕它的发展，这不好嘛。发展经济，不开放是很难搞起来的。世界各国的经济发展都要搞开放，西方国家在资金和技术上就是相互融合、交流的。"他希望："上海人民思想更解放一点，胆子更大一点，步子更快一点"。"要克服一个怕字，要有勇气。什么事情总要有人试第一个，才能开拓新路。"我看了这份材料以后，感触很深。当时，陈至立并没有叫文汇报或者其他报社的老总一起到她家去，只叫了我一个人。她给我看这个材料，不是当作一个工作性的安排，而是让我了解，以便把握宣传口径，这个意图是很明确的。她没有让我做记录，也没有直接布置我写文章。

2月11日晚上，看到了邓小平的讲话，我激动了好几天。凭我长期从事党报工作培养的政治敏锐性和责任心，深感邓小平同志的谈话分量非常重，非常有针对性，显然是有意识地就全国的改革开放做一番新的鼓动。小平同志强调，全党都要讲改革开放。我认为，这绝对不是只对上海讲的，而是对全国改革开放的一个总动员。实际上，小平已经感到在当时的国内政治气氛和国际大环境下，如果不推动改革，不加快经济发展，再走回头路，中国是没有前途的。因为我主持解放日报的工作，所以我认为既然全党要讲，《解放日报》作为市委机关报，是党报，就首先应该讲，要把这个责任放在自己头上。从2月12日开始，我就酝酿到底要怎么搞。应该说，上海当时的舆论环境还比较宽松，我写皇甫平文章时，没有一个人打电话干预，市委宣传部很少干预《解放日报》的编辑工作，我还是有比较大的自主权。市委有什么重要宣传意见，由分管副书记甚至直接由市委书记向我下达指示。

二 "皇甫平"评论文章的写作过程

按照《解放日报》在 1989 年、1990 年的惯例，每年农历大年初一，在头版的"新世说"栏目里，我都要发表一篇千字文的小言论贺新春。庚午岁尾，当我了解到了小平同志在上海视察的讲话精神后，感到只写一篇小言论不足以宣传小平同志的最新指示精神。所以，在 2 月 13 日，也就是小年夜，我找了评论部的凌河、市委政策研究室的施芝鸿处长。当时，施芝鸿一直和我们报社联系，有的时候我叫他写写评论。那天，我把在陈至立家里看到的小平同志在上海视察的讲话精神说了一下，我们三个人就一起商量如何写作。正巧，施芝鸿在市委政策研究室已经听了有关邓小平在上海过春节讲话的传达，并在笔记本上做了完整而详细的记录。我们商量好，在评论的分工方面，我主要出点子、出思路，具体设计系列文章的各层主旨，由我们分头撰写。当时，我思考好第一篇准备在大年初一发的评论，大纲我已经心里有数了。经过讨论，我们就把第一篇的评论题目定作《改革开放的"带头羊"》。

这篇文章新的立意点就是把 1991 年辛未羊年做出前溯后瞻，提出中国正处在改革开放新的历史交替点上。这篇文章主要是写整个历史大事，这样通过回顾和前瞻，构成全文的立论要点。文章回顾了过去，"十二年一个轮回。回首往事，上一个羊年——1979 年，正是党的十一届三中全会召开之后开创中国改革新纪元的一年。""抚今忆昔，历史雄辩地证明，改革开放是强国富民的唯一道路，没有改革就没有中国人民美好的今天和更加美好的明天！"短短的几句话，鲜明地对改革开放做出正面评价，所以产生了比较大的影响。文章又前瞻 12 年，那正好是 2003 年。到 2003 年，我们就已经进入了小康社会，已经解决了温饱问题、实现第二步的战略目标，所以我们讲到那时我们国家将发展得更好。同时，我又回顾和前瞻了 60 年一个甲子的轮回，60 年前后还是回到羊年。我们从 1991 年往后看 60 年是 1931 年，当时的九一八事变使我们落后挨打，被日本鬼子侵略；而从 1991 年再向前看 60 年，正好是 2051 年，那就到了本世纪中叶，当时党的规划目标就是

2050 年，那时我们就应该达到初步发达的国家，已经实现第三步战略目标了。

经过这样大开大阖的论述，来阐明 1991 年应该是一个历史交替点，1991 年应该成为改革年。"我们要把改革开放的旗帜举得更高"，"我们要进一步解放思想，以改革开放贯穿全年，总揽全局"。"改革年"这个提法是朱镕基提出来的。他是在传达十三届七中全会精神和一些市委的讲话中说的。当时，朱镕基在传达小平讲话的精神时，并没有照本宣科，而是大体地讲一下总的精神，然后就讲如何贯彻和执行。所以他提出来："何以解忧，唯有改革"。目前碰到的一切问题，都是改革的问题，只有继续推进改革才能够继续前进。当然，他当时提出"改革年"这个概念是有针对性的，因为当时国务院的提法，1991 年应该是"质量年"。"改革开放的旗帜举得更高"这个说法，是小平同志到上海来讲的，包括在七中全会前给领导同志的讲话中也说了"要把旗帜举得更高"，而且杨尚昆在上海也讲了这些话。所以，我们把中央领导的这些讲话和朱镕基当时讲的许多原话都融会到文章里面来了。

第一篇评论文章发表时正好是 1991 年的 2 月 15 日，大年初一。正逢全国都在新年休假过春节，所以发表出来以后影响并不是很大，大家还没有注意到。过了三个星期左右，3 月 2 日，皇甫平系列评论的第二篇文章《改革开放要有新思路》发表。文章阐述了邓小平改革开放新思想中最重要的一点就是改革开放要有新思路，这个思路就是发展市场经济。小平同志在 1990 年底 1991 年初的两次讲话，都在市场经济和计划经济的关系上要我们理论上进行突破，不要受束缚。我理解小平同志要推动改革开放，到了 90 年代就应该向市场经济深入。我们 80 年代的改革基本上是增量改革，就是在公有制外面增加一块新的发展空间，可以搞私有经济，可以搞外资合资经济，但当时还没有动到原有的计划经济体制上，90 年代才开始触动原有的体制。体制改革的目标，就要按照市场经济的标准去改。这就要破除市场经济就是搞资本主义的思想观念。

文章提出"解放思想不是一劳永逸的"，"解放思想要进入新境界，改革开放要开拓新思路，经济建设要开创新局面"。这篇文章的点睛之笔，是指出 90 年代改革的新思路在于发展市场经济。文章传达了小平同志视察上海时的讲话精神："计划和市场只是资源配置的两种手段和形式，而不是划分社会主义和资本主义的标志，资本主义有计划，社会主义也有市场。"并批评"有些同志总是习惯把计划经济等同于社会主义，把市场经济等同于资本主义，认为在市场调节背后必然隐藏着资本主义的幽灵"。文中鲜明提出"在改革深化、开放扩大的新形势下，我们要防止陷入某种'新的思想僵滞'"，并指出这种"新的思想僵滞"表现为，把发展社会主义市场同资本主义等同起来，把利用外资同自力更生对立起来，把深化改革同治理整顿对立起来，等等。

当时，我们没有提僵化。因为第一次思想解放、搞真理标准讨论的时候，都是批判僵化。而小平同志讲过，有不同看法，基本上是怕出问题，怕出问题的思想不是说一定很僵化，但是它是僵滞的，就是落后于时代的发展。所以同改革开放初期思想僵化不同，对于深化改革、发展市场经济，有些同志主要是害怕被人批判为搞资本主义。因此，我们经过推敲，认为用"思想僵滞"要委婉一些。在我看来，这第二篇文章是我们四篇中最重要的文章。这篇文章开始触动社会了。赞成的人很多，包括经济学家吴敬琏等都非常兴奋；而文章反对"左"的思想，"左"的思潮对此就特别反感。因为当时批判资产阶级自由化重点是"两化"：一个叫市场化，一个叫私有化，认为这是资产阶级自由化的核心。我们提出改革开放的新思路是发展市场经济，这一下子就触动到这些人，这样就遇到阻力、引起了一些人的不满。

3 月 22 日，第三篇文章《扩大开放的意识要更强些》发表。文章从上海对外开放过程中所出现的争议说起，从国际饭店顶上最早竖起的日本东芝的霓虹灯广告，引起大家很大的反对声音，到后来的虹桥土地使用权拍卖，引起很大的阻力，针对曾经出现过的争议和反复，指出开发浦东、设立保税区、造就"社会主义香港"的尝试，一定要迈开步子，敢于冒风险，做前人没有做过的事情。我们针对这三个思想障碍，即开放会不会损害民族工业，开放是不是让外资赚钱去了，开放会不会使上海变成旧社会"冒险家的乐园"，阐述了邓小平关于"开放不坚决不行"的思想。这篇文章之所以引起那么大的轰动，引起那么多的责难，就是因为文章中提出了"如果我们仍然囿于'姓社还是姓资'的诘难，那就只能坐失良机"，"趑趄不前，难以办成大事"。当时我们深感，由"两个凡是"变成一个"凡事"（即凡事都要问一问姓"社"姓"资"），这是阻碍深化改革、扩大开放的一个要害问题。但我们文章丝毫没有提倡改革开放不要问姓"社"姓"资"的意思，只是说不要对改革开放乱扣"姓资"的帽子。

第四篇文章《改革开放需要大批德才兼备的干部》发表在4月12日的报纸上。3月份，全国人大和政协开两会。当时，任上海市委书记兼市长的朱镕基，被邓小平点将，任命为国务院副总理，到北京去上任了。所以，我们就是借此论述改革需要大量德才兼备的干部，阐述了小平如何使用人才的思想，即要把坚持改革开放的路线、做出政绩的、得到人民拥护的人提到领导岗位上去。文章是根据江泽民总书记在十三届七中全会上关于干部问题的讲话精神写的，我们在文章中强调改革开放需要大批勇于思考、勇于探索、勇于创新的闯将，要破格提拔对经济体制改革有进取精神的干部。文章尖锐提出，对"那些口言善身行恶的'国妖'、两面派、骑墙派一类角色，毫无疑问绝不能让他们混进我们的干部队伍中"。这实际上透露了小平同志关于人事组织的思想，这是对小平同志要从组织人事上保证推进改革开放的公示。

就这样，从2月15日到4月12日，《解放日报》头版重要位置连续发表了四篇署名"皇甫平"的文章。四篇文章相互呼应，围绕解放思想以深化改革、扩大开放这个中心，由总而分，反复阐明，一再明示，宣传了邓小平最新的改革开放思想，形成了一个鲜明推进改革的完整的舆论先导系列。在酝酿时，我们曾打算写五篇，因为当时随着皇甫平系列评论的发表，怎么来看待姓"社"姓"资"？怎么来判断姓"社"姓"资"？我们改革开放到底是姓"社"还是姓"资"？这个标准是什么？对这一系列问题已经引发了争议。所以第五篇原准备展开论述所谓姓"社"姓"资"问题。后来，因为港澳工委来电话催促我尽快到香港《大公报》履任新职，我只好忙于移交工作，办理赴港手续，于是把这篇文章的写作给搁下了。

为什么会起"皇甫平"这个笔名呢？在写第一篇文章时，我们三人就开玩笑说，在50年代时，"马铁丁"、"龚同文"都是写文章很出名的，三个人组合成了写作组。我说："我们三个人也组成个马铁丁写作组吧。"当时，我们在写作文章的时候，并没有对署名有什么议论，署名是我一个人想的，他们俩也不知道。我为什么要署一个"皇甫平"的笔名？其实这里面有我的想法。当时，海外的报道对皇甫平做了解释，把皇甫平解释为"黄浦江评论"的谐音，认为皇甫平就是黄浦江的评论，就是上海的评论。在激烈的交锋和争议中，我不便把自己的想法说出来，所以我一直没有讲，默认了这个皇甫平就是黄浦江评论的意思。一直到了 2000 年以后，媒体来采访我的时候，才把自己当初想出这个名字的真实含义讲出来，最早是《新民周刊》登了我这个讲话。

我的真实的想法是什么呢？当时，写作那几篇文章的背景，是直接起源于邓小平在 1990 年底 1991 年初所发表的一系列讲话，其中蕴含有关进一步推进改革开放的深刻思想，这才产生了这些文章。所以，我想这个署名很重要，笔名要像真的一样。为什么用"皇甫"这个姓？这是因为，"皇"用我们老家的闽南话发音，和奉命的"奉"是一个音，所以我用这个"皇"就是奉命的意思。而为什么不能把皇甫平解读为"黄浦江的评论"呢？因为"甫"不是读 pu，而是念 fu。它和"辅"是同音字，我用它表达"辅佐"的意思。而那个"平"也不是评论的"评"，它就是邓小平的"平"。我起这个笔名的真实含义，其实就是"奉辅平"，奉人民之命，辅佐邓小平，这就是"皇甫平"笔名的深层含义。而皇甫又是中国的一个复姓，人们看起来比较自然。辅佐邓小平，就是为邓小平宣传改革开放的新思想。你不是要求全党都要讲吗？我今天就带头来讲你的新思想，这就是辅佐所蕴含的意思。我当时心里面真实的想法是这样的，奉人民之命，把邓小平最新的改革开放思想宣传出来，通过我们的宣传而被全党和全国人民都接受。这才是我起"皇甫平"这个笔名的想法。

三 "皇甫平"文章发表后引发的强烈反响

皇甫平文章发表后，在国内外、党内外反响极为强烈。每篇文章发表的当天，总有不少读者打电话到报社问文章作者是谁，并说读了文章很有启发，有助于进一步解放思想，认清形势，打开思路，坚定信心。后来，吴敬琏对我说，他非常感激皇甫平文章对市场经济的论述。

在那段日子里，解放日报驻京办事处收到很多电话，打听文章背景，问："是不是传达了小平同志的讲话精神？"说："这些文章以加大改革分量为主旋律，说出了我们的心里话。"当时，全国不少省、市、自治区驻沪办事处人员都接到当地领导人电话，要求收集"全部文章"，有的还派出专人到上海来了解发表背景。文章受到许多读者的欢迎，说这是"吹来一股清新的改革开放春风"。这四篇文章在国际上也引起强烈反响，包括世界主要的通讯社美联社、法新社、路透社都打电话来问。特别有意思的是塔斯社，当时苏联还没有解体。塔斯社在上海的记者一定要来采访我，要问皇甫平是什么背景？是谁授意的，是不是邓小平？他们很敏感。在这个过程当中，正面的反映是主要的，这说明邓小平同志讲的话深得人心。但是，反对的意见也很强烈。因为在当时的环境下反对和平演变、批判资产阶级自由化这股力量还很强，这在针对皇甫平文章的争论中充分表露出来。所以，我们原来期望1991年是改革年，结果却变成了改革的争论之年、改革的交锋之年。

1991年3月22日我们第三篇文章发表后，4月初针对皇甫平的批判文章就出来了。最早一篇发表在《当代思潮》上。随后，《真理的追求》、《高校理论战线》这些刊物紧紧地跟上，批判得特别积极，连篇累牍地发表批判文章，无非就是讲我们不问"姓社姓资"，把改革开放引上了资本主义道路，断送了社会主义事业。《当代思潮》发表文章质问："改革开放可以不问'姓社姓资'吗？"然后，自己回答说，在自由化思潮严重泛滥的日子里，曾有过一个时髦口号，叫作"不问姓社姓资"。结果呢？"有人确实把改革开放引向了资本主义的邪路"，诸如经济上的"市场化"、政治上的"多党制"，还有意识形态上的"多元化"。在列举了这一系列"恶果"之后，文章说："不问'姓社姓资'，必然会把改革开放引向资本主义道路而断送社会主义事业"。这样一来，皇甫平就成了"资产阶级自由化分子"了。接着，《真理的追求》发表文章，把皇甫平说成是逃亡海外的政治流亡者的同路人，指出："改革不要问'姓社姓资'本来是'精英'们为了暗度陈仓而施放的烟幕弹"，还说"一切不愿做双重奴隶的中国人，有责任也有权利问一问'姓社姓资'"。《高校理论战线》的文章说:"至今仍有此论者把'姓社还是姓资'的诘问指责为'保守'、'封闭'的观点,主张予以抛弃"。"对于那种不许问'姓社姓资'的观点,人们也不妨问一问:它代表的思想倾向,究竟是'姓社还是姓资'?"

接着,一些大报如《人民日报》、《光明日报》也加入批判的队伍,但这些中央媒体没有单独发表自己的文章,只是在头版大篇幅地摘要转载这些小刊物的批判文章,以此来表示自己的态度。很有意思的是,他们批判从不点名,既不讲皇甫平,更不讲上海,都回避了。就是批不问"姓社姓资",但给大家的感觉就是在批皇甫平文章。

在这过程中,中央媒体支持皇甫平的只有新华社。当年4月,新华社《半月谈》杂志发表评论,表示不能对改革开放任意进行"姓社还是姓资"的诘难。它从农村改革讲起,认为实行家庭联产承包责任制这种改革就不应该问"姓社姓资"。结果,北京的一些媒体对《半月谈》也公开点名批判。他们认为《解放日报》哪有那么大的胆?《解放日报》后面肯定会有来头,是什么人他们也知道。但是,他们认为,邓小平已经退下来了,不能再指手画脚了。更令人注意的是,到了8月份,北京一家知名大报和权威杂志也加入了批判的队伍,纲也上得更高了,而且提出批判"庸俗生产力观念"、"经济实用主义",等等。明眼人一看就知道,这哪里是批判皇甫平文章,矛头分明已指向邓小平建设有中国特色的社会主义理论。

这种情况在上海也表现出来。当时,上海的一些老干部写了很长的批判文章,逐句来批皇甫平文章,还给市委写了厚厚的一封信,市委转给我了。离休老干部有一个读报小组,他们指定我一定要去参加,在那个会上他们就指着我批评:"你无非是听邓小平讲的话,邓小平现在算什么,他现在退休了。"就像开批判会一样。

记得当时有一位理论界比较有名气的朋友写了一篇文章,让解放日报驻北京办事处一位记者转给我,并转达他的意见,说我如果把这篇文章刊登在《解放日报》上,可以视作我做了自我批评,北京报刊就不会再发表批评文章了。我知道,这是"战场喊话"了。我看到文章中有这么一句话:"笔者完全不能理解,'不问姓社姓资'的口号,究竟符合党章的哪一条款呢?提倡'不问姓社姓资'，那么在政治上还要人们问什么呢？邓小平同志反复强调我们'干的是社会主义，最终目的是实现共产主义'，这个共产党人的政治纲领，难道需要和可以改变吗？"我看了有些纳闷，皇甫平文章提倡改革开放，这是党的基本路线规定的，怎么变成改变共产党人的政治纲领了？我便马上打电话给驻京办事处记者，要他明确转告作者：除非把这句话删掉，否则《解放日报》不可能刊登他的文章。后来，那篇文章发到其他报刊上了。

7月1日，江泽民做了一个"七一讲话"。在"七一讲话"里面，江泽民同志讲了邓小平有关"计划和市场只是经济手段，不是区分两种社会制度的主要标志"的思想精神。同时，在"七一讲话"中，江泽民也谈到了反和平演变。但此后一个阶段中，中央各大媒体都只宣传他反和平演变的意思，不宣传他谈改革开放这一段，使得江泽民很有意见。有一次，他就批评新闻界，说："我的'七一讲话'讲的改革开放，你为什么不宣传？专门抓反和平演变来宣传？"他要求："今后主要是加强改革开放的宣传，不改革开放，我们立不住。"在这个背景下，《人民日报》就开始起草社论，这就是9月1日《人民日报》刊登《要进一步改革开放》社论的由来。

然而，9月1日的《人民日报》社论发生了一件非常奇怪的事，既然要谈推进改革开放，就应该讲进一步改革开放，结果社论里面却有两个地方提到，改革开放一定要问"姓社姓资"。按常规，《人民日报》刊登的社论，在前一天晚上中央电视台的《新闻联播》中会摘要播出。那天晚上，我看了新闻联播，恰恰突出了那两个要问"姓社姓资"。第二天，我赶快找《人民日报》来看，发现在社论中那两句话没有了。后来，我才打听到，那天晚上，江泽民同志也看了《新闻联播》，他就感到不对了。于是，马上打电话给中宣部长王忍之，要他修改这个社论，把这两句话删掉。王忍之立即打电话叫高狄把社论送来，高狄讲："我已经送给李瑞环审过了。"因为当时中央管宣传的是李瑞环。但王忍之还是要求人民日报社把社论清样送来，王忍之就把那两句话删掉。第二天报纸出来后，海内外舆论一片哗然。因为在众目睽睽之下，中央机关报一个社论出现了两种版本。海外很敏感，港台报纸大量的文章报道这个事，认为中央高层对改革开放出现了分歧。

　　9 月中旬,人民日报社社长突然跑到上海,到解放日报社要找我谈话。事先,我接到该报驻上海记者站记者的电话,说人民日报社社长要来上海,要我接待一下。我摸不透这位社长为什么要来找我,于是就向上海市委主管领导陈至立汇报了此事。结果,陈至立同志当时就打电话到中央办公厅,与担任中央办公厅副主任的曾庆红通了电话,问:"人民日报社长来上海有什么背景?是不是中央叫他来的?"曾庆红说:"没有这个事,中央没有要他到上海来,这是他个人的行为。"于是,陈至立就说:"你就随机应变应付他吧。"这样子,我就心里有数了。

　　这位社长一来,就摆出一副官架子,用责问的口气同我说话,直截了当问我:"皇甫平文章是什么背景?是谁授意写的?"我只好敷衍他,对他说:"没有人授意,是我组织撰写的。这个是我定的,我从来没有向谁请示过,也没有送审。我作为解放日报一把手,发表署名评论文章还是有这个权力。"我还讲了第三篇文章是一个搞理论的人的来稿,我们在他文章的基础上重新改写的。我把这个文章找出来,证明是我选进来的一个稿子。听我这么一说,他好像放松了一下,他说:"那我们误会了。"他说:"你赶快写一个报告给中央,把皇甫平文章发表、写作的经过,按照你今天讲的写出来,我带着到北京去,做做工作,就不会再批判皇甫平文章了。"我说:"再考虑一下,怎么写。"他说:"你越快越好。"他走后,我立即向陈至立同志汇报,陈至立同志说:"不睬他!你根本不用给他写什么。"后来,我了解到,这位社长来上海的行踪十分诡秘,连他的助手、秘书都不知道,只有他的司机知道。

　　正是这位社长在 9 月 2 日的《人民日报》社论中塞进自己的私货,连写两句"要问'姓社姓资'"。后来,为了摆脱被动,他写材料向上面撒谎说:"问'姓社姓资'的话是原稿里有的",而他本人则是一向认为"问姓社姓资"是"一种'左'的传统观念"。还反复辩解说与自己无关,那是社论执笔的评论部的同志自己搞出来的。结果 1993 年我调到人民日报社担任副总编以后,评论部的同志把稿子的来龙去脉给我讲清楚了。其实,就是这位社长在耍两面派。他一方面当面对李瑞环讲:"我是不主张问'姓社姓资'的,所以我现在社论讲了这两句,以后到此为止,就不要再提'姓社姓资'了。"以便让李瑞环通过他的社论送审稿。然后，他一边又嫁祸给他人。与此同时，他又将一封"读者来信"编印出来，摘信中的话说："那些对改革开放不主张问一问'姓社姓资'的，不是政治上的糊涂虫，便是戈尔巴乔夫、叶利钦之流的应声虫！"不久，他就离开了报社。当然，这不过是这场交锋的一个小插曲罢了，更大的交锋还在后头！

10月，也就是《人民日报》社论发表以后，一位中央领导同志到上海来。在上海市委常委召开的干部会议上，点名批评了皇甫平文章。他说："你们这个文章影响很坏，把全党的思想搞乱了。全党好不容易刚把大家的思想统一到'计划经济为主，市场调节为辅'的提法上来，现在又冒出一个'市场经济'，说什么'计划和市场不是划分社会主义和资本主义的标志'，这不是又把人们的思想搞乱了吗?"干部会以后，上海市委把讲话整理稿送给这位领导审定，以便向下传达。他审定后说："这个批评的话要留着。"但是，他把皇甫平的名字删掉了。11月，又一位中央领导同志到上海来，发表讲话支持皇甫平。他说："不解放思想，很多事情先带框框、先定性、先戴帽，这就很难办。不要还没有生小孩，还不知道是男是女，就先起名字。"他的话讲得很风趣，很有意思。他用这种方式表示说："你不要先问'姓社姓资'，改革整个是在试验阶段，所以不要急于给它起名字。"

四　中共上海市委的态度和做法

在写这四篇文章之前，我预感到会引起争论。我很明白，批资产阶级自由化就是批市场化。我现在提市场经济，肯定有风险。但是，我没想到，会引起这么激烈的反应，所以我觉得应该向领导汇报了。

在这一段时间，市委领导从来没有表态，也从来没有对我讲什么。于是在4月23日，我主动以解放日报总编室的名义给市委写了一份报告。在报告中，我讲了皇甫平文章的来龙去脉，怎么考虑要发表这四篇文章。这四篇文章发表后，在当前有什么反映，根据我的了解，首都理论界的反映是怎样的。既反映了正面的情况，也反映了负面的情况。另外，特别提到台湾的报纸，比如最早报道皇甫平是台湾的《联合报》，认为从皇甫平的文章看得出来，是上海在叫板北京，反映了上海跟北京的矛盾。我还把《联合报》的报道剪下来复印给领导。我认为，要反映全面的情况，让领导心里知道。

除了以总编室名义打印出来上报的报告以外，同时我又给当时的上海市委书记吴邦国、市长黄菊、分管宣传的市委副书记陈至立写了一封信。在信中，我主要说明这几篇文章为什么不送审。我说："当时，写皇甫平系列评论文章不送审的考虑是，我认为当前的形势错综复杂。小平同志上海视察的讲话很重要，我是从你们那里得到这个精神的。我认为，小平同志提出来全党都要讲改革，《解放日报》作为党报有责任讲这个话。小平同志这么提，不仅仅是对上海，而且是对全国改革开放的一个推动，我是这样理解的。"另外，"我认为，党报重要的社论、重要的评论员文章应该送审，但是没有规定署名文章、署名评论也要送审。我认为，我是署名评论，可以不送审的。"再者说："这个事情送审会让你们被动。如果因此产生问题的话，我愿意个人承担责任。"吴邦国和黄菊对这封信只是圈阅，没有任何表态意见。而陈至立同志只批了一句话，她说："像这样类似的文章今后还是要送审。"她没有讲这个文章怎么样，就只是说了这么一句。对此，我做了自我批评，承担了责任。但这样一来，我心里基本上就比较有底了，所以我还是坚持我的观点，从来没有妥协。

同时，我又把这个材料专门送到北京，送给了曾庆红。因为庆红同志调到北京以前，是上海市委分管宣传的书记，是我的顶头上司。我对曾庆红同志说："请你转告总书记，这四篇文章的酝酿、写作和发表是这样的过程。现在，他们这样批判，我认为这是'左'的思潮的反映。"他没有表态，也没有讲我这个文章是对还是错。1993 年，我调到北京后，江总书记专门找我谈过一次。他说："你那几篇文章没有错，你放心，不要背包袱。"他还和我谈到了当时"左"的人，怎样在中央党校捣鼓反和平演变的事，让人感到他到北京之初，压力也是很大的。

在我们处境最困难的时候，上海市委宣传部副部长刘吉鲜明表示，皇甫平文章写得及时，写得好！他说："有人说，我是你们的后台，可惜你们写文章时我并不知道，当不了后台。"他提议，把第三篇文章重新发表，加一个编者按，让广大读者来评判，皇甫平文章哪一段哪一句主张过"不要问

'姓社姓资'"？他还把皇甫平的这几篇文章包括批判文章都搜集起来，通过
邓楠同志转送给邓小平同志。因为皇甫平的第一篇文章发表的时候，小平在
上海过春节。大年夜的时候，小平同志会见上海党政干部；第二天大年初
一，《解放日报》上有他会见党政领导干部的照片。在这篇报道下面，就是
我的皇甫平文章，他肯定也会看到的。加上刘吉通过邓楠转送的材料，所以
小平同志对皇甫平事件知道得应该还是比较早的。

尽管如此，我当时还是承受着巨大压力。5月份，《人民日报》发表了
一篇评论员文章，叫《筑起抵御和平演变的钢铁长城》。这篇文章全国报纸
都转载了，上海的《文汇报》、《新民晚报》都转载了，只有我们《解放日
报》没有转载，我没有让转载。第二天，正好开市委常委扩大学习会，我
作为解放日报一把手参加。在这个会上，市委领导提出来："《解放日报》
为什么不登这篇评论员文章呢？"他说："你们要补登一下。"于是，我在会
上说："这篇文章谈的是反和平演变的重大问题，但是和中央的精神不一
致。《筑起抵御和平演变的钢铁长城》讲的是意识形态领域的事情，可文章
把矛头指向了知识分子。"我说："反和平演变关键是干部，是高级干部、
领导干部，主要是党内教育。这就是中央精神。现在那篇文章的提法是
'筑钢铁长城'，这个提法也不准确。"这个时候，作为老干部参加常委会学
习的陈国栋同志出来为我解围了，他说："反和平演变这么重大的问题，中
央应该有正式的文件，不应该靠《人民日报》发一个评论员文章。还不是
社论呢，评论员文章怎么来谈这个？"陈沂同志也站出来说："我支持你的
看法。"

在这种情况下，陈至立就来跟我商量。我对她说："第一，中央没有规
定《人民日报》的评论员文章，地方报纸一定要转载；第二，上海也不是
都不登，《文汇报》、《新民晚报》不是登了吗？这表示上海市委并没有要抵
制这个东西。我作为解放日报一把手，有选择的权力。如果要写宣传防止和
平演变的文章，我会重新写一篇，更体现中央精神。但是，如果我这样一写
的话，海外的媒体一定会讲，上海又和北京对着干了，只会产生这个效
果。"最后，吴邦国同志同意，不要再登，也不要再写了。我就这样顶住
了。当时没有办法，只能通过这个来抵制一些理论家、政治家对皇甫平文章

的围剿。这是我唯一一次顶住他们的压力。我不可能和他们争论，只有通过不转载《人民日报》的评论来表达我的看法。

6月初，我到香港大公报担任社长的任命被突然取消了。本来，这是在1990年底定下来的，按理说，我1991年2、3月份就应该去了，但由于写皇甫平的文章拖了一段时间。另外，我当时还有一个想法，6月以前去，一去就赶上敏感时期，香港记者会问我的态度，很多话不好讲，所以我想过了敏感期以后再去比较好。但是，由于我写了那几篇文章，有些人把状告到了中央。当时，分管中央组织部的一位中央常委说了一句话："叫中央组织部问一下周瑞金去没去？如果没有去叫他不要去了。"就这样定下来。当时，我的工作都已经交接完，解放日报的欢送会都开过了，飞机票也买好了，中央组织部临时来了一个电话，就取消了我担任香港大公报社长的任命。尽管工作交接近半年了，我仍旧担任解放日报党委书记，还是主持解放日报的工作。

这一年12月，我从内参资料中看到，中国社会科学院的何新向中央"上书"，他在"上书"中公然宣称，在东欧剧变、苏联解体、社会主义转向低潮情况下，中国抵御西方和平演变的阴谋困难重重，而坚持改革开放恰恰会为西方和平演变势力所利用，因此希望中央决策者要权衡利弊，不要冒改革开放的风险，先集中全力进行社会主义思想教育，以增强反和平演变能力，这才能保住社会主义阵地。

这是一份难得的反面教材，也是当时对皇甫平种种责难的集中反映。我抓住这份内参材料，在上海召开了一个形势座谈会，请了沪上一批有影响的人士，其中有徐匡迪、华建敏、王沪宁、刘吉、施芝鸿，还有王新奎、周汉民、王战、李君如、黄奇帆等。后来，我把这次座谈会大家发表的意见，整理成两篇评论员文章，即《改革要有胆略》、《再论改革要有胆略》，在《解放日报》头版显著位置发表，严肃批评了反对冒改革开放风险，认为坚持改革开放就会被西方和平演变势力所利用的错误观点。

1992年1月18日至2月21日，邓小平以88岁高龄不辞劳苦到南方视察，足迹遍及武昌、深圳、珠海、上海等地，到上海以后又到南京，南京的讲话就没有公开。他一路走过来，讲改革开放，反复强调中国的改革就是要搞市场经济，基本路线要管 100 年。他说："不坚持社会主义，不改革开放，不发展经济，不改善人民生活，只能是死路一条。"这次又是我们得风气之先。邓小平南方谈话的精神，在市委研究室工作的施芝鸿最早知道，他马上告诉了我。当时，我们很振奋，因为我们压抑了一年。所以，在 1992 年 2 月 4 日，农历壬申年的大年初一，我们在《解放日报》头版率先发表了题为《十一届三中全会以来的路线要讲一百年》的署名评论，拉开了宣传小平同志南方谈话精神的序幕。文章发表后，在国内外引起很大反响。人家一看标题这么大的气派，就知道讲这个话的人肯定是讲邓小平了。全国最早宣传邓小平南方谈话的就是这篇文章，当时党内还没有开始传达。据我所知，邓小平对最初整理的几稿都不满意。后来，就叫郑必坚、龚育之给他整理。最后正式传达下来的稿子，是郑必坚整理出来的，那个大手笔就不一样了。所以，这中间拖了一段时间，小平的南方谈话基本上是到了 3 月份、4 月份才向全党传达的。

邓小平的讲话抓住了 1991 年思想交锋的要害，尖锐地指出："改革开放迈不开步子，不敢闯，说来说去就是怕资本主义的东西多了，走了资本主义道路。要害是姓'资'还是姓'社'的问题。判断的标准，应该主要看是否有利于发展社会主义社会的生产力，是否有利于增强社会主义国家的综合国力，是否有利于提高人民的生活水平。"他还提出社会主义本质是解放生产力，发展生产力，消灭剥削，消除两极分化，最终达到共同富裕。从这个角度看问题，"计划多一点还是市场多一点，不是社会主义与资本主义的本质区别。计划经济不等于社会主义，资本主义也有计划；市场经济不等于资本主义，社会主义也有市场。计划和市场都是经济手段。"邓小平同志用"发展才是硬道理"的简明生动词句，激励人们"把握时机，发展自己，关键是发展经济"。"对于我们这样发展中的大国来说，经济要发展得快一点，不可能总是那么平平静静、稳稳当当。要注意经济稳定、协调地发展，但稳定和协调也是相对的，不是绝对的。"

针对 1991 年思想交锋中暴露出的问题，邓小平指出，现在，有右的东西影响我们，也有"左"的东西影响我们，但根深蒂固的还是"左"的东西。有些理论家、政治家，拿大帽子吓唬人的，不是右，而是"左"。"左"

带有革命的色彩，好像越"左"越革命。"左"的东西在我们党的历史上可怕呀！一个好好的东西，一下子被他搞掉了。右可以葬送社会主义，"左"也可以葬送社会主义。中国要警惕右，但主要是防止"左"。

邓小平同志的南方谈话，为党的十四大召开做了充分的思想理论准备。正如江泽民在党的十四大报告中所高度评价的："今年邓小平同志视察南方发表重要谈话，精辟地分析了当前国际国内形势，科学地总结了十一届三中全会以来全党的基本实践和基本经验，明确地回答了这些年来经常困扰和束缚我们思想的许多重大认识问题"。"谈话不仅对当前的改革和建设，对开好党的十四大，具有十分重要的指导作用，而且对整个社会主义现代化建设事业具有重大而深远的意义"。

我在国家体改委的岁月

口述者：陈锦华*
访谈者：马国川
时　间：2009 年 9 月 2 日
地　点：全国政协陈锦华办公室
整理者：马国川

从 1990 年 8 月到 1993 年 3 月，我在国家体改委工做了两年半多时间。时间虽然不长，但这段时间却是中国改革的一个关键时期。当时，国内对改革的争论很大，国外的议论也很多。因为 1989 年政治风波的关系，体改委实际上处在停顿的状态。可是大局呢，又非常需要在改革上有所动作。在形势比较严峻、工作比较困难的情况下，我到体改委工作。经历的一些事情还是很值得记录下来的。

一　为什么调我到国家体改委工作？

小平同志曾经讲过，总理的屁股要坐在改革上。所以，国家体改委一成立，就是赵紫阳总理兼主任，后来是李鹏总理兼主任。我上任后，当时香港

---

　* 陈锦华（1929～2016），安徽青阳人。历任轻工业部计划组负责人、中共上海市委常委、市革委会副主任、市委副书记、副市长兼市计委主任、中国石油化工总公司总经理、党组副书记、党组书记、国家经济体制改革委员会主任、党组书记、国家计委主任、党组书记、第九届全国政协副主席。

报纸反应很强烈，刊登的大标题说"两华辅佐李鹏"，一个是邹家华任国家计委主任，一个是我陈锦华任体改委主任。舆论沸沸扬扬，猜测为什么把我调到国家体改委工作？

大概是在1990年5月下旬，国务院召开会议，讨论上半年的经济形势，李鹏总理主持。会议规模不大，包括总理、副总理和主要部门的负责人，也就是一二十个人吧。我当时是中国石化总公司总经理、党组书记，会议通知我参加，我觉得很奇怪。会议开了大约一个礼拜，各部门都要讲，讲完以后讨论。散会以后，把我留下来，李鹏、姚依林和我谈话。李鹏说："江泽民刚刚从上海过来，中央的事情很多，我实在忙不过来，我们想把你调来当体改委主任。"我当时很惊讶，根本没有想到，怎么会找上我。我表示，我没有思想准备，担心挑不起这个担子。我说："你看这几天汇报，大家说到改革的事啊，都是各说各的，都是要改革别人，不想改革自己。在这样的情况下，工作很难做的，我担心搞不好。"姚依林讲："正因为改革当中协调的任务很重，所以我们想把你调来。"李鹏说："改革还是要推进，改革中协调的任务确实很重，很多矛盾需要协调。"他讲得很恳切，并不是讲什么套话。我说："我考虑考虑，如果我能做就试一试；如果不行的话，请你们让我回中石化。"李鹏说："你考虑考虑，两天以后答复我们。"

大概隔了两天，我就答复李鹏，同意试一试。当时，宋平是政治局常委分管组织工作的，找我谈话。我说："改革工作很难，现在改革面临的形势是，'左不得，右不得，急不得，慢不得'。但是，既然中央考虑我，我也只好来试一试。如果不行，你们让我回去。"宋平说："你可以，我们还是了解你的。"

当时，我也在想，体改委主任这么重要的岗位，水平比我高的有的是，为什么要让我来搞呢？其实，我和李鹏不熟悉。我在上海当副市长的时候，跟他开过一次会，研究华东电网电力的调度问题，当时他是水电部的副部长。仅仅这一次，以后我们没有往来。琢磨来琢磨去，可能是这么几件事，让李鹏对我有点儿印象。

第一件事，1989年底，台湾的王永庆要在厦门投资几十亿美元，建一个很大的石油化工厂，生产乙烯。小平同志会见了王永庆，还请他吃了饭。李鹏对这个厂子的情况不是很清楚，决定亲自到厦门去看看，研究一下。当时，我在中石化任总经理，石油化工是我们管的，所以他要我跟他一起去。在专机上，他问我"六轻"是怎么回事？我告诉他，"六轻"是第六轻油裂解厂的简称。轻油就是轻质油，是从原油中提取的石油化工的原料。国民党在台湾建造了五个轻油裂解厂，都是垄断的官僚资本。从第六个开始，允许民营资本进来。于是就有了王永庆的第六轻油裂解厂，简称"六轻"。李鹏一听就明白了。我觉得，这件事可能给他一个印象：这么复杂的事情三言两语讲清楚了，说明这个人脑子不糊涂。

还有一件事，就是对王永庆的实力有一点儿不大放心，因为对他不了解嘛。我就委托日本兴业银行行长帮我去做一些调查。他提供了一大厚本资料，对王永庆有没有能力建这个厂提了很多问题，而且提醒我们，王永庆是个家族企业，他本人年纪大了，一旦有变化，家族里的纠纷会影响投资。所以，在李鹏征求我的意见时，我说："还要再做些调查研究。"因此，李鹏就对与王永庆的合作有点儿保留意见。后来，杨尚昆不满意了，他在出国的飞机上对和我很熟悉的一个人讲：王永庆这个项目是小平同志同意的，李鹏就是听陈锦华的，在这个事情上不积极。话传到我这里，我说："我有机会向杨尚昆当面解释一下。不是李鹏听了我的话，更不是我有什么别的想法。"这件事情恐怕也给李鹏一个印象：我这个人还比较务实，不是容易昏头的。

再有一件事。因为小平同志表态了，王永庆的项目要建了，李鹏专门主持会，听福建省委省政府汇报。福建省委省政府把事情看得很简单，脑子发热，李鹏让我发表意见，我就讲了工作的艰巨性、复杂性，不要低估。当时，福建在泉州和中石化合作建一个很大的现代化炼油厂，福建省和厦门市为了迎合王永庆，要把我们自己的项目砍掉。我坚决不同意，我说："为了要跟王永庆合作，更要把我们的厂建好，这样在谈判中我们才有实力、有筹码。"

我估计，这几件事可能给李鹏留下了一个不错的印象，促使他决定调我到体改委工作。当然，这是我个人的分析，没有什么根据。

二　稳定队伍，恢复工作

1990 年 8 月 18 日，中央决定调我到国家体改委工作的通知发出以后，体改委立即派秘书长洪虎同志到中国石油化工总公司接我上班。我说："我现在还不能去。要等人大正式通过任命，我才能进体改委机关大门，不然我去了不合适。现在有两件事情，第一，你给我送一些资料看看，先了解下情况；第二，我抽个时间去看望安志文同志（时任国家体改委党组书记），和他谈谈领导班子和干部的问题。"第二天，洪虎就送来了几大包资料，涉及改革的全局和方方面面的工作。面对这么多材料，我真不知道从何看起。这些材料中，有全国的经济体制改革要点，有城镇改革试点、农村改革、国有企业改革、金融改革、财税改革、商业改革等等。我就有点儿无从下手的感觉。当然，当务之急，还是先稳定队伍，恢复正常工作。

9 月 7 日，七届人大常委会第十五次会议决定，免去李鹏兼任的国家经济体制改革委员会主任职务，任命陈锦华为国家经济体制改革委员会主任。这样，我就可以正式赴任了。9 月 11 日，我和志文同志共同主持新老党组成员会议，安志文、贺光辉、刘鸿儒、高尚全、洪虎先后发言，表示欢迎我来本委工作，并介绍了体改委当前工作的情况和问题。我发言表示，要依靠党组同志做工作，多听意见，合作共事，努力完成中央交给的任务。

1989 年政治风波以后，中央专门派清查组到几个单位去帮助清查，其中就有体改委。我上任的时候，体改委的清查工作还没有完全结束，体改委基本上处于瘫痪的状态。因为清查搞了好几个月，清查组不走，人心不稳，很多工作没有办法启动。我找到清查组负责人高修，他当时是商业部的副部长，资历很老，"文化大革命"以前就是副部长了。我和他很熟，关系很好。我问他："清查工作怎么样，问题大不大？"高修说："都是小问题，不是大问题。事出有因，查无实据。说体改委参与或支持动乱，不成立。"我建议："如果问题不大的话，能不能在适当的场合讲一讲，说体改委没有发现大的问题，宣布清查工作结束。这样，我们好开展正常工作。"高修同意了，给上面做工作。很快，清查工作就结束了。

记得当时周小川是体改委委员，他是年轻人这一茬里比较优秀的，上面也看上他了，让他同时兼任外贸部的党组成员，参加外贸部的党组活动，推动外贸改革。上面也是煞费苦心，可是外贸部这样一个老部门，派一个人根本不起作用。周小川去了以后，他们不仅不欢迎，而且采取各种办法要把他挤走。周小川因为得到上面的信任而被重用，现在上面出了问题，他的压力很大，没有办法工作。周小川找过我，我听了没有问题；就问高修，高修也说没有问题。但体改委不好安排工作了，我只好找中央组织部。我说："周小川是很优秀的，需要这样的人。"后来，他被安排到中国银行担任副行长。还有一个陈小鲁，他的关系挂在体改委的下属单位"联办"。当时，他要出国，谁也不敢批。别看一个陈小鲁啊，这也是体现政策的。如果陈小鲁能出去，那就表明对他政治上的信任；跟陈小鲁有同样情况的人，也就可以放下包袱了。后来，他们找到我，我说："那有什么关系，他会跑吗？我就不相信他会跑。"我就批准了。说实话，我当时批也是有风险的，因为那时候确实有跑的啊，甚至连使馆的人都跑了。

到体改委以后，我感到，体改委是真正的清水衙门。干部住房问题一直没有很好解决，有的人甚至住办公室。后顾之忧没有解决，我心里过意不去。大家没有地方住，怎么安心工作呢？我找到国家计委负责基本建设的姚振炎要了一笔钱，利用有色金属总公司的地皮盖起了宿舍楼。这样，干部的住房问题就得到缓解了。当然，也有人跟我反映，说有些干部把体改委当"跳板"，到体改委提拔一下，分了房子就跑走了。我说："这是挡不住的。我应该办的事还是要办。"这一类事情涉及机关部门人心稳定，这些人的问题要不解决，很多人的顾虑包袱就放不下，就没办法工作。

还有一件事。原来体改委除了总体规划以外，还要负责各部委改革协调的事。各部委的所有改革方案都要送体改委征求意见，经过体改委协调以后才能上报。后来，不让体改委搞总体规划了，各部委的协调也停下来了，都不给体改委送材料了。我就找了李鹏反映情况。后来，国务院专门发文，要求各部委给体改委送材料，所有出台的改革方案都要先跟体改委协调。

还有一个影响很大的事。当时，北京市委和中宣部对体改委意见特别大，到处讲体改委的不是。我就找到中宣部和北京市委，我说："你们究竟对体改委还有什么意见？我跟体改委过去没有关系，我来了，你们跟我讲吧。你们讲了以后，允许我们说清楚，过去的事情就不要到处去讲了。"我和中宣部部长王忍之关系很好，沟通后就没有问题了。我和北京市委书记陈希同也谈清楚了，后来他开区县级干部会议，还请我去做报告。其实，这就等于给体改委恢复名誉了。

经过四五个月时间，到1990年底，清查的事情结束了，干部稳定下来了，我们跟各个部委的业务关系理顺了，跟中宣部和北京市也沟通好了。这样，我就能甩开膀子大干了。如果这些问题都不解决，就很难开展工作，适应不了改革形势的需要。邓小平南方谈话时，批评得很厉害。如果体改委适应不了南方谈话前后的改革形势，这个单位肯定就被撤销了。

三　关于计划与市场的问题

与此同时，我感到，方方面面对改革的看法、争论很多。其中，最突出的就是计划与市场的关系怎么摆？我想，这个问题恐怕是影响全局的问题。因此，到体改委上任后不久，我想先研究一下计划与市场的关系，就让洪虎找人给整理了两个资料，一个是国内有关计划和市场关系的争论资料，一个是国外关于计划与市场的综合资料。我布置这项工作，还有一个背景。在我到任之前，江泽民曾经给贺光辉打过电话，要体改委注意对苏东国家的改革、演变进行跟踪、分析。因此，也可以说，整理这个资料是为了满足上面的需要。

当时，因为这个事情很敏感，我就跟他们讲，这个事情你们不要传出去。因为1989年政治风波以后，有些人认为中国的改革就是被市场搞坏了，反对市场改革的声调很高，跟走资本主义道路都联系起来了，帽子很大。所以，我很小心，不能还没做工作呢，就被人扣上资本主义帽子。国外经济体制司副司长江春泽，是多年从事研究国际经济学和比较经济学的专家。她跟我讲，当时有的同志就劝她不要搞，搞了要出毛病的。有个人甚至跟她这样说："江司长，你这个材料整理出来以后啊，人家马上就会讲了，资本主义在哪里啊？就在我们体改委的国外司！"她说："反正领导叫我做的，他个人看的，不会传出去。不然，要我干什么呢？"所以，她就自己一个人搞。

1990年9月30日，根据我布置的任务，江春泽送来了她整理的材料《外国关于计划与市场问题的争论和实践以及对中国的计划与市场关系的评论》。看了后，我觉得讲得很清楚。计划和市场最早是意大利经济学家帕累托提出来的，当时根本还没有社会主义呢。材料还介绍了西方学术界、社会主义国家关于计划与市场问题的争论过程。这份材料说明，计划和市场根本就是资源配置的手段，与社会制度是没有关联的。是后来苏联把它们联系起来，自己弄个禁锢把自己套上了。我认为，这个材料很好，要给上面送。但体改委没有印刷厂，文件材料都是送到国务院的印刷厂去印，如果传出去，影响大了。因此，我就拿到中石化总公司的机关印刷厂去，嘱咐他们不许传出去。大概印了三十来份吧。我给江泽民、李鹏各寄了一份。

江泽民看到这个材料后，如获至宝。大约在10月下旬，他特地给我打电话说："那个材料我看了，很好，我看了两遍。我今天晚上要到辽宁去出差，还要再带上，再好好看看。"后来，他批示给其他中央领导看了。李鹏看了以后，指示党的十三届七中全会文件起草小组参考。当时，中央办公厅也打电话来了，我们又加印了二三十份送去。因为当时关于计划和市场的争论，不是理论界，也不是什么实际部门，而是高层的看法有分歧，都想找到一个大家都能接受的说法。

11月5日到7日，国家体改委又在燕山石化招待所召开了"计划与市场国际比较研讨会"。7日清晨，我约了贺光辉、刘鸿儒等在家的副主任赶到燕化招待所，花了半天的时间，听取了研讨会带总结性的发言。紧接着，当天下午，在京西宾馆，我又召开了部分省市体改委负责同志座谈会。主要讨论"八五"期间经济体制改革基本思路和主要任务，以及如何使计划经济与市场调节相结合的原则具体化。同时，我布置江春泽把计划与市场国际比较研讨会的发言好好整理一下。12月3日，我将研讨会的纪要《苏东国家与我国在处理计划与市场上的不同看法、不同效果》一文报送李鹏总理。12月5日，李鹏做了批示："已阅，写得不错。关键是改革的目的是稳定与发展生产，而不是套那种自认为合理的体制模式。"

我感觉，当时，江泽民到中央工作时间不长，高层认识又不统一，很难做工作，他需要找些东西统一高层的认识。中国共产党有个很大的特点，就是善于做思想政治工作，统一认识，重大决策前需要反复地做工作。做工作需要有东西，我报送的这两份材料就起了很好的统一认识的作用。这件事体改委做得很漂亮，说明我们研究问题还是很有深度的。过去，体改委很少有哪个材料在中央受到这样的重视，所以这件事情影响很大。

　　1992年3月20日至4月3日，第七届全国人民代表大会第五次会议在北京举行。我是安徽省代表团的全国人大代表，住在西苑饭店。4月1日晚上11点钟，我都睡了。江泽民总书记打电话找我，他说："改革的下一步怎么搞啊？你们是不是好好研究一下，给中央提个建议。"他说，他自己也在研究这个事。因此，人代会一结束，我就找了广东、山东、江苏、四川、辽宁五个省的体改委主任，在石化总公司招待所开了三天半座谈会。座谈会实行了极严格的保密，到会的不足十人，规定不带助手，不做记录，议论的事情不得外传。当时我主要是担心传出去引发不必要的麻烦。我没有向大家讲总书记给我打电话的背景。会上，大家一致意见是，改革的目标就是要搞社会主义市场经济，另一个就是要搞政府机构改革。主要集中讨论前一个问题。我要求，这个事情大家不要说出去，散会以后不要再讲这个问题。

　　会议结束后，我给江泽民写了一封信，信是我自己写的，事先没有同任何人商量，写好后也未给任何人看过。4月21日，直接送江泽民总书记亲收。我在信里说，这五个省都是大省，尽管在计划与市场的关系上代表了不同层次的改革开放度，但他们都一致表示，寄希望于党的十四大在计划与市场的关系上有所突破。五个省的体改委主任一致认为：今后应当明确提出"建立和发展社会主义市场经济"。我还在报告中附了一个统计表，列举五个省1978年和1991年的国内生产总值、固定资产投资、出口额、进口额等八项宏观经济指标，并以1991年同1978年的增长数字做对比，说明市场对发展经济和改善人民生活的巨大作用。从对比中可以看出，凡是市场机制运用得活的地区各项指标都大大领先。

　　在给江泽民写信的时候，还附了基辛格给我写的一封信。原来，我们有个论坛邀请基辛格参加，他没有来，但是送来一篇题为《经济发展与政治稳定》的论文，讲计划和市场的关系。我仔细看了他给我的信和所附论文，感到他的论点没有政治偏见，没有夹杂意识形态，讲得比较客观，其中一些重要的论点同中国的改革实践也比较一致。我觉得，他的论文可供参考，就把它附在给江泽民的信后面，推荐他一阅。

后来，我参加了十四大文件起草小组。十四大报告明确提出来，要搞社会主义市场经济。从此，关于市场与计划的争论结束了。十四大的报告里说，要根据十四大通过的决议，制定关于社会主义市场经济的具体实施纲要。根据这句话，体改委专门成立了一个小组，由我和秘书长王仕元负责，研究如何把社会主义市场经济具体化，怎么来推进社会主义市场经济体制建设。实际上，这个小组在实华饭店（中石化招待所）已集中搞了有几个月了。我跟李鹏说，我们想搞这么一个东西。李鹏这个人很有意思，他觉得做文章的事情没多大意思，所以就没有同意。他不同意，我们就没有办法报，但是工作搞得相当深入。

1993年3月，我离开体改委到国家计委去了。当时，中央财经领导小组办公室主任是曾培炎，他也是我们计委副主任。他知道体改委搞了这个东西，就把它要了过去，组织各部委又搞了半年多，变成了十四届三中全会的文件《中共中央关于建立社会主义市场经济体制若干问题的决定》。

应该说，1990～1992年的几年间，在认识很不统一、比较困难的情况下，对市场经济我们思想很明确，而且坚持了我们的看法。从提供材料帮助高层统一认识，到提出政策建议，到我参加十四大报告起草小组，再到我们研究如何把社会主义市场经济具体化，这个过程是相当完整的。我感到欣慰的是，国家体改委发挥了应有的作用。

四　推进股份制改革

在改革之初，市场是个很敏感的问题。再具体一点儿说，股份制的问题更敏感。因为许多人认为，搞股份制就是搞资本主义，搞私有化。对于股份制究竟怎么看？我们要不要搞股份制？1989年政治风波以后，邓小平同志在军以上干部讲话里强调，我们改革开放不能变，还是继续搞改革开放。我当时想，既然邓小平讲得这么肯定和坚决，在改革上不能退，要继续推进，就要高举改革的旗帜，敢于在改革里最难点的最焦点性的问题上去碰硬。否则，改革不是一句空话吗?! 所以，我主张在股份制的问题上碰硬。股份制不等于私有化，马克思都讲股份制是资本主义的扬弃嘛，怎么是私有化呢?! 1991 年，国家体改委就批了 14 家企业上市试点，同时搞了规范性的实施意见，还有 4 个配套的政策。

1992 年 2 月 29 日至 3 月 4 日，体改委在深圳专门开了一个关于股份制试点的会议，我去主持的，讨论《股份制企业组建和试点工作暂行办法》和四个配套政策。当时，有人想搞股份制，但又不知道怎么搞，需要引导。我在会上讲，对股份制当然有不同的看法，有人不放心，究竟对不对，究竟好不好，那你得试一试，不试你怎么知道是对是错啊？所以，我们是理直气壮地主张积极试点，要求各地体改委在这些问题上要敢碰硬。实际上，当时我们也有点冒风险。因为人家把股份制跟私有化联系在一起，我们支持搞股份制试点，就会有人指责体改委在鼓动私有化，所以，政治上的风险还是很大的。当然，搞这种事我们自己心里还得有数，股份制让职工参股，集中社会资金，是对资本主义私有制的扬弃嘛。

会后不久，新闻媒体就发布了邓小平的南方谈话。开始，大家也不知道，后来一传达，全国就热起来了。股份制成了最热点的问题。到处要搞股份制啊，要搞证券交易所啊。在这种情况下，就有个怎么引导的问题，不能乱搞。我跟江泽民讲了我们在深圳开了会，介绍了讨论的情况。后来，他打了好几个电话，一个劲地催我赶紧制定配套政策，赶紧发下去。朱镕基也不止一次给我打了电话，问我配套政策怎么下去。配套政策是由刘鸿儒、洪虎负责的，主要是刘鸿儒在搞配套政策。1992 年下半年，这些配套政策就陆陆续续地下去了，引导股份制走向规范化。另外，各地关于股份制的规范文件都要经过体改委审批。当时，上海、深圳、天津、北京、沈阳、西安、武汉等地都要成立证券交易所，国家体改委明确建议，证券交易所只在上海和深圳搞，其他地方不能搞。

关于股份制，体改委搞得还是很不错的。我搞的那年才 14 家啊，到今年 7 月份，中国境内的上市公司有 1628 家了，这些上市公司市值达到 24 万亿，差不多相当于我们 GDP 的 80% 了。境内的上市公司这么多年累计融资

5.4 万亿人民币，多大的数字啊。同时，还批准了 154 家公司境外上市，筹集了大量的资金。2000 年，中国石化总公司通过境外上市筹集了 35 亿美元，资金雄厚，企业越做越大。这个公司到今年才成立 25 年，当时是我负责筹办的。公司成立的时候，开办费都没钱，是我跟下面的企业借了 20 万块钱才开办的；办公没有地方，只好在工人体育场看台下面办公；机关没有车，我跟上海办事处借了一台老的上海轿车。今年公布的世界 500 强里面，中石化是第九名啊！这充分说明，多一点股份制有什么不好嘛，如果没有股份制，企业不可能发展这么快。改革就是解放生产力，发展生产力，这是有道理的。

五　国有企业改革

多年以来，企业改革一直是改革的关键环节、核心环节。如果在企业改革上不能推进的话，其他改革再怎么样都不行。所以历年中央下发的改革文件都强调，国有企业改革是整个改革的中心环节。可是，实际上企业改革一直没有找到很好的出路。很长时间里搞承包，老实说，承包是调动了企业的积极性，但是另外一方面，它是靠国家让利，国家税收减了，企业才有钱。虽然企业得利多了，国家税收却越来越少了。所以这办法是不行的。

1985 年开始，彭真同志亲自主持，组织了一帮人在全国调查研究，花了好几年时间搞了个《全民所有制工业企业法》，1988 年的人大会上正式通过。这个法明确规定，企业要成为市场主体。实际上呢，尽管《企业法》颁布了，由于政府管理企业的体制没有变，一个企业上面几十个婆婆，谁都可以指挥它，谁都不对它的生产负责任，企业怎么能够成为主体呢？不可能。企业想做的事情做不成，不想做的事情人家强迫它去做。

1991 年 1 月份，我就想抓企业的问题，因为中央强调改革重点是企业改革。我认为，企业法没有得到很好的落实，就是因为缺少具体化的东西，不能操作，所以企业的经营自主权还是落实不了。我就给李鹏写了一个请示，要求搞一个落实企业法的具体实施细则，摆脱干扰企业的婆婆，让企业真正有自主权。很快，李鹏就批了，并指定由朱镕基和我主持。朱镕基找我研究，我们开了很多次座谈会，做调查，研究落实企业经营自主权的阻力在哪里，怎么来消除这些阻力。当时，我们汇总了一下，大概企业需要 14 个方面的自主权。可是，管理企业的婆婆有几十个，甚至包括解放军的总政治部，为什么呢？因为每年复员转退的军人，都要企业消化。还有残疾人联合会，残疾人在社会上找不到工作，企业要帮助安排。

我们找了这些婆婆，商量找个什么办法把它们的权力界定清楚，让企业少受干扰。国务院那边，朱镕基主持讨论了 17 次；国家体改委这边，我主持讨论了 21 次。当时，真是一个字一个字抠啊，寸步不让。因为文件写上去以后，婆婆将来就不好办了，他要管，我就不让他管。我们前前后后搞了10 个月，重大的修改搞了 7 次，小改无数次。到 1992 年 6 月，国务院第106 次常务会议讨论并原则通过了《全民所有制工业企业转换经营机制条例》。当年 9 月，以中共中央和国务院的名义下发了这个文件，强调这是落实企业法的重大步骤，是落实邓小平南方谈话的重大举措，要大家执行。

朱镕基是不大表扬人的。但他对这个文件有个评价，说："这是历年最好的有关企业改革的文件之一。"这个文件讲的是工业企业的转换经营机制问题，商业企业怎么办？几个月以后，商业部、国家体改委等部门参照《全民所有制工业企业转换经营机制条例》，也搞了一个《全民所有制商业企业转换经营机制的条例》。所以，企业改革是一步一步到位的。要没有这些工作，企业制度恐怕现在都不完善。

六　住房制度改革

我这一辈子，除了粮食没有直接管过以外，"衣食住行"里我管过三个：衣（纺织）、食（盐）、行（自行车）。我的感受是，我们解决最好的是衣。不仅我们自己解决了穿衣问题，而且是世界第一大纺织出口大国。现在看起来，住房问题是我们国计民生当中最突出的一个问题，也是解决起来难度最大的一个问题。

中国的住房问题一直没有找到一个很好的解决办法。以前呢，是福利分房，哪个单位住房解决得好，大家都愿意到这个单位工作，这些单位都是有权有利的；而一般的清水衙门解决不了住房问题，人们不大愿意去。所以，福利分房制度是搞不下去的，要逐步地把这个福利分房制度变成商品房制度，有钱都可以到市场上买。但是，也没有想到，商品房制度走到今天这样，老百姓买不起房，这不是当初我们设想的，甚至越搞越不像样。

我到体改委以前，国务院有个住房改革领导小组，组长是国务委员兼国务院秘书长陈俊生。我到体改委以后，国务院决定，由我担任住房改革领导小组组长。我觉得，住房改革要赶紧起步。因此，每年都要开一次住房制度改革领导会，都要发一个文件来推动住房制度改革。

住房制度改革难度大，弄不好费力不讨好，体改委为什么要碰这个事？我有这么几个考虑。第一，人们对福利分房各方面意见很多。有关系的人，可以拿到很多套房子，没有关系的人，一套都拿不到，福利分房变成了滋生腐败的一个温床。有人讲了，你体改委改这个改那个，为什么住房这样的事情你们就不敢碰啊？当时我们想，既然这个事情反应这么强烈，而且又是经济和社会发展当中绕不过去的一个问题，就碰一碰吧。因为邓小平十年以前就提出来了，要搞商品房，但是一直没有落实。第二，有人批评体改委太虚，我想做些实事。一天到晚规划来规划去，都是空的，老百姓都看不到。体改委的工作要务实，不能成天都是讲道理、讲大话，搞住房制度改革也可以转变体改委的作风。第三个因素呢，在我接手房改工作后不久，就听说朱镕基任上海市市长时，因为上海的住房矛盾非常尖锐，老百姓反应非常强烈，为了解决这个问题，他曾经专门考察过新加坡、香港的住房建设和住房制度。后来，朱镕基大力推进上海住房制度改革，讲过新加坡的经验。我印象最深的是两件事，一件是建立住房公积金，一件是房地产开发商必须拿出土地出让金的 10% 到 15% 来盖廉租房，给没有钱的人住。这就从机制上解决问题了。

后来，上海市率先建立了住房公积金制度。朱镕基找我，要求国务院批准上海市的住房制度改革方案，以加强推广力度。我找了李鹏，他同意由国务院办公厅正式转发。这件事在全国影响很大，后来各地的房改都大体参照了上海市的做法。在国务院批转上海、北京房改方案以后，各地纷纷要求仿效，但国务院考虑，不宜都由国务院批准，决定停止转发。天津市市长聂璧初听到这个决定，亲自给我打电话说："房改事关重大。上海、北京都经国务院批了，天津不批，我这个市长当不下去了，干脆，我给你辞职吧。"我只好答应他做工作去争取。后来，我同国务院副秘书长何椿霖商量，并请示国务院领导同意，批转了天津的房改方案。国务院住房制度改革领导小组先后听取了北京、天津房改方案的汇报，并向全国转发了北京、天津的房改方案。实践证明，抓住京、津、沪三大直辖市房改的示范带头作用，就抓住了大城市房改的示范龙头，带动了全国房改的全面起步。

当时，房改确定了两条原则。第一，解决住房问题由国家、单位、个人三方面承担。现在国家基本不承担了，单位也不承担，完全是个人承担，怎么承受得了呢？第二，建立住房公积金制度，目的是把原来财政和各单位的住房建设资金集中起来，用于住房制度改革。我们认为，建立住房公积金体现了三者共同负担的原则，有利于提高职工的住房支付能力。

住房公积金，是住房制度改革始终倡导的做法，但由于涉及部门权益调整，进展情况并不理想。朱镕基在上海提出建立住房公积金制度，我们全力支持上海的改革思路，并在全国住房制度改革会议上予以介绍和推广。到2001年的时候，我们住房公积金已经搞了5600多亿，发放的购房贷款不到一半，就解决了320万困难户住房问题。可是，后来越搞越走样，公积金被政府拿走了，挪用了。现在，住房问题这么突出，老百姓意见太大。

七　对体改委工作的总体回顾

我这个人有个优点，交给我的事，我会认真去做，不负重托。另外，一定要有支持，特别是像体改委这样的单位，如果没有强有力的支持是不行的。我在体改委这段时间，江泽民、李鹏、姚依林和后来的朱镕基都很支持我的工作，有很多事情他们直接找我，有时候还直接往家里打电话。有事我也找他们汇报。因为作为体改委主任，要把自己的位置摆恰当。体改委是国务院的一个部门，在中央领导下工作，所以一定要多请示多报告，不能以老大自居。我没有包袱，该找谁找谁，我有事找他们，他们都是有求必应。

在赵紫阳兼任体改委主任时，他的秘书鲍彤兼体改委副主任。体改委所有的会鲍彤都来参加，贯彻赵紫阳的意图。我怎么办呢？我就请李鹏的秘书参加体改委的党组会，我们讨论重大问题，或者有些什么重要决定，他就及时回去跟李鹏汇报了。我觉得，在我们这个制度体制下面，事在人为，有很大的空间。

当然，我也听别人跟我说，有的同志就不大愿意像我这样去找人啊，去请示啊，去汇报啊。不大愿意这样做，改革就推不动了。我记得，1995 年调张皓若到国家体改委做副主任，我就跟他讲："如果国家体改委不能得到中央和国务院的重视，各省的体改委同样不能得到省委省政府的重视，工作就很难推动。国家体改委的工作，很重要一条是要正确领导，要积极主动，不能等着中央找你。"我就劝张皓若，去了以后要注意这个事。

我认为，中央当初下决心设立体改委这个机构，是很英明的。因为中央看得比较清楚，改革涉及利益格局的调整。有权力有利益的部门，谁都不想让步，都要别人改，自己不改。在这样一个情况下，就需要一个超脱权力和利益格局之外的部门来研究，来协调，来仲裁，来推动。所以，我的看法，这个机构还是起到了重要的作用。

另外，这个机构里集中了一些人才，也锻炼了一批人才。有些人还是很不错的，很有改革意识，对现代经济也比较了解。你看现在，人民银行、证监会、银监会里的干部，好多不都是体改委出去的人吗？周小川、楼继伟、李剑阁、郭树清等人都是。郭树清当时在计委下面的一个研究所里，体改委想要他，他自己愿意到体改委来，我拉上房维中一起去要人，但是主管他的桂世镛不放，一直压在那里。等我到了计委以后了，就放他走了。在体改委经历一段时间，他们的思维啊，意识啊，都不一样了。

体改委有很多工作都是比较超前的，的确有改革意识。比如说股份制，上市公司不到二十年就发展到 1600 多家，最初只有 14 家。期货也是体改委提出来的。还有综合改革配套试点、县级改革试点，体改委都抓得很超前，而且诚心诚意地支持。我记得，当年，体改委隔两年要开一次县级综合改革会议。1992 年 10 月，确定在常熟召开全国县级改革的会议，是贺光辉主持的。他跟我说了，当时我就感觉这个事情可能不要小看，所以我就跟李鹏讲了。他说："我去。"李鹏到了常熟，在会上还讲了话。那个时候，正好是南方谈话发表不久，小平同志的话讲得很凶，不搞改革就要下台！李鹏抓住了全国县级改革会议的机会，大讲了一通改革。

所以，我深感体改委工作的政治性还是很强的，重大的事情要是不敏感的话，不行啊。不管是江泽民，还是朱镕基，都认为体改委工作做得相当不错。我觉得，后来，体改委机构撤销，人员没有留住，有些工作没有再继续搞下去，是个损失。体改委有点儿过早地消亡，中国还不到这一步。

探索社会主义市场经济的思想历程

口述者：江春泽*
访谈者：鲁利玲
时　间：2009 年 7 月 23 日
地　点：江春泽住宅
整理者：鲁利玲

　　1962 年，我报考了中国人民大学经济系首招的学位制研究生，研究社会主义政治经济学。在读研究生期间，1964～1965 年，全系到农村参加"四清"运动。因此，我们的毕业时间从 1965 年延后到 1966 年 4 月。毕业后，我被留在人民大学苏联东欧研究所工作，研究苏联东欧经济。不久，"文化大革命"就爆发了。1969 年，我随学校去江西余江县的五七干校劳动。1972 年，我从干校回到北京，人民大学已经被撤销了，随建制被分配到北京大学，直到"文化大革命"结束。

一　从事比较经济体制研究

1. 于光远促使我研究比较经济体制

　　大约是 1978 年夏秋之交，一天，于光远给我打电话，交给我一项任务，

---

　*　江春泽（1935～），安徽安庆人。历任中国社会科学院世界经济研究所苏联东欧研究室副主任、副研究员、研究员，国家体改委国外司副司长，国家计委经济研究中心重大课题协调司司长，宏观经济研究院科研部主任、研究员、博士生导师。

协助组织一个研究南斯拉夫经济的学术团体，即南斯拉夫经济研究会，运用集体力量，实事求是地重新研究南斯拉夫社会主义自治的经济体制模式。为此，于光远还通知我第二天上午去中国社科院开个会，并建议我去外国语学院旁听塞尔维亚语。次日，是礼拜天，我按时到会。会上，于光远讲了研究南斯拉夫经济的意义、组织一个研究会的必要性和作用、如何开展研究工作等等，并宣布："研究会由罗元铮召集，担任总干事，江春泽担任研究会的副总干事，主持实际工作。"这是社会科学领域内的第一个研究会。于是，我在参加全国宣传工作会议筹备组工作的同时，又挤出时间从事研究会的组建和研究工作的开展。与此同时，我去北京第一外国语学院东欧系旁听了一年塞尔维亚语的课程。为应社会之急需，我同北大的张德修合作，在一个月内，综合各种现有资料，赶写并出版了一本粗浅的小册子《南斯拉夫经济》。

正是由于这个缘故，我研究的注意力，从比较熟悉的苏联传统中央计划经济体制，转到与之大相径庭、曾经受各国共产党批判的南斯拉夫社会主义自治的模式。我要求自己，首先搞清楚南斯拉夫自己是怎么说的，怎么做的，而不能根据一些批判文章断章取义，在没有把握客观事物的全貌和本质之前，绝不可凭先入为主的主观意向去加以评论。所以，我认为，研究会的首要任务是，系统地翻译一些原著，从理论与实际两方面做一些系统的情况介绍。在这方面，外交部的张立淦、李永祥，中联部的杨元恪，新华社的徐坤明、杨达洲，中国社科院懂塞尔维亚语的陈长源、熊家文、朱行巧、汪丽敏等都做了不少贡献。

在第一次年会上，选举了办事十分认真的秘书长孙家恒，使研究会的工作更有成效。南斯拉夫驻华使馆曾向研究会赠书160册，价值4.5万第纳尔（合2000多美元）。研究会也出版了不少读物，组织翻译过南共联盟领导人、理论权威爱德华·卡德尔的著作《公有制在当代实践中的矛盾》，集体撰写了《南斯拉夫》手册、《南斯拉夫经济与政治》、《南斯拉夫政治经济辞典》等。一些在南斯拉夫留学或工作的学者，还翻译了不少南经济学家的代表作。当我接触到一些南斯拉夫的第一手资料时，最大的感受是，在对苏联型传统中央计划经济体制的再认识方面，南斯拉夫的观点在社会主义国家中是领先的，具有开创性的，对中央计划经济体制弊端的揭示是勇敢的、深刻的。这使我茅塞顿开，有"切中时弊，莫过于此"的感觉。但我同时又感到，南斯拉夫似乎把他们的自治理论又当作新的教条，这可能是一种危险倾向。所以，我认为，只能把它当作比较研究的对象之一来研究，从中寻求可供借鉴或取得启迪之处，而不能奉为圣典照搬照抄，陷入一切皆好或一切皆坏的形而上学。我的研究兴趣和领域不是国别研究，我研究南斯拉夫自治制度，是把它作为实践中已经出现的经济体制模式之一来进行比较研究。除有关南斯拉夫的图书资料外，我还曾经花相当大的精力，搜集国内外主要图书馆的有关书目索引，广泛阅读中外文献和国际上的前沿书刊。

1979 年 4 月，中央理论务虚会结束后，我重新回到学术岗位，在中国社科院世界经济研究所从事研究工作。12 月，我被评上了副研究员，成为改革开放以后社会科学界第一批获得高级职称的两个女副研之一。此后，在世经所民主投票中，我被选为苏联东欧研究室副主任。研究室的同事们很信赖我，期望在业务上多多获得我的帮助。与此同时，我还被选为世界经济学会第一届理事会的理事，并实际负责南斯拉夫经济研究会的工作。为了加深、开拓与创新自己的研究领域，担负所内外繁重的学术组织与领导工作，更广泛地进行国际交流，我在提高英语方面也下了很大功夫，出版了英译著，而且努力要求自己能用英语进行国际学术交流。1981 年，我向当时的研究所所长钱俊瑞递交了一份报告，表达了致力于建设一门新的学科——比较经济体制学的愿望。钱所长鼓励和支持我的想法。1983 年，我招收了比较经济学领域的第一个研究生张宇燕。1984 年，我为社科院研究生院开设了比较经济体制学的课程，并写出了该课程的第一本讲义。

2. 走出国门对市场经济的感悟

1984 年 10 月，我得到了福特基金会的资助，去美国进行为期两年的访问研究。这是中国社会科学院与美国福特基金会签订的一项高级访问学者交流计划。在国外两年多期间，我先后在伊利诺伊大学、伯克利加州大学、史密森氏研究院威尔逊国际问题研究中心做访问研究。其间，出席过 1984 年美国社会科学学术年会、第三届苏联东欧学科世界大会、联合国第四十八届经济贸易大会，大学举办的苏联东欧学科暑期国际研讨班、校园内的相关学术研讨会，以及旧金山地区华人聚会，进行了各种参观访问，包括参观各种类型的市场、监狱、法庭审判、议会讨论及黑人和穷人聚居区、教会的周末活动等。除了参加上述活动外，我还乘"灰狗车"，一种带厕所的 24 小时运行的大客车，从美国的中西部到东部、西部，来回走过三遍。我以文交友，拜访过本领域里一些知名专家。

1985 年，我还得到国内中国社科院世界经济研究所批准，应对方邀请，赴英国、荷兰讲学交流。在英国，拜访了爱丁堡大学的诺夫教授，与他做了两个小时"不停顿的谈话"。还去牛津大学拜见了布鲁斯教授，当我谈到经济体制择优时，我说："中国要取市场经济之利，去除市场经济之弊。"布鲁斯批评我说："你以为，选择经济体制是到超市购物吗？只选好的，不要坏的？这是不可能的。市场经济是一个硬币的两面。"在荷兰，我除了与阿姆斯特丹大学的迈克尔·埃尔曼教授交流外，还到莱顿汉学院做了演讲。从离开荷兰之日起，我启用在美国买好的"欧罗派司"（Europass），一种只能在欧洲境外凭护照签证购买的通票。当时，我花 250 美元，使用限期一个月。在一个月内，我乘火车走遍了欧洲的东、西、南、北 14 个国家，如瑞典、芬兰、德国、意大利、匈牙利、南斯拉夫等。白天走访，晚上就睡在火车上。每到一国，先在火车站存好行李，兑换货币，买好当地地图和公交通票，凭票可乘任何公交车，期限内无须再付费，也很方便。对照地图，乘公交车去目的地，拜访预先约好的受访者，观察市容，看市场，看文化设施和典型景点。在地铁、街头、公园等公共场所，找当地居民随便聊，了解他们的就业、福利、教育、医疗及生活各方面的情况。

我到了斯德哥尔摩大学以后，按照事先的约定，拜访了诺贝尔经济学奖得主 A. 林德贝克教授。当时，他发表了《福利国家的极限》一文。他认为，瑞典的福利计划（即"从摇篮到坟墓"都包下来）走得太远，政府的公共开支，包括转账支付已达国内生产总值的 65% 之多，公共开支的增长快于总资源的增长，超过限度的福利，"要步入危险的境地"。尽管瑞典有高于欧洲其他国家的劳动生产率，产品的质量也是好的，我从宾馆的免费早餐、餐巾纸等用品，感觉其质量精于西欧和美国，但林德贝克自 1980 年以来连续撰文批评自己国家的福利政策，说瑞典"劳动缺乏刺激"，"经济患了动脉硬化症"。我不仅听了他对瑞典模式的评论，还看了当地电视台正在播放的节目，学者对自己国家体制模式展开了激烈的辩论。

一路上，所到国家，一眼看上去，从直觉就能感知它的发达程度、管理水平、工作效率、产品质量，以及人民的物质文明和精神文明程度。当时，两德没有统一，从东德到西德，火车上的装备以至零部件的质量，都能看到明显的差距。在整个西欧，乘坐火车，不必提前到站候车，可随时到火车站，看大屏幕上的时刻表，选择合适的时间直接上车；开车前，列车员才到你座位上来检票。车厢很空，很舒适，座椅可灵活地变成躺椅，设施都很精致。但我在东德境内，乘火车时，却遭遇到在国内常见的情景。车厢里非常拥挤，设施质量很差，水龙头坏了，厕所挂卫生纸的架子一拉就掉在地上。凡此种种，令我不解和寒心。应该说，东德是苏东国家中经济状况和管理水平最好的呀，可为什么它与西德的差距还是那么大？！

我深切感受到，几十年的实践证明，所有实行中央计划经济体制的国家，用行政命令的手段配置全社会的资源，是不可能满足纷繁复杂的社会需求的。这些国家无一例外地表现出产需脱节、物资匮乏、资源浪费、效益低下、人民生活普遍贫困。人们熟知的苏联排队现象、食品和用品短缺的事例太多了。当我进入西方社会以后，就再也感觉不到"短缺"了，不仅花色品种多，而且有针对不同消费群体的商店和商品，商品的价格也是随着供求变化而不断调整，不像苏联，一种面包卖 13 戈比，还是列宁时期订的价，一直延续到 80 年代，完全不反映生产者的成本和效益。在市场经济国家，不仅无须凭票证供应，而且商家为了促销，买东西总是买得越多越便宜。这种能充分满足人们需求的市场经济有什么不好呢？为什么社会主义国家必须实行计划经济，而不能搞市场经济呢？在理论上，计划与市场争来争去，实践中也是翻云覆雨，说到底，就是把市场经济等同于资本主义，担心搞了市场经济，就会导致资本主义的复辟。社会主义国家究竟能不能搞市场经济？这个问号一直挂在我的脑海里，也是我苦苦思索，行万里想要寻求的答案。

在国外生活了两年多以后，我发现，自己对市场经济的认识，经历了由恐惧、疑虑到释然，逐步加深了解、逐步全面认识的过程。1986 年底回国后，我被提升为研究员。然而，我从事的比较经济体制研究进展却不十分顺利。我原打算，在国外考察的基础上，系统地做一番研究，把我在出国前就写了初稿的比较经济体制学专著，好好充实、修改、加深和提高，从而正式出版。但不久，又开始反自由化，世经所的副所长王守海对我说："比较经济学已经被列入'自由化'学科，你就别写那本书了。所里想让你兼研究生院的世经系主任，做做学生的政治思想工作。"我没有同意。我说："我还是想集中精力搞研究。"说心里话，当时他这几句简短的话，虽然是善意，却使我在国外"寻求改革目标之梦"、开创中国比较经济体制学的理想和热情，顿时冷却下来，似乎有些心灰意冷。实际上，在我出国前，国家体改委的童大林同志就曾通过洪禹同志来找我多次，希望我去体改委工作，我答复"等我回国后再谈"。现在，既然学术研究不顺，我就想离开学术机构，下决心投入到改革一线中。

二　为确立市场经济的改革目标提供理论信息

我是 1988 年 6 月去国家体改委报到的，担任国外经济体制司副司长。作为研究比较体制方面的专业人士，转到中国经济体制改革的政策研究中来，对我个人来讲，实现了从理论到实践的转换；对于国家体改委来说，也正需要这方面的专业人士进行探索。因此，我非常感谢历史为我提供了一次难得的机遇，使我能够在中国改革目标模式的选择上，贡献自己献策建言的微薄之力。

1. 撰写《计划与市场在世界范围内争论的历史背景》一文的经过

1990 年 9 月，国家体改委的新主任陈锦华到任。不久，秘书长洪虎通知我说："锦华同志要我找两个人，给他写两个材料。一个是国内对计划与市场问题的争论情况，我已经请杨启先撰写；另一个材料是国外关于计划与市场的争论情况综合，这个材料请你写，越快越好。"当时，我主要负责国外经济体制的比较研究工作。接受任务后，我立即召集搞比较研究的同事们商讨。

在我看来，这个材料既好写又不好写。因为在世界范围内，无论在西方或是在社会主义国家，对计划与市场的问题，已经争论了不知多少回合，有关的争论材料可说是卷帙浩繁、多不胜数。如果随手摘几条不同观点的语录是很容易的，可以很快交差；但如果把各种争论的观点和论据整理归纳起来，就需要花较长的时间。关键的问题还不在此。当时，我不大清楚，撰写这份材料的目的是什么？领导的意图和思想倾向是什么？他们希望这份材料解决什么问题？因此，从接受任务的那一刻起，我就苦苦地思索着，写这份材料的现实针对性是什么，以及如何掌握好它的分寸？

1989年夏天的政治风波之后，尽管邓小平一再肯定改革开放以来的方针政策"没有错"、"都不变"、"不能改"，但社会上对改革方向、目标的争论却异常激烈。不少人把计划经济看作是社会主义制度的根本特征，把市场经济看作是资本主义所特有的。对十多年来的市场取向改革持怀疑否定的声浪一阵高过一阵。我考虑，应当尽快给中央领导人提供一些理论信息，使他们了解计划与市场问题已经争论了一百年了，它是资源配置方式的争论，有复杂的学术背景，不能简单化地武断下结论；马克思主义创始人关于未来社会的设想是"无商品、无货币、无市场"的景象，实践证明这显然是不切实际的；社会主义国家改革浪潮此起彼伏，是中央计划经济体制内在矛盾的反映，不能因循传统观念，计划与市场不是社会制度的根本特征，对争论不宜在政治上上纲上线；世界经济体制优化的大趋势是"看得见的手"与"看不见的手"结合并用，寻求其最佳结合度，各种探索都是应当允许的。

可是，在当时的氛围和压力下，当我找有关同事商讨时，大家对这个任务表现冷漠，还劝我不要在材料中表露什么观点，摘几条外国人的语录交卷就算了。但我觉得，这样应付差事不妥，要我们撰写材料，就应当抓住这个机会，针对误解，摆出史料，讲清道理。要说清楚计划与市场不是社会制度的根本特征，也不是意识形态的分水岭。我谈了自己的想法后，有的同事就立即提醒我说："唔，你说人们有误解，马上就会有人质问你，谁误解？那你可就麻烦了。"还有的同事开玩笑说："你这么写，新来的主任看了，也许就会说：'啊！原来资产阶级就在党内，就在国外司呀！'那你可就要大祸临头了。"经过这么一番讨论，我理解大家的心情，反正洪虎是把这个任务布置给我个人的，没有要求集体讨论，我只好自己写了。

经过认真考虑，我认为，在此紧要时刻，写一份供领导决策参考的材料，事关重大。一定要实事求是地写，不能敷衍了事，而且要努力达到积极推动改革前进的效果。但是，我又考虑，计划经济的传统理论与实践对人们的头脑束缚得太久了，在突破传统观念过程中，认识出现反反复复的现象，也是可以理解的。因此，不能用批判不同观点的口气来写，而要用正面提供事实和信息的方法来写，为了不冒太大的风险，有些观点也不能说得那么明白，意思隐含在事实的描述中。于是，我决定用最精练的文字，用摆事实的方法，客观地描绘百年来世界范围内关于计划与市场的争论与实践。

具体地说，在这份报告中，通过文献资料表明：用中央计划机关取代市场作为未来社会的资源配置方式的设想，最初见于意大利经济学家帕累托1902 年出版的著作，1908 年他的学生巴罗内有所发展，1928 年美国经济学会会长泰勒也积极捍卫这一主张。而反对他们观点的如米塞斯、哈耶克、罗宾逊等人，则深入揭示了用中央计划机关配置资源的不可行和低效。后来，美籍波兰经济学家兰格又提出了捍卫计划配置的新观点与论据。这两派的大论战曾在 20 世纪 30 年代达到高潮，而且持续了几乎一个世纪。在实践中，争论起始于苏联战时共产主义后期，其间，新经济政策起了临时的缓冲作用。列宁逝世以后，苏共高层领导对待商品、货币、市场问题争论激烈。主流的观点是，把市场看成社会主义的异己物，把主张市场配置资源的人视为异己分子。在高层领导人中，凡主张市场取向者都丢掉了官衔，牺牲了政治生命甚至肉体生命。20 世纪 50 年代以后，社会主义各国此起彼伏的改革浪潮，都是关于这个问题争论在实践中的反映。到 80 年代末，绝大部分社会主义国家已经放弃了传统的中央计划经济体制，逐渐向市场经济过渡。我在这份研究报告中，还列出资料说明：西方国家在 20 世纪 30 年代大危机后，理论上的凯恩斯主义和实践中的罗斯福新政，实际上是把计划用作国家干预的一种手段。从那时候起，"看得见的手"与"看不见的手"相结合，成为世界经济体制优化的普遍趋势。

在这份报告中，我虽然没有明确表明个人观点，但是我通过列举的资料向领导反映了如下思想和信息：第一，扼要追述 1902 年意大利学者帕累托提出对未来社会资源配置方式的设想，以及由此引起的 20 世纪 30 年代西方经济学界著名的大论战。目的是说明，关于计划与市场的争论在西方是不同资源配置方式的争论，争论双方的主将都是西方著名的经济学家，其中最先设想用计划机关取代市场来配置资源的人，以及后来发展与捍卫这一设想的人，包括帕累托、巴罗内和泰勒等，都并非马克思主义者，更不是无产阶级革命家或共产党员。因此，显然不能用对待计划与市场的态度来作为在意识形态领域里坚持或反对马克思主义的分水岭，也不能以此作为捍卫或反对社会主义制度的标尺。第二，扼要列举中央计划经济体制所依据的主要经典论据，综述原中央计划经济体制的所有国家曾面临的矛盾和各国此起彼伏的改革浪潮，简单介绍这些国家关于改革模式的探讨。指出总的发展趋势是，原中央计划经济体制国家都在积极摸索向市场经济体制过渡的途径。第三，扼要介绍西方发达国家实行的经济制度，都已不再是二战前的自由市场经济制度，指出现代市场经济是在市场体系发育健全的基础上，引进了包括计划手段在内的各种国家干预措施，包括反垄断法、累进税收制度、社会保障体系等等。所谓凯恩斯主义和新自由主义的争论，核心问题就是国家对经济活动的干预作用在多大程度上被肯定或否定。不管怎么争论，"看不见的手"与"看得见的手"结合运用是世界经济体制优化的普遍趋势。第四，扼要综述当代外国专家对中国正在进行的经济改革问题讨论的意见和建议。专家们普遍认为，整个经济运行和资源配置要以客观存在的市场为基础。

9月29日，我以手写稿的形式把这份报告交给了洪虎。我准备着至少要多次返工，因为领导可能会提出修改或重写的意见。根据经验，完成领导交办的撰稿任务，一般是不会一次通过的。但这次却完全出乎意料，陈锦华主任看了这份研究报告，9月30日，就印了30份，以绝密件报送了中央领导。这表明，陈锦华对这份报告是持肯定的态度。接下来，中央领导对此将做何反应呢？

几天后，中央办公厅和中央文件起草组的负责人给国家体改委办公厅来电话，索取这份报告。这引起了委内一些人的议论。有人说："吉凶未卜"；有人说："要做好思想准备，国家体改委可能又要倒霉了。"只有杨启先对我说："可能还是起了好作用。"我当时心里倒很平静，感到没有什么可担心的。因为，第一，这是领导交办的任务，又不是我主动上书；第二，写的都是事实，是有白纸黑字的文字材料为依据的，并非我的随意杜撰；第三，这是供领导参阅的，没有在社会上公开宣传。我执行"宣传有纪律，研究无禁区"的原则，只要说的是实话，言之有据，内部反映情况应当是允许的。

不久，在委内干部会上和部分省市体改委主任会上，陈锦华口头传达了中央主要领导对这份上报材料的反应。他说："总书记看了体改委上报的这份材料，说：'很好，我看了两遍，到辽宁出差也带着。'"几天以后，李鹏总理接见中国企协邀请参加"世界经济论坛"的外国专家，我作为体改委外事司负责人之一也在场。李鹏向外国专家介绍了中国改革发展情况后说："关于计划与市场问题，在世界上已经争论一百年了……诸位有什么好的观点和建议，欢迎向我们提供。"他讲话的内容引用了体改委上报的这份材料。后来，还听说，由于李鹏总理阅此材料后曾批示：十三届七中全会文件可吸收其中一些内容（大意）。所以，中办和中央文件起草组才向体改委索取这份报告。

2. 起草"正确解读苏联东欧经济改革教训"的研讨会纪要

在上报材料受到中央领导肯定后，针对社会上特别是一些受传统观念影响较深的革命老前辈们对东欧剧变、苏联濒临解体形势有误解，他们以为是这些国家的经济市场化所致，由此，我想以国家体改委国外司的名义召集一个国际比较研讨会，并建议请一些长期工作与生活在苏联东欧国家、掌握第一手实况的驻外记者、使馆工作人员以及专家学者参加。这个想法得到了陈锦华主任的支持。

1990 年 11 月 5 日至 7 日，在北京郊区燕山石化招待所，我们召开了"计划与市场国际比较研讨会"，与会者 30 余人。其中有中央联络部、外交部、安全部的相关司局的外交官和研究人员，有长期驻苏联东欧的记者。根据第一手事实或掌握的系统资料，与会者各抒己见，畅所欲言。经两天热烈讨论之后，11 月 7 日清晨，陈锦华主任约了贺光辉、刘鸿儒等亲临燕化招待所，直接听取研讨会最后一次带总结性的发言，从早晨 8 点一直谈到中午 12 点半，发言络绎不绝，讲事实，摆观点，内容丰富、具体、多角度，讨论热烈有序，使听者耳目一新。

有意思的是，研讨会散会的当天下午，我赶到京西宾馆，参加委里召开的省市体改委主任会议。我一到会场，就有一位本委的司长问我："听说你们开了个很活跃的会，发言都很敏感，很尖锐，不知道体改委是否将因此遭殃？"我说："这是内部讨论，领导允许畅所欲言嘛！"但是，他这一问，我心里也有些嘀咕，不知后果是吉是凶。会间，陈锦华的秘书刘琦通知我说："锦华同志希望你把研讨会的纪要好好整理一下，总书记很关心这个会。"我心里揣测，总书记是从什么角度"关心"这个会，是希望了解会上反映的真实信息呢，还是听到什么关于这个研讨会的传闻呢？这涉及纪要从哪个角度来整理。于是，我就反问刘琦："锦华同志对这个会怎样看呢？有人说，会上有些意见太敏感、太尖锐，中央恐怕不能接受。"刘琦没有回答。大概他把我的意见向陈主任反映了。下午散会时，陈锦华主动对我说："这个研讨会的纪要好好整理一下。如果问我的印象嘛，第一，这些国家的市场极度不发育；第二，由于市场不发育，客观规律无从表现，所以，这些国家的计划体制对客观规律无从遵循，计划工作只是一些僵化的技术操作；第三，它们由此为转轨与开放付出的代价巨大。"陈锦华这个明确态度，使我心中有数了。陈锦华还说："至于个别同志有什么观点，这是内部讨论，可以各抒己见。如果他们在外面说什么，我们也不能负责。"于是，我遵照陈锦华指示的精神整理了研讨会纪要。

这次研讨会的参会者名单是我确定的，因为我长期从事这个领域的调研工作，对中央有关部门和学术界的同行比较熟悉。参会者一般被认为是"政治上可靠的"，"没有自由化嫌疑的"，这是为了使研讨成果更具有说服力。研讨会纪要的标题是《比较·选择·前景——苏东国家与我国处理计划与市场问题的不同做法、不同后果》。这份纪要是经陈锦华主任亲自修改后上报的，标题也是他定的。材料的中心思想是说明：东欧剧变、苏联危机的原因不是经济市场化；相反，这些国家的现实是市场极度不发育。

12月3日，纪要由体改委上报中央。李鹏阅后，批示："已阅，写得不错。"后来，安志文同志告诉我："在中央顾问委员会上，总书记读了你们上报的这份材料，顾委的老同志们都说很好。"此外，我还听到一个情况。我在1990年9月30日和12月3日写的这两份研究报告，当时也送到了邓小平手中。12月24日，小平同志同几位中央领导同志谈话时明确指出：

"我们必须从理论上搞懂，资本主义与社会主义的区分不在于是计划还是市场这样的问题。社会主义也有市场经济，资本主义也有计划控制……不要以为搞点市场经济就是资本主义道路，没有那么回事。计划和市场都得要。不搞市场，连世界上的信息都不知道，是自甘落后。"

3. 参加江泽民主持的 11 次座谈会

关于江泽民主持 11 次座谈会的背景，有两个比较重要的情况。一个是1991 年 1 月底，小平同志赴上海过春节。在视察上海的大型企业后，邓小平与朱镕基等上海领导同志进行多次谈话。他又一次着重指出："不要以为，一说计划经济就是社会主义，一说市场经济就是资本主义，不是那么回事，两者都是手段，市场也可以为社会主义服务。"他还强调："开放不坚决不行，现在还有好多障碍阻挡着我们。说'三资'企业不是民族经济，害怕它的发展，这不好嘛。发展经济，不开放是很难搞起来的。世界各国的经济发展都要搞开放，西方国家在资金和技术上就是互相融合、交流的。"他希望："上海人民思想更解放一点，胆子更大一点，步子更快一点"。"要克服一个'怕'字，要有勇气。什么事情总要有人试第一个，才能开拓新路。"2～4 月，根据邓小平春节讲话的精神，上海《解放日报》连续发了四篇署名为"皇甫平"的评论文章，引起极大的社会反响。当时，我们听传达，居然有领导人说："皇甫平这个人很坏很坏"，还派专人去上海调查皇甫平文章的背景。一些极左的刊物，像《真理的追求》、《当代思潮》则针锋相对，质问"改革开放可以不问'姓社姓资'吗?"

另一个重要情况是，8 月 19 日，苏联发生了"8.19"事件。第二天，邓小平就把中央领导同志找去谈话，再一次强调："如果不坚持改革开放，不拿实际行动证明这一点，也是不行的。坚持改革开放是决定中国命运的一招。这方面道理也要讲够。这一段总结经济工作的经验，重点还是放在坚持改革开放上。没有改革开放十年经济发展的那个飞跃，取得顺利调整是不可能的。强调稳是对的，但强调得过分就可能丧失时机。"并告诫中央领导同志："特别要注意，根本的一条是改革开放不能丢，坚持改革开放才能抓住时机上台阶。现在世界发生大转折，就是个机遇。"

我后来得知，就是在这个时候，江泽民开始部署座谈会的具体工作。在邀请哪些人参加座谈会的问题上，江泽民提出了三点要求：一是在思想解放、实事求是方面比较突出，敢于讲话；二是对改革开放的设计、论证和文件起草等工作参与较多；三是找一两名海外学成人员。另外，还要有几个能介绍并讨论资本主义经济和苏东经济的专家。在座谈的题目上，江泽民提出：首先，分析资本主义为什么"垂而不死"，其体制机制中有哪些值得我们研究的东西；其次，对苏联和东欧国家的剧变进行分析，是什么因素导致苏东国家经济和社会发展出现停滞和危机，以至于整个国家遭受重大挫折，发生急剧变化。在对这两个问题进行深入分析的基础上，敞开思路，对我国进一步推进改革开放的重大议题做出探讨。

大概是 10 月中旬，国家体改委接到中办通知，点名让我、杨启先和傅丰祥参加座谈会。这 11 次座谈会分了三个专题单元：10 月 17 日、18 日上午各召开一次，讨论战后西方资本主义国家发展的现状，为什么资本主义"垂而不死"；12 月 6 日、9 日召开了两天座谈会，讨论苏东演变及其教训；12 月 10 日、12 日、13 日下午以及 14 日全天分别召开座谈会，讨论如何搞好有中国特色的社会主义经济。我提交的书面发言，就是关于资本主义为什么"垂而不死"的主题。

我记得，座谈会是在中南海的一个会议室召开的，江泽民坐在会议桌的起首位置，主持会议；参加座谈的大约有十几名专家，围坐在会议桌旁。会上，我主要是表述了两个观点。一个观点是，研究中国的任何问题，要有世界眼光，要有战略思维。我引用了智利中央银行行长的一句话：在封闭的环境下搞现代化，只能建成乌托邦。我们千万不能把刚刚打开的门关上，无论是搞建设还是搞改革，都要了解外国情况，要争取最有利的国际环境。另一个观点是，苏联最大的问题，就是没有把资源配置方式与社会基本制度区分开来，总是把中央计划经济体制看作是社会主义。其实，计划和市场只是两种不同的资源配置手段。关于两种不同手段的争论，早在社会主义制度出现之前便已存在，与社会制度没有必然联系，更不是两种社会制度的分水岭。

在整个座谈会期间，江泽民主要是以提问的方式引导大家发言。比如，江泽民问与会的王慧炯："老班长啊，我们的老师以前有没有讲过资源配置方式啊？"王慧炯当时是国务院发展中心常务干事，曾经是江泽民在上海交大读书时的班长。我感觉，江泽民主持系列座谈会的意图，主要是带有咨询性质的，自始至终没有发表明确的倾向性的意见。

在这个时期，我反复讲资源配置方式问题，有一个隐含的目的，就是想解除关于计划与市场问题的政治枷锁，把它还原为一个学术观点的争论。鉴于当时的形势和氛围，我并没有在报告中明确提出和阐释我自己的观点，而是引述西方经济学百年大论战的信息，来说明关于这个问题的争论，并不涉及什么政治问题，但却是经济学的重大学术命题。这样，就可以为中国改革的目标模式提供了更大的探索空间。

亲历国有企业改革的实践与决策过程

口述者：陈清泰*

访谈者：萧冬连、鲁利玲、高芳、潘飞

时　　间：2009 年 7 月 1 日，2017 年 3 月，2018 年 3 月

地　　点：国务院发展研究中心陈清泰办公室

整理者：萧冬连、高芳、潘飞

　　我从小就有个"汽车梦"，大学在清华学的也是汽车专业。1964 年 2 月毕业的时候，我尽管服从分配留校任教，但一直希望能到汽车厂去真正圆梦。机会终于来了，因为国家要建设第二汽车制造厂（后改为东风汽车公司）。1970 年进入二汽后，我非常高兴地开始了产品设计和实验工作。在进入总厂管理岗位后，我又以较大的精力研究和推进企业的改革和发展。在二汽，我从工程师做到二汽总厂的总工程师、厂长，历时 22 年。1992～1998 年，到国家经贸办、经贸委任副主任，主管企业工作和企业改革。1998 年以后，在国务院发展研究中心和全国政协期间，我也以较大的精力研究企业改革。因此，我的职业生涯大体可以分为两个阶段，一段在国企，一段在政府。无论在哪个阶段，主要工作都是围绕企业与企业改革来进行的。可以说，国企改革之路也是我大部分的人生之路。

---

　　*　陈清泰（1939～），河北丰润人。历任第二汽车制造厂副总工程师、总工程师、总厂厂长，东风汽车工业联合公司董事长、总经理，神龙汽车公司董事长，国务院经济贸易办公室副主任暨国家经济贸易委员会副主任、党组成员，国务院发展研究中心党组书记、副主任，第十届全国政协常委，第十一届全国政协常委、经济委员会副主任。

一　亲历国有大型企业的改革实践

二汽是国家三线建设的一个重点项目，1969 年在湖北省十堰市开始投入建设。当时，国家计划是三个车型：2.5 吨的军用越野车、5 吨卡车，还有一个 3.5 吨的军用越野车，总规模年产 10 万辆，计划总投资 16.7 亿。到 1978 年，总计投入了 14.6 亿。

"要政策不要钱"挽救了二汽

经过"文化大革命"十年的折腾，国家经济状况已到谷底，无力再给二汽投资，打算把二汽列为"停缓建项目"。然而，3.5 吨的军用车，军队有需求，开发工作正在进行，一旦停下来，二汽这个"半拉子工程"可怎么办？已有的两个车型肯定支撑不了二汽这么大的摊子。那个时候，在十堰聚集了二汽 36 个专业生产厂，约七八万名职工，加上家属 14 万人，还有几万人的施工队伍。工程下马，这么多人怎么办？所以，当时的二汽处在"给把劲可能上去、搞不好就会垮掉"的境地。另外，还有一个严峻的问题：中国自主汽车工业的路下一步到底怎么走？

1979 年，第一任厂长饶斌调回北京，由黄正夏同志接任厂长。经历十年建厂的锻炼，二汽的干部大都是创业型的，对新事物敏感，有事业心，敢于担当。面对当时的困境，领导班子十分明白，单靠国家不行，要想办法自己找出路。民用车出来了，二汽是有希望的。民用车的需求很大，市场上又买不到，对我们来说这就是机会。但那个时候，还是严格的计划经济，对于大型国有企业可以概括为四句话："生产计划国家统一下达、生产资料国家统一调拨、生产的产品国家统购包销，企业财务国家统收统支"。所以，没有国家计划企业什么也干不成；即便按国家计划生产了车也要以计划价由国家调拨，企业的利润十分有限，只能维持简单再生产，没有施展的空间。二汽领导班子相信，只要不向国家要钱，事情就相对好办，请求国家在给二汽下达指令性计划的同时，也给部分"指导性计划"。前者完全按计划走，指导性计划按指导性价格购买材料，生产出的产品由企业自销，利润留成作为自有资金完成二汽后续建设。我们把这叫作"自筹资金，量入为出，续建二汽"。1980年，国家批准了我们这个方案，二汽从停缓建名单中摘除了。1981年，二汽成立了东风汽车工业联营公司，在全国率先发展横向经济联合。

1982年10月，万里同志来二汽视察。在听了二汽汇报后，他说，二汽可以学习首钢搞承包。我们提出的方案是以1982年上缴的利润为基数，每年递增7%，到"六五"末，利润留成作为自有资金完成二汽的建设任务。在万里同志的推动下，国家很快就批下来了。这样，二汽就算活了下来。1983年10月，赵紫阳同志来二汽考察。听了二汽的承包方案后，他提出，二汽的承包可以延长到1990年。很快，财政部以〔84〕财工字04号文批准"七五"期间仍按原办法继续执行包干。这期间，二汽要在保障利润上缴的条件下，承包"七五"建成14万辆中吨位卡车生产能力、1万辆8吨柴油车生产能力。较长时间的承包期，给二汽系统考虑中长期的发展创造了条件。这是继首钢之后，在全国大企业中第二个实行承包制。我们有底气承包，是因为二汽建设的生产能力正在陆续释放的过程中，而且未来的卡车不愁销路。我们保证首先完成国家调拨计划，完成利润递增上缴，政府就放了心；再支持二汽一部分自产自销，以企业留利完成建设任务，国家也减轻了负担。这个方案保障了国家的收入，二汽也获得了自主发展的余地，两者都欣然接受。二汽之所以能"活"下来，这是非常关键的一条。

1982年11月，姚依林同志到二汽视察。我们根据厂里发展的需要，请求国家批准二汽有自营进出口权。他回北京之后，反复跟有关方面讨论，较快地批准二汽建立东风汽车进出口公司，这在全国的企业中可能是最早的一个。自营进出口权给我们带来很大的好处，除了设备、零部件进出口的效率提高、成本降低外，作为一个企业可以独立地和国外厂家建立联系了。比如，福特公司有人要工作来访，我们发邀请就算数。我们出国考察和商务活动，直接报外交部批准就可以了。这就使我们获得一个国际化的起点。

向经营开发型企业转型

1982年底，我担任二汽总工程师，二汽中长期发展的问题成了我关注的重点。当时，有两件事对我触动很大。一个是曾与二汽相似的很多三线企业，在国家停止投资后衰落的景象令人不寒而栗。另一个是 1980 年我到美国 MTS 公司谈判采购整车电子液压振动实验台，顺访了一些美国汽车和零部件公司；1981 年中汽总公司组织我和一汽的史汝辑、田其铸到德国看法兰克福汽车博览会，还访问了德国的一些汽车和零部件企业。这两次参观考察使我大开眼界。可以说，对我后来的汽车生涯产生了很大影响。对比我们曾作为发展样板的一汽，使我感受颇多。一汽 1956 年出了解放牌，几十年没有换型升级，还是那个"老解放"，企业活力日减，大家惋惜地把它叫作"汽车产品几十年一贯制"。我想，二汽必须汲取教训，及早考虑后续发展。有感而发，我写了两篇文章：《把二汽建设成经营开发型企业》、《结束汽车产品的几十年一贯制》。二汽不能总把自己当作完成国家计划的生产工厂，维持简单再生产。在国家要搞活企业的情况下，二汽要生产，更要去"经营"；要做好今天，还要准备好明天。这两篇文章得到饶斌的赞赏，他对我的想法很赞同。

企业的自有资金是很有限的，到底如何分配？搞生产的包括专业厂的干部要求改善技术装备、改善工艺，提高生产保障能力，我主管技术工作和未来发展，就希望加大技术投入，保障企业的后劲。两边都有道理，问题是如何平衡。二汽前任总工程师孟少农是我国汽车行业唯一的中国科学院院士、汽车行业的资深专家，对问题看得比较深远；黄正夏厂长是一个改革精神比较强，具有前瞻性的领导。1982 年，在资金还很困难的时候，厂里决定建立三大中心——教育培训中心、技术开发中心和技术装备中心，我们坚信这三大中心的实力可以保证二汽的后劲。

1984 年 8 月，我接任厂长后，面对一个绕不过去的问题，就是 1984 年初在二汽内部推行的"分层经营承包责任制"。二汽对国家的承包很成功，在国家停止投资后二汽没有死掉，靠的就是通过对国家的承包，实行"自筹资金，续建二汽"。但是，把对国家承包扩展到内部，实行分层经营承包却存在很大争议，最大的争论出在分层经营的问题上。各个专业厂和生产单位对总厂承包并经营，车间再对专业厂一级承包经营，专业厂作为一级财务核算单位。为防止下边走偏，在承包制的前面还冠以"三全面"，即"以全面质量为基础、以全面技术进步为核心、以全面经济效益为目标"。这项制度实行后，对调动大家的积极性非常有效，36 个专业厂以及生产性承包单位劲头十足，1984 年全厂热火朝天。到 1985 年就发现了大量问题。但是，水泼出去容易，收回来难。

首先是负责销售的副厂长周维泰发现这样干不行，用户反映产品质量下降、外边拼装东风车的越来越多。接着，管质量、管生产调度、管财务的副厂长纷纷提出这种做法必须及时调整。因为承包了，专业厂拼命搞产量，超产部分可以对外自销，总厂只管结果，放松了过程管理，质量当然就下降。另外，各个专业厂有了自主权、自主钱，开始自己到外面搞投资和小联营，二汽销售、计划、规划、财务的严格管理体系开始涣散，甚至失控。我到专业厂做了些调查，征求班子成员的意见，找李子政、李惠民等老领导讨教，我确认这种状况不能持续。但各个专业厂已经成为"既得利益者"，职工从奖金和福利上也分享了好处。当时，专业厂也有实际困难，那就是各自都办着一个"小社会"，要管职工的住房，要改善生活，要管子弟上学等等，因此他们总希望有点灵活的钱，自己来支配。

我们发现，这种承包办法造成专业厂"质量差、效益不一定差"的现象。总厂有较严的质量标准，产品质量不合格不能装车。这样正好，总厂不要的，他们自己拿出去卖。生产零件部件的、搞发动机等部件总成的都这么干。发动机厂要自销发动机，就需要缸体毛坯，没有总厂的调度令，铸造厂不能给。发动机厂就说，有的毛坯质量不合格，要求"补废"，铸造厂只能按总厂规定补。后来，铸造厂发现发动机厂把那个有残的毛坯加工装机卖出去了。他们就派技术员过去检查，发现质量确实不合格，就拿榔头把毛坯给敲碎。这时，出现了"地下调度处"，一些个体户从铸锻厂买出毛坯，转手提价卖到负责加工的专业厂；从零部件厂买的零件倒卖给装配厂。在这种情况下，十堰周围搞拼装车的越来越多，一些倒买倒卖的专业户在专业厂不仅能买到发动机、车架，几乎什么零部件都能买到，那时装了车不愁卖不出去，没人管它合格不合格。这样，各个专业厂真实的财务状况总厂已经很难掌握，胆子大的"效益"就好，胆子小的就差一些。当时，社会上"一包就灵"、包干要"横向到边，纵向到底"的舆论很强，可这对汽车这样高度专业化的企业内部绝对是不适用的，但要停下来阻力很大。首先是专业厂，另外在总厂领导中也有不同看法，还有的中央同志也支持。当时，我非常为难，我是厂长，出了问题怎么向国家交代？

1985 年 6 月，我到北京去向饶斌同志汇报，也向吕东、朱镕基同志做了汇报。在向吕东汇报时，他说："专业厂可以独立核算，但不能独立经营。每个专业厂的利益不能独立在二汽之外，不然就乱套了"。"大量流水线生产，不能给专业厂经营权"，"不能有外卖产品的权，这么搞会走到邪路上去"。为此，经委召开了一次部委领导的会，国家经委副主任袁宝华、国家计委甘子玉和饶斌、人民大学副校长黄达和机械部等领导到会，我汇报了情况：多渠道对外营销，把自己的市场搞乱了；迁就外部的卖方市场，把质量管理搞乱了；搞两本账、小金库，把财务搞乱了；多头对外投资，分散了力量，冲击了整体战略；各单位之间的不平衡，造成了福利攀比和内部矛盾，二汽多年严格的管理受到了很大冲击。我还讲了如何处理的意见。领导们听后，普遍认为，承包对解决企业与国家关系有明显效果，但在企业内部必须因地制宜，认为二汽要妥善处理，平稳结束内部的分层承包。后来，这个事情还惊动了中央领导同志。1985 年 2 月，马跃被任命为二汽党委书记。6 月，中汽总公司李刚、陈祖涛代表机械工业部和上级组织来厂宣布二汽和东风联营公司领导班子调整。我继续做厂长，马跃做书记，整个班子年轻化了。调整后，较快统一了认识，针对分层经营承包做了大量工作，平稳化解了这个问题。到 1986 年，基本恢复了正常的管理和秩序。

1986 年，二汽第一批争取到在国家计划单列。计划单列的好处是，我们有直接和国务院有关部门对话的权利。我们的计划可以直接报到国家计委，技术改造可以直接报到国家经委，和财政部也有了直接的通道，可以直接向他们汇报反映。他们对我们有更多的理解，就会在可能的范围之内给我们必要的支持，比如计划指标的分配、投资项目的审批等，在当时的体制下，这都是非常重要的事。

1987 年，二汽第一批建立企业财务公司。对联营公司缓解流动资金压力、提高资金周转效率、增强联营公司凝聚力发挥了很大作用。我记得，每天和联营公司之间的财务来往差不多几十万到几百万，后来就是上千万。大量的往来我们可以不通过银行，而是通过财务公司来支付、处理，财务成本大幅度地下降。这些改革对增强企业活力有很大的好处。可以说二汽发展过程中留下了了一串改革的脚印。

1987 年初，国家体改委邀请国际企业管理大师德鲁克和西蒙等在北京钓鱼台宾馆给国内的专家和企业讲课，我到会听课、参加讨论后大受启发。之后，我找到一本中文版德鲁克写的《有效的管理者》，当作教科书反复阅读。7 月，中企联责成我和上海电器公司宓麒廷、中国振华电子工业公司董事长徐英莲带队到美国、日本企业考察。此时正是二汽研究体制转型的时候，这对我来说是一次非常重要的机会。在美国考察了 CE 燃烧公司、戴纳汽车零部件公司、西屋的质量与管理中心、康明斯柴油机公司，还有一家运输公司等，在日本考察了丰田、日产、三菱重工等公司。我们仔细了解和讨论了这些公司的组织结构、集权与分权、董事会的组成与权利和责任，公司的战略、财务、市场采购与销售管理等。这些公司的体制机制与中国的工厂完全不同，给我印象最深的是他们敬畏客户、敬重投资者，坚持用户第一，给股东创造价值；对外追踪市场、灵活经营，内部对财务、投资是严格的集中管理，对销售、采购等则是严格的计划管理。如 CE 是个大型跨国公司，它的现金流控制到以小时为单位。公司总部抓住不放的是公司战略、财务、投资、重要人事。如戴纳的总部非常简洁，管什么？就管战略、管政策、管财务、管对外投资和采购、管二级机构的主管人员。类似这些讨论对我理解现代公司的组织和机制都很有启发，对后来二汽改革方案的制定有重要参考意义。

为了制定适应经营开发型的组织管理体制的改革方案，我们用了一年多的时间，组织了 100 多名干部，研究整理出报告资料 74 万字。研究了多种可能的方案，在这个基础上领导班子又对照党的十三大精神反复研究，进一步完善了方案，还在处级干部中征求意见，统一认识。方案确定后，就做"三定"工作，就是定机构、定职能、定编制。这次改革的总体目标定为"建立经营开发型体制的基础，转变经营机制，发展生产力"。改革方案的要点是二汽和二汽集团向公司制框架转型。这项改革牵动面很大，只能成功、不能失败。为此，做好方案准备、统一思想至关重要。

1987 年 10 月，我们召开厂务扩大会，专题研究企业组织体制和运行机制改革问题。12 月，我作为党的十三大代表参会回来后，组织厂领导和有关处室领导在襄阳基地闭门开了四天的会，主题就是贯彻十三大精神，推进二汽体制机制改革。1988 年元月下旬，召开三天全厂厂处领导的工作会，讨论十三大之后二汽的形势任务、现状和矛盾、改革和目标、改革的实施与安排，最重要的目的就是统一认识，激发改革的紧迫性，为 1988 年下半年实施这一改革做好准备。

轿车项目上马

1986 年，二汽三个车型 10 万辆建设任务完成并通过了国家验收。下一步怎么发展？从卡车的布局上，我们已经有了"向上""向下"的占位，但 8 吨车还在开发中。当时，卡车的销路很好，比较赚钱。所以，厂里有一种意见，就是年产 10 万辆翻番，扩大产能到 20 万辆。另一种意见认为，在 10 万辆的基础上，通过挖潜、填平补齐，充分利用既有产能，把较多的资金用在 8 吨车上。我的主张是后者。我想，当务之急是赶快把 8 吨车搞上去，完成卡车产品布局，再抽出力量上轿车。这样，才能在国内汽车业站住脚，因为这时桑塔纳已经开始生产了，对我们影响很大。经过反复讨论，得到了领导班子多数人的赞同。接着，我们调整了二汽的"七五"计划，砍掉总计约需 10 亿元投资的 64 个项目，以有限的资金保证"七五"期间年递增 1 万辆生产能力，保证老产品不断改进。同时，集中力量开发出具有国内先进水平的 8 吨平头柴油车，使二汽的汽车产品由长头扩展到平头，由汽油机扩展到柴油机，由中型车扩展到重型和轻型车。调整后，"七五"期间二汽保持了同行业较好的经济效益，完成了卡车的布局，也为轿车发展创造了条件。

筹备上轿车的难度是很大的，首先就是国家这一关怎么过？当时，国家对二汽这类大厂管得很死，因为它是国家财政收入重要来源。二汽的产品发展、重要项目、重大投资国家不仅要管，而且管得很具体。另外，当时很多人的还停留在轿车是资产阶级高消费观念之中。二汽与一汽和上汽不同，从来没有搞过轿车，要让国家批准上轿车非常困难。

　　1986 年 10 月，我们向国家计委上报了二汽要求"开展普通型轿车前期工作"的报告。12 月 18 日，又通过《二汽动态》向国家计委反映："汽车企业横向联合的积极性很高，但中吨位卡车已经没有发展空间，那么联合起来干什么？"12 月 27 日，国家计委主任宋平在这份简报上批示："二汽多次提出发展小轿车，国家似乎没有必要去限制。"并要求有关司局进行研究。看到这个批示，我非常兴奋，感到有机会。于是，马上赶往北京，找到国务院经济技术社会发展研究中心，与副主任张盘以及鲁志强等人一起讨论策划。最后，做了一个方案：请当时国家经委的技术经济研究所组织国内调研，由其邀请外国专家介绍国外轿车发展状况；在调研的基础上，举办一次高层研讨会，梳理会上的主要意见，最后向国务院汇报。这是 1986 年年底 1987 年年初商定的事。

　　1987 年 5 月，中国汽车工业发展战略研讨会在二汽召开，段君毅、周子健、马洪、饶斌等老领导，有关政府部门人员、经济学家、汽车企业的领导一百多人到场。会议分作两个阶段：第一阶段，由经委技术经济研究所何世耕所长发布调研报告，日产和丰田的专家分别就国际轿车工业情况及对中国轿车发展的建议做了发言。第二阶段，等外国专家离场后，我们闭门讨论，到会的领导都讲了话，政府部门的人发言，企业的人也发了言。大家对汽车业的战略地位、发展目标、未来产品结构、发展模式等进行了讨论，都赞成应及早部署轿车生产，防止中国市场一启动就被国外企业占领。孟厂长的发言讲到汽车产业发展规律，他说卡车最多是"中学水平"，轿车才能达到"大学水平"，中国的汽车工业中学毕业了就应当也有条件"上大学"。还说，从国际经验来看，"大厂造小车、小厂造大车"，像一汽、二汽这样的大企业，进一步发展还是要转向搞轿车。一汽厂长耿昭杰发了言，我的发言主题是《轿车工业的战略抉择》，提出当前国家必须在五个方面做出决策。

　　会后，国务院发展中心汇总会议情况，形成了一个政策报告，由马洪主任签报给当时的中央领导。领导有一个批示，意思是：北戴河期间议一次，请计委、机械委准备意见。知道这个消息后，我意识到，接下来就要抓紧落实二汽的项目。我很快就找了中汽，与陈祖涛、李荫环、薄熙永等人商量，争取中央到北戴河办公期间进行汇报，看能不能把项目拿到。为此，我做了一些准备，8 月赶到了北戴河。在那里，我给常务副总理姚依林写了一个报告，讲到中国发展轿车的必要性和二汽下一步发展的形势，为什么要上轿车，上轿车的思路、资金来源，等等。因为之前有宋平的批示和中央领导对发展中心报告的批示，所以姚依林同志很快决定在北戴河召开国务院会议，专门讨论二汽项目。会议请了张劲夫、李鹏副总理以及计委、经委、机械委、中汽总公司等部委参加。开会前，随着参会领导陆续到北戴河，我逐个进行了拜访，包括李鹏副总理、计委黄毅诚、经委林宗棠、机械委何光远，向他们介绍二汽发展情况和发展轿车的方案，回答他们提出的问题。一个一个谈完，我心里有了底，认为问题应该不大。

8 月 12 日，汇报会由国务院副总理姚依林主持，开得很顺利，到会的人都很支持二汽搞轿车。陈祖涛首先汇报。他讲到刚刚在二汽开过汽车工业发展战略研讨，大家认为中国发展轿车的任务应当提上议程，条件最好的还是一汽和二汽。还说，二汽在轿车上做了不少工作，国家应当支持。汇报时，我提出不要国家直接投资发展轿车的规划，还提出两种可供选择的方案：一种是"技术引进，自主建厂，进口替代，远期出口"；另一种是"联合开发，合资办厂，出口导向，进口替代"。何光远说，发展轿车再搞"全国支援"另起炉灶的做法已不可取。要上，只能靠一汽、二汽。上海已经既成事实，希望三家发展方式和进度适当错开。黄毅诚、林宗棠和张劲夫都发表了意见，没有人反对。李鹏说："原则上同意二汽的意见，轿车就这三家，也不再批了，口子要守住。"所以，"三大"就是从这里来的。关于两种方式，李鹏说："可先从第二种方式起步，不要走 SKD、CKD 组装的道路。"姚依林做总结，他说："原则同意二汽轿车总规模 30 万辆，分两期实施，第一期 15 万辆。二汽发展轿车应当首先从第二种模式开始，瞄准出口为主，一汽是挡住进口。二汽这条路会艰苦一点，实在不行再说。"会后，形成了会议纪要，二汽轿车项目就此落地。

按照国务院领导"货比三家"的要求，我们先后和五六个国家的 16 家公司进行过接触。最后落到雪铁龙是两大因素：一是法国政府承诺这个项目中国可以是"零外汇"。他们提供全部外汇贷款，而且其中一半是软贷款，年利率 2%，宽限期 11 年半。建厂 11 年后企业已经赚钱了，还款的压力比较轻。二是雪铁龙提供一款还没有投放市场的"未来车型"。也就是说，我们两家投产的时间差不多，等于一开始我们就有一个能够跟上当代水平的产品。

在谈判最紧张的时候，遇到了 1989 年政治风波。当时，我们搞产品设计、工厂设计的，还有商务谈判代表等四五十人在巴黎。事后，我们的人搞不清情况，法国人也傻眼了，到底还能不能合作？当时，在巴黎谈判负责人是宋祖慰。他们找到大使馆，但使馆也弄不清楚国内的情况。这时的经贸部部长郑拓彬在比利时开会，其间到巴黎，跟宋祖慰等人说："二汽的谈判地位可能会受到影响，但事情会过去的，你们不应该放弃。"谈判还在继续，但情绪很不稳定。我们决定，这时候要加强领导，请马跃同志出马。6 月 10日，他出发去巴黎，指导谈判，去督战，稳定军心。

政治风波后，法国政府的态度立即发生变化，对外汇贷款的承诺变得糊了。10 月以后，国内平静了，东风 – 雪铁龙这样的大项目法国政府绝不想放弃。我把情况向国务院领导做了汇报。国务院领导当时也有想法，那时候西方国家都在"制裁"中国，希望这个项目成为一个打破封锁的突破口。与此同时，国务院副总理邹家华做了不少工作，疏通国内各部门，国家计委抓紧审批最后的合同。雪铁龙和法国方面也很着急。11 月，雪铁龙前总裁、中国项目总管哈夫纳来到中国。他告诉我，法国政府很重视他这次来华，法国政府官员跟他说："这个项目，政府是承诺过的，政府始终是支持的。政治风波后，尤其是在七国首脑会议期间碰到了很大的困难，在与中国没有相互对话的条件下做出了决定，冷静下来也感到不妥。现在，外交部正在设法解决这个问题，如果贷款不能解冻，法国财政部长和经贸部长已经答应可以出具正式公函，向中国政府保证这个项目的所需贷款。我们现在去不了，你代替我们去。"PSA 集团总裁嘎里威对他说："不能让德国大众总裁一次次跑中国，你必须去，抓紧沟通，准确表达我们和政府的意见。"我把谈话的情况立即书面向领导做了汇报。11 月 8 日，李鹏总理、邹家华副总理等在北京钓鱼台接见了哈夫纳。在一段交谈后，李鹏总理说："万事俱备，只欠东风了！"最终，12 月 19 日，我们东风和雪铁龙双方在法国正式签约。

1991 年，朱镕基同志到二汽考察之后，决定让我到北京工作。当时，我有些犹豫，因为我觉得还有很多的事没有做完，像企业内部的管理体制改革还没有结束，神龙轿车项目也才定下来，刚开了第一次董事会，我不太愿意放下这些工作，但最后还是决定服从大局。1992 年 8 月 17 日，我最后一次主持召开了厂务会议。9 月，我就到了北京。

二　建立现代企业制度的决策过程

1992 年 9 月，我到北京后就任国务院经贸办（后改为国家经贸委）副主任，由企业管理者转变为政府官员，身处管理国民经济和协调国家日常经济工作的综合部门，我主要还是以分管企业为主。因为有了大型国有企业的管理经历，所以对于从事和企业相关的政府工作并没有感到不适应。相反，在考虑问题时能考虑到企业的实际情况，比较接地气。另外，以往在和政府多年的沟通过程中，我也了解政府的运行规则。因此，到政府部门工作后，也还算得上得心应手。

"建立现代企业制度"的决策背景。

我上任后，首要的任务是研究贯彻《全民所有制工业企业转换经营机制条例》，这是镕基同志倡导并组织制定的，1992 年 7 月出台。它与 1994 年出台的《国有企业财产监督管理条例》形成姊妹篇，是贯彻《公司法》最重要的两个文件。

这里，有一个重要背景。1992 年初，邓小平在视察南方期间发表重要谈话，把社会主义姓"资"姓"社"和市场同计划的关系点破、讲透了，这是中国改革道路上的又一次思想解放，为国家经济体制的转型奠定了基础。同年 10 月，中共第十四次全国代表大会召开，确立社会主义市场经济体制的改革目标。如果说，此前我们的改革还是在计划体制框架下的政策性调整，那么现在则是从国家制度层面实现了创新，也就是既要保持社会主义的优越性，又能利用市场经济体制保障资源配置的高效率。所以说，建立社会主义市场经济的改革目标的确立，既是党的一项伟大创举，也是改革开放的一个里程碑。

十四大之后，中央立即着手研究如何通过一系列理论政策的突破和战略部署，把建立社会主义市场经济体制的改革目标落地。这就是十四届三中全会《中共中央关于建立社会主义市场经济体制若干问题的决定》所要完成的任务。

1993年6月3日，中财办召集会议。会上决定，为给《决定》的起草打好基础，部署了16个调研课题。其中，由我牵头组织其中第二个课题——"建立现代企业制度"的调研。会上，起草小组副组长曾培炎介绍了三中全会的任务，文件起草的情况，传达了江泽民同志几次提出并要参与起草的同志回答的一个重大问题：公有制、国有经济与市场经济能不能结合，怎样结合？曾培炎说：社会主义市场经济是邓小平思想的重要部分，他早就说，社会主义为什么不能搞市场经济。培炎同志要求大家坚持解放思想与实事求是结合的精神，力争在一些重点难点问题上有所突破。他说：建立现代企业制度，增强企业活力仍作为改革的中心环节。

接到这个调研任务，我感到压力很大。我理解，当前面临着严峻选择：在公有制、国有经济的框架内，如果能找到其与市场经济对接的新的实现形式，培育出千万个独立的市场主体，那么我们就可以顺利实现社会主义市场经济的改革目标。如果找不到公有制与市场机制的结合点，要么为了坚持公有制、国有经济，只得退回到计划体制，要么为了坚持利用市场机制，提高资源配置效率，就得私有化。显然，这两种结果都不是我们愿意接受的。我们要做的是，把公有制和市场机制的"好处"都拿到。这个绕不过去的问题就聚焦到国有企业的改革之上。所以，公有制、国有经济和市场经济能不能结合、怎样结合，也就是国企改革的基本命题。当时，国内外舆论普遍认为，国有经济对应的就是计划经济体制，选择市场经济就只能选择私有化。

我认为，要破解这一历史性难题，用传统的政策性调整是做不到的，必须通过制度创新。建立现代企业制度是一把钥匙，但都是没有人能解释它的内涵。我的理解是："使拥有国家投资的企业与其他所有制企业一样，成为平等、独立市场竞争主体"的那种企业制度，就是我们追求的企业制度。这就是《决定》起草小组责成我牵头组织的这个课题必须完成的任务。想到这里，我确实感到压力很大。

　　6 月下旬，由我们国家经贸委牵头，13 个部委、院、所共 20 多人组成的现代企业制度调查研究组立即启动。调研组组织学习讨论，邀请专家座谈，并听取了薄一波、吕东、袁宝华、周建南等老同志的意见，草拟出详细的调研提纲和调研的主要指导思想：（1）围绕建立社会主义市场经济体制的目标，塑造适应市场经济的微观主体；（2）既吸收国外企业制度演变中的成功经验，又注意研究中国国情和特色；（3）运用现代企业制度解决改革中的一些深层次问题；（4）注意新旧体制衔接和政策的连续性；（5）重点解决好国有大中型企业问题，制止国有资产流失，提高国有资产运作效率。

　　7~8 月，调研组分赴上海、山东、福建、广东、黑龙江，同其中 100 多个单位（包括省市经委、计委、体改委、财政、银行等综合部门，有关厅局以及协会、工会，部分国有大中型企业和集体、三资企业，大专院校及研究单位等）、300 多人进行了座谈。在调研中发现，经过十多年的改革，国有企业的活力和过去相比已经有了明显增强，在所有权与经营权相分离和扩大企业经营自主权等方面取得了显著进展，并在国民经济中进一步发挥显著作用。以 1991 年为例，全国国有工业企业共 10.4 万户，数量上占全部工业企业 20%，销售收入上占 67%，上缴利税上占 83.5%。这表明，中央始终将国企改革置于整个经济体制改革的中心环节来抓的战略已初见成效。但是，在市场经济日益发展的现状下，国有企业的活力仍显不足，三分之一企业明亏、三分之一潜亏的局面长期未能得到根本扭转；许多大中型国企一直难以走出困境，有的甚至成为国家的沉重负担。具体体现为五个"重"：一是税负重；二是债务重；三是潜亏和亏损挂账严重；四是人员负担重；五是社会负担重。国有企业所处的这种尴尬境地，与那些市场导向的非国有企业——乡镇企业、三资企业等的蓬勃发展相比，悬殊和反差尤其明显、强烈。

"建立现代企业制度"的决策过程

　　1993 年 8 月 10 日，调研组修订完成了《现代企业制度调研报告》第三稿，向中央领导小组办公室和《决定》起草组做了汇报，就建立现代企业制度的目的、制度要点、实施步骤等提出了思路和框架，共分 6 个方面

40 条。

关于建立现代企业制度的目的，调研组提出，现代企业制度是社会主义市场经济体制的基础。在建立现代企业制度的各项要点中，我们提出了理顺产权、完善法人制度，建立现代企业组织制度和管理制度这三个方面。其中，产权问题不仅绕不开，而且首当其冲。就这个问题，我们在报告中提出，理顺产权关系，完善企业法人制度。这是因为，产权问题不解决，国有企业虽有法人的名义却无真正独立法人地位之实，难以实现自主经营、自负盈亏、自我发展、自我约束，难以摆脱作为国家行政机构附属物的处境，而国家也难以摆脱为企业承担"无限责任"的境地。因此，我们提出：企业法人制度的实质，是确认企业拥有独立的法人财产所有权，并据此享有民事权利，承担民事责任，从而使企业真正具备自负盈亏的能力。如果说，此前实行厂长（经理）负责制解决的是企业从无人负责到有人负责的问题；那么，确认法人所有权要解决的是从有人负责到有能力负责的问题。要确立法人所有权，就要理顺产权关系，将终极所有权（即国家所有权、股权）与法人所有权相分离。

对于这次汇报，起草组的领导和专家总的来说还是肯定的。温家宝同志说，建立现代企业制度是建立社会主义市场体制的重大课题，是这次《决定》中的重要内容，对未来发展生产力、巩固社会主义制度非常重要。你们的报告有深度，有突破，你们关于改革的指导思想、步骤、重点、难点和起草组的思路是一致的。同时，你们的想法更周密，更细致，更深刻，应该肯定。接下来，温家宝提出，下一步有几个问题请你们注意：一是建立现代企业制度的改革和现有政策如何衔接？例如历史包袱怎么办，承包制怎么过渡，和财税、金融将来的关系如何协调，这些问题在方案设计的时候不能回避。二是要对改革的实施步骤做进一步深入的研究，要有一套完善的制度来保障，要预见未来可能出现的问题，要以规范的制度来保障能够平稳地推动。此外，温家宝还提出关于理论突破问题。他说，改革实践需要理论突破，例如联产承包责任制的提出就是这样。当前，在企业改革中的两权分离等方面，也希望有重要的理论突破。在这个问题上要贯彻不争论的原则，既要使理论界能够畅所欲言，又不要和搞实际工作的纠缠在一起。此外，他还指出，有法人所有权的企业才能独立地承担民事责任，对于终极所有权、法人所有权的概念，要有一个科学严密的界定。

围绕 8 月 10 日汇报会的各方意见，我们又进一步征求了厉以宁、王珏、江平等经济界、法学界专家学者的意见，经贸委党组也对此进行了专题讨论。在此基础上，又做了两次修改，把"法人所有权"的提法改为"法人财产权"。为做好起草工作，中央决定直接听取部分课题的研究成果。基于我们这个课题的重要性和突破性，排在了第一个。

9 月 6 日，我代表调研组就《现代企业制度调研报告》第五稿，向中央政治局常委们做了专题汇报。调研组在汇报中提出，要按照社会主义市场经济体制要求组织、建立以法人制度为核心、以公司为主要形式的现代企业制度，主要包括五点内容：（1）确立企业法人制度，依法赋予企业法人财产权。企业不再按所有制形式而是按财产形式和承担责任形式来划分，自主经营、自负盈亏，平等竞争，从而摆脱政企不分的局面，成为独立核算的市场主体。（2）国家作为企业的出资者，享有企业资产的终极所有权（股权），对企业资产由实物形态管理向价值形态管理转变，以出资额为限对企业法人的债务承担有限责任。在此基础上，通过资产流动实现优化配置，从而使国有资产保值增值，巩固公有制主体地位。（3）与现在的工厂制企业相比，作为法人企业的公司是适应市场经济体制最典型和最具代表性的企业组织形式。对于一般竞争性企业，可逐步改造为公司法人企业。（4）公司的所有者、经营者和生产者之间通过股东会、董事会及经理、监事会等机构形成权责分明的有效制衡机制，从而促使企业以追求最佳经济效益为主要目标，保障投资者利益。（5）公司具有科学的财会、用工和工资等管理制度，有明确的经营效益导向和完善的责任监督体系，这有利于它对市场和宏观调控做出灵敏反应，从而规范自身经营行为，并提高内部科学管理水平。由此，通过建立现代企业制度，实现公有制为主体与市场经济的接轨。在财税、金融等体制改革形成市场经济宏观体制框架的同时，构造符合市场经济体制的微观主体，从而实现两者相呼应，从宏观和微观两方面促进社会主义市场经济体制的形成。

会上，调研组还就此前起草过程中几个重大问题的处理建议，以及 8 月

10 日汇报会时的讨论意见，向政治局常委进行了汇报。主要包括：（1）关于如何界定企业法人财产权问题。起草过程中，各方对于理顺产权关系，实行国家拥有的终极所有权与法人财产权（或法人所有权）没有异议，但是在使用"法人财产权"还是"法人所有权"概念上提出了不同的理解。调研组最终采用了即将出台的《国有企业财产监管条例》中的"法人财产权"提法，并界定了其与终极所有权的各自内涵，目的是避免因理解上的混乱而造成国有资产的流失漏洞，从而既保证国有资产的统一完整，又保证企业法人财产的独立性。（2）关于在公司体制中如何体现党组织的政治核心作用的问题。这也是在起草讨论中涉及最多、争论最大的问题。调研组认为，建立有中国特色的现代企业制度，企业党组织的政治核心作用不能削弱。因此，结合公司领导体制规范化的要求，我们提出："企业党组织的负责人可通过法定程序进入董事会、监事会，参与企业重大问题的决策"。这样，既从制度上确保了党组织保证、监督作用的发挥，也较好地处理了股东大会、董事会与党组织之间的关系。（3）关于如何推进国有企业公司化改造问题，调研组提出，进行公司化改造不仅是企业名称和外在形态的改变，而且是我国企业制度上的一次重大变革。因此，在推动中必须注意：第一，不是全部国有企业都要改造为公司，改造也不能一哄而上地进行，应从实际出发，依法、有条件、通过试点分门别类、分期分批进行。第二，在工作程序上以有限责任公司作为改革起步，有条件的尽可能改造为多个股东的有限责任公司。第三，设想用十年左右时间稳步推进并完成，从而保证改造的成功率。（4）关于清理和解脱国有企业历史包袱问题。起草讨论过程中，各方一致认为，在向市场经济过渡时，企业背负了大量传统体制下造成的各类沉重包袱，如果这个问题不解决，即使过渡到现代企业制度，也难以改变面貌。为此，调研组提出区别情况，清理、解脱国有企业不合理的历史包袱，并提出了一些具体的政策建议。

汇报之后，江泽民同志指出：这里面涉及很多法律上的概念，比如对终极所有权等，怎么准确理解，要进一步搞明白。此外，会上几个比较集中的问题，一是关担心引进了有关产权的概念和改革会造成资产流失；二是关于国有企业是不是一定要向公司转型，有的领导认为没有必要；三是将来企业的资金来源主要靠什么，有的领导认为还是应该靠银行，而不是资本市场，等等。给我的感觉是，一些领导对企业制度为什么必须要改还不理解，也不赞成，认为国有资产就是国家所有，不要在这里做文章。对此，温家宝同志进行了相应地解释和说明。接下来，李瑞环同志说：你们提的这套东西，到底是一个长久规划还是马上就要实行的政策？当前，整个国家改革的根本问题就是企业问题，今后改革成功与否，取决于企业改革能不能成功。所以，改革的最大困难就是企业。从一定意义上来说，其他的改革都要为企业改革服务。会议最后，江泽民同志指出：建立中国特色的现代企业制度，最重要的一点，是要搞清国有资产在符合市场经济发展条件下的实现形式。此外，在国有企业的公司化改造问题上，要稳步推进。除了公司制外，也不排斥其他适合的企业组织形式。总之，一切要从实际出发。

　　会后，调研组按照会上提出的意见对调研报告又做了认真修改。说实话，我当时的压力很大，感觉中央领导同志似乎对于建立现代企业制度改革的意义和途径还没有形成很好的共识。是我没说清楚，还是方案本身就有问题？后来，曾培炎同志找我谈了一下，他肯定了我们的调研成果，他认为主要还是事先交流不够。在接下来的修改过程中，我们更加注意同《决定》起草组保持更多交流。最终，八易其稿，完成报告。尽管如此，我对接下来《决定》中将怎样表述"建立现代企业制度"，心里还是没有底。

　　令人惊喜的是，当11月份十四届三中全会召开的时候，《决定》中几乎全部吸收了调研组最后一稿的基本观点，并在此基础上开创性地提出：坚持公有制为主体、多种经济成分共同发展的方针，进一步转换国有企业经营机制，建立适应市场经济要求，产权清晰、权责明确、政企分开，管理科学的现代企业制度。以公有制为主体的现代企业制度是社会主义市场经济体制的基础。建立现代企业制度，是发展社会化大生产和市场经济的必然要求，是我国国有企业改革的方向。《决定》进一步指出，现代企业制度的五大基本特征：一是产权关系明晰，企业中的国有资产所有权属于国家，企业拥有包括国家在内的出资者投资形成的全部法人财产权，成为享有民事权利、承担民事责任的法人实体。二是企业以其全部法人财产，依法自主经营、自负盈亏、照章纳税，对出资者承担资产保值增值的责任。三是出资者按投入企业的资本额享有所有者的权益，即资产受益、重大决策和选择管理者等权利。企业破产时，出资者只以投入企业的资本额对企业债务负有限责任。四是企业按照市场需求组织生产经营，以提高劳动生产率和经济效益为目的，政府不直接干预企业的生产经营活动。企业在市场竞争中优胜劣汰，长期亏损、资不抵债的应依法破产。五是建立科学的企业领导体制和组织管理制度，调节所有者、经营者和职工之间的关系，形成激励和约束相结合的经营机制。所有企业都要向这个方向努力。

这说明，在中央常委会之后，领导同志做了大量工作，统一了思想。《决定》的出台，使我们感受到了中央对于建立社会主义市场经济体制、深化国企改革的决心和魄力。

"建立现代企业制度" 的配套措施

在确定建立现代企业制度的同时，与之相适应的体制环境建设也提上了决策日程。1993 年底，全国人大颁布了《公司法》，为建立现代企业制度试点提供了法律依据。这样，企业改革就有两条线并行推进。一方面，抓紧制定推进现代企业制度建设所必需的政策和文件，选择少数企业开展试点。另一方面，必须建立一系列与现代企业制度相适应的 "基础设施"。朱镕基副总理对这件事非常重视。在他的领导下，国家经贸委与财政部、国资局、劳动部等部门一起抓了几件大事，为后续的改革创造了条件。

首先，进行财务会计制度改革，引入三张表，即资产负债表、利润表、现金流量表，使企业财务会计制度基本实现了和国际惯例接轨，可以用国际通行的指标体系清楚地评价每个企业的财务状况和经营状况。镕基同志亲自邀请安达信等国际知名财务公司、咨询公司的专家，帮我们一起来研究企业的财务准则和会计制度，并组织了大规模的企业培训。

第二，建立注册会计师制度。朱镕基同志亲自推动在广州、上海、北京建立了三个会计人员培训中心，培训注册会计师。以后企业年度财务报告都应通过会计师的审计。他说，如果中国能有 10 万个达到水准的注册会计师，整个经济水平会是另外一个样。

第三，在全国范围内对国有企业进行清产核资，按照新的财务会计制度摸清家底、建账建制。搞了清产核资和新的财务制度,企业在财务管理上"跑冒滴漏"甚至一团乱麻的情况得以改善,整个水平提高了一大块。

第四,进行财税体制改革,以新税制规范政府与国有企业的关系。

第五,完善企业破产制度。镕基同志非常鲜明的观点是,政府有责任帮助下岗失业的职工,绝不能挽救没有希望的企业,因为那是无底洞。为了使丧失竞争力的企业可以依法退出,由经贸委牵头组织有关部门和专家实施破产法的调研。我们到重庆、太原、齐齐哈尔三地,分别邀请政府部门、司法部门、企业领导和专家座谈讨论,听取意见,也讲解实施破产的必要性。从中发现破产过程最难的一点是职工下岗失业的问题,破产清算后没有钱补偿职工。我们就准备由国务院出台一个暂行规定,修订破产财产的分配次序。经国务院批准的《国务院关于在若干城市试点国有企业破产有关问题的通知》,其中最重要的一点是,破产企业的土地使用权出让所得优先用于破产企业职工的安置。这就为每年国家拨出一定的冲销呆坏账的额度,在试点城市开展"有计划的破产"创造了条件。

第六,建立社会保障制度。沈阳国企职工说,"进了工厂的门,就是国家的人"。就是说当时职工没有社会保障,依托的是企业保障,因此职工只能进不能出,没有流动性。进入90年代中期转向买方市场,企业亏损,停工、半停工,发不出工资等状况日益严重。面对严峻的形势,镕基副总理明确提出企业要减人增效,恢复企业活力。要使员工可进可出,必须有企业保障转向社会保障。为此,几乎从零开始建立三条社会保障线:最低生活保障、国企职工养老保险和失业保障。

此外,还有一个情况需要说明一下。1993年底,开始酝酿选择100家企业进行建立现代企业制度的试点。在100家试点企业中,经贸委负责70家,体改委负责30家。从经贸委这边的情况看,试点遇到的第一个问题是,国有企业不知道谁是自己的老板。试点是要按照1993年底公布的《公司法》进行股份制改制,而企业都是按照原来《企业法》登记的。要转成股份制,必须要有一个出资人,或者一个出资人机构,但是,企业找不到,不知道谁是自己的老板。国有企业和政府部门只有行政隶属关系,没有清晰的产权关系。怎么办?很多企业说,那就这样吧,自己当自己的老板。那个时候，你要把出资人机构搞清楚，整个试点工作就要全停下来，什么都动不了。而且，所有者问题又特别敏感，你要让中央来做决定，短时间内是做不出来的。当时，只能在这种条件下去做一点儿事，成效是有限的。最后，多数试点企业选择了国有独资的企业形式，只有少数企业吸收了外来的投资人，搞成有限责任公司，当然上市的股份制企业就更好一些。

三　国有经济的战略性调整

20 世纪 90 年代中期，随着社会主义市场经济体制框架的逐步确立和现代企业制度的建立，出现了一批有活力、有实力、在国内外市场上颇有声誉的国有大中型企业。但与此同时，有相当数量的国有企业机制不活，效益不高，负担过重，处于十分困难的境地。在大规模投资建设搞了若干年之后，整个经济状况已经发生了变化，由短缺开始转向过剩，包括轻工纺织，也包括一些基础制造业。企业没有产业升级和创新意识，依然延续扩张产能的老路，造成恶性循环。在这种情况下，企业的状况极剧恶化，亏损大幅增长。为此，由国家经贸委牵头，进行了一些改革探索，为国有经济的战略性调整创造了条件。

"优化资本结构"城市试点

优化资本结构试点是指以城市为依托，以搞好国有经济为目标，发挥城市的综合功能，配套改革，统筹治理。1994 年初，国家经贸委会同国务院九部委提出优化资本结构城市试点建议，得到国务院原则肯定。6 月 24 日，李鹏总理主持国务院第 35 次办公会，决定将优化资本结构试点列为国有企业改革四项试点工作之一。

8 月 2 日，在国务院会议上，原则同意经贸委等提出的优化资本结构城市试点的方案。主要是以试点城市为依托，在推进企业转换经营机制的前提下，在补充资本金、加快技术改造、减轻债务负担、分流富余人员、实施破产等方面实现重点突破。国务院责成经贸委联合国家计委、财政部、劳动部、人民银行、审计署、税务总局、国有资产管理局、工商银行等八个有关部门共同提出的试点方案。从下半年开始，进入试点的城市有 18 个；到 1996 年初，扩大到 50 个大中城市（到最后，扩大到了 118 个城市）。

1996 年 3 月，在新进入的 32 个城市领导的研修班上，我做了一个报告。其中，特别讲了深化国企改革的思路，必须调整的问题和试点的做法。

一是由注重搞好每个国有企业转向搞好整个国有经济，这是搞好国有企业思想认识上的一次解放，工作上的一大进步。从"一厂一策"地搞好单个企业，到"连环解困"，再到国有企业的整体优化；从对所有国有企业的"普度众生"，到集中精力抓"关键的少数"，再通过优势企业采取联合、兼并、收购等方式重整劣势企业。也就是更加注重把单个企业放到区域经济中去考虑，决定哪些企业要扶持，哪些企业要调整，哪些企业要淘汰。

二是由注重减税让利转向优化资本结构，使国有企业改革进入更高的层次。我国国有经济的特点是存量巨大，但结构不合理。这是造成国有工业低效率的重要原因。从对各类企业轮番减税让利的政策调整，到以城市为中心优化国有资本结构，搞好国有企业的工作走上了更多地运用符合市场经济的方法、手段，优化国有资产配置，提高国有资产存量配置效率的轨道，从根本上改变国有企业的低效益问题。

三是由以企业为对象的改革，发展到以城市为依托，发挥城市优势进行综合治理。改革发展到今天，再就企业改革谈企业改革已难以奏效，企业所面临的几乎都是深层次问题，如结构调整，政企分开，企业国有资产管理、运营、监督体系的建立，培育要素市场，投融资体制改革，建立健全社会保障体系，等等。这说明企业自身的改革与各项配套改革的关联度已明显增大，必须把企业改革和相关改革作为一个整体来推进才能奏效。城市作为一级政府和财政，有能力在权限范围内创造改革的良好气氛，使试点工作可以上下联动，横向交叉，配套推进。

四是由注重挽救国有企业转向推进优胜劣汰。解决国有企业的结构性矛盾有两种办法，一是扭转企业的亏损，二是消灭亏损企业。应当说这两种办法同样重要，到底适用哪种办法，要因企业而宜。对于那些已经丧失了市场的企业，政府再用任何传统办法挽救都是无济于事的，应当转向重点扶持优势企业，使它们形成新的生长点，成为结构调整的主力，为那些特困企业的被兼并和破产创造条件。

五是实现优化企业资本结构和国有经济资本结构的目的。以城市和当地政府为依托，从企业内部和外部双管齐下，推动转机建制，优化企业和国有经济的资本结构，是国有企业进入市场的一条必由之路。

优化资本结构城市试点工作的具体做法包括：

"增资"。多渠道增加国有企业的资本金和生产经营资金，减轻企业不合理的债务负担。通过制定有关政策，一方面鼓励企业自觉建立多渠道增补生产运营资金的机制，另一方面抓紧探索建立和完善国家对国有企业的资本金注入制度，为建立现代企业法人财产制度奠定物质基础。以上海市为例，在增资减债方面总结出"六个一块"的思路，即"主体多元吸一块，存量盘活调一块，债权转股换一块，兼并破产活一块，企业发展增一块，政府扶植补一块"。通过"六个一块"，1995年上海市国有工业企业的资产负债率从80%降至73%。

"改造"。把企业改革与技术改造有机结合起来，在推进企业经营机制转换的同时，推进企业技术进步，加速结构调整，促进产品升级换代，使企业获得成为市场竞争主体的技术保障。在改造方面，试点城市或制定城市企业技改规划，或制定技改纲要，将技术改造资金向城市的支柱产业、骨干企业、拳头产品倾斜，培植新的经济增长点，带动了城市工业结构的调整。

"分流、分离"。即分流企业富余人员，分离企业办社会职能，抓紧社会保障体系的建立，创造条件逐步减轻企业办社会负担。作为政府，要致力于建立和完善社会保障体系，逐步实现离退休和失业职工的社会化管理；要创造条件分步接收企业的各项办社会职能；要大力培育劳动力市场，实施再就业工程，并积极探索通过发展中小企业增加就业机会的可靠途径。试点城市在分离办社会职能、分流富余人员方面各具特点、形式多样。一是开发新的生产项目，兴办各类企业；二是企业间劳务输出，调剂余缺；三是新建企业优先招收老企业富余人员；四是鼓励职工自谋职业，实行离厂谋职、厂管养老或重新就业；五是对年老体弱职工提前厂内退养；六是分流到社会，进入劳动力市场，参与社会调剂。

"兼并、破产"。破产指对资不抵债、不能清偿到期债务的企业依法实行破产，推动优胜劣汰机制的形成。相对于破产而言，兼并引起的社会震动较小，银行的损失也较小。通过大力推进和规范运作兼并破产，使优势企业得到低成本扩张，困难企业找到最现实的归宿，使国有资产存量在流动中实现优化配置。以上海市为例，按照有所不为才能有所为的原则，把企业兼并与城市的改造规划和实施经济发展战略相结合，与突破地区局限、重构合理的产业结构和企业组织结构相结合，与充分重视产品品牌和企业声誉相结合，与资产重组和国有资产保值增值相结合，提高了国有资本对社会资本的调动力和渗透力。

实践证明，优化资本结构城市试点工作的收效显著。仅以第一阶段试点为例，截至 1995 年底，在增资减债方面，18 城市共增资减债 100.99 亿元。在改造方面，18 城市技改投资总额 820.39 亿元。在分离分流方面，18 城市共分离学校、医院、托幼园所等非生产性机构 4218 所，分流富余人员 140.67 万人。在兼并破产方面，18 城市共兼并企业 336 户，共依法裁定破产终结企业 103 户，已核销呆账 8.16 亿元，占需核销呆账总额的 33.61%。除了这些具体成绩，尤为重要的是，试点为我们找到了一条符合市场经济的搞好国有企业和国有经济的可行之路，并在此过程中更加增强了对建立社会主义市场经济体制的信心。

减人增效，实施再就业工程

兼并破产是使国有企业走出困境的一种方法。企业有兼并破产，职工就有下岗分流。90 年代末，朱镕基副总理在辽宁考察时，就国有企业"三年脱困"问题所指出的办法，其中之一是要推动兼并破产，实施再就业工程，减人增效。

在深化国有企业改革的实际工作中，我们深切地感受到，这是振兴国有企业的一个前提条件和一条根本途径。部分职工下岗、再上岗是经济结构调整时期必然经历的过程。做好下岗职工基本生活保障和再就业工作，是实现党中央、国务院关于大多数国有大中型企业"三年脱困"的一项关键性措施和重点工作，关系国有企业改革的成败。

1998 年 5 月，中共中央、国务院在北京召开国有企业下岗职工基本生活保障和再就业工作会议，部署国有企业下岗职工基本生活保障和再就业工作。6月，《中共中央、国务院关于切实做好国有企业下岗职工基本生活保障和再就业工作的通知》下发，规定此项工作由劳动和社会保障部、国家经贸委组织实施。接到任务后，我们预感到这项工作将会极其艰巨。当时，全国范围内已经属于挽救无望的企业有 15000 户左右，如果加上其他尚有希望企业的下岗人员，共涉及 1200 万人左右。这么多人员，如何实施下岗分流、减人增效，推进再就业？这个"马蜂窝"怎么捅，捅出了问题可怎么办？

有一次，我到辽宁调研。省经贸委同志介绍，沈阳市下岗职工 108 万，每个员工只拿到 8000 元的补贴。国家经贸委企业司副司长宋毓钟带队到辽宁省杨家杖子矿务局协调企业破产的事。会议结束后，一出门，看到 40 多名职工齐刷刷地跪在地上，一双双无望的眼睛看着他，他们不知道下岗后如何面对未来。我们这位司长见状，眼泪也哗地涌了出来。这只是当年艰难改革的一个缩影。各地不断传来的一些情况，使我深感国企改革、结构调整真是一场波澜壮阔的革命，国有企业职工付出了巨大的代价。但不改革没有出路，必当迎难而上。

竞争的机制就是催生催死的竞争，既有的产业和企业结构已经不能适应发展的形势，试点城市在可控的情况下推进，通过企业的兼并破产实现结构优化，是现实的正确选择。试点的成果应当是建立和不断完善企业有生有死、职工能进能出的基础设施。为此，国家经贸委特别注意把下岗职工基本生活保障和再就业工作放在突出地位，强调优化资本结构试点必须与优化劳动力结构相结合，开展减员增效必须与切实保障下岗职工基本生活相结合，在编制 1998 年全国企业兼并破产计划中，我们提出兼并破产计划与职工再就业计划两个计划同时编制，同时上报，同步审核，同步实施。再就业计划不完善的，兼并破产计划不受理、不审批；再就业计划落实不好的，银行不予核销呆坏账。

同时，经贸委党组认真研究了各地试点情况后提出，要把工作重点放在企业，把中心建在企业，把政策落实到企业。把充分调动企业和职工做好再就业工作的积极性，作为经贸委推动再就业工作的关键环节。具体从六个方面开展：一是督促、指导企业按照"积极稳妥、量力而行、突出重点、加强调控"的指导思想制定下岗分流计划，建立职工下岗申报备案制度。二是指导、帮助企业建立、完善再就业服务中心，规范职工下岗程序，确保下岗职工基本生活，促进再就业。三是督促、检查企业和有关方面按照"三三制"原则落实资金。四是指导和督促试点城市兼并破产、减员增效计划与再就业计划同步实施。五是指导企业加强职工思想政治工作和做好舆论宣传工作。六是教育督促企业领导班子秉公办事、廉洁自律、和群众同甘共苦。

上述措施中，建立再就业服务中心，是保障国有企业下岗职工基本生活和促进再就业的有效措施和基本组织形式。一方面，再就业服务中心既是在社会保障体制还不健全的情况下，创造出来的一种现实可行的保障方式和与未来社会保障方式相衔接的桥梁；另一方面，也是企业与职工建立新型劳动关系，通过市场配置劳动力的一种过渡形式，是减轻国有企业的负担，建立规范的用工制度，引导下岗职工适应市场就业机制的重要措施。

1998 年 7 月上旬，经贸委在上海组织河北宣钢、沈阳黎明、金川有色、宜兴陶瓷、马鞍山钢铁、江汉石油、二重、云锡等 130 户困难大、人员分流任务重的国有大中型企业负责人参加培训。通过学习《通知》精神、学习上海在建立再就业服务中心中的经验等，真正搞清中心的性质和任务，企业为什么要建中心，如何建中心，如何管理和运作，如何保证中心充分发挥保基本生活、促进再就业的功能。

根据上海和试点城市的经验，我们进一步提出，再就业服务中心的运作要把握好九个要点：（1）建立中心的组织机构，企业领导班子中必须有人负责。（2）积极稳妥地制定下岗分流计划，制定分流方案。按规范的职工下岗程序操作，不得夫妻双方同时下岗。（3）建立下岗职工申报制度，按照当地政府的要求，及时向有关部门办理申报手续，接受有关部门的工作指导。（4）企业、中心要与下岗职工签订协议，明确各方的责任和义务，规范各方的行为。（5）落实人员，要派有工作经验、责任心强、热心为职工服务的专职人员从事中心管理工作（上海的经验是每 30 ~ 50 位下岗职工配有一个联络员或辅导员）。（6）发挥党、团和工会、职代会作用，认真做好思想政治工作，做到"无情调整，有情操作"。（7）明确资金来源，理顺资金渠道，确保资金及时足额到位，中心管理费用和工作人员开支不得在基本生活费中列支。（8）根据劳动力市场的需求，组织下岗职工参加再就业指导和再就业培训。（9）与劳动力市场保持联系，多方面寻找和开拓就业岗位，帮助下岗职工再就业。

截至 1998 年 7 月上旬，全国已建再就业服务中心 7214 个，其中试点城市 6118 个，占 85%。另外，到 1998 年上半年，全国下岗职工数为 11.6 万人，其中进入再就业中心的有 7 万人，占下岗总人数的 60%。

在推进再就业过程中，通过实行减人增效、下岗分流、再就业中心、基本保障线政策等务实有效的措施，托管、安置 1000 多万下岗职工。在社会保障制度尚不健全的情况下，开始建立国有企业职工可以流动的机制。在这一过程中，我们也更加深刻认识到，分流富余人员不仅仅是解决历史包袱，而且建立企业能生能死和职工能进能出的流动机制。这是经济和企业活力的源泉。在传统体制下，由于缺乏人才流动机制，使许多人的潜力和聪明才智不能充分发挥。因此，下岗分流、减员增效，推进再就业工程，绝不是一项简单的救助性慈善事业，而是一项影响深远的战略工程，最终形成通过市场配置劳动力的机制，使企业能够根据生产经营的需要来决定用人数量和调整职工队伍结构，使职工能根据自己的特长、能力来选择自己最能发挥才能的岗位。

抓大放小：放开、放活国有中小型企业

90 年代中后期，全国各地的中小型国有企业自发地搞起了产权制度改革。对此，中央领导同志很关注，担心国有资产流失，职工利益得不到保障。其中，山东诸城的做法极为突出。因为这一改革涉及了最为敏感的产权问题，看法各异、褒贬不一，诸城的一把手陈光还被人戏称为"陈卖光"。诸城改革究竟是好是坏，可行还是不可行，引起了国务院领导的注意。

1996 年 3 月，朱镕基同志带领我、体改委的洪虎副主任、财政部张佑才副部长、证监会周正庆主席、工商银行刘廷焕副行长等政府部门领导和吴敬琏、张卓元等经济学家到诸城调研。

诸城是潍坊市辖内的一个县级市。我们通过调研了解到，1992 年，陈光担任诸城市市长时，该市企业存在的问题确实严重。（1）企业大面积亏损。全部 150 家独立核算的国有企业，有多达 103 家明亏或暗亏，亏损额高达 1.47 亿元。企业资产负债率高达 93.5%。（2）全市财政收入增长缓慢。1992 年只有 1.09 亿元，与 1980 年相比平均每年增加不到 600 万元。（3）政企不分，企业自主权不落实。政府对国有企业承担无限责任。这种情况下，陈光决定把这些企业卖给职工。在之后的三年左右时间里，陈光通过出让产权、破产等多种形式，将全市近 300 家乡镇办以上国营或集体企业通通出售给了职工个人，"陈卖光"也因此得名。三年间，诸城市改制企业的状况明显好转，1995 年基本扭转了亏损局面。1992 年大型企业 1 户，中型企业 7 户。利税过千万的企业 1 户。到 1995 年发展到大型企业 7 户，中型企业 25 户，利税过千万的企业 12 户。

3 月 22 日、23 日，我们在诸城看了几家企业，开了一天半的座谈会，一边听市领导和企业的汇报，一边提问题与他们考论。当时，朱镕基请山东省地市一些干部第二天到诸城来，和国务院调查组的人开会。为了准备第二天的会议，在朱镕基的主持下，3 月 23 日晚，我们调查组连夜先开了个内部会。镕基同志要到会各位对诸城做法分别谈看法，开展讨论。会上，大家对国有企业按净资产转让，对股份制、经营者和员工持股基本肯定；但是，对大股和小股占比过大，对股份合作制等还有些分歧。大家都认为，这作为多种形式中的一种探索，是应当肯定的，诸城的做法是基本成功的。如果各地都能做到，企业有了活力，政府放下了包袱，解决了我们国家的一个大问题。内部会结束时，朱镕基指定由我和吴敬琏在明天的会上发言，其他人做补充，他最后讲一讲。

在第二天的发言中，我根据内部会的讨论精神，主要谈了如下几点。首先，诸城市在搞好国有企业方面进行了大胆的探索，取得了可喜的进展。三年来，诸城国有企业活力有所增强，经济效益明显提高，财政收入增加，职工生活改善。按小平同志"三个有利于"的标准看，诸城搞好国有企业的工作是有显著成效的。

第二，诸城搞好国有企业的工作进一步证明了党中央、国务院一再肯定的采取"三改一加强"（改制、改组、改造和加强管理）综合治理的办法，是搞好国有企业的基本途径。从诸城企业汇报情况看，那些变化大、搞得好的，实际上还是靠采取企业的综合措施取得的。那些用一种办法、一套模式、"一抓就灵"式地解决企业所有问题的想法只能是一种幻想。"三改一加强"不是孤立的，而是相互联系、不能相互替代的。国有企业有机制问题，要靠改革生产关系来解决；有结构问题，要靠调整来解决；有发展问题，要靠投入和改造来解决；有负担问题，要以企业为主，多方消化来解决；有管理问题，要靠改进和加强基础工作，提高管理和经营效率来解决。其中企业改革要解决生产关系问题，对搞好国有企业有特殊重要的作用，是解决其他问题的重要基础，但它也不能代替其他方面的努力。

第三，深化国有企业改革，要采取多种形式，重点在于机制转换，方向是建立现代企业制度。建立现代企业制度有一个过程，各个企业要根据现阶段生产经营的处境和发展阶段选择适当的形式。对国有小企业来说，股份合作制是一种改革实践的创造，比较适合目前我国小企业生产力发展水平，是小企业转制中的一种重要形式，但也不是唯一的形式。总之，改制的形式可以多种多样，改制的时间可以有先有后。企业改制时重要的是在三个方面下功夫实现机制转换：一是政企分开，建立自负盈亏机制；二是进入市场，形成优胜劣汰机制；三是有效监督，建立能筛选管理者、制止错误决策的机制。

第四，放开放活国有小企业对县市经济具有重要意义。在社会主义市场经济条件下，小企业的地位和作用越来越突出，它是大型企业所无法替代的。去年中央经济工作会议和十四届五中全会明确要求，搞好大企业，放活小企业。从某种意义上说，在社会主义市场经济体制下，大企业代表国家的经济、技术实力，但小企业却创造了市场的活力，二者相辅相成，形成合理的企业结构。

第五，进一步深化改革，不断完善。诸城在搞好国有小企业方面取得很大进步，但工作还没有终结，有一些还需完善，有一些还需要看一看它的发展，再来总结经验。包括：其一，培育企业和职工的风险意识。绝对不能再是盈利时自己分红，亏了找政府，这样才能有强烈的主人翁意识、竞争意识、参与意识和监督意识，这是新体制、新机制发挥作用的基础。其二，不断完善股份合作制的治理结构，探索股民的权利如何发挥作用而不流于形式，真正形成对管理人员的筛选机制和对错误决策的阻止机制至关重要。其三，落实债务责任，处理好积累与分配的关系。现在还是创业阶段，还没有完成原始积累。可以考虑在企业资产负债率降到正常水平（50%～60%）之前，勒紧腰带不分红利或少分红利。其四，向职工转让国家所有者权益收入的使用问题。转让收入由市国资局上收，再以财政贷款方式借给企业的办法不符合国家政策。这些小企业负债率很高，技术改造欠账，流动资金短缺，改制中职工的投入以转让收入形式全部收走，改制中企业并未取得资金增量。这对企业走上良性循环很不利。较好的办法是国有资产仍留在企业，职工的投入作为扩股。其五，社会保障体系要进一步完善。小企业风险大，改制后，政府不再包揽职工的一切，尽快完善社会保障体系至关重要。

1997 年，江泽民在党的十五大报告指出："逐步消除所有制结构不合理对生产力的羁绊"。"国有经济比重少一些，不会影响我国的社会主义性质"。在国有经济结构调整中，集中力量抓好国有大中型企业，放活小型企业，从而把整个国有经济搞好，是一项重要决策。随着企业改革的深化，"抓大放小"作为一个方针得到了肯定，各个城市采取多种形式放开搞活小企业的工作迅速展开。

到 1998 年，全国国有工业企业共近 7 万家，其中有 5 万多家是小型企业，如果国家将他们都"抱在怀里"，搞不好大家就会死在一块。从诸城的中小企业看，去除债务和扣除社保欠账，每个企业的净资微乎其微，继续留在国有企业之列，掌握在政府手中已经没有必要。采取多种形式将大量小企业放开放活、走向市场是一项正确的决策。"放小"并不是甩包袱，而是为了"放活"。放活企业、放活市场经济，保住和增加就业岗位。

从"管企业"到"管资本"

1998 年，我离开国家经贸委，到国务院发展研究中心任党组书记、副主任，负责产业发展与企业改革的政策研究工作。因此，我的主要精力仍然放在国企改革和国有经济的问题上。

90年代中后期，通过抓大放小、企业转制等有效措施，国有经济在一般行业大幅度退出，向基础设施、基础原材料、能源、重要服务业、重要制造业集中，取得了较好的成效。通过大规模投资，仅仅用十几年时间，就为我国工业化奠定了较好的基础。但是，迄今为止，在产业领域实物形态的国有企业仍是国有经济的主要实现形式，政府作为市场的监管者，同时拥有、管理和控制着庞大的国有企业群，这就造成政府不独立、企业也不独立，国有经济总体效率较低。这已经成为企业改革和经济体制转型诸多矛盾的焦点。为此，国有企业改革的主导方面应当由针对国有企业自身，转向在国家层面推进国有资产的资本化。国有企业再改革的命题不是政府机构如何改进对国有企业的管理，而是由"管企业"转变为"管资本"。

实际上，自1993年提出建立现代企业制度以后，国有资产管理体制改革的问题始终是人们关注的焦点。由于这是一项涉及社会主义市场经济体制最深刻的改革，党中央、国务院始终采取非常慎重的态度。在我们组织现代企业制度的试点的时候，遇到了一个很难绕过去的困难，就是试点企业找不到谁是自己的老板。为了把试点试下去，就出现了一个"授权经营"的概念，就是授权大型国有企业代表国家履行所有权。这样，试点企业重组核心业务和优质资产成立公司，到资本市场上市。未经改制的"母体"则成为一股独大的国有股控股股东。这条路已经走通，各个试点企业纷纷效仿，很快成了一种模式。90年代中后期，中国资本市场有了较快发展，很多企业就是这样上市了。但是没过几年，进入新世纪，资本市场反应强烈，就是控股股东与上市公司财产关系不清、高管交叉任职、控股股东通过关联交易掏空上市公司。

实践证明，这是一种旧体制控制了新体制的改制模式。作为控股股东，它背着冗员、不良资产、债务和办社会职能的包袱，但解决这些包袱的资源都在上市公司。因此，便通过母公司与上市公司高管人员交叉任职、关联交易等手段，从上市公司获得特殊好处。这种转嫁历史包袱的做法，使母公司的股东代表而很难成为追求投资回报"真股东"。存续母体通过各种渠道将旧的体制因素不断向上市公司输出，造成治理结构扭曲，偏离建立现代企业制度的初衷。

早在 1993 年党的十四届三中全会提出："对国有资产实行国家统一所有，政府分级管理，企业自主经营的体制"。"积极探索国有资产管理和经营的合理形式和途径"。1997 年党的十五大政治报告提出："建立有效的国有资产管理、监督和运营机制"。1999 年党的十五届四中全会《中共中央关于国有企业改革和发展若干重大问题的决定》提出："国家所有，分级管理，授权经营，分工监督"。这些表述很严谨，但不能落地。在国企改革的三个关键点中，国有资产实现形式的转换和管理体制的改革相对落后，制约了改革的进一步深化。

2001 年 10 月，中办通知我参加 11 月 15 日江泽民同志召开的座谈会，主要是听取进一步深化改革的意见。经过反复考虑，我写了一篇《关于深化国有资产管理体制改革》的发言稿，对这项改革的紧迫性、改革应实现的目标、改革方案应注意的问题提出了我的意见。

2002 年，江泽民在党的十六大报告中提出，建立中央政府和地方政府分别代表国家履行出资人职责，享有所有者权益，权利、义务和责任相统一，管资产和管人、管事相结合的国有资产管理体制。这就使国有资产管理体制改革具有了可操作性。

十六大之后要召开二中全会，为新一届政府机构改革做准备，我参加了文件起草工作。其中，关于设立国资委是大家关注的重点。大家反复研究十六大报告中的那一段文字，讨论这个机构的属性、职能、定位和未来的可操作性。考虑到顶层国有企业整体改制还需要一个过程，国资委一步就做到"出资人"是不太可能的，需要一个过渡。那么，国资委算是怎样的一个机构？最后，家宝同志说：就叫"特设机构"吧。

2003 年，政府换届时设立了国有资产管理委员会，集中统一代表国家履行出资人职责。这是中国经济体制改革新的突破，是国有企业改革新的一个亮点。按照十六大的规定，国资委代表国家"履行出资人职能"。但在顶层国有企业尚未进行整体改制的情况下，国资委面对的还是企业，管理对象还是企业。"管资产和管人、管事相结合"很容易异化为管企业。后来，银行改革走在了前面，成立了汇金公司作为持股机构，履行出资人职能，各大银行进行了整体改制。当时，我很希望国资委能以较多的精力创造条件推进央企的整体改制，由管企业转向管资本，履行出资人职责。但由于种种原因这一进程进展缓慢。从中央到地方各级政府承担着公共管理职能，又直接管理着一个国有企业群，实质上很难公平对待各类所有制企业。

2010 年，中国政府与世界银行商定设立一个"中国发展 2030 年"的合作研究项目，中方由国务院发展研究中心负责。2011 年底，我们完成了报告，征求有关部门意见，其中国企改革部分引起很大争议。实际上，类似的争议在社会上也有。我的判断是，一段时间以来，国有企业改革进入低潮，对国企改革正面的讨论少了，可是一些疑惑和担心在流传，国有企业也非常困惑。其中有一些是观点的争论，也有不少是概念上的含混。2012 年，在十八大即将召开之前，澄清那些似是而非的概念，有利于解放思想，推进改革。为此，我罗列了 11 个问题，一个个阐明了我的观点。

文中，我最想表达的意思是，目前的掣肘在于国有资产实现形式没有资本化，"顶层"国有企业没有进行股份制改制，所有权与经营权没有分离。应改革国有资产实现形式，利用公司制度的特点，"解放两个自由度"，使国有资本具有流动性；保障企业自主经营，做强、做大。国有经济的结构调整，不是以行政的力量改变一个个企业的业务结构，而是国有资本布局的动态优化。关键要使国有资本具有流动性；企业制度创新进一步要做的是使国家所有者转变成股东，将"顶层"国有企业改制成股权多元化的公司。这两方面的改革聚焦到一个点上，就是必须使国有资产资本化，由国有国营转向股份制。随着改革形势的发展，国企改革的主导方面应当及时转向由国家寻找能促进生产力发展的国有资产资本化的管理形式。

家宝总理看后批示：可供文件起草同志参阅，择机公开发表。2012 年 5 月，《财经》杂志在刊登这篇文章时，标题定为《国企改革转入国资改革》，抓住了我最想表述的要点。6 月 4 日，《人民日报》刊出的标题是《超越争议　公平竞争》，也切中了当时的要害。我的想法就是要超越争议，坚持公平与效率优先的原则。

在我看来，争论"国进民退"还是"民进国退"，是没有意义的。在法律规定范围内的各类资本都是国家发展的宝贵资源，都应当受到公平的保护和享有平等的竞争地位。作为执政的党和政府，追求的是所有资本资源都能最大限度地发挥潜能，把经济总量做得最大，而不是谁进或谁退。争论的焦点应当是竞争的公平性。人为地认定各类所有制成分在经济总量所占的比重和由哪种所有制成分保持绝对控制，违背了公平与效率原则。除少数极特殊领域外，各类企业所占比重应当是市场竞争的结果，高一点、低一点是动态的，无须特别关注。不能将人为规定的各类所有制所占比重放到超越经济发展的高度，不惜扭曲市场、降低效率，刻意实现。

政府对一些行业设定行政性垄断，给部分国企垄断地位，一个重要的理由是，国企社会责任意识强，便于政府控制和实现政府目标。这就成了限制竞争和排斥民营经济的重要根据。因此，实践中出现了三个问题：一是把国企作为调控经济的工具，给它设定多元目标，无规制地进行干预，使企业无所适从；二是行政性垄断造成政府与企业关系扭曲，市场规则被破坏，不仅降低了整体经济效率，而且成为社会不公和腐败蔓延的温床；三是通过控制企业，而不是法规和监管实现公共目标，难以取得预期的效果。例如，银行业在高息差的情况下，不断增加收费，遭到社会质疑。电信、广电同为国有垄断，但"三网合一"推进无果，政府深感无奈。客观地讲，责任并不在企业，而是这种制度设计有违经济规律。今天，形势已经发生了很大的变化，政府有足够的对全局产生影响的间接手段调控经济。除极少数领域外，已没有必要把国有企业作为发展经济的抓手、调控经济的工具，以干预微观来调控宏观。

时至今日，尽管国有企业改革已经取得了很大进展，但改革仍在路上。改革开放40年来，中央对国有企业改革的重大理论创新和指导方针是完全正确的。当前，正在进行的深化国有企业改革的探索，将为体制转轨、实现可持续发展进一步奠定基础。

见证财政体制改革

口述者： 项怀诚[*]

访谈者： 马国川

时　间： 2009 年 6 月 24 日、30 日

地　点： 北京金融街全国社会保障基金理事会

　　我在财政部是小字辈，从年轻的时候开始就在部里工作。我在预算司干了十年，1982 年组建综合计划司，我就调到综合计划司当副处长，第二年入党，第三年提副司长，过了两年就提了副部长。人家说我，你是要么不动，要动你就是乱动。开玩笑嘛！反过来讲，我自己也很注意。我在财政部当副部长的时候，分管的司局领导，很多都是老同志。工作上有问题需要商量，我从来都是到他们办公室去，这样关系不就处理好了吗？所以，一个人的成长，和他的环境是分不开的。如果没有劲夫、吴波、丙乾等老部长们的培养，我不可能成长起来。我这一辈子，碰到了好领导、好政策，我都赶上了。

一　改革是共和国财政60年的主线

　　解放初期，是一个战时阶段。财政部缺钱，财政收入主要是征缴公粮，

---

　[*]　项怀诚（1939～），江苏吴江人。历任财政部综合计划司副司长、副部长，国家税务总局副局长、党组副书记、书记，财政部部长，全国社会保障基金理事会理事长。

一切为了前线。到 1953 年以后，我们国家的工作重点第一次转移到经济建设上来了，国家财政处在建设阶段，就是毛主席说的两句话，"发展经济，保障供给"。在当时，财政基本上都是为了发展经济，保障供给。我们经常要计算每年的财政支出里面有多少钱、多少比例是用于建设的。大略地说，解放以后，我们事实上是无可奈何学习苏联。和美国谈不拢，还发生了朝鲜战争，中国只能"一边倒"，是被迫的。苏联派来了很多顾问，当时各部委都有苏联的顾问，财政部也有。苏联专家帮助中国建立苏联模式。其实，中国内部也在探索，陈云就对苏联的东西做了很多修改，不是完全照搬苏联的那一套。中国共产党有很多做法就是和苏联不一样，包括后来有一些证明是不对的做法，不就想走一条中国式的道路吗？

从建国到改革开放之前，中国的财政体制经过了多次的调整和改革，有很多反复。财政体制的变化偏多，财政体制本身缺乏稳定。偏多到什么程度呢？平均三年就要变一次财政体制。从实践来看，最短的财政体制只使用了一年，最长的财政体制也只不过五六年。在这个体制中，主要是中央和地方之间的制度安排不稳定，处在经常变化之中。1956 年，毛泽东讲《论十大关系》。在十大关系里，一大关系就是讲中央和地方的关系。其实，原因不是干部的问题，不是人的问题，是制度的问题，是体制的问题，基本上是在分权和集权之间进行变化。用现在比较时髦的话讲，是中央和地方那种博弈关系。

可以说，前 30 年财政体制改革的主线，就是寻找中央和地方之间的一个合理的权力界限。集中到什么程度？用什么制度保证？我们摸索了 30 年，不同的时期都有它自己的特点，最后也没有找到一个最好的办法。但是，做了很多有益的尝试，包括分灶吃饭、包干制、总额分成，包括我们现在进行的分税制，在前 30 年都搞过。为什么当初搞这些东西没有成功，就是条件不具备。

因此，不能否认，改革是 60 年共和国财政的一个主线。在 60 年的时间里，财政始终是处在改革中间。前 30 年，已经做了很多探索、很多实践。但是条件不成熟、不具备，因为财税体制本身就不科学，没办法分税。但前 30 年的改革绝对不能抹杀，不能说中国财政改革就是后 30 年的事。事实上，前 30 年的经济体制改革，特别是财政体制改革，为后 30 年的改革进行了具有深远意义的探索，为后 30 年的改革打下了基础。

从大脉络上讲，60 年的财政改革，实际上是由高度集中向分级分权转变的过程，是财政管理逐渐科学化、规范化的过程。当然，前 30 年，走来走去，走到了国民经济崩溃的边缘了嘛。都吃不饱肚子了，财政上已经非常脆弱了，赤字率很高了，很危险。那时的体制不好，工业产值增加很多，但效益不好；国民收入虽然增长很多，产品产量并不高，人民生活长期得不到改善；中国经济走上了一条消耗大、成本高、效益差的道路。

二　财政包干体制难以为继

1979 年 5 月，财政部在四川成都召开全国税务工作会议。会上，发生了"吴赵大战"，就是吴波和赵紫阳之间的争论。赵紫阳主张财政包干制，吴波主张分灶制。当时，赵紫阳还没有到北京工作，他是中央政治局委员、四川省委第一书记。当然，吴波从来不承认"吴赵大战"的说法。他说："我只不过是作为一个下级讲了我应该讲的意见。赵紫阳是上级，我跟他之间没有'战争'。"我觉得，吴老这个态度是对的。后来，中央会议决定财政包干，财政部分灶吃饭的意见被否定了。

在实行分税制之前，尽管在一段时间里面有变化，但是就其性质来讲，主要是实行包干的体制。有大包干的，也有小包干的，也有分税包干的，也有递增包干的。总而言之，不脱包干二字。那么，什么叫作包干体制，怎么产生的包干体制？实际上，包干体制是改革开放以后，为了解决激励机制不足，在没有完善的法制条件下产生的一种过渡办法。最早是从安徽的凤阳小岗村开始的农村大包干，"交够了国家的，留够了集体的，最后都是你自己的"。后来，就把这种包干的制度引进到企业里面，在企业进行了各种各样的包干制度。很多人觉得，包干的办法很好，也就引进到财政制度里面。当时，在中央政府和地方政府之间，也有一个重大的问题，就是怎么样使地方政府尽可能地放心，实行包干制度是可以部分解决这个问题的。在体制多变的情况下，包干体制能够起到调动积极性的作用。但是，它也有很大的局限性，表现在当时的财政收入上，财政收入增长的速度不是太快，中央财政增长的速度相对来说更慢一些。那个时候，一年财政收入能够增加一二百亿就不错了。

改革开放以后，我们实行减税让利，在这个政策的前提下面，把一部分财政收入有意识地让给企业，增加企业的活力。财政收入占 GDP 的比重是一个重要的目标。实行包干制后，财政收入占 GDP 的比重出现了逐年下降的趋势。1980 ~ 1990 年，国内生产总值平均增率为 9.5%，可是财政收入占 GDP 的比重逐年下降，1979 年财政收入占 GDP 的比重为 28.4%，1980 年就下降到 25.7%，到 1993 年下降到 12.6%。在这段时间里面，一共下降了 15.8 个百分点，大体上每年要下降 1 个百分点还要多。另一方面，在整个财政分配之中，中央财政的收入分配不占主导地位，中央财政不大能够起监控地方政府和地方收入的作用。中央财政占全国财政收入的比重，也是呈现一个下降的趋势。1984 年，中央财政占整个财政收入的比重是 41.5%；到了 1993 年，比重下降到 22%，倒二八开。所以，中央财政的发言权就相对比较小。老百姓有一句话，就是喊鸡还要撒把米呢，你手里没有几个钱，你让人家听你的很难。钱不是万能的，但是没有钱是万万不能的。政治上的权威如果没有经济的基础也是不行的。

1987 年，我到南斯拉夫去考察。当时，南斯拉夫有个副部长叫奥格奥夫斯基，是个经济学家，他跟我说，南斯拉夫财政收入占国民收入的比例太低了，才 11%，他担心国家要出事了。果然，我回来了以后不久，南斯拉夫就出事了。奥格奥夫斯基有眼光，他的话提醒了我，这个比例关系是决定国家命运的，下降到 11%，政府的职能要想维持都很难。改革开放以后，我们这个比例一年一年下降，下降到 12% 左右。

当然，中国的情况与南斯拉夫不同。我们除了预算内收入以外，还有一部分预算外收入与政府性收费，所以，在国家之间进行比较要慎重。但不管怎么说，财政收入占 GDP 的比重逐年下降，中央财政收入占全国财政收入的比例太低，财政部很窘迫啊。有人把中央财政叫作"悬崖边上"，一碰就掉下去，如临深渊。由于中央财政收入严重不足，从上世纪 80 年代 90 年代初，甚至发生过两次中央财政向地方财政"借钱"并且借而不还的事。几乎所有的地方都在急呼缺钱：粮食收购财政亏损补贴资金不到位；重点建设资金不到位，很多重点建设卡着脖子，如铁路、港口、民航等。当时，连某些中央机关都已经到了不借钱工资发不出去的境地。当时，我的前任刘仲黎部长跟我开玩笑讲："我现在背心都快给扒掉了。"他三次找朱镕基副总理，希望他批条子向银行借钱，朱镕基不允许。包干的体制已经到了非改不可的时候了。

1993 年 7 月 23 日，全国财政、税务工作会议召开。朱镕基副总理来到会场，对所有参加会议的人员说："在现行体制下，中央财政十分困难，现在不改革，中央财政的日子就过不下去了，（如果这种情况发展下去）到不了 2000 年（中央财政）就会垮台！"这表明，包干体制已经到了难以为继的地步，改革的方向就是分税制。

三　亲历分税制改革

实际上，分税制不是我们发明的，是很早就有的，世界各国普遍实行。到 1993 年我们搞分税制的时候，世界上大体有三种不同的分税制类型，第一种就是以美国、加拿大为代表的联邦式分税制；第二种就是以英国和法国为代表的集权式分税制；第三种就是以日本和意大利为代表的混合式分税制。当时，我们推行的分税制，相对来说，比较接近集权式的分税制，主要是财权相对集中。

1993 年，经济过热，通货膨胀率走高。当时，中央派了 13 个部长到了 26 个省市调查研究。部长们回来以后，写成了一个文件，当时写了 13 条，13 个部长一人写一条，拿到国务院讨论。当时，朱镕基是主管经济工作的常务副总理，他开玩笑说："13 条建议不吉利，加几条。"后来，又增加了 3 条，成了 16 条，这就是 1993 年中共中央的 6 号文件。这个文件非常重要，为经济体制改革打下了一个比较好的基础，对于分税制的展开起了非常大的作用。

1993 年下半年，我们几乎全部精力都扑到了分税制改革方面，做了很多准备工作，其中许多是非常紧急的。因为上上下下并不熟悉分税制，财政部部长刘仲藜在北京龙泉宾馆主持召开了一次体制改革座谈会，我当时是常务副部长，在会上有个发言，第一次比较全面地介绍了分税制。差不多同时，时任国家税务总局党组书记的金鑫，再次向中央汇报了工商税制改革的方案，并得到中央同意。在分税制改革方面，龙泉宾馆会议对统一思想非常有益。随后，工商税制改革和分税制改革就开始紧锣密鼓地进行。当时，无论财政部还是税务总局，两个办公楼晚上经常是灯火通明。那时已普遍使用计算机，大大提高了效率。在这一年，我还开了很多座谈会，包括纳税人的、地方政府的、专家学者的、海外一些人的，就工商税制改革和分税制改革听取各方面意见，这次可能是历史上历次改革中听取意见最充分的一次了。

11 月，中共十四届三中全会通过了《中共中央关于建立社会主义市场经济体制若干问题的决定》，要求进行财税体制改革，共有三项内容：一是把现行地方财政包干制改为分税制，建立中央税收和地方税收体系；二是改革和完善税收制度，推行以增值税为主体的流转税制度；三是改进和规范复式预算制度。这个决定意味着分税制改革正式开始了。

如果说，改革开放以前的 30 年，是在分权和集权之间不断进行博弈，到 1993 年进行分税制改革的时候，我们已经避开分权和集权的说法，因为掉进去以后，说不清楚；说我们要集权，地方一听就不干了。我们就换种说法，叫作"正确处理中央和地方的关系"，但这个话要最高层的领导人来讲，当时是江泽民。他说："要适当地集权，因为中央财政太困难。"听说，邓小平和陈云两位老人家也赞成适当集权，增加中央财政的财力。江泽民先后多次分片主持召开了各省、市、自治区的书记、省长座谈会，宣讲政策，听取意见，消除误会。记得在当年 9 月，江泽民在广东的珠岛宾馆召开中南和西南两大区 10 个省的书记、省长座谈会，原先财政部没有随行任务，会上有位省长对分税制提出一些意见，因为涉及许多具体政策，曾庆红临时打电话通知我参加会议。我接了电话就直奔机场，当晚赶到广州。

分税制改革主要是朱镕基负责，他亲自带队，用了两个多月的时间，带领相关部门的同志，先后走了 13 个省，与地方政府面对面地算账，深入细致地做思想工作。每次去都是专机，一般是五六十人，最多的一次 80 多人。

朱镕基说过:"到地方去征求意见,核心问题是财政。"所以,他对财政部特别宽容。在严格控制随行人员的前提下,却对财政部网开一面,愿意去几位就去几位,先后随镕基同志到各省市征求意见的同志,有刘仲藜、刘克崮、姜永华、王立峰、许宏才等,除了广东、海南,其他地方我都去了。每次随行都不轻松,经常加班加点,有的时候通宵达旦,车轮大战。事后,镕基同志曾经半开玩笑地说过:"那段日子是东奔西走,南征北战,苦口婆心,有时忍气吞声,有时软硬兼施。总算谈下来了,我自己则掉了五斤肉。"

我们与朱镕基之间也有争论,主要是对1993年为基数有疑义。朱镕基就分税制改革调研去的第一站是海南,第二站是广东,财政部部长刘仲藜随行。这是决定实施分税制改革进行调查研究、交换意见中最重要的一次。以1993年的财政收入为税收返还基数,就是广东省汇报工作时提出的。后来,中央政治局常委会研究决定,以1993年为税收返还基期年,这在当时是个非常大的政策。事实上,我和仲藜同志都不同意以当年为基数。坦白讲,对于中央政治局常委会的决定,我当时在思想上并没有理解,坦率说是有点保留意见的。当然,财政部对于执行党中央的决定是没有任何问题的。财政部门比较务实,从技术操作层面考虑问题多一些。说白了,就是担心地方在数字上弄虚作假,担心钱在1993年都收光了,都成了地方政府的基数了,以后年年要给它。担心今年收入上去了,明年又下来了,无以为继怎么办?实际上,宣布以1993年为基数的当年后几个月,确实出现了一些异常情况。一些地方把死欠都收起来了,企业大量向银行贷款交税,甚至连倒闭的企业都把以前的税补齐了。凡此种种,造成了1993年后四个月财政收入大幅度增加。据1993年地方财政收入月报统计,这一年地方财政收入全年增长966.63亿元,增长率为40.2%,其中9~12月地方财政收入增长756.95亿元,比上年同期分别增长了51.8%、62.5%、86.1%、121.3%。这是从来没有过的,确实也是反常的。对于这种现象的出现,朱镕基也非常重视。当年第四季度,他曾布置多次检查,还做出了凡违规操作不合理的基数可以扣除等政策。

以1993年为税收返还基期年,各地当年财政收入基数猛涨上去之后,对 1994 年的财政收入有没有影响呢？这是我最担心的，因为我是分管预算的副部长。1994 年 1 月份的时候，我是忧心忡忡，寝食不安。到了 2 月 8 日，1 月份的财政收支报表出来了，1 月份收入 277 亿元，比上年同期增长 106 亿元，增长 62%，这是从来没有过的速度！我高兴得不得了，一块石头终于落地了。按照财政部的惯例，农历大年初二、初三部党组历来是要开会的。那年的春节是 2 月 10 日，我向仲藜同志提议，1 月份情况太好了，今年春节就不要开会了吧，仲藜同志欣然同意。我是在不经意中，把财政部的优良传统给破坏了。这其实是表明当时的一种心情。

财政收入数据显示，1994 年每个月的财政收入都比上年同期增加，全年财政收入增长了 869 亿元，比上年增加 20%，是以前历史上少有的。自 1994 年实施分税制以来，到 2007 年已经 14 年了，财政工作发生了天翻地覆的变化。财政收入由 1993 年的 4349 亿元，增加到 2007 年的 51300 亿元，14 年平均年增 3354 亿元，平均年增长 19.3%。这一切，充分说明了 1994 年的分税制改革功不可没。可以毫不夸张地说，这是一次广泛而深刻的改革，它奠定了中国特色改革的基础。

现在回头看，我对于以 1993 年为基数的政策已经心悦诚服。这个政策说明，在推进重大财税改革时，必须要取得地方政府的强有力支持。这是必要的妥协，这个代价必须付出。这一让步，争取了民心，统一了思想，保证了分税制改革的顺利推行。因为这场宏观经济体制改革如果进行不下去，社会主义市场经济就是一句空话，它是为社会主义市场经济奠基的。对中国来说，它是经济发展、长治久安的基础。朱镕基说过一句话："对财税体制改革取得的成功，怎么评价都不过分。"我们党内历来有一个传统，就是不过分强调个人在工作中的作用。但在我看来，朱镕基肯定是一个伟大的人物，是一个伟大的改革者。他的领导能力对我教育很深，我也为能有这个机会追随他左右，一起来完成财政税收的改革，感到非常光荣，非常荣幸。

四　财政改革的重点从收入转向支出

1998 年，我接替了刘仲藜，出任共和国第八任财政部部长。我和刘仲藜的关系非常融洽，长期打交道，是老朋友、老伙计了。1994年，我调到国家税务局任党组书记、副局长，刘仲藜是财政部部长兼税务总局局长，但是税务总局的工作由我主持，全权负责。到了1998年，刘仲藜任国务院经济体制改革办公室主任，我调回财政部当部长。

我上任的时候，恰逢亚洲金融危机。根据党的十五大精神，实行适度从紧的财政政策，并力图缩小财政赤字。但那时经济形势不好，朱镕基总理有一个比喻说："我使劲踩油门，但经济就是上不去。"我记得，当时大街上到处都是"大减价"、"跳楼价"，商品卖不出，生产过热，银行贷款也没人贷。1998年6月，我在《人民日报》发表了一篇文章，提出了财政政策转型的想法。一般来讲，财政政策见效比较快，货币政策的传导机制长一些、慢一些。当时，我国的基础设施比较差，可以加大投入。当然，各方面还有些不同意见，但我感觉确实又不能拖了，在北方过了11月以后就霜冻了，基本什么工程建设都不能做。很快，6月份之后，高层就做出了决策。当时，是以基础设施建设为主要投资方向，包括水利、机场、农村电网、高速公路等。另外，粮库缺乏，安排建设了不少大粮库。在之后几年，这些基础设施都派上了大用场。当时的情况是，财政手里没多少钱，要实行积极财政政策，压力很大，最后国家决定发1000亿元国债。

我开始主持财政部工作以后，和党组同志一起研究认为，1994年以来，财政收入稳定增长的机制已经初步建立起来了，收入方面的改革是继续不断完善的问题。改革的重点应当转移。后来，先后研究和提出了财政支出的十项改革，包括现在实行的集中支付制度、转移支付制度、政府采购制度等。

财政改革要与时俱进，要不断推进，不能毕其功于一役的，而且永远要有改革的思想。要有长期改革的思想，改革是千万不能停的。例如，在分税制改革的时候，我们和镕基同志之间还有一些争论。争论的问题是，增值税的税率定在17%，还是19%？所得税怎么定位，究竟是共享税，还是中央税收？当时，朱镕基就提出来："增值税基本税率17%，个人所得税先交给地方。企业所得税随企业的隶属关系走，中央企业交中央，地方的交地方。"我们这些人多多少少都有一点知识分子的毛病。改革的时候，我也看了很多书。所有的本本上都讲，所得税是应当共享的嘛，不应当归一家。朱镕基是当家人，我们之间有争论，最后当然是胳膊拧不过大腿了。我这个人也不是非常固执的人，我保留意见，就那么执行了。现在回想起来，他当时讲的几句话是很有道理，第一，现在中央企业、地方企业这么复杂，分配关系很复杂，你三天两头算得清账吗？搞不清楚，做不到，不如先按隶属关系走，以后情况变化了，条件成熟了再调整嘛！个人所得税将来是个大的收入来源，你现在先交给地方，让它好好收，收多了以后再收回来。现在把它共享了，这个钱就收不上来。

　　本来，中央企业与地方企业性质是清楚的。后来，企业之间互相参股、合并，还有和外资合营的，就分不清中央和地方了。企业所得税应该交给谁呢？已经不清楚了。我们不断地给朱镕基反映，朱镕基也说："看样子，企业所得税和个人所得税的改革要启动了，你们做方案。"2002年的夏天，他去检查长江的水利设施，我作为随行人员跟着他去了。一路上，他每天晚上看我们的方案。第一个方案他不同意，拿回来了，我们连夜再改。第二天又送上去，又改。中间我们有个争论，就是所得税变成共享以后，中央和地方怎么分配，比例是个什么比例。开始也有些不同意见，后来统一了，第一年对半分，第二年开始六四分。所得税收入分享改革是中国继1994年分税制改革后，财政管理体制方面的又一次重大改革，是非常成功的。

　　朱镕基是个追求完美的人，一般是不会轻易赞扬一个人的。他说过："你们财政工作是最好的。"2003年到他卸任的时候，说："不能这样说话了。不能再表扬项怀诚了，再表扬他就要翘尾巴了。"这说明，他已经很满意了。我认为，这是表扬财政部，表扬财政干部，我不能贪天之功。其实，财政没有什么了不得了。做得好坏，主要看对每一个时期的中央工作重点，能不能配合得好，也就是政治敏锐性要强。一直到朱镕基时代，我当部长，他有时候还批评我，说："你们财政部就是缺少政治观点，也缺少经济观点，只有财政观点。"什么叫没有政治观点，就是不从政治上来考虑问题的；什么叫没有经济观点，就是不从整个的经济来考虑问题。再说得白一点儿，就是站得低。当然，我也有些不服气。我跟他说："其实，真正和你一条心的还是我们。只有我这儿平衡了，你才能平衡；我这儿不平衡，你那儿数再多也没用。"

五 从事财政改革的体会

在我担任领导职务期间，参与了财政多项改革，体会很多，笼统地说有这么几点。

第一，财政体制改革要正确地把握财政和财权的集中程度。在集权和分权之间找寻一个合理的比例关系，这是我们体制改革的核心，是几十年来的财政体制改革始终围绕的核心。每一个时期，是不完全一样的。有的时候要相对集中一点，有的时候可以相对分散一点，都是为时代服务的。比如说，解放初期，朝鲜正在打仗，中央提出来"边抗、边建、边稳"的"三边"政策。在这个时候，政府就要集中了。集中一点儿，人人都理解。到改革开放前，政府的权力过于集中了。企业没有活力了，地方没有活力了，所以就要分散一点儿，来激发、调动企业和地方的积极性。从这个度看，50年代的统收统支是对的，80年代的适当分散、调动积极性也是对的，因为历史背景不一样。我认为，在财政收入中，中央政府至少要保持55%～60%，这是中央政府实施宏观调控必要的基础。手里没把米，连鸡都叫不来。现在，有些人对宏观调控不以为然。我认为，必须要有宏观调控。当然，宏观调控要适应不同历史阶段的要求。我们这样一个国家，离开中央政府的宏观调控必乱，至于说中央政府的宏观调控是紧了还是松了，是正确的还是不正确的，是正调控还是反调控，那是另外一回事，但是调控一定要有的。

第二个体会，财政体系要相对的稳定。多变不是办法，会造成上下互相猜忌，地方上没有稳定的预期。所以，在一个时期里财政体制要相对稳定，这是一种制度保证。改革追求的是制度创新，相对稳定的财政体制应该是我们追求的目标之一。

第三个体会，财政体制改革是经济体制改革的一个侧面。财政改革不能过于强调，更不能说它就是最大的改革，它是配套改革的一个方面。所以，财政改革既不能滞后，也不宜孤军深入。就跟打仗一样，一定要照顾大局。你是突破口，但是决定胜负的，不是你这个突破口；决定胜负的是全面改革，是集团军，不是一个方面军。

　　第四个体会，财政体制的调整实际上就是利益的调整，是利益分配关系的调整。任何调整都涉及方方面面利益的增减，所以一定要非常慎重。稍有不慎，就会伤及中央、地方或地方的一个层面。从这个意义上讲，我是主张财政体制要实行渐进的改革，缓缓而行，稳步前进。我也知道有的经济学家，对缓缓而行、稳步前进有不同的看法。我们这些人不是经济学家，是做实际工作的，一招不慎就可能造成很大的影响。所以，宁可谨慎一些，不要冒进。宁可保守，也不激进。我们做财政工作的干部，经常被认为是保守分子。我觉得，这很正常。我从来不讳言，也不害怕人家说我保守，我就是缓缓而行，渐进原则，稳步前进，稳步推进。

　　第五个体会，财政改革要有长期打算，不要期望毕其功于一役。我们搞成功的这一次财政改革，是由前 30 年的历届老同志为我们打下了基础，我们现在的任务是为后人打基础。一定不要冒进，不要超越现实。同时要与时俱进，要不断推进财政改革。

　　第六个体会，重在制度建设，要有制度创新。什么叫作改革？就是改革制度，建立新的机制。我自己的工作中就有些体会，我做分管预算的副部长时，每次到总理那儿去开会，都觉得总理太难当了，一年财政增加一百多亿，大部分都是地方的收入，中央的部分增加很少，国家计委一屁股就坐掉几十亿，剩下的没几个钱，总理很难当，经常为了没有钱发愁。穷家难当啊。我经常觉得工作做得不好，有愧于领导的信任。李鹏总理召开会议，要我们想办法能不能多收一点钱，这件事情在我脑海里印象很深。当时财政收入上不去的一个重要原因就是减免税太多，谁都可以当家作主减免税，越权批准减免税人家说你思想解放，不同意减免税人家就说你保守。所以财政和税务部门的压力就很大。1992 年的 6 号文件，把减免税写清楚了。我当时想，有没有一种制度本身就对减免税有限制的作用？经济学家跟我说，世界上就有现成制度，就是增值税。我就到欧洲去考察增值税，觉得增值税确实是有道理的。是在增值环节收税，前面已经交了税了可以抵扣，这是一个非常好的抵扣法。这样就引进了增值税，确实起到了很好的作用。所以，改革一定要把精力放在制度创新上，红头文件也好，领导英明也好，都是一时的。人去政怠，人亡政息。而制度相对稳定，所以改革要重在制度建设。我很重视制度，原来财政部不断地有人来要钱，而且来的人越来越多，来的规格越来越高，我就给他们做解释，我们追求的是你来我也给这么多，你不来我也给这么多，一句话，按制度办事。同时要建立正确的机制。包产到户就是解决了一个机制问题。为什么在集体劳动的情况底下出工不出力呀？因为干多干少一个样，没有激励。包产到户以后，就有激励机制了。我们分灶吃饭，不就是这样吗？！收得多了以后就归你嘛，按照体制来分的嘛。虽然是两个很不同的领域，但是内在的改革机制是一样的，都是为了建立一套有利于发挥积极性的激励机制。我一直主张税收方针应该是"低税率、宽税基、严征管，重惩罚"，也就是说，税率要低，税基要宽，征收要严，惩罚要重。我觉得，偷税和小偷是一样的，而且比小偷还可恶，小偷偷的是个人，税收偷的是国家，等于把手伸到了所有人的口袋里，这是不能容忍的。世界上偷税漏税的人都身败名裂，一些国家的议员为此引咎辞职。人家已经形成一种传统，认为偷税是最可耻的。我们现在还远远没有建立起严格的惩罚机制，关键是观念没有跟上。我们错位得厉害呀，我们的厂长申请到政府的减免税，回到厂里全体职工敲锣打鼓欢迎。要是在外国肯定是笑话，因为这只能说明企业家的无能嘛，你不是个合格企业家，才要国家减免税。

一个好的财政体制有这么几个衡量的标准。第一要能够调动两个积极性。第二个要体现合理的分配或调节，要体现国家发展过程基本的分配关系。第三，要保证财政收入在经济发展、流通扩大的基础上稳定地增长。第四，分配要日益合理化，财政的分配要能够逐步地体现公共财政的理念。第五，财政体制的改革结果有利于中央政府的宏观调控，在中国没有调控必乱，所以政府的调控是必不可少的。最后一条，财政改革要支持、促进其他经济体制的改革，包括税收、金融、物价、能源等体制改革。财政体制改革是构建社会主义市场经济体制的一个部分，而不是它的全部，所以既不能单兵突进，也不能拖人后腿。

我到财政部工作将近50年，其中有一半的时间是做财政部最基层的干部；后来的20多年，走到财政部领导岗位上。但不管是当一般干部也好，还是做副部长、部长也好，从中国财政60年历史来说，我都不是决策者，只能说见证了一部分历史。因为有各种局限，对历史的偏见都是避免不了的。如果说，这一代人在思想上完全是市场经济的，实际上是说假话。我们这些人身上永远留着计划经济时代的痕迹。这种痕迹是少一点还是多一点，在于我们从计划经济走向市场经济的过程中，对中央的精神理解是深一点还是浅一点，跟中央的步伐是快一点还是慢一点，对自己的要求是高一点还是低一点，如此而已。当然，也有一个悟性问题。

亲历分税制改革

口述者：姜永华*
访谈者：鲁利玲
时　间：2009 年 6 月 19 日
地　点：姜永华工作室
整理者：鲁利玲

　　我是 1990 年 3 月进入财政部的，财政部的部长是王丙乾。当时，由于财政部的干部青黄不接，司局长中有好几个都已经超过了 60 岁，因此，从地方上选一批 40 岁左右的副司级干部到财政部工作，准备接班。我来之前，在北京市东城区当过常务副区长，调任财政部后，任地方预算司副司长。

　　我到财政部工作后，感受最深的有两点。第一个感受是，财政部的司长是真正干实事的。财政部作为国家的综合管理部门，社会经济发展中的各种矛盾和问题都需要司长们首先拿出方案，才能进入决策层。因此，我感到，司长的责任重大。第二个感觉是，我国的财政实在是太困难了。王丙乾当部长的时候，曾经戏言："现在，我穷得只剩下背心裤衩，谁再想剥夺，也没有多少东西了。"当时的中央财政非常空虚，需要靠向地方借债过日子。我进入地方预算司后，对中央的困难体会很深。因此，我当时的感觉是，压力很大。实际上，我的这两种感受，也是后来进行分税制改革最基本的现实条

---

　　* 姜永华（1947～2017），山东人。历任北京市东城区常务副区长，财政部地方预算司副司长、司长。

件。在责任重大的后面，是我国改革与发展中面临着一系列问题，要求我们建立起符合中国国情的财政体制，来维护好、推进好改革开放的大好形势。在压力重大的后面，是中央财政面临的一系列困难，需要我们建立起新的财政体制，协调好中央与地方的关系，使中央有更多的财力，来推进改革开放的进程。当时，大家谈得比较多的是"两个比重"偏低，就是财政收入占GDP的比重偏低，中央财政收入占财政总收入的比重偏低。"两个比重"偏低，固然是改革财政体制的主要原因，但财政部准备搞分税制，是进行了一系列深入细致研究后形成的。除了这一主要原因外，还有更多的因素，这些因素都体现在改革的进程中。

我认为，对分税制改革，需要从两个历史阶段来进行考察，一是1992年的分税制试点改革，二是1994年正式实施分税制财政体制改革。这两个改革，相隔时间不长，但在改革压力和内容等方面，都有很大的不同。

一　分税制改革试点

实际上，搞分税制改革，财政部是早有考虑的。根据当时中国财政的现实状况，从国际上经验来看，王部长认为，分税制是一种比较成熟的财政体制模式。因此，在1989年7月18日召开的国务院常务会议上，他就提出："对地方实行包干，好处是可以调动地方增收节支的积极性。但弊病也不少，一是容易助长地区封锁、重复建设；二是每年增收部分中央拿不了多少。所以，我们主张搞分税制，但近两年可先过渡一下，并做一些小的调整。"王部长这个发言，实际上阐明了财政体制改革的基本构想。在此之前，我国的财政体制基本上是包干制的模式，它是从新中国成立后形成的统收统支基础上演化过来的。按照当时的思路，在统收统支基础上，不断地向地方放权让利，逐步从中央集权的财政体制转向地方权力不断增加的一个演变过程。放权让利和包干制，是改革开放初期的一个基本特点。在财政体制上的放权让利和包干制，使得中央对地方包死，地方增收再多，中央也只是拿到一块，而地方的权力越来越大，最后形成了"诸侯经济"。而对企业的放权让利和包干制，一方面，让企业有了自主权，积极性得到了充分发挥；

另一方面，通过包干制，政府对企业包死，企业利润增加了，但上交给政府的还是那么多。用王丙乾的话讲，就是"两个包死，越包越死"。这是当时财政部面临的最大问题，也是财政体制面临的最大问题。

为了解决这些问题，财政部想了很多办法，但在财政体制的调整上，基本上仍是按照放权让利的思路进行改革，只是在中央与地方的权力分配上，通过谈判的方式，进行多次的调整。比如，1988年实施的多种形式的财政包干办法，重新洗牌，不同的地区搞不同的办法。这种体制所导致的问题是，各地都在"收入往下做，支出往高抬"。说是五年一变，往往是一年一变；今年刚说五年一变，明年就变，有的是执行半年就变。整个财政体制一直是在无穷无尽的变化中。王部长关于分税制的思路，就是要突破原来的财政体制改革路径，使我们财政体制得以走出原来放权让利和包干制的怪圈，并真正开始与国际接轨。这是分税制财政体制改革中最根本的前提。

1990年，由于中央缺乏调控能力，很多省的财政都十分困难，向财政部叫苦。在当年的财政工作会议上，王部长就提出，能不能从几个省搞分税制试点吧。这样，开始了推进分税制的改革试点。此时，正值我们这批从地方上选调上来的司局长们刚刚进入财政部，王部长对我们寄予了很高的期望，对我们提出了几点要求。我印象较深的几点：一是要继续发扬我们在地方工作时的精神，把地方上好的经验带到财政部；二是要充分发挥我们了解地方的优势，深入调查研究，使财政工作更能符合中国的国情；三是要坚持改革开放，深化财政改革。王部长是搞预算出身的，因此，他对预算工作特别熟悉，也特别关心。我到地方预算司后，他交代我的任务，就是研究财政体制，思考财政体制的改革。

财政体制改革的核心，就是调整中央与地方的分配关系，这是我们地方预算司的主要工作。因此，关于财政体制改革的任务，就落在我们司里。王部长提出搞分税制试点，是在当时中央没有同意的情况下开展的。因此，他对这项改革十分重视，要求我们先开展调研，再提出改革的方案。通过试点，把方案做得更细一点，争取试点得到中央的同意。根据王部长的指示，我们地方预算司开展了一系列调研。在调研中，我们既被基层面临的一系列困难所震撼，也被广大人民对党和国家的热爱所感动。有很多感人的故事，至今仍历历在目。如，我们下到百色地区的时候，当地人讲，这个地方以前皇帝没来过，只有胡耀邦来过。我们上到山去，看到当地人都穿着树叶做的衣服，这对我触动很大。我们到沂蒙山区，爬到山梁上，遇到一位老太太，她当年是妇女主任，组织妇女支援前线，送军鞋。解放这么多年了，家里头就是一间四面漏风的破房子，炕上铺了一堆草。夏天没有被子，人就睡在草堆上；冬天政府发了一床被子，到春天就剪掉了，给家里每个人做了裤头，给女子做个背心。因为没办法种菜，锅里头是用白薯面打得很硬的薄饼，整天就吃这个。水是从山下挑上来的，要走很远的山路。我们去的时候，正赶上下雨，山路很滑，再一晃荡，到了家里水就没剩多少了。然而，当我问她有什么困难时，她却说，没有困难，还在感谢党，感谢毛主席，而且是特别发自内心的。当时，我跑了很多很多地方，没有人跟你喊困难，这就是老区的情况。

　　最典型的是战区。1991年夏天，在海南开完会，我就直接到广西中越边境去调研。因为之前广西总是来人，到部里反映他们的困难，我就向迟海滨部长提出来要下去看看。迟部长说："你不能去。现在就上缴这么点儿钱，哪有钱解决他们的困难？你去了，就要解决问题；解决不了，不如不去。"但是，我还是想去看看。本来计划去两天就回来，结果去了以后，就回不来了。因为看到第一个县有很多问题，就去第二个县，第三个县，一下子跑了七个县。那是在十万大山里头跑，每天早上7点以前出发，晚上10点钟才回来，中间就在下面吃饭。6月份，天气非常热。我们用一天时间把一个县跑完，晚上就商量工作，就这么一个县一个县地跑。给我的突出感觉是，中越边境反击战之后，十多年了，国家欠老百姓的实在太多了。在沿途，你看到的只有一种风景，每隔一段就是一片墓地，全是战争中牺牲的战士的墓碑，剩下的就是光秃秃的十万大山。你到当地人的家里，没有一个人是健全的，不是断胳膊，就是断腿，还有呻吟的人。村子里的年轻人已经没有了，绝大部分都在战场上牺牲了，那场仗打得实在是太惨了。

　　此后不久，我又去过云南边疆，这也是战区。没有想到的是，我1991年去的时候，当地竟然没有医院，连卫生所也没有。村里的房子没有人回去住，还是住在山上当年的临时房屋里。没有学校校舍，小孩儿没有学校上。

更要命的是，战争留下的地雷没有被清除。因为没有钱排雷，很多地雷还都在呢，弄不好，人踩上去就会爆炸。很多老百姓去种地，走在路上，雷就踩爆了。我们去的时候，中途就碰到过一次，当地领导对我很负责任，事先派人去排雷。一眼望去，到处仍然是弹痕累累，残垣断壁。看到这些情景，我每天都有一种心里滴血的感觉。当年打仗的时候，老百姓都去参军了，有的孩子还不满 16 岁。到现在，村里很少看到年轻人，因为大部分人都在战争中牺牲了，每个家庭都做出了贡献。但是，十年了，竟然没人管他们。我觉得，国家太亏欠他们了。

除了这些困难地区外，我们还对一些经济比较发达，但财政比较困难的地区进行了调研，如青岛、武汉、重庆、宁波、大连、沈阳，天津等。这些地区，经济都比较发达，但在财政包干体制下，他们上缴中央的比例都比较高，财政十分困难。特别是青岛，当时的上缴比例和武汉差不多，武汉留成 16.4 亿，青岛留成 16 亿，就比武汉少一点儿。当时，青岛市市长俞正声反映了青岛存在的问题，他说："这个体制让我交这么多钱，我这个地方受不了，特别困难。"他带我们做了广泛深入的调研。从工厂到学校，从欠账比较多的国企到若干个棚户区。在青岛调查，我感觉青岛的确是欠账太多了，工厂破旧不堪，到处是危房、漏房。当时，河水都污染了。因为 1978 年以来，青岛的印染、造纸、轻纺行业发展很快，河全都污染了。这些污水要是排到海里去，后果不堪设想。青岛基本上没有暖气，就是烧煤炉取暖，在城市上空有一层很厚的雾霾。同时，还有大量的棚户区。朱总理在上海当市长的时候，我跑过上海所有的棚户区，但我没想到青岛也有棚户区。青岛的棚户区非常大，连成片，几代人住一小间房子，挖地三尺，地下一层，中间一层，上面再盖一层。街道也十分破旧。所以，当时就给青岛定了一条，五五分税。这样，青岛就从原来的 16 亿留成增加到 50 亿。除此之外，中央又对它的老工业基地改造一年给 1 个亿，再从资金调度里头给他 1 个亿。总而言之，是让青岛的工作尽快启动。

青岛之后，我们还去过武汉和宁波调研。当时，宁波的财政也十分困难。从调研的情况看，宁波属于另一种类型。改革开放以后，宁波以民营经济为主。到 80 年代中期以后，国防口搞三产，军队也搞三产，包括国家机关都搞了三产以后，浙江的民营企业优势就没有了。因此，在 80 年代末，宁波的经济就下去了。当时，它的收入是负增长。辽宁是朱镕基（时任国务院副总理）1990 年清理"三角债"时抓的点儿。他发现，辽宁作为老工业基地，特别困难，就让我们部里给辽宁 7 个亿。当时，部里没有那么多钱，就借给辽宁 7 个亿。但老这样借也不行，最后就说干脆给它变一下体制。为此，我们专门到辽宁进行了调研。重庆也是很困难的城市。它是个山城，历史积压的问题挺多的，它的上解比例也很高，但相对那几个单列市低一点。不过，重庆的人均财政收入是最低的，也非常困难。还有天津，是王部长亲自带队调查的。这样，前前后后，我们一共调查研究了 13 个省。根据这些调研的情况，我们地方预算司专门向财政部党组做了汇报。提出了两个基本的观点：一个是中央调控能力极度下降，地区差距比较大，中央财政无力调度；二是一些地方的日子的确过不下去了，需要通过财政体制改革，进行必要的调节。

1992 年 6 月，财政部发布了《关于实行"分税制"财政体制试点办法》。在这 13 个省中，选择了 9 个省和单列市，作为分税制改革的试点。8 月，召开全国财政工作会议的时候，与这 9 个试点地区定基数，随后正式下发通知。[①] 因为是 6 月份发的试点办法，所以到 1993 年 6 月对头一年，然后接着走到 1994 年 1 月 1 号，做全国的分税制。

在这次试点中，新疆是试点中唯一的民族地区。当时，新疆收入和支出的缺口差 60 亿以上，每年都在增加。然而，中央给全国少数民族和困难地区的补助一共 103 亿，是个死数；民族自治法规定，每年要随财政收入增长而增长，你这个"定补"就不能满足这个要求。尤其是因为民族问题，新疆很不稳定，经常出现一些突发事件，边境上策反的事挺多的。所以我们就想通过分税制试点，使新疆的财政体制改变一下，使中央多留一点儿的钱给当地政府。试点的时候，没有一刀切，中央和地方的共享收入"五税"（即产品税、增值税、营业税、工商统一税和资源税）给它留八，中央留二。

---

① 即《财政部关于分税制财政体制试点地区中央与地方共享收入缴库问题的通知》（财预字〔1992〕96 号）。

新疆二八分成的原因，就是考虑民族地区要实行特殊政策，其他8个地区的试点都是五五分成。因此，这次试点，也叫"五五分税"试点。在这个试点中，大多数试点地区是按照中央地方五五分成的办法确定体制的。这个试点，既是我国1994年实施分税制财政体制改革的背景，也是分税制财政体制改革的最初尝试。这个试点尽管执行的时间不长，但为1994年的改革积累了丰富的经验。

二　分税制改革的决策过程

1. 分税制改革方案的前期准备

1994年，搞分税制改革，最大的背景，就是1992年小平同志的南方谈话。当年10月，中央在十四大明确了建立社会主义市场经济体制改革目标。因此，分税制财政体制改革也必须围绕着建设社会主义市场经济体制这一根本目标来实施。这是一个最基本的背景。在十四大会议上，江泽民明确指出："要深化分配制度改革，统筹兼顾国家、集体、个人三者利益，理顺国家与企业、中央与地方的分配关系，逐步实行税利分流和分税制。"1993年3月，在第八届全国人民代表大会第一次会议上，李鹏做政府工作报告，进一步明确，要积极改革和健全税制，改革财税体制，理顺中央与地方、国家与企业的分配关系。改革的方向是实行中央与地方的分税制和国有企业的税利分流。中央的决策，为财政部在分税制试点基础上，进行分税制制度设计奠定了基础。

在这个基础上，从1993年4月开始，财政部进入了分税制财政体制设计的前期准备阶段。我们地方预算司，作为主管财政体制的职能司局，在进行分税制财政体制的方案设计前，做了如下几方面的工作：

首先，对中国的国情进行了深入的分析。小平同志的南方谈话，特别强调中国国情。我们在分税制试点改革时开展的13个省的调研中，已经深刻体会到改革适应中国国情的必要性。我们地方预算司在学习小平同志南方谈话的基础上，围绕着财政体制改革，对中国国情进行了自己的总结，提出了5条国情特点：一是人口众多，管理难度大，财政体制改革必须考虑全体人民群众的根本利益；二是地域辽阔，政府层次多，财政体制改革必须充分考虑各级政府的既得利益；三是地区发展不平衡，人均财力悬殊，财政体制改革必须促进区域协调发展；四是二元经济结构显著，公共资源分布不均，改革必须促进公共服务均等化；五是经济转型与利益矛盾调整难度大，改革必须有利于化解各类矛盾。这 5 个国情分析，既是我们对 13 个省调研后的总结，也是在财政体制改革中对中国国情的思考。

第二，对当时的财政体制进行了进一步的深化分析。当时，财政理论界和实际工作者已经就"两个比重"下降问题开展了激烈的讨论，王绍光和胡鞍钢的一本专著《国家能力分析》专门从财政的角度，分析了"两个比重"下降的原因，我们地方预算司专门对这些研究成果进行了整理。在此基础上，结合分税制的试点改革，专门对包干制财政体制进行了分析，提出了包干制财政体制的一些问题，认为这一体制是造成"两个比重"下降的根本原因，要改变"弱中央、强地方"的局面，必须从财政体制改革入手。

第三，对国际经验进行了全面的总结。在分析国内财政体制的同时，我们也主动地对国际上的财政体制进行了研究分析。王部长搞分税制试点时，借鉴的就是国际经验。刘仲藜接替王部长任财政部部长后，同样十分重视国际经验的借鉴。因为我国没有搞过分税制，因此，必须借鉴国际经验。为了借鉴国际经验，我国向世界银行第三批经援贷款中争取了 600 万美元，对分税制财政体制的国际经验进行了专题研究。我们财政部的很多司局参与了这项研究，如综合司、预算司、改革司等。在这个研究中，我们采取请进来、走出去的办法。一方面，请国外专家到我国来，召开了几十次的研讨会，介绍国际经验，探讨国际经验与中国国情结合的方法；另一方面，我们派出了一批财政部的干部，到澳大利亚、德国、日本等分税制财政体制搞得比较规范的国家去学习。这项研究最后形成了一个很薄的小册子，主要介绍西方国家分税制的做法，送给中央政治局和有关领导作为参考。应该讲，这项研究对于推进分税制财政体制改革是有十分重要的作用的。世行在对其经援贷款的评价中，对这一项研究做了十分高的评价。世行官员说，在他们所有的经援贷款中，用的最好的就是中国分税制研究，成果最显著，对中国的制度改变起了很大作用。

第四，进行测算。分税制改革是一种和原来的包干制完全不同的改革思路。因此，必须要把原来包干制下各地的利益分配格局转化为分税制下的利益分配格局，这就需要用数字说话。财政部历来重视数据，重视测算。按照王部长的话说，财政就是管数字的，算账，是财政工作的基本功。为了把包干制转换为分税制，必须通过算账来解决。由于没有模式可以套用，因此在转换过程，需要通过不断地调整来找感觉。可以讲，开始测算时，首先就是找感觉，西方的分税制这么分，如果我们要做的话，怎么在原来分税制试点的基础上，像国外一样，全国统一起来，而且必须使各个地区能够接受。所以，你必须要有感觉。在开始找感觉的时候，一会儿一个，今天拿出来一种分割法，明天一看，可能弄不成，马上就拿掉了。在这个过程中，总是不断地变化。因此，我们司里先后做了四十多套方案，进行测算。

在以上工作的基础上，我们地方预算司的工作，就是根据中央的部署，按照财政部党组的要求，进行分税制财政体制方案的细化设计。

2. 分税制改革方案的设计与决策

从 1993 年 4 月中央正式决定分税制财政体制改革，到 1994 年正式出台，一共才 8 个月时间。再加上 1994 年的调整期，加起来也只有 20 个月时间。可以这样说，分税制财政体制改革方案的设计过程，实际上就是中央不断决策的过程。

1993 年 4 月，中央政治局常委会决定，成立若干体制改革方案起草小组，全面落实十四大提出的经济体制改革任务。会议同时批准了税制改革的基本思路。6 月，在玉泉山会议上，江总书记指示，由朱镕基总理负责各项改革，财政部负责税制改革专题的调查研究，并决定部里成立分税制改革领导小组，下设办公室。其他各项改革，如投资、金融、外贸和国有企业等等，都相应成立设计改革的机构。

朱镕基总理十分重视分税制财政体制改革，他自始至终亲自领导这场改革，并投入了他的全部智慧和辛勤。7 月 23 日，在财政工作会议上，他对财政体制改革提出了四点意见：第一，改革在 1994 年全面推行，不再搞试点。第二，实行分税制和分别征收，组织两套税务征收机构。第三，划分税种，保证中央必要的、固定的支出。第四，要淡化企业承包制和利税分流的矛盾。同时，朱总理公布了财政和税务改革的时间表。他说："我们准备根据中央财经领导小组的决定，马上成立财政和税制改革领导小组，小组请刘仲藜同志负责，再请计委、经贸委、体改委、税务总局这些部门负责同志参加。还要调一些熟悉国内外财税制度，又懂得法律，能够动笔头子的人来讨论，设计起草财政税制改革方案。昨天，在泽民同志那儿讲了，一个半月以内就要拿出初步方案，向国务院、向中央财经领导小组汇报，然后向政治局常委汇报。我们希望，在9月份能够完成最后的方案，向政治局汇报。9月份以后，组建机构、明确职责、开始行动。到年底开中央三中全会的时候，宣布金融、财政、投资体制全面改革，这样明年1月1日就可以实行新体制了。"朱镕基总理的这段话，标志着分税制财政体制改革正式启动。至此，分税制改革方案的设计正式进入倒计时。也就是说，从此时开始到年底之前，我们必须完成方案设计、调研论证、确定方案到形成文件，以保证1994年1月1日正式运行。

机构正式成立后，我们地方预算司就立即在前期准备工作基础上，提出了分税制财政体制改革的基本思路。7月29日，朱总理听取了我们的专题汇报，明确了这次改革的基本思路是：在税制改革的基础上，进行分税制改革。改革的核心，是以流转税为主导税种，流转税中又以增值税为主。将关税、海关代征的增值税、消费税、中央企业所得税、金融企业所得税、铁道等部门集中缴纳的收入划作中央税；将增值税、资源税、证券交易税划作中央与地方共享税；其他税种作为地方税；对作为共享税的增值税、资源税和证券交易税，通过测算，形成中央与地方的分配比例。

8月初，根据朱总理的指示，我们到北戴河进行封闭式的方案研制。在北戴河期间，五大改革（即金融、财税、投资、外贸和国企）的方案研制小组都集中在那里，各自封闭测算，相互之间也进行交流，对各项改革之间的关系进行调整。当时，吴仪负责外贸改革，周小川负责金融改革，洪虎、蒋黔贵负责国企改革。印象最深的是我们与蒋黔贵的交流，她这个人特厉害，在交流过程中，对我们增值税税率提出了很多意见。按照她的意见，增值税税率只能是4%，这样，国家就没多少钱了，改革就会很困难。结果就争来争去，我们说16%，她就不干，说："你们这么弄的话，企业就死了。"

在北戴河的时候，许善达也经常跟我说："如果增值税定高了，就把企业搞死了。"他也不太同意定得太高了。在北戴河期间争论得最多的几个人，后来我们都成了好朋友。也正是因为这些交流和争论，我们在测算中，深感责任重大，一个小小的错误，就可能会对社会经济发展产生很大的影响。因此，像增值税的税率最后定为17%，我们是付出了很大努力的。

在北戴河期间，我们的工作就是按照朱总理提的要求进行测算。在这个过程中，中央对一些可以明确的问题进行决策。给我的印象是，当时，朱总理听其他改革的汇报比较少，主要是听分税制的汇报，经常把我们找去开会，基本上只要一开会，就是研究分税制。在这些汇报会上，中央对分税制的几个主要内容做出了决策：第一，以1992年为基数。第二，确保地方的既得利益。第三，形成了税收返还的初步框架。为了确保地方既得利益，就必须在中央地方共享税中，给地方一个返还。就是说，定基数保证了地方的既得利益，但如果运行起来增量都给中央，地方就没有底气了，因此还要给地方一块增量。当时，朱总理说："干脆起个名，叫税收返还。税都由中央征收，收完以后再给你地方返一块，要定个系数，地方要有积极性。"这就是税收返还这一概念的来源。第四，初步形成了税收返还的系数。当时，在北戴河定的系数是1:0.5，即中央财政收入每递增1%，中央返还地方递增0.5%。为什么定这个比例呢？因为当时地方的基数很低，才708亿，按照1:0.5运行起来，中央和地方拿的增量都没有这么多。第五，要给地方转移支付。当时，没有设立给地方转移支付的规范制度。也就是说，钱拿到中央以后，困难的地方怎么办呢？以前的做法是，困难的地方税都留在当地；现在中央拿走一块以后怎么办？就一定要在原来定补的基础上再给一块。这个补助怎么给呢？为此，我们就参照国际经验，搞了个因素法的转移支付框架。选择了农业大省、老工业基地、老少边穷等五个因素，按照这些因素，拿出一块增量给地方。但是，不管怎么算，中央的增量还是很少，不够分的。所以，朱总理最后说："从地方再开一刀。"就是按照基数，从富裕地方再压5%的支出，都交到中央，中央再把它转移支付给困难地区。第六，建立两套税务机构。当时，我们还没有像现在这样强大的计算机信息系统，因此，为了提高税收效率，有必要按照税收的属性，把税务局分为国税和地税局。中央税由国家税务局征收，地方税由地方税务局征收。第七，明确了配套改革的内容。当时定的配套改革包括会计制度改革、国有资产管理改革、外贸体制，以及财政自身的一些配套改革。因此，可以讲，通过北戴河会议，形成了分税制财政体制的基本框架。

8月中旬，北戴河会议一结束，我们就开始进一步细化方案。最终形成了三个方案，即共享税地方和中央按 20∶80，简称二八方案；30∶70，简称三七方案；40∶60，简称四六方案。8月30、31号两天，在总理办公会上，我们向国务院汇报，提出了这三套方案，供国务院领导选择。结果，会议一讨论，统统选择了二八方案，没有人同意四六和三七方案。为什么呢？因为即使按照二八方案，中央拿的增量也没多少，第一年几十亿，第二年、第三年不到100亿。尤其是参加讨论的都是国务院总理、副总理和国务委员，没有一个人是管地方的，国务院的各个口都觉得这点儿钱不够分。出现这样的结果，是我没有想到的。说心里话，作为地方预算司的司长，我特别害怕他们选二八方案。事先，我坚持一定要拿四六和三七方案，不拿二八方案，如果国务院同意三七的话，我们可以退到四六和三七之间。但是没想到，最后讨论的结果都倾向于二八。这主要是因为，我们那个账算到2000年中央能拿多少增量，一年一年地拿，他们觉得中央拿的增量不过瘾，所以大家发言都同意二八。讨论到最后，在总结的时候，朱镕基对我们说："这样吧，你们回去，干脆拿一个七五、二五方案，提交给中央政治局讨论。"这就是说，在朱总理的脑子里，是考虑到地方的利益了。看样子，他本来想选三七，但听到大家的意见，就折中了一下，定了一个七五、二五。在他看来，选择二八中央拿得太高了，地方肯定不接受；而选择三七或四六方案，中央又接受不了。所以，就定在了二八与三七之间，即七五、二五。

这样，我们回来后，又按照七五、二五比例重新测算。一个省、一个省，一个税、一个税，都要重新变。在刘仲藜部长的带领下，经过三天多的昼夜奋战，终于完成了任务。9月3日，我们向中央政治局提供了两个方案：七五、二五方案和四六方案。这主要是担心只拿一个方案，就又回到了二八方案上，要再拿一个四六方案垫底。实际结果和我们预想的差不多，在政治局讨论的时候，基本上就是围绕七五、二五方案，四六方案根本就没有讨论。就这样，经过中央政治局常委会研究决定，分税制改革的方案顺利通过了。中央确定要到地方进行广泛调研，充分听取各地区意见。

方案通过以后，刘部长回来给我们进行了传达。政治局会议最后定的是，第一，这个方案原则通过了。第二，这么大的举动，要从地方拿这么多的钱，有一定困难。为了使地方与中央同心同德，要下去调研、考察，听听地方的意见。重点是听富裕地区的意见，因为富裕地区的增量大，中央从那里拿得最多。

3. 朱镕基带队赴地方"谈判"

为了使中央通过的分税制财政体制得到地方的认识和理解，减少改革的压力和阻力，从 9 月 8 日起，由朱总理带队，五大改革方案起草小组的人跟着，就五大改革特别是分税制中中央与地方的分配关系，一个省一个省地协调，像一些商业银行的行长，铁道部、交通部的部长都去了。我们上了飞机以后，朱总理对大家提的要求非常明确，约法三章：一是不要盛气凌人，虚心听取意见，耐心解释改革方案；二是不放弃每一个细节，细致地摸清地方的具体困难；三是不参观游览，不到外面住宿，不接受任何吃请送礼，一个包、一个扇子都不要拿。后来的情况也是这样，我们每到一个地方只是工作，我们住的地方也就是工作的地方。在整个调查考察中，在每个地方都是吃自助餐。

第一站是海南，我把海南之行叫作"热身"。实际上，第一站选择海南有三个目的：第一，是向省领导介绍一下中央、国务院关于五大改革的思路。第二，研究解决当前的资金问题。这一年的 7 月份，通货膨胀非常厉害，每个银行都发生了挤兑现象，造币厂天天开足马力印票子。当时，海南到处都是房地产，建设规模极度膨胀，资金缺口很大。总理要求海南往下压。同时，他还讲了分税制，想听听海南的意见。第三，海南是个新建省，有很多现实问题需要解决。例如 9 月 9 日洋浦港封关，总理会见了于元平先生，看了开发区，但主要还是前两个目的。

当时，海南省财政厅厅长刘桂苏按每年 60% 的增长进行测算，如果实行分税制，尽管海南上划的收入很低，但她对中央拿走很多有意见。我们跟她讲，通货膨胀下来以后，你的增长能到百分之十几就不错了。她不信，要求中央给海南一些特殊政策。为了说服她，我们就按增长 30% 的比例对海南进行了测算。其实，这已经是很高的增长速度了，但她仍然有意见，搞得总理很生气。海南第一站就碰到了这个问题。实际上，通货膨胀治理以后，海南房地产下来了，1994 年、1995 年财政收入都是负增长，1996 年上了一点点儿，但仍然很低。

第二站是广东。我们去广东的时候，把深圳的有关领导也叫来了。所以，在广东是和两个地方算账：广东和深圳。9 月 12 日下午 4 点，我们刚下飞机，朱森林和谢非就来看总理，给总理送来一份材料，就是他们自己算的账。这本账的主要意思是：到 2000 年，中央拿多少增量，拿得很高，广东解决不了。他们说："小平视察南方时说，广东要赶'四小龙'，包干体制不变。搞分税制以后，我们就没法赶'四小龙'了，小平提出的既定目标就实现不了了。"这话说得挺厉害的！同时，也表明他们的态度，广东不同意实行分税制，他们想在 2000 年以前仍然搞包干制。于是，总理把我们叫去，让我们看他们这个账，究竟是怎么样算的。总理说："如果到 2000 年我们真拿人家这么多钱，人家没有自有财力了，把地方搞苦了，这个分税制就不搞了。明天，我们就打道回府吧！"我看了广东的账以后，说："其实，账不是这样算的。"朱总理说："如果不是这个账的话，那你今天晚上必须给我拿出账来。因为我们要定下来，明天是打道回府，还是继续开会谈分税制。"

9 月 12 日的晚上，我带着两个处长整整测算了一夜。算到后半夜，其中一个人说："姜司长，我再也不跟您出来了，再也不搞分税制了，这不是人干的活儿！"因为一个数对不上，全国的数就乱了。乱了以后，再一个省一个省地调整，把所有的省调整完了，才能得出广东的数。因为你要算全国的总量，每个省都有特殊情况，一个省没加进去，这个数就不对了。当时，电脑运行很慢，他们紧张得不得了。总理和刘部长也是一夜没有睡。凌晨两点，总理打来电话问："你们算出来没有？"3 点又打电话问。刘部长就守在我们身边，我说："刘部长，你去睡觉吧，别在这儿看着了。"刘部长说："好，好，我走吧。"可能是因为我有太多的惊险阅历，当时就跟这两个处长说："没事，肯定能弄好。实在不行，我就把这个数打进去，让它出一个东西，其他的以后再说。先算大账，算完大账再说。"就这样，一直算到第二天早上8点，我带的这两个人走路都打晃了，脸色蜡黄蜡黄的，终于把账算出来了。刘仲藜拿到我们算的账，立即去找总理说："姜永华他们一夜没睡觉，终于算出来！"总理一听就乐了。他后来总是说："我们中央军还是很棒的，能打胜仗！"我们拿出来的账，主要是说明，蛋糕做大了，中央多得，地方也多得。中央确实拿了大头，相对多一些；但是越往后，地方拿的越多，中央拿的相对就少了。

9月13日上午，召开大会，广东省的五套班子人员全部参加，有些市委领导也参加了会议。朱镕基先向大家宣布中央决定，开门见山地说："这次我与铁映同志带领有关部委的同志来广东，是受江泽民同志、李鹏同志委托来的，是来向同志们传达、介绍党中央、国务院关于财政体制、金融体制、投资体制等方面的改革内容。同时，与广东同志一起就落实改革方案进行商量，一起算账。"朱镕基详细介绍了分税制改革方案，他讲了四个问题：为什么要实行分税制改革；分税制是什么内容、如何搞；分税制改革是否损害了地方利益；实行分税制，广东到底要吃多大亏。特别提到，广东对分税制方案了解的信息不确切，指出现在的方案与财政工作会议时已经有很大变化。所有人都在认真地听，快速地记。

但接下来，广东就开始提条件了。第一个是以1993年为基数。因为治理整顿期间，广东的财政收入不高，到小平南方谈话以后，1993年才上来。所以，他们要以1993年为基数。第二个是减免税。改革开放以后，广东经济发展很快，电力供应就成为瓶颈。因此，他们对电力企业搞了投入产出总承包，把企业的产品税、增值税全免了。按照新办法，免的这一部分没有进基数，而明年就要收上来，企业感到很困难。广东要求，延长包干制的时间。第三个是开发区要实行特区的政策。还提了其他的一些问题，诸如广东有赶四小龙的任务，两税分割和全国不一样，希望广东的两税分割能够高于全国比例，让它赶"四小龙"。最后谈下来，确定了这几条：第一，同意广东的意见，以1993年为基数；第二，给了两年减免税，两年以后取消；第三，开发区特殊政策延续两年，后来又给了三年的政策；第四，分税制是全国统一的分割线，不同意广东搞特殊。这当中，以1993年为基数，是朱镕基总理在广东原则同意的，其他几条，是回到北京向小平和江泽民汇报后定的。那时候，李鹏病了，没有上班，朱镕基是副总理，但由他主持工作。

　　打赢了广东这场仗，朱总理挺高兴的。因为在此之前，朱森林和谢非曾经到北京找过小平，也找过总书记，不同意搞分税制，说得很肯定。所以，到我们去的时候，他们就拉开架式，准备把分税制顶回去。结果，"中央军"赢了。总理说："广东省打下来了，再到哪个省我都不怕了。"当时，真像打仗似的，几乎到哪个省都会遇到一番较量。广东以后，我们就按照这种方式一路走下来了。接下来去新疆，新疆以后去辽宁，辽宁以后去山东，就是这么走下来的。

　　在这次与地方谈判的过程中，值得一提的是我们到山东遇到的情况，跟其他地方不一样。那时候，姜春云是山东省委书记。10 月 10 日，我们到了山东以后，总理问姜春云："我们到各个省，大家都提困难，提问题。你这儿有什么困难啊？"姜春云说："我们有困难，但中央比我们更困难。因此，我们不提困难，中央怎么决定，我们就怎么干。"其实，当时山东省的财政厅厅长给他准备了一个材料，他就是不念。财政厅厅长要提意见，他也不让提。因此，到山东算账，特别轻松，我们说什么，他们都接受，这与其他地方形成明显的反差。到最后走的时候，总理说："春云啊，我到每个省，人家都提很多问题，很多困难。我今天要走了，你到底有什么困难，你就提，不然我就走了。"姜春云还是那句话："我们有困难，但是中央比我们更困难，大河没水小河干。我们困难再大，对于中央来说也是小的，我们要自己克服。"一路走下来，我看这些省委书记们，如上海的吴邦国，江苏的陈焕友，都是很有水平的，能力很强。姜春云不是很聪慧的人，但他的觉悟挺高。总理当时就说："一路上，风格最高的就是姜春云。"

　　我们是 10 月 14 日到南京的，碰到的问题主要是上解比例高，江苏的陈焕友书记账算得很精明。他们测算，上解额最高的是上海，上解率最高的就是江苏。陈焕友跟我们合作得挺好的，我们跟他一起来核这个账，结果江苏确实上解很高。应该说，陈焕友太会算账了，最后总理不得不在体制外再给他 8 个亿。就是这样，我们每到一个地方，那个地方有一些特殊困难，中央都给解决了一些。

　　10月22日，我们到了上海。按照老的包干制，上海的包干数是165亿元，超过165亿元后，中央再与上海五五分配。所以，在朱镕基当总理的那几年，上海的收入永远是165亿以下，总保持在160到163亿上下，不超过165亿。这样一来，中央就没跟它分过成。我们到上海的时候，预计1993年上海要超60亿左右。也就是说，预计1993年收到230亿左右，这样我们就要分它30亿左右。当时，上海的书记是吴邦国。他是很会当书记的，从来不管市长的事，既不参加剪彩，也不参加各种应酬，看上去很超脱，但实际上他管大事。算账牵涉到地方的整体利益，是件大事，因此他非常认真。在我们去之前，他就在上海西郊宾馆待了半个月，把我们在广东等地一行算账的情况搞得清清楚楚，然后把财政厅的人叫去，有针对性地算账。我们去了之后，他什么活动都不参加，整天就和我们一起，关在西郊宾馆，问这儿问那儿，问得很细，特虚心。他总是问："我这个错在哪了？你给我说说。"因此，吴邦国对每一条意见都非常清楚。尽管他拿出来的账和广东一样，是从地方的角度考虑，希望中央多照顾一点，但因为算得很清楚，我们对上海就比较好处理。上海是中央财政的主要收入来源，因此，在算账后，我们给了一定的照顾。当然，吴邦国心里非常明白，我们是在照顾他。实际上，上海藏富于企业和基层的钱特别多。1993年底，很轻松地就收了280亿，一下子冒了。吴邦国下令，只能按预测的225亿收。原来预测是225亿到230亿，他就跟财政厅厅长说："我们只要225亿，230亿是基数。"财政厅厅长觉得太委屈了。吴邦国说："中央既然照顾我们了，我们不能得寸进尺。如果我们收300亿，中央还会支持我们125亿，这样就不好了。"所以，我觉得，很多书记和省长实际是很有觉悟的，既为中央着想，也为地方着想，而且想得很细。上海的工作结束以后，我们去了甘肃，接着又到了天津，最后，我们去了河北。整个考察历时两个多月，一个省一个省地做工作。

　　回到北京以后，11月25日，朱总理到我们部里头讲了话，对这次调研考察做了一个概括。他说："我想叫作东奔西跑、南征北战、苦口婆心，有时是忍气吞声，有时是软硬兼施。""我确实感到，这次改革是中国长治久安的基础，三中全会诚如江泽民同志所讲的，是具有历史意义的。""改革开放以来，我们还没有一次能够进行这么广泛深刻的改革。尽管我们做了一些让步，但是框架已经树立起来，机制已经建立起来，就是一天一天朝着这个目标前进的问题。"他还讲道："我和你们一起都为这个方案的制定和推行尽了我们的力量。我们是战友，我们参与了这次伟大的历史事件，我们无愧于我们作为共产党员应尽的义务！"

与此同时，我们对分税制方案做了调整：第一，以 1992 年为基数变为以 1993 年为基数。这样一来，上划中央的基数就从 708 亿变成了 1711 亿。实际上，在考察期间，我们就已经隐约地感觉到了，为了扩大基数，地方都想尽各种办法，1993 年第四季度的收入会猛涨。第二是减免税政策的调整。原来说减免税一律取消，现在是中央批准的省级减免税延长两年，14 个开发区政策给两年。第三是把转移支付拿掉了。因为第一年中央要返给地方这么大，所以没有多少增量，因此第一年就没有搞转移支付，转移支付是1995 年才搞的。

另外，我们还专门对激励机制进行了调整。朱总理曾在 1993 年 7 月的财政工作会议上提出，两税返还，增长率可以按中央财政的实际增收比率，系数化、指数化来确定。按照这一思路，就确定了一个 1∶0.5 的增量返还基数，即中央财政收入每递增 1%，中央返还地方递增 0.5%，这是全国统一的。但因为返还基数是和中央收入挂钩，地方上很难把握，大家都有意见。8 月，开财政工作会议的时候，我们征询各省的意见，除了黑龙江等注定收入是负增长的省份同意跟全国挂钩外，有个别省弃权，大多数省同意跟本省挂钩。另外，结合我们在广东等地调研时总理的意见，最后，把 1∶0.5 调整为 1∶0.3，把和全国挂钩改成了和各个省增长挂钩。这一机制的建立，对于提高各省积极性，起到了很重要的作用。

通过总理这样一个省一个省地做工作，统一了各省的思想，照顾了各省的困难后，分税制改革的各个障碍基本打破，保证了分税制的顺利进行。12月 1 日到 4 日，全国经济工作会议在北京召开。各省省委书记、省长、财政厅厅长、计委主任都来了。会议讨论了我们确定的分税制最终方案，大家基本上没什么意见了。12 月 5 日，最终形成了文件，就是国务院的 85 号文件《关于实行分税制财政管理体制的决定》。

三　妥善解决分税制出台后面临的问题

尽管在实行分税制方案前我们做了大量的准备工作，在方案的决策过程中付出大量辛苦，然而，分税制一开始运行，就暴露出很多问题。因此，我们又花了整整一年的时间，在基本框架不动的情况下，对分税制财政体制进行了必要的调整。在这个调整过程中，主要解决了如下几方面的问题。

第一个问题是资金调度失灵问题。1994年1月起，分税制开始正式运行，第一个暴露出来的问题，就是资金调度问题。因为在此之前，税收都是税务局统一征收，并直接进入国库的，因此，在资金调度上，问题不大。分税制实施后，第一个步骤，就是实现国地税分设，中央税由国家税务局征收，统一入中央库，地方税由地方税务局征收，统一入地方库。而中央税进入地方库后，必须通过税收返还地方才能拿到分成数，因此出现了调度资金不足问题。为了解决这一问题，我们就定了一个资金调度比例，也就是说，按照1994年两税增长的预计数，中央库里所收的中央地方共享税，按照预计增长量和返还比例，确定一定的比例，先返还给地方使用，然后年终结算时，把先返还部分抵掉。这样，地方每天都可以拿到返还的钱，从而解决了这个问题。

第二个问题是收入虚增问题。因为分税制财政体制确定了以1993年为基数，因此地方就出现了为争基数，1993年拼命增收的问题，其中1993年的后三个月增长最为超常。9月份，全国税收收入同比增长60%，10月份同比增长80%，11月份同比增长90%，12月份同比增长120%。结果，1993年，全国财政实收4349亿元，而预计数是3700亿元；地方财政实收3391亿元，而预计数是2590亿元。财政"超收"主要源于增值税和消费税两税增长，致使中央对地方的税收返还基数由预计的708亿元增加到1711亿元。我们分析，以前，每年两税才增100多亿元，1993年一下子增到980亿，这里头肯定有虚假成分。据高强他们预算司估算，至少有六七百亿是虚假的；按照一半计算，1994年中央预算就会出现300亿的空账。要解决这一问题，就必须把地方 1993 年增收中虚增部分搞清楚。因此，我们就组织力量进行检查，开始是我们自己查，不行，又叫审计署查，后来请纪委监察部参与，不断升级。但到 1994 年五一前后，还查不出来，哪个省都说没有虚增，谁都查不出来。为了解决这一问题，我们开会研究办法。当时，谢旭人在综合司，他提出了一个办法，要解决中央这 300 亿元的缺口，还得从"两个比重"入手。根据财政收入占 GDP 的比重，每个省 GDP 增多少，财政收入增多少，这样倒算一下，就可以把这 300 亿元挤出来。在这一思路基础上，我们最后提出是往前看，1993 年财政收入增长 48%，那么，1994 年的增长速度按 1993 年的三分之一计算，增长 16%，作为考核指标。地方完成了增 16% 的目标，就说明你这里没有虚假成分，那我就不管你真假了；如果完不成增 16% 的任务，就算你的基数有虚假成分，就扣你的基数。这就是 1994 年增 16% 的政策背景。为此，财政部专门开了一个座谈会，金人庆部长就这增 16% 的政策进行了专题讲话。这一政策出台后，虽然地方反响较大，普遍认为增长指标定得过高，但由于中央和地方同心同德、艰苦奋斗，不但完成了增 16% 的目标，而且当年两税实现了 19.1% 的增长率，绝大多数省份都完成了核定的增长率目标。

第三个问题对特殊政策的处理。增 16% 的政策出台后，尽管大多数省超额实现了目标，但仍有些省没达到，不仅没达到增 16%，像海南还出现了负增长。那就不仅要求取消增 16% 的政策，还要求降低基数。还有像山西，以煤炭为主，分税制改革后，煤炭的增值税税率从原来的 3% 左右一下增到 17%，山西受不了，叫得非常厉害。当时，东三省也非常困难，主要是因为老工业基地，国有企业相对集中。黑龙江是一个资源大省，由于税制调整，大庆油田、森工企业都面临着很多困难，油、粮作物的生产也面临着新的问题，困难很大。

1994 年春天，为了解决分税制财政体制出台后出现的问题，朱总理又一次带着我们先后去山西和黑龙江，进行了深入调研。山西主要调研煤炭企业。通过调研，最后给山西确定了两条特殊政策：一是把军矿下放地方，这样留给地方 10 亿的基数，再由中央给军队 10 个亿。我们算账是比较松的，实际上不止 10 亿，可能实际得有 14 亿～15 亿，因此，实际上给山西很大的优惠。二是把山西的贡献款从基数里面拿到决算这一块，这就能缓解一下山西的困难。同时，在黑龙江搞了全面调拨，解决它的粮储问题、军粮问题，并解决了森工和大庆油田的问题。另外，还针对老工业基地的改造问题，给了一些特殊政策。这就是说，对于一些困难的省，给一些特殊政策，帮助他们适应新体制的过渡。上半年，针对分税制运行的情况，我们搞了80多个文件，煤炭要减税率，冶金要减税率，钢铁要减税率，整天就忙活减税率。减完税率，地方基数又有变化了，整天倒腾这些。到了下半年，又是增16%的问题。我们基本上每个周末都要跟部长到下面去，与省里、地市县甚至乡镇的领导交换意见，星期六、星期天都不休息。

转移支付是1994年的下半年开始酝酿的，但当时的主要精力没放在这儿。1995年6月份以后，我们才开始做转移支付的测算，就是制订转移支付方案。因为1993年的分税制改革方案中没有转移支付，但不能总是这样，因此，这项工作提上了日程。我们在设计方案的时候，先是借鉴国外的经验，看看西方国家的转移支付是怎么做的。然后，再把他们的经验拿过来跟我们的情况相结合。到1996年初，方案搞得差不多了，我们制订了五套方案，并向朱总理进行了汇报。总理同意将五套方案中的三个方案各取其长，合在一起，但是要和国际接轨。原来，我们的五个方案还是以因素法为主体，总理说："你不要这样搞。像分税制一样，你要学国外，可以过渡，但是你要按国外的框架设计。"因为总理的考虑是，所有的改革都是重在建立机制。因此，他要求我们，先按照国际上通常的做法，把转移支付的大框架建立起来，然后你可以搞中国特色，作为一种过渡。一段时间以后，你还是要规范。根据朱总理的要求，我们就又形成了一个小高潮，夜以继日，差不多有两个多月，最终形成了过渡期转移支付制度。这个制度，演变到现在，就是财力性转移支付制度。可以讲，直到过渡期转移支付制度建立，整个分税制财政体制的框架才真正建立起来，分税制财政体制才开始走向规范运行。

今天回过头来评价分税制，正像刘部长在2003年说的："怎么估计实行分税制的好处，都不过分。"朱总理在退下来之前的工作会议上讲：

"分税制这个改革是最成功的，格局变化最大，成就也是最大的。"现在，中央手里有钱，日子太好过了。但在下边呢，感觉就很不一样。中国的广大农村，就像"北极"，阳光给他们照射得太偏了，享受得太少了。因此，我觉得，如果下一步真是下决心解决民生问题，就应该加强县乡的财政能力。

1994 年财税改革的背景与决策过程

口述者： 许善达[*]
访谈者： 薛小和、鲁利玲
时　间： 2009 年 6 月 3 日
地　点： 中国注册税务师协会许善达办公室
整理者： 薛小和

1984 年，我从中国农业科学院农业经济专业研究生毕业。这一年，财政部税务局升格为财政部税务总局，需要扩充人员。在研究生学习期间，我研究了农村金融和农村税收的课题，而税务总局缺少熟悉农村经济的业务干部，1985 年就把我调进税务总局。此后，我一直在税务系统工作。

一　1994年财税制度改革的背景

谈 1994 年财税改革，首先需要回顾改革开放初期，从计划体制下的财税制度向市场取向的财税制度的改革过程。改革开放以前，我国税收体制演变的一个基本特征就是税制的不断简化。到 1978 年，全国只有工商税、工商所得税等 13 种税。其中，国营企业只缴纳工商税，集体企业只缴纳工商税和工商所得税，农村一般缴纳农业税、屠宰税。那时，国家财政收入的主

---

[*] 许善达（1946～），山西广灵人。历任国家税务局税制改革司副司长，国家税务总局政策法规司副司长及司长、地方税务司司长、稽查局局长、总局副局长。

要来源并不是税收收入，而是国营企业上缴的利润。税收及税收工作在国家政治经济中的地位和作用都大大地弱化了。

1978 年召开的党的十一届三中全会拉开了改革开放的序幕，税收体制改革也在改革探索中起步。适应对外开放、引进外资的需要，涉外税制成为新时期税制改革的突破口。根据邓小平提出的利用外资可以办合资企业的战略设想，1979 年 7 月全国人大审议通过《中外合资经营企业法》，使外商来华投资的权益有了法律保障。在新的形势下，处理外商投资企业与国家间的关系，如果还按国营企业那样通过上缴利润的方式，显然已经不适应发展的需要。参考世界各国的税收惯例，在维护国家利益的前提下，我国很快制定出《中外合资经营所得税法》、《个人所得税法》、《外国企业所得税法》。其中，《个人所得税法》虽然没有在法律名称上标明有关涉外的任何字样，但因为规定了"工资、薪金所得，按每月收入减除费用 800 元"的标准，事实上征税对象已经把在内资经济组织中就业的人排除在外。上世纪 80 年代初期设立的这三个涉外税种，是中国对外开放的强烈信号，对吸引外商直接投资、开展对外经济技术合作具有重要的作用。与此同时，以涉外税制为起点，国内税制也沿着向市场经济发展的方向迈出了改革的步伐。

改革开放初期，国内税制进行的最重要的一项改革是国营企业的利改税。这项改革从 1979 年开始在湖北等地的部分国营企业试点。在前期试点的基础上，1983 年全国国营企业推行了第一步利改税，国营企业由完全上缴利润变为税利并存。也就是说，对国营企业的利润先征收一定比例的所得税，然后根据企业的不同情况，对税后利润采取多种形式在国家与企业之间进行分配。虽然对企业来说，上缴税和上缴利润并没有多少本质区别，但从税种的设计上，国营企业有所得税了，这是一个性质上的根本变化。它改变了传统计划经济体制下国营企业与国家间只上缴利润这样的分配方式，属于市场化改革的性质。随后，1984 年国营企业又进行了第二步利改税，将税利并存过渡到完全的以税代利，税后利润留给企业使用。利改税后，税收收入成为财政收入的最大来源。随着改革开放的向前推进，个体、私营经济获得发展的空间，与之相应，到了 1986 年开始有个体工商业户所得税，后来又有私营企业所得税。应该说，这几个税都是随着市场化的改革进程一步一步产生的。

总的来看，从 80 年代初开始，我国长期以来形成的单一税制开始被打破，一套内外有别、以流转税和所得税为主体、其他税种相配合的税制初步建立起来。其中，内资与外资企业被区别对待，分别适用于不同的税法。在内资企业内部，也是多种税并行。如内资企业所得税，按照企业的经济性质和产权关系，划分为国营、集体、私营企业所得税和个体工商业户所得税。每个税法的内容都不一样，税率、扣除等也不相同。在这种税制下，不同性质的企业，税负不统一。总体上是外资税负轻，内资税负重，而且内资企业内部税负也是不统一的。这对于企业间的公平竞争非常不利。关于差别税制的争议在以后日渐强烈。

1986 年，曾经设计过价税财联动的改革方案。在国家和企业的分配关系上，这个方案坚持了第一步、第二步利改税的方向，但是没有从根本上改革计划经济下的价格体制。它最核心的一条是，价格必须是计划价格。因为税收是国家定的，财政盘子也是国家定的，所以价格也必须是计划才行。只有价格是指令性的，才能和税财联动起来；如果价格是波动的，税和财就联动不了。因此，要想实现这个方案，最重要的条件是，保证价格不能完全跟着市场波动，这样交多少税，财政收入多少，才能确定。否则，这个方案就无法测算，无法设计，也无法实施。在这一年秋冬，价税财联动的改革方案尚未出台就胎死腹中了。

80 年代中后期，为了调动地方和企业的积极性，保证财政收入的上缴，承包制被引入到解决国家和企业之间，以及中央和地方之间两个重要的财税分配问题上。其中，企业承包制的代表是首钢，地方财政收入承包制的代表是江苏省。从 1987 年开始，全国掀起第一次企业承包热潮，企业与政府一对一地签订承包合同，将税收、贷款、利率、税率、外汇额度、价格、原材料供应等统统包下。

在当时，对企业实行承包责任制是存在争论的。财政部出于缩小承包制范围的考虑，提出只能承包所得税，不能承包流转税。因为流转税（产品税、增值税、营业税）在税收收入中占的比重较大，是国家对经济进行宏观调控的重要杠杆，如果连流转税都承包，就难以保证财政收入的稳定增长。国务院接受了这一意见，1988 年 5 月发出《关于加强税收工作的紧急通知》，强调不能把流转税承包给企业，已经列入企业承包范围的要纠正。此后，国务院又在多个文件里强调了这一点。但是，事实上，不包流转税的规定执行不下去。如首钢，就承包了流转税，而且首钢的承包文件也是国务院批准的。

承包制实施后，虽然发挥出一些短期效应，但由于制度固有的弊端，问题很快就显现出来。一是政府财政收入事实上比按照税法征收的收入减少了。承包制设计的一个目的就是减轻企业负担，调动企业积极性。但由于承包合同的签订，是通过企业与政府一对一谈判完成的，企业负担的减轻常常就变成了没有规则的减轻。谈得好，减得多；谈得不好，减得少。二是造成国家宏观调控政策的全面放松。如企业包贷款，贷款额度、利率高低、贷款期限等，全部包在企业与政府签订的合同里，银行只能按照合同给企业贷款，利率说多少就多少。在这样一个状况下，政府很难根据经济形势的变化及时调整宏观经济政策。另外，在当时的税制下，减免税政策随意性很大，连县级政府都有减免税权。当时的税法有一条，说企业有困难的可以酌情给予减免。如何定义"有困难"，实际上是个随意性很大的问题。事实上，企业怎么都能找到"困难"。结果，全国到处减免税，税法失去了刚性，财政收入就收不上来。

承包制带来的诸多问题，根源在于制度上的困境。一方面，被"包"死的税收，使财政收入难以随经济增长而同步增长；另一方面，地方的财政包干制，使中央难以分享地方经济发展的成果。特别是 1989 年政治风波以后，我国的经济增长速度趋缓，这些问题愈发难以消化。制度的决定性因素，以及经济形势的变化，使得财政，特别是中央财政，在 80 年代末、90 年初陷入严峻的危机之中。那时，财政收入占 GDP 的比重、中央财政收入占全部财政收入的比重连年下降。前者从 1984 年的 23% 下降到 1992 年的 13%，后者从 1984 年的 41% 下降到 1992 年的 28%。与此同时，财政开支却大幅增长，财政资金不到位的情况屡屡出现。中央财政成为名副其实的"要钱"财政。在全国各省加上计划单列市三十几个地区中，只有十几个省区按承包是给中央交钱的，其他都是向中央要钱的。当时，中央财政预算司经常做的一个工作，就是催促这十几个地方把钱从地方金库划转到中央金库来。财政功能的弱化，使得中央政府对宏观经济的调控能力进一步被削弱。正是这场财政危机，加上苏联解体给中国的警示，促使中央下决心要进行财税体制改革。

二　1994年财税体制改革的方案设计

恰逢其时，1992年初，邓小平在武昌、深圳、珠海、上海等地视察并发表谈话，使改革开放的春风再次强劲吹起。党的十四大确立了社会主义市场经济体制的改革目标后，各项改革按照社会主义市场经济的要求迅速提上日程。在财税体制改革方面，中央研究决定进行税制改革和分税制改革。当时，部署的改革重点还有国企改革、汇率改革、外贸改革等，但财税体制的改革无疑是焦点。经过十余年的探索，将要进行的财税体制改革，已不再是旧体制的延续，而是要求在总结以前改革经验教训的基础上形成一个新的体制。

1993年，中央决定进行财税改革，把解决中央与地方政府的财政关系，放在经济体制改革的首位。根据国家税务总局制定的税制改革方案，拟在1994年实施直接税和地方税制改革，而对间接税（其中最重要的一项是增值税）改革则放在1995年。国务院批准了国家税务总局上报的改革方案，但变更了日程，即直接税和间接税改革都放在1994年，地方税改革则放在1995年以后。国务院变动的原因主要是，经过对宏观经济和政治形势的分析，中央政府和地方政府有了一个共同的认识，那就是必须尽快改革中央政府和地方政府之间的财政关系，决定从1994年1月1日实行分税制，以适应当前最紧迫的需要。

我记得非常清楚，1993年8月1日到北戴河开会，参加会议的有财政部、体改委的人，我是作为税务局的人员参加的。会议主题是讨论财税改革方案，核心就是针对承包制已经暴露出的种种问题。然而，为了减少改革的争议和阻力，凝聚共识，时任国务院副总理的朱镕基同志多次同参与改革的同志说：不允许你们写任何文章针对承包制，你们不要掀起一个意识形态争论，咱们就是按照废除承包制这个思路去研究方案去推进改革，但不能打笔墨官司。要从实际问题出发，说政府收入太少了，中央财政收入太少了，不符合市场经济机制，从这个角度宣传改革的必要性。虽然提出不争论，但在设计财税制度改革方案时已经下决心要废除承包制。这是一个重要的转折。

现在回想一下，在 1993 年决定税制改革方案的时候，设计方案的指导思想是参照世界市场经济国家税制的基本原则，作为设计新税制、改革旧税制的原则的。当时，我们提了四个原则：依法治税，公平税负，简化税制，合理分权。应该说，这几条是符合市场经济国家税制的一般原则的。但是，在设计时，还有另外一点在原则里没有写，事实上我们是这样做的。这就是，以治理通货膨胀为主要的政策方向。为什么没有写？因为在当时这是不言而喻的。从 1992 年下半年开始经济过热，1993 年中共中央 6 号文件，第一条就是治理通货膨胀。所以，方案的设计是根据治理通胀这一基调来考虑的，把对投资征以重税，作为整个税制改革设计的政策方向。至于税制结构，从什么领域拿钱，拿多少钱，这是我们设计税制改革方案要考虑的问题。现在，大体整理一下看，至少对这几个重要税制，是按照对投资征重税这个方向设计出来的。

当初，在赵紫阳时期，同意流转税不能承包，可以承包所得税。意思就是，放所得税，抓流转税，到了朱镕基时代也是这样。1994 年税制改革的时候，就是增值税归中央，所得税由地方收。一个原因是，所得税征收的难度比较大；另一个原因是，所得税占整个税收的比重也很小，只占百分之十几，而流转税最高占到 70%。当时的思路是，中央抓大头，小头给地方。按隶属关系，中央企业的所得税归中央，地方企业的所得税都归地方。其实，就是考虑收入规模，收入规模对于整个决策是有重大影响的。

分税制的主要内容是，在中央与地方之间合理划分财权和事权，其中，中央与地方政府间的收入按税种进行划分。为改变中央财政失控的局面，决定将全部税收中比重大的增值税按 75∶25 的比例进行分配。当时，很多地方与中央讨价还价，提出的都是要降低中央在该省的分成比例。镕基同志指出，如果各个省都各定一个不同的比例，那和承包就没有分别了，那我就天天和省委书记谈判吧。因此，必须坚持全国统一比例，省里的困难可以通过转移支付来解决。按照这样的设计原则推行分税制，不随便开口子，事实上把国家与企业、中央与地方的承包制给废除了。

实行分税制，面临一个重要问题，就是以哪年为基数。最后，确定以 1993 年为基数。这个意见，是广东省的谢非提出来的。1993 年 9 月，朱镕基就宏观经济体制改革下去调研，第一站是海南，第二站是广东。在广东调研期间，谢非对朱镕基说："小平视察南方的时候说，广东要追赶四小龙，广东的改革开放应该走在前面。所以，广东省委、省政府把这个作为一个重要战略。政治局关于分税制改革的决议上说，要保证地方既得利益，在增量上调整中央和地方的关系。1993 年 1 月份到 9 月份，广东省的收入是增长的。如果中央要以 1992 年为基数的话，那我 1993 年增长的部分，地方已经得到这部分，中央就要拿一块去，那就影响我们的既得利益了。"

当时，政治局的决议没有具体说是以 1992 年还是 1993 年为基数，只是说保护地方既得利益，增量调整，存量不动，这个原则是大家形成的共识。关于基数，后来出现了三种意见，一种意见是以 1992 年为基数。过去，财政部调整体制，从来都是当年测算，以前一年为基数，第二年开始干，这是一个惯例。以 1992 年为基数也是依照这个惯例，1993 年测算，以 1992 年为基数，从 1994 年开始执行。第二种意见是以 1993 年为基数。这是广东的意见。还有一种方案是以 1993 年 9 月份为基数。也就是说，从今年"十一"到明年"十一"，这样等于全部是新增量的，地方的既得利益保证了。但是，从今年"十一"到明年"十一"，不是一个财政年度，况且各省收上来的进度也不一样。当时，这三个方案讨论来讨论去，最后朱镕基决定，同意广东省的意见。

我觉得，朱镕基是个政治家。当时，他有一句话是这么说的："1993 年，各省把基数做大了，1994 年或者增量少了，或者没增量。但是，至少我把制度先改了。如果因为争论基数，这次方案通不过，改革就得延期一年。我宁可在以 1993 年为基数的问题上给你让一让，地方同意改制度，以后再有增量，那我就拿大头了。"从工作程序上讲，当时的财政部领导觉得，这样搞不符合惯例。同时，他们还有一个担心，怕地方政府为了做大基数弄虚作假。后来，也确实出现了一些问题。当然，最后他们对这个决策是心悦诚服的。我也觉得，这个决策是非常英明的。如果当时为基数问题和地方政府谈不拢，把矛盾弄到江泽民那里去，不用说，所有的地方大员都会支持广东啊，因为这对地方有利的嘛！倘若真出现这种情况，国务院出了一个所有地方政府都反对的东西，那就不好办了。当然，熊掌和鱼兼得是好的，但是能得一个也不错啊，而且这两个里头先要改革制度。制度改了以后会有钱，制度不改，现在要点钱，下次钱又没了。在这个问题上达成协议后，财政部担心 1994 年财政收入会减少。经过朱镕基同意，先跟银行借了大概几百个亿，放在中央财政账户上，怕钱收不上来，没钱开支。结果，出人预料！我记得特别清楚，第一个月下来，总共收了 500 个亿。大家都高兴得不得了啊！借银行的那些钱就不用了。大家对改革的担心，也全没了。第一个月就显示出这个制度的优势，这是谁都没想到的。

　　1993 年 4 月，国家税务局更名为国家税务总局，并升格为国务院直属机构。其后，国务院发出通知，组建中央和地方两个税务机构，规定国家税务局系统实行国家税务总局垂直管理的领导体制，省级地方税务局实行地方人民政府和国家税务总局双重领导、以地方政府领导为主的管理体制，并划分了两个税务机构的征收范围。按照规定，增值税的征收权在国家税务局。这是一个非常重要的组织措施。正是因为中央政府拥有了这个征税权，否定企业承包制的增值税才能最终获得成功，否定财政承包制的分税制才能实现预期目标，中央财政收入才能得到真正保障。

　　因此，废除承包制是 1994 年财税体制改革最本质的内容。从这个角度看，1994 年改革非常成功，废除了两个承包制，扭转了"两个比重"下降的局面。首先，是财政实现增收，财政收入占 GDP 比重逐年下降的局面得到扭转。财政收入弹性系数（财政收入增速与 GDP 增速之比）改革前小于 1；1995 年、1996 年时接近 1；1997 年以后大于 1。这表明，财政收入的增速快于经济增速，财政收入占 GDP 的比重开始上升。其次，是中央财政收入占全国财政收入比重下降的局面得到扭转。1994 年中央财政收入占全国财政收入的比重，即从 1993 年的 22% 提高到 55.7%。这是 1994 年改革的成效。

三　增值税发票的重要作用

应该说，在推行新税制取代承包制的工作中，增值税专用发票的制度发挥了极其重要的作用，而这一点可能至今也并没有被很多人所了解。

国外有两种增值税扣除办法，一种是查账扣除，一种是发票计算扣除。我们选择了按发票计算扣除。采用这个办法，除非你生产的产品只卖给最终消费者，那实不实行增值税无所谓，因为处在最终环节消费的消费者不需要再扣税。否则，只要你的企业生产中间产品，而购买你这个产品的企业实行增值税的话，一定会要求你也实行增值税。因为如果你不实行增值税，开不出增值税发票，买者就不能在增值后再次卖出商品时扣税，这样它就会去买能出具增值税发票的企业的产品。像首钢这样作为承包制代表的企业，面临同样的问题，即实行增值税才能保住市场，不实行增值税就保不住市场。因此，他们表示坚决拥护税制改革，要实行增值税。采用发票扣税的制度，就把企业承包制给废了，无论是谁都得按发票计算交税扣税。这是我们搞税收业务的同志，按废除承包制设计出来的，这个是核心。

早在 80 年代初期，一些同志看到增值税的最大优点是避免了重复征税，就提出引进欧洲国家（以法国为代表）实行增值税的主张。当时，这一主张曾被一些人认为是，打开开放之窗以后，从西方国家飞进我国的"苍蝇"。经过若干年的讨论，从 80 年代中期开始，财政部决定由税务总局进行增值税试点。在试点中，一个特别重要的任务是，要通过试点的检验来决定，我国增值税是实行以发票计算征税制度，还是实行查账征税制度。表面上看，这是个税收技术问题，与税制改革的战略无关，但事实上并不如此。后来的实践表明，发票制度的建立，在推行新税制的工作中发挥了非常关键的作用。

增值税是欧盟先搞的，法国是最早搞的，他们是查账征收。我们了解过，他们的效率很低。他们的发票是注明税种，然后按账去算的。企业自己可以设计发票，自己填，上面必须有税种，全国并不统一。我们为什么没有采用这个办法？因为这个东西只是个记录，相当于一个凭证。从 1984 年第二步利改税，到 1993 年这十年间，我们做了很多种试点，有的企业试点用的是发票征收，有的企业试点用的是查账征收。那个时候，我们没有经验，什么都试试。试的结果是，查账征收简直就是说不清，张三算是一个数，李四算又是一个数，张三第二次又算出一个数。所以，最后决定用"以发票计算征税"的制度。

这个制度规定是这样的：购货方在完成了合法交易后，要求销货方提供增值税专用发票。这张发票上会注明销货方应该缴纳的增值税款。购货方可以凭此发票，在缴纳自己销售货物后的应纳税款时，得到此发票所注明的税款的抵扣。事实证明，这个方法是最符合我们中国的国情。虽然它成本要高一点，但是减少了被骗情况的发生。现在，企业都接受了这个东西，甚至有的企业做生意时，如果对方不能给开专用发票，就不跟他做生意了。

设计新的税收制度要解决的问题很多，从制度上废除国家与企业之间的承包制，是不可或缺的内容。鉴于国务院多次发布的不允许承包流转税的指令执行不力，因此，如果没有一个制度性的机制，仍然仅仅依赖行政命令去废除承包制，是不可能取得预期效果的。新税制的设计，必须为中央的政治决策提供税收技术支持手段，而增值税计征办法的选择就完成了这个政治使命。以发票计算征税的制度形成了一个机制：如果一个销货方企业不能向购货方提供增值税专用发票，购货方就无法从税务机关获得相应税款的抵扣。可以肯定地说，这样销售方企业就无法销售它的货物。换句话说，一个企业如果要让购买方购买自己的货物，它就必须注册为增值税的一般纳税人，从而有权从税务机关领取增值税专用发票。

1994 年实施新税制后，很多企业都面临新税制和承包制之间的选择。如果实行承包制，不登记为增值税一般纳税人，就不能取得增值税专用发票；如果登记为增值税一般纳税人，取得增值税专用发票，就不再实行承包制。继续实行承包制，没有增值税专用发票，就意味着失去市场。这就是通过税收制度的技术方法形成了废除承包制的强有力的机制。如果我们选择查账征税的办法就不具有这样的功能了。

1994 年初，在全国各地推行新税制的热潮中，在北京市和石景山区税务局的安排下，我和税务总局的几个工作人员搭乘一辆面包车去首都钢铁公司，会见公司负责同志。因为增值税条例是国务院颁布的，而首都钢铁公司的承包合同也是国务院批准的，像过去首钢并不执行不允许承包流转税的国务院文件一样，首钢也可以继续执行国务院批准的承包制，而不执行国务院颁布的新增值税条例，况且这一轮承包还没有到期。我们会见首钢负责同志，就是听取首钢对新税制和承包制的选择。如果首钢选择新增值税，我们就要安排有关一般纳税人登记、增值税专用发票的领购使用等一系列相关工作；如果首钢选择继续实行承包制，这些工作就都用不着了。在去的路上，一些同志对首钢会不会选择新增值税还有些担心。我提出，打一个小赌：首钢一定会选择新增值税。首钢一位负责同志带领财务部门的工作人员会见了我们。果然不出所料，在我们讲清来意以后，这位负责同志告诉我们："经过学习党中央和国务院有关文件，首钢充分地认识到党中央和国务院实施新税制的深远意义，首钢完全拥护，坚决执行。从 1994 年开始，首钢不再执行承包制了，完全按新税制执行。"此语一出，原先会议室多少还有点儿拘谨的气氛，顿时烟消云散。同去的市局和区局的税务人员立即表示，尽快协助首钢办理有关的税务手续，为首钢执行新税制提供最好最快的服务。

在回程中，我感到一阵轻松。首钢这个曾经提出过"承包为本"的口号，全国推行承包制的典型都纳入新税制的体系了，其他实行承包制的企业也就不会有什么大问题了。至此，朱镕基等国务院领导同志交代给我们推行新税制取代承包制的任务总算完成了。仅是税务系统从领导到最基层的几十万工作人员，为了完成这项改革就花费了多少年的心血！

四　金税工程：增值税的生命线

1993 年，朱镕基就说，你们要搞信息化来监管这个发票。1994 年实行新税制后，就开始启动金税工程第一期的工作。当时，航天部的航天信息股份有限公司搞了一个防伪识别系统，有一个密码系统，用扫描仪扫描发票，还原成那几个数，如果是假的，一还原就不对了。电子部的长城计算机软件与系统有限公司搞了个交叉比对系统，就是采集信息，上网比对，看那边是否报税。长城比对系统的信息从哪来呢？它是让企业填表，企业往外开发票时填一张表，收发票时也要填一张表。然后，税务局雇一些小姑娘，把这些信息录进系统。当时选了 50 个城市，选了一部分企业，建立数据库，上网比对。这个系统比对的前提是什么？是纳税人是诚实的。他诚实，才能把信息告诉你；可是他要真是诚实，就不去骗税了。他报给你的全是正常的，不正常的他不给你报。假如我是个企业，我有 10 张发票，我知道有一张是假的，我肯定填 9 张，那一张假的我不填，因为这个发票跟我交税不相干啊！这样一来，对不准确的信息进行交叉、比对，发现不了毛病。而真正发现问题的，倒是一些录入错误。当时，一张发票有 170 多个数，要敲 170 多个键，只要敲错一个键，比对这张发票时就出错了。这个系统运行了几个月，因为没效果，纳税人不愿意干，税务局也有成本。最后，大伙儿说，社会上那么多骗税的发票，结果你这个系统查出来一份没有？后来这个项目就停了。我当时觉得，停止这个项目，意味着分税制受到了挑战，但是要搞也很难。当时，国际货币基金组织的专家都说：这玩意儿不灵，你们不要搞了。

1994 年实施新税制后，当年的情况还好，这些骗子还不懂呢。从 1995 年开始，一直到 1998 年，如何骗税，都学会了。张三学会后传给李四，李四学会后传给王五。特别是浙江、广东那边，有的一个村好多人都跑出去干这种勾当了。当时，我测算的是，1994 年的税款征收率才 50% 多一点，到 1995 年、1996 年，降到了 40%，天天都在破骗税案件，包括给税务局行贿买发票等等，好多税务干部就裹进去了。全国这么多税务干部，面对这么多要骗税的人，他们的糖衣炮弹天天打，哪能都顶得住啊！结果，全国所有的省，没有一个省没有骗税案子的。由于这是和 75∶25 中央、地方分税制联系在一起的，所以从利益上讲，在这种犯罪行为中，地方政府变成了受益方。像浙江、广东都是大案，汕头等地的骗税，都是地方政府组织的。国税局局长的任务是到省局、总局要退税指标，要到指标以后分，这个头儿多少万，那个头儿多少万，自己找亲戚成立个贸易公司，然后，就去弄假发票，说你出口要退税，我给你退税。骗税犯罪的严重程度已经到了不能容忍的地步。

以 1997 年的金华案为例。当时，我是稽查局长，去查这个案子。这个案的一些数字特别能体现问题：1995 年 3 月至 1997 年 3 月，浙江省金华县

218 家企业虚开增值税专用发票 65536 张，价税合计 63.1 亿元。其中，销售额 53.9 亿元，税额 9.2 亿元，已抵扣税款 7.42 亿元，虚开的发票流向全国 36 个省、直辖市、自治区和计划单列市的 28511 家企业。调查表明，这个案子是金华县政府策划的，所以，金华县县委书记、县长都判刑了。当时，他们对那些卖假发票的人说："我给你发票，你最好卖到外省去，在咱们县可不许卖，在本省里也不许卖。"因为如果卖给当地，当地就受损失了。在这些发票中，有的本身就是假发票。因为我们有制度，税务局管得很严，他到税务局买发票，买不来，就自己找印刷厂印。虽然发票上都有防伪标识，但只有专家才能识别，一般企业的识别能力很弱。像这样的发票，号码都是假的。下边税务局不知道号码是真的假的，结果就给抵扣税款了。还有一种发票，本身是真的，但内容是假的。

1998 年，金人庆当局长，最大的问题是通货紧缩，出口上不去，收入困难。所以，朱镕基最关注的是收入，税务总局的力量也都是放在收入上，就把金税工程放在一边了。到了 1999 年，形势稍微好一点，收入的压力减轻了，朱镕基又开始反复询问金税工程的进展情况。说实话，税务局对这个事有点儿挠头，金人庆也很为难，搞了那么久，不成功；不搞吧，总理又老是盯着。李岚清后来说，他曾经都想过，如果金税工程再失败，发票管不住，大家都在骗税，那么全社会就搞成犯罪的社会了，那增值税就得退回去，退回到产品税去。如果增值税要退了，分税制也没了，那这个后果就极其严重了，这在中国那就是政治地震。虽然社会上对这件事没有说得那么严重，但是领导上已经对这个事非常重视了。

1999 年底，我当了国家税务总局副局长。一上任，金人庆就把这个事交给我了。因为我是清华大学自动控制系毕业的，懂点儿计算机和信息化工程。我对金税工程一期的情况了解一点。我认为，从设计上，它是有制度缺陷的。当时，我有个设计思想：我们税务局是个大机构，流程多，不要一个人什么都管；我管卖发票，你管认证发票真假，他管比对。这样，纳税人收买一个人没用，后边还有环节呢，不可能同时收买十个人吧？而且，有的事是基层干，有的事是上级干，基层被收买了，上级还管着你呢！在不同部门之间，不同层级之间，一个单位不同人之间，互相制约，互相监督。这就是我设计的基础。我接手金税工程以后，让设计人员先搞一个总体方案出来，要求是在逻辑上能够成立，技术上能够支持，管理也能实施。设计人员反复研究，反复讨论，我也和他们一起讨论。大概花了八个月的时间，最后拿出一个总体方案。

2000 年 8 月，国务院以科技讲座的名义，听取税总和海关的方案汇报。事先，国务院办公厅询问："税总由谁汇报？"他们说"海关是一个处长汇报"。我说："税总是我汇报。"我认为，这个汇报太重要了，汇报要是失败了，那后边就别干了。一定要把方案说清楚，说严密，最后让领导人能够同意这个方案，因为要他同意拨钱嘛！那天，我在汇报时，说明了这个方案的逻辑分析，技术上怎么支撑，等等。汇报完后，我觉得在座的部长，包括国务院领导，有人听得懂，有人听不懂。但是，他们没有人说这个方案哪有问题的。我觉得，像朱镕基、李岚清他们，还是比那些没有自然科学基础的人强一些。朱镕基说："你这个方案还说得过去啊，听起来是可以的，那你准备怎么办啊？"我说："我的工作计划是，明年 1 月 1 号，全国七省四市投入运行；7 月 1 号，全国投入运行。"他又问："还有什么问题？"我说："问题有很多。有一条，按照预算，财政部欠我金税工程二期拨款 8.5 亿还没给。现在到年底还有四个多月，全国要建网啊，是要花钱的，资金必须按时到位。"当时，财政部是高强参加会，但高强不管预算，楼继伟管预算。朱镕基就说："好，我告诉你们啊，明天就把这个钱给税务局打过去。税务局要完不成，不要让他拿这个钱不到位当理由。"他讲这话时，是冲着我说的，实际上还是让财政部拨钱。散会以后，秘书长王忠禹对我说："老许，今天你可捞着了。这个 8.5 亿，总理都说到这个份上了，财政部不能不给你了。"我说："钱是给我了，军令状也在我脑袋上。"

会后，高强向楼继伟转达了朱镕基的话，楼继伟说："财政部拨款是有制度的，这钱怎样花的，我们要审核的，我们是要管的。"但是，他们还是很快给了 5 亿多，扣了我们两亿多。快到年底了，大概 11 月的时候，我催他们赶紧落实。我说："明年 1 月 1 号金税工程能不能成功不知道。如果你钱给了我了，要没成功，我去领罪；如果你要不给我钱，最后不成功，那我在给朱镕基打报告的时候我得写上一笔，说财政部没有执行总理的指示，到现在钱不够，这是我们没有成功的原因之一。"后来，他们把这个钱就拨过来了。这说明一个问题，当时，大家对这个事真的是没有信心，财政部没有信心，税务局也没有信心。朱镕基可能认为，逻辑上是说得通，实际行不行他也不知道。但是，他认为，我讲的还是挺有道理的。所以，听完汇报后，他说："刚才汇报得不错呀，税务局还是有人才的。"这句话是对我汇报的肯定，因为他原来从来没有听到一个人这么汇报金税工程。他觉得，至少我的方案跟他的思路能对得上，还是可行的，他是满意的。

我们的专用发票是流转税司的人设计的，使用发票扣税的办法是1993年决定的。1994年出台新增值税，到2000年底，全国使用专用发票的有40万户企业，包括了全部的百万元版用户、10万元版用户和部分的万元版用户。那个时候，要不要全面推行专用发票，我们还没有下决心。为什么呢？因为金税工程是2001年1月1号投入运行的，这个发票一部分是为金税工程服务的，金税工程能不能成功还不知道，如果全面推行，每个企业为此要花1万多块钱啊！当时，发票贵，打印机也贵，全国1万多户，要花1个亿啊！如果强迫企业都配备了，最后金税工程不行，就麻烦了。后来金人庆说："10万元版以上统统用，不用不行；万元版的有多少，先用多少。我们先把这个网络的系统运转起来，用好了再扩大范围。"为这个事，我跟航天部公司的老总发生了很大矛盾，因为他是要卖税控机的呀！我说："我现在顾不上推广，我得先监控这个系统运行得好不好。现在，重点不在推广上，而在于把网络系统运转好。"他们为这个事对我有意见，向金人庆和项怀诚反映。我听说，他还给朱镕基、李岚清写信反映。金人庆同意了我的意见。后来，我们又运行了一段时间，整个系统运行比对相符能达到99.9%了。到了2003年的7月份，才开始全面推广专用发票。

金税二期实施的这一套东西，对整个税务系统的税务干部来说，冲击是非常大的。当时，我定的设计原则是，从进入这个税务系统开始，任何人不能修改数据，包括所有的地方税务局局长。要修改，只能在总局修改，只有一把钥匙。我对信息员说："这把钥匙在你手里，不经我批准，任何人不能动这个数据库。"就这一条，很多人都不赞成，说：哪有这样干的？实际问题多得很，都按你这一个系统能解决实际问题吗？全国一刀切啊？这个不行，必须让我省里有权修改数据。有的地方直接找金人庆反映不同意的意见。二期实行以后，北京市的发票报税率是最低的，88％，北京市税务局局长不承认，说是 99％。他说："你的数据有错误，我得修改。"他就找金人庆要这个权力，金人庆很聪明，说："这个事要跟老许商量，得全国统一。"湖北省的税务局局长找到信息处主任，要求改数据，没有得到同意，他就自己改，结果数据库瘫痪了，没办法报告总局。我说："我发了文件，说明不许改数据。你为什么改？"他说："是一把手让我改的。"我说："要全国通报。"最后，把他奖金也停掉了。有了那么几次以后，各省的局长知道了，数据不能改，总局把这个控制得死死的。当时，我跟金人庆说："这个事要控制不住，假设各省都能改数据，那咱们的比对就没有意义了。"因此，这样的规定对整个税务工作的模式、工作的理念是一个很大的冲击。首先，必须在制度设计上能够把住这个关口，技术上能够实现，保证所有的环节都能堵住。第二，推行下去有阻力，要能够顶住压力。像省局长、市局长，他们哪能接受这个啊！

可以说，没有金税工程的成功，新税制站不住，这是李岚清的结论。新税制站不住，分税制也就站不住了。当然，领导人并没有公开讲这个话。实际情况是，没有金税工程，新税制变成一个不可操作的，变成一个被人家攻击的对象，那也就失败了。当然，如果没有新税制，也用不到金税工程，这两个东西确实是相辅相成，互相推动的。后来，我们请 IMF 派团评估我们的金税工程，他们迟迟不来，因为他们过去说过这个东西不行。后来，他们有一个考评团来看我们的征管系统，我负责接待他们，我说："我们给你加一个任务，是不是把我们金税二期也评估一下。"一开始，那个团长同意了，等评估快结束的时候，他说："我们最后研究的结果，对金税二期不写评论，我们没有把握。"

朱镕基总理曾经把金税工程喻为"增值税的生命线"。它是运用高科技手段来加强税收征管和监控、防止税收流失、遏制增值税发票犯罪、巩固税制改革的一项全国性工程。金税工程由防伪税控开票、防伪税控认证、增值税计算机稽核、增值税发票协查管理四个子系统组成。2007 年，我们的金税工程，具体说是"金税工程增值税征管信息系统"项目，荣获 2006 年国家科技进步奖二等奖。评奖的时候，我们申请的是一等奖，但是由于我们缺乏国际上的评估意见，所以给我们定了二等奖。作为部委主持的项目，这是第一个获奖的。我们刚申请的时候，一开始，科技部不接受，说："我们这儿没有一个部委来申请奖的。"我们解释说："这个项目，航天部在其中做这一块，长城做这一块，我们税总是总体设计。"他们也知道，这个项目得到国务院领导包括朱镕基、李岚清和曾培炎的肯定。后来，他们同意了。

关于金税工程，我曾经写过一篇论文。评奖的时候，我把这篇文章交上去了，我的论文的题目是《金税工程——一项政治体制改革的实践》。我在论文中说，金税工程在技术上是有突破的，业务上也是有突破的，但是首先是政治体制改革。要没有这方面的突破，技术设计、业务设计都是不可能实现的。后来，我这篇论文也评上奖了。我觉得，这是一个理念问题。如果不是按这种理念去设计，去限制权力的滥用，最后是不会成功的。

金税工程成功以后，给税务局局长们解除了一个担忧。原来，经常出骗税案子，多少税务干部被人收买了，被抓起来了，被枪毙了。当时，朱镕基为这个事在人大通过了一个刑法修正案，虚开增值税发票，最高可以判死刑。全国一共判了100多个死刑，判无期的、20年的就更多了。我们监察局有个统计，即使在1997年、1999年那样严厉打击的情况下，税务干部介入增值税骗税案的数量仍在不断增长，到了2000年是最高峰。而到了2001年推行金税工程以后，数量开始掉头向下。到现在，基本上没有人担心税务干部涉入骗税案了。

五　税制改革方案遗留的问题

应该说，税务总局一开始设计的是一个相当规范的市场经济下的税制：没有营业税，无论商品还是劳务，所有行业都征收增值税，而且是消费型增值税；企业所得税不管外资还是内资企业全部统一。

1993年8月，镕基同志在北戴河研究税制和分税制改革方案时，这两个方案碰到了很多问题，其中税制改革方案方面主要三项：一是关于增值税抵扣问题。原来的设计方案规定购买机器设备税款可以抵扣。但有意见提出，1993 年上半年投资过热，通货膨胀严重，如果允许抵扣，会更加鼓励投资。现在，加强宏观调控，限制投资是必不可少的。因此，购买机器设备的税款不能抵扣，增值税不能实行消费型，只能实行生产型。这个意见后来被采纳，原设计方案倒退了一步。二是关于企业所得税统一问题。1994 年以前，我国的企业所得税划分为国营企业所得税、集体企业所得税、私营企业所得税和外商投资企业所得税。这种按照经济性质划分所得税的制度，无法处理股份制企业的所得税问题，不利于公平竞争，跟市场经济改革方向不一致。当时，税务局提出的建议是，无论内资还是外资都合并成一个企业所得税。在讨论时，对合并内资企业所得税没有分歧，但对合并内外资企业所得税有不同意见。一种意见强烈主张，如果外资企业所得税不能优于内资，会妨碍引进外资战略的。在这种形势下，只好先统一内资企业的所得税，内外资企业的则暂时不统一，而且还要把内资企业所得税税率设计得相对高些，连工资也不能全部在税前列支。在内外资企业两套所得税税法下，内外资企业所得税税负水平相差一半。三是关于保留服务业的营业税问题。营业税重复征税，税负重，出口不退税，绝不是一个好的税种。最初的方案设计也没有营业税，而是所有行业都征收增值税。但后来讨论分税制方案时，如果把原有的产品税和营业税都改成增值税，那地方政府的固定收入就会减少得过多。为了得到各省对分税制的认可和支持，使分税制能够正常运行，只好继续对服务业征收营业税，并把营业税收入划给地方，以保证地方政府的固定收入中有一个较大规模，并且随着经济发展可以持续增长的税种。这是当时服务业营业税没有列入改革而留在增值税外边的一个主要原因。

这三项可以说是 1994 年财税改革的遗留问题。因为当时各种制约条件，没有办法按照一个正常的规范的税制一步改革到位。到 2001 年以后，财税部门才研究 1994 年要改没改的那些事。

第一，是增值税转型问题，即允许购进机器设备税款抵扣增值税。在生产型的增值税中，机器设备税款不能抵扣，这相当于不鼓励企业进行技术改造，与我国鼓励企业提高技术水平、增加科技含量的方针是有矛盾的。所以，首先提出要实现增值税转型。2003 年，国家实施振兴东北老工业基地的战略。为支持东北工业改造，国家提出的政策中有一条就是增值税转型，即允许购进的机器设备税款抵扣。但允许抵扣，又不提高税率，必然会造成税收收入的减少。据当时东北三省一市测算，实施增值税转型后将减收300亿元。可见，解决好减收的问题，已经成为政策能否顺利推出的重要因素。为此，中央决定，中央财政减收的由中央承担；地方减收的部分，中央财政给予适当补贴，但地方一直希望中央能够补贴得更多一些。后来，财政部与东北三省一市的主要负责同志协调这个问题，达成一个共识，即为购买机器设备税款抵扣设置一个前提，如果今年税收有增量，增加的部分可以抵扣；如果没有增量，可以先不抵扣，等有增量时，再抵扣。这个办法从税制规范上说，并不是一个理想方案，但这样做，可以减轻财政压力，可以获得地方政府同意增值税转型方案。这个政策实行以后，实际减收的数量大大低于当时测算的数量，一年只减收50亿，在中央和地方财政可以承受的范围内。再加上税务局征收管理也没有出问题，更增强了中央和其他地方政府推进增值税转型的决心。经过中、西部两次扩大试点范围，从2009年1月1日起，消费型增值税在全国全面实行。从2003年算起，一共经历了六年时间。

第二，在2003年提出增值税转型的同时，合并内外资企业所得税问题也提了出来。由于一些原因，2007年才获全国人大审议通过，自2008年1月1日起施行。2009年，开始收2008年的企业所得税，这又是五年时间。两税合并后，内资企业的所得税负担大幅度下降，内外资公平竞争的环境得到进一步改善。2009年推出的这两项税制改革，都是具有减税内涵的改革，对于中国率先走出国际金融危机具有积极的意义。

第三，2009年以后，在财税改革遗留的三个问题中，还剩下营业税改增值税的问题。关于这个问题早就有讨论，但实施起来有几个阻力。一是减收问题。营业税是地方税，增值税是中央和地方共享税。营业税改为增值税，要减少地方政府的收入，地方愿不愿意，能不能承受？二是，取消营业税后，地方政府将失去一个随着经济发展而增长的税种，地方税体系失去主体税种。三是组织征收问题。营业税是由地税局负责征收，增值税归国税局征收。营业税改为增值税后，如果还由地税局征收，再建一套金税工程的成本很高；如果划给国税局征收，那地方政府是否愿意，地税局是否愿意？另外，营改增后，是否还按75：25比例在中央和地方间分配，也是讨论的一个主要问题。当时，意见达不成一致。但是，营改增又是十分必要的。在"十一五"规划所有指标中，只有"服务业增加值比重"、"服务业就业比重"和"研究与试验发展经费支出占国内生产总值比重"三项没有达标，其中服务业占据了三项里的两项。要促进服务业的发展，在财税改革上最必要的一件事情，就是要把营业税改成增值税。

2009 年，上海根据国务院意见，决定加快发展现代服务业和先进制造业，建设国际金融中心和国际航运中心。而要建设"两个中心"，营业税改增值税是一个必要条件。在讨论中，关于组织问题，由于上海只有一个税务局，地税和国税合署办公，因此这个方面的问题不大，其他关于减收、分成等，也是争论比较大的问题。最后，时任上海市委书记的俞正声决定，减税完全由上海承担，不向中央要钱，但有一条，改的这部分增值税，不实行 75∶25 比例分成，都归地方所有。这个意见，因为照顾到中央和地方的利益，得到了国务院批准。自 2012 年 1 月 1 日起，在上海交通运输业和部分现代服务业，率先开展了营业税改征增值税改革试点。改革后，政策的洼地效应很快就显示出来，相邻地区服务业的许多业务被吸引到上海。半年之内，上海进入改革领域的新办企业就有两万多户。

上海的改革，对加快营业税改增值税改革起到了很大的推动作用。全国陆续有一些地区给国务院打报告要求进行试点。这些地区主要有两类，一种是像北京这样的，虽然受上海洼地效应影响不大，但因其服务业基础相对较好，期冀获得上海这样的好处；另一种是江苏、浙江、安徽等上海周边地区，由于上海的洼地效应利益受损，希望改革后能够将洼地填平。虽然营业税改增值税改革取得一定积极进展，但由于其对中央与地方间的关系以及地方与地方间的关系都有较大的影响，触动的利益范围较广，改革全面推开还需假以时日。

可以预料的是，按照现行政策营改增之后，原增值税实行中央和地方 75∶25 分成，而营改增的增值税 100% 留给地方。这样，同为增值税，却是两种分成比例的局面不可能长期维持，必然也必须在某个时点上修改成为统一分成比例的增值税。这就派生出一个新问题：如何为地方税体系设计一个主体税种。唯一的选择是，在零售环节征收消费税，并和车辆购置税一起调整为100%的地方固定收入。回想当年，由于我们税务局没有能力在零售环节征收，而只好改在生产环节征收消费税，现在终于可以让消费税回归零售环节了。

到今天，尽管1994年财税改革遗留的问题还没有彻底解决，但这也恰好证明，改革是一项复杂的系统工程，很难一步到位。为减少新体制出台的阻力，在坚持改革方向的同时，改革的方案设计、改革的具体措施、改革的时间表都是可以调整的。假以时日，随着实践的发展，方案、措施上的那些缺陷慢慢都会校正过来。

创建金融市场秩序的实践探索

口述者：吴晓灵[*]

访谈者：王令芬

时　间：2009 年 11 月 18 日

地　点：中国人民银行总行吴晓灵办公室

整理者：王令芬

　　1981 年，我在中国人民银行金融研究所（简称研究生部）读硕士研究生。在读书期间，刘鸿儒老师是中国人民银行的副行长，主抓金融体制改革工作。他在给我们讲课的时候，经常介绍金融体制改革当中遇到的一些问题和情况。我们就是通过这种方式了解金融体制改革的具体情况。到了 1984 年，研究生部 81 级和 82 级的同学就直接介入金融体制改革的政策研究。

　　1984 年，有两个比较重要的会议。一个是 1984 年 5 月在安徽合肥召开的中国金融学会第二次年会。我们研究生部的 26 名同学联合给会议提交了一份《关于开放中国金融市场的报告》，这个报告在金融界引起了极大的反响。因为在那个年代，一谈到金融市场，大家都认为是资本主义制度固有的东西，不敢去正面地阐述。另一个就是当年 9 月在浙江莫干山召开的中青年经济科学工作者学术讨论会。研究生部的几个同学参加了莫干山会议，齐永

---

　　*　吴晓灵（1947～），北京人。历任中国人民银行金融体制改革司副司长、政策研究室主任、国家外管局副局长、局长，中国人民银行上海分行行长，中国人民银行副行长，第十一届、十二届全国人大财经委员会副主任，清华大学金融学院院长。

贵、蔡重直和刘渝对中国金融体制改革提出了很多建议。为了避免被说成是照搬资本主义的东西进入中国，大家都回避了一些最基本的概念。在报告中，把资本说成资金，把金融市场说成是资金市场。其实，人们心里都明白是怎么回事儿，只是换个提法。11 月 27 日，在上述报告的基础上，这些同学又提出了《关于金融体制改革总体方案的几点意见》。12 月中旬，这个《意见》被提交到中国人民银行在武汉召开的全国分行长会议上，作为会议的参阅材料。这个金融改革方案，强调了金融体制改革的必要性，描述了金融体制改革的基本框架。明确提出了"四化"：第一，除中央银行外，其他金融机构要经营企业化；第二，信用形式和信用工具多样化；第三，金融机构多样化；第四，中央银行完善化。后来的中国金融体制基本上就是按照中央银行的宏观调控体系、金融机构的组织体系和金融市场这三个方面进行改革的。

应该说，研究生部同学在当时提出来的金融体制改革的总体框架和主要内容，一直是后来中国金融体制改革的基础发展方向。因为很多同学毕业了以后都进入了人民银行的各个职能部门，把大家的思想和观点付诸了实践。

一 1993年新一轮的金融体制改革

1984 年以来的金融体制改革，和当时的经济体制改革整体环境相适应，强调的是放权，是中央和地方多层次的发展。到了 1992 年党的十四大，提出了建立社会主义市场经济的概念。既然是建立市场经济，那么市场经济的很多概念就都可以使用了。因此，就明确地提出了商业银行的概念，把过去的专业银行变成商业银行，同时强调全国统一的宏观调控。商业银行不是遵循分权的理念，而是要体现法人的集中管理，并且要建立统一开放、有序竞争、严格管理的金融市场。

1993 年，国务院出台了一个关于金融体制改革的方案，我和谢平是这个文件的主要执笔人。方案的主旨，就是在市场经济的框架下，提出新一轮金融体制改革的主要目标。这个方案和以往不同的地方，主要体现在这么几个方面，一个是过去讲有计划的商品经济，而现在讲社会主义市场经济。因此，所有的市场经济的概念我们都可以用了，例如提出了商业银行的概念。

另一个跟以往不同的是，过去的宏观调控比较强调分层次的调控，而现在提倡全国统一的调控，就是宏观调控要集权。在这次改革中，把人民银行地方分行的资金调剂权和规模的调节权都给收了，全部都集中在中国人民银行总行。过去，人民银行还有利润动机，因为那时计划经济条件下财务管得很紧，为了调动职工的积极性，商业银行有利润留成制度，人民银行也有。地方人民银行为了改善职工的生活和工作状况，就希望多创造利润，以便多留成。1993 年的这一轮改革，取消了人民银行的利润留成制度，财政对人民银行实行专门的预算管理，所有的费用纳入到预算当中来。这样的一个制度改进，对人民银行从全局的而不是自身的利润需要进行宏观调控起到了非常重要的作用。这是中央银行宏观调控体系的两大特点，一个是集权到总行，另一个是取消利润动机。

对于商业银行来说，过去与国营企业简政放权相适应，银行也搞简政放权。各自的分行都是准法人，各自为政，包括计算机采购和软件开发等，是百花齐放。但是，在社会主义市场经济条件下，就要体现法人的集权管理，也就是取消银行的分权管理。当时的四大商业银行是分行准法人化，而新成立的广东发展银行和交通银行，各地分行都是独立法人。1993 年改革之后，交行和广发行的各地分行逐渐通过资产评估、换股等方式，把股权全部集中到了总行。例如，过去交通银行总行自己是个法人，但在它的分行里有一点股份，当地政府或者企业也入股，所以分行也是个独立的法人。这一次改革，其实就是把分行的股份重新评估后，换成交通银行总行的股份，从而完成了各家专业银行向商业银行的转换，实现了商业银行的统一法人管理。然后，这些商业银行实行了比较规范的利改税，国家对它征收营业税和所得税，税后利润可以补充资本金。从此商业银行建立了一个正常的经营管理制度。

过去，把金融市场叫作资金市场，强调的是各自为政，全国各地成立了很多融资中心，各个商业银行的分支行参加各个地区的融资中心。统一法人之后，各商业银行的分支行没有总行授权，不能到当地的融资中心进行拆借。这就逐步形成了一个统一开放、有序竞争、严格管理的金融市场。

这三个体系在 1993 年发生了很大的变化。总的来说，就是从地方和中央各自为政的状况逐渐走向了统一，但弊病就是有些东西统得太多了。现在看来，有些权力还是可以保留给地方的，而过去确实是考虑不太多。

1992 年，出现了经济过热及乱贷款、乱拆借、乱提高利率的"三乱"现象，结果酿成了很大的风险。主要就是广西北海和海南岛房地产开发特别热，全国的资金都往那儿调，最后资金都砸在那儿了，埋下了很多金融风险的隐患。1993 年 7 月，朱镕基当了中国人民银行行长，提出了约法三章：立即停止一切违章拆借；不得擅自或变相提高存贷款利率；不得向银行自办经济实体注入信贷资金。1995 年以后，金融风险开始爆发，从关闭中国农村发展信托投资公司开始，以后又关闭中国新技术创业投资公司，还有中银信托公司，最后又关闭了海南发展银行。1998 年，关闭了广东国际信托有限公司。这段时期，风险集中暴露，后来清理整顿时，集权搞得特别厉害，把多层次的资本市场都给关了，就剩下上交所和深交所了。

我觉得，这一段治理整顿有成绩，但是也有缺陷。规则的统一和市场的统一这是对的，但是还是要有多层次的金融市场和多样化的金融机构。然而，当时也顾不上了。所以，到现在为止，多层次资本市场还没有建立起来，这是一个很大的问题。这一轮处置银行和信托的金融风险，花了几千个亿，从 1995 年开始一直持续到 2000 年。信托公司从 300 多家最后变成了 50 多家；合作基金会全部关掉；城市信用社关了 300 多家，大部分都没有了。当时，金融机构搞了上千亿的债务偿还不了，人民银行还处理了国库券回购问题。国库券回购就是在证券交易所里融资，这本来是正常的业务，但许多人并没有真正的国库券而是用虚假的国库券保管单搞信用放款。于是，金融机构之间拆借了好多资金，这些资金都拆到海南和北海去炒房地产，最后压在那里了。此后，金融机构出现了很多风险。为了使金融机构解套，人民银行就开始清理国债回购交易，俗称"编辫子"，就是把金融机构之间能够互相抵兑的债权债务进行清理。人民银行专门有一个班子清理这个，最后基本清得差不多，留下少量债务问题。

二　1998年国家外汇管理局外汇大检查

1995 年 9 月，我到了国家外汇管理局任副局长。在外汇局工作期间，我经历了两件大事。一件事是 1996 年 12 月中国接受国际货币基金组织的第四条款，承诺经常项目的人民币可兑换。第二件事就是亚洲金融危机的时候，搞了一次外汇大检查。我觉得，这次外汇大检查，对稳定当时国内国际的形势起了挺大的作用。

外汇大检查是在 1998 年 6 月搞的。金融危机发生的时候，各国货币都在贬值，大家觉得人民币也该贬值了，但当时又特别怕人民币贬值，觉得人民币一旦贬值，各国货币再竞相贬值，就会对亚洲金融危机起到推波助澜的作用。在这个过程当中，中国政府表态人民币坚决不贬值，对亚洲金融危机起到了稳定的作用。事后，有人评论说，中国为了政治利益牺牲了自己的经济利益。我认为，不是这么回事儿。

在 1994 年的外汇体制改革中，实际上人民币有点超贬。因为官方人民币汇率并不一定代表市场汇率，我们对外完全可以说，并轨并在调剂市场的汇率水平上，是按照市场汇率来定位的。但是，应该看到，在中国有外汇管制的情况下，人民币的调剂市场汇率绝对是偏低的。因为当时有一个超高的官方汇率，在外汇短缺的条件下，要得到外汇不太容易，有一个制度成本因素，正常的均衡汇率再加上这个制度成本才形成了调剂市场汇率。所以，人民币汇率并轨的时候，应该稍微比调剂市场价要高一点，但是当时没有依据。也就是说，不知道哪个是均衡汇率水平，因此只能够按当时的调剂市场价来并轨。因而，当时人民币实际上是有点超贬。正因为如此，从 1994 年 1 月 1 日实行新的汇率制度以后，人民币一直在升值，到 1994 年底，从 8.7 元升到了 8.45 元，到 1995 年底已经升到了 8.3 元了。我觉得，这个升值是一个正常的市场行为。那时候，人民银行干预得很少，汇率形成机制在逐渐转换。根据当时的外汇市场供求状况，人民银行还在不断地买进。1994 年汇率并轨以后，每一年的外汇储备增长是二三百亿美元，这么大的增长量，那是不可想象的。但就是在买进的情况下，人民币还在升值。当人民币升到了 8.3 块以后，国家就不让动了。所以到了 1995 年底，基本就给个 2~3 分钱的浮动区间，一直在 8.27 元到 8.3 元之间浮动，几乎是封顶了。从 1995 年底、1996 年初到 1997 年，基本上就在保持在 8.3 元的水平。直到 1997 年亚洲金融危机之前，人民币面临着极大的升值压力。亚洲金融危机之后，其他国家的货币贬值而人民币不动，其实就是被动完成人民币升值的过程。因而，我觉得，不能说中国政府承诺人民币不贬值，是以政治利益牺牲经济利益。

我为什么说这次外汇大检查特别重要呢，就是因为当时老百姓并不知道人民币面临着升值的压力。但是，在其他国家货币都贬值的时候，他们对人民币就有贬值的预期，因此逃汇特别严重。我们在外汇局就看到，原来外汇储备都是一年要涨二三百亿美元，但进入1998年以后就不怎么涨了。到了1998年4月份以后，基本上一天1个亿地往外流。如果外汇储备对外公布是往下降的话，会引起更大的恐慌。怎么办呢？外汇经营的利润原来是不计入到外汇储备中的，现在为了稳定人心，就必须把外汇的利润计算到储备里。

1998年5月的时候，人民银行在广州开了一次外汇座谈会，跟各家银行说，要注意结售汇的动向。那时，我作为外汇局局长，感到外汇流出的压力，但是又不好特别说。到5月底的时候，发现不行了，我建议，必须开展外汇大检查。从广州回来以后，就向国务院打报告，要求开展外汇大检查。6月初，国务院批下来。6月7日，召开外汇大检查动员会，就是要找外汇流失的漏洞。我们发现，在货到付款形式下的购汇特别多，涨得非常快。而货到付款方式，对于发货方来说是最危险的，货都到了进货方才付款，多不安全啊？在金融危机的时候，资金很紧张，采取这种高风险的付款方式很不正常。因此，我们判断，这个货到付款很可能就是假的。中国的进口方，货到付款，风险这么大，国外的出口商谁做这种傻事啊？所以，我们分析，根本没有货进来，很可能就是一种套汇的方法。

为此，我们设计了一个外汇检查的方案。过去搞外汇大检查，就是到银行去查单子，非常费精力。我觉得，这次外汇大检查最好的地方，就是我们找准了突破口，关键是要找到外汇是从哪个地方漏出去的。我们把全国海关的真报关单调到北京，收单就要用一个多月的时间。在这期间，我们编电脑程序开发软件，以便把购汇和报关单进行比对。单证6月底就到北京了，7月28日，就应该出这个比对的数了。我记得，那天，数一出来，有100多亿假报关单。我一看，吓坏了，这么大面积的假单，海关肯定有问题。所以，我没把这个东西给海关，说海关和外汇局要交换意见，就压在我这儿了。我马上就去见朱总理，他正在国务院开会，没见成。7月30日，他的秘书约了我，我就把这个事跟朱总理讲了。当时，海关总署署长钱冠林也在。我说："这个事，外汇局查不下去了，必须公检法介入。"那时候，国家外汇储备才1000多亿美元，这100多亿的假报关单是多大的量啊！

于是，8月11日，就成立了全国外汇大检查小组，公安部门介入了。8月20日，由国务院秘书长罗干召开有关省公安厅长会议布置工作，会后立即拿着假单去各个海关抓人，凡是假的就要抓人。最后，凡是假单多的海关，在以后的海关整顿当中基本上都是全军覆没。当时，这是采取了一些非常规的措施。1998年正好闹洪水，我在动员的时候就说："我们的外汇大检查，要像长江的抗洪一样，就是要堵住外汇漏洞。"经过这次行动，从9月份开始，外汇储备就开始回升了，那个回升是真回升。

三　2001年以后的中国金融监管体制改革

经过一系列的治理整顿，到2000年的时候，处置金融风险基本上告一段落了。这时，说要总结经验。本来要在2001年开会，后来说没准备好，推迟到2002年。这次开会，就想动监管体制，但是没有形成一致的意见，只是提了一下加强监管、防范金融风险的事情。散会以后，就成立了几个专题小组，有农村改革的，国有商业银行改革的，有资本市场改革的，还有就是监管体制改革的。

2002年，我已是人民银行副行长了，我是监管体制改革小组牵头人。在化解金融风险的过程当中，我们看到了一个问题，就是人民银行既管批机构又管货币政策，有利益冲突。前面讲了1993年把资金权全上收到了总行，人民银行的地方分行把工作重点转向监管。1996年中国经济软着陆以后，金融风险逐渐暴露，分行就开始搞处置金融风险。在处置金融风险的过程当中，有好多的地方为了不让这些矛盾爆发出来，往往是一个金融机构出了风险以后，中央银行就找一个接收机构，给接收机构贷点款，化大震为小震。实际上，是把这个风险延后了。过去，地方的人民银行还有资金权的时候，经常会干这种事情。

那么，是不是应该把监管和货币政策分开呢？在 2003 年以前，监管机构和人民银行没有分开。你看，人民银行的行长办公会基本上就是在"救火"，都是讨论如何处置金融机构的风险，没有时间和机会过多地去研究货币政策。所以，我们就想改革金融监管体制。最初考虑的方案是，在人民银行之下，设一个金融监管局，就像外汇局一样。但是，很多人觉得，如果监管机构设在人民银行下面，人民银行还是不能超脱。所以，后来就想把监管完全分开，采取了银监会的这样一种模式。

当时，我们按照英国的做法设计的，由人民银行的一个常务副行长，就是党组副书记来兼银监会的一个副主席。这样，他能参加银监会的会议，了解情况，信息就沟通了。同时，我们希望设立一个金融稳定局，并成立一个金融协调委员会，希望一行三会，即中国人民银行、银监会、证监会和保监会，再加上财政部，定期进行金融协调。金融协调委员会办公室就设在人民银行的稳定局。这样，能够加强三会的沟通。办事机构设在中央银行，也能够保持中央银行的权威。可是，人民银行党委研究，既然把监管分出去了，为什么我们还要承担这些责任？所以，最后的方案是，人民银行的副行长不兼银监会的副主席，也没有成立金融协调委员会。

不过，即使是兼银监会的一个副主席和设金融协调委员会的方案报出去的话，我估计，按咱们国家现行的政治体制，有关部门也未必接受得了，因为大家都很在意这个位置。现在想起来，哪怕给银监会多设一个副主席的位置，就是说真正实职设在人民银行，而银监会那边只占一个位置，但不算它的编制，这样不是也可以吗？我觉得，那样的话，比现在沟通起来要好多了。但是，非常可惜，最后人民银行和银监会就这样分开了。

我认为，总体上来说，人民银行和银监局的分设是成功的。为什么呢？因为人民银行比较专一地研究宏观调控，银监会也比较专一地研究监管，大家在技术上都提高了。但是，缺点是什么呢？就是银监会不可能安于做微观的事，它还想做宏观的事情。我觉得，这是中国体制的问题。中央对各个部长们的考核办法，决定了部门领导希望在国务院要有声音、有表现。

当时，人民银行这边也出现了一些问题。自从分设以后，人民银行向金融机构要数据或召集开会，都非常困难，而过去，人民银行一叫它就得来。为什么呢？因为那时机构审批权在人民银行手里。中国的企业特别现实，只要你拿不住我，我手上没东西卡在你手上，我就不太听你的。最后怎么办呢？当时，我们给中央银行留下了现金检查权、支付结算检查权，后来又搞了反洗钱。人民银行老想用这些手段去卡商业银行，你要是不听我的话，我就查查你，罚罚你。罚的目的是什么啊？将来我通知开会或者是贯彻货币政策开会你得来。

所以，分设人民银行和银监会后，中央银行有向微观去做的动力，而银监会又有搞宏观的动力，一直到现在都是这样，两个机构互相很不买账。我觉得，跟中国的现行运行机制有很大的关系。国外的做法就是认职能，中央银行在金融体系中绝对是核心。但中国是讲级别，谁讲核心啊？咱们国家金融监管体制改革最大的失败，是栽在我们的体制上了。

四　2004年以来的金融风险处置事件

从1995年开始，我们就在处置金融风险。但是，在处置过程中，为了稳定，政府把所有的个人债务100%地包下来了，因而酿成了很大的道德风险。

2004年之前的证券公司没出过风险，因为它们出了事后总在挪用客户的保证金，其实应该叫客户结算资金。因为它们不是做那种杠杆交易，而是客户实打实的结算资金放在证券公司那儿。按理说，这是客户的钱，是不能动用的。中国的财产权概念不清楚，所以证券公司没有他人财产不可侵犯的理念，只要放在它那里的资金，它就觉得是我的资产负债，就可以用。所以，证券公司用客户的钱去打庄股，是经常的事情。也就是说，拿客户的钱做庄，赢了就是它的利润，钱还回归给客户；输了呢，钱就回不去了。所以，在此之前，证券公司一直在干这个事。1999年以前，股市没有特别大的波动，交易量也比较小，所以问题不是太大。可是从1999年"5.19"行情之后，股市大涨，2001年股市就到了比较高位了。此后，国务院提出，通过国有股减持来补充社保基金。但是，国有股减持，需要在股票市场中变现，这就对资本市场产生了影响，股价一路下跌，从 2001 年一直跌到了 2004 年。这个过程当中，所有证券公司挪用客户结算资金的问题就都暴露出来了。

这中间，问题最厉害的是德隆系的公司。应该说，德隆系做实业做得还不错，主业是红、白、黑，红是西红柿，白是水泥，黑是重型汽车等业务。可是，它扩张太快了，资金跟不上，怎么办呢？它就想玩金融。于是，它参股了很多种金融公司做融资平台，把金融公司的钱调过来做实业。除了做实业，还去做庄股，为了套钱。在动用金融机构的钱来打庄股的过程中，遇到了股指的下跌，风险就全暴露出来了。2004 年初的时候，德隆公司的账上出现了几百亿的窟窿，要支撑不下去了。这时候，工商联就来找人民银行和国务院，说唐万新不是坏人，是想做实业的民营企业家。但是，现在扩张太快了，引起了资金链的断裂，希望国家救一救他。当时，我们一看它的资产负债表，几百个亿的窟窿，根本就不可能救它。给一个民营企业几百亿的再贷款，是根本不可能的事情。这不光是民营企业的问题，因为这个钱出去是补窟窿的，最后我们就没有给他。所以，只好把它们的股票停盘，同时把有问题的证券公司也关闭了。在停盘处置的过程中，我们遇到一个最大的问题是，如果我们给了证券公司的个人结算资金，机构的结算资金也得给。还有一个理财账户问题。理财账户的资金其实就是高息揽存的钱，就是它挪用结算保证金不够，还要用高息的方式和代客理财的名义，另外再吸收存款。

处置德隆风险的时候，还出现两个问题。第一个是德隆系的金融机构有这么多债务，该怎么处理？第二个，德隆认为它有很多资产而且实业资产是好的，可以用实业资产来弥补金融机构的亏损。

对于第一个问题，德隆系金融机构的债务已经 100 多亿了。它的债务有两类，一类是机构和股民在证券公司的结算资金。按理说，证券公司的这些钱不属于商业银行，政府不应该补偿这些钱。但是，我们在前一段化解金融风险，也就是处置信托投资公司的时候，信托投资公司明文规定是不允许吸收个人存款的，而它违规吸收了很多个人存款。为了维护社会安定，最后没办法，国家还是偿付信托投资公司的个人债务，这就是风险处置方式的一个突破了。

　　信托投资公司底下有证券营业部，当时营业部也开了很多的账户，有个人的，也有机构的。因为信托的个人存款都付了，所以个人证券结算账户的资金你也得付。但是，机构证券结算账户的资金付不付呢？当时，关海南省的五家信托时，就遇到了这个问题。别的地方信托关了以后，证券营业部的钱还周转得过来，这个问题就没有暴露出来，可海南的问题马上就暴露出来了。因为它的钱全部挪用了，根本就没有了，已经到了机构和个人买股票，交易所无法清算的地步。我们可以先把个人的结算资金钱给他，机构怎么办？如果你敢说不给机构钱，大家马上就会把信托投资公司所有的机构账户资金提走，或挪到别去处。各信托投资公司当时都已经是岌岌可危，勉强运转着。我记得，2000年4月，我把报告送给朱镕基总理，他气得直发脾气。气也不管用，后来想了想，为了社会的稳定，就把机构的钱全付了。要不然，股市崩盘，信托公司遭挤兑，谁也承担不起这种动荡。

　　实际上，在2000年，我们已经把信托投资公司的股民结算资金和企业结算资金全部都付了。因此，在处置德隆风险的时候，也得把个人保证金和机构保证金都付了。但是，刚才说了，它还多出来一块，就是代客理财账户。说到底，就是高息揽存账户，因为它许诺12%～16%的年回报。你想，那时候经济刚开始复苏，股市一路在跌，债券利息和国债利率都很低，哪来的12%～16%的回报啊？所以，我们当时就说，要支付这部分资金，这等于又新开一个口子。我们认为，既然是代客理财，那风险就是客户自负，你所承诺的是不对的，国家都不承认。那些证券公司不光挪用客户结算资金，还挪用客户的国库券，用国库券去融通资金，再用融来的资金去打新股和打庄股。打新股是次要的，一般都能赚钱；可是打庄股亏了钱以后，它还不了钱，清算公司就把抵押的国库券给没收了。国库券不是证券公司的，是老百姓的啊。所以，最后造成了很大的窟窿。如果处置德隆风险的时候，不给这些钱去补这个大窟窿，马上就会引起动荡。2004年，搞股权分置改革已经跌得很厉害了，2005年都跌到了900多点了。

　　当时，我在人民银行参与处理这件事情。我们写了报告，先说是不能给，这些证券公司高息揽存，而且是心知肚明的。因为存钱的和筹钱的都明白，根本就不是在做委托理财。在这种情况下，你再给钱，不是助长道德风险吗？后来，温家宝总理说了句话，让投资者吃点亏，那就打折吧。刚开始说打个五六折，不能再提高了，但后来还是决定打八九折。最后，定下来20万元以下的全付，20万元以上的打九折，就是打九折的方案到国务院差点就通不过。国务院有同志就说，我们扶贫要一点钱就这么难，几十亿、几十亿地要，而处置金融风险就是上百亿的要钱。我们当时提出了要有截止日期。就是说，在2004年我们决定这个打折之前的，并做了登记的委托理财，我们可以打九折；在此之后的，我们绝对不能再兑付了。但是，证监会觉得，如果将证券公司代客理财的兑付政策一公布出去，它就没有新的代客理财的钱进来了，这样窟窿马上就水落石出，证监会不敢说这句话。那怎么处理呢？到底下对证券公司就告诉他们，坚决不能干这种事了，对外不宣布，让老百姓别心慌，别让老百姓来支钱。那时候，我们妥协了，但是后遗症就出来了。有的信托公司一看20万元以下的单子是全付的，20万元以上的打九折，就把所有的大单子都给分解成20万元以下的了，而且大量委托理财的账户都是在我们处理德隆风险之后新开的，当然也有的分解不了的。所以，道德风险特别大。在处置浙江的金信信托的时候，20万元是100%的给的，20万~50万打九折，50万~100万打八折，100万~200万打七折，200万~300万打六折，300万以上全部都是五折，够厉害了。没办法，如果你要不这样的话，就会引发整个金融市场的动荡。国家拿钱处置风险，对金融机构则要追究责任，几乎每个机构都抓了人。

总之，处置这次金融风险，有几个创新。第一个就是对客户的偿付打折。原来打的是九折，后来打的是九、八、七、六、五折，越往后打折越多。第二个就是如果要求中央银行拿钱，所有拿钱的金融机构证券公司，必须把股民的结算资金存到银行去，即第三方存管。当时，证监会老是怕做不到，我们说必须得做。你现在是拿着钱了，以后还要再挪用啊，因此必须从制度上堵住漏洞。后来，我们把这条写进当时修改的《证券法》里面去了。在制度上还有一条，就是我们要同时修改《刑法》，因为刑事条款上没有规定，可以把挪用资金的人抓起来，就没法定罪。最后就修改了《刑法》，规定凡是挪用结算资金的就是犯罪。挪用他人财产的是行为罪，而不是结果罪，只要你挪用了就算侵犯他人财产。通过对股民的结算资金要求强制第三方存款，再加上立了刑事罪，这样才从制度上保证了资金不被挪用，避免了金融动荡。现在，你看，股市从 2007 年的 6000 多点跌到 2008 年的 1000 多点也没出任何事。这是为什么呢？就是因为证券公司没办法挪用股民的结算资金。只要不挪老百姓的钱，你证券公司亏你证券公司的，老百姓亏老百姓的，就不会引起金融动荡。所以，我觉得，这是在处置金融机构风险方面的一个极大的改进。

第二个关于实业的问题。在处置德隆时，它说它有实业资产，想拿实业资产变现来补金融的窟窿。我接触德隆团队的这些人，说实话，觉得还是不错的。但是，他们的路线是错误的。唐万新跑了以后，一次在政协开会，我就给黄孟复副主席写了一个条，应该让唐万新回来，他应该好汉做事好汉当，否则的话，会影响整个社会对民营企业的看法。唐万里和唐万新是兄弟，唐万里还是工商联副主席。我觉得，唐家的人确实不是坏人，不是诚心想干坏事，但就是经营扩张得太厉害了，而且是法盲。他入股了金融机构，就敢把金融机构的钱都调过来，搞了一个虚拟的金融控股公司，去补他的实业，去炒庄股。我认为，既然是这样的情况，回来该领什么罪，就领什么罪，把这个事了结了。我的意思就是让他回来承担责任，不要因为这件事情拖累整个民营企业。唐万新得到信息后，就回国了，是谢平去机场接的他。后来，我们想，首先把他的资产合理变现，而且要合理地经营下去；第二，变现完了以后再看有多少窟窿，还需要多少钱。

在处置这个事件的过程中，我们采用了市场化的方式。关闭金融机构是政府出面的，它的实业资产投资交给华融资产管理公司去处置。就是让唐万新写一个全权委托书，让华融的人去跟他谈怎么变现的问题。德隆是 2004 年 4 月份出事的，处置他们就到了 7、8 月份。那时，就开始收西红柿了，新疆的西红柿酱特别有名，他们西红柿酱的出口量占全球 40% 多的市场。最后，拿股权作抵押，让中粮借了 5 个亿去收购西红柿，以后它的股份就卖给中粮。他到现在心里一直不平衡，觉得卖便宜了。他的汽车业务卖掉了，水泥业务也卖掉了，都是做得不错的，挺可惜的。最后，还是要大量地借钱还个人债。谁来借呢？地方政府不干，后来就只好搞了一个证券处置办公室，建立保护基金，这是第三个创新。就是说，用市场化的方式进行实业的处置。2000 年以前处置金融机构的时候，都是地方政府借钱来关闭那些金融机构。按朱镕基总理的说法，就是谁的孩子谁抱走。这一次处理德隆事件，都是股份制的，跟地方政府没关系。最后，让证监会出面建立保护基金，由保护基金借钱，以后来偿付。这可以说是第四个创新。这样，整个事情处置完了。

关于我在金融体制改革的过程中所发挥的作用，第一个应该说是我们在研究生部最初提出的框架，一直到现在基本框架还是成立的；第二个在1993 年的改革当中，我参与了对很多原则的制定；第三就是在监管体系的改革和金融风险的处置中做了一些事。

亲历劳动就业与社会保障改革

口述者：宋晓梧[*]

访谈者：萧冬连、鲁利玲

时　　间：2008 年 9 月 27 日

地　　点：国家发展和改革委员会宋晓梧办公室

整理者：萧冬连

　　1977 年底恢复高考，我参加考试，被分配到北京师范学院白纸坊分校。1980 年考上北京经济学院劳动经济系的研究生。1983 年毕业，被分配到国家经委企业局，搞企业劳动组织整顿。1983 年，中国恢复国际劳工组织成员国资格。国际劳工组织是由政府、雇主、工会三方代表组成，而当时中国只有政府和工会组织，没有雇主组织。为此，1984 年成立了中国厂长（经理）工作研究会，代表中国雇主组织参加国际劳工组织活动。因为我是学劳动经济的，组织上调我到厂长（经理）工作研究会工作。1990 年，劳动部成立国际劳工研究所，调我到了这个所任副所长。1993 年底，劳动部把劳动科学研究所、工资所、社会保险研究所、国际劳工研究所等几个所合并成立中国劳动科学研究院，我当主持工作的副院长。

---

　　* 宋晓梧（1947～），河北邢台人。历任中国劳动科学研究院常务副院长，国家体改委分配和社会保障司司长兼国务院职工医疗保险制度改革领导小组办公室主任、宏观体制司司长，国务院体改办党组成员兼秘书长、机关党委书记，国家发改委党组成员兼宏观经济研究院院长，国家振兴东北办公室副主任，中国经济体制改革研究会会长。

一　劳动力市场概念的提出

劳动力是经济学的一个根本性问题，可是我们在经济体制改革的初期，对劳动力是否需要市场配置是回避的。十二届三中全会《关于经济体制改革的决定》中明确写上"劳动力不是商品"，也是为了回避这个问题。回顾我国经济体制改革的历史，实际是市场导向的，先是消费品市场，然后生产资料市场、资金市场、技术市场都有了，就是没有劳动力市场。当时，有一个名词叫"劳务市场"。劳务市场是怎样提出来的呢？据我所知，1985年，赵紫阳对西安劳务市场给予了充分的肯定，希望各地劳动部门应支持开办有领导的劳务市场。当时，全国都建立了劳动服务公司，搞劳务介绍。他就提出，劳动力不能全靠政府分配安置，要发挥市场的作用。但又不好提劳动力市场，叫什么呢？劳务市场。以后就用劳务市场的提法代替劳动力市场的提法，这使得我们在国际交往时难以沟通。"劳务市场"很难翻译，外国人会理解成 service market，但修自行车、剃头等等都是提供劳务，这里不仅有劳动力的支出，还有工具折旧，水电、场地费用，不是 labor market，交流起来挺别扭的。解释了一大堆，人家才听明白你说的就是 labor market。当时，还有好多这种词，比如失业，不能说中国有失业，只能说中国有待业。这些现在看来似乎不足为道的问题，20世纪80年代至90年代中期，在劳动经济理论界曾长期激烈争论。这并不是仅仅用哪个词语的争论，而是关系劳动体制改革的目标方向。

1992年底，我在劳动部理论务虚会上有个发言，题目是《劳动力市场的国际比较》。但是在《经济日报》理论版连载发表的时候，给改成《劳动力流动的国际比较》了。题目改了，内容却一个字都没改。为什么改题目？编辑说标题还是先不用劳动力市场为妥。1993年11月，十四届三中全会前夕，一天晚上，劳动部部长李伯勇打电话把我叫到中央党校，那时候，他在中央党校学习。李部长说："现在是叫劳动市场，还是叫劳务市场，还是叫劳动力市场，有争论，我想听听你的看法。"我说："应该叫劳动力市场。"我对马克思是怎么讲的，恩格斯是怎么讲的，西方经济学是怎么讲的，劳动力怎么定义,为什么劳动力是商品而劳动者不是商品,详细做了解释。回来以后,我找陈宇、夏积智三人联名给李部长写了个建议,就是《关于劳动力资源市场配置的提法问题》,这篇文章收入社会科学文献出版社出版的中国经济 50 人论坛丛书《改革:企业·劳动·社保》一书。据我所知,劳动部在讨论十四届三中全会报告时,主张采用劳动力市场的提法,这有利于把劳动力市场明确写进全会的决定。从此,劳动力市场的概念被中央国务院文件正式采用了。后来,我才知道,当时高尚全主任也是主张提劳动力市场的,他是直接向中央领导提出来的,我们的作用是间接的。

这个提法明确以后,应由市场为主配置劳动力资源就很清楚了,理论上对劳动和社会保障的研究就顺多了。这个概念的确立,对我们搞劳动经济学的人来说,印象非常深刻。在这之前,很多问题都得绕着走啊!20 世纪 80 年代至 90 年代初,劳动部门始终坚持劳动工作要计划为主,可以引入一些市场调节,但只起为辅的作用。当时,还提出劳务市场分社会劳务市场和企业内部劳务市场,社会劳务市场可以有些市场补充,企业内部劳务市场必须有计划等等。我觉得,明确培育和发展劳动力市场,是劳动体制改革历史上的一个重大转折,劳动工作的指导思想发生了根本性变化。本来,劳动者、劳动力、劳动这几个概念,马克思政治经济学区分得很清楚,我们后来搞混了。劳动力市场涉及很多方面,如工资福利、社会保险、劳动保护、劳动安全、职业教育和职工培训等,还涉及劳动力供求双方的组织行为问题。用劳动力市场这根主线把这些问题串起来,相互之间的关系就清晰多了,就业、工资、社保、安全等就是有机联系的而不是分散割裂的。1994 年劳动部明确提出,要以培育和健全劳动力市场为主线,深化劳动体制改革,推进各项劳动工作。

在劳动体制改革方面,意识形态束缚比较多,突破非常费劲。因为劳动力可以局限于经济学分析,而劳动者要有政治定位,劳动力和劳动者是不可分割的,这就要求经济理论和政治理论的有机统一。很长时期内我们总是要区分哪些是资本主义,哪些是社会主义,资本主义叫"失业",社会主义叫"待业",那一阶段还有很多人写文章论证社会主义待业和资本主义失业的本质区别。现在分析经济问题时我们多采用了西方经济理论,在谈政治问题时我们多沿用了马克思理论，二者之间如何衔接，我认为，到今天也并没有说透彻。我们经济理论和政治理论的内在有机联系还有待进一步研究。此外，劳动力市场供求双方的组织行为问题也没有很好解决，工会和雇主组织的职能及其作用，目前还存在很多与市场经济不适应的问题。

二 养老保险改革的决策背景

1995 年 12 月，国家体改委主任李铁映向劳动部部长李伯勇提出，把我从劳动科学研究院调到体改委。从那时开始，我从过去主要从事劳动和社会保障理论研究转变为主要从事有关劳动和社会保障体制改革的政策研究和制定工作。1996 年，我参与了国务院企业职工养老保险制度改革部际协调小组工作班子的工作，是工作班子的负责人之一。

中国从 1951 年开始建立职工养老保险制度，基本是照搬苏联的，根据职工的工作年限，按照退休前工资的一定比例，领取退休金。那时是国家统筹，全国总工会也管过。1967 年，取消了全国统筹，变成"企业自保"，搞了十多年，这就和苏联不一样了。为什么能搞企业自保呢？因为那时国有企业是国家的附属物，统收统支，亏了国家给补，盈了国家拿走，企业需要花多少钱，都由国家来解决。到了 1984 年，搞城市经济体制改革，中心环节是搞活国有企业，要把企业从政府的附属物变成自主经营、自负盈亏的主体。当时，还不叫市场主体，叫商品生产主体。企业要自负盈亏，亏了，养老金就发不出去，因为是企业自保。这就出现了一些新情况。像深圳这些新兴城市，年轻职工多，养老金富余，但是，在一些老工业基地，国有企业亏损，退休人员多，发不出养老金。发不出养老金，工人当然要"闹事"，应当说工人要求发养老金是完全合理的，不是闹事。他们不理解，干了一辈子，为什么拿不到养老金？从 1984 年开始，就有工人到省政府、市政府、县政府门前去静坐，逼得政府开始解决养老问题。打破企业自保，在县市层次搞养老保险社会统筹就是从那个时候开始的。1984 年首先是在广东省江门、东莞、四川省的自贡、江苏省的泰州和无锡等地开始试点，1986 年 1 月，国家体改委、劳动人事部联合印发《转发无锡市实行离退休职工养老保险统筹制度的通知》，要求各地扩大试点。

现在回过头来看，关于社会保障制度的改革，我们理论准备严重不足。十二届三中全会关于经济体制改革的决定是一个里程碑式的历史性文件，城市经济改革从此发轫。小平曾经说过，这是一部新的社会主义政治经济学。但是，在这个决定中，你找不着"社会保障"这四个字。这个决定主要是围绕搞活企业及其相关的价格、财税、经营权、所有权等问题展开。这已经是了不起的很大的突破了，我们不能要求在改革初期就想得那么周全。然而，企业一改革，自然就出现了职工的养老、医疗、失业等问题。20世纪80年代中期的养老保险制度改革真是摸着石头过河。当时，踩到哪块石头了？就是工人领不到养老金，报销不了医疗费。我们现在讲改革进程，从正面说是什么时候开始重视这个问题、那个问题了。为什么引起重视啊？很多是问题倒逼出来的。

在养老保险改革方面，存在着一个重大争论，即在中国的养老保险制度里要不要设立个人账户？如果设个人账户，是大账户还是小账户？1991年6月，在地方试点的基础上，国务院发布了《关于企业职工养老保险制度改革的决定》，开始实行职工个人缴纳一部分费用，从工资的1%～2%起步，逐渐增加。当时的设想是，因为工人个人缴了费，知道这个钱是自己的，而且保值增值，老了以后返回得就多，这样对工人缴费有激励作用。再一个考虑是，建立个人账户，就是要把这种激励作用延伸到养老保险中去。按本人工资的百分比建立个人账户，虽然都是工资的1%，但是你挣一万块和他挣一百块，差别就很大了。挣钱越多，企业为你缴的也就越多。1993年国家体改委提出的养老保险改革方案，要搞大个人账户，按照本人工资的比例，设立一个个人账户，自己缴一部分钱，企业给你缴一部分钱。参照新加坡管理模式或者智利管理模式，个人账户保值增值。那时候，社会舆论的主要倾向是反对平均主义、大锅饭，所以体改委倾向于设立大个人账户在当时也有一定道理。劳动部则强调比较传统的理论，还是要坚持社会共济，养老金的大部分按社会平均工资发放，不管你挣一万块还是挣一百块，都要按照社会平均工资发放养老金。这里，我把工资收入差距说得极端一些，这样容易理解。

1995 年 3 月，国务院发布《关于深化企业职工养老保险制度改革的通知》。当时劳动部和体改委分别提出了两个不同的方案，劳动部的方案是建立相当于个人工资 3% 的个人账户，体改委的方案是 12% 甚至 16% 的个人账户。从这两个方案看，劳动部的方案是大统筹、小账户，体改委的方案是大账户、小统筹。两家方案不一样，国务院协调不下来，决定把两个方案都拿下去，各省自己选择，各省还可以自己定个人账户的比例。结果全国 31 个省市自治区就出现了五花八门的个人账户，最小的 3%，最大的 16%，中间的 11%。

本来，搞社会保障是为了有利于建立全国统一的劳动力市场，使那些永久或暂时退出劳动力市场的人有生活保障。比如，职工退休了，就永久退出劳动力市场；失业了，是暂时退出；因病、因伤，多数是暂时退出。要给这些人一个合理的生活待遇，这就为劳动力流动提供了一个合理的平台。但是，全国各地的基本养老保险方案不一致，严重影响了劳动力的合理流动。个人账户是要随着职工自己走的，个人账户不统一，就成为职工异地流动的障碍。武汉就是典型的例子。湖北省和武汉市实行两种不同的个人账户，一个城市中，省属企业和市属企业之间职工相互调动都困难。你是 3% 的账户，我是 12% 的账户，你到我这来，前些年欠的个人账户的钱你缴不缴？企业缴的那部分钱也不一样。调出的企业说，他人都走了，我为什么给他补齐呀？调入的企业说，他过去没有在我这干，我为什么给他补？这样，就造成了很多纠纷。所以，这个政策实行仅仅一年，各地反应非常大。我们调研时，地方领导抱怨说，有人批评地方各行其是，搞无政府主义，其实不是地方搞无政府主义，是因为中央在这个问题上搞了"无主意政府"。个人账户多大，上边没准主意，让我们自己确定，一个国家的基本的养老保险制度怎么能搞成这样五花八门呢？现在回忆起来，这件事的确走了弯路。

这些问题出现以后，迫使中央高层把统一企业职工养老保险制度提到重要议事日程。1996 年，国务院要求体改委、劳动部和财政部共同研究统一企业基本养老保险制度。这个工作班子成员主要由体改委、劳动部、财政部有关人员组成。劳动部是养老保险司司长焦凯平，财政部是社会保障司司长路和平，体改委就是我。上面还有部长这一层，国务院主抓是朱镕基，体改委是国务委员兼主任的李铁映。在调研过程中，分歧仍然很大，有的地方坚持大账户，有的地方坚持小账户。各有各的道理，各有各的好处，而且都拿出国际上的经验据理力争。经过征求地方意见、专家论证、部门协调，最后拿出了一个统一方案。1997 年夏在北戴河召开的国务院常务会议上通过了《关于建立统一的企业职工基本养老保险制度的决定》，之后不久在京西宾馆召开全国会议，贯彻落实这个决定。

统一的养老保险制度可以说是一个折中方案，既不是最大的 16%，也不是最小的 3%，而是 11%。其中 8% 由职工个人缴纳，个人缴费也不是一步到位，是从 3% 起步，每年增加一个百分点，逐步达到 8%。你缴 3% 的时候，企业给你缴 8%；以后每年你多缴一个百分点，企业少缴一个百分点。除了个人账户，还有社会统筹这一块。职工退休的时候，除了领你的个人账户之外，还领社会统筹金支出的基础养老金，这个钱是企业缴的。但我们没有实行全国统筹，各统筹地市负担的养老水平不一样，缴的比例也不一样。深圳可以比较低，像沈阳这样的老工业城市，企业可能按工资总额的 30% 缴纳都不一定够用。退休职工领取基础养老金，是按社会平均工资的 20%。就是说，你挣一万块也好，挣一百块也好，基础养老金都是社会平均工资的 20%，这就把一次分配的差距缩小了。统账结合的基本养老保险制度既有个人账户的激励，又有社会统筹的共济。但是应该说，11% 的个人账户比例是比较高的，社会统筹这部分比例相对低一些。

后来，我国的社会经济形势发生了很大变化。从上世纪 80 年代末到本世纪初，短短十几年，中国由一个平均主义盛行的国家，变成了一个分配差距过大的国家。人们对养老保险中激励与公平的关系有了新的看法。在社会保障方面更要强调公平与共济。这样，2001 年启动辽宁社会保障体系的试点时，进一步调整了养老保险缴费和发放的比例。个人账户从 11% 缩小到 8%，全部由个人缴，同时增大了基础养老金的发放比例，从社会平均工资的 20% 提到 30%。这个方案从 2000 年开始设计，2001 年在辽宁开始实施，2004 年扩展到吉林、黑龙江，现在已经基本上在全国实施。一个退休人员拿到的养老金，个人账户部分要占到 30% 左右，加上社会平均工资 30%，替代率还在 60% 左右，但是结构变了，共济性加大了。也就是说，工资高的人，从养老金中拿得少一些了，工资低的和工资高的养老金差距缩小了。

我前面说过，我们在社会保障方面，理论准备严重不足。不足到什么程度？举个例子。养老保险应该归哪个部门管？20世纪80年代曾发生过激烈争论。我们的习惯思维是按所有制来区分。1984年10月，中央财经领导小组会议出过一个决定，规定国有企业养老保险归劳动部管，集体企业养老保险由保险公司管，由中国人民保险公司起草《城镇集体所有制企业职工养老保险条例》。现在回想起来，犯了低级错误。为什么发生这样的问题呢？因为当时我们对市场经济条件下怎么搞养老保险，基本上是两眼一抹黑。出国考察，看看人家是怎样搞的。中国人保公司派人去美国，由美国金融机构接待。人家说："我们保险公司经营了多少养老保险，企业的养老保险数额非常大，几万亿！"对方还介绍了养老保险怎么保值增值。他回来写报告就说，美国养老保险是美国保险业经营，或者是基金公司经营。劳动部派人去美国，是美国劳工部或社会保障署接待。社会保障署说："从1935年美国社会保障法颁布以后，养老保险都是由社会保障署管。"同时介绍了劳工部是怎样管理的。他们回来后，都跟国务院说："这个事应该由我们管。"1990年，国务院召开全国劳动厅局长会议，田纪云是副总理，罗干是秘书长。会上，时任辽宁省劳动厅厅长的慕绥新代表劳动部门发言说："怎么让保险公司管基本养老保险？法定养老保险应该都是劳动部门统一管。"田纪云说："这个问题挺复杂。罗干，你胆大，你说说，该谁管？"当时我在场，记得很清楚，罗干也没有做结论。

我认为，养老保险改革走过些弯路，也反映社会保障体制改革有一个试错的过程。问题是在试错的过程中立法比较难，很多方面没有定论。而立法滞后，工作推动就有障碍。1997年《关于建立统一的企业职工基本养老保险制度的决定》明确指出养老保险要覆盖私营企业和个体工商户，但是在实际推进中很难。开始，国有企业都不愿意参加，要让民营企业缴费就更难。地方劳动部门说，我们磨破嘴皮子，跑破鞋底子，撕破脸皮子，最后才收上这些养老金。如果立法，工作力度就大不一样了。

到现在，我国还没有在社会保险方面立法。我认为，一个是观念上的障碍，再一个是部门利益。20世纪80年代和90年代初，不同观念争论得很厉害，后来观念的问题越来越淡薄，部门的利益越来越突出。不过现在又出现了回潮，有相当一批人，包括一些比较有名的经济学家，还有一些年轻人，他们认为还是马克思说得对，咱们现在把社会保障制度改坏了，还是应该回到《哥达纲领批判》的观点，由国家把社会保障全部包下来。他们说，现在的社会保障制度还不如50年代，最典型的是医疗改革，医疗保险改革总体不成功，他们拿现在和50年代做简单比较。比如说，从1949年到1959年，平均寿命提高多少，婴儿死亡率降低多少；现在经济发展这么快，人均寿命才增长几岁？婴儿死亡率下降多少？甚至没下降，农村地区还增加了。所以说现在还不如50年代。有些人认为，从基本理论上说，现在的东西就是新自由主义，争论很大。过去争论的是大账户还是小账户，是省级统筹还是全国统筹，主要是技术层面的问题、具体制度的设计问题。现在又回到是社会主义制度还是资本主义制度的本质争论，说社会保障甚至整个经济体制改革的方向根本就错了，这个问题就大了。我个人的观点，不同意全盘否定社会保障制度改革，更不同意彻底否定整体的经济体制改革，倒退计划经济没有出路，应当坚持市场导向的经济体制改革，进一步完善与其相适应的社会保障体系。

三　医疗保险改革的决策背景

我先后参与过劳动体制改革、养老保险、失业保险和最低生活保障制度改革的相关理论研究或政策设计工作，我感到最难搞的是医疗保险，真是世界性难题。

1994年，国务院决定，在江西的九江和江苏的镇江进行企业职工医疗保险制度改革试点，简称"两江"试点，成立了国务院职工医疗保险改革领导小组，国务委员彭佩云任组长，几个主要部委分管的副主任或副部长任成员，下面成立了一个办公室，放在体改委。

我讲一个小插曲。1994年开始搞"两江"试点，劳动部和卫生部各抓一个点，劳动部侧重九江，卫生部侧重镇江。劳动部认为，这件事情作为社会保险的一个方面，应该是劳动部牵头；卫生部认为，这是医疗卫生问题，应该卫生部牵头。到了发文件的时候，两家为了文件上谁的名字排在前边争执不下。后来，听说佩云同志生气了，坚持把医改交给体改委牵头。当时铁映同志还不愿意牵这个头，但佩云同志还是坚持。这样，我调到体改委任社会保障司司长就自然兼任国务院职工医疗保险制度改革领导小组办公室主任，医改办的副主任有体改委社保司副司长乌日图、劳动部的胡晓义、财政部的杜俭、卫生部的蔡仁华，后来又逐步扩展到药监局、经贸委、国家计委等单位参加。

医疗保险的决策分歧在什么地方呢？一开始，也要搞一个大账户，后来考虑医疗保险和养老保险不太一样，各方面反应强烈，就搞了一个比较小的账户。"两江"试点和后来50多个扩大试点城市的经验，大多数都是规定基本医疗保险基金由用人单位和职工共同缴纳，职工缴费在起步阶段为本人工资的2%，单位缴费比例控制在工资总额的6%左右。职工自己缴的2%完全进个人账户，企业缴的6%，按30%比例进个人账户，剩余部分进社会统筹。小病由个人账户支出，住院了大病可以到社会统筹基金去报销。为什么这么设计呢？因为当时医疗费用大幅度超支，企业和事业单位不堪重负，财政也负担非常重。从1978年到1994年不到20年的时间，医药费用大概上涨了28倍。它不是一个单纯的医疗保险问题，涉及医院的管理体制和财务体制。医疗保险之所以复杂，就是因为它不像养老、失业保险那样，退休人员领了养老金，想怎么花，就怎么花。医疗保险基金的支出不是你想怎么花就怎么花，而是医生说怎么花才能怎么花。这就涉及医生的行为是不是端正，医院的行为是不是端正的问题。"两江"试点和扩大试点的经验说明，不合理的大额医药费用以及检查费用之所以产生，主要责任不在患者，而在医生、医院的行为扭曲。深入研究医生行为、医院行为，又是一大堆问题。医院要买药，又涉及药品的流通体制和生产体制。所以，医疗保险很复杂。西方国家药品生产市场化程度很高，医院的管理也形成了一套规范的制度，他们侧重研究医疗保险问题就行了。我们在体制转轨过程中，医院管理体制和药品生产流通体制都在摸索，都是不稳定的，各种各样的问题，交错在一起，使医疗保险制度改革非常复杂。

改革开始是从医疗保险入手的。开始对医疗保险要不要设个人账户，也有过很大争论。镕基总理早期是坚持大个人账户的，后来他变了。1997年底，朱镕基听我们汇报。会上，朱镕基提出："个人账户不一定搞那么大。"那时候，他还是副总理。佩云同志就说："镕基同志，上次就在这个会议室你说要搞大个人账户，大家都听见了。"朱镕基有点下不来台，他不好冲着彭佩云发脾气。但等卫生部部长陈敏章发言后，朱镕基忽然冲他大发雷霆，说："我说话，你们就当放屁！本来我就不爱管这件事，是你们让我来过问的。我说了，你们又不听！"他说："我看就这样，单位缴6%，个人缴2%。你们还有什么意见？陈敏章你还有什么意见？没有意见就这么定了。"单位缴6%就这么定下来了。当时，彭佩云捂着脸坐在那里，一句话都不说。她知道朱镕基是冲她来的，如果再争下去，非吵起来不可。会后，彭佩云和她的秘书姚晓曦商量，6%很多城市不够用啊！是不是再给镕基写个东西？最后文件上写的是单位缴费6%左右。

1998年初，讨论《关于建立城镇职工基本医疗保险制度的决定》初稿时，在大都饭店开了一次医改领导小组会。那时，彭佩云同志已经确定不再担任国务委员了，会议由时任国务院副秘书长的张左己主持，我还是医改办主任。我提出："'两江'方案不是很成熟，医改问题很复杂，一些关键问题还说不太清楚，是不是再反复比较，酝酿一下，不急着出台决定。"会上有人说："新政府一上台，要有政绩，出台这个文件恰逢其时。"张左己看我对尽快出台文件的态度比较消极，当场拍板，文件起草工作由医改办一位副主任负责。我从这个会议之后就实际上被免去医改办主任了。1998年政府换届，成立劳动和社会保障部，原国务院医改办人员都合并到劳动和社会保障部，就是不要我这个主任，只有我留在国务院体改办。

1998年底，《国务院关于建立城镇职工基本医疗保险制度的决定》出台。这个文件出台比较仓促。这里，我并不是否定医疗保险制度改革。我只是认为，有些问题考虑得不够周全。后来国务院发展研究中心有一个研究报告，说医改总体不成功，这已经是2005年的事了。有人知道我当初不赞成仓促出台医改方案，找到我，大约是希望我也说两句否定的话。我说我不赞成医改总体不成功的结论，更不同意撇开经济体制改革的复杂背景，简单拿建国初期50年代的数据与现在比较。与其说医改总体不成功，不如说医改滞后于经济改革，进展慢了，力度小了。我当初不赞成过早出台医疗保险改革方案，现在不赞成否定医改的原则和方向，主要是我感觉"两江"试点反映了一个比较大的问题，需要即时支付的医疗保险险种，是不是有必要搞个人账户？养老保险搞个人账户有它的道理，当然也有人反对。但养老保险是积累性的，不到60岁不会用，这笔钱可以拿去保值、增值。而医疗保险则不同，你无法知道什么时候会得病。尽管从概率上来看，二三十岁的人得病的比例要比五六十岁的人少，但就个人来说则很难讲。设了个人账户，会大大增加管理难度和管理成本，加大监管难度和监管成本。

关于最初在医疗保险中设个人账户的问题，我判断，劳动部不会提，卫生部也不会，还是体改委提出来的。我记得，李伯勇和王建伦都说是体改委提出的。好多人都这么说，体改委怎么那么迷上了个人账户。在国际上，医疗保险基本上没有设个人账户的。2000年，我们找了各方面的国际专家在钓鱼台开会，讨论完善我国的社会保障体系问题，也就是要在辽宁搞的试点。当时主要讨论失业、养老、医疗保险问题。第一是完善失业保险，把企业内部下岗职工再就业服务中心逐步撤销，下岗人员和失业人员并轨，国际专家没有人反对。因为没有哪个国家在企业内部还搞一个下岗职工再就业的中心，这到底是企业，还是社会保险机构啊？再这么搞下去，很多国有企业就变成社会保障管理机构了。企业的经营者要管职工养老，管失业，生产经营就顾不上了。第二是关于养老保险要不要搞个人账户，个人账户是大是小，国际专家分为两派。国际劳工组织认为，你最好不要搞个人账户，要搞也搞个小的个人账户。世界银行专家、智利专家主张搞个人账户，大账户，然后再经营运作。两方面的国际经验都有，国际上争论半个多世纪了。第三是医疗保险问题，与会专家没有一位能理解中国为什么要搞医疗保险个人账户。然而，医疗保险的个人账户写进十四届三中全会文件里了，后来又写在国务院方案里了，"两江"试点之前就写进去了。要改中央文件很难。

那时候，我讲了一些自己的观点。在一次会上，佩云同志说："宋教授，宋教授，你现在已经不是教授了。"我理解，她的意思是说你现在是国务院医改办的主任，不能发表质疑国务院决定的话，你现在是国务院的一个行政官员，必须执行国务院决定。以后，我在公开场合从不讲质疑医疗保险个人账户的意见。但我一直担心搞医疗保险个人账户弊大于利。要不要在基本医疗保险里搞个人账户，应该深入探讨。至今，我还是坚持这个观点，我建议把个人账户转到补充保险去。

谈到《国务院关于建立城镇职工医疗保险制度的决定》，还应当提到一个执行中的问题。这个《决定》不只是针对企业职工的，还包括国家机关工作人员。当时，为了避免企业与机关事业单位养老保险待遇不平等的问题，要建立统一的覆盖城镇所有职工的新型医疗保险。再说，医疗保险和养老保险不一样，一个家里的人，我有保险你没有，可以以我的名义拿药给你吃。医疗费用的黑箱转移很难控制。尽管1998年出台了国家公务员和企业职工统一的医疗保险制度，实际上机关公务员至今没搞，事业单位也多数没搞，中央各部门至今没有缴费也没有建立个人账户。中央政府郑重推出的新的医疗保险制度，只有企业职工在实行。你既然说好，为什么国家公务员不参加呢？而且文件上明明写着1999年底要统一，为什么不按文件办啊？因为实际上公务员的医疗待遇高，参加医疗保险个人就得交钱，而且待遇会相应有所降低。当时规定，副部长以下的全参加，正部长不参加，因为正部长有医疗保健。我们到海南去的时候，时任书记兼省长的阮崇武表示他要在海南带头参加医改。他说："谁说正部长不参加，我就参加！我就拿医疗保险卡去医院看病。"当时设计，副部长还是有专门的区域看病，不用排队，住院有单人病房。但哪些该报销，哪些不该报销，基本和老百姓一样。但实际执行过程中，就大不一样了。医疗保险里的特权反映特别突出，但是没办法。你中央不是部长不参加吗？那到了省里，局长就可以暂不参加，到了市里，处长就可以暂不参加，一暂时就十多年了，你让老百姓怎么说！

城镇职工基本医疗保险制度确定后，国务院开始抓相关的配套改革。李岚清副总理负责，抓医疗保险、医疗机构管理体制和药品生产流通体制的综合配套改革，当时叫医、保、药三项制度改革。岚清副总理在1998年8月的一期《群众反映》上批示：只改医疗保险，不搞医院和药品流通体制改革，医药费是降不下来的。国务院成立了部际联席会议，还是要体改办牵头，我又成了工作班子的负责人。参加部际联席会议的单位有八个，体改办、计委、经贸委、财政部、劳动和社会保障部、卫生部、药监局、中医药局。卫生部门和药监部门分歧最明显。调研时，有的地方两个部门负责人当面相互指责。卫生部门说是药商腐蚀医院，医药代表直接给医生开药品销售提成。药监部门，特别是医药公司的，说医院垄断药品销售，致使药品生产流通企业不得不贿赂医院，是医院变相索贿。有一次双方争吵激烈，卫生局副局长激动得犯了病，当场吃硝酸甘油。我主持会议，赶紧让他休息。经过部门之间的争论与妥协，也征求了各方面的意见，包括医学界、经济学界和医院院长的意见，2000 年最终出台了《关于城镇医药卫生体制改革的指导意见》。这个指导意见明确提出医药分开、营利性医疗机构与非营利性医疗机构分开、调整卫生资源配置、实行卫生工作全行业管理、发展社区卫生组织、规范财政补助范围和方式等改革方向及措施，现在回顾，文件的基本精神是正确的，改革的方向也对头，可惜贯彻落实不力，原定与这个指导意见配套的若干具体改革方案，有的还没来得及出台，2003 年政府换届了，又遇到"非典"，注意力转到加强公共卫生，医药的三项改革实际被放下了。以药养医的问题不仅没解决，反而愈演愈烈，由此引发的如哈尔滨"天价药"丑闻等一系列问题不断，医患矛盾加剧，到 2005 年有人提出医改总体不成功的论断，得到群众广泛认同也不足怪。

2000 年，城镇医、保、药三项制度改革指导意见出台后，岚清副总理说："城镇医药改革方向明确了，马上着手研究农村问题，搞新型农村合作医疗。"新农合还是由体改办牵头，我仍然担任工作班子负责人。从 2000 年开始，我们到 8 个省的农村调研，看到农村卫生院破败的情况，农民因病致贫、因病返贫的情况，我对城乡医疗卫生差距之大感到很吃惊，因为我从1972 年回北京后，再也没有到过农村。搞新型合作医疗大家都赞成，但争论也很多。最大的争论是当时财政部参加这个工作班子的同志不同意给新农合出钱，道理很简单，农村合作医疗是农民跟农民自己合作，还是农民跟政府合作啊？既然是农民跟农民自己合作，政府为什么要出钱？我们说，这得靠政府支持、扶植和引导。一开始，卫生部想为全国每年每个农民向财政部要五毛钱的医疗费用，我们主张每个农民最少补助 10 元，现在盖个楼 40亿、50 亿不算什么，给这点钱不行吗？体改委副主任李剑阁说，每年每个农民给 10 块，全国最多就 80 亿，相当于修 80 公里高速公路。刘仲藜支持我们的意见。为这个问题我们工作班子有一次在杏林山庄争论到夜里 1 点多，卫生部基层卫生组织与妇幼保健司司长李长明气得血压升高。这个仗打一直打到李岚清办公室。记得当时岚清副总理主持，刘仲藜、高强、张文康和财政部一位副部长参加，我作为工作班子负责人也参加了。最后，李岚清拍板："财政出钱，中央出 10 块，地方再出 10 块，农民自己拿 10 块，30 块钱起步。"国务院常务会议讨论的时候，家宝副总理说了非常支持新农合的话。镕基总理担心，这个钱到不了农民手里，中间不知道被谁截流了。他的考虑也有道理。所以，镕基总理决定，先给两个亿搞试点，总算在 2002 年把新农合的文件出台了。

现在回顾社会保障体制改革，走了比较曲折的道路。我把社会保障改革分为三个阶段。

第一段从 1984 年到 1993 年前后。那时候，我还没有参与政策制定工作，只是参与一些理论研究和学术争论。应该说，那一段社会保障理论准备严重不足，真是摸着石头过河。

第二段是 1993 年到 2003 年，改革目标正式明确为建立社会主义市场经济，指导思想就变了，发挥市场配置资源的基础性作用，从计划控制演变成宏观调控。当时，在构筑社会主义市场经济体系包括五大子体系时，社会保障作为一个重要的子体系提了出来。社会保障理论地位大大提高，社会保障进入了体系框架构建阶段。从成就来说，这一阶段社会保障制度在框架结构上取得了很大进展。养老保险、医疗保险统账结合的制度框架建立起来了，管理办法确立了。1997 年统一了养老保险制度，1998 年出台了医疗保险制度，1999 年出台了失业保险制度和最低生活保障制度，这四个最主要的社会保障项目的制度框架都是在这一阶段构建的。新的社会保障制度框架打破了计划经济条件那种中央高度集权，委托单位管理，国家出资，低工资、高福利，主要覆盖全民所有制单位的劳动保险制度。这是社会保障制度建设的历史性进步。但在实际工作中，社会保障改革仍然没有打破与国企改革配套的局限。我亲历的养老、医疗保险都是在解决国有企业的困境，搞医疗是为了国有企业解困，搞养老是为了提高国有企业竞争力，而不是考虑怎么能够公平合理安排不同人群的保障。

第三段，2003 年至今，提出以人为本，科学发展观，城乡协调，经济社会协调。这个时候，社会保障中的一些理论问题才比较好解决了。如果停留在国有企业改革中心环节这个框子里，一些问题就得不到解决。现在，有些人否定医改，进而否定社会保障制度改革，甚至否定整个经济体制改革，挑出好多毛病。客观地讲，毛病确实有，但有它形成的历史原因，也有改革过程当中很难避免的原因。后来，我没参加城镇居民基本医疗保险政策文件的研究，但前期的工作我是知道的。我们在做"两江"试点时就说，先从企业职工搞起，然后是职工家属，逐步涉及城镇居民。镇江大概 2002 年、2003 年就搞了全民的医疗保险。现在，医疗保险覆盖城镇职工 2 亿多人、城镇居民近 1 亿人，新农合覆盖 8 亿农民，还有一块医疗救助，从制度上说基本达到了全覆盖。农村也建立了最低生活保障制度，一些经济较发达地区在探索农村社会养老保险，这些在社会保障作为国企改革配套措施的时候都很难提到议事日程。再有，提出基本公共服务均等化为深化社会保障制度改革提供了有力的理论武器，我们不仅要为过去没有被覆盖的贫困群体提供基本保障，还应当考虑适当削减党政干部以及国有垄断部门过高的基本保障水平，至少不要扩大不同群体之间基本保障水平的差距了。

亲历中央重要改革文件的
起草过程 （下）

口述者：高尚全
访谈者：萧冬连、鲁利玲
时　　间：2009 年 2 月 12、16 日
地　　点：中国经济体制改革研究会会议室
整理者：萧冬连、鲁利玲

　　90 年代初，改革出现了回潮。有人提出了资本主义改革还是社会主义改革的两种改革观问题，并在《人民日报》发表文章，说改革的方向搞错了，搞了资本主义。当时，对市场经济批得很厉害，说是资本主义，利用外资也是资本主义。在这种情况下，1992 年小平同志发表了南方谈话，指出："计划多一点还是市场多一点，不是社会主义与资本主义的本质区别。计划经济不等于社会主义，资本主义也有计划；市场经济不等于资本主义，社会主义也有市场。计划和市场都是经济手段。社会主义的本质，是解放生产力，发展生产力，消灭剥削，消除两极分化，最终达到共同富裕。"根据小平同志南方谈话，十四大确立了我国改革的目标，就是"建立社会主义市场经济体制"。目标明确了，社会主义市场经济体制到底怎么建立呢？我们没有经验。1993 年，中央决定起草一个决定，就是十四届三中全会通过的《关于建立社会主义市场经济体制若干问题的决定》。

三　推进要素市场化：《中共中央关于建立社会主义市场经济体制若干问题的决定》

1993年5月，中央政治局举行全体会议，决定下半年在北京召开党的十四届三中全会。全会的主要内容是，讨论建立社会主义市场经济体制问题，并做出建立这个体制的若干决定。5月31日，江泽民主持召开文件起草小组的第一次会议。会上，宣布成立文件起草小组，温家宝是起草小组组长，他是以中央书记处书记的身份主持起草工作的。我参加了起草小组，还有郑必坚、项怀诚、王梦奎、刘国光等，共25人，有关部门的负责人都参加了。起草小组下面分几个分小组，我负责市场体系，我们这个小组有三个人，郑新立、张卓元和我。在这次会议上，江泽民就《决定》的框架、主要内容及需要回答的问题等提出了一系列要求。他强调，起草这个《决定》要以邓小平同志建设有中国特色社会主义理论和十四大报告精神为指导思想，为社会主义市场经济体制的建立提供一份纲领性的文件。还说，这个《决定》对于改革开放和现代化建设具有十分重要的意义，关系到本世纪末直至下个世纪中国的发展。温家宝对起草工作提出要求：在如何建立社会主义市场经济体制的问题上，《决定》要比十四大前进一步，在推进改革的政策措施上要有新突破，长远目标要明确，起步要扎实。必须要以高度的责任心和使命感，集中精力才能起草好这个文件。

经过两天半的学习讨论，起草小组初步确定了文件的框架。半个月紧张工作过后，起草小组草拟了一份共10个部分、53条的文件提纲。不久，中央政治局常委听取了起草小组关于《决定》起草内容的汇报，并原则同意了这个提纲，要求据此开始正式文件的起草。从6月下旬开始，起草组用了两个月时间，先后完成了第一稿至第四稿。

9月9日，中央政治局常委在中南海再次听取起草小组关于第四稿的汇报，根据中央政治局常委讨论的意见修改后形成第五稿。江泽民总书记和常委各同志分别就确立现代企业制度，加快金融、财税、投资、社会保障制度改革步伐，重视科技教育工作等问题提出意见。会议对《决定》第五稿表示原则同意，并要求起草小组在此基础上加以修改，逐步完善。

9 月 20 日，在怀仁堂召开的中共中央政治局全体会议，又讨论了修改后的《决定》第六稿。会议认为，这一稿符合邓小平同志建设中国特色社会主义理论，是与党的十四大精神相吻合、相衔接的，有所创新，有所突破。会议原则同意这个文件，并提出了一些具体的修改意见和要求。

9 月底，中共中央把《决定》的第六稿印发到全国各省、自治区、直辖市以及中央和国务院的各部门、各单位征求意见。党的十四届中央委员会委员、候补委员，中央党政军各部门负责干部，各省、自治区、直辖市和各大军区的党委负责同志参加了对《决定》征求意见稿的讨论。他们在总体上给予肯定的同时，提出了多达 1050 多条修改意见。这些意见大到文件的结构、内容，小到文句字词、标点符号，充分体现了严肃、认真、负责的精神。

10 月 15 日，中共中央召开党外人士座谈会，征求各民主党派、全国工商联负责人和无党派知名人士对《决定》草稿的意见。这些长期与中国共产党合作共事的代表人士对建立社会主义市场经济体制，提出了许多修改建议。在此期间，中央常委会同志还分别召开了党内老同志座谈会和经济界专家座谈会，征求意见，听取建议。根据各方面的意见，起草小组对《决定》征求意见稿又做了 270 多处修改，形成了《决定》第七稿。

在文件起草过程中，取得了一些进展。一个是我们组提出了资本市场的问题。提出这个问题的时候，好像没有什么争论，但这也是一个重大突破啊！因为解放以后就不能提资本市场，认为它是跟资本主义相联系的，社会主义只有资金，只能讲资金怎么流转、怎么利用，不能提资本，更不能提资本市场。因此，十四届三中全会能提出资本市场，是一个重大突破。另一个是关于劳动力市场的问题。1985 年提出"劳务市场"，十三大提出"劳动就业市场"，这次准备还是提"劳动就业市场"。对此，我提出，应当明确提"劳动力市场"。当时，起草小组的阻力挺大，有的同志不赞成，认为劳动力怎么能进入市场呢？工人阶级是主人翁，怎么能进入市场？8 月 30 日的第三稿第 14 条，我们是这样写的："当前培育市场体系的重点，是发展要素市场，包括金融市场、房地产市场、劳动力市场、技术市场、信息市场等。""改革劳动就业制度，逐步形成劳动力市场。"但是，到了9月28日的征求意见稿就发生了变化。征求意见稿第13条提出："当前培育市场体系的重点是，发展金融市场、劳动就业市场、技术市场和信息市场等。""改革劳动制度，逐步形成劳动就业市场。"为什么把劳动力市场改变为劳动就业市场呢？主要担心的是，提出劳动力市场，会影响工人阶级的主人翁地位，引起政治上的不良反应。

针对这个情况，我写了一个《为什么要提出"劳动力"市场》的研究报告。首先，送薄一波、李岚清同志征求意见。没有想到他们很快做了批示。10月14日，薄一波批示："尚全同志：我对这个问题没有做过深入研究，在目前我们实行市场经济或者叫社会主义市场经济，提出劳动力市场是自然而然的。因此，我同意你的五点论述，但我觉得不必多争论，经过几年自然而然（或顺理成章）地解决。"10月15日，李岚清批示："尚全同志：我原则赞成这个意见。但劳动力一般理解为体力劳动，劳动力市场应为广义的概念，应包括脑力劳动，因此提法上还值得推敲。"两位老领导的批示和支持给了我坚持"劳动力市场"的勇气。当时，起草小组有的朋友劝说："老高，中央有的领导不赞成劳动力市场的提法，你不要白费劲了。"对此，我仍不动摇。

11月3日，中央政治局常委开会讨论《决定》的修改稿，除中央常委外，个别政治局委员也参加会议，起草小组正副组长以及分组负责人也列席了会议。温家宝同志代表起草小组做了汇报。他说，需要请示的问题，主要有两个：一是关于"企业法人财产支配权"的提法。体改委等许多单位认为这个概念表述不清，而"法人财产权"有比较科学的界定，与国家所有权有严格区别。采用"法人财产权"的概念，既与《企业法》、《企业转换经营机制条例》所规定的经营权相衔接，又充实了经营权的内容，有利于企业真正成为自主经营、自负盈亏的法人，符合建立现代企业制度的要求。二是关于劳动就业市场问题。体改委、劳动部等部门和一些同志建议，把"劳动就业市场"改为"劳动力市场"，认为这是生产要素市场不可缺少的重要组成部分。其中，高尚全同志的意见比较系统，根据泽民同志的批示已经印发常委各同志。这个问题，需要请中央决定。

在会议讨论中，有个别人仍然不同意提出劳动力市场问题。本来，在政治局常委会议上我是不该发言的，但我想，如果我不发言，就没有了机会，劳动力市场肯定写不上去。所以，我发了言，一下子讲了5条理由：第一，劳动者跟劳动力是有联系又有区别的。劳动力如果不进入市场，他的劳动价值不能体现出来。过去，搞平均主义，搞导弹跟卖茶叶蛋的一样。劳动能力进入市场，市场就有个评价。进入市场的是劳动者的劳动能力，不是劳动者本身。有人认为，劳动力市场是像过去的奴隶市场一样，是误解。第二，现在搞市场体系，如果最活跃的劳动力不进入市场，这个市场体系很难建立起来。第三，我国就业压力那么大，靠政府配置劳动力根本解决不了。一年新增的就业人口1000多万人，老的分流下来的劳动力要安排就业，靠什么？靠市场。第四，我们实际上已经有劳动力市场，就是一个承认问题。第五，劳动力市场不会影响工人阶级的主人翁地位。我讲了李光耀先生有个看法，他说："你们的汽车司机的态度不够好。为什么呢？因为他认为我是工人阶级，是主人啊，主人怎么为仆人服务呢？所以心态不平衡。"应该说，工人阶级跟工人是有区别的，工人阶级作为一个阶级，跟它的一分子是有区别的。我们过去混淆了，认为工人阶级是革命的，学校里派个工宣队，好像越不识字的人越革命，派工宣队员去领导知识分子。我讲完后，总书记只问了一句话："提出劳动力市场，社会上能不能接受？"第二天，我找了主持起草小组的温家宝同志，我有点内疚，说昨天在会议上不该我发言，但考虑到如果不抓住机会，劳动力市场就不可能写进《决定》了。家宝同志没有批评我，而是说："我赞成你的意见，但能不能上中央文件我也没有把握。"为了把"劳动力市场"写到《决定》上去，他做了很大努力。在这次会议之前，10月30日，家宝同志在我的《为什么要提出"劳动力"市场》一文上批示："请泽民同志参阅。"10月31日，江泽民同志批示："复制请常委同志参阅。"中央政治局几位常委没有意见，因此，《决定》采纳劳动力市场的提法。

11月6日，中央政治局第二次举行会议，对修改后的《决定》进行研究。会议原则同意了这一稿，决定将其做部分修改后提交即将召开的党的十四届三中全会讨论。11月11日，经过广泛讨论、反复修改，长达17000多字的《决定》第八稿摆在了出席三中全会的中央委员和候补委员面前。全会期间，委员们对此又进行了认真的研究和讨论，并做了近百处的修改。

在历时五个半月的时间里，起草工作是紧张的、繁重的，起草小组的同志付出了辛勤的劳动。回顾起草过程，可以清楚地看到，《决定》的起草过程，是充分发扬民主，在民主的基础上集中全党智慧的过程。它是在党中央领导集体的直接领导下进行的，集中了全党的智慧，体现了全党全国各族人民的共同意志。11月14日，党的十四届三中全会通过了《中共中央关于建立社会主义市场经济体制若干问题的决定》。

四　迈向新世纪的行动纲领：十五大报告

1996年10月16日，中央政治局常委会决定，成立十五大报告起草小组；组长是温家宝，我是起草小组成员。经过半个月的准备，10月31日，起草小组召开了第一次会议。我参加了这次会议，分工负责起草所有制部分。从报告起草工作一开始，中央政治局常委会就提出，十五大的主题是，高举邓小平理论的伟大旗帜，把建设有中国特色社会主义事业推向21世纪。

11月16日，温家宝主持起草小组全体会议。他说：十五大要总结五年，回顾百年，坚持走中国特色社会主义道路；明确提出邓小平理论，是当代马克思主义与中国实践相结合的中国特色的马克思主义；社会主义初级阶段与初级阶段纲领，是基本国情，是确定各项工作的依据，十三大以后有丰富的内容，一百年不动摇。经济问题是十五大报告的重点，要坚持改革开放，通过改革，解决经济中存在的问题，促进经济稳定、持续发展；坚持公有制为主体不能动摇，但公有制也要完善发展，大家说到的大而全、小而全、政企不分等，这说明要通过改革来完善。

12月11日，江泽民同志同起草小组做了第一次谈话。在这次谈话中，江泽民深刻阐述了党的十五大的重要意义，回顾了一百年来中华民族的发展史，新中国成立近五十年的发展史。他说：十一届三中全会以来，中国共产党召开了三次全国代表大会，回答了在中国建设社会主义的一系列重大问题。我们党已经形成了邓小平理论，形成了社会主义初级阶段的"一个中心、两个基本点"的基本路线，确定了建立社会主义市场经济体制的改革目标，制定了现代化建设分三步走的战略部署。回顾过去，是为了展望未来。十五大报告要回顾一百年，回顾五十年，回顾改革开放以来的二十年，特别是要总结十四大以来的五年。要展望下个世纪的前五十年，进一步描绘到建国一百周年时我国经济和社会发展的宏伟蓝图。此后不久，十五大报告产生了第一稿，其基本框架在随后举行的中央政治局常委会上得到肯定。

十五大报告需要回答的一个重点问题是，中国经济能否持续健康快速发展，社会主义市场经济体制能否建立起来？这关系到有中国特色社会主义道路能否成功。为了进一步明确经济体制改革的方向和任务，1997 年 1 月 17 日，江泽民同志对起草小组做了第二次谈话，着重讲了经济体制改革有关的十个问题。他说，公有制为主体、多种所有制经济共同发展，是我国社会主义初级阶段的一项基本经济制度，这项制度需要通过改革不断完善和发展，这是经济体制改革的一项重大任务，任何情况下也不能动摇。在坚持公有制为主体的前提下，一切符合"三个有利于"的所有制形式都可以而且应该用来为社会主义服务。公有制经济要寻找能够极大促进生产力发展的实现形式。股份制是现代企业的一种资本组织形式，资本主义可以用，社会主义同样可以用。目前，广大城乡出现了劳动者的劳动联合和资本联合为主的股份合作制形式，这是中国经济发展实践中出现的新事物，应以积极态度予以支持。在这次谈话中，江泽民强调指出，确立公有制为主体、多种经济成分共同发展的所有制格局并使之进一步展开，十分重要。十一届三中全会以来，我们党真正走出了一条正确的路子，消除过去由于所有制关系不合理造成的对生产力的羁绊，大大解放和发展了生产力。全党应深刻认识这个重大经验。

5 月 29 日，江泽民同志在中央党校省部级干部进修班毕业典礼上发表了重要讲话。这个讲话，从邓小平建设有中国特色社会主义理论、社会主义初级阶段、经济发展和经济体制改革、党的建设等四个方面，对中央研究确定的十五大报告稿的几个主要问题进行了论述。他指出，旗帜问题至关紧要，旗帜就是方向，旗帜就是形象。在社会主义改革开放和现代化建设的新时期，在跨越世纪的新征途上，一定要高举邓小平建设有中国特色社会主义理论的伟大旗帜，用这个理论来指导我们的整个事业和各项工作。这是党从历史和现实中得出的不可动摇的结论。

在起草文件的过程中，先后召开三次中央政治局常委会议，中央政治局也专门召开会议，对报告稿进行讨论和审议。出席会议的同志对报告稿中确定的跨世纪行动纲领、主要任务、方针政策等许多问题进行了反复讨论。在一些重要的文字表述上进行了仔细斟酌。中央领导对十五大报告主要观点和内容在认识上取得了高度的一致。根据江泽民同志的讲话精神和中央政治局常委、中央政治局的讨论意见，起草小组又多次对报告稿进行了认真的修改。

7月10日，根据中央政治局会议的决定，经过反复修改的十五大报告第五稿印发中央和地方135个单位征求意见。参加讨论的有十四届中央委员会和中央纪律检查委员会的成员，有中央党政军各部门和各人民团体的党员负责干部，有各省区市和各大军区的党委负责人，有十五大代表和党内老同志，共约4000人。

8月1日，中央邀请党外人士在中南海召开座谈会，江泽民同志到会直接听取了党外人士的意见。座谈会上，多年与共产党合作共事的党外朋友，以对共产党工作、对国家现代化建设和对下世纪中国前途的关心，敞开思想、献计献策，对报告稿的修改提出了许多好的意见和建议。

在征求意见的过程中，各单位对报告稿的主题、基本框架和基本观点，特别是邓小平理论、社会主义初级阶段的基本路线和基本纲领、调整和完善所有制结构、股份制和股份合作制、依法治国等重大问题的论述，一致表示赞同。同时，也提出许多好的修改意见和建议。起草小组对这些意见和建议逐条逐句进行研究，又对报告稿进行了修改，共修改800多处。这些修改，重点对十四大以来五年工作的总结、邓小平理论的概括、正确处理改革发展稳定的关系、农业和地区经济布局、科教兴国战略、有中国特色社会主义文化同社会主义精神文明的关系、祖国统一等问题做了修改和补充，较大地充实和加强了党的建设的内容，加重了结束语的分量。同时，对党内外普遍关注、涉及全局和群众切身利益的热点问题，如国有企业的改革和发展、部分企业职工下岗、机构改革、地区发展和收入分配差距，反腐倡廉、社会治安等问题，也都加强了论述。报告还对有的段落做了结构调整。根据各方面的意见，报告稿又修改出一稿后，中央政治局常委会和政治局全体会议再次进行了讨论。随后，报告稿根据这两次会议的意见再次进行了修改。

9月6日，党的十四届七中全会在京开幕。在三天的讨论中，出席会议的中央委员、候补委员，列席会议的中央纪律检查委员会委员，对报告第八稿进行了认真仔细的审议和讨论，提出了一些修改意见和建议。根据这些意见和建议，报告又做了修改。经过反复修改，最后形成了三万多字的第九稿。报告站在世纪之交的历史高度，回顾百年，展望未来五十年，全面论述了我国社会主义现代化建设的一系列重大问题，思想极其深刻，内容极为丰富。9月9日，十四届七中全会通过了这个修改过的报告稿，决定提请党的十五大审议。

在起草文件的同时，我做了一些调查研究。当时，有人认为，华为科技公司姓"资"不姓"社"，一是因为华为国家没有投入；二是搞了员工持股，因此没有坚持社会主义方向。作为一个改革工作者，我是反对这种观点的。为了更有说服力，我专门去深圳进行了调查研究，时任深圳市委书记的厉有为，很支持我的观点。经过实地调研发现，华为确实国家没有投入，员工持股后，充分调动了积极性和创造性，企业发展了，员工的收入提高了，国家的税收增加了。华为的案例有两个特别重要的提示：一是打破了姓"资"姓"社"的理念，用实践回答了并非国家投资就是社会主义，私人投资就是资本主义；二是华为创新了公有制的实现形式。华为的实践证明，一切符合"三个有利于"的所有制形式都可以为社会主义服务。十五大报告明确写上"劳动者的劳动联合和资本联合的新型集体经济尤其要鼓励和支持"。

关于所有制问题，十五大报告有了新的突破。第一，提出公有制为主体、多种所有制经济共同发展是社会主义初级阶段的一项基本经济制度，这个过去没有提。把它与社会主义初级阶段相联系，强调它是长期的。第二，提出公有制的实现形式应该而且可以多样化。原来所谓公有制，就是国有的和集体的。第三，提出国有经济比重减少一些不会影响社会主义的性质。这个也很重要。第四，提出国有经济的主导作用主要体现在控制力上面。有两种模式，一种模式是一个企业 100% 地国有，还有一种模式是国有占 20%，其他是多种所有制成分。究竟哪一个控制力强呢？我说，前一种模式只控制一个企业，后一种模式可以控制五个企业，控制力加强了。所以，后来提主导作用主要体现在控制力上面。第五，提出各类企业包括不同所有制企业都是平等竞争的。最后，提出非公有制经济是社会主义市场经济的重要组成部分。这六条是很大的突破。

十五大报告中关于政治改革的部分，由另外两位同志负责起草。这里也有个故事。我跟他们说："报告稿里民主有了，法制也有了，但是为什么没有人权和自由啊？"他们说："没有地方放了。"我说："这不行的。"后来，在家宝同志主持的一次起草小组大会上，我提出："必须要把自由和人权这两个概念写上去。"我当时讲了三点理由："第一，我们每个人想一想，问一下自己要不要自由，要不要人权？我相信，如果不说假话的话，都要自由，都要人权。说假话是另外一回事。如果我们都要，那么为什么不能写上？第二，宪法上讲了有这样那样的自由，为什么十五大就不敢提了呢？怕什么呢？怕就怕自由化嘛！自由化受到批判以后，自由都不敢提了。第三，自由和人权都是人们所向往的，不是资本主义独有的，是人类共同所追求的，是人类文明的成果。既然这样，为什么回避呢？我说，要老百姓继续跟着共产党走，共产党要继续执政，就必须要把这个旗帜举得高高的。"温家宝同志觉得，我讲得有道理。当天晚上，他就考虑了这个问题。第二天，起草小组开会的时候，他首先讲："昨天，尚全同志提出的问题解决了。"在十五大报告中温家宝同志写上"保障人民依法享有广泛权利和自由，尊重和保障人权"。后来，"人权"被写入宪法，把"自由"作为社会主义核心价值观的重要内容之一。这是中国社会的一个重大进步，具有重要的历史意义。另外，法 zhi 的到底是刀制还是水治？有的人坚持刀制。经过讨论以后，用了水治，提出建立"法治国家"。

五　博采众长：中共中央关于"十五"计划的建议

1999 年 11 月，中央政治局确定了十五届五中全会的议题是制定"十

五"计划的建议，并决定成立文件起草小组，参加的有 40 多位同志，主要
综合部门的第一把手都参加了，还吸收了一些经济学家。温家宝任起草组组
长，成员有华建敏、郑必坚、邵华泽、盛华仁等人，我也是起草组成员。

在起草过程中，江泽民总书记先后 12 次听取有关方面的专题汇报，又
到各地进行调研，并就文件的指导思想、主要任务和重大问题做了指示。中
央政治局常委会和中央政治局对《建议》的提纲和草稿进行了多次讨论。
北戴河会议确定了《建议》的基本框架，《建议》下发到 183 个单位征求意
见，征求了各民主党派的意见。

这次文件的起草有一个显著的特色，就是吸收了许多官方机构和民间智
库提出的建议，其中有代表性的归结如下：

2000 年 4 月 7 日，国务院体改办提出了以国有企业为中心的经济体制
改革方案。该方案认为，经济结构不合理是"十五"经济发展最突出的矛
盾。尤其是在我国即将要加入 WTO，必须要遵循国际市场竞争规则的时刻，
我国的社会主义市场经济体制才刚刚建立，制约市场经济进一步发展的体制
性障碍仍然存在，改革和发展中的一些深层次矛盾和问题尚未解决。因此，
该方案指出："十五"时期经济改革的目标是建立初步完善的社会主义市场
经济体制，为建立比较完善的社会主义市场经济体制打下基础。改革的主要
任务是：进一步完善以公有制为主体、多种所有制经济共同发展的社会主义
初级阶段的基本经济制度，形成不同所有制经济平等竞争的体制环境；国有
经济布局显著改善，趋于合理，国有企业基本建立现代企业制度，市场竞争
力明显增强，效益普遍提高；大力推进要素市场建设，基本实现市场机制在
资源配置中的基础性作用；分配关系初步理顺，与生产力发展水平相适应的
多层次、社会化的社会保障体系大体形成；政府职能根本转变，宏观调控体
系进一步完善；与国际规则相对接的对外经济体制基本建立；有中国特色的
社会主义市场经济体系基本形成。

5 月，全国政协经济委员会经过集体讨论，向中央和国务院提出十点建
议：（1）以体制创新解决经济结构不合理的问题。"十五"计划要保证国民
经济健康发展，必须解决这种体制问题，把体制创新作为带动发展和调整经
济结构的推动力。（2）在经济结构调整中，重视所有制结构的调整。在以

公有制为主体的前提下，让多种所有制经济共同发挥作用，各显身手，使经济活起来。这是"十五"时期和今后能否进一步解放和发展社会生产力的决定条件。（3）以政企分开作为体制转轨的核心。让企业成为经济活动的主体，保障市场在资源配置中起基础性作用，政府承担应承担的事情，避免越位、错位、缺位。（4）产业结构调整的主体是企业，动力是市场。企业既是产业优化升级的主体，也是技术创新和管理创新的主体。政府要发挥制定规则，保证平等竞争的关键作用，为企业活动创造良好的制度环境，并通过适当的政策，激活企业的活力和创造力，但不能替代企业做决策。（5）为调动地方积极性，避免其盲目性，防止结构升级中再次发生重复建设和热点集中，形成结构雷同的问题，必须认真重视和克服计划体制上条块分割、自成体系的弊端，找出其中的体制创新之路。（6）在农业中，推广各类产业化经营模式，推进区域化布局、专业化生产、社会化服务，实现产供销一条龙、农工贸一体化。增加农业投入，促使资本、技术和人才向农业聚集。（7）加快发展第三产业，关键是通过体制改革和政策调控，大力推进第三产业的市场化和产业化，同时按照市场经济发展的要求实施我国的城市化战略，重点是发展中小城市，促成农民就地转化。（8）西部大开发要有新思路。政府要努力营造环境，逐步吸引更多的东部和国外资本来投资。要调整好国有经济布局，大力发展非国有经济，对现有经济结构进行有效的调整。（9）通过体制创新动员社会资本，带动民间投资形成可持续增长的局面。对内开放投资领域，降低竞争领域上市公司国有股比重，扩大上市资源，放松利率管制等。（10）为人力资本创造性的发挥建立起必要的组织制度和相关的社会文化条件。除了尊重知识和尊重人才的口号之外，还必须要制定一套具体的政策与制度。

6月5日，中国宏观经济学会召开了以"十五"计划为主题的学术研讨会，对"十五"计划几个问题做了深入探讨。与会者认为，首先，制定"十五"计划必须把老百姓满意与否放在首位，紧紧围绕扩大人民需求和改善人民生活这一目标。第二，制定"十五"计划要体现社会主义市场经济体制的原则。按照政企分开的原则，政府的规划内容应仅限于宏观发展的预测和政策导向、对掌握的公共资源的合理配置并做好必需的基础设施建设和公用事业建设、通过制定法律法规和其他公共规则保障公平竞争并创造良好的环境。第三，"十五"计划必须把属于企业的决策权放给企业，让企业放手地去应对市场。应当了解企业的期待和愿望，在市场准入、市场要素获得等等方面创造公平公正的机会。第四，要按照全国一盘棋的原则，鼓励地方拆除篱笆，允许和鼓励生产要素在地区间自由流动，鼓励地区间优势互补、联合开发。政府的各项体制都要有利于打破条块分割，破除各种行业垄断、地区垄断。第五，2000 年应当成为初步建立社会主义市场经济体制年，从根本上打破政企职责不分、条块分割的状况，基本摆脱计划经济体制，初步建立社会主义市场经济体制。

8 月，民革中央研讨了《建议》征求意见稿，提出：《建议》"使人振奋的具体量化的阶段性目标提得比较少"；"调整结构的关键和根本是创新，建议《建议》全方位地体现创新的要求，不仅科技要创新，体制更要创新。"关于《建议》的西部大开发方面，民革中央研究认为，"十五"期间，西部大开发仍然处于起步阶段，文件应当突出强调解放思想、转变观念的极端重要性，并有计划地采取切实有效的措施，推动西部地区以及所有参加西部开发的人们，形成正确科学的观念。西部大开发中水资源的开发利用和保护是一个极为重要的关键环节，"十五"期间应当采取切实措施解决这个问题，加快把我国建成一个节水社会的进程。此外，民革中央还就"十五"期间着力解决人才外流和吸引人才、建立和完善社会保障制度等等问题提出了意见。

9 月，我就《建议》稿中关于劳动价值和分配制度的论述向中央提出了"深化对劳动和劳动价值论的认识"的建议。我认为，为了鼓励民营经济的健康发展，要对按要素分配，以及与此相关的经营管理者和技术人员的收入、私营企业主的收入，有一个清醒客观的认识。应该承认，私营企业主经营管理企业的活动也是一种劳动，特别是对于有些凭借自己的技术发明为基础开展经营活动的私营企业主而言，他们的劳动不仅仅包括经营管理劳动，还包括科学技术劳动。因此，他们的收入中应该有很大一部分是属于自己创造的劳动收入，其收入的高低则是由劳动的复杂程度和承担的风险所决定的。而他们的资本也包括其历年劳动收入的积累，根据要素分配理论这一部分也是合法的。因此，对于私营企业家，我们在承认其资本家身份的同时，应确认他们的经营管理也是一种劳动。这种二重性并不矛盾。当然，在实际经营过程中，一些企业主可能会通过雇佣劳动，通过过多延长工人劳动时间、任意克扣工资、提供恶劣的生活和工作条件等方式来获取更多的利润。此时，的确存在剥削现象和剥削收入。对于私营企业主的劳动收入和合法的资本收入，我们应该加以保护，对于其剥削收入，应采取措施加以引导限制。在实际执行过程中，三种收入是混合在一起的，不易完全区分清楚，但只要我们坚持这一原则，就能够将剥削收入控制在尽可能小的范围内。当时，朱镕基同志和温家宝同志对我的意见都做了批示。

在广泛听取各方面意见的基础上，《建议》前后共有 21 稿，修改了 230 多处，可以说集中了全党和社会各界的智慧。10 月 9 日，朱镕基总理受中央政治局的委托，在十五届五中全会上介绍了起草《建议》的说明，获得全会的审议和通过。

六　继往开来：《中共中央关于完善社会主义市场经济体制若干问题的决定》

2002 年，党的十六大提出了"建成完善的社会主义市场经济体制和更具活力、更加开放的经济体系"的重大任务。在十六届一中全会上，胡锦涛总书记明确指出，新一届中央领导集体当前和今后一个时期的首要政治任务，就是全面贯彻落实十六大精神。面对经济全球化和加入世贸组织的新形势，面对全面建设小康社会的历史重任，我国经济存在的结构不合理、分配关系尚未理顺、农民收入增长缓慢、就业矛盾突出、经济整体竞争力不强等深层次矛盾和现象亟需得到根本性的改变，社会主义市场经济体制必须在十年成就的平台上，努力做好"完善"这一架构的文章，为全面建设小康社会提供体制保证。为此，中央要求，集中一批思维活跃、见解深刻、了解国情、熟悉经济工作的人，在深入调研、认真研究并广泛征求各方面意见的基础上，集中党内外智慧，起草一份"经得起历史检验的"文件，破解这一历史命题。

2003 年 4 月 18 日，正是非典肆虐最严重的时刻，《中共中央关于完善社会主义市场经济体制若干问题的决定》起草组在北京成立。受中央政治局常委会委托，中央政治局常委、国务院总理温家宝担任起草组组长，中央政治局委员、国务院副总理曾培炎任副组长。成立伊始，温家宝就起草组的工作任务、指导思想、组织领导以及文件的基本框架做了重要讲话，并对起草组的工作日程提出了要求。

温家宝同志指出，文件的起草要从大局出发，从经济和社会相协调出发，从人民利益出发。他说：写好文件，有有利条件，也有困难。有利条件是，从 1992 年建立社会主义市场经济体制目标开始，已经有 11 年的经验，这十多年的改革开放，初步形成了社会主义市场经济体制，在理论和实践上都有很大提高，社会主义市场经济体系作为社会主义基本经济制度，还写入了宪法。十五大又有两大突破：一是寻求公有制的多种有效实现形式，提出公有制的控制作用不在数量比例，而在控制力；二是不仅提出要素，如资本和劳动力可以进入市场，在十五大上更进了一步，不仅要素参与分配，技术、管理、知识也都能进入市场参与分配。文件起草的困难在于，紧迫、容易解决的问题过去已经解决了，但是难度大的问题、新的问题摆在面前。比如，金融体制改革剥离不良资产如何评估？国有资产管理体制如何与企业的经营自主权相协调？温家宝同志希望，要继十二届三中全会、十四届三中全会之后，再搞一个历史性的文件。他还就文件的基本框架提出了意见，并阐述了对农村改革、国有企业改革、完善市场、宏观调控体制改革、社会保障、对外开放、法治建设、政治体制改革等议题的方向性意见。温家宝同志最后宣布了起草工作的组织领导及议程，除上述起草组组长、副组长之外，日常工作由王春正、王沪宁同志负责。在起草工作的日程安排方面，初步计划"五一"前理出一个大纲，写明几个问题，5 月份完善提纲，6 月写出一个初稿，6 月底至 7 月上旬向常委会汇报一次。7 月，根据反馈意见出第二稿，在 7 月底 8 月初再汇报一次。9 月，下发征求意见，10 月再向常委汇报。当天下午，起草组召开了第一次会议，开始讨论《决定》的框架。《决定》起草工作，由此拉开帷幕。

4 月 23 日，在家宝同志主持下召开的起草小组会议，讨论文件大纲。

我提出了关于文件大纲的几点意见。首先，文件要紧扣全面建设小康社会。当前体制性障碍影响了经济社会的发展，存在五个方面的滞后和不平衡：政治体制改革滞后于经济体制改革；宏观经济体制改革滞后于微观经济体制改革；政府改革滞后于企业改革；改革滞后于开放；农村改革滞后于城市改革。第二，完善社会主义市场经济体制，是动态性的、阶段性的概念。从理论上讲，改革是无止境的，完善也是无止境的，因为经济基础是不断变化的，生产力是不断发展的，因此，上层建筑和生产关系必须不断与此相适应。从实践来看，完善也是动态的、阶段性的。完善的阶段性，就是到2020年全面实现小康的阶段。第三，这个文件必须在理论上、体制上取得创新和突破。诸如完善社会主义市场经济体制的内涵；公有制的主体地位，所有制理论要不要进一步突破？国有经济是不是社会主义的经济基础，这个理论是否要创新？否则，国有经济的战略调整很难到位。第四，文件形成方法是要适时改进。要把文件起草过程，转化成为对完善市场经济提高认识、统一思想的过程；要把封闭作业，转变为比较公开、透明的作业；要采取内外结合的办法，不仅要发挥40多个起草小组成员的作用，而且要让广大干部群众参与起草工作。因此，建议发布信息，建立网站，使人民有知情权、建议权。

在起草过程中，起草组成员日夜奋战，从《决定》的框架到其中的重点、难点问题都进行了集中讨论和研究，并反复磋商，广纳各方面意见。5月16日，在起草小组内部确定《决定》框架的会议上，温家宝同志再次讲话，他说，在短短二十多天拿出大纲很不容易，而且有新的思路。他认为，完善社会主义市场经济体制的文件，要把五到十年内能办的事情、必须要推进的改革写清楚，讲一条能做一条。关于产权问题，现代产权制度的提法是新的，非公经济不可怕，要解放思想，认真总结浙江的经验，要使中央的同志都能理解。确定《决定》框架后，起草组进行了分组，要我负责市场体系分小组。

6月9日，在起草小组会议全体会议上，我提出了完善社会主义市场经济体制的几个理论问题。首先是公有制为主体的内涵问题。实践中，公有制资产在社会总资产中的优势发生了变化，非公经济已成为主力军而不是生力军。因此，不能用传统的思维方式对待公有制经济和非公有制经济。现在，要使两股道变成一股道，两股绳变成一个劲，你中有我，我中有你，统一于社会主义现代化建设中，使之更好地促进生产力的发展。关于国有经济的控制力、影响力和带动力，如果在多元化的产权结构中，国有经济发挥调控力似乎比控制力更好一些。第二是投资体制改革。为了规范政府投资行为，要改革政府的项目审批制度，建立公开透明的投资决策机制，并鼓励民间投资。第三是文化体制改革。其重点：一是按公益性和产业性属性，实行分类指导；二是改革文化管理领导体制，理顺党的宣传部门、政府主管部门与企业的关系；三是加快文化的立法工作，逐步实行信息公开，使人民有知情权，缓解社会矛盾；四是关于党委领导和党政分开问题。党的领导主要是政治、思想和组织领导，通过制定宪法和大政方针，提出立法建议，推荐重要干部，进行思想宣传，发挥党组织和党员的作用，坚持依法执政，实施党对国家和社会的领导。如果我们党在这方面有所突破，有所创新，那就在政治体制改革方面迈出了重大步伐。

我在 4 月 23 日和 6 月 9 日两次文件起草小组会议上的发言，是经过认真思考的，也是经得起历史考验的。例如，提出改革是无止境、完善也是无止境的观点，并从理论上和实践上来论证这个观点。这个观点，已形成共识。十八大报告，就不再提到 2020 年要建成完善的社会主义市场经济体制。又如，提出完善社会主义市场经济体制内涵。十六届三中全会接纳了我的建议，从原来提法"在国家宏观调控下"修改为"更大程度上发挥市场在资源配置中的基础性作用。"再如，提出所有制经济理论创新的建议。把"公有制为主体"，完善为"公有制为主导"或"国有经济为主导"，我认为，这种理论的创新和突破势在必行。

6 月 13 日，形成了《决定》的初稿。在起草过程中，从总体架构到文字的具体表述，起草组成员都进行了认真的沟通探讨，比如在第二部分"进一步巩固和发展公有制经济，鼓励、支持和引导非公有制经济发展"中的第（5）节中的表述"个体、私营等非公有制经济是促进我国社会生产力发展的重要力量"，原来在重要力量后面还有"和生力军"四个字，后来我提出来"重要力量"就可以了，"生力军"就可以不写了，因为有些领域非公有制经济已经成了主力军了，例如就业问题，五分之四是靠非公有制经济解决的，最后中央就把"生力军"删去了。

时任中共中央总书记的胡锦涛同志对《决定》的起草工作十分关心，多次询问起草进展情况，并做出许多重要指示。起草组上报的每一稿，胡锦涛同志都进行逐字逐句地认真审阅，提出许多指导性意见并做出许多重要修改。其他中央政治局常委和政治局委员也分赴全国各地，进行调查研究，做出许多重要指示，对《决定》的形成做出重要贡献。温家宝先后主持起草组全体会议，对《决定》的起草和修改提出了许多具体的指导意见。他反复强调，要着重写未来几年准备推进的工作，一时办不了，但必须是改革的，要明确改革的方向。他还说，要突出重点，不要面面俱到。文字要精练，用平实的语言，让普通党员和群众看得懂。

6月25日上午，国务院党组举行扩大会议，对《决定》稿进行讨论，提出了具体修改意见。7月4日、31日，胡锦涛总书记两次主持召开中央政治局常委会议，对《决定》稿进行审议。常委会议充分肯定了《决定》稿的框架结构和主要内容，认为是一个比较成熟的稿子。常委会议就如何处理好改革发展稳定的关系、如何有步骤有重点地推进改革、如何把社会主义制度与市场经济体制更好地结合起来、如何在完善市场经济体制的过程中充分发挥政治优势等重大问题，做出了重要指示。8月11日，胡锦涛主持召开中央政治局会议，审议《决定》稿。会议对初稿给予充分肯定，提出了需要进一步研究的重大问题。发扬民主，广开言路，集思广益，党的这一优良传统，在《决定》的起草过程中得到发扬光大。

根据中央政治局会议决定，8月18日，《决定》征求意见稿下发中央党政军机关和地方100多个单位，广泛征求各方面意见。8月26日，在中南海怀仁堂，胡锦涛总书记主持召开党外人士座谈会，就《决定》稿听取各民主党派中央、全国工商联领导人和无党派人士的意见和建议。9月5日，温家宝总理在国务院召开经济专家座谈会，听取意见。起草小组还邀请专家、学者、企业负责人和有关部门负责同志，举行10多场座谈会；20多个部委围绕产权制度、国有资产管理监督、农村土地制度、社会信用体系等问题，展开历时两个月的专题调研，形成一批极具参考价值的专题报告。至9

月 4 日，起草组共收到各类意见、建议 1700 多条。起草组经过分类汇总，慎重研究，对全部意见、建议逐条提出了处理建议，报全体会议审议后，对《决定》稿认真进行修改。

9 月 18 日、29 日，胡锦涛总书记分别主持中央政治局常委会议和政治局会议，对修改后的《决定》稿再次进行讨论。起草组随即根据会议精神再次修改，形成了《决定》讨论稿。10 月 11 日，十六届三中全会在北京举行。全会安排三个半天，对《决定》讨论稿进行讨论。温家宝总理就讨论稿向全会做了说明，12 日晚和 13 日下午，起草组连续召开全体会议，汇总全会各小组的意见和建议，对讨论稿做进一步修改。13 日晚，胡锦涛总书记主持中央政治局常委会议，对修改后的讨论稿进行审议。14 日上午，根据当天上午全会讨论情况，起草组争分夺秒，对讨论稿又进行一次修改，形成《决定（草案）》。从 11 日到 14 日，出席全会的中央委员、候补委员和列席会议的有关同志提出的意见和建议，涉及粮食生产、扶贫开发、安全生产、科技教育等多个方面。起草组据此对《决定》稿进行了认真修改。14 日下午，经过反复修改后的《中共中央关于完善社会主义市场经济体制若干问题的决定》，获得全会的一致通过。

这个《决定》有几个重要突破。一个是明确提出股份制是公有制的有效实现形式，这是很大一个进步。强调建立"归属清晰"的现代产权制度，产权是所有制的核心和主要内容；非公有制经济是促进我国社会生产力发展的"重要力量"。再有一个，也是最重要的，提出科学发展观的思想。《决定》提出："坚持以人为本，树立全面、协调、可持续的发展观，促进经济社会和人的全面发展。"那么，到底是"以人为本"还是"以民为本"？是有争论的。我主张提"以民为本"，我说，中华人民共和国是人民共和国，不是中华人共和国，中央人民政府是中央人民政府，不是中央人政府，三个代表核心是代表最广大人民的根本利益。所以，我说以民为本。在我讲这个问题时，温家宝插话了，他说：孟子说过"民为贵，社稷次之，君为轻"。讨论中，郑必坚提出，以民为本带有一点政治内容，因为有的不是"民"啊！没有政治权利，没有选举权。干脆扩大到人，以人为本。实际上，当时讨论的时候，觉得两个提法内容是一样的，只是范围问题，后来用了"以人为本"。有人在概念上没弄清楚，就写文章说，为什么还提以民为本，这是不是跟中央唱对台戏？

我为什么要强调"以民为本"？还有一段故事。2001 年，有一次开深圳特区顾问会议，马洪、刘国光和我，北京的几个人都是顾问，省里的任仲夷等一些老领导也是顾问。会议讨论"深圳如何当好中国特色的示范区"。大家讨论了半天，一个代表叫黄涤岩，就是中国银行（香港）原来的第一把手，他提出一个问题，说：我们讨论了半天，中国特色的示范区，要做样板，那么什么是中国特色呢？你不明确，怎么当示范区？大家要我讲讲。当时，我想了一下，概括了四条：第一，以民为本，这是中国特色社会主义的出发点和落脚点，第二，市场经济，这是中国特色社会主义经济的运行基础。第三，共同富裕，这是中国特色社会主义的根本目的。第四，民主政治。在我讲到民主政治的时候，任仲夷同志坐在我旁边，他说："民主、民主，由民作主，老百姓当家作主。"我说："你说得很对。过去有一句话，当官不为民作主，不如回家卖红薯。"马洪同志找我说："你讲得很好，集中地提出问题，有没有材料？"我说："没有啊！"他说："你把材料整理、整理。另外，我给你建议加一条：'中华文化'。"我说："好！"后来，我讲中国特色社会主义，接受了他的意见，加了一条：中华文化是中国特色社会主义的内在要求。所以，以民为本的概念，我印象是很深的。

七　十三大、十八大、十八届三中全会的建言和关于提升民心的建言

以上主要回顾了我参加中央几次重要文件起草的过程。在我亲身参与起草的文件历程之外，还有几次重要的中央全会文件起草，我虽然没有参加，但是都提出了自己的建议，也都得到了中央的肯定，并吸收到了文件精神当中。此外，我在 2017 年初给中央的一次建言，也对后来的政策方向产生了积极影响。

1987 年 8 月，在党的十三大召开之前，我在国家体改委的一个简报上报送了一篇建言文章：《希望十三大在理论上要有重要突破》，我讲了三点

意见：第一，计划调节与市场调节是一种手段和方法，不是社会制度的属性，是社会主义商品经济发展的必然趋势；第二，用经济合同逐步替代指令性计划；第三，随着改革的深化和经济的发展，计划与市场结合的形式发生变化，从指令性计划向政策性计划转变，是经济发展和改革的需要。

当时国家体改委主任李铁映在简报上批了"送总理参阅"几个字。总理看了以后于 1987 年 8 月 30 日批示："要把指令性计划改为经济合同制的观点反映到报告中去"。用经济合同制逐步取代指令性计划，这是经济体制改革的一个重大突破。现在看来不觉得什么，但当时是一件大事。我之所以提出这个建议，是因为我在去匈牙利考察过程中真切地感受到指令性计划是不能满足社会化大生产需要的，必须打破取消指令性计划就是取消社会主义的思想禁锢，明确计划经济并不是社会主义的特征。十三大报告采纳了我的观点，中国社会主义市场经济改革进程迈出了一大步。

2012 年 5 月，党的十八大即将召开。十八大是在中国改革进程的关键节点上召开的重要会议。一方面，这次会议将形成党中央新的领导集体，这对奉行民主集中制的中国共产党来说，是一次重要的新老领导集体交替的标志性会议；另一方面，改革已经到了啃硬骨头的新阶段，必须直面既得利益调整的攻坚克难阶段，改革要攻坚克难必须在坚持社会主义市场经济改革方向的基础上，进一步解放思想，改革创新。

为此，我向中央提交了关于党的十八大报告的建言：党的十八大可以在三个方面做出论述：（1）确保市场在资源配置中发挥基础性作用，严格约束行政权力对市场的过度干预。（2）共产党的执政基础不在于国有经济比重高低，而根本的是三个"民"：民心、民生、民意。民心是核心的问题，"得民心者得天下"，古今中外都说明这个问题；为了得民心，必须把民生问题搞上去，使老百姓分享改革发展的成果；为了得民心，就要尊重民意，使老百姓有话语权，有参与权，有监督权，有尊严。（3）充分发挥国有经济的主导作用，使股份制成为公有制的主要实现形式，必须完善、发展基本经济制度的内涵，把原来的"公有制为主体"，完善修改为"国有经济为主导"。

中央对我的建议很重视，温家宝同志于 2012 年 5 月 17 日批转给了胡锦涛、习近平、李克强等中央领导同志阅示。习近平同志和李克强同志于 5 月 18 日圈阅，李克强同志批示："请张平同志阅研。"一个建议，几位中央领导同志在三天之内完成批转过程，这在改革历史上是少有的。十八大报告除了明确坚持社会主义市场经济的改革方向之外，特别就民本问题指出"必须更加自觉地把以人为本作为深入贯彻落实科学发展观的核心立场，始终把实现好、维护好、发展好最广大人民根本利益作为党和国家一切工作的出发点和落脚点，尊重人民首创精神，保障人民各项权益，不断在实现发展成果由人民共享、促进人的全面发展上取得新成效。"

2013 年，党的十八届三中全会召开前夕，全社会充满期待。因为自改革开放以来，三中全会大多以出台有关改革的文件为重要标志。出于一个一生都在从事改革的改革老兵的责任感，我于 2013 年 5 月向中央提出了《关于十八届三中全会主题的建议》。我在建言中提出，2013 年下半年要召开的十八届三中全会，是国内外都十分关注的会议。十八届三中全会主题是什么？建议确定以下三点为十八届三中全会主题：（1）建议十八届三中全会，做出关于全面深化改革的决定；（2）根据社会主义现代化和中华民族伟大复兴这个总任务和全面建成小康社会的目标，做出全面深化改革的总体部署；（3）考虑到改革系统性、整体性和协同性，必须有相应的改革机构和协调机构，为此建议成立中央全面深化改革领导小组，由总书记任组长，国务院总理任副组长，中央和国务院相关负责人组成，下设办公室，负责全面深化改革的协调督查、评估落实。

建议上报后，习近平和李克强同志都予以圈阅，张高丽同志迅速做出批复："谢谢尚全同志的关心支持，请起草组研酌。"后续事实证明，中央全面采纳了我的建议，做出了《中共中央关于全面深化改革若干重大问题的决定》，并成立了以习近平总书记为组长的中央全面深化改革领导小组。中国的改革从此步入了新的阶段。

以习近平同志为核心的党中央全面推进建成小康社会、全面深化改革、全面依法治国、全面从严治党已经近五年，改革成效显著。由于改革已经处于了深水区，已经到了动辄触及既得利益格局的啃硬骨头的阶段，改革的推进也遇到诸多挑战。与此同时，经济新常态的大背景下，针对这些问题，我于 2017 年 1 月 26 日向中央新的领导集体提出《关于深化改革提升民心的三点建议》。

三点建议是：第一，在我国反腐斗争已形成了压倒性态势的条件下，要把反腐放到更加重要的位置上来，其中重点是把官员财产公示制度建立起来。民心是最大的政治。世界上已有 140 多个国家建立了官员财产公示制度。我国是以人民为中心的国家，是四个"自信"的国家，没有理由不建立这项制度。因此，不管阻力有多大，不管困难有多少，必须有勇气把提升民心的这个制度建立起来。第二，反腐败工作罚没了大量贪腐财产，应当把反腐中罚没的财产建立扶贫基金。如果能够把反腐败过程中罚没的巨额资金投入到民生当中去，那就会大大增加人民群众的获得感，以人民群众看得见摸得着的形式去实现正义，使反腐败工作获得更坚实的民意基础，就会大大提振民心。第三，正确对待曹德旺的意见，大幅度减轻我国企业的税负，为实体经济改革创新创造良好的条件，并有效应对美国的减税和贸易挑战。

我的建议上报后，获得了中央的积极回复。2017 年 2 月 6 日，中办打电话给我的秘书通知：习近平总书记对高尚全同志《关于深化改革提升民心的三点建议》非常重视并做了批示，请转告高尚全同志。李克强总理则批转给财政部部长肖捷同志阅研，张高丽同志也做了批示。一个老改革者看了我的建议后评价：恰如其分！恰到好处！恰是关键！如实行，必民心大悦！民心大振！民心归一！

后　记

　　本书辑录的改革亲历者口述文献，是从中国经济体制改革研究会主持的中国改革资料库中选取的。2006 年，世界银行前官员林重庚先生为该项目介绍了口述历史的国际经验。在他的资助下，中国改革资料库项目于同年 8 月正式启动。项目总顾问为安志文、杜润生、高尚全，项目领导小组成员为刘鸿儒、吴敬琏、杨启先、许美征、林重庚，项目工作小组为杨启先、石小敏、鲁利玲、苏国利等。该项目执行至今，已经 12 年了。资料库涵盖基础文献和口述历史两大部分，基础文献包括有关中国经济改革的重要文件、法律法规和历史文献，口述历史包括改革亲历者的访谈录、语音文件和摄像文件。其中，口述历史部分，主要反映 20 世纪 70 年代末至 21 世纪初部分改革亲历者所参与的中央层面重大改革措施的决策过程。

　　为了客观地展现中国改革开放各个阶段的具体内容，我们本次从资料库选取了 36 位改革开放亲历者的口述访谈资料，多为第一次发表。资料按照改革开放推进的历史进程和主要领域排序，以方便读者了解和把握我国改革开放的基本脉络。这里，需要提请读者和研究者注意的是，由亲历者口述历史，可以使人们回到历史现场，深入了解改革措施出台的历史背景和重大决策的具体过程，这无疑是对正式文献的诠释与补充。然而，由于亲历者所处角度和地位不同，对改革理论与实践的理解和认识不同，同一个历史事件常会有不同的描述和结论。对此，我们尊重亲历者本人的认知，留待读者进一步辨别。

　　本书的编纂工作由中国经济体制改革研究会会长彭森同志主持，鲁利玲、马役军、胡玉平、余希朝负责具体的编辑工作。在编辑本书时，我们努力做了大量的考证和修订工作，以求尽量展现给读者一个全方位、丰富多彩而又客观真实的历史画卷。但由于编者水平有限，疏漏在所难免。因此，研究者在使用这些资料时，需要谨慎对待，如有遗补修正意见，亦请见告，以备再版时补正。

值中国改革开放 40 周年之际，我们谨以本书，献给中国改革事业的无数参与者和奉献者，对他们几十年来栉风沐雨，砥砺前行，为推动中国改革开放历史进程所做出的贡献表示深切的感谢与纪念。本书对当前和未来的改革者们也寄予着历史的厚望和企盼，祝愿他们高举旗帜，不忘初心，勇破改革征程上的艰难险阻，为全面建成小康社会做出新的贡献。

编者

2018 年 4 月

图书在版编目（CIP）数据

见证重大改革决策：改革亲历者口述历史 / 中国经
济体制改革研究会编 . -- 北京 . 社会科学文献出版社，
2018.12（2025.8 重印）

ISBN 978 - 7 - 5201 - 4006 - 5

Ⅰ.①见… Ⅱ.①中… Ⅲ.①改革开放 - 历史 - 中国
Ⅳ.①D616

中国版本图书馆 CIP 数据核字（2018）第 265044 号

见证重大改革决策

——改革亲历者口述历史

编　　者 / 中国经济体制改革研究会

出 版 人 / 冀祥德
项目统筹 / 宋荣欣
责任编辑 / 李期耀
责任印制 / 岳　阳

出　　版 / 社会科学文献出版社·历史学分社（010）59367256
　　　　　地址：北京市北三环中路甲 29 号院华龙大厦　邮编：100029
　　　　　网址：www. ssap. com. cn
发　　行 / 社会科学文献出版社（010）59367028
印　　装 / 三河市尚艺印装有限公司

规　　格 / 开　本：787mm × 1092mm　1/16
　　　　　印　张：40.25　字　数：635 千字
版　　次 / 2018 年 12 月第 1 版　2025 年 8 月第 15 次印刷
书　　号 / ISBN 978 - 7 - 5201 - 4006 - 5
定　　价 / 128.00 元

读者服务电话：4008918866